Péter Dobai · Oberst Redl

Péter Dobai

Oberst Redl

Roman über die Donaumonarchie

Deutsch von
Dorothea Koriath

Aufbau-Verlag

Titel der ungarischen Originalausgabe
A birodalom ezredese
Erschienen bei Magvető Könyvkiadó, Budapest

Denn Engel kommen nicht zu solchen Betern,
und Nächte werden nicht um solche groß.
Die Sich-Verlierenden läßt alles los,
und sie sind preisgegeben von den Vätern
und ausgeschlossen aus der Mütter Schoß.

Rainer Maria Rilke, Neue Gedichte (1907)

General Maximilian Freiherr und Landgraf von und zu Hammer-Purgstall, Befehlshaber der im Raum Görz-Gradisca und der Markgrafschaft Istrien stationierten Wachregimenter des Flotten- und Küstenschutzbezirkes ging daran, das ihm servierte Frühstück zu verzehren. Prager Schinken, Semmeln aus der Steiermark, ungarischer Brühspeck, slowakischer Parenica, beißender Ziegenkäse aus der Karpato-Ukraine, dalmatische Feigen, Wiener Kapuziner sowie kroatischer oder slowenischer Sliwowitz bildeten die alltäglich gewohnten Gänge dieses üppigen, morgendlichen Mahles, dessen Verzehr ihm, dem stiernackigen, trotz seiner Beleibtheit kraftstrotzenden Stabsoffizier, genügend Muße ließ, die Aufgaben des Tages zu durchdenken, ja sie auf ein Viertel zu reduzieren, während er zugleich durch das Fenster die Wachablösung verfolgte, die auf dem quadratischen Exerzierplatz der Görzer Garnison stets gleichförmig ablief, jenen geometrisch vorgezeichneten Wechsel der vom nächtlichen Posten abtretenden und der die Tageswache übernehmenden Soldaten samt der sie befehligenden Offiziere. Nach dem zeitgleich mit der morgendlichen Wachablösung eingenommenen Frühstück folgten Tagesbefehl und Vergatterung der Offiziere der Görzer Garnison, wie auch der nach Görz beorderten Offiziere aus Pola und Krein. Sofern nicht durch ein außergewöhnliches Ereignis dazu gezwungen, wich der General nie von der viele Jahre lang unveränderten Form der Vergatterung ab, ebensowenig – das Datum ausgenommen – vom Inhalt seiner knappen Worte, die seine Untergebenen stets an ihre Hauptaufgabe gemahnen sollten: zu bewachen was vorhanden war. Denn würde sich – militärisch gesehen – im Reich irgend etwas ändern, ergäbe sich eine ungeheuerliche Konsequenz: nochmals, in gleicher Weise, wäre es nie wieder vorhanden. Der General liebte diese Landschaft des alten Illyricum, die seit 1500 zu Habsburg gehörte; obschon von Bonaparte dem Reich entrissen, hatte das österreichische Heer sie 1815 wieder in Besitz genommen. Sobald es seine junge Gemahlin danach verlangte, ritten sie hinaus in den herrlichen Blutbuchenhain von Tarnova oder hinunter an die schnellen Wasser des Isonzo, sie unternahmen Streifzüge auf den felsigen Pfaden des Karstes, bis hinauf zu der 680 Meter hoch gelegenen Wallfahrtskirche von Montesanto oder zum Franziskanerkloster auf dem Castagnavizza, in dessen Kapelle der Herzog von Angoulême und seine wunderschöne Gemahlin ruhten, Seite an Seite mit dem französischen Exkönig Karl X., unter weißen Marmorplatten. Görz, in allen Reiseführern als das »Österreichische Nizza« gerühmt, war die südlichste Festung des Reiches, sofern man in einen kriegerischen Konflikt mit Italien geraten sollte. Im Hinblick auf die überwiegend italienische Bevölkerung der Stadt waren hier starke Sicherheitskräfte und ein detachiertes Bataillon Gebirgsjäger stationiert, höheren Einheiten unterstellt, die das Grenzgebiet und den Küstenbezirk sicherten. Solcherart übertraf die Zahl der Soldaten um ein Gutteil die der Touristen, die zu jedweder Jahreszeit, zu jedem Wallfahrtstag das »österreichische Nizza« überschwemmten. Die Naturliebhaber, Botaniker und Karstforscher, wurden von örtlichen Agenten überwacht, die sich gemeinhin als Bergführer oder beharrliche Handelsvertreter in Krein und Karst den Besuchern aus Venedig, Abbazia, Volosca, Duino und Múggia, den Hochzeitsreisenden oder einsamen Wanderern, beigesellten. Mitunter kam es auch zu peinlichen Zwischenfällen, wie zum Beispiel zu der Verhaftung eines englischen Paares. General Maximilian Freiherr und Landgraf von und zu Hammer-Purgstall erstattete Seiner Majestät in Wien eigenhändig Meldung: *Betreff: Fall der sogenannten griechischen Liebe auf dem Dach des Monte Santo, in unmittelbarer Nähe des Reichswachtpostens.* Da sich die zum Herzogtum erhobene Grafschaft Görz-Gradisca in vier Bezirks-Polizeihauptmannschaften aufteilte, die der Bezirks-Hauptmannschaft der Stadt Görz unterstanden, wimmelte die Gegend von Polizisten; es wäre somit ein leichtes gewesen, den ganzen Monte-Santo-Skandal auf die Polizeiagenten und Bezirks-Hauptleute abzuwälzen und die Armee aus der Sache herauszulassen. Leider hatte das englische Paar einen frisch beförderten Fähnrich der Görzer Garnison verführt, in stark angetrunkenem Zustand. Der Waffengattung nach gehörte der Fähnrich zwar zur Festungsartillerie, flanierte desungeachtet an den Uferplätzen herum, keck wie ein Schiffsjunge. Hier hatte er auch die Bekanntschaft des englischen Paares gemacht, und von hier aus waren sie zum Monte Santo aufgebrochen, auf dessen Gipfel sie – auf halbem Wege zwischen Wachtposten und Wallfahrtskirche – zu dritt umhertollten, auf eine Weise, wie das in der Antike überlieferter und geduldeter Brauch war: begabte junge Menschen erlangten ihre Bildung im intimsten Zusammenleben mit reiferen Edelleuten, sie strebten ihrem Vorbild in jeder Hinsicht nach und bemühten sich, indem sie ihre Gewohnheiten unterordneten, ihren Charakter zu prägen; im Reich hingegen war die sogenannte »Griechische Liebe« kraft des Gesetzes verboten, selbst im Süden. So konnte es geschehen, daß einfache Polizeiagenten den betrunkenen Fähnrich der Festungsartillerie verhafteten und vorführten, noch dazu in Paradeuniform. In den englischen Zeitungen erschien der Fall den österreichfeindlichen Lesern in ganz anderem Licht, zumal die Tatsache verschwiegen wurde, daß der Fähnrich – in der Görzer Kaserne schon – einen Fluchtversuch unternahm, die Wache das Feuer auf ihn eröffnete und der Fähnrich den Tod fand. Die englische Presse vertrat übereinstimmend die Meinung, der Fähnrich sei kaltblütig erschossen worden, das Gerede von der Flucht sei nur das übliche Märchen, Augenwischerei. Wachtkommandant in jener bedenklichen Nacht war Hauptmann Alfred Redl und an seinem Vorgehen nichts auszusetzen gewesen; er hatte aus seiner Handfeuerwaffe einen – und nur einen! – Warnschuß auf den Flüchtigen abgegeben, sodann einem Scharfschützen den Befehl erteilt, den desertierenden Arrestanten niederzustrecken. Der englische Konsul in Triest forderte den General Hammer-Purgstall auf, das Ehepaar britischer Staatsangehörigkeit – von im übrigen sehr vornehmem Geblüt – unverzüglich freizulassen, dieser befand jedoch, die

Angelegenheit unterliege der Zuständigkeit des Görzer Polizeihauptmanns, und infolgedessen zog sich die Sache in die Länge. Das englische Paar blieb mehrere Wochen in Gewahrsam. Auf Druck der britischen Öffentlichkeit beorderte die englische Admiralität nun den Panzerkreuzer *Royal Arthur* (Deplacement 7700 Tonnen) in die adriatischen Gewässer. Der General gab nach. Der britische Konsul durfte seine Landsleute abholen, und selbigen Tages gab General Hammer-Purgstall dem Görzer Polizeihauptmann den guten Rat, um seine Pensionierung einzukommen, welchen dieser auch unverzüglich befolgte; auf die allerhöchste Gewährung dieses Gesuches – durch den Innenminister nämlich – brauchte er gleichfalls nicht lange zu warten, zumal Görz-Gradisca über einen eigenen Provinziallandtag verfügte und bereits auch heeresfeindliche Zeitungsschreiber aus Zagreb, Pest und Wien im »österreichischen Nizza« auftauchten. Seine Majestät waren mit den diplomatischen Maßnahmen, die dero General getroffen hatte, höchst einverstanden, das wurde diesem schwarz auf weiß bestätigt. Seine Majestät bekräftigten auch, Hauptmann Redl als Wachtkommandant habe richtig gehandelt, wiewohl man im gegebenen Fall nicht einmal verpflichtet gewesen sei, einen Warnschuß abzugeben, insofern sich der Fähnrich der voraussichtlich strengen Bestrafung habe entziehen wollen – ins Ausland vermutlich, was bei einem Soldaten als Verrat gelten müsse –, und überdies sei er bereits nüchtern gewesen, also einfach nicht imstande, zu seiner Tat zu stehen, und das wiege in der Armee schwerer als jede andere Insubordination. Der General legte das Schreiben Seiner Majestät zu seinen persönlichen Akten, nachdem er zuvor eine Abschrift hatte anfertigen lassen, die er vor den Offizieren und Stabsoffizieren verlas. Das Geschehnis wurde im Kommandeurstagebuch festgehalten, so, wie es sich ereignet hatte. Desungeachtet fand der Fall ein nachteiliges Echo, sowohl in der Görzer Garnison als auch in den militärischen und bürgerlichen Kreisen an der gesamten österreichisch-illyrischen Küste. Der flüchtige Fähnrich der Festungsartillerie sei, wie der Scharfschütze sich später vor seinen Kameraden äußerte, nicht durch seinen Schuß, sondern durch die Kugel aus der Handfeuerwaffe des diensthabenden Wachoffiziers, einer »Frommer«-Armeepistole, niedergestreckt worden. Dieses Gerücht ging wie ein Lauffeuer um, wiewohl bei der Obduktion im Leichnam des Fähnrichs eindeutig nur *eine* Kugel gefunden wurde, und zwar eine Gewehrkugel, die am Hinterkopf in den Schädel eingedrungen war, das Hirn zerschmettert hatte und durch die Kieferhöhle wieder ausgetreten war, was natürlich den sofortigen Tod verursachte. Den betroffenen Hauptmann Redl selbst ließ die Meinung der Offizierskameraden über diesen Fall vollkommen kalt. Er bemerkte lediglich: außer der Pflicht kenne er nichts als die Pflicht. Manch einem klang diese Äußerung anders: außer seinen erkannten und anerkannten Verpflichtungen kenne er nichts als andere, noch nicht erkannte und anerkannte Verpflichtungen. Beide Versionen kamen dem General zu Ohren, wie man ihn auch über den Ort, an dem der Hauptmann die Äußerung gemacht hatte, genau in Kenntnis setzte: Redl saß angeblich in einem Klubsessel im Görzer Offizierskasino und las englische Zeitungsartikel, die über den Fall berichteten. Ein Offizier habe die Worte des Scharfschützen wiederholt, wonach der tödliche Schuß nicht aus dessen Waffe abgegeben worden sei, und daraufhin habe Redl sich, by the way, in diesem Sinne geäußert. Redl habe zusätzlich bemerkt, das Flottenoberkommando von Pola hätte den Panzerkreuzer *Royal Arthur* zumindest mit einem Zerstörergeschwader begleiten müssen, anstatt die Schlachtschiffe des Reiches auf einen anderen Kurs zu beordern. Diese Meinung teilte General Hammer-Purgstall völlig. An jenem Abend war das Kasino brechend voll, Marineoffiziere waren zu einem Kameradschaftsbesuch aus Pola, Capodístria und Fiume nach Görz herübergekommen, in Begleitung einiger Piloten sowie zahlreicher Offiziere aus den Kreiner und Dalmatiner Garnisonen. Es herrschte eine ausgelassene Stimmung, Mädchen aus Görz, Gradisca und dem Karst kamen hinzu, unter ihnen italienische, slowenische, kroatische, ungarische, dalmatinische und alt-»illyrische«, ja sogar albanische Mädchen aus der »garnisonsnahen« Galerie der Frau

Hertha Hertsecker. Frau Hertha, dieses kaltspröde Geschöpf halb Tiroler, halb (von der Mutter her) bosniakischer Abstammung, ließ an diesem Abend einen Hibiscus mutabilis, der erst bei Dämmerung seine purpurroten Kelchblüten öffnete, in die Halle stellen, die zum Zimmer der Mädchen führte. Diese Pflanze erscheint wie die Pflanze der Umarmung: sie öffnet sich abends und schließt sich für den Tag; im spanischen Süden, wo sie noch farbenprächtiger blüht als in der felsigen Landschaft des »Illyricum«, heißt sie »Schmerz des Lebens«, »arbol de la vida«. Die Stunde der Mädchen aber war noch nicht gekommen. Die Offiziere, in lockerem Nichtstun nach einem Toast zum Namens- oder Geburtstag, spielten Rex, Billard oder Karten, sie plauderten und tranken, wie in jedem Kasino des Reiches zu dieser abendlichen und namentlich feierlichen Stunde, von Görz, dem »österreichischen Nizza«, bis hinauf nach Galizien, nach Lemberg und Przemyśl, sowie an den westlichen Grenzen, in Brünn, Olmütz, Pilsen und Linz, in den Offizierskasinos der ungarischen, kroatischen und siebenbürgischen Städte, wo nur Garnisonen im Reich stationiert waren – und wo im Reich war keine stationiert? Das mochten nur die erbittertsten Feinde des Reiches wissen. Das Heer war allerorts gegenwärtig, und für die fünfzig Millionen Seelen zählende Bevölkerung bedeutete und symbolisierte es – tagtäglich – das Reich, die Dynastie, von deren hoher und ferner Existenz die Völker, Nationen und Nationalitäten sichere Gewißheit erlangen konnten, dank der Uniformierten. Der von Zigarren- und Zigarettenqualm erfüllte Große Saal des Görzer Kasinos schien ebenso wie die kleineren Spielsalons alles da drinnen und draußen glauben machen zu wollen: diese Welt *ist* so, wie sie ist, weil sie anders *nicht* sein kann. Wein, Worte flossen in Strömen. Aber es gab auch Offiziere, die schweigend die Nächte durchsaßen. Um sie zu holen, erschienen im Morgendämmer Soldaten: auf Karren wurden sie in die Kaserne zurückgebracht, denn sie waren sternhagelvoll. Zum Trotz salutierte die Wache vorschriftsmäßig. Die Offiziere grüßten wieder, mit geschlossenen Augen, aus dem Karren heraus. Hauptmann Redl, eine dicke Havanna im Mundwinkel, lauschte – im Gegensatz zu den übrigen Offizieren, die kaum zuhörten – außergewöhnlich aufmerksam der resignierten Analyse des Korvettenkapitäns Oliver Clam-Gallas über die Kräfteverhältnisse in der Kriegsmarine der europäischen Großmächte, die derzeit (so Baron Clam-Gallas), auf das Reich bezogen, sehr deprimierend waren, besonders, was Schiffsraum und Armierung, aber auch Geschwindigkeit und Aktionsradius der Kreuzer und anderen Einheiten anbetraf.

»Es war außerordentlich peinlich, als Seine Majestät in Pola die übliche jährliche Flottenschau abhielt. Seine Majestät stand auf dem Deck des Linienschiffes S. M. S. *Habsburg* und verfolgte von dort die Manöver und das Salvenfeuer auf die Zielschiffe. Ein pompöser Anblick, einfach imposant und erhebend, so etwas ist bei Truppenübungen auf dem Land gar nicht vorstellbar . . .«, sagte der Korvettenkapitän mit einem bedeutungsschweren Blick auf die umsitzenden Offiziere, unter ihnen natürlich auch Angehörige der Landartillerie; aber niemand bemerkte etwas, weshalb Clam-Gallas mit umwölkter Miene fortfuhr: »Die S. M. S. *Monarch* löste sich gleich zu Beginn der Schießübung auf offener See aus dem Schiffsverband, weil einer ihrer Kessel infolge Überhitzung die Sicherheitsventile gesprengt hatte. Seine Majestät nahm das Fernrohr vom Auge und kniff erbittert die Lider zusammen. S. M. S. *Sankt Georg* rammte beim Kurswechsel beinahe den Zerstörer *Huszar*, der ihm Geleitschutz geben sollte, und um die Kollision zu vermeiden, fuhr der Panzerkreuzer mit voller Kraft voraus, dahin, wo der Minenleger *Zenta* noch vor Anker lag; ein Wunder, daß es gelang, die Katastrophe abzuwenden. Und all das, meine Herren, vor den Augen der geladenen Marine- und Militärattachés, vor den Franzosen und Italienern, meine Herren! Und vor den Engländern, Russen, Amerikanern und Japanern . . . Seine Majestät hat der Flotte eben nie die Priorität eingeräumt, denn Panzerschiffe können nicht . . . Kreuzdonnerwetter nochmal! Können eben nicht vor der Wiener Hofburg aufziehen wie die Husaren. Husaren im zwanzigsten Jahrhundert! Dabei hat der in Mexiko hingerichtete Erzherzog Max ihn seinerzeit schon angefleht, die Flotte nicht zu unterschätzen, eben wegen der Italiener. Seine Majestät liebten Ihro Vizeadmiral nun einmal nicht, genausowenig wie den Admiral Tegetthoff, trotz seines Sieges über die starken Flottenverbände bei Lissa und Helgoland. ›Die Macht zur See‹, sagte Seine Majestät der Kaiser nach den Manövern abwinkend. Er war völlig niedergeschlagen und reiste nach Bad Ischl ab, um Gemsen zu jagen. Je älter er wird, desto mehr beherrscht ihn seine allseits bekannte Sparleidenschaft, und damit trifft er, leider, die Flotte am meisten!«

»Die Adria ist nicht Österreich. Mit einer Minensperre bei Otranto kann dieses Binnenmeer selbst durch eine mittlere Seemacht wie Italien jederzeit in ein Aquarium verwandelt werden«, stellte Florian Ziemialkowsky, Rittmeister der Trabanten-Leibgarde, resigniert und leicht angetrunken fest.

»Eine Minensperre kann durchbrochen werden«, sagte Clam-Gallas.

»Theoretisch ja. Auf offener See aber entwickeln sich die Dinge anders.«

»Sie sagen es.«

»Die Monarchie und das Deutsche Reich können den dreiundzwanzig Linienschiffen der britischen und französischen Flotte – alles moderne Schlachtschiffe! – nur achtzehn Linienschiffe entgegensetzen. Von den Kreuzern ganz zu schweigen . . .«

»Die beiden schnellsten Kreuzer der Welt sind gegenwärtig die deutschen *Goeben* und *Breslau*. Bei der Durchfahrt durch Gibraltar waren die britischen Kreuzer *Challenger* und *Newcastle* trotz ihrer Curtis-Turbinen nicht in der Lage, den deutschen Verbänden zu folgen, dabei hätten sie sie schon aus bloßem Wetteifer bis Malta geleiten müssen . . . Hinter Malta versuchten der italienische Hilfskreuzer *Duca degli Abruzzi* und der mit Parsons-Turbinen ausgerüstete Panzerkreuzer *Amalfi* mit den deutschen Verbänden mitzuhalten – sie hatten das Nachsehen! Die *Goeben* und die *Breslau* grüßten die zurückfallenden italienischen Einheiten zum Abschied mit einem Salutschuß, um dann unter dem Ehrengeleit der veralteten Kasemattschiffe *Assar-i-Tewfik*, *Awn-illah* und *Feth-i-bulend* auf die Minute genau in der Bucht von Smirna vor Anker zu gehen ... Die Türkei, meine Herren! Seit Lepanto ist sie von den Meeren verschwunden. Schwimmende Kasematten haben die deutschen schweren Kreuzerverbände begleitet, jawohl! Der englische und der italienische Konsul glänzten in Smirna mit Abwesenheit, bis die deutschen Kriegsschiffe die türkischen Hoheitsgewässer verlassen hatten.«

»Was um aller Welt suchen die Deutschen in Smirna?« fragte ein junger Oberleutnant von den Ulanen. Sein schläfriges, schönes Gesicht spiegelte die flüchtigen Bilder von orientalischen Harems und Serails, von Rauschmitteln, Eunuchen und längst verblichenen Janitscharen und Spahis.

»Die beiden Kreuzer fuhren sicherlich zum philosophischen Kongreß, zu Verhandlungen über den ewigen Frieden, im Geiste Immanuel Kants«, warf Redl ein.

»Nun, sie veranstalten eine ›Modenschau‹ für Schiffe ... Anreiz und Aufforderung zum Weltkrieg«, sagte Clam-Gallas. Redl verfolgte mit großer Aufmerksamkeit die Unterhaltung zwischen dem Rittmeister der Trabanten-Leibgarde und dem Korvettenkapitän, während die Gesichter der übrigen Offiziere schlaff der Frage nachzuhängen schienen, was von dieser Nacht wohl noch zu erwarten war, und was nicht.

»Aus kompetenten Kreisen habe ich gehört, daß die italienische Flotte spezielle Tauchboote erprobt«, sagte der Ulanenoffizier.

»Die deutschen Unterseeboote sind zahlenmäßig weit überlegen, und was ihre Militärtechnik anbetrifft, so kann man sie nicht in einem Atemzug mit den Italienern nennen; anders gesagt – es ist unmöglich, sich deutsche und italienische Seestreitkräfte in einem Krieg zu denken. Die deutsche Überlegenheit ...«, hob Clam-Gallas an, aber der Oberleutnant fiel ihm, ebenso wie zuvor der Marineoffizier, ins Wort: »Doch nicht auf der Adria!«

»Es war jedoch höchst peinlich, meine Herren«, fuhr Clam-Gallas ungerührt fort, ohne den Einwurf zu beachten, »als wir mit den Kleinen Kreuzern *Ulan*, *Panther* und *Leopard* einen Flottenbesuch in Konstantinopel abstatteten. Um dem Verband die Ehre zu geben oder auch nur, um zum Beispiel die Russen, die ihre ›Bosporus-Krankheit‹ nie ausgeheilt hatten, auf die Möglichkeit einer potentiellen Zusammenarbeit zwischen dem Reich und der Türkei aufmerksam zu machen, lud Graf Zichy, der Botschafter, den russischen Außenminister, der eben zu offiziellen Verhandlungen in Stambul weilte, zu einer Spazierfahrt ein. Auf dem schnellsten Torpedoboot Seiner Majestät, dem trotz seiner zierlichen Formen so aggressiven, schönen *Leopard.* Das ist ein Schiff, meine Herren, elegant wie eine Toledoklinge! Wir liefen aus dem Bosporus aus, ins Marmarameer. Es war herrliches Wetter! Der russische Außenminister schwärmte, er würde mit diesem stählernen Pfeil gern die südlichen Meere befahren, bis hinunter zu den Tokelau- oder Fidschi-Inseln. Na ja. Es wird nie eine Fibula zwischen Russen und Türken im Bosporus geben.«

»Was ist das: eine Fibula?« fragte Florian Ziemialkowsky, Rittmeister der Leibgarde, verblüfft. Gespannt wartete er auf die Antwort, während er ein großes Glas Grappa hinunterstürzte.

»Ein Schmuckstück, wenn du so willst, eine Spange oder Heftel, für gewöhnlich dient sie dazu, die klaffenden Schöße von Damenschlafröcken zusammenzuhalten«, erklärte Clam-Gallas präzise. »Eine intime Sicherheitsnadel, wenn's beliebt; in der Anatomie ist die Bedeutung schon weniger pikant: Unterschenkelknochen oder Hachse, exakt kann ich dir das nicht sagen ... Kurzum, wir liefen mit dem *Leopard* auf das Marmarameer aus, alles entwickelte sich prächtig. Als der Kreuzerverband nach Pola zurückgekehrt war, schickte Kommodore Felix Thöndel, Kommandant des Verbandes, eine Meldung über die Spazierfahrt mit dem russischen Außenminister an Seine Majestät nach Wien. Und noch am selben Abend kam fernmündlich die Rückfrage: *»Wer zahlt die Zeche? Graf Zichy oder der russische Außenminister?«*

Hauptmann Redl blickte nachdenklich auf das im Großen Saal des Kasinos hängende gewaltige Gemälde, das Kaiser Franz Joseph I. darstellte, lebensgroß, in der Uniform eines

Feldmarschalls. Das Bild vervielfachte sich in dem fenstergroßen Spiegel an der gegenüberliegenden Wand. Der Herrscher blickte aufmerksam und mahnend auf seine Offiziere. Seine Gestalt schien die verschwenderischen, den Friedenszeiten genüßlich frönenden Offiziere inspizieren und vergattern zu wollen. Tadel und Anklage strahlte das Gemälde aus, die Miene des Kaisers ebenso wie seine Uniform und seine ganze Haltung. Redl rückte – unwillkürlich – seinen Waffenrock zurecht, wiewohl er tadellos saß, denn Hauptmann Redl hatte, im Gegensatz zu Clam-Gallas und dem Rittmeister der Leibgarde, seinen obersten Kragenknopf nicht aufgeknöpft und hielt auch keine Zigarette zwischen zittrigen Fingern, wie zum Beispiel Ziemialkowsky, der gerade wieder ein Glas Grappa leerte. Im kleinen Salon spielte Musik, ein klingender Bariton lieferte den Beweis, daß auch andere tranken, nicht nur Florian Ziemialkowsky. Eine Sektflasche flog – natürlich leer – in einen Spiegel wie in eine Zielscheibe. Womöglich geschah zu dieser Stunde in allen Offizierskasinos aller Garnisonen des Reiches dasselbe. Redl stand dennoch auf, schritt gemächlich hinüber, er wollte sehen, wer da ins Ziel getroffen hatte. Hauptmann Christoph von Kubinyi, Baron von Alsó- und Felsőkubiny, war der Schuldige; zufrieden sah er zu, wie der mächtige Spiegel in Scherben ging. Christoph von Kubinyi war ein Meister im Werfen, und Spiegel reizten ihn besonders, obzwar er auch nächtliche Schießübungen liebte und vieles andere, vornehmlich die Frauen. Seine Leidenschaften blieben nicht unerwidert. »Die Ungarn«, sprach Redl leise vor sich hin, »scheuen Spiegel anscheinend. Sie sehen nicht gern hinein. Die meisten Spiegel im Reich sind von ungarischen Offizieren zerschlagen worden. Es ist ihre nationale Passion. Ihre zweite Leidenschaft ist es, mit einem einzigen gezielten Schuß den Kristallüster von der Decke zu schießen. Aber das tun sie in der Regel erst nach Mitternacht.«

Christoph von Kubinyi bemerkte den Hauptmann. »Amice – Kamerad«, rief er ihm zu. Redl war längst zu der Feststellung gelangt, daß sich die ungarische Intelligenz sowohl die eigene Muttersprache als auch die deutsche Dienstsprache auf Lateinisch aneignete, egal, ob sie in der Armee oder in einem Amt Dienst tat. Die Gesellschaft um Hauptmann Kubinyi amüsierte sich glänzend: Pilot Georg Weckherlin, Rittmeister bei den Dragonern Franz Hawerda-Wehrlandt, Leutnant Otto Stöger, Ritter Julian Dunajewski, Oberleutnant Claus von Eckern-Freyberg, Oberleutnant Karl Fugger-Babenhausen, Major der Festungsartillerie Henrik Kinsky-Henckl, welcher Hauptmann Redl besonders grollte, weil er es als bewiesen ansah, daß der nach dem Monte-Santo-Skandal in Gewahrsam genommene und danach flüchtig gewordene Fähnrich der Festungsartillerie nicht durch die Kugel des Scharfschützen, sondern durch Redls »Frommer« den Tod gefunden hatte; in der Runde saßen weiterhin: Regimentsoberarzt Dr. Vencel Izsó und Regimentsstabsarzt Dr. med. univ. Joseph Kerzl – ein fanatischer Freund Hauptmann Redls –, der Kommandant der Polaer Küstenschutzboote Konstantin Zemplén, der Korvettenkapitän Ladislaus Rémy-Berzencovich von Szillás und ein Marineoffizier, den Hauptmann Redl nur flüchtig kannte: Korvettenkapitän Nikolaus Horthy de Nagybánya, der von allen Marineoffizieren die meisten Goldstreifen am schwarzen Uniformrock trug, dazu die Militärverdienstmedaille am roten Bande, die Goldene Jubiläumserinnerungsmedaille für die bewaffnete Macht, das Militär-Jubiläumskreuz und auch das OSO-3, das Abzeichen für den Osmanie-Orden. Der Korvettenkapitän Nikolaus Horthy de Nagybánya befand sich in der Begleitung des Ritters Heinrich von Nauta, der die Abzeichen des Montenegrinischen Danilo-Ordens und des Norwegischen Olaf-Ordens an seinem Waffenrock trug. Sie waren gerade im Aufbruch begriffen, als sich Hauptmann Redl zu der Gesellschaft setzte. Nachdem Horthy und Nauta gegangen waren, hielten sich die Farben – das Schwarz der Marineuniformen und das Grau und Blau der Landstreitkräfte – gewissermaßen die Waage, wiewohl sich ihnen bald der gleichfalls schwarz uniformierte – alles in allem nur mit der Schnur des Marianenkreuzes des Deutschordens gezierte – Olivier Clam-Gallas zugesellte, begleitet vom Rittmeister der Trabanten-Leibgarde Florian Ziemialkowsky, der noch das Grappaglas in der Hand hielt. Beide redeten unaufhörlich von den neuesten Schlachtschiffen der verschiedenen Seemächte, wobei sie auch die Marokkanische Krise und die Seeschlacht von Tschusima debattierten sowie Tegetthoffs großen Sieg bei Helgoland und Lissa; ein weiteres Thema war die Frage der Pazifizierung Serbiens, doch da warf Christoph von Kubinyi schon sehr virile Blicke auf den schummrigen Gang, der in die rückwärtige – oder heiße – Front des Görzer Offizierskasinos führte, zur Pension der kaltspröden, in der Blüte ihrer Jugend sicherlich sehr vollblütigen Frau Hertha Hertsecker (von halb Tiroler, halb bosniakischer Abstammung), wo die Mädchen dalmatinischen, kroatischen, italienischen (friulischen), slowenischen, ungarischen, Kreiner, korinthischen, albanischen und griechischen Geblüts ihrer Stunde harrten. Von Kubinyi scherten die Siege des Admirals Tegetthoff bei Lissa und Helgoland herzlich wenig, er starrte angestrengt in den Rahmen des zersplitterten Spiegels und war sich augenscheinlich über eines im klaren: daß im Großen Saal des Görzer Offizierskasinos und in den kleineren Spiel- und Billardzimmern noch gut ein Dutzend Spiegelscheiben blitzten und blinkten, die noch heute nacht an die Reihe kamen, die nicht verschont bleiben würden. Währenddessen verabschiedeten sich an der prunkvollen Drehtür des Kasinoeingangs Korvettenkapitän Nikolaus Horthy de Nagybánya (mehr als komplett) und Ritter Heinrich von Nauta von einem gerade eintreffenden Major (Waffengattung Landstreitkräfte – der Abschied kühl, höflich und kurz), denn draußen wartete bereits die Mietsdroschke. Schon wollte Christoph von Kubinyi das Domizil der »alt-illyrischen« Mädchen aufsuchen, an dem Hibiscus mutabilis vorbei, der erst bei Dämmerung seine purpurroten Kelchblüten öffnete, blieb dann aber doch sitzen, warf Redl einen Blick zu und lächelte. Unvermittelt – als nähme er den Faden eines früheren Gespräches wieder auf – wandte sich Christoph von Kubinyi an den Rittmeister der Dragoner Hawerda-Wehrlandt: »Sie, meine Herren, sollten Ungarn nur achtungsvoll, in strammer Haltung im Munde führen!

Hätte Seine Majestät nicht siebenundsechzig den Ausgleich mit Ungarn herbeigeführt, wäre es aus gewesen mit Österreich, gäbe es keine Großmacht mehr. Nun, was blieb dem König nach Sadowa anderes übrig ...«

»Seine Majestät der Kaiser!« brüllte ein betrunkener Dragoneroffizier.

»Mehr noch: ...«, wollte von Kubinyi fortfahren.

»Der ganze Ausgleich ist das Verdienst Seiner Majestät!« unterbrach ihn Redl. Von Kubinyi achtete nicht darauf, er sprach weiter.

»Mehr noch: Österreich hätte sich nicht erst siebenundsechzig – jawohl, meine Herren –, sondern schon neunundvierzig um den Ausgleich mit dem ungarischen Königreich bemühen sollen. Dann wäre es nicht zu der schmachvollen Niederlage bei Solferino gekommen oder später zu der schmählichen Schlappe bei Königgrätz! Dann wären ihm auch die italienischen Provinzen erhalten geblieben: Veneto, die Lombardei, die Toscana. Und Arad. Die wie Schwerverbrecher aufgeknüpften Generäle. Nicht Österreich hat die ungarische Honvéd-Armee von achtundvierzig, neunundvierzig besiegt, bei der mein Großvater Offizier war. Rußland hat sie geschlagen! Nur die gemeinsame Streitmacht zweier Großmächte war imstande, die Soldaten meines geliebten Vaterlandes zu zwingen, die Waffen zu strecken! Arad! Ich leere mein Glas auf die in Arad gehenkten Generäle!« rief von Kubinyi aus, erhob sich und leerte sein Glas auf einen Zug. Nicht einer der Offiziere in der Runde gehörte dem Heeresverband der ungarischen Honvéd-Landwehr an, sie alle dienten der gemeinsamen Armee, so wie auch von Kubinyi, der in diesem Augenblick aufs neue, als hätte er »allen Ingrimm fahrenlassen«, auf den Gang sah, hinter dem die »illyrischen« Mädchen, deren Urmütter einst mit römischen Legionären koitiert hatten – wie man das in dieser Region nennt –, bereit standen, besser: lagen, um ihre küstenländische Sinnlichkeit spielen zu lassen. Da jedoch meldete sich Leutnant Dietwulf Baatz zu Wort, noch stärker berauscht als Christoph von Kubinyi, wenngleich in einem sehr unglücklichen Augenblick, denn Christoph von Kubinyi als Hauptmann der Armee Seiner Majestät Franz Joseph I. hatte die Blutzeugen von Arad längst wieder vergessen. Im Antlitz des Leutnants Dietwulf Baatz mischte sich die herb-weibliche Schönheit, die schöne und anmaßende Dreistigkeit der typischen Milito-Melancholie, des Soldateska-Spleens, der »SOLDATURA«, mit den reizvoll-rüden Zügen der Beinahe-Volltrunkenheit. Mit schweren Lidern sah er Hauptmann von Kubinyi an.

»Ungarn ... Mit den Ungarn hätte Seine Majestät gar keinen Ausgleich zu schaffen brauchen, er hätte nur die ›Pußta‹ integrieren und germanisieren sollen! Wie das die Engländer mit den Iren gemacht haben, die Schweden mit den Finnen und die Russen mit den kaukasischen Bergbewohnern.«

»Leutnant Baatz!« Christoph von Kubinyi sprang auf und langte nach seiner Pistolentasche, doch diese hatte sich durch den Schwung und den unsicheren Griff am Gurt verschoben, er bekam seine Waffe nicht zu fassen. »Ich fordere Sie nicht zum Duell! Ich knalle Sie auf der Stelle ab wie einen Hund!«

Dietwulf Baatz lächelte böse, er nämlich hatte seine Pistole mit sicherem Griff aus dem Futteral gezogen, entsichert und in Anschlag gebracht. Redl schlug Baatz die Waffe aus der Hand und hielt dann Christoph von Kubinyi fest, der noch immer nach seiner Pistole tastete. Dabei gab er einem Burschen einen Wink, der stracks herbeigelaufen kam. Der Hauptmann raunte ihm etwas ins Ohr, der Bursche rannte davon. Sekunden später umringten Zigeuner emsig fiedelnd den Tisch, und einige Minuten darauf tauchten auch die heutigen Blutsschwestern der Illyrierinnen auf, die voreinst mit den Soldaten der römischen Kohorten der Liebe pflegten: Hanka, Silke, Agnita, Halinka, Ida, Rumjana, Daniella, Jana, Dragotschka, Mamka, Shivka, Olga und Cela; sie kannten ihre einfachen und freundlichen Pflichten, mischten sich unter die Offiziere, kamen hinter den geigenden Zigeunern zum Vorschein, setzten sich auf die ledernen Sessellehnen, sangen und lächelten, und zwei Mädchen wiegten sich im Tanz. Da kippte Leutnant Dietwulf Baatz einfach um. Nicht von einer Kugel zu Boden gestreckt, sondern von seiner Trunkenheit. Das Blondhaar zerzaust, den Uniformrock aufgeknöpft, auf den Lippen ein Lächeln. Shivka hielt Christoph von Kubinyi von hinten die Augen zu, und der Primás fiedelte ihm direkt ins Ohr. Das Mädchen drückte den betrunkenen Hauptmann sacht in den Sessel. Sie setzte sich ihm auf den Schoß und küßte seinen Hals. Der Primás beugte sich über sie und sang ein ungarisches Lied. Und zwar mit leiser Stimme, denn Christoph von Kubinyi hatte ihn angebrüllt, er solle gefälligst leise singen, das Lied müsse leise gesungen werden. Währenddessen versuchte Hauptmann Redl, dem Leutnant Baatz vom Fußboden aufzuhelfen. Dieser schlief sanft und sträubte sich nicht, und als ihn Redls starke Arme aufhoben, fiel er ihm um den Hals, ohne aufzuwachen. Die übrigen Offiziere tändelten schon mit den Spielsachen der Mädchen. Von Kubinyi aber hatte, obschon Shivka auf seinem Schoß saß, bemerkt, wie Redl dem Leutnant aufhalf. Erneut überkam ihn die Wut. Er fluchte, doch niemand verstand ihn. Wieder tastete er nach seiner Pistole.

»Aber Chris!« sagte Redl, Leutnant Baatz mit der Schulter stützend. »Du hast Seine Majestät beleidigt!«

»Niemand ist unantastbar!«

»Du trägst die Uniform seiner Armee, Christoph!«

»Shivka! Zieh mir diese ... Affenmontur aus! Streif sie Hauptmann Redl über, damit er zwei anhat! Zieh ihm noch dein Höschen drüber!«

»Christoph, ich dulde das nicht!« sagte Redl energisch. Er stieß Leutnant Baatz einem vollbusigen Mädchen in die Arme. Der Leutnant schlief an ihrer Schulter weiter, dasselbe Lächeln auf den Lippen.

»Habe ich recht gehört? *›Du duldest das nicht‹*?« fragte Christoph von Kubinyi spöttisch und schob Shivka beiseite. Er machte den Versuch aufzustehen.

»Du hast richtig gehört. Ich dulde das nicht.«

»Ich sehe Traurigkeit in deinen Augen, lieber Redl ... lieber Alfred. Was ist der Grund?« fragte Christoph höhnisch; er fand langsam wieder zu sich, vielleicht durch die Haut-

Fleisch-Haar-Berührung seiner Shivka, vielleicht auch durch den tatsächlich traurigen Blick Hauptmann Redls. Shivkas stramme, üppige Brüste standen wie Schilderhäuschen zwischen ihnen, aber dem Mädchen war das ganze nicht geheuer, sie trat zurück, steckte ihr Haar auf und trank einen Schluck. Christophs Blick fiel abermals auf Leutnant Baatz, das machte ihn wieder roh, rücksichtslos und rasend.

»Alfred! Nimm Dietwulf mit hinauf in dein Zimmer! Er glotzt wie eine Jungfer, die man vom Rücken auf den Bauch dreht! He!«

»Chris, ich knall dich ab, wenn du so weitermachst«, sagte Redl leise.

»Aber, meine Herren!« unterbrach sie Dr. Kerzl, der Regimentsstabsarzt, der einzige in der Runde, der nicht mit den Mädchen schäkerte. »Sie sind doch Freunde! Beherrschen Sie sich!«

»Komm, Shivka!« sagte Christoph, als wäre Redl Luft. Sie machten sich auf den Weg zu den Zimmern der Frau Hertha. Redl sah ihnen eine gute halbe Minute hinterher, dann löste er Leutnant Baatz aus der Umschlingung, aus den Armen und Schenkeln der Mädchen, rüttelte ihn wach und ging mit ihm nach draußen. Das Kasino im »österreichischen Nizza« leerte sich. Auch Dr. Kerzl ging. Unterstützt vom Regimentsoberstabsarzt Vencel Izsó begleitete Hauptmann Redl Leutnant Dietwulf Baatz zu einem Fiaker, nannte die Adresse – unnötig, weil der Kutscher wohl wußte, wohin es ging: zurück in die Garnison –, zahlte den Fahrpreis im voraus und kehrte dann in den leeren dunklen Saal zurück, welcher Bordelldunst atmete. Auf das Bildnis Seiner Majestät Franz Joseph I. fiel ein schwacher Lichtschein. Er, der Kaiser, der König, der Fürst, der Herrscher schien zu wachen, als stände er auf Posten, während seine gutbesoldeten Offiziere zechten oder schliefen – der schwächere Teil in den muskulösen Armen der »alt-illyrischen« Mädchen, an ihren friedvollen Brüsten, ihren breiten Schultern, an ihrem gewölbten Steiß, ihren geschwungenen Schenkeln – in welcher Körperregion eben jeder seine Zuflucht gefunden hatte. Mit einem bitteren Lächeln verharrte

Redl vor dem lebensgroßen Bildnis des Kaisers und salutierte. Plötzlich tauchte wieder die schwankende Gestalt des Dietwulf Baatz auf – in einem großen Spiegel. Redl wandte sich um. Lange, finster starrte er dem Leutnant ins Gesicht. Baatz lächelte. Redl herrschte ihn an: »Geh schlafen!«

Baatz verschwand, der Kaiser hielt Wacht, auf goldgerahmter Leinwand. Aus den Zimmern der Mädchen drangen Gesang und Gesprächsfetzen. Geschrei, Gelächter und Gebrüll. Redl folgte dem dröhnenden, tiefen Baß des Majors der Festungsartillerie Henrik Kinsky-Henckl, der Stimme eines Riesen: *»Wo man singt, da laß dich ruhig nieder, böse Menschen haben keine Lieder«* ... Redl ging durch die engen – orientalischen – Gänge. Er schaute in ein Zimmer, dessen Tür weit offen stand. Drinnen befanden sich Clam-Gallas und ein schlafender Offizier, des weiteren ein paar Mädchen.

»Es ist kein Zufall, meine Herren«, erläuterte Korvettenkapitän Baron Olivier Clam-Gallas stark betrunken, »daß das S. M. Linienschiff *Pommern*, gegenwärtig eines der schnellsten Schlachtschiffe auf den Weltmeeren – ein Schlachtschiff, meine Herren, kein Kreuzer! –, dazu die kaum weniger schnelle und womöglich noch stärker gepanzerte *Zaehringen*, die S. M. S. *Moltke*, der Turbinenkreuzer *Lübeck* sowie die furchteinflößende *Thüringen* – was für eine Armada! – unter dem Kommando des Admirals von Hipper aus Kiel ausgelaufen sind. Sämtliche deutsche Zeitungen haben darüber berichtet, sogar mit Angabe des Zielhafens! Damit sich die Engländer nicht anstrengen müssen, ihn herauszufinden. Und, meine Herren, können Sie die Bedeutung ermessen?« fragte Clam-Gallas, das Glas in der Hand. Den Anblick vor Augen und die Worte im Ohr, vermochte Redl ein Lächeln nicht zu unterdrücken, denn was die *»Herren«* anbetraf, lauschten, abgesehen von dem schlafenden Offizier, allein die »illyrischen Mädchen« dem Vortrag über Meere und Kriegsschiffe, der Dinge unfaßlicher Bedeutung in großen Perspektiven vor ihnen aufleuchten ließ. Die Mädchen tranken und rauchten. *»Ti amo ...«*, flüsterte eines der friulischen Mädchen einem anderen zu. Soviel von Meeren und von Panzerkreuzern, dachte Redl und wandelte weiter über die »orientalischen« Gänge des Lasters. Ein großes Labyrinth war es nicht. Dasselbe hätte sich in Olmütz oder Lemberg abspielen können, im Offizierskasino des 32er Hausregiments der Maria Theresia in Pest oder in Orsova, bei den Offizieren des Donauflottillenkorps; das Reich war groß, viele Offiziere waren – bei ihrer Ernennung – zu seinem Schutz vereidigt worden, viele Huren liebten – auch ohne Eid und Ernennung – diese Offiziere und würden glücklich mit ihnen geschworen haben, hätte es nur der hohe Rang dieser Offiziere, ihr blaues Blut und die strenge Etikette des Reiches ermöglicht; vielleicht wären auch die »illyrischen Mädchen« lieber vor den Altar getreten, wenngleich nicht so andachtsvoll wie die *Madonna am Springbrunnen* oder die *Heilige Barbara* des Van Eyck, nicht als Braut, sondern mutig mit dem Jesusknaben auf dem Arm oder in Erfüllung ihrer himmlischen Pflichten, steif himmelan strebend, wie es einer Heiligen geziemt, sich lösend aus ihrer Weiblichkeit, wiewohl gerade das ihre Diesseitigkeit offenbart, an den zuweilen so derben Gebrauch der Weiblichkeit gemahnt, selbst auf den so unsterblichen Gemälden eines Van Eyck. Madonnen waren auch sie, die dalmatinischen, friulischen, Kreiner, istrischen und »alt-illyrischen« Mädchen, auf ihre Krippen-Katen-Kasino-Art, wohin das Schicksal sie eben erhoben oder verschlagen hatte. Schön, wie die einst lebendigen Modelle des Van Eyck. Madonnen, »umherkreuzende« Madonnen ... Zumindest im Urteil des Hauptmann Redl. Vielleicht wurde Clam-Gallas nicht mehr gewahr, wem er von der Feuerkraft des Hipperschen Verbandes berichtete, vielleicht dachte er, während er Janas oder Celas Schenkel streichelte, an das Geschütz dieser schwergepanzerten Kriegsschiffe, vielleicht sah er den Rauch von Celas Zigarette als Rauch aus den Schloten des Schlachtkreuzers S. M. S. *Moltke* an – möglich war es, denn die rauhe-rastlose Dienst-*Wirklichkeit* trennte nur kurzes wirres Wachsein vom beständigen ungebunden-freien *Schlaf.* Redl ging an den offenstehenden Zimmertüren vorbei. Der Baron von Alsó- und Felsőkubiny, Christoph von Kubinyi, erschien auf der Schwelle, halbnackt. Hinter ihm Shivka, mit offenem Haar, auch sie halbnackt, wie eine Madonna. Kubinyi »identifizierte« Hauptmann Redl mit der Sicherheit eines Stockbetrunkenen, der dennoch einiges verträgt. Christoph von Kubinyi, mit einem Hustenanfall kämpfend, steckte Shivka die Zigarette zu, das Mädchen zischte durch die Zähne – die Glut hatte ihr die Finger verbrannt –, nahm dann die Zigarette – barbarisch-vornehm – zwischen die Lippen und tat einen tiefen Zug; Kubinyi lachte laut auf, hustete ausgiebig und fragte Hauptmann Redl lächelnd: »Wohin ist Baatz verschwunden? Wo ist unser blonder Dietwulf?«

»Nach Hause, schlafen.«

»Ohne dich? Dich hat er hiergelassen? Dabei sah er heute wirklich aus wie eine Braut . . . im Soldatenrock! He! Nein? Doch, nicht wahr?«

»Du hast es nur deiner Schwester Katalin zu verdanken, daß ich dich nicht über den Haufen schieße, Chris!«

»Katalin! Lieb Schwesterlein! Wann wird Hauptmann Redl dein?«

Christoph von Kubinyi schwankte in ein leeres Zimmer und fiel der Länge nach auf ein Sofa, seine letzten Worte waren: »Greif dir die Shivka-Metze, Redl! Zieh ihr einen Waffenrock über, dann sieht sie aus wie ein Soldat . . . hm? Ich bin nicht neidisch. Ach, liebste Katalin! Wie lange habe ich mein süßes schönes Schwesterchen nicht gesehen!«

»Komm . . . Na, komm schon . . .«, sagte Shivka schlaftrunken. Redl warf noch einen Blick auf den bäuchlings daliegenden, schnarchenden Christoph von Kubinyi, dann zog ihn die Südslawin Shivka mit in das Zimmer, aus dem Christoph und sie vorher herausgekommen waren.

»Ist der reich?« fragte Shivka mit einem Kopfnicken zu dem Raum hin, in dem Kubinyi schlief.

»Wer? Was? Na los, geh schlafen!«

»Nein! Hör mal! Der soll so ein heißer Rammler sein? Und war einfach nicht wachzukriegen . . . Ich heiße übrigens Shivka.«

»Ich weiß.«

»Woher?«

»Aus der letzten päpstlichen Bulle...«, sagte Redl freundlich.

»Woher?«

»O Mädchen! Wenn ich könnte, würde ich dein ganzes Leben, dein Schicksal wieder auf die Spule aufwickeln, von der es abgerollt ist...«

»Liebst du wirklich nur Jungs?«

»Wie?«

»Das hat dein Freund behauptet, als er munter wurde auf mir. Er sprach von dir.«

»Er war besoffen.«

»Bestimmt. Kommst du?«

»Ja.«

»Ich kenne einen Offizier, er heißt Paul. Paul Thiele. Ein Leutnant. Er liebt dich. Schätzt dich sehr. Er sagt, von allen Offizieren hier in Görz wärst du der beste, der hervorragendste. Ob das auch bei *den Frauen* zutrifft? Na?« fragte Shivka lachend; sie zog sich aus, langte dabei nach dem Champagner, trank einen Schluck und steckte sich darauf eine Zigarette an, drinnen im Zimmer, dessen Tür Redl von innen verschloß. Shivkas Brüste wogten. Ihr Haar fiel offen auf Rücken und Schultern. Das kohlschwarze Dreieck ihres Schamhaares schien die gewöhnliche Nacktheit des Körpers schützen zu wollen wie ein eigenes kleines Haus, angewachsen – allegro – an das Haus des Körpers, ein schwarzes, dunkles Fenster an einer hellen Wand. Redl ließ es geschehen, daß Shivka ihn auskleidete, ihn zu sich zog und in sich aufnahm.

Hauptmann Alfred Redl verließ Frau Herthas Pension in aller Frühe, kurz nach Tagesanbruch. Er kehrte in die Garnison zurück. Er musterte das Zimmer, wo die Dinge dieselbe Ordnung hatten, wie vor seinem Weggehen. Er setzte sich an den Tisch, schob ein Vergrößerungsglas, eine verschlossene Metalldose und ein kristallenes Weinglas vor sich hin. Die Gegenstände lagen alle an ihrem Platz, säuberlich ausgerichtet, zusammen mit einer feinen, silbernen Pinzette; er mußte seine Spielsachen lediglich näher zu sich heranrücken. Er drehte den geschliffenen Kristallkelch um, stellte ihn mit der Öffnung auf die Tischplatte und setzte dann, nachdem er die Metalldose vorsichtig geöffnet hatte, eine Westring-Würgspinne unter das Kristallglas, wobei er seinen Rand nur wenig anhob. Die Würgspinne umrundete sofort ihr neues Reich, dieses auf die dunkle Metalldose folgende zweite, durchsichtige Gefängnis. Sie versuchte das Unmögliche – mit den behaarten Beinen an der Wandung des Kelches hinaufzuklimmen. Sie fiel immer wieder zurück, gab aber nicht auf. Nach einer Weile ging sie in reglose Lauerstellung. Da schaltete Hauptmann Alfred Redl eine grelle Zeichenlampe ein. Er hielt das Vergrößerungsglas zwischen die Lampe und das umgedrehte Kristallglas, in genau gleichem Abstand von beiden Gegenständen. Mit dem Brennpunkt der Linse folgte er langsam der unter dem Glas des Kelches vor der Hitze fliehenden Würgspinne. Die Spinne hielt hie und da – für den Bruchteil einer Sekunde – auf ihrer Kreisbahn inne, denn womöglich eröffnete ihr gerade der auf sie fallende Fokus einen Fluchtweg. Dann nahm sie erneut ihren Lauf entlang der geschliffenen Wandung auf. Redl schaltete die Lampe aus: zum einen gab er der Würgspinne eine Ruhepause, zum anderen meinte er – ganz richtig –, die in der Zwischenzeit hoch stehende Sonne, deren Schein bereits die äußerst puritanisch eingerichtete Garnisonsstube erhellte, erzeuge im Brennpunkt der Linse eine viel größere Wärme als die elektrische Lampe. Zuerst stieg vom Rückenschild am Hinterleib der Spinne feiner Rauch auf. Dieses sonderbare Spiel war ursprünglich die Passion des großen Philosophen Spinoza gewesen, der sich nebst Spekulationen endlich auch, um sein Auskommen zu haben, mit dem Schleifen von Vergrößerungsgläsern befaßte, in Hollands »goldener Zeit«. Langsam schwelten auch die Kieferfühler, glommen und schrumpften. Die Westring-Würgspinne indessen setzte ihre Flucht fort. Sie kämpfte. Schon schwelten auch die Giftklauen, glühten rot auf, und durch die gezielte Hitze der Sammellinse verkohlten jählings der Hinterleib und das Kopfbruststück.

Ein hochrangiger Offizier war in das »österreichische Nizza« gekommen, zur Generalinspektion in der Görzer Garnison. Ein Spalier von Offizieren in Helm und weißen Handschuhen empfing ihn, mit Trommelwirbel und Hornsignal. Er war der unmittelbare militärische Berater Seiner Majestät des Kaisers und Königs Franz Joseph I., ebenso hoch von Ansehen wie der verstorbene Erzherzog Albrecht, der »Löwe von Custozza«. Der hohe Offizier, in jeder Hinsicht ein getreuer Schüler des Erzherzogs Albrecht, des »Löwen von Custozza« – der in Wahrheit nur rebellierende italienische Studenten hingeschlachtet hatte –, war in Troppau geboren worden, am 22. Mai 1852. Auch er ein Schlächter; doch hatte das launische Kriegsglück gegen sein Schicksal, seine militärische Laufbahn keine custozzischen Barrikaden errichtet. Als historische Entschädigung sozusagen durfte er dafür an der Besetzung Bosniens teilhaben, und in diesem Manöver erwies er sich seines großen Meisters, des Erzherzogs Albrecht, würdig. Seine Laufbahn war keineswegs durchschnittlich: nach Abschluß der Wiener Militärakademie wurde er unverzüglich dem Generalstab zugeteilt. Später unterrichtete er am militärischen geographischen Institut. Hier begegnete er erstmals dem jungen Leutnant Redl. Redl war ein eminenter Schüler, und das hatte der hohe Offizier, der gestrenge Lehrer Baron Mauritius Auffenberg, nie vergessen. Ritter Mauritius Auffenberg, General der k. u. k. Infanterie, nahm eine blendende Karriere: anfangs leitete er das Eisenbahnbüro des Generalstabs, und die künstlerische Sorgfalt, mit der Auffenberg dieses Amt versah, hatte nachgerade katastrophale Folgen für den zivilen Reiseverkehr, und für den Güterverkehr nicht minder, da der k. u. k. General Auffenberg – und sei es auch nur unter dem Vorwand der ungehinderten Durchfahrt für einen einzigen Militärzug – freie Fahrt auf sämtlichen Schienensträngen des Reiches forderte, kommentarlos und jeder möglichen rationalen Appellation zum Trotz. Die Bahnbeamten zitterten vor den telegraphischen Anweisungen des Mauritius Auffenberg, die stets den Vermerk trugen: *»hat absoluten Vorrang«*. Später nahm der k. u. k. General Auffenberg seinen Abschied von der Eisenbahn. 1895 – im Todesjahr des Erzherzog Albrecht des »Löwen« – wurde er von Seiner Majestät Franz Joseph I. zum Befehlshaber des 23. Infanterieregimentes ernannt. Eisenbahner und Schaffner, Lokomotivführer und Verkehrsbeamte der Österreichisch-Ungarischen Staatsbahnen konnten endlich zivile Reisezüge oder Güterwaggons mit Weizen und Vieh ungehindert auf den Weg schicken. 1898 erhielt der k. u. k. General Baron Mauritius Auffenberg den Orden der Eisernen Krone. Zu der Zeit war er schon weniger mit der Bahn, mit Lokomotiven, Beamten und Eisenbahnknotenpunkten beschäftigt. Ihn fesselte das unerschütterliche »Gleichgewichtsprinzip« seines Idols, des »Löwen von Custozza«, das von der pazifistischen Presse als seine Manie, als fixe Idee bezeichnet wurde, das der Generaloberst Conrad von Hötzendorf jedoch vollkommen anerkannte, ja in taktischer und strategischer Hinsicht auf die Spitze trieb: 1. Präventivkrieg auf dem Balkan; 2. Präventivkrieg gegen Italien. General Auffenberg widmete diesen kapitalen Kardinalfragen all seine Arbeitskraft, wiewohl er bald einsehen mußte, daß Streitmacht und Kampfbereitschaft des Reiches zur gleichzeitigen Ausführung beider Aufgaben keineswegs ausreichten. General Auffenbergs oberster Grundsatz war jedoch, das offensichtlich *Unmögliche* schnellstens in ein *Mögliches* zu verwandeln. Im Frühjahr 1900 wurde er zum Befehlshaber der 65. Győrer Infanteriebrigade ernannt und im selben Jahr noch zum Generalmajor befördert. Fünf Jahre später ernannte Seine Majestät, der Kaiser, den Baron Auffenberg zum Generalleutnant. Seine Aufgaben aber blieben dieselben: 1. Regelung des Balkan-Problems; 2. Präventivschlag gegen Italien im Norden, Offensive im Süden bis an den Po mit gleichzeitiger Vernichtung der italienischen Adria-Flotte. Durch die Gunst des Kaisers stieg Generalleutnant Auffenberg zum Inspekteur der Offizierschule der gemeinsamen k. u. k. Armee auf. Vielleicht sollte diese Ernennung den Gedanken des Generalleutnants eine andere Richtung geben? Der Kaiser irrte. Generalleutnant Auffenberg arbeitete beharrlich an der vollständigen Klärung des Balkan-Problems und suchte nach Möglichkeiten, mit Italien abzurechnen. Umsonst wurde ihm 1907 das Ritterkreuz des Leopoldordens verliehen und kaum zwei Jahre darauf die Geheimratswürde: Generalleutnant Auffenberg vergaß weder den Balkan noch das aggressive Italien, das neue Königreich, das es zu kolonialisieren galt. Im Herbst 1909 ernannte Seine Majestät, der Kaiser und König Franz Joseph I., der endlich ein Einsehen hatte, daß die Balkan-Krankheit seines hohen Offiziers nicht zu heilen war, den Generalleutnant Mauritius Auffenberg zum Befehlshaber des 15. Armeekorps und gleichzeitig damit zum kommandierenden Armeegeneral von Sarajevo, nur damit er nicht etwa in Wien oder Győr die Balkan-Frage »löste«. Generalleutnant Baron Mauritius von Auffenberg, mit dem Orden der Eisernen Krone und dem Ritterkreuz des Leopoldordens ausgezeichnet – ein strenger, hagerer, blonder, schweigsamer Mann mit gewichtigem Wort und vernarbtem Gesicht – erschien als Befehlshaber des 15. Armeekorps, das den Balkanraum sicherte, und als kommandierender General der in Sarajevo konzentrierten militärischen Einheiten im »österreichischen Nizza«, in der Görzer Garnison, empfangen mit vollem militärischem Pomp, im 20. Jahrhundert A. S. N. (anno Salvatoris nostri), in den letzten Monaten der ersten Dekade. Der Generalleutnant nahm mit der seinem Rang geziemenden *monotonen Würde* die Inspektion in Görz, in Pola und im Hafen von Fiume vor. An die Offiziere, die ihn auf seiner Rundfahrt begleiteten, richtete er nicht ein Wort, und sobald sich einer von ihnen zu äußern wagte, sei es auch nur unter dem Vorwand der geringsten Kleinigkeit, herrschte ihn der Adjutant des Generalleutnants von Auffenberg an: »Meine Herren, ich darf Sie bitten, Ruhe zu bewahren; Seine Exzellenz, der Herr Generalleutnant, wird, falls er es für nötig erachtet, Fragen an Sie richten und Sie eventuell auch in persönlichen Angelegenheiten zur Audienz empfangen. In der Zwischenzeit wollen Sie sich bitte in Gegenwart des Generalleutnants nicht äußern! Seine Exzellenz hat keinen Bedarf an Reiseführern, meine Herren! Der Herr Generalleutnant ist im übrigen auch nicht hergekommen, sich an der Landschaft, an der Adria und der Küste, zu ergötzen. Ich bitte Sie, bringen Sie sich nicht in die Situation, in der Seine Exzellenz, der Herr Generalleutnant, Sie darauf aufmerksam machen muß, daß es ihn nicht interessiert, was Sie vorzubringen haben, allein in Anbetracht der außergewöhnlichen Tatsache, daß der Herr Generalleutnant persönlich in dieser derzeit extrem exponierten Küstenregion erschienen ist!«

Generalleutnant von Auffenberg inspizierte im *wahrsten Sinne des Wortes wortlos* die Küste. Er, der 1911 österreichisch-ungarischer Kriegsminister war und 1912 von diesem hohen Posten *freiwillig* zurücktrat, weil er eines erkannt hatte: die Armee wäre fähig gewesen, auf dem Balkan aufzutreten und gleichzeitig sogar Italien gegenüber Stärke zu bezeugen (was ein *großer* und *tiefer* und *wacher* Traum im Hirn des Generalleutnants von Auffenberg war, und viele hohe Offiziere teilten diesen wachen Traum, diesen furchtlosen Friedensfrevel, mit ihm), ja, die Armee wäre fähig gewesen sowohl auf dem Balkan als auch in Italien energisch und alles hinwegfegend und – vor allem – bewaffnet aufzutreten und repressiv zu erscheinen, wögen nicht die Heerführer der Armee – die pazifistischen, wie Spinnen ihre Netze webenden hohen Offiziere, die Taktiker und Strategen – die Chancen auf der *Krämerwaage*, wobei sie trotz allem nicht in der Lage waren, die ernsten Konsequenzen abzuwägen, nämlich, daß es nichts zu wagen, nichts zu wägen gab: man mußte nur angreifen.

Generalleutnant Baron Mauritius von Auffenberg trug zwei Masken, eine doppelte Larve deckte sein menschliches Antlitz, als er im »österreichischen Nizza«, in Görz, und anschließend in Pola und Fiume erschien, die ganze Küstenregion seiner strengen Inspektion unterziehend. Die *eine Maske*, die *eines seiner Gesichter* vor den Führungsoffizieren, den Stabs-, Truppen-, Unteroffizieren und einfachen Soldaten verbarg, entsprach dem Habitus, den ihm niemand hätte nehmen können, auch nicht der Heldentod, für den die Zeit noch nicht gekommen war. Die *zweite Maske*, die ein besonderer, nur für ihn typischer, grausamer, befehlender Stil und grobe Gesten ergänzten, verhüllte schon weniger das *angeborene Antlitz* des Generalleutnants von Auffenberg. Auch das war weder menschliches Antlitz noch eine *menschliche Maske*, würdig, ein menschliches Gesicht zu decken. Diese Maske verbarg Besorgnis, bange und beängstigend aggressive Züge. Der fehlbare Mensch – Generalleutnant Baron Mauritius von Auffenberg – war zwischen dem eigenen Gesicht und der Larve, die das Gesicht deckte, verlorengegangen. Für ihn sprach jedoch, daß er diesen einsamen Kampf zwischen seinem angeborenen *Gesicht* und der – um höherer Ziele willen – angenommenen *Maske* bis in den Tod hinein ausfocht und durchstand. Gesicht und Maske waren ineinander aufgegangen, und da man trotz zwiefacher Erscheinung nur *ein Leben* sterben kann, dachte Generalleutnant Ritter Auffenberg später, als der Krieg ausbrach, daß der Unterschied zwischen Leben und Tod des Menschen letztlich nur in einem besteht: einerseits wählen wir zwischen beidem (anstelle uns selbst), andererseits wählt das Schicksal (wiewohl das kaum einen Unterschied zwischen menschlichem Leben und menschlichem Tod ausmacht) uns aus, *den Menschen,* für die übermenschlichen Ziele der Geschichte, der Weltgeschichte, der der menschgeborene Mensch, der sie furchtlos entdeckt, als Soldat kraft seiner Uniform, seiner goldenen Sterne, seines roten Streifens am Hosenbein, seiner hohen Auszeichnungen glaubt, verpflichtet zu sein. Nie hätte jemand den Generalleutnant Auffenberg bewegen können, die beiden Werke *Die Harmonie im Seelenleben der Frau* und *Die Durchsetzung der seelischen Formen der Frau unter nützlichen Formen* zu lesen. Und dennoch ließ eine Hofdame, eine Sternkreuzdame noch dazu, dem Generalleutnant Auffenberg eine Studie zukommen, die *L'avenir de l'esprit européen* überschrieben war. Die Dame betonte darin, die geistige Zukunft Europas liege ausdrücklich im Frieden. Generalleutnant von Auffenberg ordnete eine sofortige Untersuchung an, da er eine Provokation gegen seine Person argwöhnte. Dieselbe Dame ließ ihm auf einem kleinen Zettel folgende – nur persönlich zu öffnende – Mitteilung zukommen: *»R. strebt zu den Höhen und* *verachtet auf seinem Wege dorthin all diejenigen, die ihn mahnen, daß es vor der Gipfelbesteigung nicht schadet, im Tal eine körperliche Rast einzulegen.«* Generalleutnant von Auffenberg verfügte, die Schreiberin dieses kurzen Briefchens ausfindig zu machen. Das Ergebnis lag innerhalb von vierundzwanzig Stunden vor: die Dame hieß Dr. Gizella Dedinszky und war Gesangslehrerin an der Realschule für Mädchen der Budapester Schottischen Mission, außerdem Sprachlehrerin für Latein und Griechisch. Generalleutnant Ritter Mauritius Auffenberg durchschaute sogleich die Absicht: Brief und Zettel waren nichts anderes als Provokationen gegen seine Person. Indes traf noch ein zweites Briefchen ein, auf rosafarbenem Papier, in lavendelduftendem Umschlag, abgesandt von den Damen Ida Bobula, Erna Patzelt, Alexandra Wacker, Johanna Weszterdyk, Lenke Brandenstein-Krieg und Marianne Czeke. Sie schrieben:

Der Himmel bot mir Freunde an,
Gab mir den einen treulich und zum Mann, –
Doch sieh, kaum daß er mir Seelentröster ward,
Ging fort er wieder weit, auf große Fahrt . . .

Der Adjutant des Generalleutnants von Auffenberg benötigte alles in allem zwei Stunden, um die vom militärischen Standpunkt aus offensichtliche Bedeutungslosigkeit des verdächtigen Gedichtes herauszufinden; er teilte seinem Chef untertänigst mit, das Gedicht sei keine geheime Nachricht, kein Feind habe die Hände im Spiel, man brauche keine Maßnahmen zu treffen. Der auch in seiner Naivität den Schmerz schmerzvoll verhüllende lyrische Erguß stamme von der Gräfin Teréz von Brunszvik, und hinter ihren traurigen Zeilen *steht keinerlei fremde Macht,* sofern man nicht das unbefriedigte und nicht zu befriedigende weibliche Geschlecht, die Frauen, als Feind und folglich als fremde Macht betrachten wolle, gleich ob nun halbwüchsiges Mädchen, Jungfrau, Fräulein, ledige Mutter, unverheiratete Frau, Ehefrau oder Witwe. Hauptmann Wolfgang Witiger, sog. »Straßensicherungs«-Adjutant des Generalleutnants von Auffenberg, der den ranghohen Offizier in die Küstenregion begleitete, hatte häufig das Gefühl, er müsse, bevor er sich selbst eine Kugel durch die Schläfe schoß, erst einmal den ewig mißtrauischen, Argwohn hegenden Generalleutnant durchlöchern wie ein Sieb. Resigniert wiederholte er, sooft ihn der Generalleutnant von Auffenberg über das Gedicht befragte: »Euer Exzellenz, das Gedicht, daß man Euer Gnaden geschickt hat, ist das Werk der Teréz von Brunszvik, überschrieben: *Klage des Ritters.*« Und, die Müdigkeit seines jungen und fähigen Adjutanten vor Augen, erwiderte der Generalleutnant Baron Mauritius von Auffenberg – der das Gedicht schon auswendig kannte – seinem Straßensicherungsadjutanten, dem Hauptmann Wolfgang Witiger, in väterlichem Ton: »Keine Angst, Hauptmann. Nur nicht müde werden. Selbst Luzifer hält die Laterne, uns den Weg zum HErrn zu weisen. Aber leuchtet seine Laterne auch? Ich glaube nicht, Hauptmann. Doch dazu sind wir Soldaten, um Luzifer in der finstersten Finsternis die Laterne zu entreißen und, ihr Licht entzündend, alle Idioten, die wir kennen, in die *Ewigkeit* zu führen, von der wir wohl wissen, daß sie nichts anderes ist, als der Tod, nichts, als das Nichts, Hauptmann!«

Und dann sprach der Generalleutnant nachdenklich die Worte aus dem Gedicht *Die Klage des Ritters* der Teréz von Brunszvik vor sich hin, denn es könnte ja sein, daß sich so seine geheime Bedeutung »erschloß«.

Es kam zu einem Vorfall. Generalleutnant Baron Mauritius Auffenberg erhielt dazu mehrere – einander widersprechende – Meldungen. Hauptmann Wolfgang Witiger faßte sie wie folgt zusammen: »Hauptmann Alfred Redl, Offizier der Görzer Garnison, hat um Urlaub ersucht und ihn erhalten. Nach der Genehmigung seines Ersuchens reiste er unverzüglich nach Varallo, wo er in einer einfachen Kirche vor dem Fresko der Heiligen Katharina von Siena auf die Knie fiel und zu ihr betete. Insoweit die Hauptmann Redl nach Varallo folgenden Agenten in der Lage waren, die knieend gesprochenen Worte dieses hervorragenden Offiziers zu notieren, sagte er folgendes: *»Er ist mir Gefährte meines Lebens, der von mir nicht nimmt weder Leben noch Tod noch die Angst, die Botendienst leistet zwischen Leben und Tod.«*

In Wahrheit geschah in Varallo auch etwas anderes, von dem Kniefall vor dem Fresko der Heiligen Katharina von Siena ganz abgesehen. In einer Höhe von 608 Metern über der Stadt erhebt sich auf der Hochebene des berühmten Wallfahrtsortes Sacro Monte die Kirche Nuova Gerusalemme, die, seit sie 1578 erbaut wurde, von so vielen Rittern und Pilgern, bald mit dem Schwert, bald mit dem Kreuz, aufgesucht wurde, daß die lange Stufenreihe zu dem gelobten Gnadenort bis ins 20. Jahrhundert hinein fast zu einem glatten Steinpfad verschliß, infolge der Vielzahl der Schritte.

In der Kirche der Stadt Varallo erklangen Teile aus der Matthäuspassion Johann Sebastian Bachs. Die Soloarie des Jesus wurde von Hauptmann Redl gesungen, inmitten des Männerchores. Inkognito, natürlich, in Zivil und mit einem Bariton, wie ihn sich der Leipziger Thomaskantor nur erträumt haben mochte. Die Solopartie dieses Baritons übertönte das Brausen der Orgel. Die Arie brachte die jungen Paare in den Gebetsbänken, die Witwen und die Verlorenen, die halb Bekehrten und die fast gehörlosen alten Frauen zu ihrem – durch Schicksal und Leben so abgekühlten – Glauben zurück, selbst der Sakristan kam heraus in dem Glauben, es stehe zu befürchten, der Gekreuzigte selbst könne der Sänger sein. Gleichwohl war es nur Hauptmann Redl, der da in der Kirche der Stadt Varallo sang. Er sang die Partie des Jesus: *»Jesus im Garten Gethsemane«*. Es war der letzte freie Tag des gekreuzigten Messias, seine letzte Nacht in der menschlichen Unmenschlichkeit. Am nächsten Tag schon starb er am grausamen Kreuz. Seinem bündigen Resümee fügte Hauptmann Wolfgang Witiger lediglich hinzu, daß außer Redl, der das einsame Solo des Jesus zu Gehör brachte, noch zwei Offiziere im Leutnantsrang im Männerchor mitsangen: Dietwulf Baatz und Paul Thiele. Generalleutnant Baron Mauritius von Auffenberg, der mit dem Orden der Eisernen Krone und dem Ritterkreuz des Leopoldordens ausgezeichnete hohe Offizier, gestattete sich jedoch nach Entgegennahme der Meldung, die das Ereignis umriß, nach eisigem Schweigen, und kurzem und unheilschwangeren Grübeln die im Vergleich zum konkreten Fall auf seinen ausgezeichneten Adjutanten wie auch auf die gesamte, nur ihn beobachtende Umgebung höchst überraschend wirkende historische Analyse: »Varallo . . . Hauptmann Redl . . . Novara . . . Italien . . . Heilige Katharina von Siena . . . Fresken . . .« Und zugleich warf er einen Blick in die streng vertrauliche, mit dem Vermerk »persönlich« gekennzeichnete Meldung, der zufolge Hauptmann Redl nicht als wahnsinnig anzusehen war, nur weil er in der Kirche der Stadt Varallo mit klingendem Bariton die Arie des Jesus gesungen hatte, mit seiner Stimme das uralte, trauliche Kirchenschiff erfüllend, sich gleichsam ekstatisch der absolvierenden Strenge des Heiligtums hingebend, diesem Sünden wie Sünder zur *Rechenschaft ziehenden* Raum, sondern weit eher als homosexuell, zumal jeder ihn als Atheisten kannte, was keinerlei Anlaß gab, ausgerechnet in einer Kirche in Ekstase zu fallen, eine Ekstase, die gewißlich der Männerchor ausgelöst hatte, auf jeden Fall weder die Andacht noch die Bekehrung zum Messias, dessen Rolle Redl sich zynisch – mit dem Singen einer Arie – angemaßt hatte. Generalleutnant Auffenberg überflog die Meldung aus Varallo. *Seine Gesichter und seine Masken* nahmen bedrohlich ernste Züge an. Den Umstehenden erklärte er folgendes: »Meine Herren, *ich*« – und das betonte er mit Nachdruck –, »kenne Hauptmann Redl. Es geht hier um einen Offizier, der sich von uns allen in *außergewöhnlichem Maße* unterscheidet. Um meinen Schüler! Es heißt, er habe in der Kirche von Varallo gesungen? Nun! Ich frage Sie: was geht uns das an? Dieser Mann wird, wenn der Krieg ausbricht, nicht singen, sondern kämpfen! Vielleicht möchten Sie, meine Herren, dann lieber singen, wenn die Kanonen donnern, wenn die Infanterie mit gefälltem Bajonett zum Sturm ansetzt . . . Außerdem – die Historie kennt viel Merkwürdiges. Gedenken Sie aus der Vielzahl der nahezu unverständlich scheinenden Fälle nur des einen: als der

Herzog von Condé die Blüte des hugenottischen Adels gegen die katholischen Ritter in den Kampf führte, an deren Spitze der Herzog von Guise stand. Condé verlor die Schlacht, die Kürassiere des Herzogs von Guise nahmen ihn gefangen, sie hätten ihm auch den Kopf abschlagen können, immerhin ging es dort und damals nicht nur um eine Schlacht, sondern um einen Religionskrieg! Was ist statt dessen geschehen, meine Herren? Der siegreiche Herzog von Guise und der besiegte, der gefangene Herzog von Condé schliefen in jener Nacht nach der Schlacht in einem Bett, als wären sie nicht Todfeinde, sondern die besten Freunde!«

Generalleutnant Baron Mauritius von Auffenberg befahl den aus dem Urlaub zurückgekehrten Hauptmann der Görzer Garnison zu sich. Als Hauptmann Redl zur festgesetzten Zeit, auf die Minute genau erschien, blickte Generalleutnant von Auffenberg auf seine goldene Roamer-Taschenuhr. Er stellte fest, daß der Offizier, sein ausgezeichneter Schüler, weder zu *früh* noch zu *spät*, sondern zur angegebenen Zeit, in der Sekunde, da er vor dem Angesicht des hohen Offiziers zu erscheinen hatte, erschienen war. Ihre Unterredung verlief intim vertraulich und kurz, ohne Verklausulierungen. Auf Wink des Generalleutnants Baron Mauritius von Auffenberg verließ der Straßensicherungs-Flügeladjutant Hauptmann Wolfgang Witiger sofort das Zimmer. Generalleutnant von Auffenberg spielte mit keiner Silbe auf die Stadt Varallo an, auf den Männerchor, die Matthäuspassion oder Jesu letzten Gesang. Er sprach vom Heiligen Römischen Reich. Kernpunkt seiner Rede war der westfälische Friede, den der Generalleutnant als Ursache für den Fall des Heiligen Römischen Reiches Deutscher Nation ansah. Er erklärte, Luther habe Deutschland bis zum Äußersten aufgestört und die Seele des deutschen Volkes barbarisch verunsichert. Und bevor er Hauptmann Redl entließ, rezitierte er das Gedicht des Bischofs von Le Mans, Hildebert, auf Latein, womöglich in Erinnerung an seine früheren Studien:

Dum simulacra mihi, dum numina vana placebant
Militia, populo, moenibus alta fui:
At simul effigies arasque superstitiosas
Deiiciens, uni sum famulata Deo,
Cesserunt arces, cecidere palatia divûm
Servivit populus, degeneravit eques.
Vix scio quae fuerim, vix Romae Roma recordor,
Vix sinit occasus vel meminisse mei.
Gratior haec iactura mihi successibus illis;
Maior sum pauper divite, stante iacens:
Plus aquilis vexilla crucis, plus Caesare Petrus,
Plus cinctis ducibus vulgus inerme dedit.
Stans domui terras, infernum diruta pulso,
Corpora stans, animas fracta iacensque rego.
Tunc miserae plebi, modo principibus tenebrarum
Impero: tunc urbes, nunc mea regna polus.

Baronesse Katalin von Kubinyi besuchte ihren Bruder oft, indem sie einfach aus Oberungarn, aus Wien oder Pest, wo immer sie eben war und an das Meer dachte, angereist kam. Sie stieg in den Schnellzug nach Fiume und benachrichtigte ihren Bruder – wenn sie nicht in die »Soldatenstadt«, die »Polizistenstadt« oder das »castrum« Görz, in dessen Garnison ihr Bruder diente, kam – irgendwo aus Abbazia, Lovrana, Múggia, Duino, er möge herüberkommen, weil sie da sei, an der Küste. Sofern ihn sein Dienst nicht daran hinderte, machte sich Christoph gleich auf den Weg. Und nicht immer allein. Häufig begleitete ihn Ulanenkapitän Szever Korzelinszki, der Katalin gern und ernsthaft den Hof gemacht hätte, aber Katalin »war nicht für ihn Katalin geworden«, wie das Christoph selbst zu Redl gesagt hatte, noch bevor ihre Freundschaft in die Brüche gegangen war. Katalin mochte Korzelinszki nicht, und das spürte und wußte der Kapitän, er war nicht zudringlich, er verehrte Katalin nur sehr zurückhaltend, und das gestattete sie ihm, besser gesagt, geruhte sie nicht zu bemerken. Hauptmann Redl hatte die Baronesse von Kubinyi nicht in Görz, nicht an der Küste kennengelernt. Ihre Bekanntschaft – für andere eine Beziehung, ein Verhältnis unbekannter Natur und unbegreiflicher Intimität – reichte weit zurück, sie hatte in den Jahren des *vergangenen Jahrhunderts*, in längst vergangenen Sommerferien ihren – spielerisch-schicksalsschwangeren – Anfang genommen, als der Kadett Christoph, dessen Studienkamerad der Kadett Redl in der Kriegsschule war, in den Sommerferien des *vergangenen Jahrhunderts* für einige Tage seinen Freund nach Oberungarn einlud, auf das altadlige Gut der Kubinyis. Es war ein großer Sommer, und Katalin schon ein großes Mädchen, wenigstens im Vergleich zu den beiden Kadetten, den halbwüchsigen Jungen. Die Erinnerung an das adlige Mädchen grub eine unverwischbare, unvergeßliche, lebenslange Spur in das Gedächtnis des Halbwüchsigen – womöglich hatte gerade die jungenhafte, wilde, ungehemmte Natur des Mädchens solches bewirkt –, und später, als Redl sich Offizier nennen durfte, *trat* Katalin als reife Frau wieder in diese tiefliegende Erinnerung *ein* und erweckte sie zum Leben. Sie trafen sich oft; in Wien oder Abbazia, sie wechselten zahlreiche Briefe und vergaßen einander lange Zeit, um sich dann wieder zu begegnen, und in diesem *Wieder* stets *neu*. Dieses Mal aber das das »Karma« der Katalin von Kubinyi, der Zauber ihrer Persönlichkeit, die mitreißende, aber nicht mitzureißende Vitalität ihres labyrinthischen Wesens, ihr überschwenglicher, jauchzender Frohsinn, ihre charismatische Menschenscheu, die sich dennoch öffnen konnte und auch das Sich-Öffnen anderer ohne Furcht annahm, wiewohl sie es nicht immer erwiderte, diesmal war sie unfähig zu erreichen, daß ihr Bruder Christoph und sein Freund Redl einander aussöhnten, und sei es auch nur zum Schein, aber wenn sie es nicht um ihrer selbst willen taten, sollten sie sich wenigstens ihr zuliebe einer Möglichkeit annähern, die im Verlauf der Zeit vielleicht wieder Freundschaft genannt werden konnte. Christoph lehnte ab, Redl desgleichen. Einmal, als Redl und Katalin in der Zypernallee promenierten, die über die Klippen der Bucht von Quarnero führte, bemerkte er: »Die einzige Ursache ist vielleicht, daß Christoph dich einfach liebt und eifersüchtig ist, ohne sich selbst darüber im klaren zu sein.«

»Weißt du, was Christoph sagte? Aber glaub nicht, er wäre betrunken gewesen ... Er sagte, du liebtest mich nicht, du hättest Angst vor mir, würdest mich am liebsten meiden, wenn ich mich nicht manchmal ›zu dir legte‹, wie es dieses reizende Ferkel ausdrückte, und er fügte hinzu, du liebtest eigentlich *ihn* und hieltest nur deshalb die Verbindung mit mir aufrecht, dieses ›virile Verhältnis‹, wie es dieser Satansbraten nannte, weil *ich ihm*, weil *er mir* so ähnlich sei, weil wir einander auffallend ähnelten. Worauf ich ihm antwortete, wir seien schließlich Geschwister. Darauf entgegnete Christoph lediglich *ja*, aber Redl – ›mein Kadett‹ – sehe diese Ähnlichkeit mit anderen Augen, nicht normal, sondern anormal, nicht mit Liebe und Freundschaft, sondern teils mit Neid und Eifersucht, teils mit der forschenden Frage, wer von uns wohl im Innersten, in der Seele, dem Wesen nach, die Frau und wer der Mann ist, ob ich auch wirklich die Frau bin, er wirklich der Mann ist, oder umgekehrt. Nur deshalb würde dich unsere Ähnlichkeit reizen. Über solche Dinge möge sich mein Soldat mit seinem ausgeruhten Hirn den Kopf zerbrechen, wenn er nicht gerade mit Aviatik beschäftigt ist, Übungsflüge unternimmt, um als Infanterieoffizier in seiner Freizeit die Pilotenprüfung abzulegen!«

»Er hat eine Theorie über mich entwickelt, ins Blaue hinein. In Wahrheit liebe ich euch beide, und dein Bruder kennt mich überhaupt nicht. Aber, Katalin, sage ihm trotzdem, er möchte nicht so viel saufen, weil er nichts verträgt, und wenn ich boshaft sein wollte, könnte ich sagen, das sei gewissermaßen eine weibliche Eigenschaft, zumindest bei einem Offizier. Doch lassen wir das. In dir *ist* Christoph, du aber, Katalin, bist *nicht* in ihm. Und, ob es ihm nun gefällt oder nicht: wenn ich hier mit dir spazierengehe, geht auch Christoph mit spazieren, obschon er meint, wie gewöhnlich im Offizierskasino zu zechen und mit den vollblütigen illyrischen Mädchen zu schäkern, ihnen zur Freude, oder auch nicht, da er zu ihren züchtigen Teilen nur betrunken Zugang findet.«

Katalin lachte lauthals, schob ihren Arm unter den Redls und öffnete ihren weißen Sonnenschirm; sie machten kehrt und gingen zurück zum Hotel, die Zypernallee hoch über der Bucht von Quarnero entlang, über den fast in die Wellen hineinstürzenden, dann wieder steil aufragenden und ganz zu sich, zu ihrer Masse findenden Karstfelsen. Im anschwellenden Meeresbrausen hörte man leise das frühabendliche Läuten der Kirchenglocken von Quarnero, doch dann übertönte das Tosen der vom aufkommenden Wind ans Ufer getriebenen Wogen die Laute menschlicher Existenz, Katalin schritt langsam aus, schwer hing sie am Arm des Hauptmanns, ließ sich, eng an ihn geschmiegt, fast von ihm tragen, als hätte sie keine Lust, selbst zu gehen, als gäbe es nichts auf der Welt, wohin sie heimkehren könnte.

Katalin von Kubinyi hatte im Sankt Stephansdom zum ersten – und zum letzten Mal – zu Redl das Wort gesagt, das wir getrost ein Synonym für *Leben, Sein, Existieren* nennen sollten. Redl, der unmittelbar neben Katalin stand, hörte dieses eine, nur einmal und sehr leise ausgesprochene Wort: *ich liebe dich,* nicht, weil die Orgeln laut brausten, weil der Gesang des Männerchores und der Gläubigen es übertönte, dieses Wort, in das Katalin ihr Leben gelegt hatte, doch Redl hörte es nicht mit seinen Ohren, geschweige denn mit seinem Leben, diese alles auslösende und erlösende, befreiende Freudenbotschaft, und weil er es nicht hörte, nahm sein Schicksal eine sich noch nicht an der Oberfläche zeigende, aber gleichsam mit Tiefenwirkung und sofort sich vollziehende Wendung, erfuhr eine nicht umkehrbare Richtungsänderung, die er später im *Leben* nicht mehr zeitlich zurückdrehen konnte, weil der Augenblick dieses voller Leben ausgesprochenen Wortes verstrichen war und im Tod seinen Sinn, sein Ziel, seine gesamten Möglichkeiten und auch sein »Objekt« verlor, sich als irreal erwies, für Redl ein Wort blieb, das nie gesagt wurde.

Um so deutlicher erinnerte sich Redl an die Worte von Katalins Bruder Christoph in dem Augenblick, da sie in der

Görzer Garnison mit wenigen Sätzen klärten, daß ihre alte Freundschaft aus der Kadettenzeit zu Ende war, ihre Wege sich trennten.

»Meine verrückte Schwester ist, glaube ich, verliebt in dich, und zwar auf ihre Weise. Zumindest liebt sie dich. Sie mag dich, das ist sicher. Willst du sie nicht heiraten? Überleg dir das, Redl! Eine Aristokratin! Katalin hat blaues Blut, du aber, Redl, bist ein ›bürgerlicher‹ Sproß . . . obwohl dein verschwundener Vater Offizier war; du bist sein Sohn, Redl, auch wenn du ihn nicht gekannt hast. Ach was, es war nur Spaß: meine Schwester Katalin wird nie deine Frau, und daß sie deine Geliebte wurde, quält dich, Redl, ich weiß. Ich will dich nicht mehr sehen!«

»Das hast du gesagt, Christoph. Nihil obstat. Und im übrigen: deine Schwester ähnelt dir sehr. Wenn ich Katalin sehe, sehe ich dich, lieber Christoph! Und wenn ich Katalin bäte, mir zuliebe bei einer Abendgesellschaft *Männerkleider* anzuziehen, eine Hauptmannsuniform zum Beispiel, dann würde ich mich in ihrer phänomenalen Gesellschaft fühlen, als wärst du es, als amüsierte ich mich mit dir . . . Laß mich einmal in der richtigen Laune sein, Christoph, dann erlaube ich mir möglicherweise diesen Scherz. Ich werde dir auch eine Einladung schicken, aber ich bitte dich, Christoph, leih dir dann für diesen schönen Ballabend ein seidenes Abendkleid von Katalin, Armreifen, Halsschmuck, Medaillon und Brosche, mir zuliebe . . . Ja, auch Ohrgehänge und schöne Fingerringe! Ihr werdet mir gefallen«, sagte Redl düster und drohend, fügte dann aber hinzu: »Ich habe nur Spaß gemacht, Christoph, nimm es dir nicht zu Herzen. Ich wollte dich nicht beleidigen!«

»Du kannst mich nicht beleidigen, Redl, niemals! Dazu müßtest du noch einmal geboren werden! Aber du bist ja kaum fähig, dieses *eine* Leben zu ertragen. Ich bitte dich: gehen wir uns aus dem Weg. Wechseln wir kein Wort mehr miteinander. Ab heute bist du Luft für mich!«

Katalin wollte im ersten Zorn zu ihrer Mutter reisen, als ihr zu Ohren kam, wie sehr Christoph Redl beleidigt hatte. Der

Ulanenkapitän Szever Korzelinszki erzählte ihr, daß sich Christoph vermutlich sehr grob ausgedrückt und Hauptmann Redl aufgefordert habe, jeden Kontakt abzubrechen, auf eine Weise, die in der Görzer Garnison ein Duell befürchten ließ, ein Duell, das Korzelinszki zufolge, ob nun mit dem Schwert oder der Pistole ausgefochten, für Christoph tödlich ausgehen würde, denn Redl war der bessere Fechter und bewies im Gebrauch der Feuerwaffe auch eine viel sicherere Hand als der zur Selbstbeherrschung so gut wie unfähige Christoph. Von Szever Korzelinszki erfuhr Katalin auch, daß Hauptmann Redl vermutlich »ausschließlich deshalb vom Duell Abstand genommen« habe, weil er Rücksicht auf Christophs Schwester Katalin nehmen, sozusagen *Nachsicht* zeigen wollte. Katalin beabsichtigte, zu ihrer Mutter zu reisen, damit diese Christoph ins Gewissen redete. Der Mutter gehorchte ihr Bruder nämlich fast auf Kinderart, einzig und allein auf ihr Wort gab er etwas, auf niemandes sonst in der Welt. Katalin, die ältere Schwester, betete er an, aber da er sie für »vergnügt und vergnüglich verrückt« hielt und auch so bezeichnete, bemühte er sich im allgemeinen – auch schon als Kind – immer das Gegenteil von dem zu tun, was Katalin ihm riet, sofern der seltene Fall überhaupt eintrat, daß Christoph ausgerechnet von seiner »vergnügten und vergnüglich verrückten« älteren Schwester einen Rat erbeten hätte, gleich, in welcher Sache oder Situation. Und letztlich war Katalin auch zu faul, zu ihrer Mutter zu reisen, statt dessen schrieb sie Christoph lieber einen Brief:

»Lieber Chris! Diesen Soldaten Redl *müssen* wir lieben, weil er sich selbst nicht liebt, anscheinend aus irgendeinem Grunde unfähig dazu ist, womit er eine enorme Angriffsfläche für andere, für *uns* bietet, *ihn zu lieben*! Und das ist gar nicht so schwer, mein lieber, schöner Chris! Beleidige Redl nicht, denn damit triffst du mich, Dein ›vergnügtes und vergnüglich verrücktes‹ Schwesterchen.«

Leider war zum Schaden der Wiedergutmachung und zum Nachteil der Aussöhnung Christoph gerade betrunken, als er Katalins Brief erhielt, überdies schon den zweiten, ja dritten Tag, was bei seinem liebenswert-lieblosen Übermut nicht selten war, weshalb er routinemäßig – Alkoholspiegel hochhalten! – weitersoff und nur die Gesellschaft wechselte; andere traten an die Stelle derjenigen, die neben Christoph zu Boden gingen, der eben in diesem bärbeißig-betrübt-berauschten Zustand den Brief seiner Schwester las, noch dazu dreimal nacheinander, um die ihm geschriebenen Zeilen in ihrem wahren Sinn zu erfassen, worauf er sich vom Kellner des Offizierskasinos unverzüglich Papier und Feder bringen ließ – sowie zwei Dezi Jägermeister, die er schnell hinterkippte – und sich ans Briefeschreiben machte:

»Liebe Katja, wunderschönes Schwesterchen! Du siehst Redl, wie ihn Dir Deine vergnügte und vergnüglich verrückte Phantasie ausgemalt hat, Redl ist für Dich so, wie Du ihn haben willst. Sicherlich kann der Arme dem auch gar nicht widerstehen, und am Ende wird Redl wirklich so sein, wie Du ihn Dir vorstellst, wie Du ihn haben willst. Für mich hingegen ist Redl so, wie er in Wirklichkeit ist. Aber ich weiß wohl: der, der sich erkühnt, sich gerade vor Dir auf die ›Wirklichkeit‹ zu berufen, ist nicht recht bei Trost. Wenn Du es wünschst, wenn Du mich direkt dazu aufforderst, werde ich zu Redl gehen und ihn in Deinem Namen um seine Hand bitten! All right? Als Hochzeitsbitter der Braut werde ich ihm sagen, daß meine schöne Schwester ihn, meinen Ex-Kameraden, zur Frau nehmen will. Gib mir Nachricht, Katja, und ich tu's!

Katalins Christoph«

Da Christoph von Kubinyi, nachdem er seinen Brief geschrieben hatte, zwei weitere Jägermeister bestellte und überlas, was er Katalin mitgeteilt hatte, entschloß er sich zu einem Postskriptum.

»P.S.

Ich schlage vor, Ihr macht Eure Hochzeitsreise in den Turnsaal der Görzer Garnison oder ebenda in die Reithalle, zumal ich weiß, daß Hauptmann Redl sein Leben lang das Heimweh nach diesen beiden Orten quälen wird. Solltet Ihr dennoch Venedig wählen, was durchaus möglich ist, weil die bürgerliche Klasse mit Vorliebe ihren Honigmond in Venedig verbringt und lieber stundenlang auf schmutzigen Lagunen Gondel fährt, anstatt die Dinge zu tun, die auf diesen Reisen *zu tun sind*, dann, Katja, mein Schatz, suche als erstes das Grab von Canova auf. Ich glaube, er heißt Antonio mit Vornamen. Wie sollte ein italienischer Bildhauer auch anders heißen? Redl hat sowohl in Galizien als auch hier in Görz oft genug von Canova gesprochen, weshalb ich gerade noch – sieh mal an! – in der Lage war, mir seinen Vornamen zu merken ... Deine zukünftige Gattin, liebe Katja, Hauptmann Redl, ist nämlich ein begeisterter Anhänger des Antonio Canova und seiner Kunst! Teile mir mit, was ich für Euch tun kann. Unserem Mütterchen aber sage, wenn Du es siehst: Ich umarme sie!

Dein durch Dich vergnügter Christoph«

Später bat Christoph von Kubinyi seine Schwester dieses Briefes wegen um Entschuldigung, und Katalin verzieh ihm.

Obzwar die außergewöhnlich rasche Offizierskarriere des Alfred Redl, sein Einfluß, der sich auf einen immer größeren Wirkungsbereich erstreckte und erheblich über seinen formalen Rang hinausging, in der Zeit der Balkankriege einen wahrhaft steilen Anstieg nahm – aus dem Blickwinkel späterer Ereignisse heraus geradezu *erlitt* –, trug sich das entscheidende Ereignis, das den Hauptmann Redl – wobei man ihn vorerst formal bei den Verbänden des Görzer Küstenschutz-Wachregimentes beließ – in die hohen und geheimen Kreise des Evidenzbüros, das heißt der Abteilung Militärische Nachrichtenbeschaffung und Spionageabwehr beim Kriegsministerium, erhob, noch dazu »auf Anhieb«, in Görz, an der Küste zu. Hier wurden, unter der Anleitung deutscher Sachverständiger, intensiv streng geheime Vorhaben von höchstem Rang betrieben: 1. Die Prüfung von Versuchstauchbooten für die Kriegsmarine der Monarchie; 2. Erprobung von Flugzeugen allgemein wie auch von wasserstartenden und wasserlandenden Flugzeugen als neuer Waffengattung unter kampftechnischen Bedingungen, in erster Linie zu Zwecken der See- und Landaufklärung. Zahlreiche deutsche Flugzeugkonstrukteure, Ingenieure und Piloten hatten sich an der österreichisch-ungarischen Küste einquartiert – auch in Gorízia, im »Österreichischen Nizza« –, und in den Häfen, vor allem in Pola und Cattaro, wurde fieberhaft gearbeitet, um die Militärtechnik der Tauchboote umzustellen und den örtlichen Gegebenheiten anzupassen. In all diese Dinge waren nur wenige Offiziere eingeweiht. Die Vorsicht der Deutschen kannte keine Schranken: ihre Umsicht, ihr Mißtrauen grenzte an Beleidigung. Sie hatten auch deutsche Abwehroffiziere mitgebracht. Als logische Folge davon trieben an der Küste zahlreiche italienische, französische, britische und hauptsächlich russische Agenten – als Touristen, Badegäste, Hochzeitsreisende, alleinstehende Herren, Zirkusartisten, Jongleure, italienische Tenöre usw. getarnt – ihr Unwesen. Die deutschen Abwehroffiziere, die die Arbeit der deutschen Flugzeugkonstrukteure, der Piloten und Schiffsingenieure sichern sollten, nahmen mehrfach ungarische Offiziere, sternhagelvoll und in Paradeuniform, in Haft, weil sie den Verdacht hegten, jene schützten die Trunkenheit lediglich vor, um leichter an die in den Restaurationen und Kasinos ihr Essen einnehmenden, nach der Arbeit rastenden deutschen Ingenieure, Piloten und U-Boot-Kommandanten heranzukommen. Doch jedesmal, wenn diese Offiziere vorgeführt wurden, stellte sich heraus: sie waren tatsächlich betrunken und hatten keinerlei Ahnung von den geheim projektierenden und ausbildenden deutschen Ingenieuren und Piloten, weder von den Kommandanten der Unterseebote noch von Tiefensteuerleuten oder Torpedo-Richtschützen. Umsonst: die deutsche Abwehr »ertappte« stets neue Offiziere »auf frischer Tat«, die sich in gespielter Trunkenheit um Freundschaft mit den deutschen Kameraden bemühten, hauptsächlich mit den Piloten; allein deshalb gab der an die Küste beorderte Kommandeur der deutschen Abwehr die Weisung: die deutschen Piloten, U-Boot-Kommandanten und Ingenieure dürften keinen Fuß in die Kasinos und Restaurationen des »österreichischen Nizza« setzen, geschweige denn eine Reise nach Abbazia wagen.

Der Vortragssaal für die Offiziere der Görzer Garnison: Die meisten Stühle waren leer, nur wenige Offiziere lauschten dem fakultativen Vortrag. Hauptmann Redl saß in der ersten Reihe. Am Schluß seines Vortrags erläuterte der Physik- und Mathematiklehrer Dr. Ernő Horváth Querschnitt und Modell der *Horváth I/1* sowie die Nachbildung einer anderen – zerlegten – Flugmaschine, mit der er bereits im Sommer 1910 Flüge ausgeführt hatte, die europaweit Aufsehen erregten. Redl zeichnete mit, machte Notizen.

»Wenn wir die Proportionen der 9,50 m langen Tragflächen und des 7,80 m langen Rumpfes verändern«, sagte der Physik- und Mathematiklehrer (dessen einer Arm gelähmt war, der hinkte und im Gesicht Spuren einstiger Brandwunden trug als Folge einer Notlandung, bei der seine Maschine in Brand geriet und auseinanderbrach), »ist dieses Flugzeug mit seinem 24-PS-Anzani-Motor für die militärische Aufklärung von Zielen zu Wasser und zu Lande geradezu prädestiniert, es eignet sich hervorragend für den Tief- und Manöverflug in Tälern und über Gebirgspässen, wozu zahlreiche deutsche Flugzeugtypen nicht in der Lage sind.«

»Herr Ingenieur« – Otto Stöger unterbrach den Vortragenden –, »welche Last kann diese Maschine befördern?«

»Den Piloten mitgerechnet, trägt sie zirka 200 Kilogramm Nutzlast.«

»Demnach ist sie für Bombardierungszwecke nicht einsetzbar?« fragte der Leutnant, der im übrigen der Infanterie angehörte, wichtigtuerisch.

»Nein, Herr Leutnant. Dazu ist sie nicht geeignet. Dazu eignen sich vorerst nur die Aeroplane des Herrn Uzelac.«

»Sind Maschinengewehre auf Deck montierbar?« fragte Stöger den Physiker und Aviatiker, als fordere er gleichsam Rechenschaft.

»Prinzipiell ja.«

»Und in praxi?« fragte der junge Leutnant scharf.

»Das kann nur im Probeflug entschieden werden. Es hängt davon ab, Herr Leutnant, wieviel Ihr Maschinengewehr wiegt.«

»Verstehe. Danke.«

»Sie als Soldaten, meine Herren, sind natürlich auf evidente Weise am kampftechnischen Nutzen der verschiedenen Flugzeugtypen interessiert. Nun, Dr. Ágoston Kutassy, der als erster Ungar den Pilotenberechtigungsschein erworben hat, beförderte mit einer Maschine vom Typ *Farman II*, die mit einem 40-PS-Motor ausgestattet war, in Rákosmező 600 Kilogramm Nutzlast (sein Körpergewicht mitgerechnet), führte lange Manöver aus und landete ohne jede Schwierigkeit. Dieser französische Typ mit seiner Spannweite von 10,50 m und einer Rumpflänge von 13 Metern eignet sich ausgezeichnet für die Bombardierung von Land- und Seezielen, wiewohl ich folgendes bemerken möchte: wegen der geschlossenen Leitfläche kann er sich in puncto Manövrierfähigkeit nicht mit den deutschen oder englischen Maschinen ähnlicher Leistung, ja, nicht einmal mit den italienischen messen.«

»Demnach, Herr Ingenieur«, fragte Leutnant Stöger weiter, »ist uns die französische Aviatik weit voraus?«

»Allem Anschein nach ja, mein Herr.«

»Und die Italiener? Unmöglich zu glauben, daß auch sie uns voraus sind!«

»Sie sind es, mein Herr. Die *Macchi-Castoldi-Werke* haben vier verschiedne Kampfflugzeuge entwickelt: einen Aufklärer, einen Bomber, ein mit einem Maschinengewehr ausgerüstetes Flugzeug und einen für Wasserstart und Wasserlandung geeigneten Doppeldecker, respektive Hydroplan.«

»Wieviel Zeit braucht man, Herr Ingenieur«, fragte Stöger, »um einen Piloten, ich meine, einen Kampfflieger, auszubilden?«

»Das hängt von den Fähigkeiten des Betreffenden ab, von seiner Eignung sozusagen, vielleicht darf ich auch die Bemerkung wagen: von seinem Fanatismus, von den erforderlichen Kenntnissen ganz abgesehen. Aber ich denke, zwei bis drei Monate reichen aus.«

»Danke, Herr Ingenieur«, sagte Leutnant Stöger, nickte

grüßend und verließ den Vortragssaal in Richtung Offizierskasino. Hauptmann Redl schloß sich beim Verlassen des Saales dem Aviatik-Ingenieur an, sie gingen zusammen den kahlen Kasernengang entlang.

»Herr Ingenieur, was meinen Sie: welches ist gegenwärtig das beste Kampfflugzeug?«

»Da kann ich eindeutig sagen: die deutsche *Fokker DR-I*. Sie erreicht rasch, gleich nach dem Start die Höhe, die andere Maschinen erst nach längerer Steigzeit erreichen. Praktisch kann sie jederzeit landen, und sei es auf einem Acker oder Luzernefeld. Außerdem kann sie, nach gewissen Umbauten natürlich, wenn man anstelle des Fahrwerkes einen doppelten Schwimmkörper montiert, vom Wasser aus starten und auf dem Wasser landen. Sie kann eine erhebliche Bombenlast tragen, und sie wurde auch schon mit zwei schweren Maschinengewehren ausgerüstet: der Pilot schießt in Flugrichtung, sein mitfliegender Kamerad feuert nach rückwärts. Die *Fokker D-VII* ist ein sehr ernstzunehmendes Kampfflugzeug, Herr Hauptmann, das in den Montagehallen des Leipziger Flugzeugwerkes bereits in Serie gefertigt wird. Mit diesem Typ kann höchstens der französische Jagdbomber *Nieuport 17 C-1* den Kampf aufnehmen. Diese Maschine ist mit einem Kurskreisel, also mit einem Ortungsgerät, und mit einer Maschinenkanone, die automatisch die Flugrichtung der Maschine hält, ausgerüstet.«

»Und die Engländer?«

»Der Dreidecker vom Typ *Sopwith Triplane* eignet sich für Langstreckenflüge mit Motor, kann sich seinem Ziel aber auch ohne Motor, im Gleit- oder Segelflug nähern, also lautlos, dank seiner mächtigen, dreifachen Tragfläche. Wenn der Pilot das Gebiet wieder verlassen will, schaltet er den Motor ein. Wegen seiner großen Geschwindigkeit können ihm die deutschen Jäger nicht gefährlich werden. Vielleicht ist nur eine einzige Maschine in der Lage, den Kampf mit diesem englischen Dreidecker aufzunehmen: der deutsche Riese, die *Siemens-Schuckert R-I*. Dieser Doppeldecker durchfurcht das friedliche blaue Himmelszelt mit drei Motorschrauben, Herr Hauptmann!«

»Und die russischen Kampfflugzeuge, Herr Ingenieur?« fragte Redl, als sie zum Ende des Ganges kamen.

»Die Russen? Ja. Sie haben das erste viermotorige Riesenflugzeug der Welt gebaut, die *Ilja Muromez-R*. Dieser robuste Doppeldecker kann mit seiner dreigeteilten Leitfläche, abhängig vom Gewicht der jeweils montierten Maschinenwaffen, eine Bombenlast von 400 bis 700 Kilogramm befördern, obzwar er wegen seiner Langsamkeit und schlechten Manövrierfähigkeit, die sich aus Abmessungen und Eigengewicht ergeben, ein relativ leichtes Ziel für Jäger bietet . . .«

»Ja. Genau wie Sie, Herr Ingenieur! Ich danke für die Information«, sagte Redl und holte aus der Innentasche seines Uniformrocks drei photographische Aufnahmen. »Erkennen Sie sich auf diesen Photographien, Herr Ingenieur?«

»Ja . . .«, sagte der zivile Aviatiker verblüfft.

»Ich verhafte Sie. Folgen Sie mir in das Büro des Basiskommandanten!«

»Aber Herr Hauptmann, Sie haben mich eingeladen, diesen Vortrag zu halten! Ich . . .«

»So ist es. Wir, beziehungsweise das Görzer Garderegiment, haben Sie eingeladen. Um, wie Sie sagen, einen Vortrag über Aviatik und Kampfflugzeuge zu halten. Aber nicht, damit Sie in Ihrer Freizeit auf dem Flugfeld, in den Hangars bei Görz und auf dem getarnten Flugplatz, Zeichnungen anfertigen und photografische Aufnahmen machen! Außerdem haben Sie sich, Herr Ingenieur, vor zwei Wochen noch in Paris aufgehalten! Und einen Monat zuvor waren Sie, wenn ich recht unterrichtet bin, und das bin ich, in Kronstadt und in Sankt Petersburg, und im vorigen Jahr verbrachten Sie zwei Monate in London!«

»Herr Hauptmann, ich verehre die Aviatik! Ich bin ein fanatischer Flieger, kein Spion!«

»Folgen Sie mir!«

Redl bat um sofortige Audienz bei General Hammer-Purgstall, welcher ihn unverzüglich empfing. Redl erstattete Rapport. Auf Befehl des Generals wurde der Physik-Ingenieur, der verkrüppelte Flieger, Freund und Kenner des Luftraums und des Flugwesens, in Handschellen, unter militärischer Bewachung nach Wien geschafft, direkt ins Evidenzbüro. Redl begleitete ihn, auf Weisung Hammer-Purgstalls. Den gleichen Weg nahm auch ein Brief des Generals, der um Beförderung des Hauptmanns Redl zum Major nachsuchte. Dieser wurde stattgegeben, und Redl kehrte als Major in die Görzer Garnison zurück. Jetzt war er nicht allein Major des Küstenschutz-Wachregimentes, sondern zudem Offizier des Evidenzbüros. Was seine Kameraden jedoch nicht wußten. Redls Verhalten änderte sich nicht. Oft reiste er nach Albanien oder in verschiedene kleinere Städte Dalmatiens, Bosniens und Serbiens, natürlich in Zivil und mit falschen Papieren. Zur Tarnung benutzte er seinen regelrechten Urlaub, wobei er vorgab, in Wien oder zu Hause gewesen zu sein, zu Besuch bei Mutter oder Schwestern, obschon er sie, sein Zuhause, kein einziges Mal besuchte. In das »österreichische Nizza« zurückgekehrt, war Major Redl stets der alte, er versah vorschriftsmäßig seinen Dienst und paßte sich dem Alltag der Görzer Garnison an, der sich so wenig und nur in äußerlichen Dingen – durch andere Uniformen, andere Waffen, anderssprachige Befehle – von dem militanten Alltag der weiland ebenda stationierten Soldaten römischer Legionen unterschied, so wenig nur, zumal die römischen Legionäre sogar die schönen Illyrierinnen hinterlassen hatten – die verflossenen Generationen hatten nichts an den Zügen, an der Gestalt, an der die stete Präsenz der Soldaten gewohnten, heißblütigen Natur der hier lebenden Mädchen zu ändern vermocht –, den Soldaten, den Offizieren der k. u. k. Armee zum Gedächtnis, denn was hätten sie – die verlebten, ausgedienten Kämpen, die definitiven und namenlosen Veteranen – mit diesem ununterbrochenen, sich stets erneuernden Schwärmen, diesem ewigen, heftigen Ausschwärmen der illyrischen Mädchen beginnen sollen, vergleichbar nur dem Schwärmen der ins stellungspflichtige Alter kommenden Burschen, welches dieses Ausschwärmen erwartet, an- und *aufnimmt* in seinen Blütenkelch, in die erste Jugend des Leibes.

Redl war der alte geblieben, sowohl in seinem Dienst als auch in seiner Freizeit als Offizier. Er spielte Schach mit dem Piloten Georg Weckherlin, neben den Hangars, in einer auf offener Wiese aufgestellten Baracke. Flugzeuge waren nicht zu sehen, sie alle waren mit Laub, mit grünen Zweigen und Planen getarnt. Weckherlin trug seine schwarze, lederne Fliegerkappe, einen ledernen Overall und hatte die Fliegerbrille in die Stirn geschoben. Er war am Zug.

»Gib auf, Georg«, sagte Redl aufgeräumt, »du stehst in verdecktem Schach, hast es nicht bemerkt. Ich gebe dir Revanche.«

»Nein! Warte. Stör mich nicht. In zehn Minuten muß ich starten, ich habe keine Zeit für eine Revanche.«

Redl lächelte. »Gut, mach deinen Zug.« Danach machte Redl den seinen.

»Schach, Georg! Sorry.« Weckherlin spielte Weiß, er zog aus dem Schach, verlor damit aber seine Dame. Er gab auf, ging zu seiner getarnten Maschine und startete.

Major Alfred Redl, nunmehr Offizier des Evidenzbüros, lernte zahlreiche deutsche Ingenieure, Piloten, Unterseebootkommandanten und vor allem deutsche Abwehroffiziere kennen, die zum Schutz der Vorgenannten an die Adriaküste beordert waren. Letzteren fiel etwas höchst Ungewohntes auf: Da tat hier an der Küste ein Offizier Dienst, der nicht trank, sich nicht mit Frauen abgab, nicht Karten spielte, nicht bei den Wiener und Pester Rennen auf Pferde setzte – fernschriftlich, wie so viele seiner hauptsächlich ungarischen Kameraden –, ein Offizier, der im Morgendämmer, nach durchzechter Nacht, nicht die goldgerahmten venezianischen Standspiegel in Scherben schoß noch die Kristallüster in den Kasinos und der – nota bene – auch keine Schulden hatte, kein Geld lieh, um es »anderntags zurückzugeben« und, dessen unfähig, sich den dritten Tag eine Kugel durch den Kopf schoß, »ehrenhalber«, wie so viele Offiziere hier, im »österreichischen Nizza«. Diese Tatsachen begründeten das Vertrauen der deutschen Abwehroffiziere in die Person, in das Verhalten und die besondere Einzel- und Sonderstellung Redls. Dabei imponierte es den deutschen Abwehroffizieren nachgerade, daß *dieser eine* Offizier nicht um einer einzigen »heißblütigen Illyrierin« willen seinen Verstand verlor wie fast sämtliche seiner Offizierskameraden, zumal den deutschen Abwehroffizieren – die zum persönlichen Schutz, ja zum Leibwächterdienst bei den deutschen Unterseeboot- und Flugzeugkonstrukteuren, den Testpiloten und Kapitänen der Versuchs-U-Boote an die Adriaküste, ins »österreichische Nizza«, abkommandiert waren –, ihres Dienstes wegen, den sie gleichsam versahen, ohne ein Auge zuzutun, einfach keine Zeit blieb, um mit den – in der Aufeinanderfolge so vieler erstehender und untergehender Generationen – archaisch schön gebliebenen Illyrierinnen eine Beziehung – und sei es auch nur für eine Nacht –, geschweige denn etwas, was ein Verhältnis genannt werden konnte, anzuknüpfen, zur eigenen Freude, mit alltäglicher Vertrautheit, wie die k. u. k. Offiziere, Unteroffiziere und Gemeinen, die sozusagen als Geschenk und Erbe den – gerade »stellungspflichtigen«, nunmehr zwanzig Jahrhunderte alten – provokatorischen »Kranz« der illyrischen Mädchen von den alten römischen Legionären übernommen hatten (und mit ihm die sanfte, wenngleich körperliche Last der Mädchen), oft auch, wie die deutsche Abwehr beiläufig feststellte, zur Dienst-, ja sogar *Wachdienst*zeit aus den Kasernen flüchtend, hin zu den illyrischen, dalmatinischen, slowenischen Metzen!

Ein unverhofftes Ereignis erschwerte noch die Aufgabe der in die Küstenregion der Österreichisch-Ungarischen Monarchie beorderten deutschen Abwehroffiziere. Ein hoher Stab von Marineoffizieren traf ein, direkt aus Kiel, dessen Mitglieder Admiral Tirpitz, den »Vater« und Verfechter der Unterseeboote, der Hauptmäzen dieser geheimen, supermodernen Waffengattung *persönlich* kannten. Man erließ also noch straffere Vorschriften zum persönlichen Schutz der Konstrukteure, der Kommandanten und Techniker der deutschen Unterseeboote, im Hinblick auf die fast *markttreiberische* Vielfalt der männlichen und weiblichen Spione und mit Rücksicht auf die erfolgreiche Durchführung der gestellten

Aufgabe in dieser ihrer Meinung nach – das heißt, der persönlichen Meinung jener an die Adria beorderten deutschen Abwehroffiziere – »unter« diesem Schutz überhaupt *unzureichend exponierten, unzureichend isolierten* und vornehmlich – die illyrischen Mädchen! Das zynische Erbe der legendären römischen Legionäre! – nicht mit einer mehrfachen Postenkette, einem Ring von Patrouillen und zusätzlichen Wachtposten gesicherten militärischen Zone, im »österreichischen Nizza«. Auch in Kiel gab es Huren, aber zum einen nicht so viel, wie in den Häfen an der Adriaküste, zum anderen dienten dort – zur großen Freude der deutschen Abwehr – keine ungarischen Offiziere.

Sie kamen, im direkten Auftrag Seiner Exzellenz des Staatssekretärs im Reichsmarineamt Alfred von Tirpitz, die Pläne des genialen Admirals, das Adriatische Meer betreffend, im Gepäck, direkt nach Pola: neue U-Boot-Konstrukteure und -Kommandanten, Torpedorichtmeister, Kanoniere, Tiefensteuerleute, U-Boot-Kapitäne und Hydroplanpiloten, die – kaum später, im Gegensatz zu ihren mit einem *zweifachen* Schwimmwerk ausgerüsteten Maschinen –, ihr *einfaches,* einziges, eigenes Leben in den schweren, atlantischen Wogen opfernd, ein ewiges, trotz tosender Salzwasser ruhiges Ende fanden, die schneidige Schlußapotheose in der See, ob wagemutig oder wahnsinnig, wobei es später, im großen Krieg, keinen wesentlichen Unterschied mehr gab zwischen Wagemut und Wahnsinn, und noch weniger gab es jene Männer, die (wenn es sein mußte, auch um den Preis ihres Lebens) diesen vagen Unterschied zwischen verwegenem *Wagemut* und dem ebendort, im selben U-Boot, im selben Menschen wirkenden *Wahnsinn*, der viele schöne, alte »schwebende« Splitter vergessen machte, bezeugen sollten, wenn sich einmal, als zarter Reif dieser Splitter, das düstere, vom Menschen abgebrochene, dennoch ungebrochene und unzerbrechliche historische *Ganze* zeigen würde, schwer auf ihre bloßen Leiber niederstürzend. Das war mehr, als in Paradeuniform, in der häufig so das Körperliche ansprechenden Gesellschaft festlich gekleideter südländischer Damen Schuberts »Forellen«-Quintett mitanzuhören. Wobei die Einheiten der Versuchs-Unterseeboote – zumindest in diesem adriatischen, friedlichen Stadium – wirklich mehr den Forellen eines schnellfließenden Alpenbaches ähnelten als den Haien und Schwertfischen der Meere.

Die Konstrukteure, vielmehr Kommandanten der deutschen Unterseeboote vermeldeten jedoch – und wohl kaum aus bloßem Zeitmangel oder infolge Dringlichkeit – gewisse Unterschiede bezüglich der »natürlichen Gegebenheiten« unter Wasser zwischen Adria und Nordsee, zwischen Friesischen Inseln, dänischen Gestaden und Dalmatinisch-Illyrischen Inseln, und gaben zu bedenken, diese Unterschiede könnten sich auf die in den nördlichen Gewässern erprobten Unterseeboote nachteilig auswirken, sofern – wie sie gelassen betonten – diese einer Belastung nicht allein unter friedlichen Bedingungen, sondern im *Kampf*, in einem Seekrieg nämlich, unterworfen würden.

Unter den vielen Marineoffizieren war auch ein deutscher Kapitän zur See – Michael Markus Huebner –, der sich auf eine einzige knappe, doch unheilverkündende Mitteilung beschränkte: *»Großadmiral Tirpitz wird nervös, er will die Schlacht, weiß aber nicht, wie er sie erzwingen soll.«* Sollte das eine vage, ja strategisch »summarische« versteckte Anspielung auf die österreichisch azurne Adria gewesen sein, von einem Tirpitz, der gezwungen war, seine eigenen U-Boote auf den Wassern der Nordsee, der Ostsee, der Orkney- und Shetland-Inseln sowie an der Treibeisgrenze, auf dem bleigrauen, nebligen, stürmischen Nordpolarmeer, Tauch- und Kampfeinsatzübungen auszusetzen? Dieser Kapitän zur See, den die an die österreichisch-ungarische Küste beorderten U-Boot-Ingenieure und zukünftigen Kapitäne ebenso fürchteten wie achteten – wenngleich nur mit dem »flottenreinen«, »flottenjungfräulichen« Phlegma einer neuen, noch in den Wellenwindeln liegenden Kriegsmarine-Waffengattung –, dieser hohe Marineoffizier im Rang eines Kommodore zeigte zunächst auch sein Interesse *an* einem – und *für* einen – Major namens Alfred Redl, erbat von ihm Informationen und erhielt sie binnen vierundzwanzig Stunden.

Major Alfred Redl war mit »geteilter Begeisterung« tätig: zum einen an der Küste, im »österreichischen Nizza«, zum anderen in Wien, in der Kaiserstadt, im Evidenzbüro, wo er den Sonderauftrag erhalten hatte, *auf jeden Fall* auch die deutschen Ingenieure, Piloten und Unterseeboot-Kommandanten im Auge zu behalten, nicht nur die k. u. k. Offiziere, die mit den zahlreichen dort ansässigen Italienern enge Beziehungen und Freundschaft unterhielten; mehr noch: er sollte auch auf die zur Sicherung der deutschen Unterseebootbesatzungen, Flieger und Ingenieure an die Küste beorderten deutschen Abwehroffiziere »ein Auge haben«. Zur Bewältigung dieser nicht leichten Aufgabe wurde ein sehr vernünftiger, energischer Mann seinem direkten Befehl unterstellt, ein gewisser Ritter Horst von Thom, Offizier, direkt vom Evidenzbüro. Horst von Thom stammte aus einer altadligen österreichischen Familie und verabscheute die Deutschen aus tiefstem Herzen, besonders, wenn er an Königgrätz dachte, wo sein Vater gefallen war. Die Tatsache, daß an der Küste der österreichisch-ungarischen Monarchie die *deutsche Abwehr* ihr Unwesen trieb, erboste ihn. Seinen Ärger verhehlte er auch nicht vor seinem Chef Alfred Redl, der – wenngleich mit gewissem Vorbehalt – dieses Gefühl mit ihm teilte. Ritter Horst von Thom ahnte nicht, daß sein Chef auf einen *Fall* geradezu wartete, der zum Vorwand dienen konnte, die Offiziere der deutschen Abwehr von der Küste zu vertreiben. Redl wartete also auf einen solchen *Fall*, und da er nicht eintrat, präparierte er ihn selbst: zum Zielobjekt – zum Opfer vielmehr – hatte er sich den arrogant, frech und herausfordernd auftretenden und die k. u. k. Offiziere mit Nichtachtung strafenden Kommodore Michael Markus Huebner auserkoren. Der General Freiherr und Landgraf von und zu Hammer-Purgstall freute sich von Herzen, als sie sich dank Redls Aktion den Kapitän zur See Kommodore Huebner vom Halse schaffen konnten, dem sein Rang vom Admiral Alfred von Tirpitz verliehen wurde, als dieser den

Kapitän Huebner an die Adria entsandte: damit wollte er das »Gewicht« seiner Person erhöhen – seine Würde sollte an der österreichisch-ungarischen Küste geradezu als Bürde empfunden werden. Kapitän zur See Kommodore Michael Markus Huebner hatte – im Gegensatz zu den sonstigen bis zum Wahnwitz wachsamen Offizieren der deutschen Abwehr – eine Schwäche: die Frauen. Womöglich hielt Huebner, ein gutaussehender schneidiger Mann, diese seine »Schwäche« für seine Stärke, und gewiß nicht unbegründet, dennoch wurde sie ihm zum Verhängnis. Redl beauftragte ein »alt-illyrisches« Mädchen, den Kommodore Huebner zu verführen, und zwar, wie Redl das schöne lustige wilde Mädchen anwies, unter freiem Himmel. »Sag einfach, du seist es so gewohnt, tu so, als hättest du nur Spaß daran, wenn du ihn im Freien, im Wald, unter Bäumen oder im hohen Gras lieben kannst.« – »Gern, mein Herr«, erwiderte das »illyrische«, in Wahrheit dalmatinische Mädchen, das viele Offiziere der Görzer Garnison kannte, »auch wenn ich es im Freien noch nie gemacht habe.« Das Mädchen hieß Donatella, was italienisch klang; ihr Körpergewicht wurde (wiewohl sie gut proportioniert war, groß und überhaupt nicht dick, diese schöne »Dalmatica«, »Dalmaticissima«) eines Morgens von den zu einem Jux aufgelegten k. u. k. Offizieren auf der Viehwaage des Görzer Schlachthofes ermittelt (81 Kilogramm, netweight!), wo sich die dalmatinische Donatella illyrischen Geblüts nackt – so wünschten es die Offiziere – wie ein Schlachttier wiegen ließ. Die Fleischer waren unterdes zwischen die Äxte und Haken des Schlachthofes zurückgedrängt worden, damit sie nicht Maulaffen feilhielten. Die illyrisch-dalmatinische Donatella sagte nur, als sie von der Waage stieg: »Schön, meine Herren, und wenn ich jetzt meine Latte anlegte, um das *Ihre* zu messen, nähme wohl mancher von Ihnen lieber Reißaus!«

Das Mädchen ging also mit dem Kommodore Huebner hinaus in die Natur. Für den Skandal sorgte Redl: er ließ ihre Liebesumarmung im hohen Gras durch einen italienischen – italienischen! – Fotografen auf die Platte bannen. Einen

Abzug übergab er dem Kommandeur der deutschen Abwehroffiziere mit dem Vermerk, er habe eine weitere Kopie nach Wien geschickt. Der Kapitän zur See und Kommodore Michael Markus Huebner, wurde sofort nach Deutschland zurückbefohlen. Eine Woche später wurden auch die deutschen Abwehroffiziere in die Heimat abberufen. Es blieben die Piloten, die Ingenieure, die Techniker und die U-Boot-Kommandanten. Einer von ihnen äußerte sich abfällig über die Hauptbasis der österreichisch-ungarischen Kriegsmarine, Pola. In einem Vortrag vor den österreichisch-ungarischen Marineoffizieren verglich er den Hafen von Pola, seine Liegeplätze und Docks und die seiner Meinung nach dürftige, völlig veraltete Minensperre mit Kiel, Wilhelmshafen und Cuxhaven. Thema seines Vortrags war der *»Zugang zum Meer«*, und da der zum Theoretiker avancierte deutsche U-Boot-Kommandant die Adria nicht als Meer betrachtete, baute sich seine ganze Ansprache auf dem *Prinzip* auf, daß die Adria erst an der Meerenge von Ótranto ein Meer wurde, vorher sei sie als *Teich*, zu betrachten, als Salzwasserteich, beherrscht von der italienischen Flotte, die um ein Vielfaches stärker sei als die Flotte der Monarchie. Bei diesem Satz verließ Konteradmiral und Flottenoberbefehlshaber (damals noch Korvettenkapitän) Nikolaus Horthy de Nagybánya – der später, und nicht ganz unbegründet, als der legendäre »Löwe von Ótranto« in die Geschichte einging – demonstrativ den Vortragssaal. Zwei Tage später wurde auch dieser U-Boot-Kommandant nach Kiel zurückbeordert, wo er einen Verweis einsteckte. Dabei hatte Redl auch hier die *Hand* und ein illyrisch-dalmatinisches Mädchen die *Beine* im Spiel gehabt, wie im »peinlichen Fall« des Kommodore Michael Markus Huebner. Von Stund an schmückte Major Redl das Beiwort *rasant,* im Sinne von »überwältigend, stürmisch«; der ihn sehr schätzende General Freiherr und Landgraf von und zu Hammer-Purgstall hatte es ihm verliehen. Der »rasante« Redl hing an diesem General mit kindlicher Liebe. An die andere, ausgesprochen militärische Bedeutung von »rasant«, die eine flach verlaufende Flugbahn (eines Artilleriegeschosses oder Geschützfeuers, das eine Fläche bestreicht) meint, dachten damals weder der das Beiwort »verleihende« General Hammer-Purgstall noch Major Redl, dessen »Flugbahn« gerade in steilem Bogen, ungebrochen aufwärts verlief.

Dr. Stanislaus Burzyński, Offizier im Ärztekorps der Kriegsmarine und bekannt durch seinen zügellosen Lebensstil, wurde eines Morgens tot in seinem Hotelzimmer in Abbazia aufgefunden. Der Schiffsarzt hatte sich eine Kugel in den Kopf geschossen. Ohne einen Abschiedsbrief zu hinterlassen. In der Innentasche seines schwarzen Marineoffizier-Uniformrocks fand man jedoch einen kleinen Zettel, von dem Redl später feststellte, daß er nicht die Handschrift des Selbstmörders trug, sondern die eines Schiffspredigers, den er ebenfalls identifizierte. Auf dem Zettel stand: »Denn so jemand das ganze Gesetz hält, und sündiget an Einem, der ist's ganz schuldig. (Jak. 2,10).« Was war nun aber dieses »Eine«, mit dem der Schiffsarzt am »Ganzen« gesündigt hatte? Redl, wenn auch nicht eben im Handumdrehen, klärte auf, daß der Schiffsarzt Dr. Stanislaus Burzyński kürzlich und gerade um Mitternacht in das Kloster der Englischen Fräulein eingedrungen war. Am Ende der Untersuchung fand Redl nur eines seltsam: daß die Englischen Fräulein zu dieser relativ späten Stunde, vor allem, wenn wir die Angelegenheit, den »Fall«, das *Ereignis* nicht vom Gesichtspunkt »Alltag der Kriegsmarine«, sondern im Hinblick auf die viel strengere Lebensführung der Klosterjungfrauen betrachten, um Mitternacht samt und sonders auf den Beinen waren, als hätten sie den Eindringling, den unglücklichen Schiffsarzt, geradezu erwartet. Und was war geschehen? Der Schiffsarzt habe zunächst um Entschuldigung gebeten, wegen der Störung, bekannten die von Redl verhörten Englischen Fräulein. Aber warum? Nur, um Verzeihung zu erlangen, war er sicherlich nicht »mit Waffengewalt« – so die Schwestern – just um Mitternacht ins Kloster eingedrungen. Endlich gestand eine gebürtige Liverpooler Jungfrau dem Major Redl unter vier Augen, der Schiffsarzt sei gekommen, sie um Vergebung zu bitten, weil er sie seit zwei vollen Wochen keines Blickes gewürdigt hatte, vergebens habe sie auf ihn gewartet, und in ihrer Pein, im Wunsch, sich von dieser Pein zu erlösen, habe sie alles ihrer Mutter Oberin, der Äbtissin, erzählt und versprochen, nie wieder die Kerze im Fenster ihrer engen Zelle anzuzünden, die freie Bahn verhieß. Der Schiffsarzt Dr. Stanislaus Burzyňski war dennoch, wiewohl die im Zellenfenster kündend-mahnende Kerze nicht brannte, in das Kloster eingedrungen und hatte alle Schwestern gebeten, sie mögen ihm vergeben und für seine sündige Seele beten. Bei sich führte er jedoch eine geöffnete Flasche Grappa, aus der er hin und wieder einen Schluck nahm, während er um Verzeihung flehte. Die Äbtissin, die wußte, wen sie vor sich hatte, bat den Schiffsarzt Dr. Stanislaus Burzyňski, er möge, derweil sie für ihn beteten, eine Abtreibung vornehmen. Der Schiffsarzt ging ans Werk, obgleich er kein Geburtshelfer war, begriff er doch: die Sache war delikat und duldete keinen Aufschub, es galt, rasch zu handeln. Das betreffende Mädchen allerdings überlebte den Eingriff nicht. Die Englischen Fräulein, unter ihnen auch die Liverpooler Jungfrau – was dem Schiffsarzt Burzyňski die größte Bitternis verursachte – wandten sich geschlossen gegen ihn, er wäre betrunken gewesen und hätte seine dreckigen Pratzen vorher nicht einmal gewaschen, geschweige denn gespült – gespült hätte er nur die Kehle, mit Grappa –, und demzufolge die gefallene Braut Christi, die Verlobte Jesu getötet, vermutlich mit Vorsatz, um solcherart einen schwarzen Fleck auf dem im übrigen seit drei Monaten schwangeren Englischen Fräulein zu hinterlassen, die ein ähnlich zynischer Schuft wie Dr. Burzyňski geschwängert hatte, nachdem er sie zuvor mit Seufzen und Drohen verführte, sie, die schwache Braut Jesu, die nicht einmal ihre bloße Jungfräulichkeit als Hemmschuh ins Feld führen konnte – von ihrem Gelöbnis ganz zu schweigen –, weil solche Bestien wie der Schiffsarzt Burzyňski – »ein Metzger, Herr Major«, sagte die Äbtissin beim Verhör zu Redl –, so etwas schlechthin und geradewegs aufregender finden, anstatt angesichts der von ihnen erzwungenen jungfräulichen Nacktheit der Braut Christi

Einkehr zu halten und von ihrer Schandtat abzulassen. Nachdem Redl die Äbtissin der Englischen Fräulein für allzu fromm und redselig befunden hatte, dehnte er die Untersuchung aus. In Überschreitung seines Kompetenzbereiches ließ er den Abt des Melker Mönchsordens zu sich kommen – mit Genehmigung des Erzbischofs von Wien –, damit dieser feststelle, ob die Äbtissin des Klosters der Englischen Fräulein *virgo, keusch* oder jungfräulich (oder vielleicht ein Fakir) war, so wie sie es von den ihr unterstehenden Schwestern zeitlebens erwartete, oder ob selbst die Äbtissin auch, früher einmal, von einem Schiffsarzt, einem Fregattenkapitän oder vielleicht einem anglikanischen Priester defloriert worden war. Die Wogen der Entrüstung bei der Äbtissin glättete der aus Melk ins »österreichische Nizza« gerufene Abt höchstpersönlich, und zwar mit den Worten: »Du bist Jungfrau, meine Tochter, die Verlobte Jesu, die Braut Christi, trage auch weiterhin Sorge um die dir anvertrauten Jungfrauen, so wie du bisher die Schwestern vor den Begierden ihres Blutes bewahrt hast, gegen welche die Unschuldigen ebensowenig ausrichten können wie gegen die falschen Verführer, die es in der Annahme, sie seien stark genug, aus den der Barmherzigkeit geweihten Klöstern Bordelle zu machen, in euer reines Kloster zieht.« Der Abt von Melk indessen, der vielleicht nur symbolisch, vielleicht aber auch de facto die Jungfräulichkeitsuntersuchung an der aus Newcastle gebürtigen Ordenshausvorsteherin im Kloster der Englischen Fräulein vorgenommen hatte, teilte später, bei einem Glas Grappa, dem Major Redl lächelnd und vertraulich mit: »Mein Herr, diese Newcastlerin . . . dieses sogenannte Englische Fräulein, die Braut Christi, die Verlobte des Allmächtigen, diese energische Äbtissin – wie ist doch gleich ihr Name? Ja, diese Frau Albina Sabina Seymour ist weder Jungfrau noch die Braut Jesu, geschweige denn die gehorsame Magd unseres HErrn, sondern ein heißblütiges Weib, wie man es selbst im Hafen von Newcastle mit der Laterne suchen muß . . .« Redl lachte und dankte dem Melker Abt für seine intime Untersuchung, die er seinerseits vorzunehmen, selbst auf den direkten und persönlich an ihn gerichteten Befehl Kaisers Franz Joseph I. hin, nicht geneigt gewesen wäre.

Die im Kloster der Englischen Fräulein beobachteten Vorfälle hatten zum Selbstmord eines Schiffsarztes geführt. Natürlich blieb die aus Newcastle stammende Äbtissin Albina Sabina Seymour Vorsteherin des Klosters. Wahrscheinlich hatte sie die Fräulein gebeten, ihr den Rücken blutig zu geißeln. Durchaus möglich, daß die Bräute Christi, die Verlobten des Erlösers, ihr diese Bitte gern erfüllten, möglich auch, daß die Liverpooler Jungfrau an dieser Buße die größte Freude fand, und keineswegs auszuschließen, daß Albina Sabina Seymour mit jedem Peitschenschlag, der ihr auf den Rücken gemessen wurde, dem läuternden Zustand der Besessenheit näher kam. Die Mutter Oberin hatte darum gebeten, die Schwestern erfüllten ihr diesen Wunsch.

Christoph von Kubinyi und Claus von Eckern-Freyberg erwähnten immer öfter die Namen Dietwulf Baatz und Paul Thiele im Zusammenhang mit den spezifischen »Neigungen« des Majors Alfred Redl. Die kursierenden Gerüchte drangen bis nach Wien. Redl vermochte sie nicht in Schranken zu halten. Seine Kraft und seine Aufmerksamkeit waren ohnehin durch seine häufigen Balkanreisen völlig gebunden. Der Balkan wurde seine fixe Idee. Redl verlor sogar die Englischen Fräulein aus dem Gedächtnis und die männlich-heitere Frage des Melker Abtes, der die Äbtissin untersucht hatte: »Was haben Sie denn erwartet, Herr Major? Daß die Jungfrauen jungfräulich sind?«

Als Alfred Redl sich einen längeren Urlaub erbat, um die Olympischen Spiele zu besuchen, dachte General Hammer-Purgstall eine Weile nach, schüttelte den Kopf und erteilte dann die Erlaubnis. Seine Kameraden erkannten den von der Olympiade zurückgekehrten Major Redl kaum wieder: der ohnehin energiestrotzende Offizier versah von Stund an gutgelaunt und fröhlich seinen Dienst, seine Wachsamkeit übertraf bei weitem die – im Vergleich zu der Redls ein wenig verstockte – Wachsamkeit der ihrerseits gleichfalls nicht untätigen Offiziere des deutschen Geheimdienstes. Häufig baten sie um Redls Rat im Falle der einen oder anderen verdächtigen Person. Redls Ratschläge waren nicht eben dankbar, aber das bemerkten die Offiziere der deutschen Abwehr erst viel später. Redl registrierte sämtliche seinerseits als *Fall* gewerteten Ereignisse und Vorfälle. Die Offiziere der deutschen Abwehr mußten bald erkennen: Major Redl war unnahbar, Major Redl war nicht ihr Mann, sie blickten nicht aus demselben Fenster, hatten nicht dieselbe Sicht auf die Dinge. Sie schauten nur; Redl war derjenige, der sah, alles sah, worauf sie nur schauten. Sie wären nicht deutsche Abwehroffiziere gewesen, hätten sie sich im Bewußtsein dieser Erkenntnis – sozusagen um der Schönheit der azurnen Adria willen – darein geschickt. Deshalb statteten sie Christoph von Kubinyi einen Besuch ab, der sie in ein – sogar im Vergleich zum adriatischen – wärmeres Klima schickte. Darauf suchten die Offiziere der deutschen militärischen Spionageabwehr – die natürlich alle die *gleiche* Zivilkleidung trugen – den Oberleutnant Claus von Eckern-Freyberg auf, der sich scheinbar mit ihnen in ein Gespräch einließ, ihnen auch alarmierende Einzelheiten in bezug auf das Privatleben des Majors Redl enthüllte, sie allerdings dann als der Aristokrat, der er immerhin war, aus dem Kasino, wo sie ihn angetroffen hatten, hinauswarf und ihnen folgendes mit auf den Weg gab: »Ich an Ihrer Stelle, meine Herren, würde mich schnellstens aus dem Staube machen, denn bei Major Redl, auf den Sie Ihr Interesse anstelle der italienischen Spione konzentriert haben, hört der Spaß auf! Redl wird Sie zum Narren halten, meine Herren, und er wird das unmerklich tun, und wenn Sie es endlich spitzgekriegt haben, werden Sie tatsächlich als Hanswurst dastehen, aber kein Zirkus wird Sie unter Vertrag nehmen! Der Zirkusdirektor, meine Herren, wird in Ihrem elementar einfachen Fall nämlich Major Redl selbst sein! Ich warne Sie vor ihm!«

Redl war unterdes in ernsthafte, fast schon freundschaftliche Beziehung zu einigen preußischen Offizieren getreten, zu ihnen gehörte der Fliegeroffizier Heinz von Kleist, der Pionier, eigentlich Brückenbauingenieur Peter Hegenbarth, der Sachverständige für Eisenbahn-Schwerlasttransporte Willy Wetsch; ihr Arbeitsgebiet war im allgemeinen der Balkan – ganz und gar nicht Brandenburg oder Berlin – und im besonderen die Türkei, die Modernisierung der türkischen Armee und (den Möglichkeiten entsprechend) der türkischen Kriegshäfen mit ihrem Eisenbahnnetz, der Bau von Brücken in wichtigen Gebieten und deren Sicherung sowie – was Aufgabe des Piloten Heinz von Kleist war – die Einrichtung einiger getarnter Flugplätze auf dem europäischen Restgebiet der Türkei einerseits und in den asiatischen Grenzbereichen andererseits, wie zum Beispiel an der Grenze zum mächtigen Russischen Reich. Peter Hegenbarth, Heinz von Kleist und Willy Wetsch erhielten von Major Redl zahlreiche militärisch nützliche Informationen zum besseren, fachgerechten und genauen Verständnis des Balkanproblems und innerhalb desselben der türkischen »Tragödie«. Auch ein amerikanischer Geschäftsmann, Paolo Antinori, tauchte an der Küste auf, ein sizilianischer Adliger, der derzeit als Agent für »Marktforschung« für die größten amerikanischen Waffenfabriken den gärenden Balkan bereiste. Vermittels der Kontakte des Major Redl sammelte er zahlreiche Bestellungen für Waffenlieferungen ein: von den Serben, Rumänen und Bulgaren, von den um ein unabhängiges Mazedonien kämpfenden Guerillas, von den Albaniern, den montenegrinischen Gebirgskämpfern und vor allem von den Türken und Griechen; er zahlte – je nach Bestellung und Lieferung – dem Major Redl Prozente, der außerdem auch noch einen Teil der deutschen Waffenlieferungen für den Balkan in der Hand hatte.

Obwohl Major Redl und sein unmittelbarer Untergebener, Ritter Horst von Thom, nach Meinung sämtlicher Offiziere der Land- und Seestreitkräfte, die an der Küste Dienst taten, von ihrer Arbeit besessen schienen, überraschte Redl dennoch einmal seine Kameraden. Im »österreichischen Nizza« wurde ein größerer Faschingsball organisiert, an dem Alfred

Redl und Horst von Thom nicht teilnahmen – beide hielten sich derzeit in Sarajevo auf, nur sie allein wußten, warum dort und nicht woanders –, doch auf der dem Maskenball folgenden großen Treibjagd war Major Redl zur Stelle. Spaßeshalber jagte er mit einer alten, aber vollkommen funktionstüchtigen Armbrust. An der Treibjagd nahmen auch die Habsburger Herzöge und Herzoginnen teil, zudem viele ausländische Gäste, vor allem die Konsuln aus Fiume. Zugegen waren auch die folgenden, an der ganzen Küste berüchtigten Offiziere: Pilot Georg Weckherlin, Rittmeister bei den Dragonern Franz Hawerda-Wehrlandt, Leutnant Otto Stöger, Ritter Julian Dunajewski, Rittmeister der Trabanten-Leibgarde Baron Florian Ziemialkowsky, Oberleutnant Claus von Eckern-Freyberg, Oberleutnant Karl Fugger-Batenhausen, Major der Festungsartillerie Henrik Kinsky-Henckl, Korvettenkapitän Baron Olivier Clam-Gallas, Regimentsstabsarzt Dr. Joseph Kerzl und Regiments-Oberstabsarzt Dr. Vencel Izsó, *aber:* teil nahm auch, wiewohl nicht mehr zum auserwählten Kreis des Küstenschutz-Wachregimentes gehörig, Baron von Alsó- und Felsőkubiny, Hauptmann Christoph von Kubinyi, in der strahlenden Begleitung seiner Schwester Katalin, die wiederum eine entfernte Kusine mitbrachte, Fräulein Wilhelmine Wenckheim von Schweidnitz, und ihre Triester Freundin, Signorina Gaia Caccianiga; von den letztgenannten Damen nahm Major Redl keine Notiz. Katalin und Christoph aber bemerkte er sofort, und er begrüßte die Geschwister. Redl erschien auf dieser Jagd wie zu einem Maskenball – den er wegen seiner Sarajevoer Obliegenheiten versäumt hatte – im mittelalterlichen Harnisch: das Gesicht deckte ein Visier, Schenkel und Unterschenkel Beinschienen, den Brustkorb ein wappengeschmückter Panzer, unter dem Redl noch ein Kettenhemd trug. Auf dem Rücken der einen Hand saß ein Falke mit schwarzer Haube, ein Raubvogel, der nur darauf wartete, auffliegen zu dürfen, die andere hielt ein paar Jagdhunde an Riemen, die um das Gelenk geschlungen waren. Katalin hatte ihren Freund, Major Redl, noch nie so schön gesehen; sein Anblick lähmte sie gleichsam, sie vermochte weder zu lächeln noch die sie begleitenden Damen – Fräulein Wilhelmine Wenckheim von Schweidnitz und Fräulein Gaia Caccianiga – dem mittelalterlichen Ritter, Major Redl, ihrem Freund, vorzustellen. In Katalins Erinnerung war – und blieb – Redl damals schöner denn je: den Gerfalken auf seiner Hand, den glänzenden, gepanzerten Harnisch am Leib, den Strang der starken Riemen in der anderen Hand, die die an ihren Leinen tänzelnden, nervösen Jagdhunde hielt. Auch Katalin war eine glänzende Erscheinung auf dieser Jagd. Sie entsprach den Vorschriften jener alten, verschwenderisch-rauschenden Zeiten, jener Heldenzeit, die in archaischen Farben – Augustausklang-Enzian-Azur – spielte, die noch aus der unter dem Staub, dem Blütenstaub der Jahrhunderte verschwundenen Welt der großen Katharina von Medici stammten und die – ohne ein Wort über das Gebot der Jungfräulichkeit zu verlieren – das Ideal der weiblichen Schönheit kurz, ohne Abstriche, wie folgt umrissen:

Drei Dinge seien weiß: die Haut, die Zähne, die Hände;
drei schwarz: die Augen, Brauen und Wimpern,
drei kurz: die Zähne, Ohren und Füße.
Drei lang: der Leib, das Haar, die Hände.
Drei breit: der Brustkorb, Stirn und Nasenwurzel.
Drei schmal: der Mund, die Taille und die Fesseln.
Drei fein: die Finger, Haar und Lippen.
Drei klein: Brustwarzen, Nüstern und der Kopf.

Major Redl sah: seine Katalin entsprach den streng detaillierten Vorschriften, umsonst waren die Jahrhunderte zur unveränderlichen Vergangenheit geworden. Für Redl war Katalin die *schlafende Knospe*, in der das Leben noch im Schlummer lag und träumte, von einem anderen Leben womöglich, anstelle des gegebenen. Und was für ein vorsichtiger-vorausschauender-zynischer-grausamer-gnädiger-gewinnender-grämlicher Mann Major Redl auch immer war, eines konnte selbst er – mit dem Gerfalken auf dem Handrücken, im mittelalterlichen Jagdkostüm – nicht vorhersehen: daß einmal, wenn die Zeit der Notwehr gekommen sein würde, Katalin diejenige war, die ihm – wenngleich nur für kurze

Zeit – das Leben rettete, sein Leben, das er mit niemandes Leben getauscht hätte, selbst dann nicht, wenn so ein blutiger Handel, so ein blutiger Tausch zwischen Menschen möglich wäre. Und dann war da noch das Fräulein Wilhelmine Wenckheim von Schweidnitz, Katalins Kusine, vom Schicksal zu ihrer Rolle berufen und ausersehen. Redl vermochte die späteren Worte seiner Katalin nicht im voraus zu vernehmen, die da lauten sollten: »Es ist gar keine Ehe nach Gottes Plan, es ist eine notwendige und zufällige Ehe, eher eine Lösung, nach Katalins Plan«, wobei sie hinzufügte: »Pack sie ein, ich hole sie ...«

Diese Worte erklangen viel später. Katalin erschauerte damals tief im Inneren, im Innersten, »katalinhaft« zweifelnd an ihrer Katalinhaftigkeit, als sie den traurigen Jäger mit dem Gerfalken auf dem Handrücken sah. Aber die Jagd ging vorbei, die Maskerade hatte ein Ende. Dennoch bemerkte Katalin später, auf dem anschließenden Fest: »Das wäre nun wirklich nicht nötig gewesen ...«, womit sie Christophs Wachdienst-Versäumnis meinte. Redl entgegnete leise: »Leben ist auch nicht nötig, liebe Katja ...«

»Schön war dein Falke, Redl!«

»Ja. Ich wußte, er würde dir gefallen.«

»Ja, Redl, mir gefiel der Falke auf deiner Hand ...«

Nach den Faschingsbällen, Kostümfesten, Treibjagden und Abendgesellschaften nahm der Alltag an der Küste – in zeitlich geregelter Abfolge – seinen Fortgang. Major Redl und Ritter Horst von Thom rüsteten sich diesmal für eine Reise nach Thessaloniki. Vorher wollte Redl jedoch die Sache mit dem Schiffsarzt Dr. Stanislaus Burzyński endgültig geklärt sehen. Er wußte wohl, daß der Schiffsarzt mit dem Spitznamen L. L. F. – Lustig-Laut-Faul, wie die Kriegsmarine ihn seines ausschweifenden Lebens wegen zu Recht nannte – weder Selbstmord verübt, noch die Englischen Fräulein um Verzeihung gebeten hatte; und wiewohl er wirklich eine auf dem Wege geöffnete Grappaflasche mit ins Kloster genommen und dort eine Abtreibung – mit tragischem Ausgang – vorgenommen hatte, war er nicht unter der Last seiner Sünden zusammengebrochen, keinesfalls in einem Maße, daß er sich anschließend entleibt hätte, ergo: Dr. Stanislaus Burzyński – der Schiffsarzt »Lustig-Laut-Faul« – war ermordet worden. Durch wen? Warum? Auf wessen Befehl? Dem Verdächtigen, dem tatsächlichen Täter gegenüber ließ Major Alfred Redl – als wahrer Verehrer Englands – Großmut walten. Obzwar er die Äbtissin der Englischen Fräulein zu sich in die Görzer Garnison befahl, freilich in bürgerlicher Kleidung, sagte er der aus Newcastle gebürtigen Klostervorsteherin Albina Sabina Seymour lediglich, sie solle, sofern sie noch viele Jahre leben und beten wolle, in ihrem eigenen Interesse über den Fall des Schiffsarztes Dr. Stanislaus Burzyński Stillschweigen bewahren. Albina Sabina Seymour versprach es dem Major Redl dort, in der Görzer Garnison, in der soldatisch kargen Stube in die Hand, sie schwor, ihr Versprechen bis ins Grab halten zu wollen, was sich Major Redl natürlich nicht in aller Ausführlichkeit anhörte. Er trat vielmehr mit drohender Miene ans Fenster, schaute hinaus auf die Landschaft, und als er, sich umwendend, sehen mußte, wie Albina Sabina den eben erst im Namen Jesu geleisteten Schwur mit all ihren weiblichen Reizen bekräftigen wollte, entließ er die Äbtissin höflich und ließ sie durch einen Wachtposten aus der Görzer Garnison geleiten. Was war der Hintergrund? Ein englisches Unterseeboot hatte Zugang zu dem durch eine Minensperre geschützten Kriegshafen Pola gefunden, dank der detaillierten Beschreibung der Newcastlerin Albina Sabina Seymour, die – mittels des Schiffsarztes Dr. Stanislaus Burzyński – vom Kommandanten der Hafenwache erfahren hatte, wann Bojenkette und Minensperre für die einheimischen Schiffe aufgehoben wurden. Das durch die Lücke in der Minensperre eingedrungene britische Unterseeboot konnte zu einem späteren Zeitpunkt unbeschadet entkommen, als nämlich der Polaer Hafenkommandant, die Ankunft eines deutschen U-Bootes erwartend, wiederum die Aufhebung von Bojenkette und Minensperre anordnete, alles in allem für genau drei (in Ziffern: 3) Minuten. Redl war der Ansicht, man müsse derzeit keinen Skandal zwischen dem Habsburger Reich und dem britischen Reich, der bis zum Austausch diplomatischer Noten gehen würde, heraufbeschwören, zumal ihn seine Überzeugung, die Newcastlerin Albina Sabina Seymour würde ihm nunmehr in einer anderen, von ihm zugewiesenen »Funktion«, zur Hand gehen, nicht täuschte. Die edle, aus der Stadt Newcastle stammende Albina Sabina Seymour – direkter Nachfahr des einstigen großen englischen Admirals Seymour –, Äbtissin des Klosters der Englischen Fräulein, erschien Jahre später, als Oberst Redl noch einen Ausweg *sah* und ihn auch gefunden hätte, ja sogar die Flucht hätte wählen können, zu der sowohl Katalin als auch Wilhelmine mit ihren nicht geringen, nicht billigen weiblichen Reizen, mit allen Gründen und Gesten, mit Lächeln, Launenhaftigkeit und Liebreiz ihrer Liebe, die wahren Möglichkeiten ihres Lebens offenbarend, versucht hatten, den damals auf der Höhe seiner Macht stehenden Oberst Redl zu überreden, der dies – phlegmatisch? bescheiden? schüchtern? oder: brüsk und barsch – von sich wies, und forderte ihn auf, mit ihr zu fliehen, an einen Ort, wo er sich, wenngleich nur für eine flüchtige Zeit, wohlfühle; der Oberst erwiderte jedoch, nach einem Handkuß für Albina Sabina, lediglich: »Danke, mein Fräulein, aber im Grunde flieht der, der an seinem Platz bleibt. Und jetzt gehen Sie, denken Sie nicht, ich wäre in der Situation, Sie zurückhalten zu können. Ich habe nur einen Gedanken: die Welt, das Leben muß von meiner schrecklichen Person erlöst werden, und dabei muß ich mithelfen, schöne Albina Sabina!«

Den jedoch ausschließlich auf ihn wartenden Ereignissen seines Lebens konnte Redl damals, in Gorízia, an der Adriaküste, selbst nicht vorgreifen, um sie anderswie auszurichten – oder vorher zu zerschlagen. Zu Albina Sabina Seymours Ehre sei erklärt – dachte er Jahre später, als sich die Schlinge um seinen Hals zusammenzog –, daß sie nicht umsonst ein Nachfahr jenes alten Admirals war, und seines Erachtens offenbarte diese Frau Charakter, als sie ihn in Wien aufsuchte, in der Stadt, von der er tapfer, wie von seinem Leben, Abschied nehmen mußte.

Im Leben eines Menschen bleibt Vieles nur *bloße Erinnerung*, und sei es ein Lebensgefährte gewesen, weshalb man später frei heraus und fröhlich behaupten kann: »Ich bereue nichts, wiewohl ich es nicht so gewollt habe.« So eine Erinnerung blieb für Redl die aus Newcastle gebürtige Klostervorsteherin Albina Sabina Seymour, die Verlobte des Erlösers, die Braut Christi, seine heimliche, nie gefreite Braut, die vor Verlangen verrückte, vor unbefriedigtem Verlangen dennoch vergnügte nichtjungfräuliche Frau. Aber wer kann sich den fatalen Luxus erlauben – so fragte sich Redl viele Jahre später –, im trüben Licht der körperlichen und seelischen Geheimnisse anderer den eigenen Schatten zu verbergen, ihn als Geheimnis erscheinen zu lassen vor den anderen, vor denen er ihn zu verbergen hoffte, vor denen er sicher war, ihn geheimhalten zu können? Aus diesem und keinem anderen Grunde schrieb er Jahre später einen Brief an die Äbtissin, an die Newcastlerin Albina Sabina Seymour. Sein Brief war kurz, freundlich, wenngleich nicht »bündig«. *»Sabina Seymour, von einem möchte ich Sie überzeugen: das Leben hat sich in uns geirrt, die ›Weltlichkeit‹ hat unser Wesen gestört, aber wir können dennoch darauf vertrauen, daß alles, woran wir unseren Glauben verloren haben, die Schwelle zu dem Tor sein wird, das wir – so oder so – einmal durchschreiten müssen. Ihr ehrlicher Freund: Oberst Alfred Redl.«* Wäre dem Oberst des Generalstabs Alfred Redl genug Lebenszeit beschieden gewesen, die Antwort zu lesen, die die aus Newcastle gebürtige Albina Sabina Seymour ihm schickte, hätte er postwendend die *Wirklichkeit* seines *Wesens* erfahren, aus den liebenden Worten eines Menschen, der ihn liebte: *»Redl, vergessen Sie niemals: Ich habe Sie geliebt, außer mir lieben Sie auch andere, und Grund dazu gab niemand sonst als Sie selbst, und so werden wir Sie auch nach Ihrem Tod lieben. Ihre Albina Sabina, Ihre diesseitig in Sie Verliebte und jenseitig in Sie verliebte Geliebte, Ihre vom Schicksal geschlagene, unglückliche Freundin, der – statt des einen! – keine zwei Leben gegeben sind, um Ihnen als Ihre treue Gefährtin ihre liebende Liebe zu beweisen, sie glücklich zu offenbaren, mit dem Körper, der Seele des Körpers und dem Körper der Seele! Albina Sabina, ganz in Ihrer Nähe, in Wien, an Ihrer Richtstatt. A. S. S.«* Die Zeit war noch fern, da für Redl die Kaiserstadt Wien zu einer »Richtstatt« werden sollte. Und bis dahin leistete Albina Sabina Alfred Redl außerordentlich viele Dienste, der seinerzeit – wegen Mittäterschaft beim Tode des Schiffsarztes – keine Anklage gegen sie erhoben, keinen Spionageprozeß gegen sie eingeleitet hatte, ja nicht einmal eine Untersuchung. Vermittels der »schönen, schlanken Hände« der Albina Sabina knüpfte er fast sämtliche seiner britischen Kontakte, die er mit ihrer Hilfe auch *pflegte* und erweiterte. Die Zeit ist imstande, späteren Ereignissen vorzugreifen – wie ein vertauschter Zugfahrplan –, Redl aber liebte die heimlichen Wege; die verdeckten Methoden (selbst wenn sie sich – in manchen Fällen – auf Staatsangelegenheiten bezogen) wurden ihm immer mehr zur Leidenschaft, zur Passion, zum Spiel. Redl war sich, wie seine Freunde und Freundinnen zu berichten wußten, eigentlich über das für einen Einzelnen unerträgliche Gewicht der Geschichte im klaren, dennoch liebte er dieses Gewicht, diese Last, und ermaß dabei kaum, ob er sie überhaupt zu tragen imstande war.

Zweifelsohne fiel es auch nicht leicht, die Vorzüge des Major Redl – mit allgemein gebräuchlichem Ausdruck – eine Tugend zu nennen, vornehmlich dann, wenn wir die menschlichen Tugenden zur Moral erheben, sie am Moralverhalten eines Menschen messen. Redl versuchte, sein Leben statt zum Leben zur *Arbeit* zu machen. Und der Balkan »lieferte« in diesen Zeiten sowohl für die Kundschafter als auch für die Offiziere der militärischen Abwehr enorm viel Arbeit, Aufgaben, die unter lebensgefährlichen Umständen zu verrichten waren, wirklich tägliche Arbeit.

Major Redl, der »rasante« Redl, kam bei diesem Doppelleben zu der Feststellung, daß das ganze nur eine Frage der Bezeichnung war: wenn wir unser Leben nicht Doppelleben nennen, sondern als zwei gleichermaßen wichtige, keinem anderen zu übertragende *Arbeiten* auffassen, wird alles einfacher; das heißt: wichtig ist nicht, daß man lebt, sondern, daß man seine Pflicht erfüllt, arbeitet, wenn es sein muß, gleichzeitig zwei oder sogar drei Dinge meistert, und das Leben wird davon nur insofern betroffen, als man seine Kondition, seine physische Integrität wahren muß. Wo? Im Turnsaal! In der Reithalle! Auf dem Schießplatz! Und mit ausdauerndem, erschöpfendem Schwimmen in der Adria. Das tat Redl, der »rasante«, dieweil er mit eisernem Fleiß die südslawischen Sprachen paukte, Türkisch und Neugriechisch lernte und darum auch – anders hätte er keine zusätzliche Zeit gewinnen können – den Schlaf aus seinem Leben so gut wie strich, indem er nach seinem großen Schwimmpensum maximal zwei bis drei Stunden am Strand schlief. Nur die Besuche der Katalin von Kubinyi rissen Major Redl aus dieser wirklich »rasanten« Lebensführung. Durch den Einfluß Katalins erkannte Major Redl dann, daß *Leben* und *Arbeit* einander sozusagen ausschließen, nachgerade polare Gegensätze sind, und daß nicht die Arbeit die Pflicht bedeutet, sondern das *Leben*, zumindest laut Katalin, die ihren Freund – erfolgreich – davon überzeugte, daß die Behauptung des Engländers Darwin, wonach die Arbeit den Menschen zum *Menschen* gemacht habe, keineswegs sicher ist. Wenn nicht die Arbeit, was dann? fragte sich Major Redl; Katalin stellte er diese Frage nie. Die Antwort gab er sich selbst: Vielleicht war es nicht die Arbeit, die den Menschen zum *Menschen* machte, aber eines ist sicher: die Menschwerdung fand ohne Gott statt – wiewohl Redl nach Voltaireschem Bild kein ausgesprochener Atheist war –, und sicher ist auch, daß etwas den Menschen zum Menschen gemacht hat, eine Kraft, dieselbe Kraft, die Gott zum Gott machte, aus bloßer Vorsicht schon *vor* der Menschwerdung, damit diese Kreuz-Nagel-Kalvarien-Auferstehungs-Gnadengeschichte zwischen Gott und Mensch nicht ohne den vertrauten Mythos blieb. Also waren es die Kräfte des *Zufalls*, die Gott zum Gott machten. Was für »zufällige Kräfte« mochten das gewesen sein, die einen allmächtigen Gott schufen, auf daß dieser die Menschen schuf, noch dazu zu dem teuren und blutigen Preis, seinen eigenen eingeborenen, noch dazu unbefleckt empfangenen Sohn für diese Schöpfung aufzuopfern, damit der Mensch Mensch werden konnte? Sofern nicht Maria die wirkliche Schöpferin war, die fruchtbare Jungfrau Maria. Diese zufälligen Kräfte, die Gott zum Gott machten, damit jener als der Große Arbeiter den Menschen erschuf – sie konnten nur kosmischer Natur sein, Sternenkräfte, die Kraft der Milchstraße, der Sonnensysteme, die materielle Kraft des Universums. Natürlich erörterte Major Redl diese Gedanken nie vor der nur spontan atheistischen, beziehungsweise solchen Fragen gegenüber mit allen Fasern und bis zum letzten Blutstropfen gleichgültigen Katalin. Er wußte, Katalin würde ihn ohnehin nicht bis zu Ende anhören. Nicht daß Katalin geschwätziger Natur gewesen wäre, eine Frau, die nur vor sich hin redet und dabei Gesellschaft braucht, aber es war ebensowenig charakteristisch für sie, nach Gott zu fragen oder nach dem Ursprung der menschlichen Rasse oder den Wehen des Kosmos, welcher Gott einst hervorgebracht hatte, so viele Götter, die an Zahl womöglich jene der durch sie geschaffenen und durch ihre Söhne erlösten Menschen übertrafen. Würde sich Major Alfred Redl dennoch in derlei Gespräche mit Katalin, die ihn im »österreichischen Nizza« gar nicht so selten besuchte, eingelassen haben, hätte er von ihr auf seine Fragen auch die Antwort erhalten. *»Der Mensch ist eine Metapher«*, wie es der Aphorismus Hofmannsthals definiert ... Katalin pflegte freundschaftlichen Umgang mit Hofmannsthal, Klimt, Olbrich, Wagner und anderen großen Wiener Architekten, saß Klimt zu manchem Bild Modell und hegte sorgsam ihre natürliche »Gottlosigkeit«, indem sie regelmäßig in die Kirche ging; auch Bischöfe und Äbte gehörten zu ihrem Freundeskreis, der kein Kreis, vielmehr ein *Viereck* war, eine Männerphalanx, die das Katalin-Phänomen, die Katalin-Methapher umschwärmte, freilich ohne ihren Körper zu berühren, weil Katalin ihren Körper bewahrte, wohl wissend, daß ihr Körper auch sie bewahrte, zumal ihre Sehnsüchte, Wünsche und Begierden nicht immer *leiblicher* Natur waren; eher sehnte sie sich, einen *Platz* in einem anderen Menschen für sich zu finden, und sie fürchtete, die Zeit, die das menschliche – durch Gott bemessene – Leben gewährte, würde dazu nicht ausreichen; die Ewigkeit indes, argwöhnte sie, sei eine Sackgasse, die zu begehen, hin und zurück, zu Lebzeiten noch, das Opium ermöglichte, das Morphium, und obschon sie diese Anregungs- und Rauschmittel nicht benutzte, äußerte sie oft ihren Freunden gegenüber: »Es ist kein Problem, Schluß zu machen, sofern eine Nadel da ist, eine Injektionsnadel, und wenn diese schreckliche *schlechte Laune* kommt: dann her mit dem Opium, dem Morphium, als Lösung.« Katalins Besuche in Abbazia, Duino, Quarnero und Fiume »funktionierten« wie feine Bremsscheiben im »rasanten« Leben des Major Redl, der die Arbeitseinsamkeit zur Pflicht erhoben hatte. Katalin war fähig, die Arbeit zum *Leben* zu machen. Während eines ihrer sehr lebensnahen, lebensfrohen, lustigen wie unverhofften Besuche an der Küste trat jedoch zwischen Katalins jüngerem Bruder Christoph und Katalins Freund Alfred ein *Ereignis* ein, welches selbst die »das Weib, alle Weiblichkeit noch übertreffende« Katalin-Erscheinung, die Katalin-Metapher – weder da und dort, noch jemals später – nicht imstande war, ungeschehen zu machen. Es handelte sich um das Dienstversäumnis des Barons Christoph von Kubinyi. Major Redl, diensthabender Wachkommandant, wartete zusammen mit den seit vierundzwanzig Stunden Wache schiebenden Gemeinen, den Muschkoten also, auf Ablösung. Die Soldaten der Ablösung, die Muschkoten, erschienen auch rechtzeitig und postierten sich an der im Reglement vorgeschriebenen Stelle. Der diensthabende Wachkommandant indessen erschien weder an der im Reglement *theoretisch*, noch an der auf dem Exerzierplatz der Görzer Garnison für die Wachablösung *praktisch* vorgeschriebenen Stelle. Somit löste Major Redl die Soldaten ab, befahl die neue Wache mit der neuen Tagesparole an ihren Platz, die einen auf Posten, die anderen auf Patrouille, sich selbst aber konnte er nicht ablösen, weil seine Ablösung – Christoph von Kubinyi – nicht erschien. Redl tat Dienst. Vergatterte die neue Wache. Und wartete. Nach einigen Minuten meldete sich ein Oberstabsfeldwebel bei ihm und schlug die Hacken zusammen; Redl fragte sogleich: »Wo ist der diensthabende Offizier für die Ablösung?«

»Melde gehorsamst, Baron von Kubi. . .« – »In der Armee gibt es keinen *Baronstitel*, Feldwebel!« fiel Redl dem Unteroffizier ins Wort. »Wo ist der diensthabende Offizier?«

»Melde gehorsamst, Bar... Ba... Der Hauptmann von Kubinyi...«

»Wo ist Hauptmann von Kubinyi?«

»Melde Herrn Major gehorsamst, Hauptmann von Kubinyi läßt ausrichten...«

»Läßt ausrichten?«

»Der Herr Hauptmann läßt ausrichten, er hätte kein Regiment mehr...«

»Wie?«

»Das trällerte er vor sich hin, Herr Major. Der Herr Hauptmann läßt dem Herrn Major ausrichten, er wäre müde... er hätte Angst... er könnte nicht heftig genug erschrecken vor dem, was ihm Angst macht... Jetzt liegt er in der Offizierskantine und schläft; auch Herr von Eckern-Freyberg läßt etwas ausrichten... Aber der hat wirklich schon geschlafen, deshalb habe ich seinen Befehl nicht ganz verstanden...«

»Warum haben Sie Hauptmann von Kubinyi nicht rechtzeitig geweckt?«

»Das habe ich ja, aber...«

»Warum ist er dann nicht hier?«

»Als ich ihn rüttelte, sagte der Herr Hauptmann statt der Parole, ich sollte zur Hölle fahren, und er meinte, die Königin Elisabeth, die schöne Sissi, sollte ihn ablösen und Wache schieben... Er würde jetzt schlafen, und das würde auch jeden Feind einschläfern, so müde wäre er... Er setzte mir sogar die Pistole auf die Brust: ich sollte unbedingt und wortwörtlich dem Herrn Major überbringen, was er gesagt hat...«

»Ich übernehme den Befehl über die Ablösung! Parole?«

»Schnitterin«, sagte der Feldwebel leise, den Major Redl als solchen bezeichnet hatte, obzwar er in Wirklichkeit Oberstabsfeldwebel war und die entstandene Situation seinem Rang entsprechend klar überblickte. Deshalb bemerkte er: »Der Herr Oberleutnant und der Herr Hauptmann haben mit den Mädchen, die sie in die Kantine holten, Karten gespielt, und als ich den Herrn Hauptmann an seinen Dienst erinnerte, hielt er mich für einen Kiebitz ... und schickte mich zur Hölle; als er aber sah, daß ich weder eine Frau noch ein Kiebitz war, sondern nur ich selbst, nahm er wie ein Herr seine Beleidigung zurück, allerdings fügte er den kränkenden Bemerkungen, die ich dem Herrn Major überbringen sollte, hinzu ...«

»Was, Feldwebel?«

»... den Major Redl könnte nur der Tod vom Wachdienst ablösen, er aber, Hauptmann Christoph von Kubinyi nämlich, er wäre nicht der Tod, und deshalb würde er den Herrn Major auch nicht ablösen ... Er erwähnte die Herzogin Pignatelli, bestellte dann in seinem Übermut Sekt und ... Würstchen mit Semmeln, aber als der Kantinenkellner alles brachte, schlief der Herr Hauptmann bereits tief und fest, die Karten noch in der Hand ... Er konnte sicher sein, nicht zu verlieren, weil der Herr Oberleutnant von Eckern-Freyberg ebenfalls eingenickt war ... die Hand auf dem Schenkel, ohne die Karten loszulassen ...«

Major Redl erschien anderntags beim General Hammer-Purgstall und machte in strammer Haltung Meldung über das, was er vom Oberstabsfeldwebel gehört und erfahren hatte. Der General stellte nur lapidar fest: »Schwerster Verstoß gegen Gehorsam und Disziplin seitens eines Offiziers! Ein Glück nur, daß dieser glückspielbesessene Hauptmann in der Nacht seinen Dienst nicht angetreten hat! Ich hörte über Hauptmann von Kubinyi, er hätte die Gewohnheit, seine Zigarre mit einem Hunderter anzuzünden! Ich hatte ihn bereits zu mir befohlen, aber er war schon auf dem Wege nach Wien. Meldet sich zum Rapport bei Oberst Helmuth Heynert, den ich von der Sache bereits fernmündlich in Kenntnis setzte. Hauptmann von Kubinyi wird sich von meinem Garderegiment trennen müssen, egal, wie in Wien über ihn entschieden wird! Sie können abtreten, Redl ...«

Das war die »Affäre«, die selbst die »verrückte und herrlich verrückt machende« Katalin nicht ins Lot bringen konnte.

Sie versuchte es zwar, gab dann aber auf. Im übrigen setzte ihr Bruder Christoph seinem »Scherz« noch die Krone auf, indem er keineswegs »auf dem Wege nach Wien war, zu Oberst Helmuth Heynert«, sondern mit seinem Freund, dem Oberleutnant Claus von Eckern-Freyberg, hinausritt in die Wiesen und Felder, die die Görzer Garnison umgaben. Nach einer tiefgelegenen, sanft abfallenden Wiese ritten sie über eine grasbewachsene Ebene, dann durch einen Auenwald. Claus von Eckern-Freyberg stellte »hoch zu Roß« fest: »Ich will ein slowakischer Flößer sein, ein bosniakischer Hufschmied, ein italienischer Maronenröster, wenn ich mich irre, aber ich sage dir, Chris: dieser Redl ist kein Redl! Das ist ein Besessener, ein Wahnsinniger . . . eine Armee für sich! Was will er denn? Frieden? Krieg? Will er die Kavallerieoffiziere auf ihre Jungfräulichkeit schwören lassen, wie die Nonnen des Ursulinen-Ordens? Will er, daß *ich* mir an ihm ein Beispiel nehme?«

»Darüber habe ich mir auch schon den Kopf zerbrochen, aber was mein Dienstversäumnis anbelangt, so hat Redl vollkommen recht. An seiner Stelle wäre mir auch nichts anderes übriggeblieben . . . Davon, daß ich gerade *ihn* hätte ablösen müssen, gar nicht zu reden«, entgegnete Hauptmann von Kubinyi und dachte dabei an seine Schwester Katalin. Flüchtig ging ihm durch den Kopf, daß ein Offizier womöglich nicht unbedingt so leben sollte wie er, womöglich eher wie Redl; vielleicht mußte ein Offizier gerade so wie Redl sein. Aber ganz sicher war sich Christoph von Kubinyi dessen nicht. Voller Trotz ritt er weiter in den Auenwald hinein, und morgen, das schwor er sich, würde er aufbrechen, nach Wien fahren, zu Oberst Helmuth Heynert, auf Befehl des Generals Hammer-Purgstall.

Die Auseinandersetzung konnte Katalin nicht verhindern. Sie erklärte ihrem Freund, Major Redl, lediglich, »sie sei keine Hirschkuh zur Kurzweil von Offizieren, einmal im Leben möchte sie auch einen Zivilisten kennenlernen.« Sogleich aber fügte sie hinzu: »Schone meinen Bruder!« Major Redl versprach es ihr. Katalin wußte, Redl war ein »komplizierter Kauz«, und wer hätte es ihr zum Vorwurf machen können, daß sie ihren Bruder liebte, immerhin war er Blut von ihrem Blut. Und dennoch versuchte Katalin alles, sich Bruder und Freund in Freundschaft zu erhalten. Vielleicht beging sie damit die größte Naivität ihres Lebens. Die italienischen und österreichischen Zeitungen waren seinerzeit voll von Nachrichten über ein großes historisches Ereignis: ein schwedischer Taucher war, auf der Suche nach der spanischen Armada, an der irischen Küste, an den felsigen Klippen, auf die Überreste venezianischer Galeeren gestoßen, die sich Jahrhunderte früher – wenngleich, aus dem menschenleeren Blickwinkel der Weltgeschichte betrachtet, *kaum einen Augenblick* vor der Geburt, dem Leben und Leiden und der Neugier des tauchenden Historikers – auf Befehl des Königs Philipp der Invasionsflotte des Herzogs von Medina Sidonia angeschlossen hatten und zusammen mit den Seglern der Armada gesunken waren, nachdem sie nicht durch den Kanonenbeschuß Drakes, sondern durch die heftigen, eisigen Stürme auf den offenen Gewässern des Nordatlantiks irreparable Schäden erlitten hatten. Der schwedische Taucher reiste von Irland nach Venedig, um die Namen der dort vor langer Zeit ausgelaufenen christlichen Galeeren zu erkunden. Er durchforschte viele alte Dokumente und Briefe, bis er herausgefunden hatte, daß die einstigen levantinischen Galeeren wirklich auf Befehl König Philipps aus den friedlichen levantinischen Handelsgewässern durch die Meerenge von Gibraltar auf die Wogen des Atlantik ausgelaufen waren, um als »Hilfsflotte« im Geschwader der Armada England und die Ketzer zu unterwerfen. In Venedig lernte der tauchende schwedische Historiker das Fräulein Gaia Caccianiga kennen, welche, wenngleich nur vorübergehend, mit ihrem »galeeren«-stolzen, mediterranen Leib, den latinisch-italienischen Reizen ihres Antlitzes, der warmen, tiefen Schönheit ihres Wesens die Aufmerksamkeit des Schweden von den venezianischen Galeeren ablenkte. Die aus Triest gebürtige Gaia Caccianiga war eine Freundin Katalin von Kubinyis. Sie erhielt wunderliche Geschenke von dem wunderlichen Schweden, bis dieser, seine Verirrung – zwischen den alten

Galeeren und der jungen Gaia – plötzlich erkennend, nach Irland zurückfuhr, wo die venezianischen Galeeren an den Klippen zerschellt waren, in nebelverhangenen Buchten zwischen Riffs navigierend, vom Flaggschiff des Herzogs von Medina Sidonia, der »Hl. Martin«, getrennt und die Besatzung unter den Schwertern ketzerischer irischer Räuber verblutet war. Ein Stück, das der schwedische tauchende Historiker aus dem Wrack einer venezianischen *Galeere* gerettet beziehungsweise aus früheren Zeiten für die gegenwärtigen »er«rettet hatte, schenkte er dem Fräulein Caccianiga, der Triester »galeeren«-stolzen *Gaia,* unter deren Ahnherren sich gewißlich einer fand, der auf Befehl König Philipps mit einer venezianischen Handelsgaleere im Geleitzug der stolzen spanischen Armada gegen England aufgebrochen war, um an den rauhen Gestaden Irlands den Heldentod zu sterben, sowohl für den unsterblichen Gott als auch für den in den kalten Sälen des Escorial einsam umherwandernden König Philipp. Fräulein Gaia, halb italienischen, halb Tiroler Geblüts, vermachte dieses wertvolle Stück ihrer Freundin Katalin. Es war ein Ring. Der Hypothese des tauchenden schwedischen Historikers zufolge war es – trotz der spanischen Inschrift – denkbar, daß dieser Ring aus der Werkstatt eines venezianischen Goldschmieds hervor- und darauf von einem venezianischen Mädchen an einen spanischen jungen Mann übergegangen war, möglicherweise als eine Art Verlobungsring. Diese Frage vollständig zu klären, blieb dem Schweden jedoch keine Zeit, und schuld daran waren nicht die Jahrhunderte, die ihn von dem längst verblichenen spanischen Seemann und seiner Verlobten trennten, sondern zwei andere Faktoren: 1. ergriff er selbst vor dem schönen Fräulein Gaia Caccianiga die Flucht, weil eine Verlobung oder gar Hochzeit ihn endgültig in seinen unaufschiebbaren Obliegenheiten zurückgeworfen hätte, die auf dem Grunde der die irische Insel umspülenden Gewässer auf ihn warteten, nunmehr seit Jahrhunderten schon; 2. nötigte das Fräulein seinerseits, die Triesterin Gaia Caccianiga, ihn nicht in dem Maße zum Bleiben, wie eine Frau einen Mann zum Bleiben zu nötigen imstande ist – allen schätzebergenden Wracks längst versunkener Galeeren, Segler und Boote, allen unbezweifelbaren Schönheiten des Meeresgrundes zum Trotz –, wenn sie es tatsächlich und *mit allen Fasern ihres Herzens* will. Somit und auf diese Weise kehrte der tauchende schwedische Historiker zu den atlantischen Gewässern zurück. Der Ring – die meisterhafte Arbeit eines venezianischen oder spanischen Goldschmieds – gelangte von Gaia Caccianiga zu Katalin von Kubinyi und setzte somit den geistigen Weg jenes spanischen jungen Mannes, jenes edlen Seefahrers fort, der ihn einst am Finger trug, Jahrhunderte früher, im tapferen Kampf gegen die Schiffskanonen Drakes und im hoffnungslosen Kampf ums Überleben auf den sturmgepeitschten Gewässern der Orkney- und Shetland-Inseln und Hebriden, zwischen dazumal noch kaum kartographierten Klippen, Unterwasserfelsen und Riffen und den darüber strudelnden Wirbeln und sogstark-reißenden Strömungen am westlichen Küstenstreifen Irlands. Die Gabe des Schweden an das Fräulein Gaia Caccianiga gelangte zu Katalin, und Katalin, die es ebenso liebte, Geschenke zu bekommen, wie sie selbst welche machte, schenkte diesen alten Verlobungsring ihrem Freund, dem Major Redl, den sie kannte, zumindest so gut kannte, daß sie wußte: wäre er Offizier der einstigen spanischen Armada gewesen, lebte auch er längst nicht mehr, wäre im Kampf gefallen, bevor sein Schiff – oder seine Rudergaleere – die erbarmungslosen irischen Gestade erreicht hatte. Das Gold des durch den schwedischen Taucher vom Meeresgrund geholten alten Ringes – vielleicht Verlobungsringes weiland lebender Verliebter? – war von dem venezianischen oder valenzischen Goldschmied mit einer Inschrift versehen worden: *»No tengo más que dar te«*, und diese spanischen Worte besagten, was die Gabe an sich – in jeder Sprache der Welt – schon ausdrückte: Ich habe nichts, was ich dir sonst geben könnte. Was natürlich nicht auf den seither kaum veränderten Wert des goldenen Ringes hindeuten sollte, sondern auf das lebendige Gold der Liebe, der Jugend, der ersten, der allerersten Liebe, auf das goldene Erz der sich findenden Körper, das weder Jahrhunderte noch jahrhundertealte Meere vernichten können, weder an den spanischen noch irischen Gestaden, nirgendwo, wo es sich liebende Körper gibt, nirgendwo, wo es liebende Gefühle gibt und gab – in diesen Dingen existiert keine Vergangenheit –, *dazu* tapferes Selbstvertrauen, *daraus* geborene Erinnerungen, *darum* selbst dem Tod mit ihrem *Da-Sein* trotzende junge Männer und Mädchen. Obzwar der einstige spanische Seemann, der den Heldentod starb, seine Verlobte niemals wiedersah, lebte sein in den Ring graviertes Liebesversprechen weiter, überlebte den Soldaten und den Tod des Mädchens. Der Goldring, den Gaia Caccianiga ihrer Freundin Katalin, Katalin hingegen dem Major Redl schenkte, wurde weiland, vor vielen Jahrhunderten – wie es der tauchende schwedische Historiker brav herausfand – von einem jungen spanischen Edelmann an seinem Finger getragen, von Don Tomás de Granvela, Marinemusketier auf der dreimastigen Kriegsgaleere *Gironda,* der im Alter von 22 Jahren den Heldentod starb, dessen Leib, Hand und Finger, an welchem er den mit der Inschrift versehenen goldenen Verlobungsring trug, sich für alle Ewigkeit im Urelement, dem Meereswasser, auflösten, dennoch eine Botschaft hinterließen: nicht dem Historiker, dem Taucher, sondern allen Verliebten, die im gegenseitigen Finden zu sich selbst gelangen, sich selbst lieben, um dadurch den anderen lieben zu können, in der Liebe von sich selbst erlöst. Major Redl, wiewohl von Katalins Geschenk tief gerührt, tat doch keinen einzigen Schritt, sich mit Katalins Bruder Christoph – in diesem auf alle Fälle kurzen Menschenleben – wieder auszusöhnen, die alte Freundschaft wieder aufleben zu lassen. Im Gegenteil: der goldene Ring jener früheren iberischen, vielleicht kastilischen, aragonischen oder andalusischen Braut, dieses vom Meeresgrund ans Licht gehobene, zwar leblose, gleichwohl Leben versprechende und fordernde Zeichen vergangener Bräutlichkeit, wirkte auf Major Redl wie eine schreckliche Sensation und erschütternde Erkenntnis, lastete auf Lust und Laune und versetzte ihn in einen gleichsam rauschhaften melancholischen Zustand, zumal er nach ernsthafter Analyse dieser Gabe Katalins eine ganze durchwachte Nacht darüber nachsann, daß Katalin und Christoph, obzwar sie einander so sehr glichen, nicht ein Wesen, sondern *zwei* waren, während *er* selbst, gemessen an ihnen, *allein* war. Major Redl fand auch weder dort an der Küste noch später für sich den Modus vivendi, diese Katalin-Christoph-Zweiheit einsehen und annehmen zu können, diese Katalin-Christoph-Einheit, die unverwechselbare *Ähnlichkeit;* und in der tragisch-bunten Vielfalt, der waghalsigen, verwegenen Farbigkeit seines ganzen Lebens war dies die einzige Farbe, die ihn einfach blendete – ihn innen, im tiefsten Inneren mit Blindheit, mit Lichtlosigkeit schlug –, sooft er Katalin ohne Christoph erblickte, und umgekehrt. Diesen Modus vivendi fand Major Redl jedoch im Dienst. Er legte sein Leben ab wie eine ihm anvertraute, ja freiwillig getragene Last, ein Paket, ohne Absender oder Adressat, jedoch mit dem Vermerk Einschreiben-Eilboten-Luftpost-»Statissime« (Redl persönlich) – dieses Paket, in dem eine Zeitzünderbombe tickte: das *schicksalslose Schicksal* des Alfred Redl – und einer *gestempelten Marke* versehen, die das Porträt des Imperators Franz Joseph I., Kaiser, König und Fürst so vieler Provinzen, trug, im Profil, mit dem Myrten- oder Lorbeerkranz um Schädel, Stirn und Schläfen, ein Briefmarkenbildnis, das an die in frühzeitliche Münzen geprägten Profile von Hadrianus, Septimus Severus, Traianus, Caracalla, Caligula und Nero, des Dichterfürsten und Poeten, gemahnte – und an Claudius, der sich als Gott fühlte und einen übermenschlichen Preis dafür bezahlte, sein eigenes, menschliches Leben, aber dieses bekränzte Herrscherhaupt erinnerte auch an Tiberius, den grausamen römischen Cäsaren, und dieses auf Millionen von Postwertzeichen geprägte-gezeichnete-gedruckte archaische, atavistische Antlitz war Freimarke für die millionenfachen Briefe und Karten, die in den Postämtern im gesamten Reichsgebiet auf Umschläge geklebt und gestempelt wurden, auf Briefe des jungen Mannes an das Mädchen, des Mädchens an den jungen Mann, der Mutter an den Sohn, des Sohnes an die Mutter, des Freundes an den Freund, des Feindes an den Feind, etc. etc. Diese Marke klebte auch auf dem Paket, das unverwechselbar Redl gehörte, das weder

Absender noch Adressat trug, das sein einmaliges Leben enthielt, sein Schicksal, unverwechselbar und nicht zu vertauschen.

Der Thronfolger Franz Ferdinand hatte bereits 1910 auf einer Jagd prophezeit, über kurz oder lang käme es zum Krieg im Balkanraum. Dem wäre er gern durch einen Präventivschlag der Armee des Reiches zuvorgekommen. Damals war gerade, vorübergehend, Friede auf der Balkanhalbinsel – wenngleich er nicht eben herrschte. Conrad von Hötzendorf vertiefte sich in das Studium dieser Frage und erarbeitete dann mit der ihm eigenen Schnelligkeit einen Aufmarschplan für zwanzig Divisionen und drei Brigaden. Diese Streitkräfte sollten von Bosnien aus gegen die südlichen Gebiete Serbiens vorrücken, auf der Linie Novi Pazar-Mitovica-Kumanovo nämlich, und weiter südlich, unmittelbar gegenüber Montenegro, hätte das Reichsheer Aufstellung genommen. Die Ausarbeitung der Einzelheiten übertrug er den hochqualifizierten Operationsoffizieren. Generalstabschef von Hötzendorf, der mit diesem ersten Plan die volle Anerkennung Franz Ferdinands gefunden hatte, versetzte mit einem zweiten – wonach es gleichzeitig mit dem Präventivkrieg gegen Serbien ging – den Thronfolger geradezu in Staunen, darauf in Nachdenken. »Zwecks Ablenkung, zwecks Umwandlung des *militärischen* Sachverhalts in einen diplomatischen: Präventivschlag gegen die italienische Flotte im Adriaraum und gleichzeitiger rascher Vormarsch zu Lande auf der Linie Venedig-Padova-Verona; von dort aus Vorrükken nach Süden, Besetzung der Po-Ebene und der Po-Mündung, letzteres mit Unterstützung weitreichender Artillerie seitens der Schlachtschiffe des Reiches; in solch einem Krieg zu Wasser und zu Lande, der in völliger Abstimmung mit der Flotte zu führen ist, kann und muß der Sieg errungen werden.« Vorausgesetzt, der Plan wäre durchführbar, grübelte Franz Ferdinand, über die Studie geneigt, welche Kräfte stünden dem Reich dann an den Ostgrenzen, in Galizien, zur Verfügung, gegen die dort bereitstehende russische Armee? Und außerdem, warum sollte man »zwecks Ablenkung« eine zweite Katastrophe herbeiführen, wenn man schon eine verursacht hatte? Die Antwort darauf gab ihm bald sein Ordonnanzoffizier, Oberst Sbinyovszky, der Alfred Redl konsultiert hatte, wenige Stunden, bevor die Operationsoffiziere den Mobilisierungs- und Aufmarschplan für den Zweifronten-Präventivkrieg Conrad von Hötzendorf übergaben. Oberst Sbinyovszky merkte sich Redls Gesicht fürs Leben; später äußerte er sich dergestalt, als habe der in Schillers *Don Carlos* mit so düsteren Worten belegte Egmont vor ihm gestanden oder nachgerade Goethes *Egmont* selbst. Redl wirkte müde, die anstrengenden Balkanreisen hatten seine Kraft erschöpft, er kam aus Montenegro, aus der Stadt Cetinje, über Sarajevo. Auf den Ordonnanzoffizier Franz Ferdinands, Oberst Sbinyovszky, machte Redl den Eindruck, als habe er Wochen nicht mehr geschlafen, Gesicht und Haar, das an der Schläfe erste graue Fäden zeigte, wirkten dennoch außerordentlich gepflegt, von seiner wie angegossen sitzenden Uniform ganz zu schweigen. Die blauen Augen spiegelten Wachheit, ein metallisches, erzenes Licht, unverschleiert von Träumen oder »Persönlichem«. Seine Größe wurde durch die Hagerkeit noch betont. Der Ausdruck seines Gesichts mit den schmalen, zusammengepreßten Lippen, dem gewalttätigen Zug und dem ungefüge vorspringenden Kinn flößte Furcht ein, strahlte unpersönliche Härte und Neigung zur Grausamkeit aus. Es hätte keinen Sinn gehabt, sagte Oberst Sbinyovszky Jahre später, sich darüber den Kopf zu zerbrechen, was er fühlen mochte, was er fühlte, wenn er dienstfrei war, wenn er ausritt, in Gesellschaft weilte, dann, wenn er nicht gerade eine in knappe kurze bündige Aussagen zusammengefaßte Meldung über die *»Gegenwärtige Einschätzung des Balkanproblems aus militärischer Sicht, unter besonderer Berücksichtigung des nicht auszuschließenden Eingreifens von Italien und Rußland«* übergab. Der an »Gestalt und Wesen Egmonts« erinnernde Redl nahm, aus Cetinje und Sarajevo zurückgekehrt, ein rasches Bad, aß etwas und schrieb seinen Bericht, auf dessen Grundlage Franz Ferdinand nicht länger darüber nachdenken mußte, welche Kräfte ihm im Falle eines Präventivkrieges auf dem Balkan und in Italien im Osten, in Galizien, gegen die russische Armee zur Verfügung stehen würden. Er verwarf kurzerhand die Operationspläne Conrad von Hötzendorfs. Vorerst zumindest. Damit die Annexion Bosniens und der Herzegowina jedoch endgültig diplomatisch, militärisch und geopolitisch akzeptiert und von Sankt Petersburg bis Rom, von Rom über Paris bis London hingenommen wurde, arbeitete er eine Reihe von Entwürfen für kleinere Aktionen zur Einschüchterung Serbiens aus. Die Kanonenboote und Monitore des Donauflottillenkorps liefen demonstrativ in Kampfformation aus, nahmen Kurs nach Süden, durch Belgrad, und kehrten eine Stunde später wieder um. Schüsse fielen nicht. Selbst die serbische, ja sogar die russische Presse, hielten sich mit Anwürfen zurück. Anscheinend brauchte es mehr. Von der Herzegowina startete eine Fliegerstaffel, flog bis nach Montenegro hinein und landete bei Cetinje. Weil sie dort nur einige Schafhirten und Bauernmädchen fast zu Tode erschreckte, setzte die Staffel ihren Flug fort und landete diesmal erst in der Nähe von Berane, dann bei Novi Pazar auf freiem Feld. Von dort aus flog sie weiter in Richtung Mitrovica, wo man endlich aus einem Maschinengewehr das Feuer auf sie eröffnete. Darauf beschrieb die Leitmaschine der Staffel – eine *Roland C-II* –, geflogen vom Bomberpiloten Ernst Brandenburg, einen Kreis und setzte das Maschinengewehr im Tiefflug außer Gefecht. Die übrigen Maschinen unter Führung des Jagdfliegerleutnants Harry von Bülow-Bothkamp nahmen währenddessen mit ihren Maschinengewehren die Handvoll Soldaten unter Beschuß, die rings um die Gefechtstellung Deckung suchten; die Leutnants Andrich Deodatus, Eduard Nittner und Aladar Zselyi hingegen feuerten in mehrfachem Anflug auch auf die Maulesel, die zwischen den Deckung suchenden Soldaten herumgaloppierten, blutend und verstört von den gleichsam in Reichweite über sie dahinbrummenden Maschinen. Anschließend verließ die Staffel den Raum von Mitrovica wieder und flog nach Bosnien zurück. Auch darauf reagierte die serbische Presse relativ milde, von russischer Seite aus wurde Österreich jedoch in mehreren geharnischten Artikeln auf die Folgen »derartiger Abenteuer« aufmerksam gemacht. Thronfolger Franz Ferdinand betrat zum üblichen frühen Zeitpunkt des kaiserlichen Arbeitstages, morgens um sechs, mit einem Stapel von Berichten – der Belgrader, Bukarester und Istambuler Botschafter – das Arbeitszimmer Franz Joseph I. Der Kaiser hatte schon von der Aktion der Fliegerstaffel gehört und erteilte Franz Ferdinand sofort eine Rüge. »Ich will Frieden auf dem Balkan! Verstehst du, Ferdinand? Nur mit unseren italienischen Verbündeten kann ich die Hegemonie der Kriegsflotte Österreichs auf der Adria sichern! Deshalb mißbillige ich auch den Krieg gegen Italien! Komm mir jetzt nicht mit dem Sieg von Tegetthoff bei Lissa! Wann war das denn? Da hast du noch nicht einmal gelebt! Oder doch? Drei Jahre warst du, Ferdinand! Wenn wir auf dem Balkan einen Krieg vom Zaun brechen, stehen wir nicht den Serben gegenüber, sondern den Russen! Und die lachenden Dritten wären die Deutschen ... Die Serben lieben mich, Ferdinand ...«, sagte der Kaiser leise, ohne auch nur einen Blick in die Botschaftsberichte geworfen zu haben. – »Das ist sicher die Meinung des Botschafters Eurer Majestät in Belgrad ... Das Reich geht am Balkan zugrunde, Majestät! Wir müssen den Balkan demilitarisieren! Ein Heer von Verbündeten schaffen! Pazifiz ...« – »Ferdinand, geh! Ich muß zum Manöver, nach Székesfehérvár!« sagte der Kaiser, und sein Thronfolger schloß die Lider: vor seinem geistigen Auge erstand das Bild vom Höhepunkt der Manöver in Székesfehérvár, von der Husarenattacke, während die Großmächte Unterseeboote bauten, Flugzeuge projektierten und auf dem Balkan ein *Schein*friede herrschte. Er ging. Er freute sich, daß er diesmal, ausnahmsweise, nicht nach Székesfehérvár reisen mußte, den Husarenangriff in Augenschein zu nehmen. Weniger freute er sich indes, als Generalstabschef Conrad von Hötzendorf ihm mitteilte, daß die Fliegerstaffel, die den Luftraum von Montenegro und Serbien verletzt hatte, demonstrativ in der Nähe von Cetinje, Berana, Novi Pazar und Mitrovica gelandet war, wo sie »ein angreifendes feindliches Bunkersystem bekämpft hatte«; unter Führung des Bomberpiloten Ernst Brandenburg und seines Stellvertreters, des

Jagdfliegerleutnants Harry von Bülow, hatten die Leutnants Nittner, Deodatus und Zselyi, abgesehen davon, daß sie ein Maschinengewehrnest zerstörten, eine äußerst wichtige Aufgabe erfüllt, allerdings nicht zugunsten des Reiches Österreich-Ungarn, sondern im Interesse des Deutschen Reiches: Durchführung von Testflügen mit der *Rumpler-Taube*, der *Fokker E-I*, der *Gotha G-IV* und der *Roland C-II*. Die Meldung stammte von Alfred Redl. Oberst Sbinyovszky, der die verstörte Verfassung seines Armeeoberbefehlshabers, des Thronfolgers Franz Ferdinand, sah, sagte daraufhin zynisch: »Vielleicht ist die Information falsch, Hoheit! Immerhin stammt sie von den Agenten des ›Balkan-Egmonts‹«, – wie er Redl spöttisch nannte – »die übrigen Agenten des Evidenzbüros auf dem Balkan und in Deutschland meldeten nichts dergleichen!« – »Und wenn sie trotzdem stimmt? Was sage ich dem Kaiser?« fragte der Thronfolger seinen Ordonnanzoffizier. »Seine Majestät reist von Székesfehérvár nach Buda und verbringt dort rund eine Woche, bis dahin, Hoheit, haben sich die Wogen geglättet, außerdem kann das ganze ein Bluff der Russen sein, ist es sicherlich auch.« In der Zwischenzeit stellte Redl einen genauen, knappen Bericht zusammen, in dem er die Informationen seiner Agenten im Osten, Westen und Süden bewertete und einschätzte, in annähernd welchem Tempo das italienische Heer und der viel mächtigere und gefährlichere Gegner, die russische Armee, vorzurücken imstande seien. Nach dem Studium dieses Berichts freute sich Franz Ferdinand lange Wochen über den Frieden auf dem Balkan, während Redls Agenten in unermüdlicher Arbeit weiterhin Informationen lieferten. Die Agenten des Alfred Redl, des »Balkan-Egmont«, waren die Reinemachefrauen in den Hotels, die Kassiererinnen und Kellner in den Restaurants, die bosniakischen Maronenverkäufer, Trödler und Handlungsreisende, Bürgersleute und Adlige, die man in einer erpreßbaren Lage sah oder in eine solche *brachte*, Briefträger, Pförtner, Dienstmädchen, Offiziere mit Spielschulden oder Existenzen in ähnlichen Schwierigkeiten. Viele. Die Redl alle in der Hand hatte.

Bei der Kundschaftertätigkeit auf dem Balkan, die alle Kräfte in Anspruch nahm, erwies sich Ritter Horst von Thom als ausgezeichneter Helfer Redls. Nur einmal, als sie nach Montenegro unterwegs waren und im Hause eines ihrer grenznahen Agenten eine Montenegriner »Uniform« anlegten, die Kluft der Gebirgskämpfer mit dem Ledergürtel, der zugleich als Patronengurt und Scheide für die schrecklichen Dolche diente, erlaubte er sich einen Scherz. »Müßten wir uns als Flüchtlinge nicht die Haare färben?« – »Bitte?« fragte Redl, der schon umgezogen war. – »Wir sind blond, die Montenegriner hingegen sind alle schwarzhaarig, und die meisten haben überdies noch Locken . . .«, gab Horst von Thom zu bedenken, aber Redl erwiderte leise: »Bewahren Sie sich Ihren Humor! Keine Angst, nach Afrika, nach Libyen oder Äthiopien werde ich Sie nicht mitnehmen!« Lange brauchte Redl indes nicht mehr in Uniform, in Zivil oder in Tarnkleidung auf dem Balkan herumzureisen. Man beorderte ihn nach Wien und beförderte ihn zum Oberst des Evidenzbüros. Gleichzeitig damit wurde er – formal, mit konspirativem Hintergedanken – in den Generalstab des in Prag stationierten 8. Armeekorps erhoben. Redl mietete sich ein Appartement im Hotel Klomser. In Wien kamen ihm – noch mehr, als auf seinen Balkanreisen – Gerüchte zu Ohren – natürlich wortwörtlich –, die Christoph von Kubinyi – betrunken – und Claus von Eckern-Freyberg – sowohl betrunken, als auch nüchtern – über ihn in Umlauf gesetzt hatten, vor allem über seine Freundschaft und Sympathie zu Paul Thiele und Dietwulf Baatz im »österreichischen Nizza«. Die beiden früheren Kameraden sprachen in diesem Zusammenhang auch von »griechischer Liebe«. Redl bat Katalin mehrfach, sie möge Christoph mitteilen, er solle mit diesen Intrigen aufhören, es könne ernsthafte Folgen für ihn haben. Anläßlich eines großangelegten Kaisermanövers in Ungarn warnte Redl Kubinyi und Eckern-Freyberg sogar persönlich, aber diese behaupteten, die Gerüchte verbreiteten nicht sie, sondern die Hofdamen der Erzherzoginnen, wie sie mit eigenen Ohren vernommen hätten. Und das war nicht einmal gelogen, sie hatten nur vergessen hinzuzufügen, daß sie diese Informationen im Zusammenhang mit Redls Person von den überaus neugierigen Hofdamen der Erzherzoginnen und den Sternkreuzdamen eigentlich *wiedergehört* hatten, ausgeschmückt und ergänzt durch die reiche Phantasie der adligen Damen.

Im Hinblick auf die zunehmend gespannte Lage auf dem Balkan, bei der gegenwärtig ein Staatsembryo, Albanien, die Hauptrolle spielte – aktiv und passiv –, war Redl gezwungen, sich maximal auf seine Arbeit zu konzentrieren, und konnte sich nicht um die über ihn in Wien und im »österreichischen Nizza« verbreiteten und kursierenden Klatschgeschichten scheren. Die Wege der Betreffenden hatten sich ohnehin weit voneinander getrennt: Claus von Eckern-Freyberg war nach Galizien abkommandiert worden, Christoph von Kubinyi hingegen kam – durch die Gunst des Thronfolgers Franz Ferdinand – als zweiter Militärattaché nach Sankt Petersburg, kurz nachdem Redl zum Obersten befördert worden war. Später kreuzten sich ihre Wege natürlich erneut. Für Redl war die »albanische Frage« vollkommen klar: sollten die Türken und die Griechen sich nur gegenseitig bekämpfen und getrennt davon – oder auch zusammen mit ihnen – die Türken und Bulgaren, sollten die Serben um ein Groß-Serbien kämpfen oder gegen die Bulgaren, um den Besitz von Mazedonien sowie um den schrumpfenden türkischen Sandshak, sollten die Bulgaren gegen die Griechen kämpfen, um den Hafen von Saloniki, um den Ausgang zum Ägäischen – und damit zum Mittelmeer, sollten die Montenegriner für ein unabhängiges Mazedonien kämpfen oder darum, um den Preis der Unabhängigkeit eine Union mit Serbien einzugehen, sollte Montenegro alles in allem auch eine Zeitlang gegen Albanien kämpfen – wichtig auf dem ganzen Balkan war, vom Gesichtspunkt des Reiches aus, nur eines: bei alledem mußte ein unabhängiger albanischer Staat entstehen, den das Reich – wie vorher Bosnien und die Herzegowina – annektieren, eventuell auch okkupieren konnte; das Bestehen eines unabhängigen albanischen Staates war wichtig für das Reich, damit die Serben *keinen* Hafen an der Adria bekamen, mit dem sie das Reich in die schwierige Situation bringen könnten, dessen Flotte einfach – zum Beispiel auf der Grundlage eines italienisch-serbischen Bündnisses, eines Geheimabkommens – in den adriatischen Gewässern einzuschließen, als gäbe es an der Meerenge von Ótranto kein offenes Meer. Ein albanischer Staat auf dem Balkan war unbedingt notwendig! Andernfalls würde bei einem Konflikt die Adria eine ebensolche Falle für die Kriegsmarine und die gesamte Schiffahrt des Reiches werden wie der Bosporus und die Dardanellen für die russische Schwarzmeerflotte oder Kattegat und Skagerrak für die russische Baltikumsflotte. Redl vertiefte sich in die »albanische Frage«. Den Gutteil seiner Agenten hatte er auf Montenegriner und albanisches Gebiet beordert. Unterdes besaß er dank Albina Sabina Seymour ziemlich genaue Informationen über den britischen Standpunkt sowohl in der »albanischen Frage« als auch hinsichtlich der Beurteilung des gesamten – derzeit allerdings zerstückelt daliegenden, bald brodelnden, bald wieder »ruhenden« – Balkan-Problems. Wöchentlich verfaßte er eine Übersicht für den Generalstab des Reiches, wobei er stets betonte, die Armee der Monarchie sei nicht darauf vorbereitet, einen Präventivkrieg auf dem Balkan auszulösen, und wenn auch nur, um mit einem Vorstoß durch das Gebiet Montenegros selbst einen unabhängigen albanischen Staat zu schaffen – zumal dies 1. einen Krieg gegen Serbien nach sich zöge (auch nicht gerade ein Kaiserwalzer ...); 2. eine Kriegserklärung gegen Serbien sofort das militärische Eingreifen Rußlands zur Folge hätte; 3. ein Präventivkrieg gegen Italien mehr als riskant wäre: hier drohte eine Einmischung französischer-, eventuell auch britischerseits, wohingegen zweifelhaft war, in welchem Maße, mit welchen Kräften die deutsche kaiserliche Armee im Falle eines so komplizierten militärischen Konfliktes der Monarchie beistehen würde, ganz zu schweigen von der deutschen Kriegsmarine, auf deren ernsthaftes Eingreifen man im Mittelmeer und seinem Binnenmeer, der Adria, wegen der Meerenge von Gibraltar und der Insel Malta, dem Hauptstützpunkt der britischen Flotte auf den mediterranen

Meeren, kaum rechnen könne; und last, but not least: allein die französische Mittelmeerflotte sei der Kriegsmarine des Reiches schon erheblich überlegen, ganz abgesehen davon, daß Frankreich – und sei es nur aus Prestige- oder Pressionsgründen –, sofern die militärische Entwicklung dies erfordere, mit zahlreichen Schlachtschiffen, Kreuzern und Zerstörern aus der Atlantikflotte seine Mittelmeerflotte ergänzen könne, in freier Durchfahrt durch die Meerenge von Gibraltar, in freier Durchfahrt vor der Festung Malta, um mit seinen Kriegsschiffen bis in die Adria, bis nach Pola hinauf vorzudringen und die Häfen der dalmatischen Küste unter Beschuß zu nehmen. Und welche Chancen das Reich hätte, falls der Konflikt eine solche Wendung nehmen sollte, belegte Redl in seinen Berichten an die Operationsabteilung des Generalstabs mit genauen Zahlen, gegliedert bis ins letzte Detail. Die »albanische Frage«, die Sache des unabhängigen albanischen Staates könne vom Reich keinesfalls als eigene innere Angelegenheit betrachtet werden, dazu seien die Streitkräfte der Monarchie weder in einem Land-, noch in einem Seekrieg potent genug. Kraß formuliert: sie wären einfach *unfähig* dazu.

»Jeder aus Belgrad eintreffende Brief mit dem Absender Halina Jovanovich ist ungeöffnet direkt an mich weiterzuleiten!« befahl' Oberst Redl seinem in der Zwischenzeit zum Oberstleutnant avancierten Stellvertreter Horst von Thom. Solche und ähnliche Befehle ergingen allmorgendlich in den Schreibstuben des Evidenzbüros, ohne jede Erklärung. Oberst Urbanski, der formelle Chef des Evidenzbüros, hatte keinen Einblick in diese Geschehnisse. Drei Tage später las Redl in einer deutschsprachigen Zagreber Zeitung, die genannte Dame sei in der Innenstadt Belgrads von einem Pferdewagen überfahren worden, mit tödlichem Ausgang. Leider wurden immer mehr zuverlässige Kundschafter Opfer derartiger »Unfälle«, weshalb Redl versuchte, sein Agentennetz neu zu organisieren, seinen Leuten – nach Kräften – größere Deckung zu geben, ihr Doppelleben zu sichern. Eine Sisyphusarbeit, weil auf dem Balkan eine Vielzahl von Agenten, Kundschaftern und Abwehrleuten tätig war, die gegenseitig ihre Reihen dezimierten, wenn es keine andere Lösung gab. Nach welchen Gesichtspunkten, überlegte Redl oft, sobald er Zeit für solche Grübeleien erübrigte, an welchen Orten, Ländern, Provinzen, Städten können wir die »Grenzen« der Balkanhalbinsel ziehen? Zwischen Wien und Istambul? Dann lägen Budapest, Belgrad, Bukarest, Sofia, Zagreb, Sarajevo, Skutari, Saloniki innerhalb dieser imaginären Grenzlinie, dieses »Habsburg-Limes«. Mehr noch: auch das Rudolfsche-Keplersche Goldene Prag, im Osten Galizien, die Karpato-Ukraine, die Bukowina, Siebenbürgen – und was noch? – lägen innerhalb dieses Limes. Wäre das noch ein Gebiet, das sich schützen ließe? Vielleicht hatte dieser ungarische Feldprediger recht, der aus Lemberg folgendes Telegramm in die Hofburg, an Seine Majestät Franz Joseph I. »persönlich« geschickt hatte: »Congeries lapidum multis congesta rapinis, corruet et raptes alter habebit opes«, d. h.: »der mit so viel Räuberei zusammengetragene Steinhaufen wird zusammenstürzen, und das geraubte Gut wird einem anderen gehören.« Damals diente Redl noch als Leutnant in Galizien, in der Lemberger Garnison, und zeigte große Bestürzung über das Telegramm des ungarischen Feldpredigers, der, als er verhaftet wurde, ruhig erklärte: »Das ist meine Überzeugung, meine Herren!« Redl war tief erschrocken über den Ausdruck im Gesicht des in Handschellen abgeführten Feldpredigers, als ihre Blicke sich zufällig, sekundenlang trafen. Ob, so hatte Leutnant Redl damals gedacht, mein Vater wohl auch so ein Mann war, als er mir nichts, dir nichts aus der Armee austrat und verschwand, ohne jegliche Erklärung in die Welt hinauszog? Welche seiner älteren Schwestern er auch fragte, als Junge noch: »Was für ein Mensch ist unser Vater gewesen?«, sie, Elke, Inge oder Helga, antworteten ihm stets: »Er war genauso, wie du einst werden wirst . . .« Gewiß, auch seine Schwestern konnten ihren Vater in seinem wahren Wesen, in seiner Menschlichkeit und Unmenschlichkeit nicht gekannt haben, sie waren kleine Mädchen, als er, aus der Armee ausgeschieden, verschwand, seine Familie verließ. Aber die

Schwestern konnten sich wenigstens an das Gesicht des Vaters erinnern, an seine Worte, er aber hatte weder Gesicht noch Worte im Gedächtnis, er war noch ein kleiner Junge gewesen, als ihr Vater die Flucht ergriff. Wenn wir von einem Menschen, weil wir uns an ihn nicht erinnern können, nicht wissen, wie sein Gesicht war, seine Worte klangen, dann können wir auch nicht verstehen, nicht wissen, warum er flüchtete, wovor und wohin. Redls Mutter sprach zu ihrem halbwüchsigen Sohn nie von seinem Vater. Sie tat, als habe dieser Mann, der Vater ihres Sohnes und ihrer Töchter, nie existiert. Seine älteren Schwestern indes erinnerten sich nur sehr dunkel an ihren Vater, kaum an sein Gesicht, an seine Worte. »Er war wortkarg«, sagte Elke einmal, als sie ernsthaft versuchte, sich an ihn zu erinnern, aber viel mehr konnte sie ihrem halbwüchsigen Bruder nicht sagen. Es war also nicht die einzige Schwierigkeit Redls in der Kadettenschule und an der nachfolgenden, höheren Militärakademie, selbst von bürgerlicher Abstammung zu sein, während die meisten seiner Gefährten der Aristokratie angehörten; diesen Nachteil glich der Kadett Redl bald aus. Ihn störte vielmehr, daß seine Gefährten mit der Natürlichkeit der Halbwüchsigen, sooft sie aus den Sommerferien in die Unterrichtssäle zurückkehrten, unter anderem auch von ihren Vätern, von den Geschenken, die sie von ihren Vätern erhalten hatten, sprachen, Redl dagegen nichts über seinen Vater sagen konnte, weil er ihn nicht kannte. Wenn die Kameraden ihn manchmal zum Erzählen aufforderten, versuchte er zu lügen, eine Liebesgeschichte für sich wie für sie zu erfinden, die ihn nach seinem Vater, seinem Zuhause, seinen älteren Schwestern fragten. Meist aber wich er ihren Fragen aus, saß sogar in der Freizeit im Bibliothekszimmer und las, lernte Sprachen oder absolvierte harte Übungen im Turnsaal – allein, während seine Gefährten sich draußen im Freien amüsierten, ohne ihn. Redl hatte von Kindheit an in dem Zwang gelebt, die Identität mit sich selbst zu *wollen*, während er zugleich sah und erfuhr, wie die überwiegende Mehrheit der Menschen einfach in der Identität zu sich lebten, ohne überrascht zu sein, daß *sie* sowohl für sich, als auch für andere *sie* waren, und daß das Schicksal, das Leben, den schrecklichen Unterschied machen konnte, beide nicht als Einheit zu behandeln. Oft versuchte er, sich selbst von außen, mit den Augen anderer zu sehen. Zu solchen Versuchen ist der Mensch gewöhnlich kaum einmal imstande, und das mit dem »anderen Auge« gesehene »Selbstbildnis« bleibt nur sekundenlang klar. Aber dieses mit den Augen anderer gesehene Bild seiner selbst war für Redl nicht alarmierend. Wenn es ihm gelang, sekundenlang das »Auge« anderer zu sein, damit sein Inneres zu betrachten, so, wie sie ihn sehen konnten, erblickte er nichts Störendes. Ihn erfaßte dann gleichsam das Hochgefühl des Bergsteigers, der, wenn er nach mehrstündiger Felsenkletterei auf dem Gipfel Umschau hält, in die Tiefe blickt und in die Fernen vor sich. Und, weil er viel gelesen hatte, auch Gedichte, zitierte er, müde vom »Spiel«, sich mit den Augen anderer, wenngleich nur für Sekunden, aber dennoch zu sehen, die Zeilen Theodor Storms: *»Schließe deine Augen beide . . .«* Die liebste Lektüre waren ihm aber die Novellen und Dramen Kleists, besonders das *Käthchen von Heilbronn*. Oft las cr auch einzelne Abschnitte aus Kleists Biographie: ». . . der in Frankfurt an der Oder geborene Sohn eines preußischen Offiziers verwaiste nicht lange nach seiner Geburt und wuchs unter der Führung einer rothaarigen Tante väterlicherseits auf, ein Umstand, der erheblich dazu beitrug, sein Wesen dem späteren tragischen Schicksal gemäß zu prägen . . .« Das verstand Redl vollkommen, mehr noch: er baute es in jüngeren Jahren in die für sich erfundenen Legenden über seinen verschwundenen Vater und in seine Lügengeschichten ein. ». . . 1792 trat er in die Armee ein und avancierte in fünf Jahren zum Leutnant. Kleist verfolgte ohne Murren die einmal begonnene Laufbahn und zeichnete sich wiederholt in den Rheinischen Feldzügen aus, doch als Ruhe und Eintönigkeit des seelentötenden Kasernenlebens die bewegten Kriegszeiten ablösten, erkannte Kleist, daß die militärische Laufbahn ihm nicht entsprach . . . Er überzeugte seine Tante, seine Familie, seine militärischen Gönner unter großen Schwierigkeiten, ihm das Studium zu gestatten, und durchlief an der

Universität seiner Heimatstadt rasch die ganze lange Reihe der Wissenschaften, ohne Befriedigung dieses vagen Gefühls zu finden, das seiner Seele innewohnte, das ihn zu anderem trieb, einer neuen Welt entgegen, die auch ihn erneuern würde ... Darauf nannte seine schöne, aber gestrenge Tante ihn, den abgedankten Leutnant Heinrich von Kleist, einfach wahnsinnig und kümmerte sich nicht länger um sein Schicksal ... Kleist suchte bei seiner Kusine Trost. Diese Kusine war zwar blond, allein nicht weniger streng als Kleists rothaarige Tante. Erhielt er, fand er Trost und Ruhe, vielleicht sogar heimliche Liebe an der Seite seiner blonden, strengen Kusine? Das bleibt ungewiß. Diese Beziehung blieb vor der ganzen Familie, nicht nur vor der großen Öffentlichkeit, immer in dichtes Dunkel gehüllt. Kleist kehrte später wieder in den Schoß der Armee zurück. Er wollte sich der Boulogne-Expedition anschließen, worüber sich seine Tanten und Kusinen, die roten wie die blonden, sehr freuten. Wieder legte er die Uniform an, versäumte aber, seinen Paß erneuern zu lassen. Man verhaftete ihn, sah ihn als Spion an und hatte vor, ihn standrechtlich zu erschießen. Der damalige preußische Botschafter in Paris rettete ihm das Leben, indem er an *Kleists Statt* mühsam bestätigte, *wer Kleist war*. Kleist selbst nämlich unternahm nicht die geringste Anstrengung, seine Identität durch irgendeinen Passus, ein Papier oder einen Brief vor dem Militärgericht nachzuweisen. Sogar auf die Fragen der Richter, wer er sei, woher er komme, wohin er wolle etc., gab Kleist einfach keine Antwort.« Ja, was hätte Kleist letztlich auch antworten können, überlegte Redl beim Lesen dieses merkwürdigen Kapitels. Vielleicht, daß er mit seiner Tante verwandt sei, Kusin seiner Kusine? Damit hätte er die Hinrichtung kaum vermieden! Mehr noch: wie verletzend wäre eine solche Antwort gewesen! »Meine Herren, ich bin der Kusin meiner Kusine! Mehr habe ich Ihnen nicht zu sagen!« Weitaus gefährlicher für ihn war es jedoch, als er auf dem Schlachtfeld von Aspern herumirrte und in preußischer Uniform in preußische Gefangenschaft geriet. Da kam er zum Glück auch davon, weil die preußische Patrouille ihn, bevor sie ihn als einen getarnten französischen Offizier erschoß, zuvor noch visitierte und einen Brief fand, den er seiner Kusine Ulrike geschrieben hatte. Es war Heinrich von Kleists letzter Brief. »Jetzt gibt es keine Wirklichkeit und keine Vollkommenheit mehr. Ich bin auf einem Schlachtfeld, aber auch das ist nicht wirklich ... Dabei glauben die Soldaten, die hier kämpfen, daß alles so ist, so geschieht und so richtig ist, und vor ein paar Minuten haben es auch die gefallenen Soldaten noch geglaubt. Letztere wissen nunmehr, daß *es nicht so ist, nicht so geschieht und nicht so richtig ist.* Und die Zahl der gefallenen Soldaten auf diesem Feld ist Legion. Mehr, als noch leben ... Ich habe meiner Braut geschrieben; ich werde sie nicht heiraten, ich will nicht als einfacher Gutsherr in der Schweiz leben. Nach Erhalt meines Briefes hat meine Braut unser Bündnis für gelöst erklärt. Alles in mir ist verworren wie die Fehlfäden im Webstuhl, und umsonst bemühe ich mich, mit dem Verstand und der Hand des Willens Ordnung zu schaffen. Jetzt werde ich nicht mehr, wie ich einst wußte, dazu fähig sein, Aischylos, Sophokles und Shakespeare zu überragen ... ›Robert Guiskard‹? Ich habe mich ins Feuer geworfen, Ulrike!« Auf diesem Kampffeld fand er nicht den Tod. Man hielt ihn für einen Narren. Kleist erschoß Kleist, am Ufer des Wannsees, mit der Freundin zusammen, aber darüber schrieb er seiner Kusine nicht mehr – sandte ihr keine Zeile im voraus. Redl las die Werke Kleists oft, besonders in den Jahren, in jenen Jahren des vergangenen Jahrhunderts, als er noch als Leutnant in Galizien diente, in der Lemberger Garnison, und in seinen freien Nächten über Kleists Zeilen meditierte, in einem Maße vertraut, als wäre er über seinen eigenen Zeilen ins Nachsinnen geraten. Wiewohl der Dienst in Galizien nicht viel Zeit für Meditationen ließ. Zum einen fanden, da der Imperator Franz Joseph I. seine Provinz Galizien besonders liebte, regelmäßig Manöver statt mit nachfolgenden Paraden, Lagerfeuern, Auszeichnungen, rauschenden Kasinofesten, die oft mit einem Duell im Morgengrauen endeten (besonders die Offiziere ungarischer Abstammung duellierten sich, sozusagen schon zeremoniell, mit großer Tradition im Anschluß an die Abende und Nächte im Kasino), zum anderen war an der Grenze des österreichisch-ungarischen und des russischen Reiches ein ausgedehnter Schleichhandel im Schwange, vor allem Alkoholschmuggel, hinter dem jedoch häufig absolut abstinente Anarchisten steckten, deren die Lemberger, Koweler, Troppauer und Tarnopoler Gendarmerie nur mit Hilfe der Armee Herr werden konnte. Obendrein hatte man es in Galizien auch mit intensiver politischer Agitation zu tun. Es war kein Leichtes, über diese Unternehmungen jederzeit auf dem laufenden zu sein, die Anarchisten unter den Alkoholschmugglern herauszufinden und sie in konspirativen Wohnungen abzufangen. Doch dem Leutnant Redl gelang, dank seiner weitverzweigten Verbindungen, zuweilen auch dies. »Weil Redl dauernd schnüffelt . . .«, lieferte Christoph von Kubinyi, der gleichfalls in der Lemberger Garnison diente, die Erklärung für diese Erfolge, und damals war seine Freundschaft zu Redl noch ungebrochen. Hier in Galizien, wo der Kaiser Franz Joseph I. so oft an Manövern teilnahm, hingen die Offizierskarrieren am seidenen Faden. Der Dienst in Galizien war nicht zu vergleichen mit den späteren Jahren in Görz, im »österreichischen Nizza«, nahe der Adria . . .

In Galizien machte Redl, nunmehr als Oberleutnant, anläßlich einer Truppenübung eine bestürzende Erfahrung. Er wußte, der Befehlshaber seines Regiments war ein begeisterter Fotograf, besessen von diesem Metier. Immerhin wollte er seinen Augen nicht trauen, als er mitten im Manöver einen – zivilen! – Fotografen entdeckte, der Aufnahmen von der Vorbereitung auf einen Artillerieangriff anfertigte. Redl galoppierte zu ihm hin und fragte ihn: »Mann, was treiben Sie da?« – »Ich mache auf Befehl des Herrn Obersten Aufnahmen vom . . .« – »Wo ist der Herr Oberst?« schrie Redl, aber das Donnern der Haubitzen übertönte seine Stimme. Er beschlagnahmte den Fotoapparat und ritt im Galopp zu seinem Gefechtsstand zurück. Auch dort traf er einen Fotografen an, allerdings den Kommandanten, den Obersten, selbst. Er fotografierte gerade, wie die Soldaten einen durch Handgranaten vorbereiteten Bajonettangriff, einen Nahkampf, übten. Dann aber geschah etwas, was Redl hinderte, sich weiter mit dem Fotografieren zu befassen. Ein Soldat, der aus dem Schützengraben aufsprang, warf die Handgranate unmittelbar vor sich hin; er hatte sie in weitem Bogen wegwerfen wollen, den Arm aber zu sehr nach hinten gerissen, weshalb ihm der Wurf mißlang. Unterdes explodierten die anderen Granaten in weiter Ferne – vor den angenommenen Stellungen des Feindes –, und die Soldaten stürmten mit gefälltem Bajonett voran. Mit Ausnahme des einen, dessen Granate vor ihm lag: erschrocken warf er sein Gewehr weg und lief zurück, hinaus aus dem Rauch, aus den Flammen. Redl sprang aus dem Sattel, hob die Handgranate auf und warf sie in eine Richtung, in der sich keine angreifenden Soldaten befanden, auch keine »ihrer Feinde«, eigene Gefährten also, die die Rolle des Feindes spielen mußten. Als der Rauch sich verzogen hatte, fiel Redls Blick auf einen Leutnant, der alles ohne einzugreifen, tatenlos mitangesehen hatte, obschon gerade er vorher mit gezogenem Säbel den Befehl zum Sturmangriff gegeben hatte. Redl trat zu ihm. »Herr Leutnant! Haben diese Soldaten nicht die entsprechende Ausbildung für das Werfen von Handgranaten erhalten? Haben Sie sie nicht für den im Artikel 42 aufgeführten Fall: ›Umgang mit einer Handgranate, die nicht explodiert ist oder ihr Ziel verfehlt hat‹ ausgebildet?« Der Leutnant steckte sich eine Zigarette an. Redl brüllte ihn an: »Leutnant! Weg mit der Zigarette! Nach dem Manöver melden Sie sich zum Rapport!« – »Verstanden«, sagte der gutaussehende, phlegmatische Leutnant, seine Zigarette warf er allerdings erst weg, nachdem er noch einen tiefen Zug daraus gemacht hatte. »Herr Leutnant! Sie haben den Wurfbereich nicht der Vorschrift entsprechend abgegrenzt, in der vorgeschriebenen Abmessung von 20–30 m! Auch die Höhe der Brustwehr in den Schützengräben entspricht nicht den Vorschriften! Und bei Ihnen hat jeder Soldat eine Handgranate geworfen, obzwar die Regel klar besagt: vor dem Sturmangriff führen nicht mehr als vier Soldaten gleichzeitig einen Wurf aus! Sie hingegen haben das Kommando zum Angriff gegeben! Und da Sie nach Abschluß der Übung im Kampftagebuch reglementgemäß den Satz vermerken müssen: ›*Umgebung abgesucht, keine nicht explodierte Handgranate gefunden*‹, können Sie mit dieser Aufgabe sofort beginnen! Rufen Sie ein paar Feuerwerker, die in der Lage sind, eine Handgranate von einer Futterrübe zu unterscheiden! Sie verstehen offensichtlich mehr von Spielkarten als von Granaten ...«, sagte Redl, der erst jetzt erkannte, warum sich der Leutnant ihm gegenüber so träge gab. Er war ein guter Saufkumpan und Kartenbruder Christoph von Kubinyis, beide amüsierten sich stets zusammen im Lemberger Kasino. Der Leutnant vertraute sicher darauf, daß Oberleutnant Redl als Freund Christoph von Kubinyis die Angelegenheit nicht mehr zur Sprache bringen würde, nur vor den Mannschaften dieser Theater aufführte, aus Geltungsdrang. Aber der Leutnant irrte; sein Fall zog ein Verfahren nach sich, umsonst setzte sich Christoph von Kubinyi für ihn ein, Redl verzichtete nicht auf das Disziplinarverfahren. Vielleicht empfand Christoph da erstmalig Groll gegen seinen früheren Mit-Kadetten? Die Frage stellte Oberst Redl sich mehrfach, vor allem, wenn er Fotos von Katalin und Christoph betrachtete, die sich in gewissen Zügen so sehr glichen, daß Redl manchmal mit dem Gedanken spielte, ob die Geschwister nicht beide Frauen waren. Oder, im Gegenteil: beide Männer. Sie wirkten wie Zwillinge, dabei war Katalin vier Jahre älter als Christoph und überdies eine »echte« Frau, wie auch Christoph ein »echter« Mann war ... Und dennoch, ihre Ähnlichkeit, besonders auf den Bildern aus der Jugendzeit oder Kindheit, – die Redl übrigens von Katalin bekommen hatte –, zeigten die Knaben- und Mädchenzüge auf den Gesichtern der Geschwister in untrennbarer Gleichheit. Redl dachte nicht gern an seine Dienstjahre in Galizien zurück. Wenngleich Christoph damals zu ihm gehalten hatte, als der Leutnant, dem aufgrund des von Redl gegen ihn eingeleiteten Verfahrens ein Verweis erteilt wurde, im Kasino – volltrunken – verkündete, er fordere Redl zum Duell, weil dieser ihn vor den Mannschaften erniedrigt habe. Da ergriff Christoph von Kubinyi das Wort, und obwohl er seine Rede an die ganze Gesellschaft richtete, galt sie allein dem Leutnant: »Meine Herren, merken Sie sich ein für allemal: Redl ist ein außergewöhnlicher Offizier, besser, als Sie alle! Sie können mich fragen, wie ich das beweisen wolle ... Hm ... Nun, pro primo: Idioten pflege ich nichts zu erklären; pro secundo: wer sich mit ihm duellieren will, muß sich zuvor mit mir schlagen! Weißt du, was du bist? Eine Null!« schrie der berauschte Kubinyi dem ebenfalls betrunkenen Leutnant zu. Der Skandal wurde nur durch das unverhoffte Auftauchen des Obersten, des Kommandanten, vermieden. Immerhin hatte dieser Oberst nurmehr eine kurze Dienstzeit in der Lemberger Garnison vor sich. Ob aufgrund von Redls Bericht – demgemäß er bei den Manövern in Galizien selbst fotografische Aufnahmen anfertigte – sei noch dahingestellt, aber da er darüber hinaus eine ganze Reihe von Fotos durch Zivilisten machen ließ, wurde er wenige Wochen später in den Ruhestand versetzt, zumal der Verdacht bestand, daß ein Teil seiner Aufnahmen – natürlich nicht direkt durch ihn, aber trotzdem zufällig – in die Hände der Russen gelangt war. Dem Oberleutnant Redl wurde für diesen Bericht eine Belobigung zuteil. Um ein weniges später ritt Redl, rein aus Passion, eines Morgens allein aus. Im hier und da aufreißenden Dunst bemerkte er einen niedrig fliegenden Postballon. Er folgte ihm. Anscheinend der übliche, planmäßige Postballon, trug er jedoch einen ungewöhnlich großen Korb und flog außerdem in Richtung der russischen Grenze, nicht von einer galizischen Stadt in die andere. Der Wind, der den Frühnebel zerteilte, trieb den Postballon zunehmend rasch vor sich her. Redl fiel in Galopp und konnte das mit einem Korb versehene Luftschiff, das an Höhe gewann, gerade noch erreichen, er riß seine »Frommer« heraus und schoß den Ballon ab, der auf die taunasse Wiese herabfiel. Im Korb war ein präzise ausgerichteter Fotoapparat mit einem Uhrfeder-Selbstauslöser installiert, und der Ballon hatte, wie Redl später feststellte, Richtung auf ein neues Bunkersystem genommen. Würde der Wind mit unveränderter Kraft geblasen haben, hätte Redl den »Postballon« nicht abschießen können, wären wertvolle Aufnahmen von den modernen Bunkern gemacht worden. Wie viele solcher kleinen Ballons ließ man bei günstigem Wind dort drüben wohl steigen? Das große Verdienst Redls war, abgesehen vom Abschuß des zu speziellem Zweck umgerüsteten »Bussard«-Postballons, daß er blitzschnell eine Reiterschwadron alarmierte, mit ihr ein gewaltiges Gebiet durchforstete, bis es ihm gelang, die »Holzfäller« aufzuspüren und festzunehmen, die an mehreren vorgegebenen Standorten – im Hinblick auf die wechselnde Windrichtung waren es an die dreißig solcher »Holzfäller«-Posten – auf den »Postballon« gewartet hatten. Redl wurde befördert und aus Galizien an die Küste versetzt, ins »österreichische Nizza«, mit Rücksicht darauf, daß die Italiener bezüglich der Zahl der mit selbstauslösenden Fotoapparaten ausgerüsteten Luftschiffe die Russen vielleicht noch übertrafen: sie ließen andauernd Ballons aufsteigen, mal über Görz, mal über Pola oder Spoleto; zwar erhoben sich ihre Spionageballons vom Meer, vom Deck ihrer Frachtschiffe aus in die Lüfte, nicht aus einem Birkenwäldchen heraus, wie bei den Russen, aber das rechnete, auf Sinn und Zweck bezogen, nicht als großer Unterschied. Und da die unvermutet alarmierte Reiterschwadron, die schließlich auf die »Holzfäller« stieß, welche den Postballon erwartete, von Christoph von Kubinyi angeführt wurde, beförderte man auch ihn, versetzte man auch ihn an die Küste, in die Görzer Garnison, als wollte nicht einmal der Zufall es zulassen, daß sich das Schicksal der beiden Offiziere Alfred Redl und Christoph von Kubinyi voneinander trennte, und sei es nur durch Dienstobliegenheiten in zwei voneinander entfernt liegende Grenzgebiete des Reiches. Und die Küste schien sich – zumindest anfangs – als ein friedlicheres, ruhigeres Gebiet zu erweisen, als das von Anarchisten und Terroristen überlaufene Galizien, wo sich die Gendarmerie wieder und wieder gezwungen sah, die Armee um Hilfe zu bitten. Im »österreichischen Nizza« brauchte man den Soldaten keine solchen Befehle zu erteilen wie: »Feind im Sturmangriff auseinandertreiben. Erster Zug: mit flacher Klinge dazwischen! Falls das nicht genügt: Warnschuß aus dem Karabiner! Und falls auch das zu wenig: Feuer auf Demonstranten oder Widerstand leistende Gruppen eröffnen!« Nach Galizien war die Küste, wie Christoph von Kubinyi es sah, der Höhepunkt seiner militärischen Karriere: die Kasinos in Abbazia waren schöner als die von Lemberg, und auch die Mädchen schienen hübscher zu sein, jedenfalls anders, als die Lembergerinnen. Und jenseits der Grenze standen keine Kosakenregimenter, sondern Bersaglieris, und das war ein großer Unterschied. Redl dachte an das Fest zurück, mit dem Christoph und er sich, bevor sie über Wien an die Küste kamen, von den Lemberger Kameraden verabschiedet hatten. Es war ein glanzvoller Abend gewesen, den schöne Mädchen und Frauen noch strahlender machten. Auch Redl schaute tief ins Glas, er fühlte sich prächtig; desungeachtet kam es zu einem Zwischenfall. Christoph äußerte nämlich einem jungen Leutnant gegenüber, der sein Glas – in Gegenwart zahlreicher, überdies stockbetrunkener bürgerlicher Gäste und vieler Frauen, die gleichfalls einen Schwips hatten – auf die Gesundheit des Kaisers leerte: »Ach was! Der Alte ... wird bald in seinem Kaisergrab, in der Kapuzinergruft, von seinem langen Dienst ausruhen. Die Zukunft gehört Franz Ferdinand! Und das bedeutet: die Zukunft heißt Krieg!« (Die Frauen lachten.) »Gestern sind aus Deutschland drei Krupp-Kanonen eingetroffen ... in plombierten Waggons ... Sie stehen schon in der Festung Kowel bereit ... Um zum weiß ich wievielten Geburtstag Seiner Majestät Salutschüsse abzugeben, meine Herren, wurden sie sicher nicht hergebracht!« sagte Christoph von Kubinyi, mehr an die Damen, als an die Herren gewandt. Der Kristallkelch in seiner Hand funkelte. Redl mahnte leise: »Christoph, das ist ein Abschiedsabend ... ein Ball. Solltest du das vergessen haben? Krupp-Kanonen, die Festung Kowel, sind hier ganz unwichtig ...« Christoph entgegnete ihm, gleichfalls sehr leise: »Ich hasse dich nicht, Redl, ich bin dir auch nicht böse, daß du dir anmaßt, mich vor den Damen zurechtzuweisen, ich finde dich nur lächerlich.« Vielleicht, so fragte sich Oberst Redl viele Jahre später, war ihre Kadettenfreundschaft an diesem Abschiedsabend zerbrochen? Oder früher schon, bei einer anderen Abendgesellschaft, als der im Beisein Redls bechernde und schon ziemlich bezechte

Regimentsarzt dem Kellner befahl: »Zwei Kognak, Anton, mein Sohn ...« Worauf der in ihrer Nähe sitzende von Kubinyi Redl ansah, grinste und sagte: »Drei Kognak, liebe Antonia, für den Regimentsstabsarzt ... und vier für mich!« Redl stellte Christoph daraufhin zur Rede, doch dieser konnte sich nicht mehr erinnern, den Kellner Anton bei seiner scherzhaften Bestellung Antonia genannt zu haben, »mit einem finsteren Lächeln auf den Lippen«. Oder damals, als der Rittmeister bei den Ulanen, Egon Jehle, direkt aus der Hofburg eintraf, mit dem Befehl, aus sämtlichen Offizierskasinos die Porträts der ermordeten Königin Elisabeth und des Kronprinzen Rudolf, der Selbstmord begangen hatte, zu entfernen, da Seine Majestät *erfahren* hatte, daß die Offiziere seiner Armee angesichts dieser Bildnisse Orgien feierten und Obzönitäten im Munde führten. Egon Jehle, der seinen Befehl übermittelt hatte, feuchtete sich nach seiner anstrengenden Reise selbst die Kehle an, und zwar ausgiebig. Anschließend äußerte er sich beleidigend über das Verhalten der Lemberger Offiziere. Diese Bemerkungen bezog Christoph von Kubinyi einzig und allein auf sich. Eine Schlägerei wurde vom Zaun gebrochen, die in eine Schießerei ausartete, und wiewohl niemand verletzt wurde, schoß ausgerechnet Rittmeister Egon Jehle, der den Befehl zum Entfernen der Bilder überbracht hatte, zufällig und unglücklicherweise eine Kugel in das Porträt der Königin Elisabeth, das sie schwarz gekleidet zeigte, im Augenblick, als sie die Todesnachricht ihres Sohnes Rudolf bekam. Der Maler hatte das ursprünglich rosafarbene Gewand der Königin auf dem fast fertiggestellten Bild schwarz übermalen müssen, wobei die Königin ihm als Modell nicht mehr zur Verfügung stand. Die Beleidigungen des Egon Jehle parierten die Offiziere der Lemberger Garnison mit scharfen Widerworten, allein Christoph von Kubinyi gab sich damit nicht zufrieden, er forderte ein Duell, zu dem Rittmeister Jehle auch bereit war; währenddessen gelang es Redl jedoch den betrunkenen Freund aus dem Kasino hinauszulotsen, was dieser natürlich – nunmehr ausgenüchtert – anderntags von seinen Kameraden erfuhr. Er stellte Redl daraufhin zwar nicht zur Rede, vermutlich weil er sich nicht genau erinnern konnte, was vorgefallen war, im Dampfbad aber kehrte er ihm demonstrativ den Rücken, übersah ihn, überhörte seinen Gruß. Später allerdings schien Christoph über diesen Vorfall im Kasino dennoch zur Tagesordnung zurückgekehrt zu sein. Also dann? War ihre Freundschaft womöglich schon in der Kadettenschule in die Brüche gegangen? Warum? Weil Redl meinte, jeden überflügeln zu müssen, sowohl in körperlicher als auch geistiger Hinsicht? War es das, was Christoph nicht ertragen konnte, was seine Natur nicht erdulden mochte? Sein Hochmut? Seine Eitelkeit? Waren sie denn Freunde als Kadetten gewesen? Dauernd wetteiferten sie miteinander, in den Unterrichtsstunden ebenso wie draußen im Gelände. Redl erinnerte sich deutlich an eine ihrer gemeinsamen Antworten zur Frage *Verbindungsaufnahme zwischen zwei Gefechtsstellungen.* Der Ausbildungsoffizier erklärte ihnen knapp, der Gefechtsstand, der Verbindung aufnehmen wolle, trage den Decknamen *»Wurfschleuder«*, der gerufene den Decknamen *»Liebster«*. Die beiden Kadetten setzten sich ans Funkgerät. »Hallo Liebster, hier Wurfschleuder.« – »Richtig«, sagte der Ausbildungsoffizier und fragte Christoph, wie oft er das Rufzeichen wiederholen müsse. »Drei- bis viermal«, antwortete der Kadett von Kubinyi, worauf der Ausbildungsoffizier ihn anbrüllte, er solle hier nicht herumraten, und die Frage an den Kadetten Redl weitergab, der sie reglementgemäß beantwortete. »Und was tun Sie, wenn die beiden Gefechtsstellungen gegenwärtig einander nichts mitzuteilen haben?« fragte der Ausbildungsoffizier Redl. »Dann gibt der Verbindung aufnehmende Gefechtsstand das vorschriftsmäßige Signal für ›Ende‹ durch, was im gegebenen Fall heißt: ›Hallo Liebster, hier Wurfschleuder, verstanden, Ende.‹« – »Richtig«, sagte der Ausbildungsoffizier. Kadett von Kubinyi lachte. Der Offizier schrie ihn an: »Kadett von Kubinyi, was grinsen Sie in meiner Stunde wie ein Honigkuchenpferd?« Der Kadett antwortete: »Herr Offizier, ich begreife das nicht: wenn die beiden Gefechtsstellungen einander wirklich nichts mitzuteilen haben, warum nehmen sie dann erst Verbindung auf?« Die Klasse johlte. Christoph von Kubinyi wurde für sein Benehmen gerügt. In einer anderen Stunde, in der Redl sich wiederum auszeichnete, indem er auf die Frage des Ausbildungsoffiziers: »Was ist die offizielle rechtliche Bezeichnung des Reiches?« antwortete: »Kaisertum, mit der offiziellen Bezeichnung: die im Reichsrat vertretenen Königreiche und Provinzen«, fiel ihm Kadett von Kubinyi ungefragt ins Wort: »Ausgenommen Alsó- und Felsőkubiny, Redl!« und erhielt daraufhin eine erneute und strengere Rüge. Aber sie wetteiferten nicht nur im Unterricht, sondern auch draußen, bei den Übungen im Freien. Redl und von Kubinyi ritten gemeinsam, dicht nebeneinander, auf ein Hindernis zu und setzten ihr Wettrennen im Galopp, Kopf an Kopf, in Richtung Wassergraben fort. Dort gewann Redl, der sein Pferd besser in den Graben hineinführte, etwas Vorsprung, zog langsam an Christoph vorbei und setzte sich an die Spitze; die Distanz schien jedoch noch aufholbar. Da erscholl ein Pfiff. Husarenhauptmann Gáspár Gencsy befahl die beiden Kadetten zu sich. »Absitzen!« kommandierte er. »Was besagt die Regel, Redl?« – »Melde gehorsamst, die Regel besagt: es zeugt von einer groben Seele, wenn man das Pferd auf den Kopf schlägt.« – »Und trotzdem haben Sie es beide unmittelbar vor dem Hindernis getan! Von Kubinyi, was meint die Regel mit einer *ruhigen* Hand?« – »Die Hand eines Toten, zum Beispiel, Herr Hauptmann!« antwortete Kadett von Kubinyi frech, in strammer Haltung. Gáspár Gencsy traute seinen Ohren nicht. Mit einem entsetzlichen Donnerwetter jagte er Christoph, dessen Eltern und Familie er im übrigen gut kannte, davon. Dann wandte er sich an Redl und wiederholte seine Frage, auf die Kadett Redl die regelrechte Antwort gab. »Die Hand des Reiters sei ruhig, leicht und weich. Ruhig ist die Hand, wenn sie ständig die Position behält, die der Reiter für angemessen erachtet, unabhängig von den Bewegungen des Pferdes. Auch dann, wenn das Pferd eventuell am Zügel reißt. Die ruhige Hand resultiert aus einer ruhigen Schulter ...« – »Richtig«, sagte Husarenhauptmann Gáspár Gencsy. Dann schnauzte er Redl an: »Noch nichts davon gehört, daß man die Gangart verhält? Wie können Sie es wagen, nach einem solchen Hindernis den Galopp noch zu forcieren? Abtreten!« Immer mehr Begebenheiten aus der Kadettenzeit fuhren Oberst Redl durch den Sinn. Er dachte daran, daß Christoph und er auch damals nicht befreundet waren, in diesen früheren Jahren, allein der Wetteifer hatte sie verbunden und die besondere »Beziehung« Katalins, Christophs Schwester, zu den beiden Kadetten. Die geheimnisvolle Persönlichkeit jener Katalin, von der Oberst Redl jetzt ein Telegramm erhalten hatte, in dem zu lesen stand: »Erwarte dich in Abbazia. Hotel Bellevue. Komm sofort! Katalin.«

Wiewohl Oberst Redls *Heimat, Heim und Hang* das *Heer* war und nicht Abbazia, geschweige denn das Hotel Bellevue, brach er auf Katalins Fernschreiben hin dennoch auf – und zwar ihrer Bitte entsprechend *sofort.* Redl, der in allen aufeinanderfolgenden Schulen, Instituten und Akademien des Reiches, sich immer höheren Anforderungen stellend, so viel von seinen Lehrern gelernt hatte, daß er sie überflügelte und selbst Lehrer hätte sein können, hatte, wenn Katalin ihn rief – nach Abbazia, Karlsbad, Marienbad oder Wien, egal, wohin – stets das Gefühl, er habe niemals von anderen gelernt, habe sich selbst erzogen, sich selbst unterrichtet, sich selbst ins Joch gezwungen, weshalb es gut möglich war, daß er gerade über sich gar nichts wußte, sich selbst am wenigsten erforscht hatte, weil ihm für diesen »Privatkursus« keine Zeit blieb. Sobald er auf Katalins Ruf hin zu Katalin reiste, schien er sich auch ein wenig auf den Weg »zu sich selbst« zu begeben, so, als habe er erstmals im Leben die Möglichkeit, zu erfahren, wer und wie er war, für die Welt, für das Leben.

Katalin folgte Redls Leben *mit ihrem Leben,* und zwar in ausbeuterischem Verwaistsein. Es gab Monate, in denen sie sich überhaupt nicht trafen, es gab Tage, Wochen, in denen sie jede Stunde zusammen verbrachten, an ihren alten Lieblingsplätzen, an der Küste. Seine Beziehung zu Katalin erschöpfend zu analysieren, hatte Redl nicht die Zeit. Dazu hätte er ein anderes, ein zweites, ein Reserveleben gebraucht. Für ihn war Katalin unverheiratetes Mädchen und Frau, Mutter und Schwester, Geliebte und vertraute Freundin in einem *mit einem Körper, mit einem Gesicht,* und zugleich die dem anderen Geschlecht angehörende, reizvolle Fremde, die er *mit seinem Leben* kaum kannte. Nur mit seiner *Erinnerung.* Das trug und barg die Zweiheit schon in sich: eine wirkliche Frau und ein in Redls Erinnerung – willkürlich, *dank einer Gnadenphantasie* – geschaffene und gewachsene, sich im *Wirklichen* gleichwohl ständig verändernde, wandelnde, variierende Katalin-Imago. Redl war ein Halbwüchsiger, ein Kadett, ein Junge, gerade in der Pubertät, als er – Christophs Gast in den Sommerferien – in Oberungarn, auf dem uralten Gut, im Schloß aus dem siebzehnten Jahrhundert, Katalin kennenlernte. Das ungarische Edelfräulein war – damals, in jenem Sommer – in dem geheimnisvollen Alter, wo sie zur Frau reifte, den Kinderschuhen längst entwachsen, und sie erlaubte sich kühne Spiele mit ihrem jüngeren Bruder Christoph und seinem Freund, dem halbwüchsigen, schüchternen Kadetten Redl, den nicht nur die aufreizende Schönheit des Fräuleins, ihre jungenhafte Natur, sondern auch das alte Gut mit seinem Schloß, das sich in den waldigen Tiefen, hinter einer langen, dunklen Allee erhob, in Angst und Schrecken versetzte, sein reifendes Selbstgefühl gleichsam zu Eis erstarren ließ. Redls wortkarges Wesen, seine Schüchternheit, seine Haltung verlockten Katalin. Jedenfalls bewahrte sich Redl auch dort in Kubiny, als Junge, vor Christoph und seiner älteren Schwester, der wild-schönen und verderblich liebreizenden Katalin. Später, als Redl zum Mann gereift war, als seine Offizierslaufbahn einen steilen Aufschwung nahm, »erlitt« ihre Beziehung eine sonderbare Wendung. Durch den Zauber der Lebensjahre vielleicht? Redl war erwachsen geworden, Katalin schien jung, mädchenhaft, nachgerade unreif geblieben zu sein, wenngleich in Gesellschaft durchaus nicht kindlich. Es klingt paradox, aber Katalin war eine *heranwachsende, noch unreife Frau* geworden, die – wenn sie sich mit Redl zeigte – erheblich jünger aussah als er, dabei war sie in Wirklichkeit vier Jahre älter.

»In Wirklichkeit ...« Allein Katalin lebte – ein anderes, eigeneres und dennoch ihr selbst unbekanntes Leben in Redls Erinnerung, als Mädchen, als junges Edelfräulein aus Oberungarn. Diese Imago beschwor und bewahrte Katalin in Redl in der Gestalt ihrer ersten, frühesten Jugend – *in all den Jahren* und *trotz* der Jahre – und durch Redl auch für Katalin. Ihre Begegnungen fanden in *zwei gesonderten* Zeiten statt, in deren Rektion sie *zwei gesonderte* Räume hüteten, bewahrten und einander überließen, verführerisch und vertraut ehrlich: der Raum, der die wirkliche Katalin, die Frau, das Weib umschloß, mit Schönheit und *Vermögen* schützte, und der *andere* düstere, kaum gegliederte Raum in Redls Erinnerung, in der das junge Edelfräulein so lebte, kam und ging, sich näherte und sich entfernte, als wären die Jahre stehengeblieben, als wäre es nicht das typischste Merkmal der Jahre, der Lebensjahre, zu vergehen, in lebens- und schicksalsvollendender Unumkehrbarkeit zu Ende zu gehen. Redl hatte dieses Mädchen, das er noch in seiner Jugend kennenlernte, das damals – im Vergleich zu dem Kadetten – eine reife, »fertige« junge Frau war, mit seinem Leben erreicht, »eingeholt«, und Redl bewahrte diese junge Frau in sich, sowohl wirklich, als auch in seiner Erinnerung, weil für ihn, zumindest was Katalin betraf, Wirklichkeit und Erinnerung, Vergangenheit und Gegenwart zusammenfielen, in einer Einheit lebten, gleichsam außerhalb der »tatsächlichen« Zeit, ohne ihr wirkliches Verrinnen – in Stunden, Nachmittagen, Abenden, Nächten, Morgen, Tagen, Wochen, Monaten, Jahreszeiten, Jahren und Jahrzehnten – zu erfahren. Die Zeit wirkte in ihrem natürlichen Zustand, als *Rohstoff*, unmittelbar auf Redls Sinnesorgane ein, auf das Sehen und Fühlen, auf das Hören der Worte oder ihr Aussprechen. Diesen Rohstoff Zeit stickte und wob und spann und gestaltete Katalin, »verarbeitete« ihn *vom Faden bis zum fertigen Webstück* zwischen der Mädchenkatalin aus Redls Erinnerung und der Katalinfrau in der späteren, täglichen Wirklichkeit ihrer Beziehung. Das war kein bewußtes »Weben« von Katalins Seite aus, wie auch ihre Pläne niemals bewußte Pläne waren, jedenfalls nicht im eigentlichen Sinne des Wortes. Katalins »Weben«, ihr »Sticken« war ein Spiel, und Redl liebte dieses Spiel, diese Spielerin. Nehmen wir an, die Menschen hätten ein inneres Gesichtsfeld. Dessen Bild nicht identisch ist mit dem, was der Mensch sieht, wenn er die »Welt«, die »Wirklichkeit«, das »wogende, wirre Leben«, die nur scheinbar an ihrem Platz befindlichen Gegenstände vor Augen hat. In Redls innerem Gesichtsfeld war ausschließlich Katalin das Wesen, die Person, an deren *innerem Platz,* von Redl für Katalin reserviert, das Nichts sich gezeigt haben würde, hätte sie ihn verlassen, das Nichts als ein erahnter, ja erhoffter Gast und wesenloser Ankömmling, als Vorbote *ohne Botschaft,* als erschreckende Erscheinung, die *Platz,* immer mehr, immer größeren Platz beanspruchte im Bewußtsein, in der Erinnerung, in Wort und Tat, in Dienst und Freizeit gleichermaßen. Deshalb machte sich Redl stets und spornstreichs auf den Weg, sobald Katalin ihn rief, sich zu begegnen, *ineinander* und *füreinander:* sich zu zeigen, mit Leben, Gesicht, Leib, Wort und Berührung, mit Lachen und Erinnerung.

Dieses innere Gesichtsfeld kannte auch Katalin. Auch vor ihrem Blick verhüllte und verbarg Redl das Nichts, machte diesen alles und jeden wiedersehen wollenden Gast der dies- und jenseitigen Wirklichkeit vergessen. Der ohnehin – im Dienst, in der Aktion sowieso – kaltblütige und furchtlose Redl kam in den Begegnungen mit Katalin zur Ruhe. Er ruhte aus, weil Katalins Gegenwart ihn aus der Pflichterfüllung, aus den Dienstobliegenheiten aufschreckte, ihn gleichzeitig damit aber *zu sich* brachte. Dieser »Schrecken«, den Redl vor Redl fühlte, wurde durch Katalin verjagt, durch ihr Gesicht, ihren Körper, ihr Spiel, ihr Lachen, ihre gleichsam furchteinflößende Verantwortungslosigkeit, ihre provozierende Planlosigkeit, ihr stolzes Sich-Schicken in die »Sinnlosigkeit der Dinge« und ebenso ihre dickfellige Dünkelhaftigkeit angesichts zweifelsfreier Zufälle, gefahrvoller Geschehnisse oder störender Situationen.

Die in Redls Leben hin und wieder wirklich in Erscheinung tretende Katalinfrau, das Weib, ja sogar »Weibchen«: die ältere Schwester und Geliebte, die Freundin und die Spielgefährtin, die »für den Körper zuständige Geheimrätin«, wie Katalin sich bei der Gestaltung von Redls Leben selbst nannte, brachte stets das frühere, halbwüchsige Mädchen aus dem vergangenen Jahrhundert mit sich, das Edelfräulein aus Oberungarn, das der Kadett Redl kennengelernt hatte, das der Generalstabsoberst Redl im Gedächtnis behielt, tief im Inneren und nur für sich, womit er gleichzeitig auch die junge, einstige, dazumal »mannbare«, jungfräuliche Katalin für die erwachsene Katalin aufbewahrte. Die Beziehung zwischen Redl und Katalin schöpfte den Begriff des »Zustands der Gnade« und seine lebendige Praxis, über den die gelehrten heiligen Väter, insbesondere Augustinus, so viel meditierten, voll aus. In diesem spielerischen Zustand der Gnade ward beiden die *noch* »irdische Gnade«, die *begeisternde Barmherzigkeit* zuteil, im anderen sich selbst entdecken, im Leben des *anderen* das eigene Leben leben zu können, indem man es ihm über- und hingab als ein ihm schuldiges, verpflichtetes Leben. Sie bedeuteten und gaben einander auch die *seelische Substanz*. Es war ein Rohstoff; aber sowohl Katalin, als auch Redl formten dieses seelische, sensorische Erz im seligen Spiel der Selbstübergabe zu nützlicher, zweckdienlicher Gestalt, wobei sie die verborgene Energie freisetzten, die Kraft, die nur und ausschließlich ihrer Zweiheit Kraft war, ein anderer hätte kaum ein Öllämpchen damit entzünden können. Ihre Beziehung glich einer Stickerei, im Kreuzstich, nach der schönen, alten Manier, die die Stickerinnen den Hexenstich nennen.

Redl erlaubte sich keinen Augenblick des Ausruhens, nicht die geringste Rast. Er spürte: die Zeit, die unabhängig war von Ablauf und Fortdauer seines eigenen Lebens, seines Schicksals, drängte. Die Zeit der Geschichte. Seiner vertrauten Freundin Katalin teilte er mit: »Mein Leben kommt nicht ins Gleis. Ich habe kein Leben. In meinem Arbeitszimmer, in meinem Schlafzimmer, in meinem Dienst wie in meinen Träumen waltet die Weltgeschichte, ein ungerufener, namenloser *Gast*, ein Fremder, der Rechenschaft fordert und *Abrechnung hält.* Im übrigen ist das Leben auch nicht dazu da, daß wir es meistern! Wozu dann? Nur um es – mangels Besserem – einfach ›abzuleben‹? Nein! Wir müssen unser einziges, einmaliges Leben für gemeinnützige und umfassende Ziele einsetzen! Jeder, der glaubt, seine schlechte Laune zu heilen, wenn er nach Abbazia, Hochgall oder in die Gurktaler Alpen reist, ist nervenkrank! Mein Gesicht – meine Maske! – *meine Gesichter* – meine Masken! – legen Zeugnis ab von der Leere in mir. Gleiches verrät, verhüllt mein Blick, mein bloßer Lidschlag, egal wen oder was ich auch ansehe. Meine einzige Hoffnung ist also, daß meine Taten *nicht* die Leere, das *Nichts* zum Ziel haben, sondern die Wirklichkeit, daß sie sie all jenen vor Augen führen, die Macht haben, sie zu ändern, die Welt, die Weltgeschichte zu verändern, in härtester, täglicher Arbeit natürlich, und dennoch jahrzehnteweit ausstrahlend, sozusagen als Tagelöhner der Perspektive in der Gegenwart wirkend. Solches tue ich. Das kann ich ohne sonderliche Bescheidenheit von mir sagen. Wer sich mir in den Weg stellt, muß einen anderen Weg wählen, oder er wird dabei umkommen.«

Die bloße Erscheinung dieses Offiziers mit Namen Alfred Redl war von einer Legende bestimmt, einer schützenden, deckenden Unerfindlichkeit. Eine erschreckende Unpersönlichkeit charakterisierte ihn, *zeigte* ihn zugleich auch *an.* Die meisten, zumindest doch jene, die sich mehrmals in seiner *gleichsam unwirklichen Gesellschaft* befanden, mochten meinen, dieser Mann habe zwei Leben. (Sie ahnten ja nicht, daß er mit drei, ja vier Leben auf einmal *ein Schicksal* gestaltete.) *Ein Leben* war das des hochrangigen Offiziers der k. u. k. Armee, das er durch seine Adjustierung, die prunkvolle Uniform mit den goldenen Kragenspiegeln und den drei Sternen, verkörperte. Im *zweiten Leben* schien dieser Mann, dieser Offizier *schon einmal gelebt* und gekämpft zu haben, im Mittelalter, und diese jetzigen *beiden Leben* waren für ihn – trotz der in der Zwischenzeit verflossenen, vergangenen großen Jahrhunderte – dennoch *ein Leben*, das er ein drittes Mal tapfer weiterführte, für das Reich, derweil die eigene Person, die Einmaligkeit seines Lebens, die Annahme seines dem Dienst geweihten Schicksals und seine – offene oder versteckte – Hingabe als ein Mittel zum Zweck ihn nicht eben beunruhigte, sondern eher zu einer mit Schneid bemäntelten Seligkeit führte, wobei ihm durchaus bewußt war, daß er dafür keinen Dank erntete, ihm keine Gabe gebührte, nur ein Posten, ein Wachtposten, ein Reichsposten, ein sehr hoher Posten, ein ewiger, sozusagen freiwilliger Wachtposten ohne Ablösung, an einem beliebigen Limes des Reiches, denn um abgelöst zu werden, hätte er sich selbst die *Parole* nennen müssen, aber wohin wäre *er*, der Wächter, von seinem Posten denn abgetreten? Redl war ein Offizier, der sich um die Modernisierung der Armee des Reiches bemühte, zugleich aber wollte er mit all seiner Kraft die Welt in der Ordnung der großen Vergangenheit erhalten. Und in der Welt das Reich. Es in Schranken halten, gleichsam das Fließen aufhalten, von dem er wußte, es konnte nur ein Zerfließen bedeuten. Redl lebte nicht in einer Zwingburg, deren Zugbrücke er jederzeit hätte hochziehen können. Redl lebte in der Wirklichkeit, die weder Schießscharten noch Festungsgänge, weder dicke Steinmauern noch Basteien schützten, und dennoch war die *Wirklichkeit* eine *Festung*, die man einer anderen – feindlichen – Wirklichkeit gegenüber verteidigen konnte. War er der Schleusenwärter, der auf die große Flut wartete?

Sooft er auf Katalins Ruf hin zu Katalin reiste, an die Adria, nach Abbazia, ins Hotel Bellevue, bestellte er im voraus, kurz und bündig, auf telegraphischem Wege: »Dasselbe Appartement, dieselbe Terrasse, dasselbe Mobiliar, dieselben Teppiche, die gleichen englischen, französischen, italienischen, Wiener, Pester, Prager Tageszeitungen und Zeitschriften, in ordentlich ausgerichtetem Stapel neben den Lederfauteuils. Zu den Zeitungen einen nadelspitzen Bleistift und einen Kopierstift. Frühstück, Mittagessen, Abendbrot zur gewohnten Zeit. Die gleichen Speisen: Prager Schinken, weichgekochtes Ei, Würstchen und Bier zum Frühstück.

Zum Mittagessen Beefsteak, davor ein Salat, Kraftbrühe. Roten Bordeaux, anschließend Grappa, Fernet Branca und Cynar. Am Nachmittag Tee, dazu Rum. Zum Abendessen Muscheln, Austern, Hummer, Langusten, schwarzen und roten russischen Kaviar, baltischen Salzhering, gebratene Forellen, Barsch und Zander, Tintenfisch und Schneckenragout, Thunfisch und Dorschleber. Im Zimmer sollten möglichst die gleichen Blumen stehen: Rosen, Lilien und Orchideen, Schwertlilien, Dahlien, Kalla. Weiterhin bitte ich um das Konzertprogramm von Venedig, Mailand und Verona«, (denn Katalin hatte hin und wieder Lust, ins Konzert zu gehen), »für den Bedarfsfall soll auch eine gemietete Motorbarke an der Mole des Hotels bereitstehen.« Noch wichtiger war Redl jedoch, daß Katalin, sooft sie an die Adria, nach Abbazia kam, sich mit ihm zu treffen, immer dasselbe Kleid trug, dieselben Schuhe, denselben Hut, denselben Schirm dabeihatte wie jedesmal, wie »jedesmal« in Redls Erinnerung, damit sie – auch äußerlich – in Redl die Erinnerung stärkte, sie deutlicher machte als die Wirklichkeit selbst, mehr noch: die Erinnerung an *Stelle* der Wirklichkeit setzte, die Erinnerung an die Zeit ihres Zusammenseins. Sooft er das – *ebenso* und »ebenso« – eingerichtete Appartement im exklusiven, vornehmen Hotel Bellevue betrat und sah, daß alles *genauso* und »genauso« war und *ebenda,* wo es *war*, als hätte er nicht nur Tage – manchmal flüchtige Stunden bloß – hier verbracht, sondern lange Wochen, Monate, glückliche Jahreszeiten, die ein Leben aufwogen, erfaßte ihn ein vertrautes, warmes, tiefes und tief im Inneren befreiendes Gefühl. Da das Appartement wirklich *genauso* und »genauso« war wie jedesmal und »jedesmal«, wie jetzt, hatte Redl das Gefühl, die Wirklichkeit wandle sich im Augenblick des Betrachtens, werde Erinnerung, so zauberisch, daß die Erinnerungen *Wirklichkeit wurden,* ihre *Stelle* einnahmen, den Platz, an dem er »sie« zur Erinnerung »hatte« werden, vergehen, vermahlen »lassen«. Diese Empfindung durchdrang sein Wesen, sein Bewußtsein, seinen Körper. Als wäre er nie von hier fortgegangen. Als hätte dieser Platz schon immer auf ihn gewartet. Dann, nach der Abreise, hatte er stets das Gefühl, als wäre im Staubtrichter eines Wirbelwindes das Blatt eines Eisenholzbaumes verschwunden, und mit ihm die Adria, Abbazia, die Zypernallee, Katalins Hut, Schal und Rock, Katalins Lachen und Katalins Nacktheit. Auch Katalins belebendes, lebensbejahendes, vergnügtes und vergnüglich verrücktes, bald fulminantes, bald phlegmatisches »Figurieren«, ihr von Festpunkten, Versprechungen, Furcht und Fixationen freies Phänomen. Ja. Das *unwirkliche* Blatt eines Eisenholzbaumes – das kein Botaniker kennt – verschwand bei der Abreise von der Adria, von Abbazia, im Trichter eines *wirklichen* Wirbelwindes. Nun, vorerst aber war der Generalstabsoberst Alfred Redl *auf dem Wege* zur Adria, zum Hotel in Abbazia. Wirbelwind? Blatt eines Eisenholzbaumes? Erinnerung? Wirklichkeit? Wo war da noch die Abreise, die Trennung, der Augenblick des Abschieds, das »Adieu«? Wo war da noch die Rückreise in die Reichshauptstadt, in die düstere Schreibstube des Evidenzbüros, wo er die verschlüsselten Meldungen seiner Kundschafter entschlüsseln mußte, um ihnen dann die erforderlichen Befehle zu erteilen? Oberst Redl, Generalstabschef des 8. kaiser- und königlichen Armeekorps in Prag, Oberst des Evidenzbüros, betrat mit allem militärischen Pomp die Halle des Hotels Bellevue. Seine Laune war ein wenig getrübt, da er sich vor seiner Abreise an die Adria, nach Abbazia, zu Katalin, auf Katalins Telegramm hin, mit drei Freunden getroffen hatte, die ihm etwas Wichtiges mitteilen wollten. Diese drei Herren, Regimentsoberstabsarzt Dr. Vencel Izsó und Regimentsstabsarzt Dr. Joseph Kerzl, alte, begeisterte und ehrliche Anhänger Redls noch aus den Görzer Zeiten, aus dem in Gorízia, im »österreichischen Nizza« so freigebig verschwendeten und doch für die größeren und schwereren Jahre ausgereiften und aufgesparten Leben, begleitet vom Oberstaatsanwalt am Militärgericht Dr. Victor Pollak, hatten den Generalstabschef des 8. Prager Armeekorps und Oberst des Evidenzbüros Alfred Redl um ein Treffen im Restaurant des Hotels »Zum König von Ungarn« gebeten. Dr. Victor Pollak und Redl hegten seit langem Sympathie füreinander, sie trafen sich oft beim Abendessen, wenn es ihre aus dem hohen Amt resultierende karge Freizeit erlaubte. Da Redl erklärte, er habe es eilig, eine dringende Erledigung, sagte Dr. Victor Pollak kurz, warum sie gekommen seien und worauf sie die Aufmerksamkeit des Generalstabschefs zu lenken beabsichtigten: 1. hätten gewisse Offiziere, vor allem Claus von Eckern-Freyberg, in Gesellschaft davon gesprochen, daß Redl zwei junge Männer, Leutnant Dietwulf Baatz und Leutnant Paul Thiele, als »seine Liebsten aushalte«; 2. sei dieses Gerücht schon dem Oberst Urbanski zu Ohren gekommen, dem Chef des Evidenzbüros. Dr. Victor Pollak wollte noch näher darauf eingehen, aber der Generalstabschef des 8. Prager Armeekorps Redl fiel ihm barsch und scharf ins Wort: »Herr Oberstaatsanwalt, ich danke Ihnen für Ihre Offenheit. Ich muß gehen, meine Herren . . .«, sagte er, an die beiden Militärärzte gewandt, und fügte lächelnd hinzu: »Oberst Urbanski? Diesen Offizier, meine Herren, werde ich, so es mir beliebt, leibhaftig auf der ›ersten Bank‹ des Militärgerichts, auf der Anklagebank, sehen. Ich danke für Ihre Bemühungen. Gott mit Ihnen, auf Wiedersehen!«

Der Chefportier des Hotel Bellevue nahm mit diskreter Verbeugung zur Kenntnis, daß der Herr Oberst das Appartement für zwei Tage in Anspruch zu nehmen wünschte. Ja, das Telegramm sei eingetroffen, er verbürge sich für Ruhe und Diskretion. Das Appartement samt Interieur und Mobiliar, alles wie gehabt. In dieser Jahreszeit gäbe es ohnehin nur wenig Gäste. Die Saison habe noch nicht begonnen . . . Ja, natürlich, Frühstück für zwei Personen auf der Terrasse. Die Dame sei schon angereist, sie habe sich soeben nach dem Herrn Oberst erkundigt. Aber ja, sie sei mit dem Wetter und der Aussicht sehr zufrieden . . . Er hoffe, der Herr Oberst werde sich von den langen Monaten des anstrengenden Dienstes, in denen man ihn hier, im Hotel, nicht gesehen habe, gut erholen. Er sollte doch häufiger kommen . . .

Der Chefportier war ein alter Bekannter, der sich aus diesem Grunde die vertraulichen kleinen Wendungen erlauben konnte, und außerdem war er ein Mitverschworener aus den früheren Jahren, da Redl oft hier weilte, in Zivil, und der Chefportier war damals der oberste Hüter seines Inkognito.

Nach gemeinsam verbrachter Nacht saßen sie vormittags auf der Terrasse, beide im leichten Morgenrock unter einem Sonnenschirm, vor ihnen die sanfte Meereslandschaft, die ihr tägliches Schauspiel gab. Sie frühstückten, friedlich, wie gesetzte Eheleute. Und führten einen vor langer Zeit begonnenen Dialog fort. »Ich bin müde, Katalin, sehr müde.« – »Das wundert mich nicht, ich bin es auch.« Katalin reckte sich heiter und zufrieden. »Na und?« – »Der Kaiser haßt es, wenn ein Mann ... sich zu Männern hingezogen fühlt. Und ...« – »Und?« – »Ich, Katalin, bin des Kaisers Soldat, im Gegensatz zu dir.« – »Das bist du.« – »Was ... würdest du tun, an meiner Statt?« – »Ich? An deiner Statt, Redl? Ich an deiner Statt? Gut. Nehmen wir an, ich versetze mich in diese Lage. Du bist des Kaisers Soldat. Ich weiß. Ich an deiner Statt würde *heiraten.* Das würde Seine Majestät sicherlich beruhigen.« – »Das glaube ich dir. Aber du, Katalin ...« – »Redl. Ich bin getauft. Auf den Namen Katalin. Ich heiße Katalin, und nicht Christoph. Daß ich *ich* bin, und nicht jemand anderer, hat mir noch nie Sorge bereitet, weder Zweifel noch Krisen beschert. Und deshalb mußt du die Lösung für dein Problem woanders suchen. Vertrau mir. Ich werde das *organisieren.* Ich habe sowieso schon daran gedacht. Ob so oder so, es wird dir auf jeden Fall von Nutzen sein. Und wenn *doch nicht,* werden wir ein anderes *doch* finden.«

Vermutlich hatte Redl, als er sich nach zwei Tagen in Abbazia von Katalin trennte, jenen Brief geschrieben, den er schließlich doch nicht aufgab, nicht dem Adressaten zukommen ließ. Auf eine für ihn ganz und gar nicht typische Weise behielt er ihn, ohne ihn aber wie seine sonstigen Notizen zu vernichten, vielleicht hoffte er, ihn einmal fortsetzen zu können. Obschon dies, wenn man den Brief kennt, mehr als zweifelhaft scheint.

»Liebe Katalin! Die Anrede nur der Form halber, zumal

ich jetzt das Gefühl habe, es hätte mir kein fremder Mensch jemals näher gestanden als Du. Wie könntest Du also lieb sein? Dies ist kein Brief, es ist vielleicht nur ein Dokument jenes Zufalls, der mich zwischen zwei wichtigen – und wie wichtigen! – Telephongesprächen unfähig macht, mich ernsthaft mit meiner Dienstobliegenheit zu befassen, mich statt dessen mit zwingender Kraft treibt, etwas zu Papier zu bringen, was ich seit langem spüre, beziehungsweise besser gesagt: nicht spüre. Sonderbar, daß ich Dir, der Frau, der mir im Grunde Unverständlichen und letztlich Unnahbaren, davon sprechen muß. Aber wem sonst? In der langen – jetzt meine ich, sehr langen – Abfolge meines Lebens bin ich so vielen begabten, schönen, anziehenden jungen Männern begegnet, die geeignet schienen, all das, was ich zeit meiner Laufbahn von der Welt kennengelernt, verstanden und als veränderungsreif erkannt habe, zu fühlen, zu sehen und zu verändern, wie ich es für gut und richtig erachtete. Sollte ich mich geirrt haben? Gibt es ein Schicksal, das in der Auswahl der Gefährten irrt, wiewohl es grundlegend, in der *Beurteilung der Situation*, recht hat? Ich muß erkennen: ich bin unwiderruflich allein. Und wiederum nicht allein, Katalin, weil ich dieses Alleinsein, diese Einsamkeit mit mir teilen muß . . .«

Katalin von Kubinyi zu Alsó- und Felsőkubiny ging, wie versprochen, daran, das Schicksal ihres Freundes zu regeln, Redls Leben – wenigstens dem Anschein nach – für die »eine Person«, die die Außenwelt, die Gesellschaft, die »oberen Zehntausend« des Reiches beobachtete, im Auge behielt und desungeachtet vor dem Anschein die Augen verschloß, annehmbar zu machen.

Die Vorstellung hatte bereits begonnen. Auf den Wandelgängen herrschte Stille, nur aus manchem Winkel tönte noch das verhaltene Flüstern der ältlichen Logenschließerinnen. Redl, in der Paradeuniform eines Obersten, eilte an den roten Tapetentüren vorbei, bis er endlich zur Proszeniumsloge kam. Empfangen von zwei nackten Rücken, die tief dekolletierten Abendroben entwuchsen, von zwei gleichen, dunklen Haarkronen und dem betäubenden Duft weiblichen Parfüms, trat er ein. Der Anblick der gleichen Schultern ließ ihn förmlich zurückschrecken, aber er ging dennoch hinein und zog die Tür leise hinter sich zu. Die Damen, die den kalten Luftzug spürten, wandten sich gleichzeitig nach ihm um.

Katalin stand auf, der Stuhl schurrte laut, als sie ihn zurückschob.

»So war das nicht abgemacht!« sagte sie mit blitzenden Augen und gedämpfter Wut in der Stimme, die laut genug schallte, um einige Besucher aus dem Parkett heraufblicken zu lassen, hier und da vernahm man sogar ein Zischen. »So war das nicht abgemacht! Eine halbe Stunde haben wir am Buffett gewartet ... Na, egal, sicherlich haben dich die üblichen ›wichtigen Dinge‹ daran gehindert, pünktlich zu sein.«

»Verzeihen Sie, meine Damen ... Obgleich mich das Stück sehr reizt und ich mich wirklich bemüht habe, wurde ich aufgehalten; ein Malheur. Sei mir nicht böse, Katalin.«

»Gut, gut. Wir wissen Bescheid. Also: Wilhelmine, das ist Oberst Alfred Redl ... Und sie ist meine Lieblingskusine, wir haben zusammen unser vorgeschriebenes Pensum im Kloster absolviert ... Setz dich zwischen uns, wie du siehst, haben wir dir den dritten Platz freigehalten.«

Redl küßte den Damen die Hand, erst Katalin, dann Wilhelmine.

»Danke!« Und damit nahm er auf dem für ihn reservierten Stuhl zwischen den beiden Damen Platz. Er schaute zur Bühne hin und schloß dann für eine lange Sekunde die Augen.

Man gab Richard Strauß' Salome, dieses skandalöse, nervenaufreibende Werk, das die Leidenschaften des Publikums aufpeitschte und jene sinnliche, krankhafte, mordlüsterne Hingabe widerspiegelte, die im Sieben-Schleier-Tanz der Herodestochter Salome ihren Höhepunkt erreichte. Das Publikum genoß und entrüstete sich und hatte das Gefühl, eines aus großer Tiefe aufbrechenden gemeinsamen Erlebnisses teilhaftig geworden zu sein, für den geringen Aufwand, eine Eintrittskarte gelöst zu haben.

Redl sah die Bilder, hörte die Musik und atmete zugleich den Duft, der von den beiden Frauen ausging, und diese dreifache Einheit: Sehen, Hören und Riechen ermüdete ihn zutiefst. Er war glücklich und erleichtert, als der ausbrechende Beifallssturm das Ende der Oper bezeichnete.

»Let's go and have a whisky somewhere«, sagte Wilhelmine zu Katalin, während der Oberst erst Katalin, dann Wilhelmine half, das Pelzcape überzulegen.

»Why not?« fragte Katalin nunmehr besänftigt und schob lachend ihren Arm unter den Redls.

»Schön, diese Salome, wie? Schwarze Augen, schwarzes Haar ... Wie großzügig, ja verschwenderisch die Natur sein kann. Weißt du, wie sommersprossig ich damals noch, in deiner Stalljungenzeit, war? Kurz und gut, Oberst: meine süße und schöne Kusine, die jetzt Whisky trinken will – laß dir schnell einfallen, wo, denn sie hat neuerdings einen anglomanen Tick –, also sie ist diese berühmte Wenckheim von Schweidnitz. Mit ihresgleichen ist nicht zu spaßen! Ihre Vorväter waren ausschließlich Soldaten, Redl! Also? Wohin gehen wir?«

Aus der Loge kommend, wären sie beinahe mit zwei Polizisten und einem Feuerwehrmann zusammengestoßen, die, als sie den Oberst erblickten, die Hacken zusammenschlugen und steif salutierten. Wilhelmine grüßte – gleichsam an Redls Statt, der die Ehrenbezeigung gar nicht bemerkt hatte – spielerisch zurück.

Sie gingen in ein Amüsierlokal, das sich kaum von der Oper unterschied, auch hier roter Samt als Dekoration, raffinierte Beleuchtung und Musik – wenngleich nicht von Richard Strauß. Aber was den Sieben-Schleier-Tanz anbetraf, schien der eine, den die sich auf dem Parkett drehenden Frauen trugen, noch zu viel. Am Ende des Programms – den

Whisky hatten sie schon genommen – forderte Redl Wilhelmine zum Tanz auf.

»Das kann doch nicht sein, Oberst, daß mein teures und zeit ihres Lebens verhätscheltes Kusinchen, die liebe Käthe, plötzlich den Verstand verloren hat, oder? Ich meine: übergeschnappt ist.«

»Ich habe nichts dergleichen bemerkt, Fräulein Wilhelmine. Ist Ihnen etwas aufgefallen? Meines Erachtens war sie immer so . . .«

»Ja, wirklich. Aber jetzt . . . Sie behauptet, Sie, Herr Oberst, wollten um meine Hand anhalten und hätten sie gebeten . . .«

»Wilhelmine! Katalin von Kubinyi ist nicht übergeschnappt. Ich bitte Sie tatsächlich um Ihr Jawort. Ich möchte, daß Sie mich heiraten.«

»Aber wie stellen Sie sich das vor? Wir kennen uns doch gar nicht! Sie sehen mich heute zum ersten Mal, glauben Sie, so wirbt man um ein Mädchen?«

»Ich weiß nicht, ich habe es bislang noch nicht probiert, mir fehlt die Übung. Doch verzeihen Sie meine soldatische Offenheit: Sie gefallen mir. Und was das Kennenlernen betrifft, meine ich, dazu reicht häufig ein Leben nicht aus, während ein einziger Augenblick schon zu viel sein kann.«

Redl sprach ernsthaft, seine Worte, seine Stimme, seine ganze Haltung bekundeten seine Sympathie für Wilhelmine, die auf unerklärbare Art und Weise diesen keineswegs fordernden »Ansturm« für ganz natürlich hielt. Sie redeten nicht mehr viel miteinander, tanzten wortlos noch lange, aber in dieser Wortlosigkeit spürten sie beide: sie hatten sich verständigt, und zwar darüber, daß einer des anderen Fremdheit akzeptierte.

Als sie zu ihrem Tisch zurückkehrten, empfing Katalin sie beinahe ärgerlich.

»Ich bin auch noch hier, oder? Habt ihr mich vergessen?« – und sie zündete sich eine Zigarette an langer Spitze an.

»Wir haben uns verlobt, was sagst du dazu? Das hast du

gut eingefädelt, Katinka ... Erinnerst du dich, wie du schon als kleines Mädchen versprochen hast, mir einen Bräutigam zu besorgen? Weil ich so täppisch war, daß du meintest, ich könne ohne dich nicht einmal heiraten. Anscheinend hast du recht behalten ...«, haspelte Wilhelmine in einem Atemzug herunter. Katalin schaute nachdenklich auf ihre Kusine und den Oberst, wie sie nebeneinander, im Dämmer Platz nahmen. Dann hob sie die Hände in den Nacken, öffnete das Schloß ihrer aus echten Perlen und Smaragden gearbeiteten Kette und legte mit nahezu derselben Geste Wilhelmine den schönen alten Schmuck um.

»Hier mein Verlobungsgeschenk, meine Liebe, und ich wünsche von Herzen, du mögest den heutigen Abend nie bereuen. Du liebes kleines Mädchen, du ... das du geblieben bist. Bleib so.«

Wilhelmine stieg vor Freude die Röte ins Gesicht. Sie küßten sich, Katalin suchte Redls Blick, als wollte sie mit ihren Augen fragen, ob er zufrieden sei. Es sich so vorgestellt habe. Aber der Oberst spielte mit seinem Glas und schien die stumme Frage nicht wahrgenommen zu haben.

»Ich fühle mich wie eine Anstandsdame«, sagte Katalin lachend, die unversehens ihre gute Laune zurückgewann. »Freilich habe ich mich meiner lieben Kusine gegenüber immer ein bißchen so gefühlt ... als müßte ich auf sie achtgeben, weil sie dazu nicht imstande ist. Allerdings spielen kleine Mädchen den jüngeren gegenüber oft die Rolle der Fürsorglichen, aber wie weit liegt die Schulzeit zurück! Nicht wahr, Wilhelmine? Erinnerst du dich, wie du alle ›Geheimnisse‹ von mir erfahren hast? ›Die Intimität der Körper ...‹«

»Nun, was das betrifft, mußte man dir diese Geheimnisse nicht gerade ›entlocken‹«, erwiderte Wilhelmine lachend. »Du hast sie ausgeplaudert, auch ungebeten. Aber ich erinnere mich, wie neugierig du auf meine Geheimnisse warst; du hast mir das Heft unter meinem Kopfkissen entwendet, weil du glaubtest, es sei mein Tagebuch!«

»War es das nicht?« warf Redl zerstreut ein, aber die Damen überhörten seinen Einwurf.

»Wie empört du warst! Daß ich Gedichte, die mir gefielen, in das ›geheime‹ Heft schrieb und nicht die Namen der Jungen, die es mir angetan hatten. Erinnerst du dich? Als sei das, was du gelesen hast, höchst anstößig gewesen.

Die Nacht blickt mild aus stummen ewigen Fernen
Mit ihren tausend goldnen Augen nieder.
Und müde Menschen schließen ihre Lider
Im Schlaf, aufs neu vergeßnes Glück zu lernen.
Siehst du den stummen, fahrenden Gesellen?

Du hast mich ausgelacht, Katalin, sicher, aber du hast immer über alles gelacht. Auch nach der Beichte; freilich auch davor ...

Der Weg ist lang, und Gottes Engel weit
Und falsche Stimmen tönen lockend, leise –«

Wilhelmine zitierte leise, verzückt, gleichsam nur für sich die Zeilen aus Mahlers Jugendgedicht, das wer weiß, woher, wer weiß, durch wen, damals, in ihrer Jugend, zu ihr in jene Schweizer Klosterschule gelangt war.

Redl blickte mit erwachender Neugier auf die Frau, die er vor kurzem erst um ihre Hand gebeten hatte. Der lange Weg des Kennenlernens ... Anscheinend hatte er begonnen.

Es tagte. Redl brachte erst Wilhelmine, dann Katalin nach Hause. Im Wagen redeten sie über nichts mehr. »Danke«, hatte der Oberst zum Abschied zu Wilhelmine gesagt, und Gleiches sagte er auch zu Katalin, als er ihr aus dem Wagen half. Darauf ging auch er heim, allein. Er sann darüber nach, ob Heirat und Ehe für einen Mann nicht gleichbedeutend waren mit dem feuchten Pfad, der zurückführt in den Uterus ...

Da Katalin die Lage richtig eingeschätzt hatte – wenn *sie* nicht die Sache in die Hand nahm und, wie ihrem Freund versprochen, *selbst* die »Flucht aus der verdächtigen Einsamkeit« *organisierte* und (es war wirklich eine »Organisation«) abwickelte, würde Redl eher eine Ehe mit der Philosophie eingehen als mit irgendeinem hochrangigen aristokratischen »Frauenzimmer« –, trat sie sofort in Aktion. Mit Wilhelmine, der »auserkorenen« Kusine, der von ihr für dieses sonderbare Bündnis auserwählten Braut, wechselte sie nur wenige Worte. Wilhelmine beruhigte Katalin: Oberst Redl war ihr sympathisch, wiewohl sie sich nicht einmal selbst hätte eingestehen können, warum. »Dafür gibt es einfach keinen Grund . . .«, sagte Katalin sanft und lieb. Und fügte hinzu: »Er mag dich . . . du reizt ihn . . . gefällst ihm!« – »Siehst du, Katja, das ist es, dessen ich mir nicht so sicher bin, daß ich Gift darauf nähme«, meinte Wilhelmine Wenckheim von Schweidnitz lächelnd, aber als sie ihre Kusine Katalin ansah, die die Brauen runzelte, setzte sie eine grübelnde Miene auf, biß sich auf die Lippen und sagte nachdrücklich: »Wenn . . . wenn *man* mich um meine Hand *bittet*«, – sie lachte und berichtigte: »Wenn er mich um meine Hand bittet – ich heirate ihn.«

Nachdem die Angelegenheit mit Wilhelmine geklärt war, rief Katalin unverzüglich Redl an und zählte ihm nacheinander auf, wohin sie gehen wollte und er sie begleiten möchte: einmal auf die Jagd, ein andermal zum Reiten, ein nächstes Mal ins Konzert; manchmal hatte Katalin auch Lust, einfach spazierenzugehen, aber stets und überallhin wünschte sie Redls Begleitung. Sie fürchtete, Redl würde unter Berufung auf eine »längere Dienstreise« oder »außergewöhnlich wichtige Aufgabe« eine Zeitlang ihrem Blickfeld entschwinden, somit den Formalitäten der Werbung ausweichen, vor der Verlobung, der Hochzeit fliehen und, obschon er zu allem ja gesagt hatte, letztlich nicht zur Trauung erscheinen. Deshalb bestand Katalin in diesen Tagen – sehr weise – darauf, daß der Freund ihr Gesellschaft leistete. Und da Redl es weder liebte noch gewohnt war, Katalin zu widersprechen, verbrachte er die meiste Zeit mit ihr. Schließlich kam Katalin auf die Idee, ihre Mutter zu besuchen, die »Redl sehr liebte und lange nicht gesehen hatte«. Der Oberst willigte ein.

»O, lieber Redl! Oberst! Lassen Sie sich endlich einmal wieder sehen? Ich hörte, Sie sind viel auf Reisen ...« Redl küßte der Baronin von Kubinyi mit einer tiefen Verbeugung die Hand, und sie bat ihn mit einer freundlichen Geste, neben ihr Platz zu nehmen. »Erzählen Sie! Ich habe Sie lange nicht gesehen! Aber das eine oder andere über Sie höre ich trotzdem.« Lächelnd richtete sie ihren Blick auf ihre Tochter Katalin. »Und du, meine Schöne? Wie geht es dir? Hin und wieder könntest du ein paar Zeilen schreiben ... Wünschen Sie lieber Kaffee oder Tee?« wandte sich Katalins Mutter mit einem verschwörerisch-freundlichen, mütterlichen Lächeln an Redl.

»Danke, Baronin. Vielleicht einen Kaffee ... Ja, bitte eine Tasse Kaffee«, sagte der Oberst, die halb offen stehende Tür im Auge, deren einer Flügel plötzlich weit aufsprang und den Weg für eine mächtige schwarze dänische Dogge freigab, die würdevoll hindurchschritt und sich trotz ihrer Pumagröße überraschend unterwürfig der alten Dame zu Füßen legte und ihre bestiengleiche Schnauze an ihrem Knöchel rieb. Er konnte nichts dafür; seit seiner Kindheit verfolgte er Hunde mit achtungsvollem Blick, in den sich Beklommenheit mischte; zwar nicht die kleinen affen- oder rattenähnlichen Schoßhunde, immerhin aber die großen Tiere, die gleichsam mit dem Selbstgefühl ihrer Rassereinheit »auftraten«, und ebenso die streunenden Hunde, die sich auf den Straßen ferner Städte zu Meuten zusammenrotteten und mit ihrer aggressiven Gegenwart anscheinend eine ständige Bedrohung für das menschliche Geschlecht darstellten, das sie so weit hatte verwahrlosen lassen. Die Hunde wiederum spürten wohl diesen Vorbehalt in ihm, aus ihren Augen strahlte – wenn ihre Blicke sich trafen (die dänische Dogge, die den Kopf gehoben hatte, schaute ihn jetzt direkt an) – verächtliche Überlegenheit. Rings um die Baronin lagen Zeitungen verstreut. Als sie bemerkte, wie Redl die Überschriften las, winkte sie ärgerlich ab.

»Lesen Sie diese Zeitungen, Oberst? Es ist ein wenig zu viel!«

»Es ist immer alles ein wenig zu viel, Maman. Was findest

du denn schon wieder nicht in Ordnung, liebe Mama?« fragte Katalin.

»Das! Das würde Seine Majestät niemals tun! Wilhelm ... fährt mit irgendeinem Kreuzer oder einer Kriegsjacht nach Korfu, die üblichen Paraden und Salutschüsse auf dieser schönen und stillen Insel! Und dann besichtigt er eine archaische Achilles-Statue und läßt an ihrem Sockel eine Bronzetafel anbringen«, – sie nahm die Zeitung zur Hand und las mit Hilfe ihres Lorgnons in vor Entrüstung überschnappender Stimme: *»Dem größten Griechen vom größten Deutschen.«*

»Maman hat ihre Flitterwochen auf Korfu verbracht. Deshalb kränkt sie die Sache so«, klärte Katalin Redl auf, dabei nachsichtig lächelnd.

»Eine solche Geschmacklosigkeit ist mir noch nicht zu Ohren gekommen«, stellte die alte Dame abschließend fest und zog an der in Reichweite befindlichen Klingelschnur. Als die Tür aufging, hob die Dogge den Kopf und knurrte rasselnd, in tiefen, erstickten Kehllauten.

Die Zeremonie des Kaffeetrinkens zog sich hin, das Zimmermädchen servierte Schlagobers und Guglhupf.

»Und unser lieber Christoph?« wandte sich die Baronin fragend an ihre Tochter. »Weißt du, wieviel Schulden er dieses Jahr gemacht hat? Welche Summe ich ihm schicken muß?«

»Ich weiß es nicht, Maman. Aber ich bin gegenwärtig recht knapp! Mich fragst du freilich gar nicht erst ... Ich möchte dich freundlichst um tausend Kronen bitten.«

»Du weißt, wo ich das Geld aufbewahre. Geh und nimm es dir heraus.«

Katalin sprang diesmal sehr flink auf, ihre Mutter blickte ihr lächelnd, wohlgefällig nach.

»Und Sie, Oberst? Wen pflegen Sie um Geld zu bitten?«

»Dergleichen ist bei mir noch nicht vorgekommen, Baronin.«

»Wie sparsam Sie sind, Redl! Sehen Sie, Sie sind genau das Gegenteil von Christoph. Er hat ein nachgerade schlechtes Gefühl, wenn er das Geld nicht mit vollen Händen ausgeben kann. Nun, das macht nichts, schließlich ist er darum Offizier geworden. Denn was, sagen Sie, kann ein Offizier zu Friedenszeiten anderes tun, als Geld auszugeben? Nicht wahr? Allerdings: unsere liebe Katja ist kein Offizier und ... darin ähneln sie einander sehr!«

Bei diesen Worten war Katalin eingetreten, sie wirkte sehr zufrieden. »Maman, ich habe mir zweitausend Kronen genommen. Macht das etwas?«

»Warum nicht gleich dreitausend?« fragte die Mutter lachend.

»Vielleicht weil ich heut so zerstreut bin«, trällerte Katalin gutgelaunt, und beide mußten so herzlich darüber lachen, daß aus der Tasse, die die alte Baronin in der Hand hielt, der Kaffee schwappte. Redl starrte wie verzaubert auf den schmutzigbraunen Fleck, der langsam auf der lila Moiréseide verlief.

Oberst Redl stand vor dem *Danae*-Gemälde Gustav Klimts wie festgewurzelt, als wollte und könnte er sich nicht mehr vom Fleck rühren. Vielleicht hielten die vollkommen maßgeschneiderte, gutsitzende, faltenfreie Uniform mit den drei Sternen und goldenen Kragenecken, sein schwarzer Tschako, den er zusammen mit den weißen Handschuhen in der Hand hielt, sein Paradesäbel und seine ebenholzschwarzen Lackschuhe den alten Wächter im grauen, verschlissenen Rock der Galerie davor zurück, dem Offizier zu sagen, es sei bereits Abend, die Gemäldeausstellung schließe jetzt, der Herr Oberst möge so freundlich sein, den Saal zu verlassen. Redl stand da wie ein trauernder Athlet. Katalin von Kubinyi war die Bilder von Klimt bereits leid, an diesem Abend zumindest, sie hätte gern ein lampionerhelltes Gartenlokal in der Wiener Umgebung aufgesucht, um zu Abend zu essen, die zeitige Frühlingsdämmerung schien mild genug, aber jetzt wagte auch sie nicht, den still auf das Gemälde schauenden Oberst anzusprechen, der gleichsam Ehrenwache stand, ihn darauf hinzuweisen, daß es an der Zeit sei, diesen Ort zu verlassen.

Redl, der dank Katalin Gustav Klimt und seine namhaften Freunde, die großen Architekten der Wiener Schule, auch persönlich gut kannte, sprach, wenn sich Gelegenheit bot, den Maler zu treffen, Klimt nie auf seine Gemälde an. Das eine oder andere künstlerische Thema hätte sich schon ergeben, aber Klimt liebte es nicht, viel Worte über bereits gemalte »Phänomene«, über fertige Werke zu machen, Klimt, für den die Wiener Damenwelt schwärmte, redete lieber über Frauen; er kannte vermutlich das weibliche »Phänomen«. Redl brachte die Sprache gewöhnlich auf die Statuen von Canova, mal in diesem, mal in jenem Zuammenhang, wenngleich Canovas Kunst, wie auch die jahrzehntelange Planung und Ausführung seines durch den letztlich doch unerwarteten Tod unvollendet gebliebenen Grabmals – der Künstler hatte sich so ernstlich auf den Tod vorbereitet, daß er sein Lebenswerk mit seinem eigenen, aus carrarischem Marmor gehauenen Grabmal krönen wollte – Gustav Klimt kalt ließen, er begriff die Begeisterung Oberst Redls für den »Perlmutt-Monumentalismus« des italienischen Bildhauers nicht, und Redl selbst war zu bescheiden, zu sehr Herr seiner Schwärmerei, um ausgerechnet einem *Klimt* einen Vortrag über die Kunst Canovas zu halten, als Offizier eben diesem großen Maler, der seiner Zeit weit voraus war, zu erklären, was ihm die Statuen Canovas bedeuteten. Wie er auch nie den Versuch machte, es nachgerade für Snobismus gehalten hätte, Gustav Klimt zu sagen, was ihm sein *Danae*-Gemälde bedeutete, ihm gab, seinem Blick enthüllte: die Fruchtbarkeit vielleicht, in dem *Regen* von goldenem Erz, von Goldklumpen, aus dem Flußbett gewaschen, von unregelmäßig kreisförmigen, aus antiken Gräbern gehobenen Goldmünzen, diesem Regen, der rinnt und zugleich nicht rinnt, nicht fällt, sondern im Strahl herabschießt, sich ergießt zwischen die mächtigen Schenkel der Danae, diese im Knie angewinkelten und den ganzen Körper in ein muschelartiges Oval fassenden Beine, während, umwallt von den lokkigen, alttestamentlichen, reichen, dunkelroten Haarflechten, das Gesicht mit geschlossenen Lidern und träumerisch geöffnetem, schwellendem Mund, der Kopf, sich auf die

Knie neigt, die, hochgezogen, den schlafenden Körper völlig verschließen, doch unten bleibt eine Öffnung, der Spalt zwischen den prallen Schenkeln ist frei, der Goldregen dringt ein, *Danae* wird im Schlaf befruchtet, im Schlaf geliebt, und sie erwidert diese Liebe, schlafend, denn ihre Züge verraten: sie träumt; sie träumt, sie wird geliebt und liebt wieder, sie *erleidet* die *Liebe* im Schlaf, die ihr entgegengebrachte wie die eigene, und erlebt sie so leichter, reiner, schöner als im Wachsein. *Danae* mit ihren angewinkelten Beinen und dem – sich verschließend – auf die Knie gebetteten schlafenden Antlitz symbolisierte in ihrem Entrücktsein durch wahrhaftigen, nicht vorgetäuschten Schlaf, in ihrer sinnlichen Nicht-Diesseitigkeit für Redl die archaische unbefleckte Empfängnis, das Leben vor der Geburt, das Eingeschlossensein in der Gebärmutter, im Embryo und noch früher: in der Zelle, im Samen, die Existenz im Samen und die Einsamkeit dieser Existenz, die unendliche, jungfräuliche Ferne des Samens von der Eizelle und dem Eierstock. Die Wölbung weist auf ihr Gegenteil hin, des Konkave, auf die Entfernung vom Venusberg, der in seiner Tiefe die Öffnung verbirgt und zugleich freigibt, auf die Entfernung von den Schamlippen, der Schamspalte, der Scheide und der Gebärmutter, die der *Same* überwindet, um dann als Leibes*frucht* in eiförmiger, ovaler In-sich-Geschlossenheit (ähnlich der Körperhaltung der schlafenden und im Schlaf befruchteten *Danae*), als Embryo mit der Nabelschnur an die Gebärmutter gebunden-sich bindend, den ganzen Goldregenakt – allein in zeitlich umgekehrtem Ablauf – zu wiederholen und mit der Geburt gleichsam auch die schlafende Mutter *gebärend*, in deren Leib er schon schlief, wenngleich ohne eigenes Leben, als *Sohn* die *Frau* aus ihrem Schlaf erweckend, die durch diesen Sohn jetzt Frau ist, schon Mutter, nicht mehr Mädchen, nicht Jungfrau, die nicht mehr im Schlaf lieben, nicht mehr geliebt werden kann ohne ihren Sohn, nicht mehr spüren kann in ihrem Schlaf, wie sie mit schlafendem Körper die im Schlaf erlittene Liebe erwidert, ohne es nicht auch bewußt zu tun, ohne es nicht auch zu zeigen, zu sagen, zu flüstern, zu lügen. Von nun an geschieht alles *wach*, lebendig, mit

Worten, offenen Augen und frei von Schlaf, alles, was der *Mutter* wie dem *Sohn* widerfährt, der schonungslos die Frau gebiert, nachdem diese ihn geboren hat. Der Sohn macht die Frau zur Mutter, das Mädchen, den jungfräulichen Leib.

Redl bewunderte nicht allein Klimts *Danae*. Aber dieses Gemälde schien für ihn alles zu vereinen: Same-Eierstock-Eizelle-Embryo-Leibesfrucht-Gebärmutter-Eindringen-Empfangen-Geschlossenheit-Offenheit-Körper und Körperlosigkeit, Schlaf und Wachen, Leben und Vor-Leben, Namenlosigkeit und Name, Mutter und Sohn, Nabelschnur und Blut, innere und äußere Existenz, Möglichkeit und Wirklichkeit, Jungfräulichkeit und Fruchtbarkeit, Wortlosigkeit und Wort, Teilnahme und Fernbleiben, den gegebenen Augenblick, der dem nachfolgenden zur *Erinnerung* wird, Antlitz und Lippen, das Lächeln darauf, Auge, Pupille und der Blick darin, das Sehen, das den Sohn endgültig von der Mutter trennt, die Mutter vom Sohn, denn dieser *Blick* schließt auch den *Blick des unbekannten Vaters* mit ein, *er*, der *Vater*, der *Mann* sieht sie an aus ihren Blicken, wenn sie einander ansehen: Mutter und Sohn. Mutter und Sohn, wenn sie einander ansehen, sehen den Mann, den Vater, niemals einer den anderen.

Redl liebte auch die anderen Bilder Klimts: besonders die zweite Fassung der *Judith*, die *Salome*, ein Gemälde, das die *Frau* in Ekstase darstellt, in einem Zustand, in dem *Judith, Salome* also, anstatt irgend etwas auf dieser Welt zu berühren, in ihr eigenes buntschillerndes, aus edlem Stoff gefertigtes Kleid greift, die Finger in ihre Schenkel, ihre Lenden krallt, während ihre Züge erstarren vor selbst verursachtem Schmerz.

Er liebte das Gemälde *Der Kuß*, obwohl Klimt seines Erachtens – wie Redl Katalin gestand – Maske und Dekoration wie für ein Opernfinale entworfen zu haben schien. Er liebte auch die Bildnisse der Frau *Elisabeth Bachhofen Echt* und der Frau *Fritza von Riedler*, Gemälde, die würdevoll alles, was es auf dieser Welt gibt, vor der Welt ausbreiten, er liebte das Bildnis der sowohl ihm als auch Katalin aus der »besseren« Gesellschaft gut bekannten schönen *Sonia Knips* und besonders das »Abendkleid«, das, durchsichtig wie ein Medusenleib, scheinbar Schultern und Hals, Kopf, Gesicht und schwarzes Haar frei läßt, in Wahrheit aber alles mit in die Tiefe, in das Innere des durchscheinenden, weißen, gleichsam lebendig wirkenden Kleides hinunterzieht, strudelartig mit sich reißt, ein Gemälde, das Fräulein *Margaret Stonborough* darstellt. Klimts Landschaftsbilder übten auf Redl keinen eigenen Reiz aus. Es gab jedoch ein Gemälde, die erste Fassung der *Judith* nämlich, von dem sich der Oberst, sobald er davor stand, nur nach eingehendem Schauen lösen konnte. Das *Judith*-Gemälde war die reine Ekstase, wie Redl bündig formulierte. Judiths Lider sind halb geöffnet, sie »gewähren« noch einen letzten Blick vor dem Traum, dem Sturm, der Ekstase, der Raserei. Das goldgestickte Gewand klafft vorn auseinander, die linke Brustwarze und der tiefsitzende Nabel – *Augen*, die Augen des weiblichen Körpers – scheinen aus der Nacktheit »herauszusehen«, eine andere, alles dem *Nichts* darbietende Nacktheit zu zeigen, anders, als die Nacktheit des Leibes, die eine einfache, natürliche ist, nur durch den Mangel an Kleidung, durch das Öffnen des Gewandes zustandegekommen, eine Nacktheit, die den weiblichen Körper als solchen sichtbar macht. Demgegenüber ist »auf« und *innerhalb* dieser einfachen Nacktheit die Blöße von Brustwarze und Nabel schon die Versuchung selbst, ein Ruf *dahin* und *darauf*, wo es keinen *Platz* gibt, wo *nichts ist*, wo auch sie nicht gegenwärtig ist – Judith –, deren Brustwarze und Nabel zu sehen sind, *da sind*, wie ein Signal, außerhalb und jenseits der Nacktheit von Judiths Körper, *auf* ihrem Leib, doch schon im Nichts, sich aus dem Nichts noch einmal – vor der Ekstase – offenbarend.

Noch viele Bemerkungen hatte Redl zur ersten Fassung des *Judith*-Gemäldes. Man könne die um den weiblichen Hals schalartig geschlungene, breite, schwere, mit den Farben von Rubinen und Smaragden gezierte Altgoldkette für ein Geschmeide halten, aber wenn man besser darüber nachdenke, müsse man feststellen: es ist ein Joch, eine Halsfessel, kein Schmuck. Außerdem halte Judith die Hände mit gekreuzten Unterarmen vor ihren Leib, unmittelbar über dem Nabel. Nicht zufällig, wie Redl trübe meinte. Die Hand, der Arm: sie zeugten von Abwehr. Judiths Ekstase sei partnerlos, unteilbar, sie könne mit niemandem gemeinsam erlebt werden, sei allein die ihre und darin total: eine Ekstase, in der sie einsam und allein *außer sich ist.*

An diesem Abend nahm Redl, obschon er Katalin natürlich zum Abendessen begleitet hatte, selbst nichts zu sich, er saß nur still da und antwortete zerstreut auf Katalins Fragen, die endlich die einseitige Unterhaltung leid war und entschied, sie würde ihrem Freund Adieu sagen, der sich augenscheinlich mit derselben Absicht trug. Sie war ihm um ein Weniges zuvorgekommen.

Würde es sein Dienst erlaubt haben, hätte Redl sich am liebsten zum Westbahnhof fahren lassen, um nach München zu reisen; dort wäre er mit einer Mietsdroschke direkt zum Fotoatelier *Elvira* gefahren, wo er beim Anblick des von August Endell entworfenen Gebäudes, seiner Fassade, des Treppenhauses, des Treppengeländers schon so oft Ruhe gefunden hatte, zumal dieses verschnörkelte, in seinen Linien, in seiner »gefälligen« räumlichen Gliederung Blumenwachstum, Rankenwindungen, Blütenkonturen und sich öffnende Knospen nachbildende Bauwerk, scheinbar erfüllt von elektrischem Strom und einem Licht wie von Grottenseespiegelungen, ihn einer Art Raumtherapie unterwarf, ihn wie jeden, der dort eintrat, elektrisierte: die Energie des Raumes ging auf jeden über, der den Raum betrat. Anstatt München und das Fotoatelier *Elvira*, besuchte Oberst Redl anderntags jedoch das Kriegsministerium, um darüber zu verhandeln, ob die Zeit reif, der Moment gekommen sei, den in Wien akkreditierten Militärattaché der Botschaft des Norwegischen Königreiches aus dem Reichsgebiet auszuweisen, da der als »kalt« geltende Skandinavier und Offizier sich nicht nur mit den vornehmen Damen Wiens in heiße Verhältnisse eingelassen hatte, sondern durch sie – seine »Damenkuriere« – auch geheime militärpolitische Informationen sammelte, nicht zugunsten seiner Heimat, des fernen, heringsfischenden, walfangenden, polarforschenden, friedlichen Norwegens, vielmehr zu Nutz und Frommen des aggressiven Frankreichs, wie die unter Redls Befehl stehende militärische Abwehr, die den weibstollen Norweger im Zusammenhang mit der Enthüllung viel verwickelterer, schwierigerer und langwierigerer Affären schon eine gute Weile beobachtet hatte, den zuständigen hohen Herren im Kriegsministerium beiläufig mitteilte.

Zu Melk, in der Benediktiner-Kirche, die sich auf felsig-bewaldetem Hügel im oberösterreichischen Donauabschnitt erhob, schwor Generalstabsoberst Alfred Redl der Baronesse Wilhelmine Wenckheim von Schweidnitz ewige Treue, Katalins Kusine dritten Grades, dank einem »jungen Paar« im gemeinsamen, längst vergangenen Leben ihrer Vorfahren, das zu Staub geworden eben hier ruhte, auf dem Melker Friedhof, ebenso glücklich vielleicht, wie in den seither räumlich so fern gerückten, zeitlich verronnenen, nichtig gewordenen Jahren ihres Liebeslebens. In der Melker Kirche wird das »Melker Kreuz« aufbewahrt, das einen goldenen Kelch schmückt. Das Kreuz, der Kelch wurde von mittelalterlichen Meistern aus dem Gold geschmiedet, das man aus der Donau wusch. Trauzeugen Redls waren Dr. Vencel Izsó, Regimentsoberstabsarzt a. D. im Küstenschutz-Wachregiment Görz-Istrien, und Dr. Kerzl, ebenfalls mit Redl befreundet, aus den Dienstjahren in Gorízia, im »österreichischen Nizza«. Die Trauzeugen der Wilhelmine Wenckheim von Schweidnitz in der Melker Kirche waren Katalin von Kubinyi zu Alsó- und Felsőkubiny und Katalins Triester Freundin: Fräulein Gaia Caccianiga. Einige Wiener, Pester, Prager und Fiumer Zeitungen informierten in drei Sätzen über die Hochzeit, nannten Ort und Namen von Bräutigam, Braut und Trauzeugen. Weitere Offiziere waren, die beiden Militärärzte ausgenommen, nicht zugegen. So hatte es Redl gewünscht. Im Anschluß an die Trauung reisten der Oberst und seine Gattin nach Abbazia. *So* wiederum hatte es Katalin gewünscht. Als Redl vor dem Altar der Melker Kirche stand, bemerkte er, wie ernst die *Trauzeugin* Katalin wirkte, entgegen ihrer sonst so übersprudelnden, wilden, fröhlichen, unbefangenen Natur, wie bedrückt sie war auf dieser Hochzeit in Melk. Sie richtete an niemanden das Wort. Nach der Zeremonie verabschiedete sie sich rasch von ihnen – von dem jungen Paar – und reiste zusammen mit ihrer Triester Freundin, Fräulein Gaia Caccianiga, an den kalten, von hohen Alpenbergen umgebenen Klagenfurter See. Redl glaubte den Grund für Katalins ungewohnte Ernsthaftigkeit, ihren Mißmut, zu ahnen. Als er und Katalins Bruder Christoph seinerzeit nach der Offiziersweihe, dem Offizierseid ihren Dienst als Leutnant bei der Truppe antraten, in Lemberg und in verschiedenen Garnisonen Galiziens, waren sie ohne jede Nachricht von dem schönen ungarischen Edelfräulein aus Oberungarn, von Katalin. Später, als Katalin – kaum ein halbes Jahr nach ihrer Hochzeit – schon Witwe war – oder wieder *Mädchen*, wieder und endgültig: eine unverheiratete junge Frau! –, erfuhren die beiden Leutnants, daß Katalin einen dreißig Jahre älteren polnischen Adligen aus Krakau geheiratet hatte, der Landbesitz, wildreiche Wälder und Jagdschlösser und ein melancholisches Naturell sein eigen nannte, und von schweren Leiden geplagt war. Seine ganze Liebe gehörte seiner ersten Frau, auch nach ihrem Tod. Katalin war und blieb die wohlbehütete Tochter an seiner Seite, aber dieses »Behüten« bestand vor allem im Obachtgeben, daß *»diese feurige, wilde, männlich-herbe Ungarin nicht vom Pferd fiel, zumal sie nicht gern zu Abend aß, sondern lieber Galopp ritt. Und mit Vorliebe nachts.«* Ihr polnischer Gemahl war niemals eifersüchtig. Von seiner ersten Frau und seinem Leben mit ihr erzählte er der zweiten, Katalin von Kubinyi, kaum etwas. Bevor er starb, sicherte er der *»ungarischen Witwe«*, wie er seine Gattin in seinen letzten Lebenswochen nannte, testamentarisch einen Teil des Erbes und eine jährliche Apanage aus dem Einkommen seiner in Pacht gegebenen Güter zu. Es war weder üblich noch erlaubt, es schickte sich einfach nicht, in der gesamten weitläufigen, in ganz Ungarn verstreuten und durch Eheschließung auch in Siebenbürgen, Österreich und Kroatien lebenden reichen, verschwenderischen Kubinyi-Verwandtschaft, in der Kubinyi-Familie, über diese Ehe zu reden. Katalin wollte es so, und Katalin erreichte, daß es so blieb. Die Geschichte ihrer Krakauer Hochzeit war ein Tabu. Redl, damals noch Christophs Freund, erfuhr sie in Lemberg, von Christoph selbst: 1. Katalin habe einen polnischen Gutsbesitzer geheiratet; 2. Katalins Mann sei ein halbes Jahr nach ihrer Heirat gestorben; 3. über alles, was er erfahren hatte, habe er strengstes Stillschweigen zu bewahren, Katalin nach diesem Bündnis zu fragen, sei ausdrücklich verboten.

Und Redl schwieg, wie auch jetzt in Melk, als seine eigene Hochzeit gefeiert wurde. Direkt aus der Kirche der Melker Abtei kommend, – ein Hochzeitsessen fand nicht statt –, reisten sie mit dem Dampfschiff über Passau, Regensburg – mit Stadtbesichtigung – nach Ulm, wo sie zwei Tage verbrachten, von dort fuhren sie über Salzburg an die Adria, nach Abbazia, und mieteten ein Appartement im Hotel Bellevue. Auf ihrer Hochzeitsreise – sofern dies eine war – redeten sie nur wenig miteinander; ihre Schweigsamkeit hatten sie beide schon in Melk wahrgenommen, und um dennoch das eine oder andere Wort miteinander zu wechseln, plauderten sie über die historischen Sehenswürdigkeiten der Städte Regensburg, Ulm und Salzburg.

Der Oberst ging gemächlichen Schrittes durch die Zypernallee, die zum felsigen Ufer hin führte, Friderike Wilhelmine Wenckheim von Schweidnitz, seine Frau, an seiner Seite. Es war ihm so ungewohnt und fremd, daß er ab und an unwillkürlich nach ihrem Arm tastete, sich zu vergewissern, ob sie wirklich existierte. Wilhelmine vergalt diese Berührung jedesmal mit einem raschen und dankbaren kleinen Lächeln, aber dieses Lächeln huschte nur flüchtig über ihre Züge wie der Schatten einer Wolke und wich gleich wieder jener nachdenklichen Traurigkeit, die auf diesem Gesicht vorherrschte, gleichsam sein organischer Bestandteil war. Mit diesem traurigen – richtiger vielleicht: verzichtenden – Blick gemahnte Wilhelmine jedermann, den sie ansah, an die Vergänglichkeit. Dieser Blick stand in sonderbarem Gegensatz zu den Rosen auf ihrem bunten Musselinkleid, zu den frischen Blumen an ihrem weißen, breitkrempigen Hut, aber auch zu ihrem Spitzenschirm, mit dem sie ihr Gesicht vor der Sonne schützte. So sahen sie auch die Spaziergänger, die ihnen begegneten: ein eleganter junger Mann und seine Frau, umgeben von einer unerklärbaren, besonderen Atmosphäre; und die Achtung, mit der sie ihnen auswichen, galt der Erkenntnis des andersgearteten Schicksals. Herren schwenkten fortlaufend ihre Hüte, Damen grüßten einander mit einem Lächeln, mit dem Senken ihres Sonnenschirmes; sie wurden von niemandem gegrüßt, niemand kannte sie. Darüber freute sich Redl ehrlich.

Schon sahen sie das Meer, als Wilhelmine stehenblieb: sie konnte einen Hustenanfall nicht unterdrücken. Redl tat, als sei er selbst ein wenig erschöpft, er zog seine Frau zu einer freistehenden Parkbank; Wilhelmine nahm eilends ihr Taschentuch heraus, preßte es vor den Mund und versuchte, den trockenen, würgenden, bellenden Husten zu unterdrükken. Der Oberst wandte sich diskret ab und drehte sich erst wieder zu ihr um, als sie mit langen und tiefen Atemzügen die keuchende Lunge zur Ruhe gebracht hatte. Lange sah er Wilhelmine von der Seite an, wie sie auf der Bank zurückgelehnt, mit geschlossenen Augen ausruhte. Sie spürte seinen Blick jedoch.

»Bemitleiden Sie mich, oder forschen Sie wieder nach dieser gewissen Ähnlichkeit?« fragte sie leise, mit noch immer geschlossenen Lidern.

»Warum sollte ich Sie bemitleiden? Ich sehe Sie an. Und was die Ähnlichkeit anbetrifft . . . es ist ziemlich schwer, nicht daran zu denken«, sagte der Oberst mit vager Traurigkeit.

»Das ist wohl Ihre fixe Idee, oder?«

»Wilhelmine! Was soll ich machen? Ich habe dieses Gemälde nun einmal gesehen!«

»Na und? Seither sind mehr als hundert Jahre oder was weiß ich wieviel Zeit verstrichen! Also: sehen Sie jetzt mich an oder diesen anderen von Schweidnitz?«

»Sie, meine Liebe, Sie«, sagte Redl voll glücklicher Melancholie.

»Mein Gefühl sagt es mir anders! Wissen Sie, was es sagt? Als Sie bei uns waren und um meine Hand anhielten, haben Sie dieses alte Bild meines Vorfahren minutenlang angestarrt. Hören Sie mir zu? Erinnern Sie sich? Mir war das ein Rätsel ... Sie standen vor dem Gemälde und musterten jenes Männergesicht: das Gesicht des Mannes, der 1736 in Graz geboren wurde. Selbst sein Staub ist längst verweht! Sie betrachteten das Gesicht des Hauptmanns Franz Wenckheim auf dem Gemälde und kümmerten sich überhaupt nicht um mich ... Er wurde aufgrund seiner Heldentaten bei der Belagerung von Schweidnitz zum Hauptmann befördert ... Nicht mich – ihn schauten sie minutenlang an, und man mußte Sie zweimal zu Tisch bitten! Ja, von ihm rührt unser Adel her, unser Name, in der Familie wird erzählt, er sei ein tapferer Bursche gewesen, dieser Vorfahr Franz von Schweidnitz ... Vorher hieß er nur Wenckheim. In den bayrischen Erbfolgekriegen kämpfte er schon als Oberst, und 1787 – verstehen Sie, siebzehnhundertsiebenundachtzig! – war er bereits General! Im Türkenkrieg wurde ihm für seine Heldentaten oder Blutbäder – was weiß ich? – der Maria-Theresien-Orden verliehen. Bei der Einnahme von Valenciennes – sicher ein neues Gemetzel – ernannte man ihn zum Feldmarschalleutnant. Und zugleich zum Besitzer des 35. Infanterieregimentes ... Hören Sie überhaupt zu, wenn ich Ihnen meinen Familienstammbaum hersage?« Wilhelmine öffnete die Augen und wandte sich Redl zu. Ihre Augen leuchteten, ihr Gesicht war gerötet, obschon es keine Sonne abbekommen hatte.

»Ich höre zu, natürlich höre ich zu, Wilhelmine *von Schweidnitz*«, sagte der Oberst, der seiner Stimme einen heiteren Klang hatte geben wollen, was ihm jedoch mißlang;

umsonst legte er besonderes Gewicht auf den Namen. »Ich habe im Militärgeschichtsunterricht von ihm gehört, auf der Akademie ...«

»Wie Sie da standen und das Gemälde anstarrten ... war einfach phantastisch! Als habe von der ganzen Gesellschaft nur er Sie interessiert, dabei waren Sie doch angeblich um meinetwillen gekommen. Ich, die ich von seinem Blut bin, verstehe das, immerhin stamme ich direkt aus der Gebärmutter seiner gleichfalls längst toten, längst zu Staub gewordenen, aber vermutlich wunderschönen Tochter Henrietta – freilich auf dem Umweg über die Gebärmütter einiger dazwischenliegender Mütter: Urgroßmutter, Großmutter und Mutter. Weil er keinen Erben hatte, sondern nur Töchter, machte er gerade Henrietta, die ihm liebste, »zum Sohn«; sie trug seinen von Ruhmeslorbeer bekränzten Familiennamen, der auch der meine ist, weiter. Und ich bin hier, Sie sind nicht hier, Oberst. Fällt Ihnen das nicht auf?« fragte Wilhelmine, die jetzt ganz zu sich gefunden hatte, lächelnd.

»Ich freue mich, daß Sie hier sind«, sagte Redl einfach.

»Und forschen dennoch nach seinen Zügen in meinem Antlitz! Glauben Sie, ich hätte das nicht gespürt, als Sie mich in der Allee ansahen? Wieder haben Sie nur ihn gesehen!«

»Nein«, widersprach Redl jetzt völlig kalten Blutes. »Nein. Nur erinnern mich eben einige Züge in Ihrem Gesicht an den alten Hauptmann, den ich seit langem gut kenne, und deshalb überrascht es mich wieder und wieder, daß sein Doppelgänger hier neben mir sitzt. Als meine Frau. Daran kann ich mich nur schwer gewöhnen.«

Wilhelmine antwortete nicht. Die Fieberrosen auf ihrem Gesicht machten vergessen, daß sie Nachfahre eines längst toten, verwegenen und edlen Soldaten war. Ihr eigener naher Tod kündigte sich in ihren Zügen an.

Erst nach einer langen Weile unterbrach sie das Schweigen.

»Wissen Sie übrigens, was das Schicksal des Hauptmanns, des Barons Franz Wenckheim von Schweidnitz, des späteren Feldmarschalleutnants, war? Womöglich haben Sie es auf der Akademie gelernt: am 11. Mai 1794 traf ihn bei der Belagerung von Courtray eine Kanonenkugel am Rumpf und riß seinen Körper in zwei gleichgroße Teile. Henrietta war damals schon im heiratsfähigen Alter, sie ging auch bald die Ehe ein. Und somit lebe jetzt auch ich. Was meinen Sie, wie lange noch? Ja, so einfach ist das. Der Unterschied ist nur, daß mein Körper noch ganz ist, weil es mir nicht in den Sinn kam, die Festung Courtray zu belagern . . .«

»Ich habe nur Sie gesehen, meine Liebe, auf diesem alten Gemälde«, sagte Redl bewegt.

»Heißt das, Sie wären auch an meinem Körper interessiert? An meinem vorerst noch ganzen Körper?«

Redl antwortete nicht, aber sein Schweigen verletzte nicht, weil er Wilhelmines spitzenbehandschuhte Hand fest in der seinen hielt.

»Ich wäre ein Schelm, wenn er mir selbst gefiele!« rief Wilhelmine mit scherzhaft-zorniger Stimme aus, in der jedoch auch Verständnis, ja die Kenntnis aller Tatsachen mitschwang.

»Mein Körper . . . Morgen reise ich in die Schweiz ab, ins Sanatorium. Meine Hüften, meine Schenkel. Meine Fesseln. Meine Waden. Mein Nabel. Was soll ich noch benennen? Meine Fersen. Mein Hals. Meine Ohrläppchen. Noch . . . ist mein Körper hier, heil und ganz. Es kann doch nicht sein, daß Sie auch in meinem Körper den längst verblichenen Hauptmann suchen? Im übrigen schenke ich Ihnen dieses Gemälde. Aber entscheiden Sie sich, auf wessen Ruf Sie antworten: auf den seinen oder auf den meinen. Zögern Sie nicht, Sie können sich ohnehin nicht ein ganzes Jahrhundert zu eigen machen. Das ist physisch unmöglich. Also: kommen Sie mit zu mir?«

»Natürlich«, sagte Redl lächelnd.

»Endlich eine Antwort. De facto?«

Redl antwortete auf ihre spöttische Frage nicht sofort, aber dann sprach er es dennoch aus: »De facto.«

»Nicht wahr, ich habe jetzt keine Halluzinationen?« fragte Wilhelmine.

»Nein«, entgegnete Redl knapp, soldatisch, wie ein alter Grenadier.

»Aber fühlen Sie sich nicht obligiert, Herr Oberst!«

»Ihr Vorfahr, dieser alte Doppelgänger ... nun: er ist nicht so redselig wie Sie«, bemerkte Redl mit der nur für Offiziere charakteristischen Melancholie und Resignation.

»Noblesse!« Wilhelmine lachte, obwohl nicht ganz klar war, was sie unter diesem Wort verstand, denn ihr Gesicht, ihre Augen, ihr ganzes Wesen flehten förmlich darum, sie zu lieben, zu lieben, solange sie lebte, solange auch sie zu lieben imstande war. »Halten Sie mich für einen zerbrochenen Krug?«

Redl reagierte nicht sofort, dann aber schöpfte er tief Atem.

»Friderike Wilhelmine Wenckheim von Schweidnitz! Ich, Alfred Redl, lebe nicht enthaltsam, ich bin kein Mönch; eines aber möchte ich, daß Sie es sich ins Gedächtnis graben: Sie gefallen mir, und ich denke gern daran, daß Sie die Meine sind; als Offizier habe ich aber auch die Pflicht, Ihnen zu sagen, daß Sie auf außergewöhnliche, beinahe herausfordernde Weise jenem toten Hauptmann ähneln, dessen Gesicht ich, als ich um Ihre Hand anhielt, auf diesem Gemälde sah, egal durch wie viele Gebärmütter – um Ihren Ausdruck zu verwenden –, durch wie viele männliche und weibliche Nachfahren diese Ähnlichkeit gegangen ist ... Nehmen Sie das als ein doppeltes Geständnis, das sich an die Lebende richtet *und* an den Toten, bis hin zum Augenblick Ihrer Geburt und Ihres Eintritts in diese Welt ... Und *freuen* Sie sich dieser Ähnlichkeit, Wilhelmine!«

»Dann ... kommen Sie, ich bin das Gemälde!«

»De facto?« fragte Redl mit milde-gütigem Spott, beherrscht und ernstlich zerstreut, mit einem »Gesicht«, das an anderes dachte, voll spezifischer uniformierter Würde, hinter der die tatsächliche Frage in der Schwebe lag, wenngleich jeglicher Aufruhr seinem Wesen zutiefst widerstrebte: denn selbst unter Palmen und Zypressen, zwischen Oleander und Agaven verkörperte er Treue und Selbstgefühl, ein Nachsinnen, das auf sich gestellt war, fest an einem Platz stand.

»De facto“, wiederholte er, mühsam lächelnd.

»Bitte nicht frotzeln, ich habe es ernst gemeint.« Wilhelmine wandte sich ärgerlich ab.

»Schauen Sie auf die Palmen«, befahl Redl. Er musterte Wilhelmines Profil, studierte es, als wollte er sich ihre Züge für das ganze Leben einprägen, ihre bizarre und zugleich einfache, natürliche Schönheit. Seine Gedanken kreisten dabei wieder um den alten Hauptmann, den späteren Feldmarschalleutnant, der von einer womöglich keineswegs ihm zugedachten Kanonenkugel entzweigerissen worden war. Und um die schöne Henrietta und all die anderen in der »Reihe«. »De facto«, natürlich; was Natur und Vollblütigkeit anbetrifft: »Da capo«, oder: nochmal von Anfang an! Vielmehr: plus ultra, noch weiter! Vielleicht zeigte sie deshalb so große Ähnlichkeit mit diesem alten Gemälde. Als sie später, gegen Abend, in das Hotel zurückkehrten, bestellte die Baronesse von Schweidnitz, Frau Redl also, beim Zimmerkellner eine Flasche Champagner.

»Ist das nicht zu früh?« fragte ihr Mann lächelnd.

»Eher zu spät«, erwiderte Wilhelmine lachend, »wenn ich bedenke, wieviel ich bisher versäumt habe . . . Irgendwie habe ich früher nie daran gedacht, und wie gut tut es mir jetzt. Und jetzt sagen Sie etwas! Irgend etwas. Was Sie noch niemand je gesagt haben. Sie bekommen dieses Gemälde von mir . . .«

»Ich kann es nicht annehmen, Wilhelmine.«

»Setzen Sie sich doch bitte, wandern Sie nicht umher, das macht mich nervös. So kann man sich nicht unterhalten.«

»Ja.« Redl seufzte. Und setzte sich.

»Ich möchte Ihnen einen Rat geben. Heiraten Sie wieder, wenn ich . . . in diesem Alpensanatorium sterbe.«

»Meinen Sie?« fragte Redl lächelnd. Er erhob sich. Als er ans Fenster trat, verdeckte seine große, breitschultrige Gestalt den einfallenden Schein der Terrassenlaterne. Eine lange Weile stand er so, ohne sich umzuwenden. »Das wäre zu früh«, sagte er dann beruhigend.

»Ich meine es ernst.«

»Vielleicht . . . Ach, Sie haben wohl schon eine Kandidatin für mich? Lassen Sie hören, wen oder was Sie mir da verschweigen!«

»Später. Wenn die Zeit gekommen ist.«

»Was sind Sie heute aber orakelhaft, Wilhelmine.«

»Sie doch auch. Dieser frühere Kamerad, den Sie einmal – natürlich nur flüchtig – erwähnt haben . . . Wie hieß er gleich? Ein gewisser . . . Paul Thiele, nicht wahr?«

»So ist es. Ja und? Er ist derzeit Ulanenleutnant. Dient in Brünn.«

»Das wäre nicht weiter schlimm. Aber der Leutnant hat Sie in Pola und Görz mehrfach besucht, oder?« fragte Wilhelmine in gezwungen gütigem Ton.

»Ihre Informationen sind äußerst genau.«

»Früher, als Sie bei den Brigaden in Spoleto dienten, hat er Sie gleichfalls besucht, nicht?«

»Leutnant Paul Thiele liebt das Meer, ganz im Gegensatz zu Ihnen, die in die Berge vernarrt ist. Pardon.« Und dann die Frage: »Woher wissen Sie übrigens, daß er mich besucht hat?«

»Ich weiß es von Katalin. Und von anderen . . . von Katalins Bruder. Aber er hat mir das alles viel direkter gesagt . . .«

»Das ahnte ich.«

Redl ging wieder zum Fenster. Der auffrischende Abendwind zauste sein Haar.

»Nun, sollte ich Ihrer und Christoph von Kubinyis Meinung nach«, fragte Redl spöttisch und in ungeduldiger Rückschau an sehr Intimes, »nicht lieber den Ulanenleutnant Paul Thiele heiraten? Damit der Skandal noch größer wird als seinerzeit in Spoleto und Pola, als er mich einige Male besuchte?«

»Sie wissen, daß Katalin Sie liebt?«

»Und ich liebe sie. Auf meine Weise.«

»Ich habe Ihnen einiges gesagt, denken Sie darüber nach. Und jetzt gehen Sie bitte, meine Abreise steht bevor, und wer weiß, wie lange man mich dort behält«, sagte Wilhelmine seufzend. »Eine komische Hochzeitsreise! Anschließend geht jeder seiner Wege, als wäre nichts geschehen . . .«

»›Jeder seiner Wege‹«, wiederholte Redl, »das haben Sie gut gesagt.« Dabei machte er nicht den Anschein, als ob er Ihrer Bitte nachkommen wollte. Er nahm vielmehr Platz und schenkte sich ein Glas Champagner ein. »Im Grunde, Wilhelmine, bin ich vollkommen allein . . .« Plötzlich wurde ihm bewußt, zu wem er das gesagt hatte – zu seiner ihm frisch angetrauten Ehefrau –, und er lachte. »Seien Sie mir nicht böse, meine Liebe, aber nach Meinung vieler Paare ändert die Ehe nichts daran, aus der einfachen Einsamkeit wird lediglich eine doppelte Einsamkeit, das ist alles . . . Und außerdem: wie kann man das Soldatenleben mit einer Frau teilen? Leider bedeutet meine Einsamkeit nicht zugleich, daß ich *frei* wäre. Da ist etwas, was mich bindet, über Uniform und Dienst hinaus. Ich weiß nicht genau, was es ist. Und dabei wünsche ich mir den Krieg; ich werde darum nachsuchen, mich an die Front zu versetzen, um für diese Montur zu sterben, dann sind wir miteinander fertig: ich und das Kaisertum . . . Vielleicht wird diese unsere Welt, in der uns zu leben aufgegeben ist, für alle Zeiten zusammenstürzen. Ich könnte sie nicht überleben. Ob Sie es glauben, oder nicht: ich möchte nicht leben!«

»Dabei leben Sie doppelt. Und das weiß ich nicht nur von Ihnen. Ich kann mir vorstellen, daß andere es zumindest vermuten«, sagte Wilhelmine mit ehrlicher Liebe und Angst in der Stimme.

»Wie orakelhaft Sie heute sind, meine Liebe! Ich werde Sie nicht fragen, woran Sie denken. Im übrigen habe ich vor anderen keine Angst. Nur manchmal vor mir selbst. Aber ich kann es ertragen.«

»Das sehe ich . . . Ziemlich mühsam.«

»Das ist meine Sache. ›Jeder seines Weges‹, Wilhelmine.«

Wilhelmine antwortete nicht. Sie stand langsam auf, trat auf den Obersten zu und küßte ihn auf die Stirn. Dann ging sie hinaus ins Badezimmer. Redl saß in sich versunken da. Plötzlich aber richtete er sich auf, wirkte gleichsam verändert. Mit einer raschen Geste griff er zu Schreibpapier und Feder, warf einen Blick auf seine Uhr und schrieb ein paar Zeilen, die er dann auf Wilhelmines mit Schönheitsutensilien überladenen Toilettentisch legte, augenfällig an den Spiegel gelehnt. Er verließ das Zimmer, beglich rasch seine Rechnung an der Rezeption und ging, schnell und energisch ausschreitend, die Straße hinunter, die zu der kleinen Bahnstation des Erholungsortes führte. Wie auf der Flucht. Gleiches war schon einmal in seinem Leben geschehen, einmal, vor langer Zeit, ebenhier, ebenso.

In den vom Qualm zahlreicher Zigarren dunkelbraun gebeizten, holzgetäfelten Kleinen Saal des Grand Café Habsburg drang von ferne der Widerhall der Stadt, und in ihm schwang, gut herauszuhören, langsam und würdevoll, der harte Schlag der Turmuhr von der Sankt-Rupprecht-Kirche mit. Der Oberst zog seinen Schaffhausener Chronometer aus der Uhrentasche seiner taubengrauen Weste und quittierte, nachdem er den goldenen Deckel hatte aufschnappen lassen, heiter das genaue Übereinstimmen der somit zwiefachen Ortes gemessenen Zeit. Die mit dem Monogramm A. R. versehene goldene Taschenuhr maß seit einigen Jahrzehnten dieselbe Zeit, die die Glocke des Heiligtums, das nach dem Märtyrer Ritter Rupprecht benannt war, nunmehr seit Jahrhunderten maß, die Glocke, die mit dem Geläut ihrer mittelalterlichen Bronze sämtliche Irrende und Verlorene in dieses mühselige, dennoch lebenswerte menschliche Leben, in die als richtig erkannte Welt zurückbrachte. Anschließend schlugen, nach und nach, tief und hoch zugleich, alle Glocken an. Die Maria-Stiegen-Kirche, die Pfarrkirche der Benediktiner-Abtei, gegründet von Henrik Jasomirgott II., die Kirche des Deutschritterordens, die Heiligkreuz-Kirche der Stiftskaserne, die altbarocke, einem schmucklosen gepanzerten Brustharnisch gleichende, düster über die heutige Welt wachende Jesuitenkirche: sie alle ließen mit einemmal ihre rufenden Glocken erschallen, an den Alltag in den Jahrhunderten gemahnend und an die Jahrhunderte selbst, welche längst ihren angestammten, verbrieften Platz verloren hatten, ohne irdischen Raum geblieben waren in der Unzahl vergangener Tage. Der Oberst ließ die goldene Schaffhausen in die Tasche zurückgleiten, stand vom Tisch auf, hängte die ausgelesene Neue Freie Presse im Bambusrohrrahmen an den Ständer zurück und winkte dem in ehrerbietiger Entfernung, die weiße Serviette über dem Arm, wartenden Kellner. Die Havanna im Bleikristallascher neben den Resten des verzehrten Frühstücks qualmte noch. Beim Verlassen des Kaffeehauses ließ Redl noch einmal seinen Blick über die Gäste schweifen, er verweilte an einem Tisch, an dem Männer in verschlissenen Anzügen saßen, die sich sehr von der Eleganz des Grand Café Habsburg abhoben. Sieh da! Sozialdemokraten im Grand Café Habsburg! Wo, wenn nicht hier, könnten sie das taktische Vorgehen beim nächsten Streik besser besprechen! Sozusagen das Erkämpfen höherer Stundenlöhne für die Eisen- und Metallarbeiter ... Österreichs neue Kräfte halten beim Gabelfrühstück eine kurze Versammlung ab. Wahrscheinlich glauben sie, das sei schon Konspiration, und überdies ist der Ort recht angenehm. Mehr noch. Man ist der Elite nahe, aber gegen sie. Nicht mehr lange, und dann sitzen auch die Kommunisten hier, um ausgerechnet hier ihre Versammlungen abzuhalten, in den Schirmmützen der Arbeiterschaft. Und natürlich am frühen Morgen, während der Arbeitszeit. Die Fabriken, die Gießereien, die Webereien – alles nur eine theoretische Frage. Das Hauptproblem wird hier entschieden, bei weichem Ei und Kapuziner, dachte der Oberst, während er energischen Schrittes den mit geschnitzten Säulen, schweren Kristallüstern und goldgerahmten Standspiegeln dekorierten Großen Saal des Grand Café Habsburg durchquerte und auf die Rothenthurmstraße hinaustrat. Neben dem schwarzen »Adler«, seinem Dienstwagen, stand, die Mütze in der Hand, sein uniformierter Chauffeur, der mit kaum verhohlenem fachkundigem Interesse den schweren Rolls Royce beobachtete, der geräuschlos hinter den Adler an den Bordstein rollte. Aus dem mit sanft brummendem Motor parkenden Auto stieg ein korpulenter, mit dem Oberst fast gleichgroßer, jedoch viel älterer Herr aus. Und ging auf den Oberst zu.

»Ich bin Antinori«, sagte er einfach wie jemand, der gewohnt ist, daß man seinen Namen kennt. Die Herren kannten einander tatsächlich, aber die Dinge, die sie miteinander verbanden, verlangten aufgrund ihrer Gewichtigkeit von ihnen, sich nochmals gegenseitig vorzustellen. Was sie auch taten.

»Redl«, entgegnete der Oberst in einem Tonfall, als wäre dieses gegenseitige Sich-Vorstellen die Fortsetzung eines früheren stillen Dialogs.

»Wenn Sie nichts einzuwenden haben, Herr Oberst, schlage ich einen Spaziergang vor. Ich bewundere Wien! Leider werde ich nie Gelegenheit haben, es richtig kennenzulernen, Amerika ist sehr weit . . .«

»Recht so. Gehen wir spazieren. Was allerdings Ihre Begeisterung für Wien anbetrifft, so sehen Sie bitte keinen ausgebildeten Fremdenführer in mir. Die Situation wäre freilich eine andere, wenn Sie den Wunsch hätten, den Balkan oder Galizien kennenzulernen. Dort kenne ich jeden Winkel, und sei es eine Köhlerhütte. Von den Grenzgarnisonen oder ehrbaren Bürgerhäusern, die Raum für panslawische Seminare bieten, ganz zu schweigen. Aber Wien, Wien ist unergründlich wie die Malerei von Gustav Klimt, mein Herr«, sagte Redl heiter, gab seinem Chauffeur leise Anweisungen und wandte sich wieder Antinori zu.

»Sie können Ihren Wagen ruhig hier stehenlassen, mein Chauffeur wird uns nach Abschluß unseres Spazierganges wieder zurückbringen. Sind Sie damit einverstanden?«

Antinori nickte zustimmend, und sie schritten Seite an Seite aus; der schwarze Adler rollte, Mietsdroschken, Fiakern und privaten Gespannen ausweichend, langsam hinter ihnen her. Eine Weile gingen sie wortlos die Rothenthurmstraße hinunter, der Rhythmus ihrer Schritte glich sich nahezu an, doch hatten sie die Ecke noch nicht erreicht, als Antinori unversehens stehenblieb und sich Redl zuwandte.

»Herr Oberst! Wiewohl von uns beiden Sie der Soldat sind und nicht ich, erlauben Sie mir trotzdem, daß ich in militärischer Kürze auf den Kernpunkt komme. Sie wissen, oder vermuten es zumindest seit einer guten Weile, daß Sie Ihr Spiel verloren haben. Wie man bei uns in den Staaten sagt: the game is over.«

Redl lächelte. Der schwarze Dienstwagen folgte ihnen auf dem Fuße.

»Lieber Antinori, lieben Sie die Eklektik?« fragte Redl, aber seiner Stimme war zu entnehmen, daß ihn der Geschmack seines Begleiters in Sachen Bildender Kunst nicht im geringsten interessierte. Antinori blieb ihm auch die Antwort schuldig. Er betrachtete die façades, die gegiebelten Portici, die säulengeschmückten Palasttore aus der Zeit Maria Theresias, die ein Bild von der Gewichtigkeit des »Reiches« gaben. Sie gingen durch die Herrengasse. Wappen des Hochadels, Stein- und Bronzeadler, aus Marmor gehauene Harnische, Helme und Herzogskronen schmückten die klassizistischen und barocken Palastbauten; im imaginären, ideellen Raum einer ganzen, in Stein gehauenen Heraldik schritten sie dahin, auf richtigem Pflaster, längst vergangene Zeiten »hetzten« die zerbrechliche Gegenwart, die spielerische Stunde, den Augenblick des Spazierganges, dem Nichts entgegen, die späten Gäste in die unterirdischen Räume der königlichen Hermen führend und geleitend.

»Das klassische und barocke Wien, das Europa gewohnt ist, Mozart, Schubert und die Paraden der Garderegimenter, die kaiserlichen Bälle gedanklich mit inbegriffen, dieses wie im Netz einer Kreuzspinne gefangene, hermetisch abgeschlossene, gleichsam in ein Medaillon gefaßte Wien wird jetzt von der Eklektik und der Sezession bedroht. Natürlich auch von einem eventuellen Krieg, aber am meisten von den Sozialdemokraten . . . Bleiben wir lieber bei der Architektur, lieber Antinori. Sehen Sie sich zum Beispiel jenes Gebäude dort an, diese balkanhafte Farbigkeit . . .« Antinori indes schien sich in seinen Gedankengängen nicht durch Redls architektonische Ausführungen stören zu lassen.

»Möglich. Letzten Endes wird sich auch Wien einmal verändern. Meine Antwort lautet: Amerika!«

»Nun! Ich habe noch nie von einem einheitlichen und ursprünglichen amerikanischen Baustil gehört.« Redl lächelte.

»Aber von einem Morgan- oder Rothschild-*Haus*!« wandte Antinori ein.

»O natürlich!« sagte Redl, und seine Stimme klang diesmal zum ersten Mal im Laufe ihres Gesprächs ernst. Er blickte zum Himmel, als sei auch dieser trübe Winterausklang-Himmel eines der Bauwerke Wiens, eine seiner Kirchen, und oben, die hängenden-schwebenden Wolkengebilde im windhauchlosen Luftraum, unbewegliche Kuppeln, graue und schwarze Fresken: Wiens jenseitige, immaterielle Nebelschlösser.

Paolo Antinori konnte sich Jahre später – als die Ereignisse mitsamt ihren Regisseuren und Mitwirkenden endgültig und unwiderruflich in der Vergangenheit versunken waren – noch an diesen frühvormittäglichen Spaziergang durch Wien erinnern, Seite an Seite mit dem Oberst Alfred Redl, wie an ein kaum mehr wiederzugebendes, vor langer Zeit gehörtes Musikstück für drei Instrumente in tiefer Tonlage, dessen – »konzertierte« – Partien der Oberst, er selbst und die Gebäude der Kaiserstadt, die gelebtes Leben, erfüllte Schicksale und alte Reliquien bewahrten, stets von neuem säkularisierten und profanisierten, zum »Klingen« brachten, damals, im eintausendneunhundertdreizehnten Jahr des Herrn, als Antinori, zumindest er, es so empfunden hatte, und dieses Gefühl blieb in ihm, auch später; mit größter Offenheit legte er dem Oberst die Gefahr dar, die Möglichkeiten, die nicht tiefer auszuschöpfen waren, und die noch wählbaren, noch denkbaren Schritte. Er bot dem Oberst an, mittels seiner Leute die Flucht in die Vereinigten Staaten von Amerika in die Wege zu leiten, wo der Oberst unter falschem Namen, in vollkommener Sicherheit leben und bei einer seinem Rang entsprechenden angemessenen Gage als Ausbilder an den Spezialisierungslehrgängen für hochrangige Offiziere des amerikanischen Nachrichtendienstes und der Spionageabwehr wirken könne. Über seine großen Erfahrungen sei man sich drüben vollständig im klaren, von der Tatsache, daß gewisse höhere Kreise ihm sehr dankbar waren, ganz zu schweigen; immerhin wurden zur Zeit der Balkankriege dank Redls ausgedehnten Beziehungen geheime Waffenlieferungen abgewickelt, im Rahmen derer unter neutraler Flagge fahrende Frachtschiffe Maschinenwaffen vom System Lewis und Hotchkiss sowie Minen und Granaten in die kämpfenden Länder – in die Türkei, nach Bulgarien, Serbien, Montenegro und Albanien – brachten. Dafür habe Redl seinen prozentualen Anteil erhalten, unter Einhaltung der strengen Bedingung, daß der Oberst nicht gewillt war, Informationen zum Nachteil seiner Heimat und seiner Armee weiterzugeben. Ein gewisser serbischer Ingenieur namens Tychomir Katalinič, Major, versah die Rolle des Verbindungsmannes. Er war ein ausgezeichneter Flieger, der noch 1912, nach den Kriegen, während der mit russischen Geldern geführten und hie und da immer wieder aufflammenden Guerillakämpfe, als Pilot große Dienste leistete. Katalinič' Traum war ein Groß-Serbien oder wenigstens eine südslawische Staatengemeinschaft. Er haßte die Mohammedaner und die »Teutonen«, unter welchen er Österreich-Ungarn und das deutsche Kaiserreich gleichermaßen verstand. Vielleicht mochte ihn Redl deshalb nicht so sehr. Katalinič vertraute auf das Eingreifen der russischen Armee auf dem Balkan, aber er fürchtete die Russen zugleich. Später nahm er an der Aktion »Delta« – deren Deckname dem griechischen Alphabet entlehnt war – nicht mehr teil. Während der gänzlich harmlosen, beinahe routinemäßigen Aktion »Tau«, die die erste Stufe von »Delta« bildete, verschwand der Pilot Tychomir Katalinič spurlos. Auf jenem gewissen vormittäglichen Spaziergang durch Wien fragte Paolo Antinori gleichsam beiläufig, ob Redl nichts von diesem serbischen Major gehört habe. Redl dachte nach – ihm war nichts über den Verbleib des Piloten bekannt. Somit bemerkte er nur: »Er war ein ausgezeichneter Flieger. Gegen Ende des letzten Balkankrieges – wenn es der letzte war – landete der *Fokker Dr-1* von Tychomir Katalinič glatt, im Gleitflug, auf einem Luzernefeld, in unmittelbarer Nähe des ausgewiesenen Landeplatzes, an dem wir ihn erwarteten. Ein gleichsam ästhetisches Erlebnis!« Antinori ließ die Sache auf sich beruhen, zumal er den Verdacht hegte, der Oberst habe sichtlich, vielleicht auch *»handgreiflich«* etwas mit dem Verschwinden des Piloten zu tun. Er stellte sich vor, was dieser neben ihm hergehende, »rasante« Mann mit dem zunehmend beängstigenden Ruf, Oberst Alfred Redl, empfinden mochte, wenn er im Zusammenhang mit der Landung *eines* Flugzeugs in *einem* Luzernefeld von einem »ästhetischen Erlebnis« sprach ... Die Wasserflugzeuge *L-45* und *L-49* waren nämlich zur selben Zeit, da Katalinič verschwand, von ihrer Adriapatrouille, entlang den albanischen Gestaden, nicht zurückgekehrt. Beide Kampfflugzeuge wurden von italienischen Piloten gesteuert, beide Piloten standen in persönlicher Beziehung zu Oberst Redl. Diese »Beziehung« konnte für sie kaum das »ewige Leben« bedeuten. Antinori sprach also lieber von seinen Möglichkeiten in Amerika. Er wies ebenso ernsthaft darauf hin, daß der Oberst, während er als Ausbildungsoffizier amerikanische Kundschafter und die Elite der militärischen Abwehr unterrichtete – in höherem Alter vielleicht –, seine Memoiren schreiben könnte, die auf nicht geringes Interesse stoßen dürften. Ebenso ernsthaft brachte er die Summe zur Sprache, die die Vereinigten Staaten dem Oberst zu zahlen gewillt waren, sofern er das Angebot annahm. Redl lachte auf, als Antinori von seinen »Memoiren« sprach, die er – freilich in höherem Alter – schreiben könnte. Jahre später, nach dem Weltkrieg, als sich Österreich und mit ihm auch Wien endgültig ge- und verwandelt hatten, stieg in Antinori so manchesmal, besonders, wenn er in einer Galerie vor einem Gustav-Klimt-Gemälde stand, dieselbe Furcht auf, die er damals, auf jenem vormittäglichen Spaziergang durch Wien, im Jahre neunzehnhundertdreizehn, empfunden hatte. Er hatte ein großes Risiko auf sich genommen, indem er auf Weisung seiner hohen Auftraggeber Oberst Redl in Wien aufsuchte. Er war sich völlig darüber im klaren, daß der Oberst ihn trotz ihrer früheren geheimen Beziehungen – die nicht persönlicher Art waren, zumal sie nur über Verbindungsleute miteinander in Kontakt kamen – einfach verhaften lassen konnte, um einen Skandal heraufzubeschwören, der seine eigenen fehlgeschlagenen Unternehmungen vorübergehend verschleierte und womöglich bis zum internationalen Austausch protokollarischer Noten ging; gleichzeitig konnte Redl, indem er das Blutbad auf dem Balkan enthüllte, Amerika zwingen, vor den europäischen Großmächten Farbe zu bekennen, und sei es nur aus bloßem Zynismus. Aber Redl ließ Paolo Antinori nicht festnehmen, er hatte sogar zwei Anmerkungen zu seinem Angebot: zum einen bat er um eine kurze Bedenkzeit, zum anderen war seiner Meinung nach das Spiel noch nicht verloren, die Asse, die jedes andere Blatt nach neuem Mischen und Geben der Karten schlagen würden, die Trümpfe also, seien noch in seiner Hand ... Und was die Flucht anbetreffe, dabei sei er nun wirklich nicht auf die Hilfe »seines lieben Antinori« angewiesen, schließlich standen ihm die entsprechenden Leute zur Verfügung, junge Erkundungsoffiziere, ein ganzes Kommando sogar, wenn es sein mußte, seine Schüler, eine Legion der Wagemutigen; weiterhin nenne er reichlich Geldmittel sein eigen, auf Schweizer Banken deponiert, unter einer geheimen und somit nicht pfändbaren Kodenummer. Antinori nickte, wandte aber nachdrücklich ein, daß die beiden zuverlässigsten und bestausgebildeten italienischen Kundschafter aufgeflogen seien: der Linienschiffleutnant Guido Faidiga, dem die Schmuckstücke seiner Geliebten – Priscilla Prisca Maria Marchi – zum Verhängnis wurden, einer Frau, die im übrigen auch prächtig bei den Waffenlieferungen mitgewirkt habe, in den für die Balkanvölker und -nationalitäten schweren Jahrzehnten der Balkankriege, zu einer Zeit, die man kaum Leben, zumindest im Sinne eines pflügenden und säenden und Schafherden weidenden, glücklichen, »bukolischen« Lebens, nennen konnte; und der Ingenieur Romeo Vio, der ebenfalls vor dem Kriegsgericht stand, der Konstrukteur der berühmten »Lanciasiluri«-Waffen und Magnettorpedos ... Einige der kleineren »Fische« seien natürlich gleichfalls sofort ins Netz gegangen. Es bestehe kein Zweifel, daß die Fäden zuerst nach Berlin und anschließend oder auch gleichzeitig nach Wien führen würden, in die Stadt, die Oberst Redl, solange es noch möglich war, unbedingt verlassen müsse. Doch Redl – wie sich Antinori nurmehr erinnerte – lächelte, und wenn er etwas sagte, dann nur: »Bagatelle«, oder: »Kleinigkeit«. Wie besessen, durchgeistigt und trotzdem zerstreut sprach er allein von den Gemälden Gustav Klimts, die – laut Redl – die Hybris Habsburg verkörperten. Er empfahl, sie sollten sich die neuesten Bilder in der Galerie ansehen. Antinori lehnte den Vorschlag ab. Er erinnerte den Oberst, daß der Linienschiffleutnant Faidiga Angaben über die tatsächliche Armierung und Geschwindigkeit der Panzerkreuzer *San Giorgio, Amalfi* und *Lepanto* beschafft hatte, zusätzlich die Parameter des Panzerkreuzers *Castelfidardo,* aus denen hervorging, daß diese Einheit in ihrer Klasse mit ihrer erheblichen Feuerkraft und Panzerung im Jahre 1910 das schnellste pelagische Kriegsschiff auf dem Mittelmeer war, weshalb die Italiener sie bereits 1911 aus dem Flottenverband herausnahmen und unter dem Vorwand, sie umbauen zu wollen, auf Dock legten. Redl wußte das. Er wußte auch, daß diese Daten aus seiner Hand in den Besitz des griechischen, russischen und deutschen Geheimdienstes gekommen waren, aber zugleich auch nach Pola, in den Besitz der zuständigen Marineoffiziere. Die genauen Angaben über die neuen Einheiten der italienischen Zerstörerflotte – *Borea, Granatiere, Freccia* und *Alpino* –, die in keinem internationalen Register standen – sie befanden sich »im Bau« (obwohl seit langem fertig und einsatzbereit) –, waren ebenfalls auf diesem Wege nach Sankt Petersburg, Kronstadt, Konstantinopel, Berlin, Kiel und Wien gelangt; und sie hatten diese »Reise« bereits gemacht, es gab keine Möglichkeit mehr, die Spuren zu vernichten, es sei denn, man hätte die Kundschafter liquidiert, bevor sie beim Verhör »weich wurden«. Während Paolo Antinori erklärte, *Amerika sei an allem interessiert, was Oberst Alfred Redl wisse,* machte dieser seinen Begleiter auf die Paläste am Kärntner Ring, in der Reichsratsstraße, am Schwarzenbergplatz, am Concordiaplatz und in der Köstlergasse aufmerksam, er faßte ihn manchmal am Arm, um ihm das Treppenhaus des einen oder anderen Gebäudes zu zeigen, das Minerva- und Athene-, seltener Aphrodite-Statuen und Marmorsäulen schmückten, die mit kalter Süße und Milde die Antike heraufbeschwören sollten; die Höfe wirkten durch Brunnen aus rotem Marmor, häufig auch Springbrunnen, einfach »jenseitig«, mitunter derartig eindringlich – das gemeinsame Ergebnis von Stille, Proportion und Würde sowie des Mangels an Spielerischem –, daß Antinori sich eher in Grönland oder auf Spitzbergen glaubte, als im Herzen Europas, im Franz-Josephschen, friedlichen Wien. »In Amerika«, stellte Redl vor der weißen Marmor-Statuengruppe des Athene-Brunnens fest, »werden sicherlich auch die Marmorstatuen am Fließband produziert, wie die Automobile des Mister Ford, aber hier, lieber Antinori, hier werden sie noch aus dem Stein gehauen! Dieser Brunnen ist das Werk von Theophil Hansen und Karl Kundmann. Wissen Sie, Antinori, warum der große italienische Bildhauer Antonio Canova, dessen Werke mir so nahestehen, bedauernswert wenige Statuen geschaffen hat? Weil ihn nach einigen Jugendwerken nichts anderes mehr reizte als der Entwurf seines eigenen Grabmals und die Ausführung dieses Entwurfes. Es ist ihm nicht gelungen, das Werk zu vollenden, dabei lebte er fünfundsechzig Jahre. Das Grabmal haben seine Schüler fertiggestellt.«

Nach vielen Jahren schien es Antinori, als habe Oberst Redl wenige Schritte vom Athene-Brunnen entfernt einige Gedichtzeilen vor sich hin gemurmelt:

Du hast sie zerstört,
Die schöne Welt,
……
Baue sie wieder,
In deinem Busen baue sie auf!

Der Oberst sprach von gewissen »wagnerischen« Gebäuden, denen ein dionysischer Geist innewohne, später lenkte er die Aufmerksamkeit Antinoris auf bestimmte Dissonanzen, die sich leider zwischen den neuen und den alten Bauwerken Wiens zeigten, besonders aber im Habitus seiner Bürger, in dem man keine Geste des großen Jägers Apoll wiedererkennen könne. Nach Meinung des Obersten könne Wien aus diesem Grunde keine glückliche Stadt genannt werden, im hehren »Sarastroschen« Sinne. Paolo Antinori, der Jahre später über die Worte Redls, über seine Analyse der Paläste, der Plätze und Kirchen nachdachte, meinte, daß mit solch zynischer Begeisterung nur ein Mensch von *Plätzen* sprechen kann, der sich anschickt, diese Plätze, den typischen und gewohnten Raum, in dem er bislang gelebt hat, in dem er gern gelebt hat, zu verlassen. Antinori versuchte noch, den Obersten auf den beschleunigten Schiffsbau hin anzusprechen, der das Kräftegleichgewicht auf dem Mittelmeer aufhob; so erwähnte er zum Beispiel das bereits 1912 vom Stapel gelassene italienische Linienschiff *Andrea Doria,* das über eine deklarierte Wasserverdrängung von mehr als 22 000 Tonnen und einer Spitzengeschwindigkeit von 22 Knoten verfügte, dessen Armierung den anderen Seemächten jedoch vorerst unbekannt blieb. Besonders war Amerika an der technischen Dokumentation der außerordentlich schnellen Torpedoboote vom Typ MAS interessiert und nicht minder an der Beschreibung der vom Ingenieur Cesare Laurenti entwickelten schnellen Klein-Unterseeboote von 30 bis 40 Tonnen, die in dieser neuen Waffengattung den Standard bedeuteten. Redl erklärte jedoch, daß es gerade wegen der Enttarnung des Linienschiffleutnants Faidiga und des Ingenieurs Vio eine Zeitlang nicht zweckmäßig wäre, das italienische »Netz« neu zu knüpfen, man müsse abwarten. Er kehrte nochmals – wie in einer Gnadenverzükkung – zu Leben und Werk Canovas zurück, hauptsächlich zu seinem Grabmal. »Er hat große Werke hinterlassen, wie zum Beispiel den Theseus, der den Zentauren bezwingt. Diese Statue aus carrarischem Marmor befindet sich hier, sie ist einer der meistgehüteten Schätze Wiens. Canova hielt sich auch viel in Österreich und Preußen auf, sogar im Jahre 1815; dabei war er zunächst als begeisterter Anhänger Buonapartes auf dessen Einladung hin in Paris, wo er auf Weisung des Despoten die Akademie der Bildenden Künste leitete. Nach Napoleons Fall war er als päpstlicher Nuntius wieder in Paris tätig, um die zusammengeraubten Kunstschätze zurückzuführen. Er bereiste auch England.« Redl hielt es nicht für ausgeschlossen, daß Canova auf diesen seinen Reisen sein ernsthaftes diplomatisches Wirken mit Spionagetätigkeit verband. Bei diesen Worten lag unheilverkündende und ernste Andacht in Redls Stimme, die völlig verändert klang.

»Für all das hat ihn der Papst zum Marquis von Ischia ernannt, mit einem jährlichen Ehrensold von tausend Talern, sein Name indes steht im Goldenen Buch des Capitolinum verzeichnet. Sein vielleicht schönstes Werk ist *Amor und Psyche*, aber auch die anderen Standbilder sind großartig, in all seinen Gestalten wurden der empfindsame lateinische Nerv und der tapfere römische Traum aus rohem, leerem Material zum Leben erweckt: *Perseus*, mit dem abgeschlagenen Haupt der Medusa, *Die zwei Athleten*, *Hebe*, die den Götternektar spendet; leider ist letztere im Besitz des russischen Zaren, wäre doch auch dieses Werk hier in Wien ... Es dürfte nicht schwer sein, es zu rauben. Die *Venus victrix* sieht aus, als wäre Venus ein Mann. Und die *Venus Pudica! Hektor und Ajax* hingegen, die beiden Helden der Ilias, zeigen außerordentlich weibliche Körperlinien. Sonderbar, diese Diskrepanz bei Canova. Na, und die *Concordia*, der *Paris*! Und die Stele für Angelo Emo! Der Ritter im Kampfharnisch sieht aus, wie ein junges Mädchen. *Die Faustkämpfer* und, lieber Antinori, die Statue der Polyhymnia, die zum Glück Wien schmückt! Sie befindet sich in dieser Stadt, auf deren Straßen und Plätzen wir jetzt, im Jahre neunzehnhundertdreizehn, spazierengehen ... und Sie, Sie interessieren sich für Torpedoboote und U-Boote!« Antinori hatte den Eindruck, als ob Oberst Redl auf diesem Spaziergang nur allzugern abschweifte und Lust hatte, über alles mögliche zu reden, nur nicht über sich selbst. Antinori empfand dies, er spürte, wie Furcht sich in ihm ausbreitete und er war nicht imstande, dieser Furcht Herr zu werden.

Redl schätzte die Lage, die Paolo Antinori – der beim Abschied das amerikanische Angebot noch einmal wiederholte – so hoffnungslos sah, ganz anders ein. Redl wies den Amerika-Referenten der von ihm geleiteten Sonderabteilung für militärischen Kundschaftsdienst und Spionageabwehr – die praktisch nicht dem Kriegsministerium unterstand, ihre Tätigkeit auf jeden Fall nur mit eigenen Leuten kontrollierte – an, den Hauptmann Dagobert Müller von Thomamühl, alias Paolo Antinori, zu überwachen, solange er sich in Wien und auf dem Gebiet der Monarchie aufhielt; gleichzeitig sollte ihm gemeldet werden, über welche Landesgrenze jener das Reich verließ. Die Meldung traf sehr bald ein: Antinori – der sicherlich Redls »Netz« fürchtete – reiste von Wien aus nach Hamburg und kehrte auf der *Vaterland*, einem Schiff der »Hamburg-Amerika-Linie«, – es war die erste Fahrt des riesigen Passagierdampfers –, nach New York zurück. Redl erhielt ein Telegramm; der Hotelbesitzer selbst händigte es dem Oberst aus, als dieser ins »Klomser« zurückkehrte. *»Wenn du Zeit hast, und du hast Zeit!, komm nach Abbazia, zu mir, erwarte dich am gewohnten Ort, Deine Katalin.«* Der Hotelbesitzer stand dienstbeflissen bereit, in drei Schritt Abstand von Redl. Der Oberst bat um das Kursbuch und ordnete an, man solle nach Abbazia telefonieren und ein Appartement im Hotel Bellevue belegen, wobei man nachdrücklich seinen Namen nennen solle, weil er stets dasselbe Terrassenappartement bewohne, seit Jahren schon. »Er hoffe, jedes Möbelstück, jeder Gegenstand sei am alten Platz, genau dort, wo alles sich sonst auch befand.« Sollte das Appartement belegt sein, möge man unter dem Vorwand von Bauvorhaben, von Ummöblierung oder aus hygienischen Gründen die Leute hinaussetzen, die dort abgestiegen seien, ohne Ansehen ihres Ranges. Der Besitzer des Hotel Klomser eilte zum Telefon. Redl ging hinauf in sein Zimmer, warf noch einen Blick auf das Telegramm und lächelte, als er feststellte, daß es in einem Erholungsstädtchen am Bodensee, in Lindau, abgestempelt worden war; demnach würde er zuerst in Abbazia eintreffen. Er verbrannte das Telegramm, kleidete sich aus, badete rasch, legte seine Oberstenuniform an – die einfache »Stadt«- oder »Korso«-Variante der Ausgangsadjustierung –, ohne jedoch den Säbel umzutun, er legte die ihm liebste Handfeuerwaffe, die nur dem Anschein nach schwere Armeedienstpistole, Marke Frommer-Stop, Kaliber 9 mm, Gewicht 580 Gramm, unter sein spanisches Batisthemd in seinen leichten, schwarzen Lederkoffer. »Sollte ein Offizier nach mir fragen, sagen Sie ihm, ich sei in Abbazia«, hinterließ er an der Rezeption.

Conrad von Hötzendorf, Oberstinhaber des 39. Infanterieregimentes, Mitglied der Stabsoffizier-Untersuchungskommission, Generaloberst und seit 1906 Chef des Generalstabs für die gesamte bewaffnete Macht, saß müde an seinem mächtigen Schreibtisch. Vor ihm lagen einige frisch eingetroffene und einige bereits gesichtete, streng vertrauliche Dossiers »nur für Generalstabsoffiziere«; auf der Ecke des Schreibtischs, der die Ausmaße eines Kartentisches hatte, befanden sich drei Telefonapparate, Schreibutensilien, Petschafte und die weißen Handschuhe des Generalstabschefs. Dieses düstere Bild empfing die eintretenden Offiziere, die, nachdem sie reglementgemäß gegrüßt hatten, in strammer Haltung Spalier standen vor dem Generaloberst, der für einen Moment die Augen geschlossen hielt. Sein Gesicht gemahnte an die Züge Bismarcks, Falkenhayns und Hindenburgs, ebenso wie sein Haarschnitt, der kürzer nicht mehr zu denken war; seine Haltung indes war alles andere als soldatisch. Der Generaloberst erhob sich langsam aus seinem Lehnstuhl, stand, die Hände zur Faust geballt, auf den Schreibtisch gestützt da und musterte für lange, stumme Sekunden das Spalier der vor ihm stehenden Offiziere. Es war der Blick eines Lehrers.

»Meine Herren, lassen Sie das Reglement, die Formalitäten beiseite, rücken Sie mit den *Details* heraus, wir müssen Seiner Hoheit, dem Thronfolger, ein *umfassendes* Bild geben. Ich verlange vollständige Aufklärung. Beginnen Sie. Sie dürfen nichts von dem verschweigen, was Sie über Oberst Redl wissen und was eventuell meinen entsetzlichen Verdacht erhärten könnte, daß dieser hervorragende Generalstabsoffizier . . . daß Alfred Redl sich des schwersten Verbrechens schuldig gemacht hat, welches ein Soldat begehen kann: des Majestätsverbrechens Landesverrat. Gewisse Fakten sind mir bekannt. Ich möchte jetzt Ihre persönlichen Eindrücke erfahren, immerhin kennen Sie ihn alle. Nun denn, Hauptmann Kesten!« sagte Conrad von Hötzendorf, wobei er mit seinem kurzen, dicken Zeigefinger auf einen jungen Offizier wies; daraufhin setzte er sich wieder an den Schreibtisch und legte einen leeren Bogen und einen nadelspitzen Bleistift vor sich hin. Er warf einen Blick auf das einzige Gemälde, das

das große Arbeitszimmer schmückte, das Bildnis Franz Joseph I., des Greises, dessen vollständiger Titel nur in schriftlichen Protokollen erschien, den zu nennen bei seinem leibhaftigen Erscheinen in dynastischer Gala, auf Kaiserbällen, Jubiläumsfeiern, Trauerzeremonien oder Manövern, ein Unding gewesen wäre: »Von Gottes Gnaden Kaiser von Österreich, König von Ungarn und Böhmen, von Dalmatien, Kroatien, Slavonien, Galizien, Lodomerien, Illyrien, Lombardo-Venetien; König von Jerusalem etc.; Erzherzog von Österreich; Großherzog von Toscana und Krakau; Herzog von Lothringen, von Salzburg, Steyer, Kärnten, Krain und der Bukowina; Großfürst von Siebenbürgen, Markgraf von Mähren; Herzog von Ober- und Niederschlesien, von Modena, Parma, Piacenza und Guastalla, von Auschwitz und Zator, von Teschen, Friaul, Ragusa und Zara; gefürsteter Graf von Habsburg und Tirol, von Kyburg, Görz und Gradiska; Fürst von Trient und Brixen; Markgraf von Ober- und Nieder-Lausitz und in Istrien; Graf von Hohenembs, Feldkirch, Bregenz, Sonnenberg etc.; Herr von Triest, von Cattaro und auf der windischen Mark; Großwojwod der Wojwodschaft Serbien etc., etc.«

». . . äh . . . am 22. Februar 1900, bei der Uraufführung der Oper *Cenerentola* von Wolf-Ferrari in Venedig habe ich Oberst Redl erstmals gesehen. Damals hatte er freilich noch nicht die drei goldenen Sterne auf dem Kragenspiegel. Ich war Fähnrich, und die Opernaufführung . . .«

»Zählen Sie mir hier nicht die Solisten auf, Kesten! Die Arien aus dem Finale brauchen Sie nicht zu singen.«

»Das stand nicht in meiner Absicht, Herr Generaloberst. Redl saß mit zwei anderen, mit ihm etwa gleichaltrigen Offizieren in der Loge. Er zeichnete Schiffe. Kriegsschiffe. Er merkte nicht auf, als der Beifall aufbrandete und die Musik einsetzte. Ja, Redl applaudierte nicht einmal. Er zeichnete einfach weiter.«

»Redls *Manieren* interessieren mich nicht, Kesten!«

»Am Ende der Galavorstellung hörte ich dann, wie er auf dem Wandelgang Großadmiral Tirpitz zitierte: ›Die Flotte muß so stark sein, daß sie die Nordsee frei hält‹, und zerstreut oder seufzend, daran erinnere ich mich nicht mehr, fügte er noch hinzu: ›. . . und die Adria?‹ Offensichtlich sah Redl zwischen der Adria und der Nordsee eine Analogie, in militärischer Hinsicht . . .«

»Offensichtlich ja, Kesten, das ist offensichtlich! Wie hieß der Offizier, zu dem Redl das sagte?«

»Melde Herrn Generaloberst gehorsamst, diesen Offizier habe ich dort zum ersten und zum letzten Mal in meinem Leben gesehen. Seinen Namen weiß ich nicht.«

»Sie können wegtreten, Kesten! Hansjörg Schaub. Sie sind an der Reihe!«

»Im Juli 1900 nahm Redl einen längeren Urlaub und reiste von Görz aus direkt nach Paris, zur Olympiade. Er machte zahlreiche Aufnahmen von den Wettkämpfen und von den Athleten. Redl ist ein ausgezeichneter Fotograf, Herr Generaloberst. Die Bilder entwickelt er selbst im eigenen Atelier.«

»Ich weiß«, sagte Conrad von Hötzendorf und notierte sich ein paar Worte.

»Und im Juli, als Ferdinand Graf von Zeppelin mit seinem Luftschiff LZ-l den ersten Flug unternahm, suchte er ebenfalls um Urlaub nach, um zum Bodensee zu fahren . . . Das war vor der Olympiade, aber vielleicht im selben Monat. Ich war selbst dabei.«

»Machte Redl auch dort Aufnahmen?«

»Ja, Herr Generaloberst. Redl liebte das Fotografieren sehr, solche Sehenswürdigkeit konnte er sich nicht entgehen lassen.«

»Haben Sie mir sonst noch etwas mitzuteilen, Hansjörg Schaub?«

»Melde dem Herrn Generaloberst gehorsamst, daß Redl 1908 wieder um einige Wochen Urlaub gebeten und sie auch erhalten hat, er reiste nach London, wo die Olympiade in diesem Jahr stattfand. Er fotografierte wiederum die Wettkämpfer.«

»Waren Sie auch dort, Schaub?«

»Ja, Herr Generaloberst. Ich habe mich schon immer für Sport begeistert. In den Olympiaden der Neuzeit sehe ich das alte, große Ideal der Antike wieder auferstehen, den Geist Spartas, Pausanias, die Diskuswerfer ...«

»Schwärmen Sie mir nichts vor, Schaub! Sie wollen doch wohl nicht behaupten, Redl habe im vorigen Jahr, 1912, als die Olympischen Spiele, wenn ich mich recht entsinne, in Stockholm veranstaltet wurden, wieder ›längeren Urlaub‹ genommen und sei nach Skandinavien gefahren?«

»Das weiß ich nicht, Herr Generaloberst. Zu der Zeit war Oberst Alfred Redl schon längst beim Generalstab; er wurde von Görz dorthin versetzt, nachdem er einen Aviatiker festgenommen hatte, der zugunsten Frankreichs spionierte ... wenn ich mich recht erinnere. Sicherlich hat es ihm seine hohe Position nicht mehr ermöglicht, nach Stockholm zu reisen. Der Verzicht mag ihm schwergefallen sein. Er ist ein hervorragender Fechter, Meisterschütze, Automobil- und Motorradrennfahrer, natürlich nur aus Passion, auf Amateurebene, aber es ist keine Kleinigkeit, wenn ein Generalstabsoffizier neben all seinen Pflichten nach nur 52 Stunden Flugzeit – in Görz ging er immer im Morgengrauen zu den Hangars, er hatte gute Freunde bei den Aufklärungsfliegern, die zur Flotte abkommandiert waren – die Pilotenprüfung ablegt! Darauf habe ich noch hinweisen wollen ...«

»Sie können abtreten, Schaub!« sagte der Generalstabschef, schrieb wieder ein paar Zeilen nieder und zeigte dann mit seinem nadelspitzen Bleistift auf den nächsten Offizier. Szever Korzelinszki trat aus der Reihe, Rittmeister bei den Ulanen. Vom ganzen Spalier der zum Rapport erschienenen Offiziere machte er als einziger einen lockeren Eindruck, sein heiterer, offener Blick zeugte davon, daß er zu den Mutigen gehörte, die keine Furcht kennen, für deren Tapferkeit indes auch ein gewisser Glücksumstand charakteristisch ist, verwandt dem Firstwandeln eines Mondsüchtigen; hauptsächlich aber sind es unbedingte Zuverlässigkeit und Treue, die ihr Antlitz, ja ihre ganze Persönlichkeit ausstrahlen. Mit Korzelinszki hätte man ruhig die Nubische Wüste – mit nur einer Feldflasche! – durchqueren können – jeder seiner Gefährten wäre absolut sicher gewesen, daß Rittmeister Korzelinszki ihm nicht im Schlaf die zustehende Wasserration stahl. Trotz seiner Jugend hatte Korzelinszki sehr konservative militärpolitische Ansichten, wiewohl sein Großvater zur Zeit des ungarischen Freiheitskampfes 1848/49 als Angehöriger der polnischen Legion gegen die Truppen des Hauses Österreich kämpfte und anschließend, nach der Niederlage, mit der Ulanenleibwache des Generals Bem die türkische Grenze überschritt und in Vidin bereitstand, den Kampf fortzusetzen, wie Bem es sich erhoffte: mit türkischer Hilfe Rückkehr nach Siebenbürgen und Fortsetzung der Guerillakämpfe im Gebirge; aber aus alledem wurde nichts, der Legionärsgroßvater des Ulanenrittmeisters Seiner Majestät folgte General Bem ins syrische Aleppo und fiel (oder verschwand) dort unter unbekannten Umständen, die auch nie aufgeklärt wurden. Sein Enkel stand nunmehr vor dem Generalstabschef desselben Kaisers desselben Reiches, und vom Gemälde blickte derselbe Herrscher – Franz Joseph I. – auf ihn herab, der 48/49 den ins »Freikorps« desertierten Legionärsgroßvater des jetzigen Ulanenrittmeisters – in effigie, in Abwesenheit – zum Tode verurteilt hatte, welcher damals im gleichen Alter gewesen sein mochte wie sein Enkel heute.

»Ich halte Herrn Oberst Alfred Redl für einen ausgezeichneten Menschen und für einen besseren Soldaten als wir alle es sind, Herr Generaloberst.«

»Rittmeister, Redls Qualifikation kenne ich. Ich bin im Augenblick nur auf Ihre persönlichen Eindrücke neugierig. Auf Dinge, die helfen, mir ein Bild zu machen, *was für ein Mensch Redl ist,* und dabei denke ich nicht an seine Fähigkeiten, lieber Korzelinszki!«

»Ein guter Kamerad. Ein Sachverständiger ersten Ranges für das Balkan-Problem, für die Chancen unserer Kräftepolitik im Adriaraum beziehungsweise, wie Sie sagen, für das große ›bengalische Feuer‹, das diese veraltete Flotte darstellt. Er hat eine glänzende Abhandlung über das Zusammenwirken der Landtruppen und der Seestreitkräfte sowie der unter ihrem Kommando stehenden Fliegereinheiten und Luftschiffe veröffentlicht, mit Schwerpunkt Verwundbarkeit des Balkan und der Adriaküste. Als Redl zum Generalstab kam, schrieb er einen Aufsatz über das vielfältige militärische Wirken des Herrn Generaloberst, so zum Beispiel analysierte er die Werke ›Vorgehen beim Studium unserer taktischen Reglements‹, ›Taktikaufgaben‹, ›Zum Studium der Taktik‹, ›Die Gefechtsausbildung der Infanterie‹, ›Infanteristische Fragen und die Erscheinungen des Burenkrieges‹ und andere militärische Schriften des Herrn Generaloberst, seine Arbeit ist, in vervielfältigter Form, zum Lehrstoff an der Offiziersakademie Potsdam geworden . . .«

»Das habe ich nicht gewußt«, sagte Conrad von Hötzendorf, völlig in seine Gedanken vertieft. Seine Züge offenbarten, daß er sich ganz der Vergangenheit zugewandt, die vor ihm stehenden Offiziere vergessen hatte. Sein Blick hing am Bildnis Seiner Majestät Franz Joseph I. Der Kaiser schien ihm zugenickt zu haben, so lebendig und aufmerksam wirkte das Porträt. Der Generalstabschef seufzte. Und räusperte sich. Er klingelte. Sein Bursche trat ein, gefolgt von einem Lakaien in Zivil.

»Bringen Sie mir etwas Knoblauchmus, mit Honig und einem Kaffeelöffel Blütenstaub verrührt und einem Fingerhut voll Rum übergossen. Wärmen Sie den Rum zuvor ein wenig an. Und Lindenblütentee, lauwarm.«

»Tja . . .«, fuhr Conrad von Hötzendorf fort, als der Lakai und der Wachsoldat den Raum verlassen hatten, »leider hielt sich Redl nach gewissen deutschen Informationen in Kiel auf, als neunzehnhundertundneun der deutsche Schlachtkreuzer *Von der Tann* vom Stapel lief; die Daten waren geheim, und dennoch sind aus dem Besitz eines deutschen Marineoffiziers, des Korvettenkapitäns Narziss Rittenauer von Würgau, einem Spionageverdächtigen, den der Geheimdienst der deutschen Kriegsmarine vorerst noch nicht verhaftet hat, damit er seine Verbindungen offenlegt, sämtliche geheimgehaltene technische Beschreibungen des *Von der Tann* über Redl – so die Meinung der deutschen Abwehr – in die Hände der Engländer geraten . . . Nun, wir wissen bereits, daß die Schlüsselfigur in Redls ›Kieler‹, ›Wilhelmshavener‹ und ›Emdener‹ Netz dieser . . . von Würgau ist, den eine enge Freundschaft mit dem Oberst verbindet.

Den Deutschen ist das nicht gleichgültig: der Panzerkreuzer *Von der Tann* mit seinen 19 000 Tonnen Wasserverdrängung, seinen acht 28-cm-, zehn 15-cm- und 16 zentralen, kollateralen 8,8-cm-Geschützen und 71 000-PS-Turbinen bereitet den Briten sicherlich nicht wenig Sorge ... vor allem, wenn man seine Geschwindigkeit von 27 Knoten berücksichtigt! Von den Geschützen ist nur ein Teil fest montiert, damit sich die Briten erst in der unvermeidlichen Seeschlacht von der tatsächlichen Feuerkraft des Schlachtkreuzers überzeugen können ... Jetzt zu anderem! Der englische Militärattaché hier in Wien hat während einer Jagd in Tirol Seiner Majestät gegenüber geäußert, ein gewisser John O'Flanagan, den Oberst Redl nach Meinung des Attachés irgendwie in der Hand hat und den er erpreßt, habe ihm die technischen Daten des 1908 zu Wasser gelassenen englischen Kreuzers der Scout-Klasse *Boadicea* ausgeliefert: 3300 Tonnen Wasserverdrängung, eine formidable Geschwindigkeit, über die wir allerdings keine genauen Angaben haben, die Armierung mit sechs 10-cm-Schnellfeuergeschützen ... Meine Herren, John O'Flanagan, der trotz seiner Jugend bereits Fregattenkapitän ist ... ja ... hält sich in diesem Augenblick – ungewiß, seit wann – in Wien auf, er hat den Hafen von Southampton unter falschem Namen und mit falschen Papieren verlassen. Der britische Militärattaché erklärte, die Leute des britischen Geheimdienstes würden in Wien und auf dem gesamten Reichsgebiet nach O'-Flanagan fahnden ... Vermutlich versteckt ihn seine Freundin, eine gewisse Albina Sabina Seymour, eine Nonne! Seiner Meinung nach habe Redl die technische Beschreibung des britischen Kreuzers direkt an die Abteilung Nachrichtendienst und Informationsauswertung der *deutschen Admiralität* weitergegeben. Tatsache ist, daß sich die Angaben, die sich auf die Maschinenleistung des britischen Scouts beziehen, weder in meinen, noch in den Händen des Abwehroffiziers der Flotte befinden. Korzelinszki! Wünschen Sie noch etwas hinzuzufügen?« fragte Conrad von Hötzendorf, derweil der Lakai das mit Honig und Blütenstaub verrührte, mit einem Schuß Rum aromatisierte Knoblauchmus hereinbrachte und auf den Schreibtisch stellte, einen Brei, den der Generalstabschef sofort einnahm und genüßlich mit einem Schluck Lindenblütentee hinunterspülte. Er musterte das Spalier der Offiziere, weiter seinen Lindenblütentee schlürfend.

»Noch als Hauptmann des in Görz stationierten Küstenschutz-Wachregimentes hat Oberst Redl die Geschichte des bosnischen Feldzuges niedergeschrieben, die seither gleichfalls als Lehrstoff dient, und in welcher er dem Herrn Generaloberst ein besonderes Kapitel widmete, das sich auf die Sicherung der Pässe, Straßen, Brücken und Viadukte durch die Jägereinheiten des Herrn Generaloberst bezieht.«

»Hm, Rittmeister Korzelinszki ... das ist lange her! Damals war ich noch Oberleutnant bei den Jägern. Ja. Anschließend wurde ich zum Major des Generalstabs ernannt und zum Taktiklehrer erst an der Kriegsschule, später an der Akademie für Stabsoffiziere und höhere Befehlshaber ... Ja, meine Karriere stieg nicht so kometenhaft steil an wie die Laufbahn des Oberst Redl! Diese ist gleichsam meteorisch, meine Herren. He! Was hingegen den sogenannten bosnischen ›Feldzug‹ anbelangt, Rittmeister Korzelinszki, so hätte man ihn weiterführen sollen ... excalative! Und nicht dieses Vipernnest auf dem Balkan durch Annexion sichern, sondern mit einem schwungvollen Angriffsschlag! Wie es das preußische Beispiel zeigt: 1. Erreichen der Hegemonie im Bund und Herausdrängen Österreichs aus dem Bund! 2. 1866. Königgrätz ... 3. Dänemark, dem es schon vorher einen Denkzettel verpaßte! Helgoland, damals noch im Bündnis mit uns ... 4. Der Gipfel: Sedan, Metz, Napoleon III! Und die Erzwingung der erniedrigenden Kapitulation nach Bazaine ... Und weiter: Tsingtau ... Kamerun ... Marokko, und der Tirpitzsche Sieg über die britische Flotte! Finden Sie es nicht interessant, Korzelinszki, daß Redl im Verlauf seiner langen und gründlichen, natürlich durchgehend eminent erfolgreichen Studien außer der Aviatik auch den U-Booten enorme Aufmerksamkeit gewidmet hat? Sagen Sie, Korzelinszki, sind Oberst Redls Arbeiten über meine Fachaufsätze und seine Abhandlung über den bosnischen Feldzug in Ihrem Besitz? Wenn ja, möchte ich

Sie bitten, mir diese Schriften zu leihen, Rittmeister. Holen Sie sie mir, Korzelinszki.«

»Gern leihe ich Herrn Generaloberst sämtliche Aufsätze von Oberst Redl. Aber ich möchte sie gelegentlich zurückerbitten, da er mir diese Exemplare persönlich widmete.«

»Ich lasse Sie Ihnen wieder zukommen, Rittmeister Korzelinszki. Ich lese schnell. Mich interessiert vor allem, was er über den bosnischen Feldzug geschrieben hat ... Und vielleicht die Taktikaufgaben. Nun, jetzt aber zurück zu Ihren persönlichen Impressionen, Korzelinszki! Ich höre! Generell! Kapital! Unser Kardinalproblem ist der Balkan. Erst dann die Adria ... Unsere Flotte wäre unfähig, gegen die Mittelmeerkräfte der französischen Flotte eine Seeschlacht zu bestehen, sie könnte nicht einmal die Meerenge von Ótranto abriegeln ... Und, was noch trauriger ist: wenn im Falle eines Krieges englische oder französische Kreuzer, Zerstörer und Tauchboote die Ótranto-Enge verminen würden, wäre unsere Flotte nicht in der Lage, diese Sperre zu durchbrechen! Meine Herren, eine solche Gefahr droht Deutschland weder auf der gesamten Nordsee noch in der Meerenge von Dänemark oder in der Island-Durchfahrt, weder an der Treibeisgrenze noch an den Gestaden Jütlands, in der Skagerrak- oder Kattegat-Enge! Ganz zu schweigen davon, meine Herren«, fuhr Conrad von Hötzendorf, Chef des Generalstabs für die gesamte bewaffnete Macht des Reiches Österreich-Ungarn, so auch der Küstenschutz- und Kreuzerflotte, zweithöchster Soldat im Reiche nach dem Armee-Oberbefehlshaber, dem Thronfolger Franz Ferdinand, mit hellseherischem Feuer fort, »daß das Deutsche Reich, obwohl nicht nur die rumänischen Ölfelder und die Bagdadbahn seine Interessen nach Südost-Europa verlagerten, nie eine offene Garantie für die Belange der Monarchie übernommen hat. Alles in allem hat es uns lediglich ›suggeriert‹, den Balkan als geopolitischen Raum für den ›Schießplatz‹ Österreichs anzusehen ... Korzelinszki! Nicht wahr, Oberst Redl hat stets mit besonderer Hingabe das Ideal der Freundschaft auf sozusagen ›römische Weise‹ kultiviert?«

»Er war immer ein guter Kamerad. Wie ein Jesuit vielleicht . . .«

»Um so weniger sind Sie einer, Korzelinszki! Redl . . . Kurz gesagt, im Gegensatz zum Oberst lieben Sie die Karten, saufen und haben Weibergeschichten!«

»Das ist eine Frage des Tatbestandes. Den ich akzeptiere. Meine Mutter ist sehr reich, sie kann mit ihrem Vermögen ohnehin nichts anderes anfangen, als meine Schulden zu begleichen, von Garnison zu Garnison . . . Meine ältere Schwester Albine ist genauso, eine zweite Mutter. Und meine jüngere Schwester Beáta steht dabei nicht zurück, Herr Generaloberst. Ich kann gar nicht so viel beim Kartenspiel oder Pferderennen verlieren, daß die drei Grazien es nicht begleichen könnten . . .«, sagte Rittmeister Korzelinszki, Spott und Streitbarkeit in der Stimme.

»Hier geht es nicht um Sie, Szever Korzelinszki! Sondern um Oberst Redl. Er hat keine Weibergeschichten . . . Das rechnen Sie wohl auch zu seinen Tugenden?«

»Für eine Tugend halte ich es gerade nicht, aber es ist Faktum.«

»Mit seiner Frau lebt er nicht zusammen . . .«

»Die Frau des Herrn Oberst ist schwerkrank, sie lebt in der Schweiz, im Ober-Engadin.«

»Sie können abtreten, Korzelinszki!« sagte der Generalstabschef, der sich wieder einige Worte notiert hatte. »Sie sind der Nächste, Julius Lindenberg!« Der genannte Offizier trug die Paradeuniform des Donauflottillenkorps; die übrigen zum Rapport befohlenen Offiziere waren in einfacher, für solche Gelegenheiten vorgeschriebener Dienstadjustierung erschienen. Conrad von Hötzendorf maß den massigen, zentnerschweren Offizier mit stechendem, verächtlichem Blick und winkte, er möge seinen Bericht beginnen.

»Herr Generaloberst, ich habe bei der Flotte gedient, in Pola. Redl war damals Offizier des Flotten- und Küstenschutz-Wachregimentes, im Hauptmannsrang. In dieser Funktion . . . unter Mißbrauch seiner Position hat er dem Leiter der Abwehrabteilung der Kriegsmarine, dem Herrn

Linienschiffkapitän Ferdinand Steinhart, eine Meldung über mich zukommen lassen und damit meine Versetzung von der Spionageabwehr der Kriegsmarine bewirkt ... Aufgrund für mich unbekannter Argumente wurde das sehr schnell betrieben. Ich ...«

»Unbekannte Argumente, Kapitän Lindenberg? Ist Ihnen gefährliche Trunksucht und Mitteilungsdrang sowie völlig eingeengte Willens- und Selbstbeherrschungsfunktion nicht ›Argument‹ genug? Redls Meldung über Sie wurde mir vom Linienschiffkapitän Steinhart überstellt, Ihre Entlassung mußte bestätigt werden. Ich habe sie bestätigt, Lindenberg! Als Kommandant des Minenlegers Seiner Majestät *Zenta* sind Sie auf einem routinemäßigen Manöver auf offener See, das von ausländischen Militär- und Marineattachés beobachtet wurde, mit Ihrem Schiff auf eine Mine gelaufen! Auf eine Mine, die Sie zehn Minuten vorher selbst gelegt haben, und dann liefen Sie mit Ihrem Schiff einen Kurs, der Sie mit Ihrer eigenen Mine kollidieren ließ! Erwarten Sie dafür vielleicht eine Beförderung? Für Ihre Trunkenheit? Dafür, daß Sie die Nacht vor dem Manöver bis zum frühen Morgen in Ihrer Koje soffen und Karten spielten? Mehr noch! Sie haben sich sogar von einer Zigeunerin die Karten legen lassen, von einer Wahrsagerin, die Sie sich nicht scheuten, die Sie die Stirn hatten, an Deck der *Zenta* zu schleppen! Eine wahrsagende Zigeunerin! Auf einem Kriegsschiff! Ich kenne Ihr Dossier, Kapitän Lindenberg! Aus diesem Grunde hat Redl den sehr richtigen Vorschlag gemacht, Sie Ihrer hohen Position als Kommandant eines Kriegsschiffes zu entheben und zur Donauflottille zu versetzen, unter Mitwirkung des Linienschiffkapitäns Steinhart und meiner Wenigkeit, weil er das für die entsprechende ›Entziehungskur‹ hielt. Es bestand nämlich nicht die geringste Notwendigkeit, Lindenberg, unsere eigenen Minen vor die Kreuzer, Torpedojäger und Dreadnoughts Seiner Majestät zu legen, die sich als Flottengeschwader formierten! Deshalb tun Sie jetzt Dienst auf einem Monitor der Donauflottille ... Es würde nur noch gefehlt haben, Lindenberg, daß Sie bei diesem Routinemanöver – mit einer Zigeunerin auf dem Schoß auf der Kommandobrücke! – die S. M. S. *Habsburg*, die *Kaiserin Elisabeth*, die *Monarch*, die *Kaiserin und Königin Maria Theresia* und den Panzerkreuzer *Sankt Georg*, unser Flaggschiff, statt auf die eigenen ausgelegten blinden Minen, auf ein scharfes Minenfeld hätten laufen lassen! Und das nur, weil Sie maßlos Gin und Jägermeister in sich hineinschütten! Lindenberg, Sie sind nicht zum Marineoffizier geboren, Ihnen würde ich nicht einmal die Aufgaben eines Weichenwärters bei der Eisenbahn anvertrauen ... Mir haben Sie Ihre jetzige Stellung nicht zu verdanken! Ich hätte bei Ihnen sogar Angst um einen Donaumonitor ... Sie haben hohe Gönner! Auf jeden Fall, Lindenberg, hatte Hauptmann Redl, ein derzeit im Rang unter Ihnen stehender Offizierskamerad, der Ihre Position als Schiffskommandant jedoch nicht fürchtete, Ihre Versetzung von der Adriaflotte gerade zur rechten Zeit vorgeschlagen!«

»Herr Generaloberst! Das möchte ich rundheraus ...«

»Genug, Lindenberg! Erzählen Sie von Redl, von den Görzer und Polaer Zeiten. Ohne Voreingenommenheit und Rachsucht, ich hoffe, soviel Anstand ist Ihnen verblieben! Haben Sie in Redls damaligem Verhalten, in seinen Beziehungen Außergewöhnliches bemerkt? Denken Sie hauptsächlich an Episoden, die Sie, Lindenberg, nicht gerade stockbesoffen erlebten! Sicherlich haben Sie nur wenig solcher luziden Erinnerungen ... So anstrengend es sein mag, fassen Sie sie jetzt zusammen!«

»Redl ...«, begann Lindenberg mit knallrotem Gesicht, »... reiste sehr oft von Görz, wo er diente, nach Pola hinüber, nach Cattaro und Spoleto, wo die Flotteneinheiten stationiert waren. Das ist mir als einem Abwehroffizier, ...«

»Lassen wir die ›Abwehr‹ beiseite, Lindenberg! Sie waren Minenleger bei der Flotte!«

»Jawohl, Herr Generaloberst! Das fiel mir auf. Diese viele Reiserei ... hierhin und dorthin ... Außerdem halte ich es für erwähnenswert, daß Redl, als der Stolz der deutschen Flotte, der schnelle Kleine Kreuzer *Breslau*, zu einem Freundschaftsbesuch in den Kriegshafen Pola einlief, von Görz herüberkam, um das Schiff zu besichtigen, wiewohl er kein Marineoffizier ist, auch jetzt nicht ...« Lindenberg schluckte.

»Das weiß ich nur zu gut, Lindenberg. Sie haben Schluckauf! Lutschen Sie draußen ein Stück Würfelzucker! Sie können abtreten, Lindenberg. Und regeln Sie so schnell wie möglich Ihre Schulden bei der Donauflottille! Wenn nicht, werde ich dafür Sorge tragen, daß man Ihnen nicht einmal mehr die Aufgaben eines Schleusenwärters anvertraut! Hans Georg Gmelin, Sie sind der Nächste! Kurz und knapp!«

»Jawohl, Herr Generaloberst! Redl hat mit mir und einigen anderen Offizieren zusammen ...«

»Namen, Gmelin!«

»Jawohl: Pilot Georg Weckherlin, Festungsartilleriemajor Henrik Kinsky-Henckl, Korvettenkapitän Olivier Clam-Gallas und ein Offizier der Trabanten-Leibgarde, an dessen Namen ich mich nicht mehr erinnere, am elften Juni mit dem Schnellzug eine Fahrt nach Berlin unternommen, um an den großen Feiern teilzunehmen, die unsere preußischen Kameraden unter der Losung ›Hundert Jahre Turnen‹ abhielten. In der Berliner Hasenheide ... Ein riesiger Turnplatz ... Im Zusammenhang mit dem Turnen hatte Oberst Redl eigene und ausgesprochen politische Vorstellungen. Er war ein Anhänger der Kraft, der Gewalt, der Geschicklichkeitsübungen, der Steigerung der physischen Integrität, wie er sich ausdrückte ... Als wir heimkamen, hielt Redl in engerem Kreis eine Art Stegreifbericht über seine Reiseerlebnisse: ›Im wilhelminischen Deutschland fällt dem Sport in der Jugenderziehung eine neue Aufgabe zu: Turnen wird Unterrichtsfach, um die vormilitärische Ertüchtigung der Schuljugend zu sichern.‹ Ansonsten wurde ich in Berlin, als wir mit dem Wagen nach Charlottenburg hinausfuhren, Zeuge eines unmöglichen Vorfalls: Redl führte zusammen mit einigen preußischen Kürassier-Offizieren – letztere sämtlich betrunken – lorbeerbekränzt einen Tanz auf, es entstand eine Situation, in der sich die Damen und jungen Mädchen entrüstet abwandten, der Charlottenburger Polizeichef hingegen die Feuerwehr rief, um die Tänzer mit dem Wasserwerfer zu zerstreuen ... Die preußischen Kameraden und Redl griffen indes zu den Waffen und schossen über die Köpfe der Feuerwehrleute hinweg oder vor ihre Füße, worauf diese gezwungen waren, sich zurückzuziehen . . .«

»Sie können abtreten, Gmelin! Oberleutnant Friedrich Diesterweg, Sie sind an der Reihe!«

»Melde dem Herrn Generaloberst gehorsamst: 1. ist mir aufgefallen, wie verschlossen Redl war, sogar im Kasino, für gewöhnlich saß er zurückgezogen da und las englische, französische, italienische und amerikanische Zeitungen, die er abonniert hatte . . . 2. war er ständig überanstrengt, weil er dauernd studierte: in erster Linie Sprachen, aber auch das Bankwesen und Buchführung! Ziemlich ungewöhnlich, dort unten in Görz, beim Küstenschutz-Wachregiment! Die Piloten, die in Görz dienten, überraschte er mit seinen aviatischen Kenntnissen, die Marineoffiziere hingegen mit seinem Wissen um Navigation sowie um Taktik und Strategie hinsichtlich des Krieges zur See. Seine Willenskraft und Disziplin waren wirklich imponierend.«

»Danke, Diesterweg. Ich bin fertig. Meine Herren, Sie können wegtreten.«

Generalstabschef Conrad von Hötzendorf befahl die Offiziere, die Mitzöglinge Redls auf der Kadettenschule waren oder in Galizien, später in Görz bei derselben Einheit dienten, in mehreren Etappen, nacheinander zu sich, wobei er sie zu strengster Geheimhaltung bezüglich Gegenstand und Person der Vernehmung verpflichtete. Zur letzten derartigen Befragung erschienen – mit anderen Offizieren – auch Redls Bekannte und Freunde aus seiner Dienstzeit als Truppenoffizier: der Rittmeister bei den Dragonern Franz Hawerda-Wehrlandt, der Pilot Georg Weckherlin, Olivier Clam-Gallas von der Flotte, Oberleutnant Claus von Ekkern-Freyberg, Kavalleriehauptmann Christoph Baron von Kubinyi zu Alsó- und Felsőkubiny; doch *dieser Offizier* war weder durch Überredungskunst noch »Autorität« dazu zu bringen, zur Gestaltung des »Bildes« beizutragen, das dem Generalstabschef so viel bedeutete, um das »Redl-Phänomen« enthüllen und einengen, ja zwingen zu können, Farbe zu bekennen. Christoph von Kubinyi war nicht gewillt, auch nur eine einzige Frage zu beantworten, was er damit begründete, daß Alfred Redl einst sein Freund gewesen sei.

Unterdessen näherte sich das noch lebende Original der allmählich Gestalt gewinnenden »Kopie«, Oberst Alfred Redl, Chef des militärischen Kundschaftsdienstes und der Spionageabwehr, dabei der Südtiroler und Karinthischen Landschaft erfreuliche Anblicke abgewinnend, im Schnellzug Abbazia, um sich mit Katalin Baronesse von Kubinyi im Hotel Bellevue zu treffen. Er rechnete – ganz richtig – damit, daß Katalin später eintreffen würde, und darum stieg er in Klagenfurt um in den Zug nach Görz, um in dem Blutbuchenwald nahe der Garnison, wo Jahre zuvor sein Glücksstern erstrahlt war, einige Stunden in Meditation zu verbringen. Sich der alten Zeiten erinnernd, wanderte er in behaglicher Stimmung über die Wiese, die sich zwischen dem düsteren Kasernengebäude und dem Wald erstreckte, als er hinter sich einen Mann bemerkte, im Abstand von hundert Metern. Er wandte sich um. Der Mann verschwand zwischen den Bäumen. Redl lächelte. Paolo Antinori kam ihm in den Sinn, das amerikanische Anerbieten. Dann kehrte er zur Bahnstation zurück. Er beschloß, Katalin eine Frage zu stellen, die er auf jeden Fall klären mußte: *wer* und *»wessen Mann«* jener italienische Major Renzo Malaparte war, der – das hatte Redl bereits herausgefunden – weder Renzo Malaparte noch Italiener noch Major war, sondern Udo von Usedom hieß und den Rang eines preußischen Hauptmanns bekleidete. Diesen Mann hatte Katalin ihm vor wenigen Wochen auf einer Abendgesellschaft vorgestellt. Strahlend blaue Augen, blondes Haar, hohe Gestalt, ein ganz und gar nicht italienisches Äußeres; aber Redl hatte sich auf das Spiel eingelassen, wie er jetzt, im nachhinein, meinte: zu sehr. Es war ein typisches Wiener Gartenfest gewesen: Lampionschein, ein Laubengang, in dem das Orchester zum Entrée den Kaiserwalzer spielte, leicht spleenige, in Seidenkleider gehüllte Aristokratinnen, Offiziere, Stabsoffiziere, Führungsoffiziere, weißbefrackte Kellner, Bier, Desserts und

Sandwiches umhertragende weißblonde Tiroler und Steiermärker Dirndl, vornehme Bürger, Bankiers mit ihren Gattinnen und den Preziosen ihrer Gattinnen und Töchter, die von den Offizieren gemustert wurden, als hielten sie Marktschau, auch die jungen Mädchen boten sich offen feil, dann die Tänze, einer nach dem anderen, das Auffordern und Abklatschen, das Getuschel, Namen, die auf kleine Zettel geschrieben wurden, Tag, Stunde und Ort für das Treffen am nächsten Tag; der kühne, stets dreiste Oberleutnant Virgil Dassenbacher kopulierte rasch hinter der Orchesterlaube auf einer weißen Holzbank, und anschließend kehrte das Mädchen, eine Burgenländerin, jungfräulich blond, mit einem angenehmen Puckern im Körper und Apfelstrudeln auf dem Silbertablett wieder auf die Terrasse zurück, den Strudel den plaudernden Damen anbietend, auch der Gemahlin des Oberleutnant Dassenbacher, während der Oberleutnant ein Prager Mädchen zum Tanz aufforderte; in diesem Augenblick bemerkte Katalin den Oberst Redl, sie lächelte und winkte ihm zu, neben ihr stand ein großer blonder Mann in der Uniform der italienischen Armee mit den Rangabzeichen eines Majors, und Katalin stellte sie einander vor: »Major Malaparte – Oberst Redl.« Die Frauen auf der Terrasse riefen Katalin zu sich, sie ging, derweil der italienische Major, zu Redls Ärger, blieb. Sein Blick fiel indes auf den Maler Gustav Klimt, der in Begleitung Otto Wagners auf einem Gartenweg näherkam; mit ihm hätte er lieber geredet, als mit dem italienischen Offizier. Klimt grüßte Oberst Redl im Vorübergehen, Otto Wagner war ganz ins Gespräch mit seinem Malerfreund vertieft, immerhin kehrte Katalin zurück.

»Meine Herren, werte, wohlgestalte Herren, ich würde gern einen Sherry trinken!« Malaparte winkte einen Kellner heran, der das Gewünschte brachte, Redl stand düster da und starrte in die Richtung, in die sich die beiden großen Männer, Klimt und Wagner, entfernten. Katalin nippte von ihrem Sherry und fragte den Oberst: »Was haben Sie, mein Herr?« Redl lächelte, hob achselzuckend die Hände, worauf Katalin erneut fragte: »Fehlt Ihnen etwas?« Irgendwie so hatte sie sich ausgedrückt, aber vielleicht hatte sie auch etwas anderes gefragt oder dasselbe, irgendwie anders, dem Oberst schien es, als schäume Katalin vor guter Laune über, sie sagte: »Mein Risiko, Redl, im Leben ist, daß mich Menschen, die ich kennengelernt habe, die mir über den Weg liefen, bald nicht mehr interessieren, und bevor ich darüber verzweifeln und ihnen einen Wink geben könnte, habe ich sie so gut wie verloren, sie sind Fremde für mich, Fremde!«, wobei sie das Wort *»Fremde«* wild und selbstgefällig, selbstsicher betonte; Malaparte bemerkte darauf nur, er stehe an diesem Abend an einer glücklichen Wende, er sei der Baronesse »über den Weg gelaufen«, sie kenne ihn aber noch nicht, somit liege er also noch zwischen »Interesse« und der auffordernden »Geste«, sei also noch »so gut wie« – er ahmte Katalins Worte und ihren Tonfall nach – »nicht fremd«, er dürfe sich noch etwas von diesem »Risiko« erhoffen; da aber kam der Maler erneut in Redls Blickfeld: Klimt unterhielt sich mit einer großen, schlanken Frau von kreolischer Hautfarbe. »Die Frau, Redl, die mit deinem angebeteten Freund Klimt spricht, ist eine Argentinierin; die erste Chemikerin Südamerikas, sie hat an englischen und deutschen Universitäten studiert, und sitzt? steht? liegt? derzeit Klimt Modell, es heißt, sie beschäftige sich auch mit Alchimie«, sagte Katalin scherzhaft hintergründig. »Hombre!« sagte Redl. »Mensch!« sagte Malaparte, auf dessen Tonfall, Akzent und Persönlichkeit Redl nun erstmals ein gezieltes Augenmerk richtete. Der italienische Offizier, der dies bemerkte, sprach den Oberst direkt an: »Nicht wahr, Gustav Klimt ist als Maler heutzutage Mode in Wien?« – »O, immerhin wohnt Klimt in Wien, Herr Major, und seine Kunst ist wahrhaft bestimmend in bezug auf die Malerei ganz Europas.« Malaparte entgegnete: »Ich würde mir gern seine Bilder ansehen, eventuell auch sein Atelier; Sie kennen ihn persönlich?« – »Ja. Haben Sie morgen Zeit, Herr Major?« – »Ich verfüge frei über meinen ganzen Tag, Herr Oberst, wenn . . .« – »Nun, dann erwarte ich Sie morgen um neun im Hotel Klomser. Wir statten ihm einen Atelierbesuch ab. Bist du dabei, Katalin?« – »Ich verbringe den Vormittag mit der argentinischen Chemikerin, zum Lunch hingegen fahren wir hinaus nach Mayerling, die Chemie ist sehr neugierig auf den Schauplatz der Tragödie. Was für einen wundervollen Namen sie hat: Dominica Sol Aparecio de Ramy, und sie versteht etwas von der Mendelejewschen Tabelle, meine werten, wohlgestalten Herren!« sagte Katalin, ließ die Offiziere stehen und ging zu Klimt und der Argentinierin. Am nächsten Tag erschien Malaparte pünktlich im Hotel Klomser, Redl hatte gerade sein Frühstück beendet, die Frankfurter Allgemeine im Bambusrahmen an ihren Platz gelegt. Nach der Besichtigung von Klimts Atelier – der Meister war nicht zu Hause, auch er hatte sich dem Programm der Chemikerin Dominica Sol Aparecio de Ramy und der Baronesse von Kubinyi angeschlossen – machten Redl und Malaparte einen Spaziergang durch Wien. Während der Stadtbesichtigung sprach Redl die ganze Zeit über nur von Klimt, von seinem Farbenmaterial Gold, Silber und dem Rot des Blutes; manchmal waren seine Farben auch farblos, transparent zumindest, wie das Schwarz des Meeres in der Durchsichtigkeit des schwebenden Medusenkörpers, wenn diese das Wasser als Triebkraft zwischen ihre Häute saugt, kraftvoll wieder ausstößt und sich dadurch vorwärtsbewegt. Renzo Malaparte verglich den einsaugenden-ausstoßenden Rhythmus des Medusenkörpers mit dem – »technisch perfekten« – weiblichen Geschlechtsorgan, zumal letzteres – beim Orgasmus – mit seinen starken Ringmuskeln dieselbe einsaugende-ausstoßende Bewegung vollzieht. Redl reagierte nicht, bemerkte nichts dazu, weder analysierte er die Äußerung, noch sagte er: »Der Vergleich hinkt«, wie in solchem Falle üblich, er machte seinen Begleiter statt dessen auf einen Springbrunnen aufmerksam, der wie ein fächerartig ausgebreiteter Pfauenschwanz grün-silberne Wasserstrahlen in alle Richtungen des zierlichen, barocken Marmorkranzes spie, und erklärte, daß dieser Brunnen die spätere Kopie eines Bernini-Brunnens sei, dessen Original in Rom auf der Piazza Navona stehe, wiewohl er sich des Platzes nicht ganz sicher sei. Die ihnen entgegenkommenden Wiener Damen musterten herausfordernd und kokett die beiden promenierenden Offiziere, die sich an den Marmor- und Bronzestatuen, an den Tritonenschnecken, sich in Muschelwagen bäumenden Faunen, Satyrn und Zentauren ergötzten und die deutlichen und weniger deutlichen Vibrationen des lebenden Eros um sie herum gar nicht zur Kenntnis nahmen. Redl zeigte Renzo Malaparte eines nach dem anderen die Gebäude am Ring, vor allem das Burgtheater Karl von Hasenauers, dessen großes, prächtiges Stiegenhaus durch die Deckengemälde von Klimt und Matsch aus der Masse des voluminösen Raumes herausgehoben wurde, den der Architekt im Stil der italienischen Renaissance gestaltet hatte. Redl zog Parallelen zwischen den Bildern Klimts, der Rauschwirkung des Opiums, der Schönheit von Sternschnuppen im August und dem unaufhaltsamen kosmischen Verfall. Malaparte nahm ein vergoldetes Theaterglas zur Hand, sich den Klimtschen Kosmos näher zu besehen. Sie besichtigten die vom Großmeister Otto Wagner entworfenen Wiener Paläste und die Meisterwerke der Wagner-Schüler, die Bauten von Hoffmann (für deren Innendekoration der Architekt Klimts Mosaiken verwendete, um durch das Schöne und das *Nach-Schöne* in seiner verschwenderischen Übertreibung gleichsam die Wirklichkeit des Raumes anzugreifen und damit die Illusion eines zweiten, wenngleich unbewohnbaren, aber mit Hilfe der *Logik* nachvollziehbaren und begehbaren willkürlichen Raumes – eines Spielraumes – zu schaffen, die zu den versunkenen »atlantischen« Formen hinführen sollte), von Loos und Olbrich. Sie schlenderten zur Kärtner-Bar und zur Steiner-Villa, Loos' Meisterwerken. »Bedenken Sie, Major, wie nahe diese Gebäude, diese Deckenmosaiken, dieser gold- und silberfarbene Raum, dieser archaische Torso und zusammen mit ihm das ganze Wien dem Balkan sind, Zagreb, Belgrad, Bukarest, Sofia, Sarajevo . . .«, sagte Redl und fügte kurz darauf versonnen hinzu: »Und in welch behüteter Ferne liegen Rom, München, Paris!« – »Verstehen Sie diese Nähe strategisch, Herr Oberst?« fragte Major Malaparte mit akkuratem Gleichmut in der Stimme. »Oh, nicht unbedingt . . . Diese Nähe ist sozusagen unheilverkündend heraldisch, Major, die Wiener Wappen zeigen schon Risse . . .

Anders gesagt: der Balkan ist hier in Wien, aber Wien ist nicht auf dem Balkan; allein sein Heer ist dort stationiert, von Lemberg bis hinunter nach Sarajevo . . .«

Auch am nächsten Tag trafen sie sich. »Das Europa der Jahrhundertwende und des ersten Jahrzehnts des 20. Jahrhunderts wurde hier, in Wien, erbaut, so, wie das Europa des Risorgimento in Rom und Florenz, zur Zeit der großen Päpste«, erläuterte Redl, als sie ihren Gang durch die Kaiserstadt begannen. Malaparte wies auf den englisch-deutschen Flottenwettstreit hin und bemerkte, anstelle von Kathedralen würden jetzt Zerstörer, Kreuzer und Schlachtschiffe gebaut, ein Schlachtschiff verschlinge das Doppelte, ja Dreifache der Baukosten des Doms in Florenz oder Siena oder der Medici-Kapelle, die gar nicht mehr in die heutigen Währungen, in heutige »Dukaten« umzurechnen seien. Redl führte Malaparte auch zu den in Wien vorhandenen Werken Antonio Canovas. »Uno dei piu grandi capolavori . . .«, sagte Redl, der sich aus einer Geste für den italienischen Major heraus bemühte, italienisch zu sprechen, als er ihm die *Jurisprudenz* von Gustav Klimt zeigte, die der in den kosmischen Farben – Gold, Silber, Rot und Schwarz – arbeitende Künstler schon 1903, vor immerhin zehn Jahren, gemalt hatte. Damals hatte Redl – durch Katalin – Klimt kennengelernt, ebenso wie Hofmannsthal und Rilke, die häufig in der Zeitschrift Ver Sacrum publizierten. »Es war ein überwältigender Auftakt . . . Als junger, kaum beförderter Offizier hätte ich gern meinen Abschied von der Armee genommen, von der Uniform, um selbst schreiben, malen, bauen zu können, aber ich war nur mit Festungsbaulehre beschäftigt, mit dem Zeichnen von Landkarten und dem Formulieren von Garnisonsberichten, deren Schema Seine Majestät nach Solferino festzulegen geruhten, als tägliche ›Bibel‹ für die ›Soldatura‹.« Dann sprach Redl unverhofft von den Sozialdemokraten, die hier in Wien, nahe der Kapuzinergruft, den Sarkophagen, die die Asche der Habsburger Kaiser, Könige, Königinnen und Erzherzöge bewahrten, einen unterirdischen Feldzug gegen das Reich führten, um es ebenso zu erschüttern wie die russischen Nihilisten 1905 das Zarenimperium, wobei sie womöglich auch das Heer, die Flotte mit hineinreißen wollten, wie dazumal bei den Russen. Renzo Malaparte stand tief beeindruckt vor Klimts Gemälde der Jurisprudenz. »Wie seltsam«, bemerkte er. »Baronesse von Kubinyi trug an dem Abend, als ich Sie kennenlernte, ein schillerndes, wie mit metallisch-silbernen Schuppen belegtes Kleid, das dem Körper dieses Riesenpolypen hier auf dem Gemälde sehr ähnlich ist . . .« Der Oberst schwieg, er wußte nur zu gut, daß dieses extravagante Kleid, das, vor langer Zeit geschneidert, Katalins ungebundene und überspannte Phantasie widerspiegelte, Klimt zum Malen des Polypen inspiriert hatte. Katalin hatte Klimt in jenen Jahren Modell gestanden. In den seltenen Träumen des Oberst, der wenige Nächte durchschlief, tauchte – gegen Morgengrauen – manchmal dieses Bild auf, *diese beiden Bilder*: der nicht-stoffliche Stoff sowohl des Polypen als auch von Katalins Kleid; der Riesenpolyp, der mit bedrohlich langsamen Bewegungen aus der schwarzen See herauskriecht, auf die Felsen, wassertriefend, phosphoreszierend, mit glänzendem Leib, mit den dunklen Höhlungen seiner Saugnäpfe – was aber bedeutete diese Erscheinung? Vielleicht hätte Freud die adäquate Antwort geben können, ihn allerdings kannte Redl nicht persönlich. Freud war Wiens neuestes Phänomen. Der heimliche Lotse der Wienerinnen, vor allem der jüdischen: aus dem Leben zurück in den Traum. Vom Körperlichen zurück in das Bewußtsein, in das Unbewußte, das Unaussprechliche. *Der Polyp und ein leer schwebendes weibliches Kleidungsstück.* Oder nur das sich mit der mechanischen Sicherheit eines Automaten nähernde Meeresungeheuer, die bloße Allegorie? Der Oberst stöhnte dann auf in seinem Schlaf, und einem solchen Tagesanbruch folgte für gewöhnlich ein nebliger, feuchter Morgen. In Klimts »Pathographie« verkörperte dieser Polyp das *Gewissen.* Auf dem Bild dominieren Schwarz und Gold. Die schlafenden Frauengestalten neben den Tentakeln versinnbildlichen die rachsüchtigen Tugenden, die, schon *»jenseits von Gut und Böse«*, gleichsam zu Körperteilen des Polypen geworden sind. Das Haar der Frauen umschlingt-umhüllt-umgibt die Fläche, Sternenstraßen, glühende Bisse goldener Schlangen. Der Riesenpolyp, Schleim und Haut, hält sie in unauflöslicher, unzerstörbarer Umarmung fest. Seine Haut ist getüpfelt wie die der Hyänen, hie und da gestreift, wie die der Tiger. Wie die eines Tiefseetigers, eines ausgestorbenen ... Redl fürchtete um sich angesichts dieses Gemäldes. In einem Reich, wo die Tugenden und das Gewissen dergestalt – *durch einen Polypen und ein leer schwebendes weibliches Kleidungsstück* – dargestellt werden, sind Schwüre, Landesgrenzen, Verträge, Regimentsfahnen und Uniformen nichts als Staub, zerfallen von einem Tag auf den anderen, während – als Memento – nur dieses Gemälde bleibt, das keine Hoffnung eingibt, keine Chance auf ein Überleben, weil es nicht das Diesseits der Stoffe zeigt, sondern mit den ins Nichts weisenden Möglichkeiten der Formen spielt. »Nach dem Selbstmord des Kronprinzen Rudolf und dem Mord an Königin Elisabeth ist es ganz natürlich, daß nur solche und keine anderen Gemälde auf die Habsburger zurückblicken!« sagte Renzo Malaparte und fügte hinzu: »Für mich, Herr Oberst, bedeutet nach Wien zu kommen soviel, wie ein altes, längst entschwundenes einstiges Europa zu bereisen ...« Redl nickte. Und erwiderte scherzhaft: »Sie sind ein Talent, Herr Major. Allein, was Ihr Sprachempfinden anbelangt! Die Italiener, Spanier, Franzosen, Portugiesen, ja Menschen neolatinischer Muttersprache allgemein, sind selten fähig, sich das Hochdeutsche anzueignen, von der ›Wiener Süße‹ ganz zu schweigen ...« Renzo Malaparte überhörte die anerkennenden Worte, mit denen Redl überlegt und zielgerichtet vom vage umrissenen Thema des Klimtschen Riesenpolypen, des Opiums und des »leer schwebenden Kleides« der Baronesse Katalin auf die Schwierigkeiten bei der Aneignung fremder Sprachen übergegangen war. Die beiden Offiziere gingen eine dunkle Allee entlang, in der nur ihre weißen Handschuhe leuchteten. Sie machten an einem Pavillon halt, und Renzo Malaparte drückte einem Piccolo ein paar Münzen in die Hand, hieß ihn Sekt und zwei Kristallkelche bringen. Redl zündete sich eine Havanna an. Einfache Soldaten wichen ihnen in weitem

Bogen aus. Malaparte öffnete mit leisem Zischen die Sektflasche und schenkte die Gläser voll. Nach einem gegenseitigen *»Prosit!«*, kehrten sie in die Innenstadt zurück, leerten auf dem Stephansplatz, im Café de l'Europe, nochmals eine Flasche Champagner, speisten Austern, Hummer und Muscheln zu Abend und unterhielten sich damit, einander unaufhörlich zuzulächeln. Ein wenig später blieben sie in einer eleganten Geschäftsstraße vor einer Instrumentenhandlung stehen. Das Geschäft war bereits geschlossen, eben hatte man auf gewaltigen Plattformwagen Ware gebracht, und der Inhaber überwachte sorgfältig den Transport der abgedeckten Instrumente in das Lager. Die beiden Offiziere betraten das vornehme Geschäft.

»Wir haben geschlossen«, sagte der Gehilfe beflissen. »Wenn Sie vielleicht morgen die Güte hätten . . .«

»Es ist doch grad offen, mein Lieber!« erwiderte Redl heiter. Seine weißen Handschuhe leuchteten im Dämmer der Halle. Der Geschäftsinhaber war leise nähergekommen, er grüßte devot, mit tiefer Verbeugung, und murmelte dabei etwas, vermutlich dasselbe, wie zuvor sein Gehilfe, doch Redl und Malaparte nahmen es nicht zur Kenntnis. Sie gingen gemächlich zwischen den schwarzen und braunen Klavieren und Clavicembali umher. Der Raum wirkte wie eine Leichenhalle. Der Inhaber – vermutlich in panischem Entsetzen, als Offiziere verkleidete Einbrecher hätten sein Geschäft betreten – ließ Kronleuchter um Kronleuchter aufflammen und wandte sich vorsichtig dem Winkel zu, in dem das Telefon war. Redl wurde aufmerksam.

»Wen wollen Sie anrufen, mein Herr?«

»Das Geschäft . . . Meine Herren, ich bitte gehorsamst: das Geschäft ist geschlossen«, sagte der Inhaber, der den Hörer rasch wieder einhängte, als sein Blick auf Redls Pistole fiel, die in ebenholzschwarzer Tasche an glänzendbraunem Lederhalfter hing.

»Lassen Sie nur den einen Lüster brennen«, sagte Malaparte leise.

»Zu Befehl . . .«

Der Major hob den Deckel des einen sargähnlichen Klaviers. Er streifte die Handschuhe ab und schlug mit feinen, langen, fraulichen Fingern ein paar Tasten an. Als er sein Spiel unterbrach, strich Redl mit behandschuhtem Finger über die Metallsaiten im Inneren des Instrumentes. Er nahm neben dem Major Platz, streifte ebenfalls die weißen Handschuhe ab, und nach einigen Läufen spielten sie vierhändig. Dem Inhaber brach an Stirn und Schläfen der Schweiß aus. Mit seinem Taschentuch trocknete er das perlende Naß, sein Blick hing reglos an den vierhändig spielenden Offizieren. Auf der Schwelle der einen Glastür erschienen zwei Frauen: die eine noch sehr hübsch, füllig und groß, mit braunem Haarknoten, augenscheinlich die Ehefrau des Inhabers, einen Schritt hinter ihr ein junges, schlankes Mädchen mit dunklen, glänzenden Locken, die ihr bis auf die zerbrechlich wirkenden Schultern fielen; das mochte ihre wohl gebildete, ängstlich behütete Tochter sein. Die Frauen starrten aus geweiteten Augen auf die Offiziere, die immer selbstvergessener, immer durchgeistigter ihr Stück spielten. Es war eine bedrohliche Selbstvergessenheit. Die Mutter verbarg ihre Tochter hinter sich. Das edle Leder der Pistolentaschen glänzte pechschwarz wie die Offiziersstiefel auf den Messingpedalen und die rundum sargähnlich aufgereihten Klaviere. Das Konzert dauerte eine Weile an. Das Mädchen kam hinter dem Rücken der Mutter zum Vorschein. Die Offiziere beendeten ihr Spiel. Und schlenderten weiter zwischen den Markeninstrumenten umher.

»Dies, Herr Oberst, ist ein flämisches Metallklavier; diese Instrumente, die im übrigen einen sehr scharfen und kalten Klang haben, wurden Anfang des achtzehnten Jahrhunderts gebaut und verfeinert ... Wenn Sie den Deckel öffnen, sehen Sie, daß ein Gobelin den Intarsienschrank inwendig schmückt«, sagte Malaparte. Redl hob den Deckel, dessen Innenwand tatsächlich ein Gobelin kleidete: zwei tanzende griechische Jünglinge, die einander die Hände entgegenstreckten, doch sich im Schwung des Tanzes nicht berührten. Den beschwingten, athletischen Körpern versperrt eine schlafende Mädchengestalt – mit nixenartigem Unterleib – den Weg zueinander, beide Tänzer streifen das Mädchen, obschon sie seinen Schlaf in der farbigen Gobelinweberei, all die Jahrhunderte hindurch, die dieser Schlaf dauern mag, anscheinend nicht stören wollen. Redl stand lange in den Anblick versunken, der Geschäftsinhaber wagte sich näher.

»Mein Herr, Sie verstehen wirklich etwas . . . vom Klavierspiel und von Instrumenten. Das ist ein flämisches Metallklavier, jawohl.« Malaparte sah ihn nur an und folgte Redl ins Innere der Halle.

»Dieses hier«, so der Major zum Oberst, »ist ein Schrankklavier aus dem siebzehnten Jahrhundert; der dunkle Kasten dahinter ein Cembalo aus dem sechzehnten Jahrhundert, es hat ungefähr den Wert von drei Daimler-Benz. Nicht wahr?« wandte sich Malaparte unverhofft an den Händler.

»Ich sehe, mein Herr, Sie sind sich auch über den Wert im klaren.«

»Erlauben Sie mir, Herr Oberst«, sagte Malaparte, ohne den Geschäftsinhaber seiner Aufmerksamkeit gewürdigt zu haben, »daß ich Ihnen ein Instrument aus dieser alten, sehr alten und schönen Kollektion zum Geschenk mache.«

»Unter einer Bedingung, Herr Major! Wenn auch Sie eines von mir annehmen. Nun?«

»Meinetwegen« – Malaparte lachte –, »aber die Idee stammt von mir. Eigentlich suchen wir uns jetzt einen Sarg aus, Herr Oberst . . . Aber ich hätte auch eine Bedingung.«

»Nämlich?«

»Erlauben Sie, daß ich Ihnen die Augen mit einem Tuch verbinde, ich werde Sie führen. Und das Klavier, auf dem Ihre Hand länger verweilt als auf den anderen, ist das von Ihnen erwählte . . .«

»Gut! Ein interessantes Spiel, Major. Wo ist das Tuch?«

Malaparte wandte sich um, sein Blick fiel auf die beiden Frauen, die ihre Worte mitangehört hatten. Der Major winkte dem Mädchen und wies auf seinen Hals, das Mädchen lächelte und brachte ihm sein Tuch, rasch und bereitwillig. Malaparte trat hinter den Oberst und verband ihm die Augen und führte ihn darauf an der Hand an den alten und neuen Klavieren, Pianinos und Cembali vorbei.

»Aber meine Herren! Sie reden hier von Särgen! Ich bin doch kein Bestattungsunternehmer!« sagte der Instrumentenhändler energisch. Malaparte brachte ihn mit einem Blick zum Schweigen. Das Mädchen stellte sich auf die Zehenspitzen und sah den beiden langsam ausschreitenden Offizieren zu, die sich mal diesem, mal jenem Instrument zuwandten. Redl fuhr mit der Hand über die dunkel glänzenden Klaviere.

»Suliko!« brüllte der Major dem Mädchen zu. »Setz dich ans Cembalo und spiel! Etwas von Amadeus! Aus dem Requiem!«

»Ich heiße Hildegard, mein Herr«, sagte das Mädchen leise, setzte sich aber hin und begann zu spielen. Nicht das Requiem, nicht Mozart, sondern Schumann, den »Papillon«. Währenddessen ging Redl, von Malaparte geführt, weiter an den schwarzen Instrumenten vorbei, das schwarze Tuch vor den Augen. An einem Clavicembalo blieb er stehen, seine Hand ruhte auf dem mahagonibraunen Schallkasten. Der Major hob den Deckel an, nahm Platz und spielte eine willkürliche, improvisierte »Klavierfassung« des für Geige und Klavierbegleitung geschriebenen »Hexentanzes« von Paganini. Schumann, der »Papillon«, die lockige Hildegard: sie verstummten. Das Mädchen näherte sich – gleichsam verzaubert – den beiden Offizieren, sie öffnete den obersten Perlmuttknopf ihrer panzerhemdgrauen Seidenbluse mit einer Geste, als ringe sie nach Luft, als kämpfe die »Seele« ihres Wesens mit dem Ersticken, und als gehe beides einher mit einer vorerst noch beherrschten Erregung ihres Körpers. Niemand hatte sie darum gebeten, und doch: Hildegard löste das schwarze Tuch vor den Augen des Oberst Redl, drehte es um ihr Handgelenk zu einer Schnur und reichte es dem Oberst.

»Ich schenke Ihnen dieses Tuch, zur Erinnerung an diesen unvergeßlichen Abend, für dieses vierhändige Spiel, mein Herr.«

»Danke, mein Fräulein. Aber ich bin abergläubisch; bringen mir das Schwarz und die Seide kein Unglück?«

»Sie haben nichts zu befürchten, mein Herr!«

»Beschützen Sie mich?« fragte der Oberst mit freundlichem Lächeln.

»Ja.«

»Hildegard!« rief der Instrumentenhändler, der nur wenige Jahre älter sein mochte als die beiden Offiziere, seine junge und schöne Tochter. »Verehrte Herren, meine Tochter ist übersensibel, sie träumt schlecht, hat Alpdrücken, ich bitte Sie, nehmen Sie Rücksicht!«

»In diesem öffentlichen Friedhof hier wundert mich nicht, daß die Nerven des Fräuleins zerrüttet sind, mein Herr!« stellte Malaparte fest, der seinen »Hexentanz« abgebrochen hatte und Vater und Tochter wie »in einem Bild« musterte. Mißbilligend schüttelte er den Kopf, mit einer Miene, als mache er sich über ein mögliches Hilfeerbieten Gedanken. Dann wandte er sich an Redl.

»Das Instrument gehört Ihnen, Herr Oberst, nehmen Sie es als ein Zeichen meiner Verehrung und Freundschaft an. Ich weiß, mit wem ich es zu tun habe! Wir können einander noch sehr zu Diensten sein! Dieser Welt, in der wir leben«, fuhr Malaparte fort, während er die weißen Handschuhe wieder über seine fraulichen Finger streifte und auf die schwarzen Instrumente wie auf Corpora delicti zeigte, »diese Welt ... ist nicht mehr die Welt des Spielerischen und der Andacht eines Monteverdi, Mozart, Buxtehude, diese Welt ist verfault, unfruchtbar und unveränderlich! *›Verwelkt der schöne Sommer, und ich sterbe, kaum wissend noch, daß ich einst lebte ...‹*«, zitierte Malaparte; Redls weiß behandschuhte Hand rückte mechanisch, mit gewohnter Geste die schwarze Pistolentasche zurecht.

Der Geschäftsinhaber wich in die entfernteste Ecke der Instrumentenhalle zurück, er bekreuzigte sich, schluckte und gab seinem Gehilfen, der in der Tür stand, die zum Lager führte, einen Wink. Der Gehilfe begriff endlich: er verschwand, um aus dem Lager ein Telefonat zu versuchen. Renzo sang, ein sizilianisches Volkslied oder eine Ballade, dessen ziemlich traurige Melodie hier wie von Eisblöcken zurückgeworfen widerhallte.

Bongiorno signor capitano,
Io non voglio piú servir . . .

»In Ordnung, Major, ich nehme das Clavicembalo an, wenn Sie dafür . . . nun, sagen wir . . . dieses *Virginal* akzeptieren. Der Name, Herr Major, weist darauf hin, daß dieses alte, edle Instrument hauptsächlich von Klosterjungfrauen benutzt wurde«, sagte Redl und trat an das Virginal heran.

»Wunderbar!« rief Malaparte aus, nahm einen Scheck heraus, stellte ihn über die Kaufsumme des Clavicembalo aus, trug seine Kontonummer ein und unterschrieb, ohne den Händler nach dem tatsächlichen Preis gefragt zu haben, der, nachdem ihm der Offizier den Scheck überreicht hatte, nur murmelte: »Schweizer Franken . . .« Redl füllte gleichfalls einen Scheck über das Virginal aus. Er unterzeichnete eine Bankanweisung, die in heimischer Währung auszuzahlen war.

»Suliko! Du . . . Tochter der tönenden Holzkrypten! Licht der Augen deines blinden Vaters, na? Kommst du mit?« fragte Malaparte Hildegard wild und laut.

»Wohin darf ich die Instrumente liefern, meine Herren?« fragte der Händler, während er bestürzt das »Licht seiner Augen«, seine einzige Tochter beobachtete, die bleich zwischen den schwarzen Klavieren stand, vor den schwarzen Offiziersstiefeln, in unmittelbarer Nähe der weißen Offiziershandschuhe.

»Die Anschrift werden Sie morgen erhalten«, sagte Redl. Malaparte nickte, damit andeutend, er verfüge genauso. Hildegards dunkel glänzende Locken spielten wie weiche, gewichtslose Spiralfedern, das Mädchen lächelte, niemand wußte, worüber. Der Gehilfe, der in der Zwischenzeit endlich die Polizei hatte benachrichtigen können, wagte sich wieder hervor, feige und argwöhnisch, gleichwohl vor Schadenfreude fast berauscht und neugierig. Malaparte hielt seinen Blick auf das Mädchen geheftet, als interessierten ihn nicht ihre Persönlichkeit, ihre Träume und seelische Empfindsamkeit, nicht ihre Sehnsüchte, sondern einzig und allein ihr Körpergewicht; so musterte er sie aus blauen, ernsten Augen.

»Aber, meine Herren, woher wußten Sie – fast genau – den Preis der beiden Instrumente? Ich habe Sie noch nie hier in meinem Geschäft gesehen«, sagte der Händler, der noch einmal, ein letztes Mal versuchte, den Ton des friedlichen Abschiednehmens anzuschlagen. Malaparte antwortete nicht, Redl gestattete sich anstelle der Antwort ein Lächeln, das Hildegard jedoch auf sich bezog und erwiderte, als hätten sie sich beide *nicht jetzt* zum ersten Mal in ihrem Leben gesehen, sondern schon öfter, früher, gestern, voriges Jahr oder vor einer Woche. Der Geschäftsinhaber krallte in hilfloser Wut die Finger um seinen Hodensack, als wollte er sich an diesem emporheben, um seinen vor Zorn und Schmach hochroten Kopf in eine Höhe mit den blaßgesichtigen, sehnigen Offizieren zu bringen, die kaum zwei, drei Jahre jünger sein mochten als er; allerdings ließen die Fettwülste um Bauch und Hüften sowie sein rotes, pausbäckiges Gesicht ihn älter erscheinen, als er war. Unterdes war seine Frau in Ohnmacht gefallen. Niemand kümmerte sich um sie, dabei sank sie nicht still in sich zusammen, wie eine Diva auf der Bühne, wenn ihr nichts anderes übrig bleibt, sondern plumpste ganz anständig auf den Boden.

»Suliko! Kommst du?« fragte Malaparte, im Aufbruch begriffen.

»Ich heiße Hildegard, mein Herr! Aber ich komme mit Freuden mit, denn ich habe noch nie so anziehende, eigengesetzliche, freie ... und sich so natürlich benehmende Männer getroffen wie Sie. Meine Eltern liebe ich schon lange nicht mehr. Sie waren immer streng zu mir, aber diese Strenge hatte kein sinnvolles Ziel, dem zustrebend, mich unterwerfend, ich besser, anders, tüchtiger hätte werden können ... Nein! Es war nur eine nachgeäffte, leere Strenge! Was hätten sie, die reichen Bürger, die sehr reichen Bourgeois, die sie sind, anderes tun können als zumindest in der Erziehung ihrer Tochter – Schweiz, Paris, Reisen, das übrige, Übliche – die Aristokratie nachzuahmen! Einmal, meine Herren, bin ich in eine öffentliche Versammlung der

Sozialisten gegangen, auf die eine Diskussion folgte, und dort habe ich das alles über mich und meine Eltern erfahren.«

»Hildegard . . .«, ächzte der Instrumentenhändler.

»Wie gräßlich«, sagte Malaparte. »Sozialisten! Dabei sind Sie noch so jung, Fräulein, Sie täten besser daran, sich zuvörderst an einen Psychoanalytiker zu wenden und erst dann eine Massenpartei zu wählen und die Straßenbarrikaden . . . Nehmen Sie Ihre Mutter mit, gehen Sie beide zu einem Seelenarzt!«

»Sonderbar«, sagte Redl, und es blieb offen, ob seine Worte Malaparte oder dem Vater des Mädchens galten. »Ein marxistisches Bürgermädchen in Wien? Sie sind doch Juden, nicht wahr?« fragte er den Instrumentenhändler.

»Ja, mein Herr, wir sind konvertierte Juden katholischen Glaubens, wie so viele in Wien.«

»Warum haben Sie nicht mehr Sorgfalt auf die Erziehung Ihrer Tochter verwendet?« hielt Malaparte mit unbegreiflicher Hysterie und Zorn in der Stimme dem verdutzten Händler vor.

»Es ist zu spät!« rief Hildegard, als wollte der Vater sie jetzt in die Hände neuer Erzieher geben. Aufgeregt rang sie nach Luft, im Tor zur Freiheit hätte sie kaum glücklicher sein können, und trotzdem mußte sie schluchzen. Die beiden Offiziere standen wie Statuen vor dem schönen Wiener Mädchen.

War es echter oder gespielter Ernst, mit dem Malaparte den Oberst, dessen Blick über die schweren, alten Instrumente wanderte, fragte: »Ich weiß nicht, können wir überhaupt etwas zur Rettung dieses heruntergekommenen Mädchens tun?« Redl breitete die Arme aus. Zugleich stieg ihm, dem zweiundvierzigjährigen Generalstabsoberst Alfred Redl, dem aktiven Leiter und Befehlshaber der Abteilung der militärische Spionageabwehr und Kundschaftsdienst der *gemeinsamen* Reichsarmee, die direkt der Zuständigkeit des Oberst Urbanski und außer ihm nur noch zwei Männern, dem Generalstabschef von Hötzendorf und dem Thronfolger Franz Ferdinand, unterstellt war, das Rot in die Wangen wie einem Kadetten, dem eine Prostituierte etwas ins Ohr flüsterte, etwas, was gleichbedeutend war mit der Lästerung aller Tugenden. Redl stellte sich auf die Zehenspitzen. Im dynastischen Dialekt, in ausgesprochener »Wiener Süße« sagte er: »Wie schön, daß das Leben so kurz ist, daß wir uns selbst nicht erkennen können und auch andere kaum.« Malaparte blickte auf seine Taschenuhr, steckte eine duftende, türkische Zigarette in eine Elfenbeinspitze und steckte sie an; seine Miene war sorgenvoll, als wäre ihm die schwere Verantwortung, die er trug, bewußt geworden, und als wägte er nun ab, was er der gefallenen Hildegard Gutes tun könne. Er ging zum Telefon, wählte, und sie hörten, wie er sein Automobil vor den Eingang der vornehmen Instrumentenhandlung beorderte. Redl lauschte dem »Gespräch«, den knappen Anweisungen und beobachtete dabei Hildegard, die verwirrt-glücklichen Blicks auf die glänzenden hohen, bis zum Knie krummschaftigen schwarzen Stiefel des Obersten starrte.

»Hörst du, du Hildegard-Metze, wir spaßen nicht!« sagte Malaparte, als er vom Telefon zurückkam.

»Ich auch nicht!« rief das Mädchen, fauchte wie eine Katze, bleckte die schneeweißen Zähne und haschte mit den Fingern nach den Gesichtern der Offiziere.

»Brav!« sagte Malaparte. »Das ist ein Mädchen! Sie ist es wert, ganz oben auf der Leiter zu sitzen!«

»Oh!« rief Hildegard und machte einen Schritt über ihre ohnmächtig daliegende Mutter hinweg. »Aber glücklich möchte ich auf Ihrer Leiter nicht werden!«

»Möchtest du vielleicht leiden?« fragte Renzo Malaparte leise.

»Ja! Ja! Von Herzen gern!« zischte das überwältigend schöne, lockige Mädchen. »Nicht wahr, meine Herren, es wird wehtun?«

»Solltest du womöglich Jungfrau sein?« fragte Malaparte aufmunternd und heiter. Er biß sich auf die Unterlippe. Und musterte ein letztes Mal die sarkophagähnlichen schwarzen Klaviere, die dunkelbraunen Pianinos, die Cembali.

»Macht das etwas aus?« fragte das Mädchen in geheucheltem Erschrecken. Auch sie spielte hoch. Sie spielte, tollkühn dazu, mit den lebendigen, schrecklichen Statuen der beiden Offiziere.

»Wie alt bist du, kleiner Gepard?« fragte Malaparte gleichsam sanft wie ein Beichtvater.

»Noch keine achtzehn . . .«

»Zeig deine Brüste!« kommandierte Malaparte. Oberst Redl starrte derweil auf die ohnmächtig daliegende Mutter Hildegards, als blicke er mit seinen blauen Augen ins Leere.

»Gleich!« sagte die schöne Hildegard und schickte sich an, die Bluse zu öffnen. Ihr Vater wandte sich einem alten, in Brauntönen gehaltenen Gemälde zu, dem Porträt einer älteren Dame, vermutlich Hildegards frühere, zur Zeit ihres längst gelebten Lebens ähnlich ihrer Enkelin schöne Großmutter, eventuell Urgroßmutter, Ururgroßmutter.

Da traten die Polizisten ein, mit der der Vornehmheit des Ortes geziemenden Entschlossenheit, an ihrer Spitze Barner, der stellvertretende Polizeichef und Oberinspektor des I. Wiener Bezirks. Sie taten alles in allem zwei Schritte. »Polizeistreife: Achtung!« kommandierte Barner, als er Oberst Redl erblickte. Der nickte zu Barners Ehrenbezeigung. Oberinspektor Barner salutierte unangemessen, ja regelwidrig lange.

»Herr Oberst . . . Melde gehorsamst . . . wir konnten nicht wissen, daß Sie hier . . .«

»Macht nichts, Barner! Sie können gehen«, sagte Redl und, auf eine ernste, hier nicht zu verhandelnde Angelegenheit anspielend: »Sie verstehen die Situation, nicht wahr, Barner?«

»Vollkommen, Herr Oberst! Bitte um Erlaubnis, abtreten zu dürfen . . .«

»Gehen Sie, Barner, guten Dienst!«

Der Instrumentenhändler sackte auf einen Klavierhocker, ließ seinen feisten Unterarm auf die Tastatur plumpsen, seufzte tief auf und schloß die Augen. Draußen hörte man das gleichmäßige Brummen eines Automobilmotors.

»Kommen Sie, Fräulein!« sagte Malaparte leise zu Hildegard, die unaufgefordert Goethes vertonten *Erlkönig* sang und dazu – für die beiden Offizierstatuen? für die Uniformen? oder eher für sich selbst? – Klavier spielte.

Das Mädchen folgte den beiden weißbehandschuhten und schwarzgestiefelten Offizieren. Polizeioffizier Barner salutierte nochmals und kommandierte seiner Streife: »Habt acht!«, als der Generalstabsoberst ihr starres Spalier abschritt. Malaparte ging zu dem senfgrünen Lancia und schickte – auf Italienisch – den Chauffeur weg, nachdem er ihm befohlen hatte, den Motor abzustellen und die Kurbel herauszulegen. Der Chauffeur tat dies, salutierte und verschwand auf der von Gaslaternen beleuchteten Straße. Die dunkel gekleidete, schlanke Hildegard wartete augenscheinlich auf »Abfertigung«.

»Wien!« rief Malaparte dem Mädchen zu, als hätte er nicht den Namen der Stadt, sondern den Hildegards ausgesprochen.

»Nun, meine Herren?« fragte Redl Malaparte und das Mädchen zugleich.

»Großartig!« sagte Hildegard.

»Immer mit der Ruhe! Wenn ich nur wüßte, was wir mit Ihnen anfangen sollen?« fragte Malaparte düster.

»Das wird sich zeigen, oder?« sagte Hildegard mit einem Blick auf ihre ohnmächtige Mutter.

»Kann sein ... kann aber auch sein, daß ich Sie mächtig verprügeln werde!«

»Ich mache alles, was Sie mir befehlen!«

»Gut, gut, das kenne ich«, seufzte Malaparte, »bloß ... dieses alles, das ist noch nicht alles ...«

»Ich weiß!« verkündete Hildegard energisch und selbstbewußt. Redl lachte. Das wußte auch er nur zu gut.

»Na gut! Nehmen Sie!« sagte Malaparte und drückte dem verwöhnten Wiener Mädchen die Kurbel in die feinen Hände. »Na los! Ab zur Motorhaube, starten Sie den Wagen!«

»Heilige Mutter Gottes! Wie muß ich das anfangen?«

»Da vorn ist ein Loch, Sie bücken sich, stecken die Kurbel hinein und drehen mit voller Kraft!« Die beiden Offiziere nahmen auf den Vordersitzen Platz, das Mädchen plagte sich mit der Kurbel, endlich sprang der Motor an, Malaparte gab Gas. Hildegard setzte sich auf den Rücksitz, die Kurbel behielt sie im Schoß.

»Zum Hotel Austria!« rief Major Malaparte aus. Er fuhr los. Fuhr schnell. Als sie in die breite, tiefe Allee einbogen, brüllte er aus voller Kehle: »O Leben, Leben, wieviel schöner als du ist der Tod!«

Im Hotel Austria, im verspiegelten und tapezierten, mit Gemälden und Stehlampen, mit Spitzenvorhängen, weichen Teppichen und seltenem, teurem Mobiliar eingerichteten Appartement, knallten die Sektkorken. Hildegards Locken fielen in offenen Spiralen locker auf die nackten Schultern. Das eine oder andere Möbelstück wirkte bizarr wie die Dekoration einer komischen Oper, die gewaltigen Standspiegel hingegen vervielfachten und weiteten den Raum, gaben alles wieder. Das Mädchen tanzte, drehte sich, wirbelte zwischen den beiden Offizieren hin und her, der Kristallkelch in ihrer Hand blitzte wie eine winzige, gefährliche Waffe. Beständig bat sie, ihr nachzuschenken. Was die Herren taten. Eine Weile darauf dämpfte Malaparte die elektrische Beleuchtung, er zündete Kerzen wie Fackeln an und forderte das Mädchen zum Tanz auf; beim Herumwirbeln entkleidete er sie fast. »Sie . . .« Hildegard kicherte, sie war unfähig, auch nur einen Satz zu beenden. Ab und an sagte sie einfach: »Ich . . .« Dann forderte Redl sie auf. Bald wiegten sie sich zu dritt im Rhythmus der Grammophonmusik. Späterhin tanzten der Generalstabsoberst und der Major, Hildegard saß im Türkensitz dabei und klatschte Beifall. Jetzt war sie es, die die Gläser füllte. Sie erschrak, als sie bemerkte, daß die beiden Offiziere schon beinahe nackt waren, allein ihre Handschuhe leuchteten, weil es in den Zimmern immer dunkler geworden war. Die völlige Blöße – kurz darauf – entsetzte sie heftig, vor allem die eigene, als sie im Standspiegel ihre dunkle, herzförmige Schambehaarung erblickte.

Bald sich – allein –, bald alle drei vor Augen, preßte sie ihren Leib an den des einen und dann des anderen Offiziers. Redl schlang sich Hildegards schwarzes Kleid um die Hüften und stellte sich vor einen Spiegel, der die Ausmaße einer Flügeltür hatte. Er salutierte. Hildegard eilte mit einem Glas Sekt zu ihm. Redl leerte es und studierte weiter seine Züge – wie das Bild eines Bildes – im Spiegel, ohne sich darum zu scheren, daß das Mädchen dasselbe Bild bestaunte, eng an ihn geschmiegt, ihren Arm unter dem seinen, ihn fest umfassend, splitterfasernackt.

»Wie schön ihr seid!« rief Malaparte.

»Wirklich?« fragte Redl düster.

»Nur du, Alfred . . .«, sagte Malaparte und zerrte das Mädchen weg, das sogleich wieder vor den Spiegel kroch, auf allen Vieren.

»Soll ich das Weib niederstechen?« fragte Malaparte, der sah, wie sich Redls Laune verfinsterte.

Hildegard lachte. »Ich bin Jungfrau!«

»Laß ihr das Leben, Renzo. Sie ist noch so jung.«

»Paktiert aber schon mit den Sozialisten!«

»Na und? Sehr richtig! Ab sofort wird sie regelmäßig zu den Versammlungen gehen und mir berichten, was die jüdischen Agitatoren des Proletariats Seiner Majestät planen!«

»Genial, Alfred!« bekannte Malaparte.

»Zumindest wird mein Leben Ziel und Sinn haben, meine Herren!« sagte Hildegard glücklich und stolz. Redl lachte unheildrohend, Malaparte tat es ihm nach. Alsdann rief er aus: »Spielen wir weiter!« Redl nahm Malaparte beiseite.

»Renzo, sollte dich das Fahren derart in Anspruch genommen haben, daß du nicht bemerktest, wie . . . deinem Wagen ein Automobil folgte, bis zum Hotel Austria?«

»Tatsächlich? Ncin. Das habe ich nicht bemerkt.«

»Der Mann, der versteckt hinter dem Rücken des Chauffeurs saß, drückte jedesmal auf den Auslöser seines Fotoapparates, wenn wir an einer Laterne vorüberfuhren, deren Licht hell genug war.«

»Come mai . . .«, sagte Malaparte, der sich unterdes Hildegards Flechten um den Unterarm gewunden hatte; kraftvoll riß er sie – an den Haaren – auf ein Liegebett nieder und warf sich auf sie.

In den folgenden Tagen ritten Redl und Malaparte hinaus in die Wälder der Wiener Umgebung, maßen sich im Fechten, besuchten das Bad und schwammen um die Wette. Besonders lobte Redl seinen Gefährten für die Handhabung des Degens.

»Die Italiener waren im Degenfechten immer ausgezeichnet ... auch der unvergeßliche Nedo Nadi in der letzten Olympiade!«

»Im Säbelfechten haben die Ungarn die ersten drei Plätze errungen! Ich war in Stockholm, Alfred. Fuchs, Békéssy und Mészáros: sie haben alle geschlagen! Auch in der Mannschaftswertung waren sie die besten, gefolgt von Österreich.«

»Und im Turnen! Alberto Braglia, Adolfo Tunesi! Da haben deine Landsleute die Palme des Sieges errungen! Ja, Italien, das ›junge Italien‹!«

»Alfred«, stellte Malaparte fest, »du bist ein Meister im Fechten, im Schießen und ein ausgezeichneter Reiter. Es würde mir schwerfallen, eine Waffe zu wählen, wenn wir uns duellieren müßten!«

»Ich könnte dich nie töten, Renzo«, verkündete Redl auf einem Ausritt, lächelnd, in sanftem Ton, als der Tag von Malapartes Abreise sich näherte. Sie ritten schweigend durch das hohe Gras. »Ich kehre ungern nach Rom zurück«, erklärte Malaparte. Redl schwieg, doch dann bemerkte er: »Ja, mit dem Umweg über Berlin mag es anstrengend werden ...« Am letzten Tag aßen sie zusammen zu Mittag. Redl bestellte die verschiedenen Gänge mit einer gewissen Melancholie und rührte kaum etwas an.

»Du bist kein Italiener, Renzo. Wer bist du? Ich weiß: ein Soldat. Aber welcher Armee, Renzo? Sag mir: was sind deine Lieblingsblumen? Ich möchte dir Blumen schenken, hier, an diesem Tisch, zur Erinnerung an diesen Tag.«

»Rosen ... nein. Chrysanthemen!«

»O ja!« Redl winkte den Kellner heran und bestellte die Blumen.

»Ich bin tatsächlich kein Italiener, Alfred ... Alfredo. Ich bin ein römischer Soldat wie du, ein römischer Legionär, zweitausend Jahre alt, vielleicht aus dem Heer des Scipio Africanus ... wie du! Auch wir haben ein Karthago zu zerstören! Seit etwa zweihundert Jahren befinden wir uns ununterbrochen im Kampf, wir, die Soldaten des Westens. Ist es ein Wunder, daß wir müde sind? Das Ziel, die Idee – sie sind unverändert. Das Reich! Der Westen! Rom, Wien, Köln, Bonn, Amsterdam, Aachen, Bamberg, den Haag, Utrecht, Heidelberg, Bayreuth, Florenz, Oxford, Paris, Dürers Nürnberg ... Es ist schön, hier zu sitzen, mitten im Winter unter Palmen und Oleandern, und es war schön, mit dir durch die Wälder zu galoppieren, im Gras zu sitzen und die Waldblumen zu betrachten wie einst Walter von der Vogelweide. Das purpurne Knabenkraut zum Beispiel, dessen Nektar die jungen Griechen und Griechinnen vor der Liebesumarmung und beim nächtlichen Tanz am Meeresufer tranken ... Er kühlt und erhitzt zugleich. Auch jetzt, Alfredo, fühle ich mich, als schritte ich mit dir über Asphodeluswiesen ... Affodill – die Totenblume der alten Griechen, die wir seither ebenfalls beweinen: Platon und Alkibiades, Empedokles und Leonidas, Achilleus, Hektor, Themistokles, Zenon, Pythagoras ...«

»Wer bist du?« fragte Redl schroff. (Wenige Tage später wußte er es.)

»Ein Soldat wie du, Soldat seit zweitausend Jahren. Genügt das nicht?«

»Wer bist du, Liebster?« fragte Redl mit düsterem, unheilverkündendem Spott in der Stimme.

»Dein Liebster, Alfred, ich habe dir geantwortet. Dein Geliebter. Das bin ich, im unendlichen Lager ebenso wie im nicht vollendbaren Feldzug.«

»Weißt du, was ich jetzt möchte, Renzo? In einem zweisitzigen Hannover CL-III-Jäger mit dir über das Ligurische Meer fliegen, hin zu der grottenreichen Felseninsel von Gallinari, und mit brennender Maschine in die azurnen Wellen stürzen, bevor wir an die Felsen prallen, an deren steil abfallender Wand die Möwen so wunderbar geschickt ihre Eier ausbrüten! Sie brauchen keine Nester! Keine waagerechte Fläche! Die Möweneier bleiben dicht an der Felswand liegen, sie rollen nicht herab.«

»Interessant. Wie du die Vögel kennst und die Flugzeuge, von den Inseln ganz zu schweigen, Alfred! Haha! Nicht wahr, ich habe dich recht verstanden: du sprachst von der Felseninsel von Gallinari?« fragte Malaparte. Jetzt verfiel auch er in einen harten und spöttischen Ton. »Solltest du es in den französischen Zeitungen gelesen haben? Sicherlich. Ja. Aber womöglich ist es eine ›Ente‹, keine Ahnung. Die Schreiberlinge der Pariser Revanchisten behaupten, italienische und französische Fischer, Perlentaucher und bezahlte Forscher hätten in den Unterwassergrotten der Felseninsel von Gallinari angeblich deutsche und eventuell österreichisch-ungarische U-Boote entdeckt, in einem Versteck. Den Gerüchten zufolge kauften sie bei den Balearen-Inseln, zwischen Ibiza und Cabo de Caballéria, Öl von Schmugglerschiffen oder von libyschen und tunesischen Dampfbarkassen, die als Fischerboote getarnt sind . . . Die Tauchboote der Admiräle Hugo von Pohl und Anton Haus fanden unter den Klippen von Gallinari die ideale Basis! Wußtest du das? Du hast sicherlich gelesen, daß französische Schnellboote eben über Gallinari das 1800 m³ große Zwergluftschiff, das der Augsburger Riedinger-Konzern auf Bestellung eines fiumeischen ungarischen ›Klubs‹ lieferte, zur Landung gezwungen haben. He! Davon waren sogar die Boulevardblätter voll! Apropposito! Wenn schon . . . warum möchtest du ausgerechnet mit einer Hannover CL-III brennend in das Ligurische Meer stürzen? Den Mitteilungen der British Army Dispatch zufolge ist diese Maschine bei den deutschen Luftstreitkräften noch gar nicht in Dienst gestellt . . . sofern sie überhaupt ein paar Probeflüge absolviert hat. Natürlich, der 160-PS-Daimler-Motor ist ›Dynamit‹ in der Aviatik. Nicht zu vergessen den Aktionsradius von 220 Meilen und die beiden Maschinenkanonen an Deck, von denen eine in die Angriffsrichtung der Maschine gedreht und zielgerichtet abgefeuert werden kann . . .«

»Erstaunlich, deine aviatischen Kenntnisse, Renzo . . .

Vielleicht sollte ich dich lieber hier an Ort und Stelle niederschießen und deine Leiche – zerstückelt, natürlich – im Virginal versteckt teils nach Rom, teils nach Berlin schicken?«

Malaparte lachte. Und zündete sich eine Zigarette an.

»Ob ich dich wohl wiedersehe, lieber Renzo? Vor allem, wenn ich dir verrate, daß die deutschen Luftstreitkräfte die Hannover CL-III bereits in Dienst gestellt haben, und daß Seine Majestät für die Seeaufklärung und zur taktischen Erprobung des Flächenbombardements zur See drei solcher Kampfflieger für die Flotte des Reiches erworben und für den Drachen Daimler-Motore bestellt hat? Das Geschwader ist bereits in Pola gelandet!«

»Was interessiert dich, Alfred, als Gegenleistung?«

»Ach was ... Das ist kein Kriegsgeheimnis, ich bitte dich.«

»Verblüffend. Deiner Meinung nach sind die Engländer also derart uninformiert?«

»Man kann auch so tun, nicht? Als Seine Majestät einmal geruhten, bei einem Manöver der Reichsflotte der Monarchie eine Flottenschau abzuhalten, äußerte er, während die Geschütze donnerten und die Kreuzer sich in künstliche Rauchvorhänge hüllten, seinem Flügeladjutanten gegenüber: »Das ist die Adria ... Miramare ... Sissi ... Elisabeth ... Sie liebte die Adria. Ich liebe Elisabeth. Also: die Adria bleibt österreichisch, egal, um welchen Preis, lieber Kaunitz! ... Im großen Qualm merkte der Kaiser nicht, daß nicht der zweite Flügeladjutant Kaunitz neben ihm stand, sondern der italienische Marineattaché. Aber wer sieht schon in die Zukunft? Das ist es: wer sieht bei solch großem Qualm noch etwas!«

»Du bist niedergeschlagen, Alfred. Krieg. Ja. Eine Armee verschwindet. Eine andere tritt an ihre Stelle. Diesbezüglich sind die Beispiele der Weltgeschichte sehr beruhigend. Wir sind römische Legionäre, Wachsoldaten eines zweitausendjährigen Castrums. Lache, Centurio! Ist es letzten Endes nicht egal, auf welcher Seite wir stehen? Wichtig ist nur, daß wir einander nicht überleben! Die nächstfolgende Dekade gehört anderen! Die jetzige gehört uns. Liebst du Puschkin?«

»Ich kenne seine Gedichte nicht«, antwortete Redl nach längerem Schweigen.

»Lermontow? Er war Soldat wie wir. Und er starb im Duell wie Puschkin. Warum duellierten sie sich wohl, warum starben sie? Welcher Ehrenkodex kann stärker sein als das Leben, als die bloße Existenz, als Flucht und Überleben, selbst dann noch, wenn der Weg aus den schönen Schlössern, den Schlössern wunderschöner Aristokratinnen hinunterführt – ganz nach unten! – bis in die letzte Kate hinein, in ein einsames Gehöft am Ende der Welt, wo man allein ist, wo man nichts und niemand mehr hat? Die Kaste! Die Kaste, der wir angehören, ist stärker als das Lebensgefühl, als der Lebenswille, stärker als das Bewußtsein, daß *wir auch morgen sein werden, wenn wir heute sind*! Die Kaste, die uns Soldaten sogar vor den Frauen beschützt! Lermontow, der Gardeoffizier der russischen Kavallerie! Er ist früh gestorben. Scheinbar steckte eine Liebesaffäre dahinter ... In Wahrheit floh er vor den Frauen! Ebenso wie Puschkin, Byron, Shelley ... Sie haben ihr Leben ausgekostet, mehr als die, die hundert Jahre alt werden! Und was hatte das für einen Sinn? Würde die im Zeichen der bürgerlichen Moral erzogene Gesellschaft fragen ... Nun! Es hatte keinen! Aber sie begreifen natürlich nicht, daß auch das einen tiefen Sinn haben kann. Denn warum wollen wir wohl – noch dazu auf welcher Grundlage! – unserem Leben einen Sinn und ein Ziel geben, unbedingt und mit aller Macht? Die Soldatenkaste verzichtet darauf! Oberst Alfred Redl, tauschen wir die Uniform!«

»Signor maggiore Renzo Buona ... Malaparte also, einmal können wir vielleicht auch die Uniform tauschen, aber jetzt noch nicht«, sagte Redl mit einem verschleierten, dennoch grausamen Lächeln auf den Lippen. »Warten wir ab, vertrauen wir auf den Zufall, tun wir um Himmelswillen nicht alles selbst in diesem unserem Leben! Ich schwöre dir: ich werde allmählich müde ... Ja! Ein Duell! Hat nicht auch Lassalle sein Leben im Duell gelassen? Hat auch er zur ›Kaste‹ gehört?«

»Der Fall liegt anders. Lassalle verliebte sich in die Tochter eines bayrischen Botschafters ... Lassalle: der jüdische Ritter! Das *in dubio pro reo* steht für seinen Fall nicht.«

»Er hat sich sogar Fürst Bismarck widersetzt!«

Malaparte lächelte. Und bestellte roten Ungarwein. »Wie viele einsame Herren hier in diesem Restaurant sitzen und wie wenig Eheleute«, stellte Redl fest, als sie anstießen. Malaparte sah sich um.

»Ich reise tatsächlich über Berlin nach Rom. Woher weißt du das?«

»Oh, komm nur gut an, Renzino mio! Sollte ich Angst um dich haben? Sollte ich um meinetwillen Angst um dich haben?«

»Es ist nicht wichtig, daß der Mensch lebt, Alfred ... Sooft ich in Preußen bin, gehe ich zu dem einsamen Grab am Ufer des Wannsee, zum Grab Heinrich von Kleists.«

»Ruht seine Freundin, die den Augenblick des Todes mit ihm teilte, neben ihm?«

»Nein! Die Familie Kleist, besonders die in ganz Preußen ob ihrer Schönheit berühmten blonden älteren und rothaarigen jüngeren Schwestern, hauptsächlich aber seine angebetete rotblonde Kusine, hätte nie zugestimmt, daß die Frau eines einfachen subalternen Beamten, die in Frankfurt vor dem preußischen Leutnant Kleist auf die Knie fiel und ihm, dem trefflichsten aller Deutschen, dem Dichter, Dramatiker und Soldaten, ihre Liebe gestand ... kurzum, daß diese ohnehin todkranke Frau, die Kleist den Weg zum Tode wies, die Frau eines Beamten, an der Seite ihres geliebten Heinrich zu Staub ward! Diese Kusine! Kleists einzige Liebe! Ihre Leidenschaft hat sich niemals erfüllt. Oder haben wir nur nicht erfahren, was sich die beiden erlaubten? Bei Kleists Begräbnis war nur diese Kusine zugegen. Und einige Regimentskameraden; weil der König die dem Offizier zustehende Trauerfeier nicht gestattete, standen die alten Kameraden am Grab Spalier und schossen aus ihren Handfeuerwaffen Salut. Es heißt, die Kusine habe sich bald nach der Tragödie in ein Kloster zurückgezogen.«

»Kleist ...«, sagte Redl sinnend. »Irgendwo habe ich gelesen, daß man ihn wegen einer Reise nach Paris in ganz Preußen für einen Landesverräter hielt, für einen Spion Napoleons ...«

»Wie konnte der Mann, der den ganzen Preußischen Feldzug hindurch gegen Napoleon kämpfte, ein Vaterlandsverräter sein? Der vor seinem Tode seiner Kusine zum Abschied schrieb: *Die Wahrheit ist, daß mir auf Erden nicht zu helfen war* und: *Ein Strudel von nie empfundner Seligkeit hat mich ergriffen* Wie hätte Kleist ein Vaterlandsverräter sein können? Er hatte ja kein Vaterland! Er glaubte nur, eines zu haben ...«

Redl ließ seinen Blick über die Tische des Restaurants schweifen, über die vielen allein oder zu zweit dasitzenden männlichen Gäste. Er drehte sich sogar um, um zu sehen, wer hinter ihm saß.

»Alfred, hast du Angst?«

»Was ist das: Angst, Renzo?«

Als Redl Katalin fragte, wo, wie und bei wem sie Renzo Malaparte kennengelernt hatte, überraschte ihn ihre Antwort nicht: ihr Bruder Christoph hatte ihn ihr vorgestellt, in Begleitung des Hauptmanns Claus von Eckern-Freyberg. Letzterer hatte schon als Kadett, während ihrer Dienstzeit beim Görzer Küstenschutz-Wachregiment und davor, in den galizischen Garnisonen, mit Redl rivalisiert und wurde dann zum offenen Feind. Eines jedoch erfuhr Redl erst viel später – als sich auf dem Webstuhl der Ereignisse die einzelnen Fäden zu einem immer erschreckenderen Muster verwoben –, daß Renzo Malaparte, alias Udo von Usedom, Rittmeister des preußischen Garderegiments, kurz, nachdem sein Zug den Westbahnhof verlassen hatte, in Krems bereits ausstieg, um sich mit dem Christoph Baron von Kubinyi und Claus von Eckern-Freyberg zu treffen und von den Tagen, Abenden und Nächten Bericht zu geben, die er in der Gesellschaft des Oberst Redl verbracht hatte, wobei er hören mußte, daß die Aufnahmen, die Eckern-Freyberg vom Automobil aus gemacht hatte, nicht gelungen waren, obwohl er sich jedesmal, wenn sie auf dem Wege zum Hotel Austria an einer etwas heller strahlenden Straßenlaterne vorüberfuhren, aus der Deckung wagte. Redl hatte Renzo Malaparte auf den Bahnhof begleitet. Als der Zug anfuhr, langsam aus der gigantischen Halle, die der Hauptstadt des Reiches würdig schien, hinausrollte, schrieb Malaparte mit der Fingerkuppe auf die beschlagene Scheibe des Coupéfensters – nicht ohne vorher den weißen Handschuh abgestreift zu haben: »Lieber Freund, sei nicht traurig, diese Welt ist nicht wert, was die Vanderbilts, Morgans oder Rothschilds für sie tun, sie lohnt nicht das beispiellose Risiko unserer Kaste: auf jede Überraschung vorbereitet sein, selbst dann, wenn wir wissen, daß es für uns keine Überraschungen gibt. Dein Renzo.« Redl lief mit dem Zug mit, er entzifferte die Spiegelschrift und winkte zum Abschied, die beschriebene Fensterscheibe entschwand zusammen mit dem, der sie beschrieben hatte.

Redl kehrte heim ins Hotel Klomser. Der Hotelbesitzer meldete ihm, eine Dame wünsche ihn zu sprechen. Der Oberst war verblüfft, als Hildegard, die Tochter des Instrumentenhändlers, sein Appartement betrat.

»Sie wünschen, mein Fräulein?« fragte er leise, mit schmalen Lippen und zusammengebissenen Zähnen.

»Ich liebe Sie. Darum bin ich hier. Ich dachte, Sie wollten mir einen Auftrag erteilen ... häufiger zu den Versammlungen der Sozialisten, der Kommunisten zu gehen, Ihnen von den Scheußlichkeiten dort zu berichten. Ich erwartete, Sie würden mich rufen lassen, Sie taten es leider nicht. Also bin ich gekommen, wie Tatjana zu Onegin«, wisperte Hildegard.

»Sie sind neurotisch! Ich werde Sie auspeitschen lassen, wenn Sie nicht gleich von hier verschwinden!«

»Auch Margarethe von Navarra wurde ausgepeitscht ... und die Heilige Katharina von Siena!«

»Bitte, Fräulein, gehen Sie ... Pardon, ich wollte sagen: scheren Sie sich von dannen, legen Sie sich in Ihres Vaters Geschäft in ein Klavier, mit einem Stück Eis unter dem Rücken und einem auf dem Bauch. Oder reiten Sie eine Viola da Gamba! Kommen Sie mir nie wieder unter die Augen! Das empfehle ich Ihnen in ihrem eigenen Interesse.«

»Ich liebe Sie! Mein Herr, ich habe noch nie jemanden geliebt.«

»Sie Unglückswurm! Ich lasse Sie wegbringen, wenn Sie nicht freiwillig verschwinden!«

»Ich möchte Ihr Dienstmädchen sein!«

»Wirklich? Dann putzen Sie mir die Stiefel!«

»Sofort!« sagte das Mädchen, ging zum Vorzimmerschrank, auf den Redl gezeigt hatte, nahm die Schuhbürste heraus, einen Lappen, rotbraune Wichse und Öl zum Polieren, hockte sich zu Redls Füßen und machte sich ans Werk. Sie arbeitete schnell und sachkundig, pustete dabei ein paarmal und tat, als sie fertig war, alles wieder an Ort und Stelle; die schmierig-öligen Hände wischte sie teils an ihrem Gesicht, teils an ihrer eleganten Bluse ab, das Badezimmer des Obersten wollte sie nicht betreten.

»Meine Geduld ist erschöpft. Bitte, gehen Sie.«

»Ich . . . Für Sie bin ich zu allem bereit!«

»Ich besitze noch weitere sechs Paar Stiefel, Fräulein!«

»Dann werde ich auch sie putzen, mein Herr!«

Redl musterte das Bürgermädchen mit den schmutzigen Händen und nickte zustimmend, womit er endlich die Erlaubnis zum Stiefelwichsen gab. Von Stund an erschien Hildegard einmal wöchentlich bei ihm und verrichtete zusätzlich auch kleinere Dienstleistungen. Redl zahlte dem Mädchen jedesmal eine kleine Summe mit dem Hinweis, sie solle sie in die Parteikasse der Sozialisten geben.

Als Redl in Abbazia eintraf, schlenderte er gemächlich die Allee entlang, sah und fühlte: hier war alles beim alten, die Gebäude ebenso wie die Zypressen, das Aquamarin der Adria und das Auflaufen der Wellen auf den Strand, ihr Zurückfluten in die Blau mit Weiß zermahlende Marmormühle der offenen See. Er dachte an Otto Wagner, den Architekten: ». . . nichts der Form zu opfern . . . , der wahre Förderer fördert die lebende . . .« In den Jahren, als er beim Flottennahen Küstenschutz-Garderegiment diente, machte Redl häufig Ausflüge in die Städtchen der einst vom geflügelten Löwen beschirmten Levante: nach Lovrana, Múggia, Capodístria, Duino, Volosca, Pola und Fiume, aber am häufigsten nach Abbazia, wo er mal im Hotel zur Krone, mal im Bellevue abstieg. Redl liebte es, im »Raum«, in »Räumen« zu denken, einfacher gesagt: er liebte es, sich in *Orten* zu definieren, zu analysieren, in Orten, an die ihn Ereignisse banden, die eine Wende in seinem Leben brachten, selbst dann, wenn diese Bande, diese Bindungen im Laufe der Jahre, im Zuge seiner wachsenden Macht an Bedeutung verloren, ihr einstiges Gewicht sich aus der Realität gelöst hatte und in der Gewichtslosigkeit der Erinnerung schwebte, in diesem lockeren und dennoch drückenden Konglomerat, Klimts Polypen gleich, dessen transparentes Silber der Meister nach der individuellen Abendkleid-Kreation Katalins schuf. Der Polyp der *Jurisprudenz* und Katalins Kleid ... ein gemeinsames Bild. Der riesige Polyp, der bedrohlich langsam aus dem schwarzen Meer herauskriecht – sein phosphoreszierender, triefender, glänzender Leib (nur ein leer flatterndes weibliches Kleidungsstück? Oder ein sich mit der Sicherheit eines Automaten näherndes Meeresungeheuer?), die sich krampfhaft schlängelnden Muskelstränge, die armdicken Tentakel mit Saugnäpfen, groß wie die Suppenkellen in den Kasernenküchen – er verkörpert das Gewissen ... Schwarz, Gold, Silber und Blutrot. Hier in Abbazia, am winterlichen Meer, dominiert das Blau: das schlafende Azur und das Ultramarin der Perspektiven. Noch als Hauptmann des Görzer Eliteregimentes hatte Redl, sooft er nach Wien fuhr, Klimts Atelier aufgesucht. In der Regel begleitete ihn Katalin, sofern die Baronesse nicht, als des Meisters Modell, schon im Atelier weilte. Diese Zeiten – mit Gustav Klimt, dem verhätschelten Liebling der Wiener Damengesellschaft im Mittelpunkt – schienen sich in einem abgeschlossenen Raum zu befinden, in der Halle einer längst vorübergegangenen Ausstellung, gesammelte »Bilder« ohne Titel, »Katalog« und Rahmen. Das Meer wirkte auf Redls Sinnen besonders elementar ein: er spürte die Wirklichkeit eines Raumes von roher, wilder, erster, allererster Größe, seine vormenschliche Feierlichkeit. Er liebte es, in den Alleen am Meeresufer, in den Propyläen spazierenzugehen, die ihn zu den antiken Tempeln, zu den

Ruinen der uralten Heiligtümer führten, ins Nichts also, in den unbeschriebenen und zeitlosen Raum, in den still zu Staub werdenden Raum anderer Menschen, die vor langer Zeit lebten. Wie überzeugend hatte das der Wagner-Schüler Olbrich ausgedrückt: ein Gebäude ist schlecht, wenn es lügt, wenn es seinen Zweck verbirgt. Auch das Meer ist ein Bauwerk, sann Redl, aber das Meer lügt nicht, obwohl es, wie der gesamte Ozean, keinen Zweck hat, ebensowenig, wie seine Strudel, Wogen und Springfluten, wie Ebbe und Flut, Dünen und Inseln ... Nur der Mensch »findet hier sein Ziel«, er glaubt an dieses Ziel, obschon er einzig und allein die Andacht und keine Ziele suchen sollte auf den langen Spaziergängen am Meeresufer, auf den Molen, an den Decks der Schiffe und an den winterlichen menschenleeren Stränden ... Die Steinsäulen, Zypressen und Pavillons, die zu den Lauben hin führenden Spalierbäume, die weißen Holzbänke, die Mole, die Strandpromenade, die Mietsdroschken vor dem Café Quarnero, die Oleander und Marmorbrunnen und jenseits davon, draußen auf dem Wasser, die Segelboote, die trocknenden Netze, in den Körben zuhauf gestapelten Fische, Krebse, Langusten, Hummer, Muscheln, Tintenfische, die Kräne am Kai, die Ballen, Seile, Fässer, Kisten, das niedrige Wolkenfundament des winterlichen Meereshimmels, der immergrüne Ufergarten um die Sankt-Jakobs-Kirche herum, darunter die in die murmelnden Wellen schneidenden Felsen, die Reichen der Kähne und Pfähle, die Kurhotels des südlichen Strandes mit den weißgekleideten, weiße Häubchen tragenden Schwestern und den genesenden Damen und Herren, die Kakteen des Nordstrandes, die Stümpfe der im winterlichen Bora-Sturm abgedrehten Palmen, die Hotelpaläste und Villen der Reichsstraße, die draußen, auf den wogengewaschenen Felsen stehende weiße Madonnenstatue, das muschelfarbene Gebäude der Villa Angiolina im schwarzen Schatten der immergrünen Gewächse, die sich über die Palmengruppen erhebenden, in gläsernen Glocken endenden weißen Laternenmasten, die imperiale Würde der Villa Augusta, ihre sonnenverblichene, helle Fassade und beschirmte Terrasse, die Pinien der Pontica-Promenade: alles war wie früher, vor zehn, zwölf Jahren, als Redl mit seinen Kameraden aus der Görzer Garnison einen Ausflug nach Abbazia machte, als er sich hier mit Katalin traf, als er mit seiner Frau (die ihm Katalin – als weichen Schild und hartes Kissen – vorgestellt hatte und die Katalins Kusine war, *Blut* von Katalins Blut), der Baronin Wilhelmine Wenckheim von Schweidnitz, seine kurze »Alibi«-Hochzeitsreise unternahm, hierher, um nach kurzer Zeit getrennt weiterzureisen, Wilhelmine in die Schweiz, ins Ober-Engadin, er selbst hingegen zurück nach Wien. Jetzt, Ende Januar des neuen Jahres, 1913, promenierten hauptsächlich Damen und Herren über die Abbazischen Lungomare, die in der salzigen, jodhaltigen Seeluft ihre Atemwegserkrankungen kurierten, und Liebende – inkognito –, die aus fernen nördlichen Orten, aus Libau, Königsberg, Rügen, Kiel, Lübeck und Emden, herunter nach Süden gekommen waren, um einige Tage und Nächte zusammen zu verbringen, Frauen, wie Effi Briest eine gewesen sein mag, und Männer, wie der am Strande der Ostsee im Duell gefallene Major Crampas. Der Oberst traf Katalin in der palmengeschmückten Säulenhalle des Hotels. Lächelnd begrüßten sie einander, und Katalin stellte fest, daß Redl sehr abgenommen hatte. »Leider habe ich sehr zugenommen«, fügte sie ärgerlich hinzu, ging aber sofort auf Redls Vorschlag ein, einen langen Spaziergang auf den Uferwegen zu unternehmen, da »Gehen schlank macht; also gehen wir ein Stück«. – »Ja!« – »Zu den alten Plätzen.« Es war typisch für Katalin, daß sie – welche Zeit seit ihrer letzten Begegnung auch immer verstrichen war – stets redete und sich benahm, als wären sie unlängst zusammen gewesen, anderen Orts oder eben hier.

»Ich freue mich, Redl, daß du auf mein Telegramm hin unverzüglich erschienen bist!« Sie gingen auf die dunkle Reihe der Zypressen zu. Die entgegenkommenden Paare schienen sich zu einem großen Gruppenbild in der Dämmerung zu versammeln: allesamt fremd, einander unbekannt und dennoch gleich, angeglichen dem abendlichen Schauspiel am Meer.

»Ich habe Christoph getroffen ... Wir sprachen von dir. Ich sagte ihm, mein Ziel sei, euch auszusöhnen.«

»Wir haben uns niemals zerstritten, Katalin, das versuche ich dir schon seit längerem klarzumachen.«

»Klimts Meinung nach ähneln wir uns immer noch sehr, Christoph und ich. Aber mein Bruder weigert sich, Klimt als Aktmodell zur Verfügung zu stehen, und Männerporträts malt Klimt nicht! Wenn er überhaupt einen Mann malt, dann mit gesenktem Kopf, gesichtslos. Aber davon wollte ich nicht sprechen! Sondern davon, daß Christoph proponierte, ich solle dich bitten; ihm zufolge wärst du bereit, Klimt für einen Akt Modell zu stehen.«

»Richte Christoph nächstens aus, ich halte seine Figur für geeigneter. Und noch etwas: er möchte im Pester Offizierskasino besser auf seine Worte achten.«

»Augenblicklich hegt er keinen Groll gegen dich.«

»In Pest hat er, betrunken natürlich, vor ungarischen Offizieren von Honvéd-Landwehr erzählt, ich hätte besser daran getan, denselben Weg zu wählen wie mein Vater, statt die Uniform der Armee anzuziehen. Nun denn, Katalin: was will er? Soll ich ihn niederschießen? Soll ich deinen Bruder niederschießen?«

»Jetzt sagte er im Zusammenhang mit dir lediglich, ›die Wogen würden sich bald glätten‹, wobei er noch erwähnte, du hättest über die Stränge geschlagen, man rede in ganz Wien über dich und über einen gewissen ... ›italienischen Offizier‹ ... und eine Frau namens Hildegard.«

»Lassen wir das, Katalin. ›Die Wogen werden sich glätten‹, da hat er sicher recht.« Unterdes war die Zypressenallee vor ihnen zu Ende, sie hatten die Felsen erreicht, die hoch anbrandenden Wellen. Katalin erschauerte, sie schaute in das murmelnde, grollende blaue Element, als betrachtete sie ein Gemälde oder als sähe sie gar nichts vor sich. Sie schaute in das stürmisch bewegte, wallende Meer wie ins Nichts, als ob sie in einem Atelier lange ein Gemälde betrachtete, das der Maler plötzlich herunternimmt, mit dem Rücken zum Betrachter gegen die Wand kehrt, die blinde, weiße, unbemalte Leinwand nach außen. Im Graphitgrau der Felsen blitzten weiße Gischtfetzen auf. Für Katalin aber bedeutete auch dies den Teil der Welt, der, wenngleich der größere, gleichwohl vollkommen zu vernachlässigen war, der *nicht sie* war, eben nur so »war«.

»Gehen wir ins Hotel zurück! Ich will nicht nur deshalb hier herumstehen, damit ich eine Erinnerung daran habe! Wir trinken uns ein Schwipserl an, ja?« sagte sie ernst und freundlich. Sie gingen langsam zum Hotel zurück, Katalin hatte den Obersten untergehakt, schweigend gingen sie nebeneinander her. Die Flucht der ineinander übergehenden Zimmer des Appartements und die von Palmen umgebene große Terrasse schwammen in gedämpftem Licht, als leuchteten nicht die Laternen, sondern die weißen Blumensträuße und Bleikristallvasen sowie der große Spiegel, die Hauptquelle des Lichts, in dessen Silber sie sich erblickten, als sie den großen Salon betraten, der auf die Terrasse hinausging. Das Schlafzimmer war dunkel. Ein Zimmermädchen kam und fragte, ob es das Bett aufschlagen solle. Katalin bejahte. Und bestellte Champagner. Zuvor genehmigte sie sich einen kleinen Kognak, den sie aus einer ihrer Reisetasche entnommenen feinen, lederbezogenen flachen Flasche einschenkte. Redl trat auf die Terrasse hinaus, zündete sich eine Zigarre an, ließ seinen Blick über die adriatische Vedute schweifen und dachte an Renzo Malaparte. Ihn schwindelte, doch öffnete er nicht einmal den obersten Knopf am engen Kragen seines Waffenrocks. Wieder im Zimmer, sah er zu, wie Katalin – sich umkleidete? ein Nachthemd anlegte? aus- oder einpackte? –, herumhantierte, sich zwischendurch hin und wieder in einen Lehnstuhl setzte, die Beine lässig abgespreizt, und Redl anlächelte. (Wie? Mit einem alten, sehr alten Lächeln aus der Zeit, da sie einander im Schloß von Alsókubiny kennenlernten? Oder mit einem neu »erworbenen« Lächeln, das kein Lächeln war, sondern nur ein Spiel, Spaß, ein Gesichtsausdruck von so vielen anderen, außerdem möglichen?). Sie stießen mit den Champagnergläsern an.

»Na! Mehr habe ich nicht gewollt, Redl! Nur so mit dir die Zeit verbringen. Ich leg mich jetzt hin. Basta! Solltest du müde werden, komm zu mir, schlaf nicht in Kleidern im Sessel wie sonst ... Schön, daß wir hier sind!« sagte Katalin, raffte ein paar Sachen zusammen und ging ins Badezimmer. Redl ging auf die Terrasse. Als er zurückkehrte, schlief Katalin schon. Der Oberst setzte sich an den Sekretär, legte Papier und Feder vor sich hin, lächelte, lachte laut auf. Er schrieb Katalin ein paar Zeilen, brach dann auf, verließ das Hotel, durchquerte Abbazia – keine Menschenseele war mehr auf den Straßen – und kehrte dann in eine kleine Hafenkneipe ein, nahe der Bahnstation Mattuglie. Dort trank er einen Schnaps, starken, dalmatinischen Slivovitz, und setzte seinen Weg durch die Stadt fort, durch die Gassen, die zum Meeresufer führten. Später, im Morgengrauen bereits, lenkte er seine Schritte in Richtung Bahnstation, eine einsame Lokomotive rangierte über die schwarzen Gleise, die Schwellen polterten rhythmisch, der Qualm, der Dampf, der Dunst ballten sich silbrig in der winterlichen Nacht. Der uniformierte Stationsvorsteher salutierte untertänig, der Oberst grüßte nicht wieder, hatte die Ehrenbezeigung nicht bemerkt. Er begab sich zum Hotel. Bilder seines früheren Hier-Seins gingen ihm durch den Kopf: Paul Thieles Züge spiegelten stets die charakteristische Melancholie des Kavallerieoffiziers, Absinth und das Buch eines französischen Dichters vor ihm auf dem Tisch. Zumeist Baudelaire. Aber Paul Thiele liebte auch die Gedichte von Georg Trakl; als sie sich zufällig in Wien trafen, saß Thiele auf der Terrasse eines Kaffeehauses und las die Verse Trakls. Damals in Abbazia eröffnete Paul dem Hauptmann Redl, der seinetwegen von Görz herübergekommen war, daß er vorhabe, zu heiraten. Der Oberst erinnerte sich lebhaft an ihr Gespräch. Redl hatte sich verspätet, der Ulanenleutnant erwartete ihn, war schon beim dritten Glas.

»Wartest du schon lange auf mich?«

»Ungefähr eine Stunde«, sagte leise der Leutnant, der der Innentasche seines Uniformrocks eine Lederbörse entnahm und dieser wiederum eine Fotografie, die ein Frauenantlitz zeigte.

»Wer ist diese Frau, Paul?« fragte Hauptmann Redl, nachdem er lange das Foto betrachtet und anschließend auf den Tisch geworfen hatte. »Egal, wer sie ist, sie gehört an einen Webstuhl, allerhöchstens an die Kasse eines Kaffeehauses.«

»Meine Braut, Alfred ...«

»Lieber Paul, ich werde dich erschießen«, sagte Redl schroff.

»Ich rechne darauf, daß du mein Trauzeuge bist ...«

»Das wird ein schönes Offiziersbegräbnis, keine Hochzeit, Paul. Deinen Schädel lasse ich präparieren, als Zimmerschmuck, zur Erinnerung.«

»Alles kann man nicht im Kopf haben. Ich vergaß, dir zu sagen: ich bin nicht allein nach Abbazia gekommen. Kamillo Teuschl hat mich begleitet. Er weiß alles. Auch, daß ich mich heute mit dir treffe ...«

»Kamillo ... du ... du Blondbock!« brüllte Redl den Leutnant an. »Seit wann kennst du dieses Weib?«

»Seit zwei Monaten, Alfred.«

»Liebst du sie?«

»Ich liebe sie. Ich heirate sie. Sei unser Trauzeuge ... ich bitte dich«, sagte traurig, ohne jede Furcht, der Leutnant. Er gab eine neue Bestellung auf. Redl rührte kein Glas an.

»Man wird von dir sagen: ›Er hatte einen leichten Tod und ein prächtiges Begräbnis‹. Diese Frau, Paul, wird von einem Pferdefuhrwerk überrollt werden ... Paul! Erinnerst du dich der Tage, an denen wir auf dem Wörther See Boot fuhren? Habe ich das gewollt? Bist nicht du immer gekommen? Erinnerst du dich deiner Briefe, Paul?«

»Ich erinnere mich an alles, Alfred. Bleiben wir Freunde ... aber auf andere Art.«

»Ich pfeife auf deine Freundschaft! Was kann diese Frau?«

»Lieben! Sie ist anders als *wir*, sie ist fähig, zu lieben!«

»Erinnerst du dich an unsere Jagden, Paul, in den großen Wäldern um Brünn? Erinnerst du dich an Dietwulf? Ich werde über dein Leben nachdenken, Paul, lieber Paul ... Hm! Ist sie blond? Groß? Schlank? Dick? Wie ist sie?«

»Schön«, sagte Thiele. Er zeigte ihm das Bild seiner Braut.

»Wie du?« fragte Redl, wobei er einen Blick auf das Bild des Mädchens warf.

»Sie ist sehr schön . . .«

»Wie heißt sie? Ihr Vorname?«

»Paula.«

»Ich werd verrückt! Paul und Paula!«

»Ich muß gehen, Alfred. Servus! Wir sehen uns! Freund!« sagte Leutnant Thiele verlegen. Er wollte Redl umarmen, aber die Geste mißlang. Er setzte sich wieder hin und bestellte sich noch ein Glas, das er rasch hinterstürzte. Dann zahlte er und stand vom Tisch auf.

»Ich habe . . . Ja, ich weiß schon, was du von mir als Hochzeitsgeschenk bekommen wirst, lieber Paul, wenn du mich vor vollendete Tatsachen stellst! Einen venezianischen Dolch! Du bekommst die zweischneidige Klinge, damit du die alten schönen Tage nicht vergißt . . . Paula aber schenke ich die Hülle, die Scheide, die ich noch mit feinem Waffenöl gleitfähig mache . . . He!« erklärte Hauptmann Redl in dem für ihn charakteristischen heiter-zornigen Ton. Seine Miene wirkte jetzt ruhig, fast gleichgültig. Die beiden Offiziere verabschiedeten sich mit Handschlag vor dem Restaurant. Und Oberst Redl stand nun – nach so vielen Jahren – hier, an ebenderselben Stelle wie früher, und ebenso einsam wie früher, wie immer, besonders in den Augenblicken, in denen er *über* seinen wie besessen ausgeübten Dienst *hinaus, jenseits* davon war: Redl allein mit Redl, Redl mit Redl, Redl dem Redl erscheinend, als dächte er sich ins offene *Nichts* hinein, in seine einzige »Eigenschaft«, das Nichts, ergo: in sich selbst.

Der Oberst kehrte zurück ins Hotel Bellevue, warf einen Blick auf die schlafende Katalin. Leutnant Paul Thiele wurde später, auf einem gemeinsamen Manöver mit einem Jägerbataillon in Galizien, Opfer eines Unglücksfalles, er stürzte vom Pferd; zu der Zeit war er bereits Major und buhlte wieder um die Gunst Redls, er lebte getrennt von Paula, in enger Freundschaft mit dem Oberleutnant Dietwulf Baatz. Wie Redl ihm zehn Jahre früher prophezeit hatte: ihm wurde ein schönes Begräbnis zuteil, an dem nur Offiziere teilnahmen. Der Vater nämlich hatte seinen Sohn verstoßen. Redl ließ einen Lorbeerkranz auf dem Grabhügel niederlegen, einen, den man Radrenn- und Motorradfahrern um den Hals zu hängen pflegt, wenn sie gewonnen haben.

Katalin redete im Schlaf, unverständliche Worte. Redl knöpfte seinen Waffenrock auf, setzte sich in einen Sessel, schaute von dort in das Schlafzimmer hinüber und musterte die schlummernde Katalin, die Frau, die – insbesondere schlafend – für ihn ein übermenschliches Wesen war, eine überfrauliche Frau, die nichts von ihm erwartete, nichts erhoffte, ausgenommen, daß er ihr manchmal mit seiner Gegenwart, in ihren zeitweiligen, unregelmäßigen Begegnungen, half, vor ihr die Wirklichkeit zu verbergen, die Wirklichkeit und das Nichts, Leben und Tod, aber hauptsächlich: sie vor sich selbst. Das tat Redl. Und Katalin tat dasselbe, bedeutete dasselbe für ihn. Er kannte sie lange, aus der Zeit seiner Kadettenjahre, aus den ersten Sommerferien, in denen er zusammen mit seinem Mit-Kadetten Christoph von Kubinyi, Katalins Bruder, nach Alsókubiny, ins alte Schloß gereist war, wo sich ihm eine fremde, neue, in sich geschlossene und dennoch – wenngleich mit Fallstricken versehene – lockende Welt auftat. Lebhaft erinnerte er sich der Tage, die er im Kubinyi-Schloß von Alsókubiny verbrachte, als Kadett, als Gast von Christophs Eltern. Vorher war er noch nie in seinem Leben im Inneren eines Schlosses gewesen. Vorher hatte er noch nie das Leben auf einem so großen Gut kennengelernt, zu dem Wälder, Haine, ausgewaschene Höhlungen, Mühlen und Bäche gehörten: die Spielplätze von Christoph und Katalin, und damals, in jenem Sommer, konnte auch er mit ihnen spielen, in einem nach unbekannten Gesetzen und Gewohnheiten lebenden und lebensspendenden glücklichen Reich. Wie er so die schlummernde Katalin betrachtete, kam kein Schlaf in seine Augen: er war wieder in der Turnhalle, in den Unterrichtsräumen der Kadettenschule, vor den alten Lehrern, vor den Landkarten und schwarzen Tafeln voller geometrischer Abbildungen, draußen auf dem Übungsplatz, in der Reithalle, auf dem offenen Gelände, auf dem Schießplatz, zum Rapport im Kommandantenzimmer; er ging über die nächtlichen Flure der Kaserne, um seine Furcht zu bezwingen, während seine Gefährten tief in den großen Gemeinschaftsschlafsälen schliefen, das Wecken, der Frühsport im Schnee, der Alarm, das Scharfschießen, die Fechtübungen, die Prüfungen, die große Bibliothek, der Gebetsraum, die Zellen, die Kaserne, der Exerzierplatz .... Oh, diese Geographiestunden! Die militärischen Landkarten rundum an den Wänden des Klassenraumes, die vor der Stunde der Diensthabende zusammengerollt unter dem Arm heranbrachte und aufhängte, keine Handbreit mehr freilassend! Sie erschloß sich, die »große Welt«, *nicht* dem *Touristen*, sondern den werdenden jungen Offizieren. Bei der Unterweisung im Gebrauch von Kompaß, Scherenfernrohr und optischen Geräten zur Zieleinrichtung waren die Unterrichtsbehörden der Armee der Monarchie nicht kleinlich: sie stellten den Schülern Anschauungsmittel in entsprechender Qualität und Quantität zur Verfügung. Redl nahm diese Stunden sehr ernst, anders als seine Gefährten, die – wie zum Beispiel Christoph von Kubinyi – lieber fochten, ritten, sich im Scharfschießen und Nahkampf übten oder Geländehindernisse überwanden, wiewohl der junge Redl auch darin nicht hinter ihnen zurückstand, ebensowenig wie bei den anstrengenden Übungen im Turnsaal. Mehr noch! Da das Fechten, der Umgang mit dem Pferd, das Ringen Leib an Leib und das Messen der Kräfte ihm *nicht eine von daheim mitgebrachte*, gewohnte Beschäftigung bedeutete, bildete und entwickelte er seine körperlichen Fähigkeiten besonders fleißig und andächtig, wenngleich nicht in selbstvergessener Lust wie die anderen Jungen, sondern eher entschlossen, mit zusammengebissenen Zähnen. In den Ruhezeiten, die den strengen Tagesplan auflockerten, entwich er oft in den Turnsaal, wo er allein die ermüdende Zahl der vorgegebenen leibesertüchtigenden Übungen erneut ausführte. Infolge seiner Anstrengungen gehörte er bereits am Ende des ersten Jahres zu den Zöglingen, die wegen »ihres anerkennenswerten Eifers« und ihrer ausgezeichneten Ergebnisse bei den Leibesübungen zur Abschlußfeier besonders gelobt wurden. Die Disziplin, mit der Redl all das erreichte, bewirkte nicht nur in seiner äußeren Erscheinung eine günstige Wandlung – sein knochiger, linkischer Jungenkörper wurde muskulöser, seine Bewegungen zielstrebiger und eleganter, und in gewissem Sinne richtete sich auch sein Geist, sein Verstand nach der körperlichen Verfassung aus. Er lernte es, »zielstrebig zu sein«, die ihm zur Verfügung stehenden Kräfte auf jede beliebige ihm erteilte – oder freiwillig übernommene – Aufgabe zu konzentrieren. Seinen Gefährten, die den zwar überall gegenwärtigen, aber in seiner Verschlossenheit kaum nach Kontakten suchenden Mitzögling anfangs gar nicht beachtet hatten, rang er durch sein zähes, gleichsam unmerkliches Vorwärtsstreben unwillkürlich stillschweigende Anerkennung ab. Sie erkannten ihn an – obschon sie ihn nicht liebten, ihn sogar ein wenig fürchten mochten, so sehr unterschied er sich von ihnen, den sorglosen, lustigen, leichtsinnigen Halbwüchsigen. Aus diesem Grunde war Redl selbst am meisten überrascht, als gegen Ende des zweiten Jahres Christoph von Kubinyi, der fesche, großzügige, offenherzige und überspannte Kubinyi ihn fragte, ob er Lust hätte, einige Ferientage bei ihnen zu verbringen.

Eine Woche später waren sie schon unterwegs. Der Perron war leer, nur sie beide stiegen aus dem Zug. Der Stationsvorsteher salutierte und gab erst dann dem Lokomotivführer das Zeichen zur Abfahrt; der Zug setzte sich langsam schmauchend in Bewegung und ratterte weiter ins Komitat Árva. Am Ausgang wartete ein wappengeschmückter gelber Zweispänner mit einem livrierten Kutscher auf dem Bock. Christoph sah sich ratlos um, als suche er jemanden. »Huhu!« Ein mächtiger Schleierhut tauchte hinter den wartenden Pferden auf, als die Jungen schon ihre Reisekisten auf den Wagen geworfen hatten. »Vielleicht könnten mich die Herren erst einmal begrüßen!« Unter dem Hut dunkle Locken, unter den dunklen Locken Christophs lachendes Gesicht: die weibliche Spielart. »Katalin, meine Schwester«, sagte Christoph, und: »Zögling Alfred Redl, mein Klassenkamerad.« Damit die Zeremonie des gegenseitigen Bekanntmachens hinter sich lassend, boxte er das leichte Musselinkleid spielerisch in die Seite. »Mama wird platzen, wenn sie mich in diesem Aufzug sieht, sie behauptet immer, eine gut erzogene junge Dame müsse sich dem Anlaß entsprechend kleiden. Chris, paßt dieses Kleid deiner Ansicht nach nicht zur Gelegenheit?« Und schon drehte sie sich auf den hohen Absätzen ihrer Saffianschuhe, daß der leichte weiße Staub, der auch dick auf dem Laub der den Platz säumenden Akazien lag, um sie hochwirbelte.

Den Geschwistern stand die ganze Wegstrecke über der Mund nicht still, sie fielen einander ins Wort, schubsten sich und kicherten, scheinbar ohne den Gast zu beachten, der schweigsam neben dem Kutscher saß. Oben an der Wagenauffahrt, zwischen den blumengeschmückten Sockeln der von dort ausgehenden, schon ein wenig brüchigen marmornen Freitreppe, gleichsam als geometrischer Mittelpunkt des ganzen Schloßgebäudes, wartete »Maman« mit den beiden Windspielen ihr zur Linken und zur Rechten, die grätschbeinig und aufmerksam dastanden, was der Symmetrie der Szene zusätzliches Gewicht verlieh. Wenngleich sie nicht »platzte«, wie von Katalin prophezeit, entging doch der Aufzug des Mädchens nicht ihrer Aufmerksamkeit; aber ihre Freude war größer als ihr Ärger: sie konnte den SOHN, den Hort aller Familienhoffnungen an ihren üppigen Busen drücken. Als wahrhaft »gnädige Frau« hatte sie auch einige freundliche Worte für Redl, sie gab ihrem Wunsche Ausdruck, er möge sich »in der stillen dörflichen Einsamkeit« wohlfühlen. Die Hunde beschnupperten den Fremden mißtrauisch.

Die Jungen zogen sich in den für sie vorbereiteten, einander benachbarten Zimmern rasch um, wobei sie durch die offene Tür das eine oder andere Wort wechselten. »Na, was sagst du?« fragte Christoph. »Wirst sehen, morgen reiten wir aus.« Redl brummte nur höflich. Auch Katalin hatte sich umgezogen und nun ihr Reitkleid angelegt; Maman war ernstlich empört. »Wir essen gleich, willst du so zu Tisch?« Aber das Mädchen lachte nur. »Ich bin nicht hungrig«, sagte sie. »Eßt nur ruhig ohne mich.« Damit stürmte sie von dannen. Das Mittagessen verlief in entsprechend gedrückter Stimmung. Auf die Fragen der Mutter nach dem Schulessen, den Lehrern und den Pferden antworteten bald Christoph, bald Redl ehrerbietig. Nachdem die Tafel aufgehoben war, gingen die Jungen in den Park, wo am Ufer des Fischteiches ein Kahn schaukelte. Sie stiegen ein und lösten die Leine. Christoph streckte sich rücklings auf den sonnendurchglühten Bodenbrettern aus, verschränkte die Arme im Nacken und starrte in den Himmel. Redl ruderte, bis seine Stirn in der Hitze perlte. Beide langweilten sie sich. Hinter den Bäumen, vom Schloß her, tönte Klaviermusik. »Maman ist aufgewacht«, sagte der junge Kubinyi erleichtert. »Zur Jause gibt's sicher Eiscreme.«

Abends wurde auf der säulengestützten, verglasten Veranda eingedeckt, die Fenster standen offen, die Schilfvorhänge waren hochgerollt – wie Landkarten, dachte Redl, wobei mit ihrem Aufrollen die Landschaft hier allerdings nicht verschwindet, sondern erst erscheint: das Garten»gelände« mit der Kastanienallee, die hinter den zum Monogramm gestutzten, sich in der Dunkelheit verlierenden Buchsbaumsträuchern kaum noch zu ahnen war. In den glasumhüllten Kandelabern auf dem festlich gedeckten Tisch brannten die Kerzen, um sie herum tanzten winzige Käfer, Nachtfalter ihren tödlichen Reigen. Während des aus komplizierten Gängen bestehenden Abendessens parlierte man Französisch, Redl spitzte die Ohren, beobachtete und verfolgte mit knappen Seitenblicken die Choreographie im Gebrauch der silbernen Bestecke, im Nacheinander der aufgelegten Messer und Gabeln »von außen nach innen«. Katalin, die ihren unhöflichen Weggang am Nachmittag anscheinend gut machen wollte, erwies sich jetzt bezaubernd aufmerksam und nett der Mutter, dem Bruder und dem fremden Jungen gegenüber.

Am nächsten Morgen ritten sie tatsächlich aus. Das Wetter war prächtig, voller Sonnenschein und Drosselschlag. Redl, der umsonst seinen Hals reckte, konnte Katalin nirgendwo entdecken, bemerkte aber im Stall, beim Aufsatteln, einen leeren Stand. Fragen wollte er nicht. An der Begrenzung des Schloßparkes entlangreitend, kamen sie über eine Reihe Lichtungen bald in einen dichten Laubwald, dann folgten Hochsitze, Rodungen, neue Ansiedlungen, wieder dichter Wald, Strauchwerk und schmale Schläge. Für ein Gespräch bot sich kaum Gelegenheit, doch weder Christoph noch er vermißten es. Allmählich ritten sie eigene Wege, sich jedoch von Zeit zu Zeit mit Haliho-Rufen über ihren Standort verständigend. Auf einer Lichtung saß Redl ab, zog die durchgeschwitzte Reithose zurecht, schwang an einem niedrigen dicken Ast ein paarmal hin und her, am toten Punkt wie eine Fahne ein wenig verhaltend, dann ließ er den Ast los und studierte aus der Grätsche niedergebeugt einen mächtigen Ameisenhaufen, als er im Nacken spürte: man beobachtete ihn. Er drehte sich um: Katalin stand ein paar Schritt von ihm entfernt, noch halb zwischen den Bäumen, ihr Pferd hielt den Kopf gesenkt und rupfte Gras. Sie kam näher; Redl rührte sich nicht vom Ameisenhaufen weg. »Was sehen Sie sich da an?« fragte das Mädchen. »Das Gewimmel hier«, antwortete der Junge, und Katalin kam immer näher heran, näher und näher, dann bewegte sie sich nicht mehr, allein ihr Gesicht rückte noch näher, bis ihre Lippen auf den Mund Redls trafen. Sekundenlang standen sie so, einander an einem Punkt nur berührend, sanft. Katalin regte sich zuerst. Wortlos machte sie auf dem Absatz kehrt, ging zu ihrem Pferd und stieg in den Sattel. Redl folgte ihr, bemerkte anscheinend nicht, daß Christoph hinzugekommen war, der auch nicht fragte, wie sie sich getroffen, was sie gemacht hatten. Schweigend ritten sie heim. Beim Mittagessen wagte Redl nicht, Katalin anzusehen, wiewohl er mehrfach den Blick des Mädchens auf sich ruhen fühlte. Abends ging er auf sein Zimmer und blätterte beim Lampenschein in seinen Büchern. Clausewitz: Ausgewählte militärische Schriften; Scharnhorst: Handbuch für Offiziere in den angewandten Teilen der Kriegswissenschaften, Militärische Denkwürdigkeiten; Neff: Die Heldenlaufbahn des Generals der Infanterie August von Gneisenau – über und über mit Notizen versehene Bücher voller numerierter Zettel zwischen den Seiten. Als es unverhofft klopfte, schrak er zusammen und sprang aus dem Bett, als müsse er zum Morgenappell. Es war aber nur Christoph, der durch die spaltbreit geöffnete Tür guckte. »Aha! Schon wieder dieser Eifer! Redl, der Eminente. Julien Sorel liest du nicht, das ist sicher. Na klar, Scharnhorst«, sagte er, das Lehrbuch der Kriegsschule zur Hand nehmend und voll Abscheu wieder beiseite legend. »Abmarsch! Zieh dir Hemd und Hosen an, Schuhe brauchst du nicht. Wir nehmen eine kleine ›Naherkundung‹ vor, los komm, wirst es nicht bereuen! Aber krieg ja keinen Schluckauf bei dem Anblick!«

Redl schaute auf die schlafende Katalin, die sich gerade von der Seite auf den Rücken drehte, das Diwankissen hatte eine Spitzenrosette in ihre Wange gedrückt. Sie lächelte im Schlaf. Der Oberst seufzte, und mit diesem Seufzer glitt er wieder zurück in die Vergangenheit jenes bestirnten Abends, als sie auf den Flur schlichen – die Dielen knarrten ein wenig unter ihren Füßen – und über die zum Garten hinausgehende Veranda das Schloß verließen. Christoph holte ein starkes Hanfseil unter einem Strauch hervor, das er offensichtlich schon tags dort versteckt hatte. Sie begaben sich unter ein Terrassenfenster, tatsächlich in der auf alles achtenden, umsichtigen »Annäherungstaktik« für die Nahaufklärung. Am Ende des Seils befand sich ein starker Gummihaken; Christoph warf ihn mit gezieltem Schwung über die Steinbrüstung des Balkons, wo er gleich hängenblieb. »Du kannst ausgezeichnet Seil klettern, los! Ich komme hinterher!« Redl kletterte drauflos wie im Turnsaal. Das auf den Balkon hinausgehende Fenster war zwar durch einen Vorhang verhüllt, ließ aber zwischen den Flügeln einen ausreichend breiten Spalt, um den Blick auf eine kleine Tapetentür und ein Ankleidetischchen mit Spiegel zu ermöglichen. Zuerst begriff Redl nicht, was er dort sollte. Dann öffnete sich die Tapetentür, er hörte Wasser rauschen, und die junge, mädchenhafte Baronesse erschien und schritt trällernd auf und ab, wobei sie sich auskleidete, hier und da ein Kleidungsstück fallen ließ, bald vom Vorhang verdeckt, bald wieder auftauchend. Redl spürte Christophs heißen Atem im Nacken, er keuchte wohl noch vom Klettern. Die drei bis vier Jahre ältere Katalin ließ gerade ihr Hemd zu Boden fallen und trat aus ihm heraus, sie reckte sich, wobei sich ihre Brüste spannten, in der Harmonie der vollkommenen Teile wirkte ihr ganzer Körper wie ein herrlich gespannter Bogen, und dieser »Zusammenklang« erlaubte kaum, die Details gesondert in Augenschein zu nehmen: die feine Linie der Taille, die Neigung der Hüften, den Schwung der langen Schenkel und Unterschenkel und das, was sie am Ansatz umschlossen: die dunkle Herzform des Venushügels. Beide hielten sie den Atem an, ihre Schläfenadern pochten. Die Vision verschwand, im Zimmer wurde es einige Nuancen dunkler, als hätte jemand ein Tuch über den Glassturz der Lampe geworfen. Einige Minuten hockten sie stumm da, bis ihnen die Beine einschliefen, dann ließen sie sich leise wieder hinab in den Garten. Redl lag noch lange wach in seinem Zimmer, ab und an durchströmte ihn eine heiße Welle der Scham, als wäre er selbst nackt den neugierigen Blicken ausgesetzt gewesen.

Aus den Ferien zurückgekehrt, verbrachte Redl von Beginn des neuen Schuljahres an viel Zeit in der Bibliothek: er studierte französische Grammatik, das Wörterbuch, das französische Konversationslexikon und französische Militärfachbücher, Jacques de Guibert: Essai general de tactique, Défense du système de guerre moderne, wobei er sogleich versuchte, mit Hilfe des Wörterbuches einige Kapitelüberschriften zu übersetzen. »Getrennt marschieren, aber vereint schlagen.« Sein erster Erfolg. Die gespannten Züge lockerten sich, lächelnd, zufrieden nickte er. »Ein guter Satz, sogar auf Französisch.« Da kam Kubinyi herein. Er sah sich um, schnaufte. »Eine kleine Fechtrunde, Redl?« – »Ein bißchen französische Grammatik, Chris?« erwiderte Redl und blieb sitzen. – »Machst du Witze? Willst du, der Mathematiker, jetzt Sprachwissenschaftler werden?« – »Such dir einen anderen zum Fechten, ich hab zu tun.« – »Du Heiliger . . . Ich möchte bloß wissen, warum du Offizier werden willst. Geh zu den Benediktinern, oder lieber zu den Jesuiten. Kurz: du kommst also nicht mit auf einen Assaut?« – »Du hast's erfaßt: nein. Ein andermal. Aber wenn du mich jetzt nicht in Ruhe läßt, auch kein anderes Mal.« Redls Stimme klang ungewöhnlich gereizt. »Übernimm dich bloß nicht«, sagte Kubinyi und warf die Tür hinter sich zu. Solche und ähnliche Auftritte kamen von nun an häufig vor, bis Christoph, wie auch andere, schließlich zur Kenntnis nehmen mußte, daß Redl – soweit es die streng eingeteilte Tagesordnung der Schule zuließ – in seinem Lebensrhythmus, in seinen Gewohnheiten festentschlossen seinen eigenen Weg ging. Der Lehrstoff wurde immer umfangreicher, besonders Kartenkunde und Geometrie. Redl schrieb ausgezeichnete Arbeiten in Trigonometrie, über Winkelfunktionen, den Eulerschen Polyedersatz, über Volumenbestimmung, das Hilbertsche Axiomensystem, über Sphärik, sphärische Trigonometrie, die Kongruenzsätze, die Parallelverschiebung und die Kontinuitätsgleichungen, über die Theorie der gekrümmten Räume, die vier- und mehrdimensionale Geometrie, und er liebte es allgemein, mit dem Senkblei zu spielen; sogar in den Pausen zwischen den Unterrichtsstunden debattierte er über das Möbiussche Band mit seinen Gefährten, die in diesen Studien weit hinter ihm zurückgeblieben waren und sich nicht einmal damit trösten konnten, daß sie im Turnsaal, im Gelände, auf dem Schießplatz, im Sattel oder auf der Planche besser gewesen wären, als der Kadett Redl. Major Prof. Dr. Tibor Hamzas Jahreseröffnungsrede lautete wie folgt: »Die Armee ist einerseits die härteste Körperschaft, die Menschen jemals geschaffen haben, andererseits ist sie ein Mythos, der durch nichts zu ersetzen ist. Der Geist der Armee ist allem fremd, was ordnungswidrig, verworren und zufällig ist, mit einem Wort: allem, was die *zivile* ›Moral‹ ausmacht! Die Kaserne, das Revier sind kein Krämerladen, meine Herren! Und Ihr Verhalten ist, gelinde gesagt, zivilistisch! Sie ertragen nicht einmal physisch die Belastung, die für einen Kadetten verbindlich und vorgeschrieben ist, geschweige denn psychisch. Nehmen Sie sich ein Beispiel an Seiner Majestät, dem Kaiser. Seit Anbeginn seiner langen Herrschaft geruht er jeden Tag um vier Uhr aufzustehen und bis zum Abend durchzuarbeiten. Sie hingegen? In Ihre Hände paßt besser ein Queue oder eher ein Hackenstiel als das Schwert. Oder das Bajonett! Der Karabiner! Haben Sie mich verstanden?« brüllte der ältere Lehrer nun schon hochrot, seine Halsadern schwollen an, mit zwei Fingern versuchte er, den Kragen seines Waffenrockes zu weiten. Er schnaufte und fuhr in unheildrohend leisem Ton fort: »Die Ferien sind zu Ende, verehrte Herren Kadetten! Halten Sie diese Tatsache gut in Ihrem Gedächtnis fest. Es hat sich nichts geändert, es ist alles in allem nur ein Sommer vergangen. Bilden Sie sich nicht ein, Sie seien Zentauren, ich werde Ihnen beweisen, daß Sie Esel sind . . . Pfauen! Wer pocht hier mit dem Radiergummi?«

Einige Kadetten platzten vor Lachen heraus. Redl saß, den Kopf gesenkt, sich gleichsam für alle schämend, mit roten Ohren an seinem Platz. »Sie und Sparta! Ich bin befremdet über Ihr Benehmen, meine Herren! Und Sie schmettern lauthals den ›Prinz Eugen‹? Und den ›Deutschmeister‹-Marsch? Gehen Sie in sich! Die heutige Stunde werde ich nicht halten. Verlassen Sie den Unterrichtsraum!«

Inmitten der auf den Flur drängenden Kadetten bemerkte der teils pommersche Preuße, teils österreichische Aristokrat Kadett Claus von Eckern-Freyberg lachend: »Es wäre besser, der Alte in Schönbrunn legte sich bald neben Maria Theresia . . .« Der Satz erklang unmittelbar neben Redl, die anderen überhörten ihn, freuten sich, daß eine Unterrichtsstunde ausgefallen war, es fiel ihnen nicht im Traum ein, sich aufzuregen. Anders Redl.

»Das dulde ich nicht! Wie wagst du es, du Würstchen, dem Kaiser den Tod zu wünschen?« Claus von Eckern-Freyberg erwiderte diese Beleidigung natürlich sofort mit einer

Ohrfeige, die Redl mit einem Kinnhaken vergalt. Sie prügelten sich, die Umstehenden vermochten sie kaum zu trennen.

In dem mit Globus und Wandkarte, mit alten Waffen und Harnischen geschmückten gewaltigen Zimmer des Kommandanten standen sie einander gegenüber: der bürgerliche Sproß Redl und der Aristokrat Eckern-Freyberg. »Kadett Redl hatte recht, Sie hingegen haben verdient, was Sie einstecken mußten«, lautete das Verdikt.

Die sich in der Erinnerung verdichtenden Bilder an die im Kubinyi-Schloß in Alsókubiny verbrachten wenigen Ferientage: das Gut, die Wälder, die Bäche und Mühlen, die Ausritte, das Bild von Katalins Nacktheit, die Spiegel am Mobiliar, in den Sälen und Salons des Schlosses, die Vorhänge und weichen orientalischen Teppiche – all dies samt der Rückschau auf die Jahre in der »Zöglingsanstalt«, auf die Wettkämpfe, Prüfungen, auf das Gerangel unter den Halbwüchsigen, auf die Feierlichkeiten anläßlich ihrer Kadettenweihe – diese Erinnerungen, die sämtlich zugleich und erdrückend in das Appartement einbrachen, in dem er im Sessel saß und die schlafende Katalin betrachtete, sie störten ihn nicht, beunruhigten ihn nicht so sehr wie das »Andenken« an seine Frau Wilhelmine, obschon dieses *Andenken* eben an diesen Ort gebunden zu sein schien, an die lächelnd schlummernde Katalin, zumal er mit Wilhelmine – mehrmals, wenngleich nur auf kurze Zeit – im selben Hotel, im selben Terrassenappartement zusammen gewesen war, und *Wilhelmine ebenso* – nach einem Bad und ausgekleidet – die Nacht durchschlief, während der Oberst *ebenso wie jetzt* im Sessel saß, im aufgeknöpften Uniformrock, und *ebenso wie jetzt* Rückschau hielt. Wilhelmine zog sich ruhig, bedächtig aus wie jemand, der genau weiß, daß er müde ist und schlafen wird. Der Oberst stand vor dem verhängten Fenster, mit dem Rücken zum Zimmer, die Hände im Nacken verschränkt. Was sah er, was betrachtete er? Wilhelmine trug nur noch ein leichtes Leibchen, als er sich umwandte. Dieses Leibchen kam ihm bekannt vor: aus ferner Zeit, von früher

her, und obschon ihn weibliche Kleidungsstücke höchst wenig interessierten – welches Bild tauchte desungeachtet aus der Tiefe auf und ließ sein Gesicht erbleichen, seinen Blick stechend werden? Womöglich hatte eine seiner Schwestern ein ähnliches Hemd besessen, die jüngste, die ihm liebste? Elke vielleicht ... Elkes Hemd, Elkes Leibchen!

»Ziehen Sie sofort dieses ... Leibchen aus!«

»Zu Befehl, mein Herr, aber wieso so eilig? Ich bin doch gerade beim Auskleiden«, sagte Wilhelmine freundlich nekkend.

»Ausziehen! Daß ich nicht noch einmal dieses ... dieses Hemd an Ihnen sehe! Am besten verbrennen Sie es oder werfen es weg ... hinaus in den Schnee!«

»Feuer oder Wasser. Entscheiden Sie sich. Ihr Wunsch ist mir Befehl«, sagte die Frau ernst, während sie das schneeweiße, spitzenbesetzte Batistnachthemd über den Kopf gleiten ließ. Redl starrte das Nachthemd an. Sein Blick ließ erkennen: er sah die Frau nicht, die in dem Hemd steckte. Wilhelmine spürte: sie waren mitten in einem »Irritationsbereich«. Egal, was sie jetzt sagte oder tat: es war vergebens. Den Augen ihres Mannes merkte sie an, daß er nicht sah, was er fixierte, sein Blick schweifte leer über die Frau, die sich auf das Bett gelegt hatte, er war abwesend, mit seinem ganzen Wesen, als wäre er plötzlich in eine andere Zeitebene geraten, als gäbe es in dieser längst verstrichenen Vergangenheit, die in ihm auferstand, noch etwas zu suchen oder zu verändern. Leise, als spräche er nur zu sich selbst, sagte er: »Auszug aus den Genehmigungsbedingungen ... Kann sein, daß ich mir alles erlaubt habe. Jemand sagte einmal, ihm behage der Geruch meines Körpers. Ich ertrage ihn schon lange nicht mehr ...«

Wilhelmine fröstelte.

»Mein Herr! Ich bin hier. Warum nehmen Sie mich nicht endlich zur Kenntnis?«

»Mein Leben lang habe ich alles mögliche zur Kenntnis genommen. Vielleicht wäre es besser gewesen, ich hätte ein paar Dinge nicht bemerkt ... Aber das ist jetzt egal. Verstehen Sie? Natürlich nicht. Obwohl – vielleicht irre ich mich.

Nicht ausgeschlossen. Vielleicht verstehen Sie doch. Aber verstehen Sie auch, was es bedeutet, wenn ich sage: ›egal‹?« Wilhelmine schwieg, stark, selbstsicher.

»Sehen Sie meine Uniform? Den Kragenspiegel? Die drei Sterne?«

»Ja.«

»Nehmen Sie mir diese Uniform ab ... Ich bitte Sie! Nehmen Sie sie von mir. Die Welt ist voll von Obersten!«

»Ich verstehe. Gut, ich nehme Sie Ihnen ab. Ich tue es, weil Sie mich darum bitten, obzwar ich nicht weiß, was das helfen soll. Möchten Sie, daß ich sie anziehe?«

»Warum nicht? Wir tauschen ja nur einen Lumpen gegen einen anderen«, sagte Redl und starrte auf das Nachthemd. War es tatsächlich ein Nachthemd? Oder der Leib eines schlafenden Polypen?

»Kennen wir einander, Oberst?« fragte Wilhelmine, die Redl sanft aus dem Uniformrock half. »Kennen Sie mich?«

»Ich war Soldat, Wilhelmine, ein Soldat, kein Mensch. Aber Sie sagten, Sie seien müde, Sie möchten schlafen. Legen Sie sich also hin und schlafen Sie ... und wenn Sie können – ja –, dann träumen Sie etwas Schönes, ich werde Sie nicht länger mit mir belästigen.«

»Und Sie? Sind Sie nicht müde? Möchten Sie sich nicht hinlegen?«

»Doch, doch, wie gern. Ja, ich bin müde.«

»Doch ... doch. Warum tun Sie nicht, was Sie möchten? Wenn nicht neben mir oder mit mir, so doch wenigstens, um sich auszuruhen. Ich will Sie nicht verführen, befürchten Sie nichts. Ich will nur schlafen. Und ich will Sie. Ich liebe Sie sogar. Ich sage Ihrer schönen Katalin heißen Dank, daß sie uns miteinander bekanntgemacht hat.«

»Ja? Hm. Ich möchte vor dem Einschlafen etwas träumen, wie ich schon sagte: einen schönen Traum. Ich möchte träumen vor dem Einschlafen ...«

Sie streckten sich still aus, einer an des anderen Seite, zwei Fremde, die es zufällig zueinander verschlagen hatte, die jedoch nichts voreinander zu befürchten, nichts voneinander zu erhoffen hatten. Redl – auch wenn er nicht träumte – schlief sich hier zum erstenmal seit vielen Wochen gründlich aus.

Anders, als in dieser katalinhaften und zugleich katalinlosen Nacht des Erinnerns ... Redl war sich über die Unvergleichbarkeit von Katalin und Wilhelmine im klaren, obzwar diese beiden Frauen wie aus einer gemeinsamen Körperhülle in sein Leben getreten zu sein schienen und sich wieder in diese zurückzogen, wenn die Dauer ihres Fernbleibens aus seiner Sicht ein gleichsam willkürliches Überlappen der komplizierten Unterschiede ihrer Natur und Persönlichkeit ermöglichte: Katalins Kraft war schwach und spielerisch, Wilhelmines Schwachheit war stark und ernst; beide erfühlten sie Redl, wenngleich auf verschiedene Weise und unterschiedlich absurd. Katalin bewahrte mit trotziger Anhänglichkeit in sich das Bild des einstigen jungen Mannes, dem eine strahlende Karriere bevorstand, der sie zum Teil auch schon verwirklicht hatte, des früheren Kadetten, und sie wollte weder sehen noch einsehen noch zur Kenntnis nehmen, daß hinter den scharfen Konturen ihres Bildes sich – allmählich – alles bewegte, daß Profil weicher und schwammiger, brüchig wurde, die unangreifbar scheinende Persönlichkeit zu den eigenen Hemmungen und Krämpfen hin – hinab – gravitierte. Wilhelmine hingegen sah die verborgene Einsamkeit, die uneingestandenen Zweifel, den dunklen Kampf: als erahntes, doch gänzlich und im nachhinein sagbar enthüllbares Geheimnis hatte sie es niemals gewagt, den Obersten mit seinem Leben auf ihr Leben antworten zu lassen, der, wiewohl ihr Mann – aus Katalins reizendem »Gehege« – nicht zugleich ihr Gefährte war; dazu blieb ihnen nicht genug *gemeinsame* Zeit, zu wenig zu vertrautem, behütetem Verweilen, noch Ort für Stunden oder Tage, von Jahren ganz zu schweigen. Wilhelmine hatte das Gefühl, ihre Zuneigung war einseitig.

Die schlummernde Katalin schien es wie durch besondere Instinkte, in der Körper, Bewußtsein, Gedächtnis gleichsam schutzlos ausliefernden Hilflosigkeit des Schlafes gespürt zu haben, wie ihr Schlaf und Traum in dem, der sie in dieser Lage ungehindert betrachtete, eine Flut von Erinnerungen und eine neue Sicht auf diese beschwor; sie setzte sich plötzlich auf, öffnete die Augen, sah den Mann an mit einem Blick, als kennte sie ihn nicht, als wüßte sie nicht, wo und mit wem sie hier war, dann fiel sie in die Kissen zurück, drehte sich auf die Seite, auf den Bauch und schlief weiter. Redl trat an das Bett heran, deckte Katalin zu, berührte dabei ihre Schulter, die seidige, warme Haut, die Haarlocken, die diese Berührung erwiderten, aber Katalin drehte sich nicht um, sie bat ihn nur sehr leise: »Komm, leg dich hin, schlaf mit mir ein.« Redl schritt durch die Zimmer, trat auf die Terrasse hinaus, der kalte Seewind kräuselte sein Haar, er ging zum Sessel zurück, setzte sich – und jetzt hielt er wirklich *Rückschau,* systematisch geradezu, wie jemand, der sich an eine Arbeit macht, zu der ihn niemand aufgefordert hat, aber der er dennoch nicht ausweichen kann, wie auch den Personen nicht, die seine Erinnerung nun heraufbeschwor mittels dieses süßen, so stillen, ihn in den Schlaf, in den Traum rufenden Mediums, das er seit seiner Jugend kannte, das eine Frau war, Sproß einer in den Baronsrang erhobenen ungarischen Adelsfamilie, getauft auf den Namen Katalin, geboren in einer bergigen Gegend, in Nordungarn; zu *leben* jedoch, das hatte sie in Wien gelernt, sie, die sich mit der Freiheit ihres flatterhaften Lebens auch die Freiheit erkämpft hatte, daß man sie auf alleroberster Ebene so akzeptierte, wie sie war. Der Kaiser selbst hatte die Baronesse Katalin von Kubinyi eine »Perle des Dualismus« genannt. Redl war immer ehrlich zu Katalin gewesen, selbst auf dem Höhepunkt seiner Macht, als von seiner täglichen Laune das Leben, Schicksal und Bestallung von Generälen und Botschaftern aus altadligen Familien abhing. Katalin gegenüber blieb er der ewige *Kadett.* Der Junge. Er betrachtete die Schlafende und dachte an den Ball in der Hofburg, der das Jahr 1913 eröffnete ...

Süß, breit, einschmeichelnd ergossen sich die Walzerklänge, umströmten die Tanzenden, rissen sie mit sich, ihre Flut verfügte gleichsam über Duft und Farbe: in ihrem Wirbel blitzte Lächeln auf, Brokate und Spitzen, Atlasseiden rauschten, Diademe funkelten über weißgepuderten, runden, nackten weiblichen Schultern. Diamantengeschmückte Ohrläppchen erröteten vor Freude über Komplimente, sorgfältig gepflegte Schnurr- und Backenbärte dufteten nach Brillantine, Orden, Fräcke und Uniformen wogten im Rhythmus der Musik.

»Alles, was mir einst wert und teuer war, bedeutet mir nichts mehr. Ich habe Angst davor«, sagte Redl dicht an Katalins Haar, den Duft ihrer Flechten atmend.

»Seit wann? Schon lange? Auch ich nicht?« fragte Katalin und suchte beim Herumwirbeln Redls Blick. Ihr war ein wenig schwindlig: vom Sekt, von den Lüstern, vom Tanz. »Wovor hast du Angst, gerade du, Oberst, den so viele fürchten?«

»Vor mir selbst. Liegt es an mir, daß ich mich seit geraumer Zeit anders sehe als die Menschen um mich herum? Es ist, als ob alles wankte . . .«

»Es wankt doch auch, spürst du es nicht?« Katalin lachte. Redl blieb stehen, er tanzte nicht weiter, faßte Katalins Ellenbogen.

»Komm, setzen wir uns oder trinken wir noch ein Glas Sekt. Was zählt das? Wenn ich schon nicht mehr bin, wo ich bin, dann trinke ich auch keinen Sekt, wenn ich Sekt trinke . . .«

Sie schritten am Rande der Tanzfläche entlang, den Paaren ausweichend, auf der Suche nach einem ruhigen Nebenraum, wo die Orchestermusik kaum noch zu hören war. Der Oberst winkte dem Kellner, der beflissen eine im silbernen Kübel gekühlte Flasche neben sie stellte sowie zwei Kristallkelche auf ein niedriges Tischchen. Katalin trällerte vor sich hin, sie konnte den Tanz nicht so plötzlich unterbrechen wie Redl. Katalin tanzte im »Innersten« weiter, ihr Körper selbst war Tanz.

»Auch hier, an diesem Ort, bei diesem Ball«, fuhr der Oberst sinnend fort. »Ich habe das Gefühl, ein kräftiger Windstoß könnte mich fortblasen, als wäre nichts zwischen

Boden und *Dach*. Wo sind die Stützpfeiler, die Säulen, Katalin?«

»Hier, Oberst, Sie, Oberst Redl! Die ›stützende‹ Säule! Wozu *Boden* und wozu *Dach*, wo *du* bist, Redl!« Katalin lachte.

»Dieser Ball, Katalin, die Roben ... der Ball der Uniformen, der Abendkleider, der diamantenen Broschen und Ohrgehänge ... Als existierten die Anwesenden gar nicht. Auch du nicht. Oder ich. Eine grauenhafte Situation: ohne *Zeit* und *Ort*, einfach, wie eine Erinnerung, die jedoch *nicht* in *unserem* Gedächtnis aufbewahrt ist.«

»Du bist ein guter Soldat, Redl ... ich weiß, früher hast du sogar Gedichte geschrieben, Christoph erzählte mir einmal, du hättest ihm in der Schule eins vorlesen wollen ... er aber, das wird er bis an sein Lebensende bereuen« – Katalin lachte –, »schlief, während du dein Gedicht vorgelesen hast, tief und fest ein. Und du, der beste Soldat Seiner Majestät – der schlechteste Dichter der Monarchie vermutlich –, du, Redl, solltest plötzlich zum Philosophen geworden sein? Morgen wirst du wieder die Wiener Zeitungen lesen wie gewohnt: von der ersten Letter bis zur letzten, und das gehört wahrscheinlich zu deinem hohen Wirkungsbereich hinzu ... Und du wirst lesen, daß wir tatsächlich hier waren: *du* sowohl als *ich*.«

»Am liebsten würde ich Gasalarm ansetzen ... Alles Gasmasken anlegen! Eine Gasangriff-Abwehrübung ... während die Offiziere, die adligen Herrschaften gerade von einem Tanz in den anderen taumeln! Aber selbst das nähme ich nicht ernst ... Ich würde glauben, wir wären auf einem Maskenball.«

»Warum? War dir das bislang nicht bewußt? Es geht doch mit deiner Tätigkeit einher, daß du immer den Verdacht hegst, alles hätte sich verkleidet oder maskiert«, spöttelte Katalin. Redl, das Sektglas in der Hand, starrte reglos ins Leere, als sähe und hörte er nicht, was um ihn geschah, vielmehr, als bemerkte, spürte und wüßte er, daß nichts geschah.

»Ich habe anscheinend lange in dem Glauben gelebt, Katalin, daß der härteste Dienst das Denken ersetzt und verhindert, daß man sich gewisse Fragen stellt ... Und jetzt? Jetzt trage ich diese Adjustierung. Ich sollte mich in ein Kloster zurückziehen, in einen Selbstkasteiungsorden. Oder? Sollte ich mich einfach auf die Seite der Sozialdemokraten schlagen? Wie?«

»Die Sozialdemokraten sind Juden, nicht?«

»Möglich. Keine Ahnung. Das könnte ich innerhalb einer Stunde herausfinden, welcher Konfession sie angehören.«

»Mit einem solchen Schritt würdest du Seine Majestät wohl überraschen ... und den Thronfolger. Vielleicht auch meinen kleinen Bruder, der kaum noch zu überraschen ist, seit er weiß, was die Frauen zwischen den Beinen haben. Aber ich glaube, am meisten wären die Sozialdemokraten verblüfft, wenn du zu ihnen überträtest.« Sie lachte und fuhr dann nachdenklich fort: »Ich glaube, ich verstehe, was du meinst. Laß uns Wien verlassen. Wenn nötig, verkaufe ich den mir zustehenden Anteil am Gut an den jüdischen Pächter, und dann: seid gegrüßt, ihr Antillen! Jamaica, Puerto Rico ... oder das schöne, traurige Trinidad! Komm, Redl, ich kann mir lebhaft vorstellen, wie wir beide auf einer Veranda in Havanna sitzen, im weißen Schaukelstuhl ...«

»Und diese Uniform? Liebe Katalin, soll ich sie samt Auszeichnungen bei einem jüdischen Pfandleiher versetzen, für einen Sombrero und einen Colt?«

»Warum nicht? Bist nicht du es, der immer sagt: ›Die Welt ist voll von Obersten?‹ Dann verläßt eben einer das große Regiment. Einer von ihnen geht *woandershin.*«

Sie schwiegen lange. Endlich sagte Redl leise: »Das geht nicht. Jetzt nicht mehr. Die Wache bleibt auf ihrem Posten. Vielleicht schafft diese Zeit andere Ideale als die, mit denen ich erzogen wurde, an die ich glaubte, aber die Wachtposten bleiben die alten. Die Philosophen erarbeiten ein neues Wertesystem, eine neue Moral, eine neue Ästhetik ... Zu welchem Preis aber? Sie zerstören das alte! Es war schon immer so? Gut. Akzeptiert. Aber die Armee steht an der Grenze zwischen alt und neu, sowohl im geistigen als auch im physischen Sinn. Die Armee ist einsam. Und das Reich existierte ohne Armee schon lange nicht mehr! Ergo: das Reich ist einsam. Nicht der äußere Feind zwingt ihm seinen geheiligten, staatlich sanktionierten Kultus auf, sondern der Verfall des *inneren Lebens*... Die das *Panzerhemd* tragen, hüten das *Porzellan* – unter anderem auch das Altmeißner Service in Alsókubiny... Und, liebe Katja, deinen Rock, deinen Sonnenschirm, deine Ohrgehänge, Ringe, Medaillons und Broschen; alles wird letztlich durch diese einsame k. u. k. Armee behütet! Glaub nicht, dir ›stünde‹ das sozusagen ›zu‹...«

»Du Wächter! Was willst du? Der du Klimts Bilder so liebst... die Gebäude von Wagner, Loos und Olbrich. Möchtest du diese Kultur untergehen lassen? Soll ich meine Ketten und Ringe verkaufen und den Erlös für die Armee, quasi zur Entwicklung der schweren Artillerie, spenden?«

»Mit diesem Reich hier im zwanzigsten Jahrhundert ist es ähnlich wie einst mit Byzanz: das letzte Festungswerk, das etwas bewahren soll, dessen Zeit längst abgelaufen ist. Und Klimt? Klimt ist ein byzantinischer Maler... Katalin, fürchtest du den Tod? *Fürchtest du, nicht zu leben?* Kati!«

»Einmal lud mein Großvater einen namhaften Maler aus Pest nach Kubiny ein. Er zeigte ihm alte Zeichnungen und Gemälde, die meine Großmutter abbildeten. Zwanzig oder dreißig Zeichnungen, darunter sehr schöne Porträts. Ich war etwa vierzehn. Großvater sagte dem Maler nicht, wen die Zeichnungen und Gemälde darstellten. Er fragte ihn lediglich, ob seiner Meinung nach diese Frau existiert habe, verstehst du? Ob sie, die diese Zeichnungen und Gemälde darstellten, wirklich gelebt habe... Oder ob die Bilder nur nach der Phantasie gemalt seien. Ich stand dabei. Der Maler sah sich die Bilder lange an. Dann schaute er mich an. Er sagte, die Frau auf den Bildern habe in Wirklichkeit niemals gelebt... ›Ich wußte es‹, sagte mein Großvater darauf, und ein paar Wochen, nachdem der Maler bei uns gewesen war, ging er hinaus auf seinen Lieblingshochsitz und schoß sich eine Kugel durch den Kopf. Für mich begann mein Großvater in dem Augenblick zu existieren, als er in Wirklichkeit starb. Damals hatte ich Angst, weil sowohl meine Mutter, als auch mein Vater versuchten, mir den ›Fall‹ meines Großvaters zu *erklären*. Aber ich kannte die ›Erklärung‹, ich begriff: der Tod ist nur ein möglicher Weg, aber kein Gegensatz des Lebens. Was zur Wahl steht, kann keine Furcht einflößen, oder?«

»So ist es . . . Der Ball, der kein Ball ist, der nicht stattgefunden hat, obwohl die morgigen Zeitungen schreiben werden, er habe stattgefunden, zugegen gewesen seien die Baronesse Katalin von Kubinyi und viele andere, unter ihnen ein Offizier namens Redl. Aber er war's nicht!«

»Wir können, wenn du magst, aus Jux noch ein Foto von uns machen lassen. Es sind Fotografen hier!« sagte Katalin freundlich.

»Nein, das nicht, das nun doch nicht. Lieber will ich glauben, wir sind wirklich hier!«

In dieser Nacht war der Ball glaubhafter als damals, da er wirklich stattgefunden hatte. Der Mensch lebt lange Zeit, ohne zu bereuen, wie er lebt. Er bereut nichts, weil er nicht glaubt, daß er mit sich identisch ist; und darum glaubt er auch nicht, daß er in »Schwierigkeiten« geraten kann. Wenn es ihm plötzlich bewußt wird, ist es zu spät. Er hat sich bereits verausgabt. Und von Stund an wagt er kaum mehr, »an sich selbst« zu denken.

Redl indes gehörte zu jenen, die die Welt durch sich selbst erleben; oder tat er umgekehrt nur, was die »Welt«, in der er lebte, ihm erlaubt, gleichsam zugemessen hatte? Wiewohl er es oft suchte, wünschte er das Unheil nicht wirklich herbei, eher noch den Augenblick, in dem er, über die Gefahr hinaus, triumphierend fühlen konnte: er war ihr entgangen, hatte gesiegt, er lebte und würde weiterleben. Deshalb jagte er den »Finalsituationen« nach, verfolgte sie, zumal er nichts zu verlieren hatte, zumindest persönlich nicht; was er hingegen auf diese Weise gewann, versetzte ihn wieder und wieder in einen besonderen Rausch. War es nur das? Nein, keineswegs. Er sah mehr, sah hinaus über den Kreis, in dem er sich bewegte, und häufig schien ihm, er könne nichts anfangen mit dem, was er sah. Ein erschreckendes, lähmendes Gefühl, das jedoch nie lange anhielt. Stets gewann die Disziplin in ihm Oberhand, die seit seiner Kindheit seine Taten bemessen hatte. Und er machte seine Sache weiter, obschon er sich seit langem nicht mehr sicher war, wem er diente und zu welchem Zweck. Sein Dienst, die oft wochenlang dauernde Jagd auf einer Spur, die manchmal auch ins Nichts führte, machte ihn identisch mit sich selbst. Und wenn es sich bestätigte, daß sein Instinkt ihn nicht getrogen hatte, daß der Faden, dessen Ende er gepackt hielt, aus dem wirren Knäuel der Geschehnisse zu einem Punkt führte, der, noch ungewebter Teil, fehlendes Muster eines gewirkten Ganzen, das erahnte Bild mit einemmal ergänzte und verständlich machte: dann war er zufrieden mit sich, obwohl er wußte, der folgende Tag, die folgende Aktion würden alles wieder von neuem verwirren. Jeder folgende Tag, jede folgende Aktion hätte als ein bestimmter *Teil* dem gewissen Ganzen zugehören müssen: in diesem »Ganzen« jedoch, dem gesteckten Ziel, wurde die Unsicherheit, die Zufälligkeit, der Mangel an Integration erst deutlich. Katalin war der einzige Mensch, mit dem er über all das hätte reden können, vielleicht, weil Katalin nicht so sehr interessiert war, daß sie neugierig »nach allem« fragte, worüber ihr Freund hätte Auskunft geben können. Katalin war nicht neugierig auf die für Redl manchmal so wichtigen Details, sie wollte das Ganze erfahren, aber dieses »Ganze« existierte da schon nicht mehr. Und das ahnte Katalin auch ohne Redl. Sie sprach davon – wie als Antwort auf Redls Zweifel an seiner Existenz –, daß sie diesen »Soldatengeruch« liebe, den sie früher, in Alsókubiny, an dem jungen Kadetten, am Freund ihres kleinen Bruders, zum ersten Mal gespürt hatte. Und sie sprach, ungebeten, auch davon, daß ihre erste Liebe, Jungmädchenliebe, ein Stallbursche gewesen war, dessen Geruch – die Ausdünstung des Geschirrs, der Pferdeleiber, der beißende Ruch der Ställe und der Schweiß dieses Jungenkörpers – sie unwiderstehlich angezogen hatte, und obzwar der Stalljunge nicht einmal wagte, von ihr zu träumen, bemühte sie sich es einzurichten, daß sie ihn bei seiner Arbeit so oft wie möglich berühren konnte, einfach so, wie zufällig, und dabei genoß sie seine Verwirrtheit, die unwillkürlich aufflammende Erregung, seinen flehenden Blick. Nachts, im Zimmer, malte sie sich aus, der Kopf des Jungen erscheine unverhofft im dunklen Fensterrahmen, und sie stelle sich schlafend, werfe im Schlaf die Decke von sich, um nackt und dargeboten dort zu liegen; aber sobald der Junge sich weiter hereinwagte, würde sie schreiend hochfahren, die auf dem Stuhl liegende Gerte ergreifen und ihm ins Gesicht schlagen, bis es blutete ... Aber der Junge erschien nirgendwo anders als in Katalins Träumen. Redl lauschte düster diesen Erzählungen, und einmal bemerkte er, er habe Katalin damals belogen, als er von seinen Eltern sprach und behauptete, sie seien verarmte Adlige gewesen ... »Ich weiß, ich wußte es schon damals«, sagte Katalin lachend, »und ich pfeife drauf. Komm, leg dich zu mir ... Wo findest du heute eine Jugend, die sich einbildet, etwas *anderes* zu sein als *das, was* sie ist ...« Dem Obersten schien es, als habe die schlafende Katalin diesen Satz eben erst ausgesprochen. Er wollte sie wecken, um unter ihrem Streicheln, in der körperlichen Umarmung einschlafen zu können. Statt dessen blieb ihm die Stuhllehne. Er war nicht fähig, auch noch mit seinem Körper zu lügen, die Situation war Lüge genug. Die Stuhllehne. Das Erinnern. Das Umbewerten der Situation. Wenn eine vollständige Klärung zu erreichen war, dann auf welchem Wege? 1. Den Generalstabschef Conrad von Hötzendorf um Audienz bitten; 2. den Generalinspektor der gesamten bewaffneten Macht des Reiches, der gemeinsamen Armee und der ungarischen Honvéd-Landwehr, der Kroatischen Landwehr und der Österreichischen Landwehr, den Thronfolger Franz Ferdinand, um Audienz bitten. Ihr Augenmerk auf das nahende und unabwendbare Zusammenspiel der *inneren* und *äußeren* Kräfte lenken, die das Reich bedrohten. In erster Linie auf die panslawische Bedrohung, auf die mit frischem Schwung entfaltete südslawische Bewegung für ein Groß-Serbien, die Verbindung zu den radikal-demokratischen und – horribile dictu – antimilitaristischen Führern der Jungtürken aufgenommen hatte und sich weiterhin bemühte – wiewohl ihre Hauptbasis natürlich die Armee des russischen Reiches war –, mit den Tschechen, den Slowaken, den Slowenen und Kroaten einen immerhin nicht ganz außer acht zu lassenden Akkord-Arbeitsplan auszuarbeiten, zur militärpolitischen Erschütterung des Reiches und des um das Reich herum herrschenden Status quo. Der »illyrische Traum« war nicht minder gefährlich. Ein unabhängiger dalmatinischer Staat ... Es durfte nicht sein, daß ein an der Spitze des südslawischen Ethnikums agierendes – vom europäischen Standpunkt aus wiedergeborenes – Serbien einen Seehafen an der Adria gewann! Dann die Frage Dalmatiens. Die großen westeuropäischen Mächte hatten sich, das Deutsche Reich ausgenommen, niemals mit der Annexion Bosniens und der Herzegowina abgefunden, und das stellt das *Faktum* der Annexion 1908 in ein Licht – eher einen Schatten –, *als wäre es gar keines*, folglich konnte nur die Armee des Reiches – und zwar durch einen Präventivschlag, mit Pulverdampf anstelle des Duftes der Diplomatie – diesen großen Irrtum für das Reich, für die europäischen Mächte zu einem *Faktum* machen, auf eine Weise, bei der der Gegenstand selbst, das geopolitische Thema, kein Diskussionsgegenstand mehr war, weder in der Presse noch in den Reichs-Privatgesprächen, die sich nach dem Urteil Einzelner ohnehin auf die Einmaligkeit des *Falls* beschränken; ergo mußten die notorischen Plauderer auf jenen höheren und zugleich definitiven Aspekt hingewiesen werden, demgemäß sie nur insofern Individuen – debattierende, aufgrund individueller Illusionen urteilende Menschen – sind, als man dieses im Europa des 20. Jahrhunderts aufreizend einmalige, aus noch lebenden, organischen »Dingen« und »Erscheinungen« sowie aus längst *nicht mehr lebenden* »Dingen« zusammengestoppelte Getreide durch einen engen und veralteten Trichter – unter dem sich schwerfällig mahlende Steine drehen – rutschen *läßt*, es geschehen läßt, als Müller der jahrhundertealten Windmühlen des Reiches (in denen mehr Wildweizen, mehr Kornrade anfällt als Weizen), die nicht in seinem Lichte, sondern im Schatten dieses Kolosses geboren wurden. Redls Realismus zog dann, obgleich es untypisch für ihn war, gewisse historische Analogien und Parallelen: die Legionen waren letztlich nicht mehr imstande, Rom vor den Barbaren zu schützen. Die Legionen, die bis nach Britannien, Pannonien, Kleinasien und Afrika vorgedrungen waren; und wo ihre Kastelle standen, war der *Limes*, die Reichsgrenze. Was war jetzt an Stelle des alten Castrum, des legendären Limes? Auch Byzanz ist gefallen, umsonst kämpften sämtliche Kreuzritter Europas zu seiner Verteidigung, seine aufs Meer schauenden mächtigen Bastionen, dikken Mauern, hohen Türme: sie mußten sich öffnen, stürzten ein, fielen zusammen unter den Streichen der »Rechtgläubigen«, die Byzanz unter dem Zeichen des Halbmondes belagerten. Zusammen brach auch das spanische Kolonialreich, das einst jene berühmten drei Karavellen gestärkt hatten und das darauf immer mächtiger wurde; jetzt ist das Heilige Spanische Reich gezwungen, fremde Matrosen auf *eigenem* Gebiet zu dulden, wenngleich nur auf einer Felsenklippe namens Gibraltar . . . Die Monarchie brach zur Zeit der achtundvierziger/neunundvierziger Kriege fast auseinander. Dann verlor sie nacheinander ihre italienischen Provinzen. Und jetzt: die explosiv gespannte Situation auf dem Balkan. Die Gefahr des Abdriftens in einen Krieg mit Rußland . . . Die italienischen Ansprüche auf die gesamte Adria, auf die dalmatinische Küste bis hinunter nach Albanien. Oberst Redl schaute auf seinen Waffenrock, als »blickte« die Geschichte, die Weltgeschichte durch diese Uniform »hindurch«, als stempele sie ihn mit dieser Uniform ab, ihn persönlich, und vergebens würde er jedes in seinen Kräften stehende Opfer bringen: die Weltgeschichte nahm es nicht an, fegte ihn beiseite, und mit ihm all jene, die diese Uniform trugen. Redl ging es durch den Sinn, daß ihn eigentlich nicht die »Weltgeschichte« beunruhigte, sondern *sein eigenes, sein ureigenes Leben, mit dem eines anderen* – selbst für einen Augenblick des Ausruhens – *nicht* –, nur insofern, als er sich mit den Augen eines anderen sehen könnte – *austauschbar*. Er fürchtete sich vor sich selbst. Er fürchtete sich vor der Furcht. Er spürte, wie durch seine Uniform mit den goldenen Kragenspiegeln und den drei Sternen darauf die Weltgeschichte *hindurchsah*, und daß dieses schreckliche »Auge« auch sah, daß niemand und nichts hinter dieser Adjustierung steckte, allein die Angst, die Furcht vor sich selbst, die jedes andere Gefühl verdrängte, aufhob und *aufwickelte* wie eine Spindel, die jedes andere menschliche Gefühl mit sich in die Tiefe zog wie ein starker, tiefer Strudel und ihm keinen Augenblick lang erlaubte, etwas *anderes* zu fühlen, als *sich selbst*, was für Redl gleichbedeutend war mit der Furcht. Sooft er sein Leben überdachte, stellte er fest: niemand gehörte zu ihm, weder Katalin noch Wilhelmine, auch nicht jene Katalin, die alles von ihm wußte, der er alles sagte, mit der er lachte, die er liebte – auch diese Katalin gehörte nicht zu ihm. Und dennoch hatte er das Gefühl – womöglich erweckt und gesteigert durch die Furcht vor sich selbst? –, *sein Leben wäre Pflicht*, doch dieses verpflichtete Leben, diese Lebensschuld konnte er weder abtragen noch tilgen, weil es *niemanden* gab, dem er verpflichtet war. Auch an der Adria, in Abbazia, besonders, wenn er in Katalins Gesellschaft dort verweilen konnte, milderte sich seine Furcht, lockerte sich das zwingende, häufig physisch unerträgliche Schuldbewußtsein nur ein wenig: schon sehnte er sich nach Wien zurück, ins Herz des Reiches, in die öden Amtsstuben des Evidenzbüros, um bald – neuen Ereignissen, neuen Aktionen entgegen – wieder unterwegs zu sein. Er hatte immer weniger Geduld mit sich. Redl wußte, daß man sein Leben »beobachtete«, aber er fühlte keinerlei Furcht, er fürchtete nur, was er selbst war – ein Verpflichteter, Schuldner, aber wem gegenüber? –, und er »beobachtete« sich, während er zugleich immer müder wurde, nicht von den Tagen, von den Aktionen, nicht vom lärmenden »Weltenlauf«, nicht von der Weltgeschichte, sondern von sich selbst, seine *Schuld*, die schrecklich große »Summe« seiner Schuld erschöpfte ihn, zumal er selbst diese »Summe« war, die – wie er geneigt war zu glauben – das *Nichts* ihm gegeben hatte, ungebeten auferlegt hatte, zumal er *sich selbst* nie darum bat! Redl war indes unfähig, sich jemand anderem hinzugeben, um alles zu empfangen, was dieser andere ihm geben konnte. Dem Generalstabsoberst Alfred Redl war es dank seiner Profession und der damit einhergehenden gleichsam unbegrenzten, jedenfalls »übermenschlichen« Macht gelungen, in den Besitz eines vollkommenen und alarmierenden Gesamtbildes zu kommen: er wußte um die »Husarenstückchen«, »Affären«, Schulden und Liebschaften sämtlicher Stabsoffiziere, Generäle und Führungsoffiziere, sämtlicher Botschafter und Geschäftsträger, der Führer des politischen Lebens in Österreich, Ungarn, der Tschechei und Kroatien, und er wußte von ihnen auch, wer auf welche Weise versuchte, seine Geheimnisse vor der Welt zu verbergen, sein *wirkliches Leben* also, wenngleich nur um den Preis, die besondere Last eines anderen Lebens, eines nur gespielten, nur »gefärbten« Lebens zu tragen. Hätte Redl den *Befehl* dazu erhalten: innerhalb von zwei Wochen wäre er imstande gewesen, sowohl den Auftraggebern selbst als auch den Staatsanwälten, den Untersuchungsrichtern und den rechtsprechenden Richtern das *wirkliche* Leben des »Hochadels«, der hohen Amtsträger und der sich in ihren Kreisen Bewegenden zu offenbaren. Einen solchen Befehl erhielt Redl jedoch nie. Diesen Befehl hätte nur Seine Majestät, Kaiser Franz Joseph I., dem Oberst des Reiches geben können, aber der in der Hofburg – von morgens um fünf bis in den Abend, in die Nacht hinein – unermüdlich tätige Imperator unterzeichnete nie einen solchen Befehl, der – bündig gesagt – eine *vollständige Klärung* hätte ergeben können. Redl wäre imstande gewesen, diese Aufgabe durchzuführen, das glaubte Redl in erster Linie selbst von sich und mit ihm viele andere, die ihn fürchteten, die wußten, daß Redl »ihr Leben« kannte, die wußten, daß Redl gerade in ihren einzelnen Fällen, zunächst der Rangordnung nach urteilend, dann die »einzelnen Fälle« nacheinander ordnend, zu dieser inquisitorischen Aufdekkung und Abrechnung in der Lage gewesen wäre. Und vom ersten Augenblick der Entgegennahme eines solchen Befehls an hätte Redl keine Angst mehr vor Redl empfunden, er hätte sich selbst vergessen, zusammen mit dem Schuldbewußtsein, sein Leben sei keinem anderen verbunden und dennoch eine Schuld, die er niemandem abtragen konnte.

Redl und Katalin Baronin von Kubinyi saßen in vertrauter Zweisamkeit auf der verglasten Terrasse des Kaffeehauses »Kaiserhof«. Redl schwieg. Die »Freund-Freundin«, Katalin, hatte dem nichts hinzuzufügen.

»Vielleicht sollte ich langsam auch tablettensüchtig werden wie so viele Frauen?« fragte Redl mit leiser Melancholie in der Stimme. »Schlafmittel und Aufputschpulver, wenn möglich, beides zusammen schlucken wie die Damen, wenn der Schlaf sie flieht . . . oder sie mit offenen Augen träumen wollen?«

»Was hält dich davon ab?«

»Die Wirkungslosigkeit der Mittel. Die Armee ist nicht mehr die alte. Die Armee *träumt.* Sie träumt von Kriegen, die sie nicht siegreich ausfechten kann. Allein die Paraden und Manöver sind die alten geblieben, aber der Geist – der hat sich gewandelt . . .«

»Du bist kein Kadett mehr . . . Sag: was schert mich die Armee?«

»Hm. Mich belastet auch, was zwischen Chris und mir vorgefallen ist.«

»Siehst du, Christoph zum Beispiel belastet das überhaupt nicht. Scher dich ebenfalls nicht drum . . . Schluß. Aus. Die Jahre sind so, und das Leben besteht aus solchen Jahren, oder nicht?« fragte Katalin lächelnd.

»Doch. Genau, wie du sagst: die Jahre sind so, und das Leben besteht aus solchen Jahren. Hm. Hast du in Heidelberg oder Göttingen oder auch Jena Philosophie studiert, daß du so weise bist? Was sag ich: so gleichmütig und gleichgültig allem gegenüberstehst, was mit dir und anderen geschieht?« fragte Redl in trauriger Heiterkeit.

»Ich? Ich habe Klavier spielen gelernt . . . sogar Geige . . . Himmel, hatte ich beides satt! Was mit anderen geschieht? Danach fragst du? Na! Ich kann dir sagen, wie wenig es mich berührt, wie wenig es mich interessiert, was mit anderen geschieht! In Wahrheit geschieht es auch gar nicht mit ihnen, sie allein sind es, die einem ›daherbeten‹, dieses und jenes sei ihnen passiert . . . Aber im Grunde geht's dir genauso! Indes: dich kümmert kein Pferderennen oder der Tageskurs an der

Börse, dich interessiert nachgerade und persönlich die ›Weltgeschichte‹ . . . O Luxus! Und das wiederum weiß *ich* von *dir!«* sagte Katalin. Beide lachten. Sie lachten zusammen und übereinander, wie über sich selbst.

»Du hast's erfaßt. Obschon es mich hin und wieder bedrückt, daß die Offiziere, die im Umfeld des Thronfolgers ›operieren‹, mich nicht besonders mögen . . . Wie dein Bruder neuerdings . . . Ihn hingegen schätzt der Thronfolger sehr!«

»Alsdann? Christoph säuft in letzter Zeit wie ein Loch. Ausgerechnet er sollte dich beunruhigen?«

»Er, unter anderem. Und noch viel Ernsteres . . .«

»Zum Beispiel? Wenn's mich auch nicht sonderlich interessiert: sprich dich nur aus.«

»Wir . . . wir müßten auf dem gesamten Balkan in die Offensive gehen. Ich weiß: wenn der alte Kaiser stirbt, stirbt mit ihm die Armee. Mein einziges und wahres Zuhause . . .«

Zur Antwort trällerte Katalin lachend und spöttisch den bekannten Schlager aus Lehars »Graf von Luxemburg«, als wollte sie damit ihre Meinung über die ganze Armee, die Soldateska, ausdrücken. Redl schwieg. Er spürte nichts als Einsamkeit, obwohl Katalin neben ihm saß.

»Und Wilhelmine?« fragte Katalin ernst. »Wann hast du sie das letztemal gesehen?« Redl schreckte bei dieser Frage gleichsam hoch, nach langer Pause antwortete er: »Sie ist in der Schweiz, im Sanatorium . . . Ich glaube, im Ober-Engadin.«

»Du weißt nicht genau, wo? In welchem Sanatorium?«

»Nein. Dabei hat sie mir die Adresse geschrieben. Ich bitte dich, Katalin, besuche sie, um meinetwillen . . .«

»Bist du bei Trost? Wen soll ich an deiner Statt noch besuchen? Deine Mutter, deine drei Schwestern? Mir bleibt der Verstand stehen! Wirklich und wahrhaftig. Himmel! Gehen wir!«

»Wohin?«

»Egal. Gehen wir, aber getrennt, hörst du? Ich kann dich nicht mehr ertragen.«

»Mich? Ich muß *mich* ertragen! Und das fällt mir immer schwerer.«

»Das ist dir anzusehen! Du ›armes Wildtier‹. Gehen wir! Oder ...«, proponierte Katalin spöttisch, während Redl den Rum-Eisbecher bezahlte, »renn los und sieh dir eine Canova-Statue an! Das beruhigt dich. Erst neulich hast du geschrieben: ›Zwischen einzelnen Statuen des floreanten südlichen Canova und des nördlichen ›eisigen‹ Thorvaldsen offenbart sich eine besondere, gleichsam okkulte Beziehung ...‹ Also geh, entdecke sie erneut! Sicherlich gibt es diese ›gleichsam okkulte Beziehung‹, wenn auch nicht zwischen den Statuen von Canova und Thorvaldsen, so doch wenigstens in deinem überspannten Hirn!«

»O Katalin, hätte Canova dich gekannt, wie viele Statuen würde er nach dir geschaffen haben!«

»Möglich. Aber interessant ist trotzdem, daß Buonaparte für Canova ein antiker Held war, ein römischer Imperator, ein Consul; immerhin bildete er den an und für sich kleinwüchsigen Korsen mit dem Körperbau eines griechischen Athleten ab ... Es gibt zu viele Statuen auf dieser Welt, Redl!«

»Gut, gut ... gehen wir. Ja, liebe Katja: eigentlich *waren wir gar nicht hier.*«

Es schneite, die Flocken setzten sich auf die Hutkrempen der wartenden Kutscher, die – wenn sie zwischen zwei Fuhren auf ein Glas Glühwein in die Eckkneipe einkehrten – den Hut mit steifen Fingern schon in der Tür abnahmen und an der Wand ausklopften. Dann kippten sie das heiße Getränk hinter und kehrten, mit neuer Kraft und tiefem Seufzen, zu ihren Pferden zurück, zufrieden feststellend, daß sich diese in der klirrenden Kälte nicht einmal soviel Gutes erlauben konnten. Die Rücken der Pferde waren, solange sie auf ihren Herren warteten, mit einer Decke bedeckt, sie ließen ergeben die Köpfe hängen, so tief es ihr Hals nur erlaubte. Der Oberst, den Mantelkragen hochgeschlagen, wollte soeben durch die Schwingtür des Hotel Klomser treten, als die Stimme des Portiers ihn den Schritt verhalten ließ. »Der Herr Oberst möchte bitte ans Telefon kommen. Es scheint, die liebe Gattin ...«

»Wilhelmine! Was suchen Sie hier, bei diesem Wetter? Es

wird Sie doch nicht der Wiener Fasching hergelockt haben? Ich glaube nicht, daß Ihnen das gesellschaftliche Leben frommt!«

Die Stimme der Frau klang schwach, erstickt, japsend. Redl verstand kaum, was sie erwiderte, warum sie gekommen sei. Aber er willigte ein: sie würden den Abend zusammen verbringen, irgendwohin Essen gehen, er hatte sich ohnehin nur ziellos auf den Weg gemacht, den Kopf auslüften lassen wollen. Jetzt hatte er wenigstens ein Ziel: Wilhelmine. Er winkte einem im Schnee hin und her stapfenden Kutscher und ließ sich zum »Ritterhof« bringen.

Wilhelmine erwartete ihn bereits. Sie hatte den breitkrempigen Pelzhut nicht abgelegt, auch ihr Kragen, den sie fröstelnd enger zog, war pelzverbrämt, dabei war der Saal warm, fast überheizt.

»Ich komme direkt aus dem Ober-Engadin, eigentlich nur, weil ich einen Brief von Katinka erhalten habe. Ich mache mir Gedanken um Sie, der Brief klang so seltsam. Was ist geschehen, seit wir uns zum letztenmal gesehen haben? Haben Sie Sorgen?«

»Sorgen? Das kann man sagen.« Redl lachte, studierte aber schon die Speisekarte. »Was möchten Sie essen? Truthahn, Perlhuhn, Forelle? Im übrigen ist es bloßer Zufall, daß Sie mich angetroffen haben, morgen hätten Sie vergebens nach mir gefragt. Ich reise ab.«

»Und ich frage nicht, wohin«, sagte seine Frau resigniert. »Eigentlich bin ich gar nicht hungrig; aber wenn wir schon einmal hier sind – wollen wir nicht ein Glas Champagner trinken? Vielleicht wird mir davon warm . . .«

Das zweite Glas – das sie gleichsam auf einen Zug geleert hatte – vertrieb die Kälte aus ihrem Körper, sie warf die Pelzstola ab, Hals und Schultern schimmerten perlmuttfarben im Dekolleté.

»Ich sorge mich um Sie, ich hoffe, es kränkt Sie nicht«, flüsterte sie sanft. »Sie sehen so blaß aus . . .«

Redl antwortete nicht. Sollte er jetzt aufzählen, um was diese liebe, unwissende Seele sich sorgen könnte, wenn Gott ihr Hirn erleuchtete und sie all das düster Wissenswerte erführe, was er, Redl, keinen Augenblick lang vergessen konnte? Es täte keinem von ihnen beiden gut, wenn er begänne, die seiner harrenden – auf seine Entscheidung, sein Urteil, manchmal nur auf sein Erfühlen wartenden – Pflichten herzusagen, die er vergessen, von denen er sich gerade eben hatte erholen wollen, als er zum Abendspaziergang aufbrach. Der morgige Tag – das war etwas anderes. Da mußte er der Wirklichkeit ins Auge sehen, den Maßnahmen oder Gegenmaßnahmen, die aktuell in zahlreichen Angelegenheiten, die sich auf seinem Tisch häuften, zu treffen waren. Aber heute Abend ... heute noch nicht. So bemühte er sich eben, Wilhelmine zu beruhigen. Ein Märchen, ein sanftes, einschläferndes Thema mußte her, das ihr das böse Vorgefühl vertrieb, welches sie hierher, nach Wien, zu ihrem angetrauten Gatten, ihrem Mann, dem unbekannten Gefährten ihres Lebens, geführt hatte.

Redl kam ein Traum in den Sinn, ein seit geraumer Zeit wiederkehrender, sich nie genau wiederholender und stets durch neue Details bereicherter Traum, doch er versuchte, ihn zu verdrängen, als er sah, wie Wilhelmine mehrfach verstohlen ihren Puls fühlte. Sollte sich ihr Zustand verschlechtert haben? Überhaupt: was stellten die Ärzte mit ihr an? Vermochten sie etwas für sie zu tun, abgesehen davon, sie zur Ruhe, zur Erholung anzuhalten, wiewohl offenkundig nur jemand zur Ruhe kommen kann, der sich vorher gründlich erschöpft hat. Die Augen der Frau glänzten unnatürlich, tiefe Ringe zeugten von schlaflosen Nächten. Wenigstens träumte sie nicht, wenn sie schon nicht schlafen konnte! Ihre vollen Lippen leuchteten brennend rot in dem blassen Gesicht, das rührte den Oberst, und mit einer Zärtlichkeit, die ihn selbst überraschte, strich er ihr über den Handrücken.

»Wilhelmine ... wenn Sie wissen wollen, was mich derzeit beschäftigt ... so deuten Sie meinen Traum, das verstehen Sie sicher.«

Die Frau sah ihn erwartungsvoll an wie ein Kind, dem ein Märchen versprochen wurde.

»Erzählen Sie, Traumdeutung ist gegenwärtig große Mode. Aber überlegen Sie wohl, was Sie sagen! Haben Sie Vertrauen zu mir?«

»Manchmal habe ich ganz erstaunliche Träume, voller Todesangst, aber nicht mich betreffend, sondern – lachen Sie mich nicht aus – den Kaiser. Er schreitet eine unabsehbar gewaltige, breite Marmortreppe hinauf, die ins Nichts führt, ein roter Samtteppich schluckt das Geräusch seiner Schritte. Zu beiden Seiten sind Nischen wie Muschelschalen, darin stehen Statuen, antike Statuen in Helm und Harnisch, mit einem Schwert. Eigentümliche Statuen. Der Herrscher schreitet müde und gebrechlich daher, auf seinen Schultern, seinem Rücken schleppt er scheinbar die Last von Jahrhunderten. Ich gehe hinter ihm her, zu seinem Schutz, weil ich weiß: *er braucht mich*, Gefahr, Bedrohung liegen in der Luft, aber ich kann ihn nicht erreichen; ich gehe immer schneller, der Stein unter meinen Füßen ist glitschig und rot, obwohl vom Teppich bedeckt, der unter den Schritten des Kaisers abwärts wogt, doch als er mich erreicht, ist es kein prächtiger roter Samt mehr, sondern Blut, klebriges, matschiges Blut. Immer mühsamer hebe ich meine Füße, dabei renne ich ja fast schon . . .« Redl verstummte, Wilhelmine, das Gesicht in die Hände gebettet, lauschte aufmerksam. »Wollen Sie weiter hören?«

»Ja.« Sie nickte kaum merklich mit dem Kopf und erschauerte.

»Ich weiß: auch andere träumen lähmende Dinge, können sich im Traum nicht bewegen«, fuhr der Oberst sinnend fort. »Aber das ist etwas anderes. Wie soll ich es erklären? Seine Majestät, der fürsorgliche Vater, in der Gestalt eines gebrechlichen Greises . . . Vergebens versuche ich ihn vor der drohenden Gefahr zu beschützen – die zwischen uns liegende Entfernung wird, obgleich ich schon renne, immer größer. Ab und an ertönen Fanfaren und Hörner, dann wendet sich der Kaiser um und geht weiter, mit völlig nach hinten gedrehtem Kopf. Seine Augen sehen mich an. Und ich sehe die Statuen und weiß: die Bedrohung kommt von dort, von ihnen her. Und jetzt kommt der schrecklichste Teil: jede einzelne Statue – bin ich ... Als sähe ich mich in einem Spiegel, der mein vervielfachtes Gesicht zurückwirft, mit geschlossenen Lidern, in den unterschiedlichsten Lebensaltern ... Mal als kleiner Junge, mal als halbwüchsiger Kadett, mal als reifer Mann. Und jedes Gesicht schaut mich an, mit halbgeschlossenen Lidern. Immerhin sind es nur Statuen. Die Statuen einstiger Feldherrn. Der Kaiser aber ist kaum noch zu sehen. Und ich bin hilflos, völlig hilflos ...«

Die letzten Worte flüsterte er nur noch, wie in einen Traum entrückt. »Wer schützt den Kaiser, unseren Kaiser, Wilhelmine, wenn sein treuester Soldat solche lähmenden Träume hat? Und wenn ich aufwache, werden zugleich auch diese Träume wach.«

Wilhelmine nahm die Hände vom Gesicht, ihre Augen standen voller Tränen. Mit erstickter Stimme fragte sie: »Und wer schützt uns, Oberst?«

Redl hörte Wilhelmine, also Frau Redls elegische und dennoch energische Frage gar nicht. Vielleicht beschäftigte ihn noch immer sein Traum. Wilhelmine – Frau Redl – fuhr fort: »Ich weiß, der Tod schützt vor dem Leben. Mich auf jeden Fall, denn mein Körper ist krank. Daran ändert die Schweiz nichts. Aber wer schützt uns vor dem Tod *im Tode*? Wer schützt uns vor der Existenz, vor unserer eigenen Existenz, wenn wir nicht mehr *lebend* existieren?«

Hauptmann Willy Wetsch, Oberleutnant Heinz von Kleist und Major Peter Hegenbarth, deutsche Offiziere mit Ingenieurausbildung, sämtlich aus Preußen, trafen, aus Istambul kommend, über Sofia, Belgrad, Sarajevo, Niš und Bukarest in der Kaiserstadt ein. Oberst Redl erwartete die drei Offiziere, die Zivilkleidung trugen, an der Ecke Hüttendorferstraße und Tennengasse, gleichfalls in Zivil. Die drei preußischen Offiziere waren der Meinung, mit diesem Umweg wahrscheinlich die von den Engländern und Franzosen bezahlten türkischen und Balkan-Agenten abgeschüttelt zu haben, weiterhin die russischen Agenten, die den gesamten Balkan kontrollierten und im Hinblick auf ihre Mission am gefährlichsten waren. Hauptmann Willy Wetsch war als Ingenieur Sachverständiger für Fernkampfgeschütze, die auf Waggons mit speziell verstärkten Achsen montiert wurden, und verhandelte über die Lieferung und das In-Stellung-Bringen solcher Kampfausrüstungen und über die Ausbildung des Bedienungspersonals mit hohen türkischen Militärs. Flieger-Oberleutnant Heinz von Kleist verhandelte über die Organisation der geheimen Ausbildung von türkischen Piloten, in der Türkei, in der weniger *Fokker* als Steinadler und Aasgeier die Lüfte durchschnitten, aber dieser Luftraum war für Deutschland sehr wichtig: im Falle eines eventuellen Krieges im Osten könnte die Türkei nur die – fünfzehn bis zwanzig Divisionen umfassende – russische Streitmacht binden, wenn sie über moderne schwere Artillerie und ein Minimum an Aufklärungsflugzeugen, Aviatikern und Monteuren verfügte. Es war nicht zu wünschen, daß der russische militärische Kundschaftsdienst davon Kenntnis erlangte; und bei den Engländern und Franzosen war Vorsicht anzuraten, damit sie nicht die Modernisierung der Artillerie und der Luftstreitkräfte in der Türkei übernahmen und gleichzeitig damit die gesamten Aufträge zur Waffenlieferung, das große Geschäft, zu dem die Deutschen in erster Linie dank Redls ausgezeichneten Beziehungen auf dem Balkan und in der Türkei, dank Redls »Netz«, gekommen waren. Major Peter Hegenbarth war als Ingenieur ein ausgezeichneter Brücken- und Straßenbauspezialist der deutschen kaiserlichen Armee, er sprach Englisch und Französisch, brauchte aber auf seine Sprachkenntnisse nur selten, etwa bei der Verhandlung heikler Details, zurückzugreifen, da er zudem auch Türkisch sprach – womit er die größte Achtung der hochrangigen türkischen Offiziere und Generäle errang –, weil er zur Zeit des russisch-türkischen Krieges als Mitglied der in der türkischen Armee geheim operierenden deutschen Militärmission einfach aus Passion Türkisch gelernt und außerdem blitzschnell einige Brücken erbaut hatte, die er zugleich unterminierte, da er im voraus wußte, wann die russische schwere Artillerie »seine« Brücken im Angriff niederwalzen würde. Anschließend besetzten die Janitscharen, die mit relativ modernen Handfeuerwaffen ausgerüsteten türkischen Fußsoldaten, in blutigem, aufopferungsvollem Sturm den zerschlagenen Brückenkopf neu, der Ingenieur Major Peter Hegenbarth baute die Brücke wieder auf, die am zweiten oder dritten Tag von einem russischen Kriegs-Luftschiff vom Typ *Ilja Muromez* entdeckt und fotografiert wurde, worauf eine Stunde später die russischen schweren Batterien losdonnerten und die Brücke wieder zerstörten; nach einem noch blutigeren Ansturm des türkischen Fußvolkes baute Peter Hegenbarth eine noch stärkere Brücke ins kritische Gelände, das reißende Gebirgsbäche durchschnitten; die türkische Reiterei, die mit Pferdegespannen vorrückende türkische Lagerartillerie setzten über und »kämpften« sich einige Kilometer in die nur flüchtig ausgebauten russischen Stellungen hinein, verjagten die Kosaken im Sturm, wonach die vom Kaukasus her langsam heranrükkende Artillerieverstärkung erneut die Brücken, die Brükkenköpfe, die technischen Anlagen zerschlug. Während der Zeit blieb Peter Hegenbarth reichlich Muße, sich die türkische Sprache anzueignen, es gab Brücken, die er siebenmal wieder aufbaute, und die die russische schwere Artillerie siebenmal zerstörte. Würde Hegenbarth als erstrangige Brükkenbauautorität zufällig auf Seiten der Russen gearbeitet haben, er hätte mit aller Gewißheit die russische Sprache gelernt, um den *Onegin* oder *Schuld und Sühne* oder – das paßte zu seiner Profession – die *Aufzeichnungen* aus einem »Totenhaus« lesen zu können, deren »Bewohner« Hegenbarths Brücken sowohl aus den Reihen der russischen wie auch der türkischen Soldaten als ewige Gäste für das »Totenhaus« rekrutierten und somit in großem Maße mehrten.

Redl hatte die zur Schmelz-Wiese und zum Schmelzer Friedhof führende Hüttendorfer Straße zum Schauplatz des Treffens gewählt, weil dieser Ort weit entfernt von der Innenstadt lag, und er glaubte – auf der Autofahrt durch mehrere

Bezirke Wiens – diejenigen sicherer abzuschütteln, die möglicherweise – ob nun als russische, französische, englische oder österreichische Agenten – seinem Automobil folgten. Die Schmelz-Wiese, Übungsplatz der Wiener Hausregimenter, lag gleich neben dem Schmelzer Friedhof, von diesem knapp durch einen Zaun getrennt: die Kreuze der Bajonette, der Truppenfahnen und der Feldgeistlichen – die an den Übungen natürlich auch teilnehmen mußten, auf Befehl Seiner Majestät Franz Joseph I., damit sie später, im Falle eines Krieges, des ernsthaften Kampfes, wußten, was in der letzten Minute an der Seite tödlich Verwundeter ihre Aufgabe war – *bewegten* sich bei den Übungen so nahe an den alten unbeweglichen Epitaphen, Kreuzen und Grabmälern des Schmelzer Friedhofes, daß die eine oder andere Infanterieabteilung oder Husarenschwadron, die hier den Angriff übte, von der Schmelz-Wiese aus zwischen die großblättrigen Laubbäume und Grabhügel drängte, an ihnen vorbeigaloppierte und vorerst, denn noch war Friede, zurückkehrte auf die Schmelz-Wiese, auf den Übungsplatz, wo Seine Majestät der Kaiser, der Herrscher Franz Joseph I., die Schießübungen seiner Hausregimenter, ihre Geschicklichkeit, künstliche Geländehindernisse zu überwinden, und das Niveau der Zusammenarbeit der einzelnen Unterabteilungen etliche Male zu inspizieren geruhte. Redl begrüßte die preußischen Offiziere und fuhr mit ihnen in seinem Automobil vom Schmelzer Exerzierplatz – einer der Lieblingsorte des Herrschers in Wien – in das Rudolfsheim-Viertel, jenseits des Westbahnhofs und der belebten Mariahilfer Straße. Redl brachte die drei deutschen Offiziere in die konspirative Wohnung Ecke Reindorfgasse und Prinz-Karl-Straße. Der Rangälteste, Major Hegenbarth, berichtete kurz die – Redl betreffenden – Einzelheiten der Türkei-Aktion (Hauptmann Willy Wetsch und Oberleutnant Heinz von Kleist schwiegen dazu) und überreichte ihm den Beleg über die – auf Redls geheimes Berner Bankkonto – überwiesenen Summen, den auf den Namen Battista Boch ausgestellten, jederzeit in englischem Pfund, in Schweizer Franken und französischen France, an jedem beliebigen Ort – auch auf den Azorischen Inseln – auszahlbaren Scheck. Die Summe war sehr hoch, die Beziehungen Redls auf dem Balkan und in der Türkei hatten sich als nützlich erwiesen, wie Major Peter Hegenbarth dankbar bemerkte ... Er fragte den Oberst, ob dieser in nächster Zeit eine Berlin-Reise unternehmen könne, um wichtige Fragen der Waffenlieferung und sonstige Angelegenheiten zu besprechen. Es wäre der Wunsch hochrangiger deutscher Offiziere, der Major sprach gleichsam in Habachtstellung, zumal sich die Herren verabschiedeten, die Namen Hindenburg und Falkenhayn aus, aber Redl antwortete ausweichend, er sagte, er würde Hegenbarth über einen entsprechenden Mann Nachricht geben lassen, wann dieser das hohe Treffen organisieren könne, aber auf keinen Fall in Berlin oder Potsdam, sondern auf der Insel Rügen oder in einer kleinen Hafenstadt an der Ostsee, in Wismar oder Barth. Das versprach der Ingenieur, wobei er den Oberst zugleich bat, den Zeitpunkt seiner Reise möglichst rechtzeitig dem in Wien akkreditierten deutschen Militärattaché oder einem seiner Leute mitzuteilen. Sie verabschiedeten sich voneinander. Die drei preußischen Offiziere sollten Oberst Redl jedoch nie wiedersehen.

Salapška meldete dem Oberst die Ankunft eines Offiziers aus Lemberg. Dieser hatte den Ulanenleutnant Rudolf Langauf bereits erwartet. Die Sache war klar, Redl wußte: Langauf wollte ihn erpressen; die Frage war nur, ob er den Leutnant, den er persönlich nicht kannte, den er heute zum ersten Mal sah, obschon er *alles* über sein Leben wußte, auch, daß der Ulanenleutnant Langauf *etwas* über eine seiner Aktionen in Galizien *wußte*, zumindest einige Details, ob er ihn *bezahlen* oder liquidieren sollte, wobei letzteres im Falle eines jungen Offiziers, der sich in solcherlei Erpressung versuchte, die einfachere Lösung zu sein schien. Der Ulanenleutnant Rudolf Langauf war ein auffallend gutaussehender, hübscher, sportlicher, blonder Mann vom flachsblonden Schlag mit gleichsam jungenhaften Zügen, in die sich aber auch Trotz, Entschlossenheit und Phlegma mischten, stellte Redl auf einen Blick fest, zudem spiegelte seine Miene auch eine verdächtige Leichtfertigkeit, mehr noch: etwas, was man bei bestimmten Männern nicht anders nennen kann als *Furchtlosigkeit.*

»Nehmen Sie Platz, Herr Leutnant«, sagte Redl freundlich und beobachtete dabei das Mienenspiel, die Gesten des Leutnants. Er selbst blieb sitzen, gab seinem Gegenüber auch nicht die Hand. Statt dessen fragte er sofort: »Leutnant, wie lange kennen Sie Fräulein Friederike Feinbach?«

»Ungefähr ein Jahr, Herr Oberst.«

»Wollten Sie sie heiraten?«

»Eine Jüdin? Ich? Meine Mutter hätte mich enterbt! Ein sehr schönes Mädchen, tatsächlich. Die Rose von Hebron, so nannte man sie in Lemberg. Und ihr uraltes, ›auserwähltes‹ Volk hat ihr ein heißblütiges Wesen vererbt . . .«

»Wirklich? Doch beantworten Sie meine Fragen, Leutnant! Wieviel Schulden haben Sie gegenwärtig? Nennen Sie mir die genaue Summe!«

»Es mögen ungefähr zehn-, zwölftausend Kronen sein«, erklärte der Ulanenoffizier locker.

»Bravo . . .«, stellte Redl nicht eben nachsichtig lächelnd fest. »Um solcher Schulden willen hätte es sich wirklich nicht gelohnt, eine Ehe unter Rang zu schließen, Leutnant, was im übrigen auch bedeutet hätte, daß Sie gezwungen gewesen wären, Ihren Abschied zu nehmen . . . von der Uniform . . . Sie Hirnöderl!«

»Aber Herr Oberst!«

»Still, Leutnant. War Ingenieur Worowka oft im Hause Friedrich Feinbach zu Gast?«

»Ich habe Worowka oft dort gesehen, Herr Oberst. Von Friederike Feinbach wußte ich, daß ihr Vater das größte Geschäft seines Lebens abgeschlossen hatte, als er den Vertrag über die Lieferung der Baustoffe, die für die Modernisierung der Festung Przemyśl erforderlich waren, also Zement, Ziegel, Holz, Hebezeug, Seile, Blöcke, Magazinwagen, Lagerbauten und alle sonstigen Materialien, unterschrieb. Der alte Feinbach war so Feuer und Flamme, daß ihn das hurenhafte Benehmen seiner schönen Tochter Friederike nicht mehr berührte. Er arbeitete wie ein Besessener . . . Das Holz,

Herr Oberst, kaufte Feinbach bei den Russen ein, er wickelte seine Geschäfte ohne staatliche Genehmigung ab, zumindest, was die Russen anbetraf. Er unternahm Reisen nach Tarnopol, Troppau, Ungvár, bereiste die Bukovina, die Karpato-Ukraine, anschließend Deutschland – war also kaum zu Hause. Worowka als Chefingenieur plante und leitete das gesamte Bauvorhaben. Ziel der Modernisierung war von allem die Umsetzung der Batteriestellungen, der Austausch der Betonfundamente sowie der Geschützbunker, aber es gingen auch unterirdische Bauarbeiten vonstatten, in den Kasematten, in den Pulvermagazinen und auf dem Festungsgelände allgemein; auch in den vorgeschobenen Bunkern.«

»Zur Sache, Langauf!«

»Ich erfuhr, daß Worowka eine doppelte Staatsbürgerschaft besaß, so unglaublich das klingen mag! Er ist sowohl russischer als auch österreichischer Staatsbürger, womöglich durch seine Frau, was weiß ich . . . Zumal Worowka Jude ist wie der Kriegslieferant Feinbach.«

»Das sagten Sie bereits, Leutnant.«

»Das Bauholz kam aus Rußland, Herr Oberst. Auch Sand, Schotter und Kies wurden geliefert.«

»Leutnant, beschränken Sie sich auf das Wesentliche, berichten Sie mir weder vom ›hurenhaften Benehmen‹ der Tochter Feinbachs noch woher oder von wem ihr Vater die Rüstklammern und Äxte kaufte!«

»Jawohl, Herr Oberst! Eines Tages suchte mich ein Mann auf, der sich auf Sie berief. Er behauptete, er sei in Ihrem Auftrag bei der Spionageabwehr im Raum Galizien tätig, aber jetzt direkt wegen der Umbauarbeiten an der Grenzfestung Przemyśl hierher und zu mir gekommen, weil er erfahren habe, daß ich mit der Tochter des kaiser- und königlichen Hof-Kriegslieferanten, des schwerreichen Großhändlers Friedrich Feinbach, intime Beziehungen unterhalte, folglich auch den Chefingenieur Worowka kennen müsse, der oft in der Feinbach-Villa verkehre. Er verpflichtete mich zu vollständiger Geheimhaltung. Er forderte mich in *Ihrem Namen*, Herr Oberst, auf, die Gäste des Kriegslieferanten Feinbach soweit wie möglich zu beobachten und seine

Freunde, seine Tochter zu befragen, wo sich ihr Vater aufhalte, wohin er gereist sei, welche Waren er von wem beziehe und so weiter. Ich teilte ihm meine Beobachtungen mit, Herr Oberst. Wahrscheinlich informierte er Sie dann.«

»So ist es, Leutnant«, log Redl ohne Wimpernzucken, um den Offizier, der ihn mit seinen Unwahrheiten naiv und chancenlos in die Irre zu führen versuchte, weiterreden zu lassen.

»Es ist leider auch *anders*, Herr Oberst . . .«

»Wie?«

»Ein Mann, der weder Österreicher noch Deutscher sein konnte, suchte mich gleichfalls auf; er sprach fehlerlos, aber mit fremdem Akzent, berief sich auf Sie und hatte es sehr eilig. Er fragte mich über alles aus, was ich über den Chefingenieur Worowka und den Kriegslieferanten Feinbach, über ihre Freunde, Reisen und Geschäfte wußte!«

»Wie hat dieser Mann ausgesehen, Leutnant?« fragte Redl, stand vom Schreibtisch auf, nahm eine Flasche Kognak heraus und schenkte ein, erst sich, dann dem Leutnant Rudolf Langauf. Der Offizier beschrieb das Äußere des Mannes, und aufgrund der genauen Beschreibung des Unbekannten identifizierte Redl Renzo Malaparte. Sie tranken ihren Kognak. Redls Miene war düster, aber lächelnd sagte er zu dem Leutnant: »Sieh an, sieh an, in welch schwerwiegende Angelegenheit Sie verwickelt sind, lieber Langauf.«

»Warum schwerwiegend, Herr Oberst? Besser gesagt: *warum* ist diese Angelegenheit schwerwiegend *für mich?* Mir ist die Sache klar: so, wie der Mann aufgetreten ist, liegt auf der Hand: 1. er kann nur Offizier sein, 2. er kennt Sie gut, zumal ich ihm, um dies zu klären, meine Fragen stellte, 3. er ist kein Offizier *unserer Armee,* wiewohl er Sie gut kennt . . . Er sagte noch, er könne solche Aufträge nicht als Order herausgeben, die Zeit dränge . . . vielmehr Sie würden die Sache als dringlich betrachten, müßten konspirieren und so weiter – es interessierte mich nicht sonderlich. Er lieh mir Geld, wovon ich einen Teil meiner Spielschulden bezahlte. 4.: Der Mann spioniert für eine fremde Macht, mit *Ihrem* Wissen und *Ihrer* Hilfe, Herr Oberst!«

»Eine tollkühne Hypothese, Leutnant! Ich lasse Sie vors Kriegsgericht stellen! Oder besser: ich erschieße Sie auf der Stelle!«

»Herr Oberst werden weder das eine noch das andere tun. Eine Dame erwartet mich an einem sicheren Ort, und sie weiß über alles Bescheid, was ich Ihnen jetzt sagte.«

»Diese Dame ist doch nicht etwa Ihre ›schöne‹ Friederike Feinbach?« fragte Redl mit gespieltem Gleichmut.

»O nein. Eine andere Freundin, Herr Oberst!«

»Geschickt, sehr geschickt, Herr Leutnant. Noch einen Kognak?«

»Danke, Herr Oberst!«

»Lemberg ist schrecklich langweilig, nicht wahr, Leutnant?«

»Nun, im Vergleich zu Wien oder Fiume ist es ein schrecklicher Ort, gewiß ... Von Budapest ganz zu schweigen, Herr Oberst!«

Redl saß sinnend und stumm auf der Ecke seines Schreibtischs. Lange dachte er nach, das Kristallglas in der Hand drehend, dann – scheinbar zufällig – ließ er den geschliffenen, mit einem Monogramm versehenen Schwenker fallen, der auf dem Parkett in Stücke zersprang. Leutnant Rudolf Langauf hob rasch den Kopf und lächelte. Auch er drehte sein Glas und ließ es dann absichtlich aus der ausgestreckten Hand gleiten, es zersplitterte. Darüber lächelte Redl, seine Miene wirkte unheildrohend, aber der Ulanenleutnant bemerkte es nicht, er glaubte, sie *verstünden einander*, das ganze sei ein Scherz, sie würden sich schon einigen. Redl seufzte.

»Kurz gesagt: Sie haben zirka zehn- bis zwölftausend Pengő Schulden, Leutnant, richtig?«

»Nur in Lemberg, Herr Oberst. Aber ich habe auch Schulden in Budapest, teils Spiel-, teils Wettschulden. Und ... Verbindlichkeiten hier in Wien.«

»Diese Jugend! Sagen Sie, lieber Langauf, hätten Sie Lust, mit mir zu speisen?«

»Natürlich, Herr Oberst, gern, ich fühle mich geehrt!«

»Kommen Sie, Leutnant!«

Sie gingen ins Hotel Klomser, Redl bestellte das Essen in sein Appartement, dazu ungarischen Wein, Roten aus Eger, »Blaufränkischen« aus Sopron, zum Dessert Tokajer, als Apéritif vor dem Essen Campari Bitter, Cynar, dieses wohltuend auf die Leber wirkende, aus Artischocken und Carccioffi hergestellte Getränk, und nach dem Essen einen kleinen Magenbitter: Fernet Branca, sowie eisgekühlten Champagner.

»Sie sind ein fähiger Mann, Langauf! Auf Ihre Gesundheit! Nun: innerhalb von vierundzwanzig Stunden werde ich veranlassen, daß man Sie aus Lemberg nach Wien beordert, zur Abwehr oder zum Prager Korps, dem ich formal als Generalstabschef angehöre. Meine *tatsächliche Arbeit* aber«, betonte Redl, »bindet mich, wie Sie wissen, an Wien ... Sollten Sie sich vor der gefährlichen Tätigkeit fürchten, die die Abwehr mit sich bringt, können Sie auch einen Überstellungsbefehl nach Budapest erhalten oder – später – eventuell ... Nun, wir werden sehen. Wählen Sie, Herr Leutnant.«

»Budapest ... ja.«

»Das hätten wir geklärt. Die Geldsumme hingegen übergebe ich Ihnen persönlich, und zwar hier und jetzt, gegen Ihre Unterschrift, mit der Sie mir bestätigen, diese Summe von mir entgegengenommen zu haben, für militärische Informationen, die Sie zur Zeit Ihres Dienstes in Lemberg sammelten, Informationen, über die Sie mit niemandem reden können, die Sie zum größten Teil von Fräulein Friederike Feinbach *erhielten*, zumal Sie – aus den bekannten Gründen – in der Villa des Kriegslieferanten Feinbach aus und ein gingen. Die Informationen, die Sie in meinem Auftrag beschafften, sind rein militärischer Natur und von staatlichem Interesse, also streng geheim. Sie sind niemandem gegenüber verpflichtet, darüber Rechenschaft zu geben; und wir haben *abgerechnet*, verstanden? Haben Sie mich verstanden, Leutnant Langauf? Lieber Rudolf, haben Sie mich genau verstanden?«

»Jawohl, Herr Oberst ...«

»Dann: auf Ihre Gesundheit! Ich werde sogleich diese paar Zeilen schreiben, auf *meiner* Schreibmaschine, und Sie unterzeichnen mit dem heutigen Datum, das heißt, ich werde Ihnen noch ein paar Worte diktieren, die Sie eigenhändig unter den maschinengeschriebenen Text setzen werden, vor Ihre Unterschrift, Langauf von den Ulanen! An die Arbeit, Leutnant! Und ich warne Sie: keine weiteren Naivitäten, diese Angelegenheit ist für uns *beide jetzt* abgeschlossen! Verstanden? Haben Sie mich verstanden, Rudolf?«

»Habe den Herrn Oberst verstanden!«

Nachdem das Schreiben aufgesetzt war, und der Leutnant Rudolf Langauf – mit der Hand – geschrieben und unterzeichnet hatte, was Redl ihm diktierte, öffneten sie die Flasche Sekt und tranken auf ihre Gesundheit. Redl übergab die Geldsumme. Er nahm die Scheine aus seinem Panzerschrank, zählte sie und beglich damit die Lemberger, Pester und Wiener Spiel- und Wettschulden, die Leutnant Langauf ihm gehorsamst auf- und zusammengezählt hatte.

»Reisen Sie jetzt zurück nach Lemberg; dort erhalten Sie vom Garnisonskommandanten den Überstellungsbefehl nach Budapest, mit dem Stempel des Kriegsministeriums. Seien Sie beruhigt. Aber überlegen Sie sich – *allein* – mein Angebot, zu mir in die Abteilung Spionageabwehr und Kundschaftsdienst herüberzukommen. Sprechen Sie Sprachen?«

»Außer dem Deutschen kann ich leider nur Ungarisch, Herr Oberst, meine Mutter ist Ungarin.«

»Ein Fehler. Ihre mangelnde Sprachkenntnis, meine ich. Aber Sie sind ja noch jung, Sie können Sprachen lernen, Sie müssen nicht immer nur Karten spielen oder auf Pferde wetten, Langauf! Auf Ihre Gesundheit!«

»Ja ... Auf Ihre Gesundheit, Herr Oberst!« sagte der Ulanenleutnant, der durch den Alkohol schon stark benommen war. Redl indes ließ ihn weitertrinken. Der Leutnant murmelte, er wolle sich bemühen, die erhaltene Summe allmählich, »irgendwie«, »später einmal«, zurückzuzahlen ... Und er versprach, er würde ein paar Fremdsprachen lernen. Redl lachte und bemerkte dazu, wenn er dann dabei sei, solle er das Deutsche und das Ungarische nicht vergessen, weniger trinken – wiewohl er ihm gerade fleißig einschenkte –, weder Karten spielen noch auf Pferde wetten und vor allem nicht den Weibern nachlaufen, weil gerade die Weiber es seien, die den Offizieren die Nerven zerrütteten, und damit nehme der Verfall, der Niedergang der Dienstmoral seinen Anfang. Worauf der Ulanenleutnant Rudolf Langauf nun schon sehr angeheitert, ja betrunken bemerkte: »Aber die Russen da drüben trinken auch, Herr Oberst . . .«

»Ich weiß, aber sie vertragen ihren Wodka besser als Sie den Schnaps, lieber Rudolf«, sagte Redl lachend, wenn es überhaupt ein Lachen war und nicht ein grausames Grinsen, das der Leutnant nicht als solches erkannte. Auch er lachte ein wenig, wußte nur nicht, worüber. Er wäre jetzt gern gegangen. Kaum konnte er vom Tisch aufstehen. Aber noch kam der Tokajer. Gefolgt vom Likör. Langauf fing an zu würgen und schwankte ins Bad. Redl sah ihm mit Abscheu hinterher. Im Bad brach Langauf zusammen. Redl stützte ihn, legte ihn auf den Diwan und zog ihn aus. Der Ulanenleutnant schlief, schnarchte und stöhnte im Schlaf. Der Oberst setzte sich auf die Diwankante und musterte den Körper des Schlafenden, andächtig und zugleich voller Ekel. Abends verließ Redl das Appartement und kehrte erst um Mitternacht zurück; der Ulanenleutnant Rudolf Langauf hatte sich aufgerafft und das Hotel Klomser verlassen.

Am nächsten Morgen wurde Oberst Redl durch das Läuten des Telefons geweckt. Schlaftrunken ging er an den Apparat, wobei er sich noch immer über den Leutnant Langauf den Kopf zerbrach und überlegte, ob es nicht besser gewesen wäre, diese Angelegenheit auf *andere* Weise zu erledigen. Er klingelte nach Greti, dem Zimmermädchen, bestellte einen Kapuziner, zündete sich eine Havanna an; das Telefon läutete noch immer – Redl nahm endlich ab.

»Wer sind Sie überhaupt? Wissen Sie, mit wem Sie in diesem Ton reden, gute Frau?« brüllte Redl in den Hörer. »Sagen Sie zuerst einmal ›Guten Morgen‹, und dann stellen Sie sich vor!«

Am anderen Ende der Leitung wurde aufgelegt. Greti brachte den Kapuziner und fragte, was Redl zum Frühstück wünsche, aber Redl antwortete kurz: »Nichts, Greti, gehen Sie!« Die blonde, stupsnäsige, sommersprossige Tirolerin verließ das Appartement. Redl durchschaute die Situation nur zu bald: Langauf hatte versucht, den Panzerschrank aufzubrechen, was ihm nicht gelungen war; daraufhin hatte er sämtliche Schreibtischschubladen aufgebrochen, einige – im übrigen nicht allzu wichtige, nicht streng geheime – Dossiers und Schreiben, vermutlich überstürzt – heraus- und mitgenommen. Redl beurteilte dies als äußerst peinlich, aber *er* wäre nicht der gewesen, der *er* war, hätte er nicht zugleich auch die *Herausforderung* gespürt, die zum »Handwerk gehörige« Herausforderung auf Langaufs schofle »Aktion«. Blitzschnell schätzte er den Stand der Dinge ein, um anschließend den »Stand« in »Bewegung« zu bringen. Dann bemerkte er, daß auch ein rotes Dossier fehlte. Darin bewahrte er die Planentwürfe für den Umbau und die Modernisierung der Festung Przemyśl auf sowie die Kopien sämtlicher Lieferverträge, Kaufvereinbarungen und Abrechnungen, die ihm seine Agenten bisher in die Hände gespielt hatten.

»Beata Maria Virgo!« schrie Redl und lachte vor Schreck auf. Rasch gewann er seine Selbstbeherrschung wieder, die er selbst dann nicht mehr verlor, als er neue Entdeckungen machte: es fehlte ein kleiner Zettel, den einer seiner Agenten aus einem »abhanden gekommenen« versiegelten Kuriersack eines serbischen Kuriers organisiert hatte, in einem Eisenbahntunnel in der Nähe von Laibach, wo der serbische Kurier von den Mitreisenden letztmalig gesehen ward. Diesen Zettel hatte Redl allein wegen seines sonderbaren Inhaltes aufbewahrt: »Diese für den Thronfolger bestimmte Meldung erstattete ein Hauptmann namens Christoph von Kubinyi; die Verbindung zu Sankt Petersburg befindet sich vorerst und über diese Person noch in der Schwebe. Abwarten! Kontrolle: der russische Major ist aus dieser Verbindung herauszuhalten.« Redl hatte den Zettel nur mit Rücksicht auf Christoph, vielmehr auf Katalin aufbewahrt, ohne sich vorerst um seine Entschlüsselung zu bemühen. Er war nicht bestrebt, den Zusammenhang, der hinter diesem Kuriermaterial stand, zu enträtseln, aber er hatte den Zettel beiseitegelegt, für den »eventuellen« Fall. Und jetzt? Würde dieser kleine Langauf Kubinyi aufsuchen? überlegte Redl. Allerdings war Kubinyi nicht leicht aufzuspüren, zumal er – eine Gefälligkeit des Thronfolgers nicht lange nach dem Dienstversäumnis in Görz und dem anschließenden Disziplinarverfahren – als zweiter Militärattaché in Sankt Petersburg akkreditiert worden war, mit Beförderung! Wo mochte er jetzt sein? In Rußland? In Kubiny, auf Urlaub? In Budapest? Oder unterwegs? Das würde er jedenfalls früher erfahren als Rudolf Langauf, der gutaussehende Ulanenleutnant, dieser Erpresser kleinen Stils, dieser Spieler, Wetter und Weiberheld, der lieber Schauspieler hätte werden sollen als Ulanenoffizier! Redl alarmierte Oberleutnant Bezouška und Oberleutnant Salapška und beorderte sie ins Kriegsministerium, in sein Büro. Dort gab er ihnen den Befehl, mit sämtlichen, für diesen Zweck einsetzbaren Leuten niedrigeren Dienstranges einen spionageverdächtigen – das betonte Redl nachdrücklich – Ulanenleutnant namens Rudolf Langauf aufzuspüren. Sie sollten jedes Hotel durchkämmen, auch in Budapest suchen, sämtliche Bahnhöfe sichern – besonders die nach Lemberg, Galizien, fahrenden Züge kontrollieren – und den Offizier verhaften und unverzüglich vorführen; er würde ihn selbst verhören. Sämtliche Meldungen im Zusammenhang mit diesem Offizier sollten allein und ausschließlich an ihn weitergeleitet werden, die Langauf-Sache – wie er sie jetzt selbst, in unheilverkündendem Ton, nannte – sei streng geheim, unterstehe allein der militärischen Abwehr, direkt ihm. So Redls Befehl, nachdem er zweien seiner Untergebenen eine genaue Personenbeschreibung von Rudolf Langauf gegeben hatte. Das war die erste Welle. Eine noch laue Welle, sann er, wenngleich erbost, doch die zweite Welle, die wird eisig sein, mein lieber Langauf, die wird dich bis zur Treibeisgrenze spülen! Und jetzt: abwarten. Bedächtig, sich eine neue Zigarre anzündend, ging er ans Telefon und wählte direkt den Befehlshaber der Grenzwacheinheiten der österreichisch-ungarischen Monarchie an. »Hier Oberst

Alfred Redl. Evidenzbüro. K. H. Q. X., für diesen Tag. Melde mich wieder. Signal: H I H I H I I. Wiederholen Sie! Ja. Herr General! Befehl an sämtliche Grenzübergangsstellen des Reiches, an sämtliche Häfen! Aufzuhalten ist ... Name: Rudolf Langauf, Rang: Leutnant, Waffengattung: Kavallerie, Ulanen, Dienstort: Lemberg. Der Gesuchte eventuell in Zivil, benutzt womöglich falsche Papiere. Personenbeschreibung: groß, blond, blauäugig, hager, von kräftiger Statur, Alter: sechsundzwanzig Jahre. Eröffnet eventuell das Feuer, wenn er verhaftet wird. In diesem Fall auf der Stelle erschießen. Staatsinteresse! Signal, ich wiederhole: H I H I H II! Im Falle der Festnahme mit allen vorgefundenen Papieren unter strengster Bewachung sofort bei mir vorführen, in meinem Büro im Kriegsministerium. Jede Möglichkeit eines Selbstmordversuches unterbinden! Erwarte Ihren Telefonanruf, Herr General! Ende!«

Redl hinterließ eine Nachricht für Oberleutnant Bezouška und Oberleutnant Salapška. Sie sollten ihn sofort im Hotel Klomser anrufen, wenn sie eine Spur hätten, wenn Langauf festgenommen sei. Er eilte, raste förmlich zurück ins Hotel, weil er vermutete, die Unbekannte, die am frühen Morgen angerufen hatte, melde sich erneut, er ahnte, daß es sich um die Freundin Rudolf Langaufs handelte, seine Partnerin im erpresserischen Spiel. Er vermutete und ahnte ganz richtig, daß Langauf, der mit dem erhaltenen Geld und in Zivil das Reichsgebiet sofort hatte verlassen wollen, auf den Rat seiner Freundin hin entschieden hatte, das Spiel fortzusetzen (der Ulanenleutnant liebte das Spiel und hatte dabei keineswegs übersehen, *wer* sein Gegner war, mit *wem* er diesmal spielte), Oberst Redl eine erneute, größere Summe zahlen zu lassen und erst danach zu verschwinden.

Das Telefon klingelte. Redl meldete sich – am anderen Ende der Leitung wurde wieder aufgelegt. Der Oberst lächelte. Er zündete sich eine Zigarre an, ließ sich von Greti die Tageszeitungen heraufbringen und vertiefte sich in die Nachrichten; vor ihm lagen sämtliche Wiener, Pester, Münchener, Berliner, Pariser, Frankfurter und Londoner Blätter, manche von »gestern« oder »vorgestern«, aber Redl liebte es, sie den Wiener Zeitungen vom *jeweiligen* Tage gegenüberzustellen, so ergab sich für ihn ein aktuelles Lebensbild Europas, und Redl liebte dieses »Lebensbild«, dieses »Stilleben«, von dem er meinte, daß es, wiewohl schön und farbig in seinen Ereignissen, bald sehr blaß werden würde: kein *Lebensbild* mehr, sondern ein *Schlachtenbild.*

Er läutete nach Greti, bestellte ein weiches Ei, russischen Kaviar, Prager Schinken, heiße Würstchen und ein kaltes Bier. Sobald das Mädchen die Speisen gebracht hatte, schlang Redl in wenigen Augenblicken alles hinunter, wobei er die *Times* las und gar nicht bemerkte, daß Greti nicht hinausgegangen war, sondern – geräuschlos – aufräumte und vor allem das Bett machte. Ein Anruf des Leutnants Karl Hlach riß den Oberst aus dem Studium der *Times*-Nachrichten. Doch Hlach meldete lediglich, man sei dem Ulanenleutnant Rudolf Langauf vorerst noch nicht auf die Spur gekommen. Greti hatte das Zimmer verlassen und auch das Silbertablett mitgenommen, auf dem sie Redl das Frühstück servierte. Wie kann man nur so blond sein, in dieser grauen Welt? fragte sich Redl sinnend, nachdem er die *Times* ausgelesen hatte. Dachte er dabei an das flachsblonde Haar Gretis oder des Leutnants Langauf?

Später, als Redl über die Worowka-Sache, die Feinbach-Sache und das nach dem naiven Ulanenleutnant benannte »Langauf-Sächelchen« »hinaus« war, gestand er Katalin (niemandem sonst), daß er diesmal, zum ersten Mal in seinem Leben, Angst verspürt hatte.

»Wovor? Vor einem jämmerlichen, verschuldeten kleinen Leutnant?« fragte Katalin, die sich nie für Redls »Sachen«, seine militärischen Dienstangelegenheiten nämlich, interessiert hatte, um so mehr allerdings für seine Privat-»Sachen«. Nach diesen fragte und forschte sie ihren Freund, so oft sie sich trafen, auf scherzhaft-spielerische Art aus. Auch bei dieser Gelegenheit fragte sie ihn sogleich: »Oder war das auch so ein kleiner ›Fall‹ wie der Baatz-Fall oder der des kleinen

Leutnants Paul Thiele in Görz, in den alten, großen Zeiten? Griechische oder römische ›Soldatenliebe‹? Militarylove?«

»Nein, liebe Katalin. Das war eine offene und unverschämte, eine lebensgefährliche Erpressung, und ich habe gezahlt ... obwohl! Er hat versucht, meinen Panzerschrank aufzubrechen – freilich erfolglos –, mein Zimmer ausgeraubt, Dossiers und Briefe mitgenommen, anstatt mit dem Geld zu verschwinden, weit weg, über das Meer ... nach Argentinien oder Paraguay. Nein! Er ist geblieben. Aber er war kein guter Spieler!«

»Du hast ihn getötet?«

»Einer meiner Leute hat ihn erschossen ... es kam zu einem Feuergefecht. Ich hätte ihn sogar laufen lassen, wenn wir uns geeinigt hätten. Aber er stellte Forderungen über Forderungen; ich hatte Angst, er würde reden, er trank zu viel und vertrug zu wenig. Vielleicht erinnerte er mich zumindest in seiner Sauferei an unseren lieben Christoph? Oh, entschuldige, Katja!«

»Du! Der einzige Abstinente in der ganzen Armee! Dadurch hast du Karriere gemacht!«

»Ich? Ich bin nicht abstinent. Ich vertrage nur viel, liebe Katalin. Das ist der große Unterschied!«

»Und du verstehst es gut, andere betrunken zu machen! Nicht wahr?«

»Dich, meine Liebe, dich konnte ich nie betrunken machen. He! Richtig: ich habe es auch nie versucht. Und dazu hatte ich guten Grund. Es wäre umgekehrt ausgegangen: ich wäre betrunken geworden, und du hättest höchstens einen Schwips gehabt ...«

»War der Leutnant, den du ins Jenseits befördert hast, dein Geliebter?«

»Nein.«

»Und Baatz? Und ... ja, du hast richtig gehört: Dietwulf Baatz und Paul Thiele? Waren sie etwa nicht deine Geliebten? He? Dort unten, im Kasino der Görzer Garnison? Erinnerst du dich nicht mehr? Abbazia, Lovrana, Múggia, Duino?«

»Doch, ja ... ich erinnere mich. Die alten, schönen Zeiten

an der Küste, an der Adria. Die schönen Spaziergänge mit dir, an die Bucht von Quarnero ... Ja, ich erinnere mich, Katalin. An dich!«

»Meine Frage lautete allerdings *anders*!«

»Denk dir, was du willst. Letzten Endes bist du Christophs Schwester. Das kannst du nicht leugnen!«

»Laß das! Ich bin mir sicher, daß du, Redl, diesen Ulanenleutnant verführt hast, wie seinerzeit Baatz und Thiele dort unten in Görz oder in Abbazia. Willst du das leugnen?«

»Nein, mein lieber ›Chris‹. Nein, du Christoph im Rock! Bist du endlich gekommen?« fragte Redl spöttisch.

»Außerdem interessiert es mich nicht, absolut nicht. Du erzählst sowieso nur, was du willst. Wer kann dir schon in die Karten sehen? Na, gibst du es zu? Kannst ruhig schwindeln. Ich passe auf. Dein Leben ist so verworren ... Steig aus, Redl, bitte. Laß dich pensionieren und beschäftige dich mit Aviatik ... mit Luftschiffen und Unterseebooten ... als Zivilist. Solange es noch nicht zu spät ist!«

»Dies rät nicht zufällig Christoph?«

»Dies rät Katalin. Es ist Katalins Bitte ... oder? Ihr Einfall, wenn du so willst. Ihr ›Vorgefühl‹? Ihr ›Gespür‹? Weiß der Henker, wie man in Pest sagt, du ... ›Henker‹! Von mir aus kannst du die ganze Armada ›liquidieren‹, aber verschone Christoph ...«

»Liebe Katja, ich soll Christoph ›verschonen‹? Aber geh! Dein Bruder, unser ›Chris‹ ist, falls du es nicht wissen solltest, aber du weißt es ja, der Liebling Franz Ferdinands, des Thronfolgers, des Oberbefehlshabers der gesamten Streitkräfte des Reiches, sein Schützling und Protegé! Was glaubst du wohl, warum Chris an unsere Botschaft in Sankt Petersburg gekommen ist, kaum, nachdem General Hammer-Purgstall ein strenges Disziplinarverfahren wegen Dienstversäumnis gegen ihn einleitete und Chris aus der Görzer Garnison, die immerhin als Grenzschutzbasis zählt, abkommandiert wurde ... Da kann man nicht – oder muß man nicht unbedingt – jede Nacht, die Gott werden läßt, im Kasino herumhängen, sämtliche Shivkas ›befriedigen‹ und saufen wie ein Loch ... Da kann man nicht nur pausenlos den Metzen und Weibern nachjagen, die von der ›alten illyrischen Rasse‹ abstammen, dazu wird man nicht an die Küste, an die Adria, in die Görzer Garnison beordert ... wenigstens nicht in erster Linie. Dein angebeteter kleiner Bruder Christoph hätte es sich nicht zur Pflicht machen müssen, dalmatinische Huren, Bosniakerinnen, Mazedonierinnen, Albanierinnen und womöglich auch Karinthierinnen ... sowie slowenische Dirnen zum Keuchen zu bringen! Ja, Christoph ist Franz Ferdinands Liebling. Der Thronfolger, der im übrigen die Ungarn aus tiefster Seele haßt, sieht in Christoph die Verkörperung der *ungarischen* ›Rasse‹, des ›Urtyps‹ des ungarischen Adels, der, wie der Thronfolger meint, längst degeneriert ist, von einigen Ausnahmen abgesehen. Und da er weiß, daß die ungarischen Offiziere sich im klaren darüber sind, wie er die Ungarn haßt, glaubt er, es gereiche ihm nicht zum Schaden, in seiner Umgebung einen ungarischen Draufgänger zu haben, einen ungarischen Recken, einen ›Zentauren‹ ...«

»Was Christoph auch ist – ein ›Zentaur‹, du Verrückter, ist er nicht, sondern ein mutiger, gutaussehender, gutgewachsener *ungarischer* Adliger, eine strahlende Erscheinung mit sicherem Auftreten. Darum hat der Thronfolger ihn an die Botschaft geschickt! Direkt nach Sankt Petersburg! Wo die russischen Aristokratinnen – eine Tradition seit Katharina der Großen – gern Beziehungen zu ausländischen Offizieren knüpfen; das ist das Wesen der Diplomatie, und Chris ist Militärattaché!«

»Und kann nicht einmal Russisch ... Er war nicht einmal imstande, und wenn auch nur aus Höflichkeit, als ›Diplomat‹, nicht wahr, die Sprache seiner Gastgeber, einer Großmacht zu lernen.«

»In Sankt Petersburg ... am Hof spricht man Französisch, höchstens noch Deutsch, seit Katharina der Großen. Und Franz Ferdinand hat Christoph an den *Hof* geschickt, an den Zarenhof, verstehst du, und nicht zum russischen Volk!«

»Christoph vergaß auch, Französisch zu lernen, liebe Katalin, im Gegensatz zu dir, zum Beispiel, die wenigstens noch

Englisch kann! Der Thronfolger hätte lieber *dich* nach Sankt Petersburg schicken sollen und Christoph in die ungarische Hortobágy oder ins zweifelhafte Oberungarn, zumal ich hörte, daß die Nord-Slowakinnen – in den weißen Karpaten gibt's auch Polinnen – sehr schön sind, robust gebaut, was sicher die Hochgebirgsluft macht, die auf Körper, Teint ... und Blut einwirkt.«

»Chris wird mit Deutsch gut zurechtkommen, auch in Sankt Petersburg. Laß ihn in Frieden! Amüsier dich mit deinen Ulanenleutnants und bring sie anschließend um, einen Vorwand findest du immer ... Na und du? Ich weiß von Chris, daß du schon in Galizien, als ihr dort Dienst tatet, deinen Kameraden nachspioniertest ... wie in Görz; und dann bist du durch die Entlarvung eines ›Aviatik‹-Ingenieurs und was weiß ich durch welche Nachrichtenbeschaffung und Nachrichtenabwehr auf direkte Empfehlung des Generals Hammer-Purgstall, Seiner Exzellenz des Landgrafen, der, wie ich von Chris weiß, *persönlich* mit dem *Kaiser* gesprochen hat, geradewegs zum Generalstab gekommen und innerhalb des Generalstabes an die Stelle, an der du von einem Augenblick zum anderen über Leben und Tod von Generälen, Obersten und Botschaftern entscheiden kannst ... Ja, Redl, die Spionage, der Kundschaftsdienst, die ›militärische Abwehr‹, nenn es, wie du willst, ist ein schmutzigeres Geschäft als das, welches Christoph in Sankt Petersburg als Militärattaché ausübt!«

»Hör mal, liebe schöne Katalin! Ad 3: Wenn jemand wie unser Christoph Militärattaché, genauer: Vizeattaché in der Hauptstadt einer fremden Großmacht ist, die im Kriegsfall unser potentieller Gegner sein könnte und es meiner Meinung nach auch sein wird, und zwar sehr bald, sowohl auf dem Balkan, als auch in Galizien, dann – merke gut auf – ist seine Aufgabe in erster Linie die Nachrichtenbeschaffung, der Aufbau von Verbindungen, die Militärspionage, um mich ganz klar auszudrücken ... Zumindest wenn er das Wesen seiner Arbeit, die mit seiner Stellung, seinem Rang, seiner Entsendung naturgemäß einhergeht, begreift und nicht nur darauf aus ist, um wievieles besser er, der *ungarische*

Adlige, reiten kann als die Kosaken oder Mongolen; wenn er nicht nur darauf aus ist, den nach *deiner Meinung* seit Katharina der Großen existierenden ›russischen Traditionen‹ zu huldigen, die aus nichts anderem bestehen, als aus dem Beschälen der russischen Aristokratinnen im Alkoholrausch, der bürgerlichen Damen, der finnischen, lappischen, estnischen, litauischen und lettischen Dienstmäden, eventuell noch der Eskimogeishas, bei welcher Tätigkeit Christoph zudem nicht nur schöne traurige ungarische Lieder singt, sondern auch noch vor sich hin schwatzt!«

»Redl!« unterbrach ihn Katalin, aber der Oberst redete weiter, nun schon in heiterem Ton.

»Ad 2: Ich habe nicht meine Gefährten, nicht meine Kameraden ausspioniert, weder in Galizien, noch in der Görzer Garnison oder den Kasinos von Abbazia und Fiume, sondern den Feind, obschon es sich manchmal ergab, daß einer meiner eigenen Offizierskameraden der *Zügelung,* Mahnung und Warnung bedurfte ob seines Benehmens, gerade an der Grenze, an der Küste, in Görz oder vorher in Galizien! Solche Mahnung brauchte leider auch Christoph, mehr noch: er verdiente sie sogar, aber er hörte leider nicht auf mich. Den Fall kennst du, wir brauchen ihn nicht zu erläutern. Ad 1: Was den General Hammer-Purgstall anbelangt, so hat er von Anfang an persönliche Sympathie für mich empfunden. Er hat mich tatsächlich protegiert, mich sowohl *schriftlich* als auch in persönlicher Audienz der Aufmerksamkeit Seiner Majestät anempfohlen. Und, wie er später sagte: ich habe ihn nicht enttäuscht. Daß General Hammer-Purgstall später, vor nicht allzu langer Zeit, auf Drängen Franz Ferdinands, des Thronfolgers, Christophs ›großen Schirmherren‹ sozusagen, ›selbst‹ um seine Versetzung aus dem aktiven Dienst, um seine Pensionierung nachsuchen mußte, ist eine andere Frage. Ich hatte sogar Anlaß, nicht zu fragen, ob nicht der ›Liebling‹ selbst – Chris, dein Bruder – womöglich allerlei Unsinn über den General Hammer-Purgstall zusammengeredet und damit erreicht hat, daß dieser sich vom aktiven Dienst zurückziehen mußte ... Er war ein ausgezeichneter Führungsoffizier!«

»Du und deine Phantasie, Redl ... Glaubst du wirklich, dieser alte Sack hätte Christoph interessiert?«

»Vielleicht. Vielleicht auch nicht. Ich nehme an, Christoph hat weder den strengen und berechtigten Verweis vergessen, den er infolge seines Dienstversäumnisses von General Hammer-Purgstall erhielt, noch daß dieser aufgrund seines Disziplinarverfahrens und Transferierungsbefehls deinen schönen Bruder Christoph von den illyrischen, slowenischen, albanischen, dalmatinischen – soll ich weiter aufzählen? –, karinthischen und bosniakischen Mädchen und Frauen, vom bunten Karnevalstreiben an der Küste, aus den Kasinos in Abbazia und Fiume entfernte ...«

»Du magst Christoph wirklich sehr geliebt haben, mehr als mich, wenn du mit solchem Haß von ihm reden kannst!«

»Liebe? Haß? Christoph interessiert mich nicht, das heißt, nur insoweit, als er dein Bruder ist, Katalin, und du mich manchmal ... stark an ihn erinnerst. Aber keine Angst, ich werde Christoph ›schonen‹, selbst dann, wenn er, was nicht auszuschließen ist, infolge eines größeren Sankt Petersburger Skandals, der Verführung einer minderjährigen Zarentochter sozusagen, vorübergehend die Gnade des Thronfolgers verliert ... was aber höchst unwahrscheinlich ist. Hab also keine Angst um ihn; Christoph von Kubinyi ist in der Einbildung Franz Ferdinands immerhin der ungarische ›milites‹, das ungarische Uridol. Außerdem ist er es wirklich ...«

Als dieses Gespräch zwischen Katalin Baronesse von Kubinyi zu Alsó- und Felsőkubiny und dem Generalstabsoberst Alfred Redl stattfand, zerbrach sich der Ulanenleutnant Rudolf Langauf schon längst nicht mehr den Kopf darüber, wohin *in der Welt* er mit dem erpreßten Geld gehen, wo er es verspielen – bei Räuberrommé, Siebzehnundvier, Canasta? –, auf welches Pferd bei welchem Rennen er setzen sollte. Oder welches Fräulein, welche gelangweilte Adlige er an diesem Abend aushalten sollte. *Dieser Tag* hatte keinen Abend für ihn bereit, und natürlich erweiterte er auch seine Fremdsprachenkenntnisse nicht mehr, obschon Oberst Redl ihn bei ihrer ersten Begegnung darauf hingewiesen hatte. Der junge Offizier war tot, nur noch Gebein, Staub, Asche, sonst nichts. Aber solange er noch am Leben war, hatte er für den Oberst Redl eine ernste Gefahr bedeutet, für ihn, der erfolglos versucht hatte, sich mit dem jungen Mann zu einigen und ihn damit endgültig loszuwerden. Redls ursprüngliche Pläne nämlich gingen dahin, noch eine Weile mit der Enthüllung der Manipulationen des Großhändlers und kaiserlich-königlichen Kriegslieferanten Friedrich Feinbach und der verdächtigen Beziehungen des Chefingenieurs Worowka zu warten – die in Wahrheit nur ein Verdacht waren, da Redl keine Zeit blieb, sich Gewißheit zu verschaffen –, um durch seine auf Feinbach und Worowka angesetzten Agenten so viel »russische Verbindungen« wie möglich zu schaffen. Doch nun waren zum einen Renzo Malaparte, zum anderen der kleine Langauf dazwischengekommen. Jetzt blieb ihm nichts anderes übrig, als zuzuschlagen, Feinbach und Worowka anzuklagen. Katalin konnte nicht wissen, warum und worauf Redl mit dem Aufdecken der Fakten im Zusammenhang mit der Modernisierung der Grenzfestung Przemyśl und mit dem Einleiten der Abwehraktion hatte warten wollen: sein Plan war, durch einen seiner fähigsten Mittelsmänner sämtliche – über seine in Galizien tätigen Agenten – ihm in die Hände gelangten Dokumente bezüglich des Umbaus der Festung Przemyśl – Grad der Befestigung, Umgruppierung der Geschützstellungen, Stärke des Geschützfeuers – als manipulierte *Kopie*, also nur »annähernd« dem tatsächlichen Stand und den Fakten entsprechend und somit vom militärischen Standpunkt aus unbrauchbar, dem russischen Oberstleutnant Arkadij Antonowitsch Ajwassowskij zu übergeben, einem zynischen Offizier, gegen den Redl zahlreiches kompromittierendes, ja mehr noch: zwingendes Material in der Hand hatte, um im Austausch für dieses – falsche, nicht die tatsächliche Stärke der Festung widerspiegelnde – Material, das die gewachsene strategische Bedeutung der Reichs-Grenzfestung Przemyśl dokumentierte, vom Oberstleutnant Ajwassowskij den etappenweisen Mobilisierungsplan der russischen Armee für den Fall eines vermutlichen Balkankrieges zu erhalten. Rußland hatte, um seine militärischen Niederlagen, die es vor allem in Fernost, durch die Japaner, erlitten hatte – Tschusima, Port Arthur, Mukden –, eine sehr aktive Politik auf dem Balkan betrieben, mit offener Unterstützung der »südslawischen« Vereinigung, der politischen Bewegungen und Bünde für ein »Groß-Serbien« sowie einiger Militärputsche und Attentate. Dies richtete sich in erster Linie gegen die Monarchie, gegen das Reich, gegen Wien, und erst in zweiter Linie – ernstlich – auch gegen die Türkei, die längst nicht mehr im Geist des kämpferischen und siegreichen legendären Suleiman lebte, der sich in Allah zu seinen Janitscharen, Spahis, Großwesiren, Paschas und Haremsdamen gesellt hatte, das sich weiland so drohend ausbreitende, eroberungssüchtige Reich, die osmanische Weltmacht, an der Seite des großen Rußland sich selbst überlassend, dessen Kraft nur ein Don Juan d'Austria brechen konnte, auf dem Meer, bei Lepanto, nur ein János Hunyadi bei Nándorfehérvár und ein Prinz Eugen ebenda, später, als Hunyadi, Nándorfehérvár, auf den militärischen Landkarten bereits Belgrad, Beograd, Belgarad hieß. Zar Nikolaus II. wußte, wie entscheidend – sowohl strategisch, als auch politisch – die Inbesitznahme der Meerenge war, zumindest die gewaltsame Erschließung des Bosporus und der Dardanellen; und dieser Erschließung konnte die Türkei – zumindest auf sich selbst gestellt – militärisch nichts entgegensetzen. Unter dem Aspekt der militärischen Vorbereitung des Reiches hielt Redl deshalb die Beschaffung des Mobilisierungsplanes der russischen Armee für lebenswichtig. Er konnte also nicht warten. Er mußte zuschlagen. Zunächst mit einer Aktion gegen den Leutnant Rudolf Langauf, der aus dem Appartement im Hotel Klomser die bisher in Redls Hände gelangten Dokumentationen über die Grenzfestung Przemyśl – die zunächst noch von geringem »Tauschwert« waren – gestohlen hatte, um ihn damit weiter zu erpressen, ja um diese direkt den Russen zu übergeben, noch dazu ohne jede Modifizierung, Manipulation oder Veränderung, die Redl – eigenhändig, zumal er sich auf derlei verstand – hatte vornehmen wollen, um zu erreichen, daß

Oberstleutnant Ajwassowskij und seine Leute erst nach Verlauf einer gewissen Zeit den militärischen Wert der Planskizzen – in diesem Fall ihre Wertlosigkeit – überprüfen konnten. Anschließend mußte sich seine Aktion ohne Verzug gegen den Großhändler und kaiserlich-königlichen Kriegslieferanten Friedrich Feinbach richten sowie gegen den – mutmaßlichen, noch nicht überführten Spießgesellen – Projektanten und Architekten, den Chefingenieur Worowka. Redete Langauf nämlich, und darüber hegte Redl keinerlei Zweifel, würde er nicht mehr erklären können, daß er für den modifizierten Plan, eigentlich für die falsche Planskizze, den Aufmarschplan der russischen Armee auf dem Balkan hatte beschaffen wollen (1.) sowie den Operationsplan eines Angriffs gegen die östlichen Grenzen des Reiches, die Grenzfestung Przemyśl (2.). Das würde ihm niemand glauben, am allerwenigsten der Oberbefehlshaber der Armee, der Thronfolger Franz Ferdinand selbst. Also: Fertig! Laden! Feuer! Auf ein bewegliches Ziel! »Es wird sich nicht mehr lange bewegen«, knurrte Redl. Das ist die Situation, in der man nicht einmal mehr Zeit hat, sich mit Katalin im Burgtheater *Carmen* oder Donizettis *Lucia di Lammermoor* anzuhören, stellte Redl fest. Abgesehen davon, daß er für Opern nicht sonderlich schwärmte. Seine gute Laune, seine Selbstbeherrschung verließen ihn nicht. Das Gefühl, das man in seinem Fall am treffendsten mit Resignation hätte bezeichnen können, lernte Redl erstmals in seinem Leben kennen, als er – aus der Meldung eines seiner galizischen Agenten – Kenntnis davon erlangte, daß auf Befehl des Zaren aller Reußen, des Kriegsherren der russischen Armee, des Oberhauptes der russischen Kirche, Nikolaus II., der Oberstleutnant Arkadij Antonowitsch Ajwassowskij standrechtlich zum Tode durch Erschießen verurteilt worden war. Das Urteil wurde binnen einer Stunde vollstreckt.

Die Exekution des russischen Oberstleutnants störte die Kreise des Oberst Redl nicht sonderlich, denn, wie er später erfuhr, war Ajwassowskij nicht wegen Spionage zugunsten der Monarchie, des Reiches Österreich-Ungarn, sondern wegen des Verkaufs von *Material* an den Geheimdienst der deutschen kaiserlichen Armee erschossen worden. Oberst Redl wußte jedoch noch nicht, wie wenig Zeit ihm selbst blieb, wie bald er sich mit dem Oberstleutnant Arkadij Antonowitsch Ajwassowskij dort treffen würde, wo es kein Geheimnis mehr gab, weder Geheimhaltung noch Armee noch Uniform, weder Vaterland noch Vaterlandsverrat.

Redl erhielt einen Brief aus dem Ober-Engadin, abgesandt von Frau Redl. »Ich bitte Sie sehr, kommen Sie in die Schweiz, kommen Sie zu mir. Reisen wir an einen See in Italien, nach Lausanne oder zum Jungfrauen-Paß. Sollte es Ihnen nicht möglich sein, so erlauben Sie, daß ich Sie in Wien besuche. Wenn Sie mögen, können wir uns auch in Abbazia treffen, an der Adria, an dem Ort, den Sie so lieben. Ihre Wilhelmine.« Redl antwortete telegraphisch: im Moment könne er nicht kommen, er würde bald schreiben, sie könnten sich bald treffen. Redls Erinnerung beschwor die Bucht von Quarnero, die Berge, den Karst, die Kapella, die schnellen Wasser des Recina, die Inseln Veglia und Cerso, den Canal di Maltempo, den Canal di Farasina, Ebbe und Flut, die in der Bucht von Quarnero zweimal wechselten, die zwei Klafter hoch aufragenden Wellenbrecher, die Stürme, die Schirokko, Bora, Tramonta, Provenzal und Maestral genannten Winde, die die Badegäste so sehr fürchteten, die die hier lebenden dalmatinischen und italienischen Fischer, die »alt-illyrischen« Mädchen schon so gewohnt waren, daß sie weder in vorübergehende Nerven- und Geistesverwirrung noch in erstarrende Ohnmachten stürzten wie die Fremden. Die »illyrischen Mädchen« nämlich litten weniger unter den explosionsartig, mit mächtigen Böen angreifenden Borastürmen als unter der Skriljevo genannten örtlichen Geschlechtskrankheit, die die alten Levanteschiffer vermutlich aus dem Nahen Osten in diese Gegend gebracht hatten. Diese Geschlechtskrankheit zerstörte die Kehle, den Schlund, zerfraß die Nase und die Atemorgane. Wiewohl nach örtlicher Meinung Frauen häufiger dieser Krankheit verfielen als Männer, bezahlten desungeachtet viele einfache

Soldaten die von den »alt-illyrischen« und dalmatinischen Mädchen erfahrenen Freuden mit unheilbarem Leiden. Hätte er, so grübelte der Oberst, auf Wilhelmines Brief hin nicht unverzüglich in die Schweiz aufbrechen und dort ein neues Leben – wenngleich kein neues Schicksal – beginnen müssen? War dieser Brief nur ein bloßer weiblicher Ruf oder ein Zeichen, ein Signal, ein Gruß für ihn? Fuori le mura; wie es auch *außerhalb der Mauern Roms* Leben gab, gab es nicht auch Leben jenseits der Grenzen des Reiches? Aber Redls Kampfgeist war noch ungebrochen. Sollte er jetzt weichen zu einer Zeit, da eine Krise auf dem Balkan die andere jagte? Zu einer Zeit, da er mit aller Anspannung seines Willens arbeitete, da seine Erfolge ihn – sowohl auf dem Balkan, als auch in Galizien – bestätigten? Jetzt, da er dem jedes wagemutige Risiko scheuenden Oberst Urbanski, der das Evidenzbüro nur formal leitete und weder von Nachrichtenbeschaffung noch von militärischer Spionageabwehr noch vom Ausbau eines Agentennetzes etwas verstand, der zu jedweder Kombination unfähig war und seine operative Arbeit mit seinen ewigen Bedenken nur hinderte, die Zügel entrissen und in eine Lage gebracht hatte, in der er nur seine Pensionierung vom aktiven Dienst erbitten konnte und lediglich noch »erwog«, wie er seinen Verzicht auf die Leitung des Evidenzbüros begründen sollte? Jetzt, da er mit lebendigen Tunneln – mit seinen Agenten – den Balkan kreuz und quer unterminiert hatte, von Abbazia bis Albanien, von Bukarest bis Belgrad, von Sofia bis Istambul, von Saloniki bis Sarajevo, von Bosnien, der Herzegowina bis zum »ungarischen« und »schwäbischen« Banat, von Montenegro bis Ungarn, von Serbien bis zur Slowakei, jetzt, da er alles wußte über dieses Terrain, selbst das Wichtigste, nämlich: was zu tun war auf dieser von so vielen Völkern, so vielen Nationalitäten bewohnten und bestorbenen Halbinsel, ganz bewußt wußte, was Diplomatie und Landstreitkräfte des Reiches und die Kriegsmarine auf der Adria bewirken konnten gegen das immer potentere, immer aggressivere Italien? Es war von höchstem Interesse für das Reich, daß es seine Armee auf dem Balkan so spät wie möglich einsetzte! Denn wer das

Feuer auf der Balkan-Halbinsel entfachte, die Glut schürte, das war Rußland. *Die Armee des Reiches*, deren dreigestirnte Generalstabschefuniform – den am Hals geknöpften, knöchellangen grauen Überwurf – auch er selbst trug, *war derzeit* auf einen Blitzkrieg gegen Serbien *nicht vorbereitet*, ganz zu schweigen von der Möglichkeit, die eingreifenden russischen Divisionen – mit *dort* und *dann* und alles *hinwegfegenden* Streitkräften – aufzuhalten. Und das bezog sich sowohl auf die galizischen Grenzen als auch auf den unteren Donauraum. Jetzt sollte er diese, mit lebendigen Menschen gegrabenen, unterirdischen Gänge aufgeben, mehr noch: selbst aus diesem Reich fliehen, durch diese »Gänge«, hinaus in die Schweiz, zu Wilhelmine, dann nach Amerika, mit Wilhelmine? Schon im Augenblick seiner Geburt, dann nach der Flucht seines Vaters und nach der »Erziehung« durch seine älteren Schwestern waren seine Chancen auf ein individuelles Glück verspielt. Wog das Leben *eines* Menschen überhaupt so schwer, selbst wenn dieses eine und einmalige Leben zufällig das *seine* war? Die Worte des Kardinals Richelieu, des »Schreckens Europas«, aus einem seiner Lieblingsbücher fielen ihm ein. Wie der Historiker Philippe Erlanger feststellte, hatte Richelieu einmal – in einer seltenen Anwandlung von Ehrlichkeit – erklärt: »Ich war eine Null, und diese bedeutet in der Summe nur dann etwas, wenn eine Ziffer davor steht. Die Ziffer: das ist der Herrscher.« Die Ziffer vor der »Null« war im Falle Redls das Reich, das für ihn gleichbedeutend war mit dem Herrscher und der Armee, auf deren Fahne er seinen Offizierseid geschworen hatte. Sollte er sich in den Ruhestand zurückziehen, in einer Woche angestrengter Arbeit seine Balkan-Doktrin ausarbeiten, im Ober-Engadin, in der »Schutzhaft« Wilhelmines? Zu spät. Redl wußte: das Reich würde früher oder später Serbien angreifen, ohne Zögern. Das Reich mußte an der südlichen Adria ein unabhängiges Albanien sichern, einerseits gegen Italien, und andererseits war der freie Zugang durch die Meerenge von Ótranto zu gewährleisten, sowohl für die Kriegsflotte als auch für die Handelsschiffahrt. Sollte er nun, fragte sich Redl in grausamem Spott, nach Tirana reisen, nach Skutari, Durazzo oder nach Berlin und Potsdam, zum deutschen Generalstab, um für den Fall einer Balkanoffensive Unterstützung gegen die russischen Divisionen zu erbitten? Oder sollte er den Ulanenleutnant Rudolf Langauf nach seiner Meinung zur gegenwärtigen Weltenlage fragen, um anschließend diesen kleinen Offizier aus dem Weg zu räumen? Und dann: Reise nach Albanien, nach Berlin... Und die Ausarbeitung der Balkan-Doktrin. Zuguterletzt dann Wilhelmines weißes Eisenbett in dem von den weißen Gipfeln schneebedeckter Schweizer Alpen umgebenen Sanatorium. Hochgebirgsspaziergänge. Und auf einer dieser Wanderungen sich in die Kluft stürzen, sich fallenlassen an einer weißen Gletscherwand, mit Wilhelmine zusammen in die Tiefe stürzen, um sich von den »oberflächlichen«, den »alltäglichen« Tiefen zu befreien! Aber vorher: die Reise nach Berlin. Die Preußen davon überzeugen, daß Serbien *nicht Serbien* ist, sondern Rußland! Daß die bewaffnet gegen den Germanismus auftretenden südslawischen Völker auch dem Deutschen Reich gefährlich werden können: die Bagdad-Bahn, die Ölfelder in Nahost usw. Wenn die Armee des Reiches gegen Serbien ins Feld zog, gab es keinen gepflasterten Rückweg. Die Zeit ist da, wo man ohne diplomatische Winkelzüge, ohne Bedenken und Erwägungen das Hindernis direkt nehmen muß! Mit granithartem Willen und doch elastisch. Es ist das *Heute*, der heilige, schon verstreichende heutige Tag, nicht das *Morgen*! Gut, wenn die Würfel schon gefallen sind. Soll Fanatismus an Stelle der Ratio treten. Angst ist ein ermüdendes Gefühl. Nach dem Sieg beginnt ohnehin ein neuer Kampf: der lange Kampf um die Ausbeutung des Sieges. Die Balkan-Doktrin könnte nur einen Kompromiß kennen: Bildung eines einheitlichen Jugoslawiens mit den Teilstaaten Serbien, Mazedonien und Montenegro. Dem stand jedoch der Albanische Staat entgegen, der verhindern wollte, daß Jugoslawien sich bis an die Adria erstreckte. Dalmatien, Bosnien und die Herzegowina blieben weiterhin dem Reich zugehörig. Über die Gebietsansprüche des rumänischen Staates war mit den Russen zu verhandeln, und zwar in *ihrer* Sprache. Vielleicht unterblieb dann die russische Invasion auf dem Balkan, die das Reich in die Defensive drängen würde. Im Interesse einer Regelung des Balkanproblems würde Redl auch nicht davor zurückschrecken, die Provinz Galizien den Russen zu übergeben. Zum Ausgleich mischten sich die Russen nicht auf dem Balkan ein, überließen ihre südslawischen *»Brüder«* ihrem Schicksal. Eine solche Lösung barg die sichere und glückliche Konsequenz in sich, daß das Deutsche Reich gezwungen sein würde, höchst energisch gegen das Vordringen der Russen im Westen aufzutreten; eventuell besetzten die Deutschen dann Galizien und luden sich damit ein neuerliches Kreuz auf. Sie trugen ohnehin schon genug auf ihren Schultern, ein Kreuz mehr hielten die »Teutonen« vielleicht noch aus. Auf jeden Fall würde eine dergestalt kühne Wendung in Galizien die Deutschen zwingen, Stellung zu beziehen, womöglich sogar Schützengräben auszuheben. Die alte These: »Man muß Krieg führen, damit Friede herrsche«, war wieder aktuell. Und der Brandherd war der Balkan. Hier konnte man die Flammen nicht mehr löschen, sondern nur noch höher entfachen. Auf welche Weise? Aus den annektierten und okkupierten Gebieten Bosniens und der Herzegowina sowie von der Küste Dalmatiens her Vorstoß der Kriegsmarine (in Abstimmung mit den Landstreitkräften) und Besitznahme von 1. Montenegro, 2. Albanien. Argumentation: Vorbeugen eines europäischen Krieges durch einen lokalen Krieg. Untermauerung der Argumente: 1. die interessierten europäischen Mächte vor vollendete Tatsachen stellen, 2. auf ähnliche geschichtliche Ereignisse berufen, 3. an gemeinsame Verantwortung appellieren. Wenn die Sorgen gemeinsam waren, warum sollte nicht auch die Verantwortung eine gemeinsame sein? 3 a. Österreich übernahm die Initiative bei der Regelung des Balkanproblems und erwartet nun unter dem Rechtstitel seiner klärenden Absicht, daß die instabile Balkansituation in Perspektive auf internationalen Konferenzen, am Verhandlungstisch, festgeschrieben und auf stabile Grundlagen gestellt wird; das erfordern sowohl die Interessen des Reiches, als auch die der auf dem Balkan lebenden Völker und Nationalitäten sowie die gesamteuropäische

Vernunft, wie man sie anders wohl nicht bezeichnen konnte, und die Wahrung des Friedens unter der Ägide des wirtschaftlichen Aufblühens und der kulturellen Entwicklung. *So* Redl. Die Geschichte »fügte« sich jedoch *anders*, und individuelle Pläne, so umfassend sie auch immer angelegt sein mochten, konnten ihr nicht vorgreifen, sie gestanden einem erst am Ende, in der Rückschau, das Recht zu, sich zu äußern, wenngleich nicht »über das Ganze« – denn was können Illusion, Wille, Schneid, Trefflichkeit und *Beteiligtsein* des Einzelnen schon ausrichten –, so zumindest über »Teilstücke«, die zu einem in der späteren Zukunft bereits unauflösbaren Ganzen, zu einem schrecklichen, die gesamte Menschheit berührenden Ergebnis geführt haben. *So* Redl. Die Ereignisse verliefen jedoch *anders*. An eine Wahrsagerin hatte sich Redl nie gewandt, zumal er nicht sein eigenes Schicksal vorhersehen wollte, sondern das des Reiches. Und wo war die Sybille, die sich erkühnte, »aus der Handfläche« eines Reiches die Zukunft vorherzusagen? Die Zukunft eines Reiches vorherzusagen aus der Hand eines traurig dreinschauenden, blauäugigen Offiziers, dem diese Prophezeiung, diese Zukunft ganz und gar *nicht egal war*, obschon seine ernsten – leider einsamen, in der Tendenz stoischen, skeptischen, individuellen – Vorstellungen über diese Zeiten, sein Vorgefühl sich bereits herauskristallisiert hatte. Diese Erkenntnis, sozusagen historische Erkenntnis, dieses historische Vorgefühl, ließ Oberst Redl jedoch nicht resignieren, machte ihn weder romantisch noch melancholisch, im Gegenteil: er erkannte die Herausforderung, die Mission und konzentrierte seine ungebremsten Energien endlich – und endgültig – nicht länger auf sich selbst, sondern auf das Reich, auf sein Vaterland, den Imperator Monarchie, auf die Armee und die realen sowie potentiellen Grenzen. Seine geheimnisvollen Gewohnheiten wurden von einem tätigen Zynismus abgelöst, der andere zunehmend in Verwirrung stieß, der aber keineswegs Resignation, Melancholie, Kenntnisnahme und Verzicht bedeutete. Mit enormer Erfindungskraft, mit der für ihn charakteristischen Geistesgegenwart und Kaltblütigkeit band Redl *furchtlos* und *froh* das Schicksal des Reiches an sein eigenes, brachte tollkühn sein einmaliges und einziges Leben in die Geschichte ein, in der er seine persönliche Teilnahme für seine Dienstobliegenheit hielt.

Hatte die Hinrichtung des Oberstleutnant Ajwassowskij durch Erschießen in Redl zwar so etwas wie Resignation ausgelöst und meditierte er, wenngleich nur für kurze Zeit, über die Vergänglichkeit der Größe, so entfesselte der Anruf des Leutnants Karl Hlach einen Wutausbruch, dessen der Oberst jedoch bald Herr wurde. Leutnant Hlach meldete nämlich: »Habe die vermutlich gesuchte Person in Zivil – für einen Augenblick – in der Nähe der belebten Freyung gesehen, an der Jasomirgott-Kirche, seine Spur aber leider verloren. Besagte Person verschwand in einem Durchgangshaus, von denen es in der Freyung und in der Umgebung der Jasomirgott-Kirche viele gibt. Die nach der Beschreibung mit großer Wahrscheinlichkeit als Ulanenleutnant Rudolf Langauf identifizierte Person befand sich in Begleitung einer zweiten Person aus der Lemberger Garnison: des Hauptmanns Claus von Eckern-Freyberg.«

Ohne erneute Anweisung zu erteilen, legte Redl den Hörer auf. Jetzt erwartete er nur noch den Anruf des Befehlshabers der Grenzwache oder der Oberleutnants Bezouška und Salapška. In erster Linie jedoch den Anruf jener Unbekannten, die schon einmal ein »Lebenszeichen« gegeben hatte und die mit aller Wahrscheinlichkeit Langaufs Freundin war. Claus von Eckern-Freyberg, der Todfeind Oberst Redls noch aus den alten, schönen Zeiten in Görz, an der Küste, war damals Oberleutnant gewesen. Und daß er es seither nur zum Hauptmann gebracht hatte, schrieb er ohne jede Ursache Redl zu; er meinte, Redl habe dem General Hammer-Purgstall einige Male Meldung über ihn erstattet – hinsichtlich eines Dienstvergehens oder einer kritischen, als politisch zu bewertenden Äußerung über Seine Majestät –, die der große Herr, Seine Exzellenz, der Landgraf, der etwas auf Redls Wort gab, für Redl sozusagen seine Hand ins Feuer legte, als nachteilig in der Personalakte vermerkte. So zumindest die

Überzeugung Eckern-Freybergs. Das fehlte noch, daß der kleine Lemberger Ulan, dieser sich für einen Herzensbrecher haltende, hohlköpfige, verschuldete, halb österreichische, halb ungarische Langauf mit Hilfe *des Kopfes* Claus von Eckern-Freybergs etwas ausheckte, denn mit seinem eigenen war er zu derlei unfähig, das stand außer Zweifel. Es galt, rasch zu verhindern, das Langauf mit dem Kopf von jemand anderem dachte; immerhin war er wagemutig und tollkühn genug, liebte zudem das Spiel, um einen »Tip«, den er von jemand anderem bekam, auch *umzusetzen*, zu spielen, selbst um den Preis seiner Existenz, des eigenen Lebens. Wo aber war der Spieler, der immer gewann, wo der unverwundbare Kämpfer? Redl behielt die Ruhe, wiewohl die Grenzwache keinerlei positives Signal gab, das als Anhaltspunkt hätte dienen können. Auch seine getreuen und bewährten Leute – die Oberleutnants Bezouška und Salapška – meldeten sich nicht. Redl wartete. Er wußte, die militärische Abwehr – in diesem Fall also er selbst – würde das »feindliche Ziel« bekämpfen. Er knurrte vor sich hin; es war der Augenblick, in dem er sich »ertappt« fühlte, ertappt durch sich selbst, einer Nichtigkeit wegen, die ihn – Gewohnheit oder nicht – in der gegebenen Minute ärgerte. »Verräter sind zu liquidieren . . .«, stellte er knurrend fest. Sogleich wurde ihm bewußt, daß er diesen Satz immer von General Hammer-Purgstall gehört hatte, noch in der Görzer Garnison. Und auch ein anderer ständiger Ausspruch Seiner Exzellenz des Landgrafen fiel ihm ein: »Richtig essen macht munter.« Der einstmals kommandierende General der zum Herzogtum erhobenen Grafschaft Görz-Gradisca, der Grafschaft Istrien und des im küstennahen Raum stationierten Flotten- und Küstenschutz-Wachregimentes, Hammer-Purgstall, liebte vor allem seinen Bauch, und das war in allen Restaurants im »österreichischen Nizza« bekannt; der General hielt sich sogar einen eigenen Koch, den Enkelsohn seiner früheren Amme. Allein die Speisen, die jener ihm kochte, billigte der General, und schon aus diesem Grunde waren ihm Feldlager und Manöver verhaßt, weil er dann – zumindest im Beisein der Stabsoffiziere – gezwungen war, die übliche Kost zu verzehren. War er darum in den Ruhestand versetzt worden? sann Redl gutgelaunt, mit einem Gefühl der Liebe für seinen früheren Kommandanten. Er wußte wohl, daß im Gegensatz zum Freiherrn und Landgrafen von und zu Hammer-Purgstall der Herrscher, Franz Joseph I., für Manöver schwärmte, bei denen natürlich immer die »Blauen«, die eigenen Einheiten also, die feindlichen Stellungen der »Roten« besetzten. Außerdem liebte und kultivierte der Kaiser und König Franz Joseph I., Fürst so vieler Provinzen und Länder, trotz seines greisen, vorgerückten Alters, trotz so vieler persönlicher Schicksalsschläge – der Selbstmord seines Sohnes Rudolf, des Thronfolgers, des Kronprinzen (mit einer Maria Vetsera!); dann die Ermordung der schönsten Tochter Bayerns, vielleicht ganz Europas, der Wittelsbacherin Elisabeth, der schönen Sissy, seiner Gemahlin königlichen Geblüts, ihre Erdolchung durch einen italienischen Terroristen in Genf, mit einem geschliffenen Sägeblatt; Niederlagen, Schlappen, Verluste nicht persönlicher Art, die das Reich getroffen hatten, Solferino, Königgrätz, der Ausschluß Österreichs aus dem Deutschen Bund, die überwältigenden Erfolge Bismarcks, die weder der Seesieg des tollkühnen Admirals Tegetthoff bei der Insel Lissa noch bei Helgoland noch der Sieg des Erzherzogs Albrecht bei Custozza noch die Annexion Bosniens und der Herzegowina wettmachen konnten – die Manöver, das Lagerleben, die Lagerküche, mehr noch: er liebte es, überraschend am abendlichen Lagerfeuer der Fußsoldaten aufzutauchen in den kurzen Manöverpausen bei ihnen auszuruhen, mit ihnen zu plaudern. Worüber? Daß er selbst Soldat sei und wie schön das Soldatenleben, der Heldentod und die alten Soldatenfriedhöfe, wohin die Mütter, die Witwen hinausgingen und Blumen auf die Gräber legten, obzwar die Kanonen schon längst verstummt waren, die achtundvierzig, neunundvierzig in ganz Ungarn donnerten, wie auch jene Kanonen, die bei Solferino, bei Königgrätz für das Vaterland ertönten. Vielleicht waren sie alle eingeschmolzen worden. Franz Joseph fragte die Männer am Lagerfeuer auch, wo, in welcher Schlacht, ihre Väter, ihre Großväter gefallen seien.

Es ist allgemein bekannt, daß der Kurier, der Seiner Majestät Franz Joseph I. die schreckliche Botschaft, die Hiobsbotschaft überbringen sollte – ein Italiener habe die Königin Elisabeth, die einsame, beständig um ihren Sohn trauernde Sissi am Ufer des Lac Leman niedergestochen –, diesen weder in der Hofburg vorfand noch in Schönbrunn, sondern bei den regelmäßigen jährlichen Manövern im Raum Buziás, richtiger formuliert also: an *seinem Arbeitsplatz;* würdig gesprochen befand sich Seine Majestät gerade auf Wachtposten, auf dem Schlachtfeld, das heißt, auf einem im übrigen sehr fruchtbaren Boden, den er zu Übungszwecken der Armee zur Brache hatte machen lassen, damit die Bauernsoldaten nicht etwa beim Pflügen, beim Säen ihre Mannhaftigkeit bewiesen, sondern im Kampf. Immerhin sollte die Zeit nur allzubald kommen, da sie um diese Äcker, diese Weiden kämpfen mußten, zur Verteidigung der Heimat. Ja, inmitten des Manövers, an seinem Arbeitsplatz, auf Wachtposten, erhielt der Herrscher die grausame, jedes menschliche Gefühl lähmende, Bewußtsein, Sinne und Erinnerung des Menschen – selbst wenn dieser Mensch ein Habsburger, ein Fürst war – zu einem Eisblock gefrieren lassende Nachricht, daß man seine Gemahlin ermordet hatte. Und dennoch, wie lautete der erste Befehl Seiner Majestät nach Entgegennahme der Botschaft? »Manöver fortsetzen!« Umsonst senkten die Fahnenträger die Regimentsfahnen, umsonst verfügte der kommandierende General, das Manöver würde – mit Rücksicht auf die Tragödie – abgebrochen; nein – Seine Majestät der Kaiser wiederholte leise: »Das Manöver wird fortgesetzt und dauert bis zum vorgeschriebenen Zeitpunkt an; die Truppen – die Blauen – sollen angreifen und die im Operationsplan ausgewiesenen Höhen und gegnerischen Stellungen besetzen und zerstören!« Redl dachte daran, wie wenig der General Hammer-Purgstall die Manöver, das Lagerleben und die Lagerküche liebte ... Ja, vielleicht war er deshalb vom aktiven Dienst suspendiert worden. Vielleicht aber hatte auch der Thronfolger Franz Ferdinand bei alledem die Hand im Spiel ... Im Gedenken an Schicksal und Aussprüche seines früheren Kommandanten

– »Richtig essen macht munter!« – ließ sich Redl durch das sommersprossige, blonde Zimmermädchen Greti ein reichliches Abendessen, ein Festmahl sozusagen, servieren. Er aß und wartete auf einen Anruf. Er wartete und aß unmäßig, schlang das Essen förmlich hinunter, dann trank er einen Krug Bier und steckte sich eine Havanna an. Und wartete weiter, wenngleich nicht in dem sicheren Bewußtsein, daß das *»Ich* das erste Grundprinzip jeder Bewegung, jeden Lebens, jeder Handlung und jeden Geschehens« sei, wie der Philosoph Fichte behauptete, beschrieb, lehrte und glaubte.

Er durchdachte die Situation. Warum hatte Rudolf Langauf nicht *direkt* den Kriegslieferanten Feinbach oder den Chefingenieur Worowka erpreßt? Vielleicht mit Rücksicht auf Fräulein Friederike Feinbach, seine Geliebte? Wohl kaum. Womöglich hatte er auch versucht, den Großhändler Feinbach und den Chefingenieur Worowka zu erpressen, doch diese, ihm an Verstand überlegen, erschraken nicht oder wußten zu viel vom Ulanenleutnant Rudolf Langauf – von seinen wilden Geschäften in Lemberg und Budapest, von seinen Schulden –, um vor ihm Angst zu haben, von ihm erpreßt zu werden. Das war wahrscheinlicher. Oder war der Kriegslieferant Feinbach einfach nur ein geschickter Händler großen Stils, der seine Geschäfte wohl immer absicherte, aber *tatsächlich* auch »saubere Hände« hatte? Zumindest gingen seine Beziehungen zu den Russen dann kaum über die Lieferung von Bauholz, Sand und anderen Baustoffen, zu billigeren Preisen als auf dem heimischen Markt, hinaus. In diesem Fall hatte er tatsächlich nichts zu fürchten, vor allem nicht von einem verschuldeten Kavallerieoffizier. Bestand die gleiche Konstellation auch bei dem Chefingenieur Worowka? Oder hatte er, der gut beleumundete Chefingenieur, der als ausgezeichneter Fachmann galt, mit den Russen in Verbindung gestanden? Einzelne Anspielungen, vage, noch unkontrollierte Meldungen der in Galizien, in Stanislau, Przemyśl, Lemberg, Tarnopol, Troppau, Jezupol, Mariampol, Halics und anderen Städten, tätigen Agenten Redls wiesen darauf hin. Hatten ihn die Russen in der Hand? Oder lieferte er ihnen für Geld bestimmte Pläne, die sich auch auf das strategische Ziel der Modernisierung bezogen? Worowka war, wie der Kriegslieferant Feinbach, ein schwerreicher Mann. Geld hatte er wohl kaum nötig – schon gar nicht zu einem so lebensgefährlichen Preis.

Oder – dies bezeichnete Redl als »Version X« – stand als treibende Kraft hinter allem Renzo Malaparte, alias Udo von Usedom, dieses viril feminine »Phänomen«, der Mann, den – ihm zum Verhängnis vielleicht – Katalin ihm an jenem Abend vorgestellt hatte? Oder stand – was Redl die »Version Omega« nannte – sein geschworener Todfeind Claus von Eckern-Freyberg hinter der Langaufschen Erpressung? War er mit eisenbeschlagenen Stiefelabsätzen, unvermittelt und kraftvoll, in die Feinbach-Worowka-Szene getreten? Seit wann und woher kannte der Hauptmann von Eckern-Freyberg, vor drei Jahren noch Oberleutnant, mit negativer Beurteilung aus der Görzer Garnison abkommandiert, den Ulanenleutnant Rudolf Langauf? Es war zu spät – wenngleich möglich –, diese Frage jetzt zu klären. Langauf war voraussichtlich völlig unter den Einfluß von Eckern-Freybergs geraten. Im Gegensatz zu dem blaublütigen, großzügigen, klugen und zielbewußten Hauptmann von Eckern-Freyberg, der den Alkohol *sehr gut* vertrug, war Langauf wenig trinkfest, wovon sich Redl – infolge Langaufs Übelkeit nach dem Mittagessen im Hotel Klomser – persönlich hatte überzeugen können. Als der Leutnant allerdings zu sich gekommen war – nach Kotzen, Stöhnen und Schlafen – hatte er sich sofort an die Arbeit gemacht, versucht, den Panzerschrank aufzubrechen, die Schreibtischschubladen geöffnet, Dossiers, Briefe und Zettel gestohlen; demnach war auch er kein ausgesprochen schreckhafter Typ, eher ein Draufgänger, aber übereilt, ungeschickt und unüberlegt. Umsonst hatte ihm – was Redl nunmehr als sicher annahm – von Eckern-Freyberg die »Tips«, die Ideen geliefert, er hätte es unter Umständen sogar fertig gebracht, einen vollständig ausgearbeiteten »Kriegsplan« über den Haufen zu werfen, abzuändern in der Hoffnung, mehr dabei herauszuschlagen, während ihm statt dessen alles unter den Fingern zerrann. Wie dem auch sei: die gestohlenen Dossiers, Planzeichnungen zum Umbau der Festung Przemyśl, streng geheime Skizzen zur Verstärkung der Batterie- und Geschützstellungen, zur Modernisierung des Bunker- und Kasemattensystems – die Redls Agenten beschafft hatten, die er – manipuliert und unbrauchbar gemacht – den Russen übergeben wollte, im Austausch für den echten Mobilisierungsplan, für das Material über das strategisch veranschlagte Ausmaß des russischen Militäraufmarsches in Galizien oder auf dem Balkan und seine Alternativen – befanden sich nunmehr, dank Rudolf Langauf, in der Hand des Hauptmanns von Eckern-Freyberg. Falls ... Langauf nicht versucht hatte, auch bei Eckern-Freyberg für die Dokumente Geld herauszuschlagen. Einerseits aber konnte dieser, sofern er es wollte, Langauf auch bezahlen, immerhin war er Sproß einer reichen Aristokratenfamilie, und andererseits, wenn er nicht zahlen wollte, beschaffte er sich durch einen Trick das gesamte Material, eventuell – Redl hätte nichts dagegen gehabt; Kleinigkeit! – räumte er auch Rudolf Langauf aus dem Wege. Redl – der Eckern-Freybergs Charakter, seine Frechheit, Tollkühnheit, sein Phlegma noch aus den gemeinsamen Dienst- und Kasinozeiten in der Görzer Garnison kannte – setzte beide Möglichkeiten voraus: sowohl, daß von Eckern-Freyberg Langauf das militärisch wertvolle – und hauptsächlich gegen Redl »hinrichtungsmäßig« zu verwendende – Material abkaufte, als auch, daß er ihn irgendwie aus dem Wege räumte, nachdem er alle Dossiers, Briefe, Planzeichnungen und Zettel von ihm bekommen hatte. Und er nahm noch eine dritte Möglichkeit an: daß von Eckern-Freyberg mit dem in seinem Besitz befindlichen Material direkt zum Generaloberst Conrad von Hötzendorf ging, dem Chef des Generalstabs, um den Generalstabsoberst Alfred Redl, den Chef der Spionageabwehr und des Kundschaftsdienstes, als Spion und als Vaterlandsverräter zu entlarven. Oder das gesamte Material, mit Rücksicht auf die Gewichtigkeit der Sache, auf ihre höhere militärische Dimension und das Staatsinteresse, unter Umgehung und Abkürzung des Dienstweges zum Thronfolger selbst, dem Oberbefehlshaber der Armee, Franz Ferdinand, brachte. Redl war sich sicher: nur von Eckern-Freyberg hatte Rudolf Langauf den Versuch ausreden können, den Kriegslieferanten Feinbach oder den Chefingenieur Worowka zu erpressen. Allein er hatte dem Ulanenleutnant erklären können, welch einen »Fang« sie da gemacht hatten: die Erpressung des Oberst Redl. Woher hätte von Eckern-Freyberg, den er Jahre nicht gesehen hatte, auch wissen sollen, daß Redl die Baupläne zur Modernisierung der Festung Przemyśl durch seine Agenten beschaffen ließ und sammelte, um sie manipuliert, verändert und militärisch unbrauchbar den Russen zu übergeben, im Austausch für ihre Mobilisierungs- und Aufmarschpläne, zumindest für den Teilbereich, der die Artillerie betraf. Nein, das hatte Claus von Eckern-Freyberg weder wissen noch voraussehen können. Für ihn war der Fall nunmehr, da dank Langauf die Planzeichnungen aus Redls Schreibtisch in seinem Besitz waren, klar; er handelte in gutem Glauben, erfüllte sogar seine Pflicht, wenn er seinem – immerhin höchstrangigen – Vorgesetzten die Sache unverzüglich meldete und die Hypothese, derzufolge Oberst Redl ein Vaterlandsverräter war, anhand der beschafften Materialien belegte. Er hätte natürlich erst ihn, Redl, aufsuchen können, um zu versuchen, die Frage unter vier Augen zu klären, aber sie waren eben Feinde. Von Eckern-Freyberg lastete Redl die Verhinderung seiner Offizierskarriere an, die – nach einem Disziplinarverfahren – erfolgte Abkommandierung aus der Görzer Garnison . . . wohin? *Woher wohin?* Von der Adria, von der Küste, aus dem »österreichischen Nizza«, aus so herrlichen Orten wie Abbazia, Quarnero, Lovrana, Duino, Múggia, nach kurzem Verhör in Wien und erfolgtem Verweis sofort nach Norden, in ein militärisch als Grenzbereich einzustufendes Gebiet von »Soldatenstädten« und »Judenstädten«, Mariampol, Jezupol, Halic, Stanislau, südöstlich der Grenzlinie Premyśl, Lemberg, Tarnopol, dort, am Quellgebiet des Dnjester oder am oberen, jungfräulichen Abschnitt des Flusses oder weiter unten, wo der Fluß – umsonst verstellte ihm die Wache den Weg – die Grenze des Reiches überschritt und auf dem Gebiet Rußlands weiterströmte, dem Schwarzen Meer zu. Dort durfte der blaublütige Hauptmann Claus von Eckern-Freyberg, der Sproß altadligen Geschlechts, seine Kompanie zum Sturm vorrücken lassen: die slowenischen, ruthenischen, huluzischen und ungarischen Infanteristen, hinauf auf die nadelwaldbedeckten Berge und kahlen Hügelketten, dort durfte er seine Kompanie anführen bei den Paraden zum Geburtstag Seiner Majestät des Kaisers, dort durfte er Staub schlucken auf den Straßen Lembergs, Tarnopols und Stanislaus, und dort blieb ihm auch viel Zeit zu erkennen, was für zurückgezogene, fleißige, verschlossene Menschen die Juden waren – mancher von ihnen beneidete ihn auch, worum eigentlich? –, und schließlich wäre Claus von Ekkern-Freyberg nicht der gewesen, der er war: lieber Sohn seiner schönen Mutter, lieber Sohn seines jung – in Kamerun! als Freiwilliger in deutscher Uniform – im Duell gefallenen, der Legende nach männlich schönen Vaters, hätte er nicht dort droben, im Quellgebiet des Dnjester, an den Hoch- und Mittelgebirgs»grenzen« des Reiches, sein Leben fristend in den öden Garnisonen von Lemberg, Tarnopol, Jezupol, Mariampol, Stanislau, in solch einem östlichen »Castrum«, die Empfindsamkeit der jüdischen Frauen, ihre Körper kennengelernt, die ihm bislang unbekannten Spiele ihrer Körper, die nicht-europäische »alttestamentliche« Farbe, das Schwarz ihrer Haare und Augen . . . Aber er hatte sie kennengelernt, persönlich, am eigenen Leib erfahren, ohne zuvor den Oberrabbiner von Tarnopol gefragt zu haben, wie Frauen seiner Rasse wären . . . Und trotzdem: Claus von Ekkern-Freyberg spürte ewiges Heimweh nach der Adria, der Küste, nach Abbazia, Lovrana, Múggia, Pola, Fiume, Görz und Duino, nach dem »österreichischen Nizza«, und er betrachtete den Dienst in Galizien, in den östlichen »Grenzlanden« des Reiches als Strafe, der Dnjester konnte ihm die Adria nicht ersetzen. Und die Frauen am Ufer des Dnjester, selbst wenn schönere unter ihnen waren, vermochten den im nördlichen »Castrum« kommandierenden Hauptmann die Frauen am Ufer der Adria nicht vergessen zu machen.

Sosehr von Eckern-Freyberg den Oberst Redl auch haßte,

er verachtete ihn nicht. Er erkannte ehrlich das Talent seines einstigen Görzer Garnisonskameraden an. Redl ahnte wohl: von Eckern-Freyberg hatte sich von Langauf das *Material* beschafft, aber der Ulanenleutnant hatte auf den Rat seiner Freundin hin dem Hauptmann, der ihn dafür bezahlte, nur einen Teil, einen kleinen Teil davon übergeben. Und von Eckern-Freyberg ließ – vorerst – die Sache ruhen, räumte Langauf, dessen Gang er nicht einmal ertragen konnte, von einer längeren Begleitung ganz zu schweigen, nicht aus dem Weg. Redl ahnte wohl: er hatte Langauf tatsächlich oben im Norden, in Galizien, kennengelernt, von seinen Geschäften, seinen Schulden, seinen Liebschaften und seiner Beziehung zu Fräulein Friederike Feinbach erfahren, hatte die Fähigkeiten des Ulanenleutnants, von denen zwölf auf ein Dutzend gingen, erkannt, seinen Dünkel in Weibergeschichten, seine Schwäche, den Alkohol zwar zu lieben, gleichwohl nicht zu vertragen. Und er war es gewesen, der Langauf überredete, den Kriegslieferanten Feinbach, den Chefingenieur Worowka sausen zu lassen und lieber das »Großwild«, Redl selbst, zu jagen, er hatte ihm dazu geraten, als er erfuhr, »ein mit fremdem Akzent sprechender Herr sei dagewesen, der sich auf Redl berufen hatte und alles über die Gäste in der Villa Feinbach zu erfahren wünschte und über Feinbachs sonstige Geschäfte, hauptsächlich seine russischen Beziehungen und seine Lieferanten«. Zu diesem Zweck war Claus von Eckern-Freyberg auch nach Wien gereist, übte aber – was er nicht wissen konnte – weniger Einfluß auf Langauf aus als dessen Freundin, Spießgesellin und Komplizin. In einem irrte Redl jedoch – manchmal schoß auch er übers Ziel hinaus, beging Fehler –: in seiner Vermutung nämlich, Hauptmann von Eckern-Freyberg würde sich mit dem Material direkt zum Thronfolger Franz Ferdinand begeben, um zum Dank für diese unverhoffte und bedeutungsschwere Entlarvung – ein Dienst, der gerade von ihm kaum zu erwarten war – vom Thronfolger als dem Oberbefehlshaber der gesamten Streitkräfte des Reiches aus dem nördlichen »Castrum«, aus Galizien, Lemberg, Tarnopol und Jezupol, geradewegs an die süße, azurne Adria, nach Abbazia, an die

Küste, nach Fiume, Cattaro, Zara, Pola oder in das Herz des »österreichischen Nizza«, Görz, zurückbeordert zu werden, direkt ins Kasino, wo Claus von Eckern-Freyberg seinerzeit von so vielen Frauen geliebt ward. Mehr noch: der Hauptmann war nicht einmal – wie von Redl vermutet – unter Umgehung und Abkürzung des Dienstweges zum Generaloberst Conrad von Hötzendorf, dem Chef des Generalstabes, gegangen, sondern, wie Redl später erfuhr, reichlich naiv zu Redls Stellvertreter, dem Oberstleutnant Ritter Horst von Thom, dem Vertrauten des Generalstabschefs Conrad von Hötzendorf bei Kundschaftsdienst und Spionageabwehr. Vorher hatte von Eckern-Freyberg noch Christoph von Kubinyi aufsuchen wollen, ihn aber nicht angetroffen. Und die Zeit drängte. Aus Vorsicht erstattete er Horst von Thom nur einen mündlichen Bericht über die »Spionageangelegenheit« im Zusammenhang mit Oberst Redl, das *Material* nahm er nicht mit, es wäre in den Händen des Ritters Horst von Thom ein leichtes »Musterstück« gewesen und dann zur Beute geworden, ebenso wie er selbst. Demzufolge wurde sein Bericht ziemlich schroff aufgenommen.

»Betrunken sind Sie nicht, Hauptmann?« fragte Horst von Thom im Anschluß an den groben, unzusammenhängenden Bericht.

»Melde gehorsamst, ich bin nicht betrunken«, antwortete von Eckern-Freyberg ruhig.

»Sie sind sich darüber im klaren, daß Sie Ihre Behauptung auch beweisen müssen? Sie sind sich im klaren, welche *unverzüglichen* Konsequenzen es für Sie haben wird, wenn es Ihnen nicht gelingt, Ihre Behauptung, Ihre Mutmaßung zu beweisen?«

»Darüber bin ich mir vollkommen im klaren, Herr Oberstleutnant.«

Horst von Thom wies Hauptmann Claus von Eckern-Freyberg an, ihm das Material zu übergeben, außerdem sollte er – ausschließlich zu seiner Verwendung – einen schriftlichen Bericht über sämtliche Vorfälle in der Feinbach-Worowka-

Sache (die von Eckern-Freyberg konsequent die Redl-Sache nannte, und weshalb ihn Horst von Thom vermahnte: »Das ist *keine Redl-Sache*! Passen Sie auf, daß keine *Eckern-Freyberg-Sache* daraus wird!) anfertigen. Der Hauptmann nahm den Befehl entgegen, unter der Bedingung, Oberstleutnant Horst von Thom übergebe alles, was er schriftlich niederlege und an Schreiben und Zeichnungen seinem Bericht beifüge, Seiner Exzellenz, dem Generalstabschef Conrad von Hötzendorf. »Natürlich, Herr Hauptmann«, erklärte Ritter Horst von Thom. Und er tat dies auch, sogleich nach der Entgegennahme des Berichtes und der beigefügten Dokumentationen, Dossiers, Zeichnungen, Pläne und Skizzen. Dieses Material war eigentlich nur ein Bruchteil dessen, was von Eckern-Freyberg über Rudolf Langauf hatte beschaffen können. Aber es reichte aus, um Oberstleutnant Ritter Horst von Thom von der militärischen Spionageabwehr sofort zu veranlassen, um Audienz bei Seiner Exzellenz, dem Generalstabschef Conrad von Hötzendorf, nachzusuchen; dieser empfing ihn gleich, und Horst von Thom teilte ihm in zwei Sätzen bündig mit, worum es ging.

Währenddessen läutete, schrillte in Redls Zimmer endlich wieder das Telefon. Am Ende der Leitung ertönte wieder die Stimme der Unbekannten. Und es war wahrhaftig nicht die der Erzherzogin Valeria. In Oberst Redls Gedächtnis blitzte – durch die weibliche Stimme vielleicht? – eine Erinnerung auf. Es war eine »Vedute« Katalins, die ihn einen Augenblick lang ganz erfüllte, ein altbekanntes Bild eines altbekannten Ortes, die Adriaküste, Abbazia, das Appartement im Hotel Bellevue: Katalin, halb ausgekleidet oder schon im Nachthemd, sie mochte einen Schwips haben, hob die Hand auf Soldatenart an die Schläfe, salutierte, lachte, und ihre mit Ringen geschmückten Finger – welcher Finger, welcher Ring wohl? – blieben an dem bodenlangen Store hängen, durch den die Seeluft hereinströmte, der Spitzenvorhang flatterte, als sei er lebendig, er füllte sich mit dem Luftstrom, um wieder zurückzufallen durch die Schwere des Stoffes, dann schwang er erneut hoch, und Katalin konnte ihre

Hand nicht befreien, sie versuchte es weiter, und plötzlich riß sie mit einer einzigen Bewegung den weißen Spitzenvorhang von der Gardinenleiste; dieser fiel jedoch nicht auf das Parkett, sondern schwebte, von einem lauen, abendlichen Adria-Luftstrom getroffen, auf Katalins Körper nieder, hüllte sie vollständig ein, ihren Körper, ihr Gesicht, und Redl trat hinzu, sie zu befreien, aber Katalin rief ihm unter den weißen Spitzen zu: »Nicht, laß mich! Ich will so bleiben! Wenn mich der Erzbischof von Salzburg jetzt sähe, spräche er mich aller Sünden ledig ... Als ich ihn einmal für einen Tumult, den ich in der Kirche verursachte, um Verzeihung bat, sagte er zu mir: ›Meine Dame ... . Liebes Fräulein, wenn Sie es einrichten können, kommen Sie nie wieder nach Salzburg ...‹ Ob er wohl verliebt in mich war? Oh, wenn er mich so sähe, in Weiß, körperlos, gewichtslos und geläutert ...« Katalin lachte. »Es ist schön so, laß mich. Ich habe mich versteckt. Die Welt ist verschwunden! Hörst du? Ich sehe die Welt nicht mehr ... Aber es ist ein gutes Gefühl!«

»Nice to hear you ...«, flüsterte Redl, während er der weiblichen Stimme lauschte, die vom anderen Ende der Leitung her zu ihm sprach und ihn an Katalins Worte erinnerte, die sie *seinerzeit*, unter dem weißen Vorhang, zu ihm gesagt hatte. Die Situation war jetzt eine andere: er wußte alles von der Oberfläche, doch nunmehr war die Zeit gekommen, daß er auch die Tiefe kennenlernte. Doch kaum war die weibliche Stimme erklungen, brach die Leitung zusammen oder war unterbrochen worden. Redl hatte seinem Stellvertreter, dem Oberstleutnant Horst von Thom, eine verschlüsselte, geheime Nachricht zukommen lassen – wie es die Sicherheit erforderte –: »Aufgrund der mir vorliegenden Berichte betreibt der Großhändler und Kriegslieferant Friedrich Feinbach Spionagetätigkeit zugunsten Rußlands. Der Chefingenieur Worowka, Leiter der Bauvorhaben innerhalb der Festung Przemyśl, ist sein Komplize. Als Helfershelfer gilt der Ulanenleutnant Rudolf Langauf aus dem Regiment Lemberg. Unter Ausschluß der Polizei habe ich das Verfahren gegen diese Personen eröffnet, die Nachforschungen – am

Tatort und im Hinblick auf die Beteiligten – werden von mir selbst geleitet. Übernehmen Sie bis auf weitere Anordnungen meinerseits meine Dienstobliegenheiten im Kriegsministerium und in der Zentrale. Bin unterwegs nach Galizien. Über weitere Schritte werden Sie informiert, wenn ich es für erforderlich halte. Agent QI aus Lemberg wurde durch ein verschlüsseltes Telegramm nach Wien beordert. Falls er nicht eintrifft, ist das ein Beweis dafür, daß auch er als Doppelagent für Rußland tätig war. Verlassen Sie nicht die Zentrale im Kriegsministerium, bevor Sie einen neuen Befehl erhalten. Der Agent QI wurde von mir in die konspirative Wohnung am Währing-Bach bestellt. Sollte während meiner Abwesenheit, solange ich die Untersuchung in Lemberg leite und Verhaftungen vornehme, der gesuchte Leutnant Langauf gefaßt werden – wozu ich Befehl erteilt habe –, verhindern Sie, daß er mit jemandem Kontakt aufnimmt. Keine Gegenüberstellung, kein Verhör ohne mich! Voraussichtlich spielt auch Hauptmann Claus von Eckern-Freyberg eine Rolle in dieser Angelegenheit. Werde ich selbst ermitteln! Warten Sie weitere Befehle im Büro der Zentrale ab. Oberst Redl.«

Redl konnte nicht wissen, daß Ritter Horst von Thom diesen Befehl erst später erhielt. Zum fraglichen Zeitpunkt war er nach einer kurzen und logischen Überprüfung des von Eckern-Freyberg erhaltenen Materials und einem Überdenken dessen Berichtes – glatter Wahnsinn! war es vielleicht doch nur ein Märchen? – auf schnellstem Wege zu Seiner Exzellenz, dem Generalstabschef und Generaloberst Conrad von Hötzendorf geeilt und hatte ihm schon – belegt mit beweiskräftigen Informationen – Bericht erstattet, unter gewissem Vorbehalt zwar, aber gleichwohl klar und korrekt, obschon es sich anhörte, als trüge er Hypothesen vor und keine Fakten.

Zu guter Letzt wurde die Frau am Telefon gesprächiger.

»Wo? Wann? Woran erkenne ich Sie?« fragte Redl ruhig, zumal das Warten jetzt ein Ende hatte. Endlich konnte er tätig werden. Er bestellte Oberleutnant Bezouška zu sich, der, wiewohl er alle Viertel- und halbe Stunden anrief, lediglich melden konnte, »Aufenthaltsort der gesuchten Person unbekannt«. Nun, jetzt würde er bekannt werden, bedachte Redl. Er ließ sich von dem Oberleutnant an den Ort begleiten, den die Unbekannte ihm genannt hatte, benachrichtigte aber zuvor zwei ausgezeichnete Offiziere, den Hauptmann Konrad Morschel und den Major Lewetzow, und ordnete an, sie sollten ebenfalls in die Nähe des Schauplatzes kommen und dort, auf dem Stuben-Ring, am Donaukanal, warten, genauer: an der Stuben-Brücke, am Franz-Joseph-I.-Kai. Sie sollten aus einer Entfernung von fünfzig, sechzig Metern die Sicherung übernehmen, möglichst unbemerkt, daher am besten in Zivil. Die Person, mit der sie sich träfen, sei eine Frau, aber sie komme eventuell nicht allein zum Treffpunkt. Bei jeglichem verdächtigen Anzeichen sollten sie sofort das Feuer eröffnen und mit tödlicher Genauigkeit zielen, Überlebende seien nicht vonnöten, die Angelegenheit sei höchst kompliziert, da sie Auswirkungen über die Reichsgrenzen hinaus haben könne. Morschel und Lewetzow nahmen den von Redl angegebenen Platz an der Stuben-Brücke ein, beide natürlich in Zivil. Redl näherte sich in Begleitung des Oberleutnants Bezouška dem von der Unbekannten bezeichneten Haus an der Uferstraße, ohne zu wissen, daß Rudolf Langauf – obschon völlig privat – bereits geredet hatte, wenngleich es in seinem eigenen Interesse gestanden hätte, dies zu vermeiden. Er hatte einigen Zeitungsschreibern gegenüber geplaudert, vage Andeutungen auf eine »große Spionagesache« fallengelassen, unter zahlreichen anderen auch Redls Namen erwähnt und seinen eigenen, zumal er wieder getrunken hatte, auf jeden Fall soviel, um zu meinen, er habe das Spiel bereits gewonnen, müsse unter Umständen gar nicht ins Ausland fliehen, vielleicht – warum auch nicht? – würde er sogar befördert, aus Lemberg nach Budapest versetzt, und wenn man ihn auch nicht gerade als Helden feierte – aus unbekannten Gründen, eines alten Skandals oder noch älteren Disziplinverstoßes oder einer Insubordination wegen –, könnte er zumindest mit Redls und von Eckern-Freybergs Geld in Begleitung seiner Freundin das

Reich verlassen, die Monarchie, weil es so, wie es derzeit war, der Lemberger Garnison glich; Heimweh würde er bestimmt nicht haben . . . Die Zeitungsschreiber, ganz im »Zeichen« ihrer Zunft, rannten, noch bevor sie ihre Redaktionen aufsuchten, eilends zur Polizei, zum Inspektor Barner, der sich mit Journalisten besonders gut stand. Von ihm erfuhren sie jedoch überhaupt nichts, da Barner selbst nichts wußte; also erzählten sie dem Polizeiinspektor Barner alles, was sie »wußten« – schon nicht mehr »zu wissen meinten« –, wobei sie die *Redl-Sache* bald als *Przemyśl-Sache*, bald als *Feinbach-Sache* bezeichneten, und Barner, im »Zeichen« seiner eigenen Zunft, notierte alles emsig, als wäre er der Journalist, der Zeitungskorrespondent – womöglich hatte er diesen Beruf auch einmal ergreifen wollen, denn er schrieb eifrig mit, wie ein Reporter –, und nicht diejenigen, die ihm von diesem »Fall« berichteten. Andere begaben sich direkt ins Außenministerium, wo sie Freunde und Vertraute fanden, weil sie vermuteten und hofften, daß sich dort – wiewohl man vorerst von Presseverbot reden oder solches direkt, wie bei solchen »großen Sachen« üblich, verhängen würde –, im Kreise der Freunde und Vertrauten, der niederen Chargen und kleinen Beamten, zumindest auf der Ebene des politischen Klatsches und Tratsches, bestätigen würde, »was sie ohnehin *aus erster Hand*, aus dem Munde des Ulanenleutnants Rudolf Langauf, wußten«. Im Außenministerium wußte man nichts über diese »Sache«, zum Ausgleich für diese Uninformiertheit, die fatale Folgen haben konnte, wußten jetzt allerdings auch einige Beamte im Außenministerium von der »Sache« und von Langauf, und natürlich gaben auch sie, wie die Journalisten und Zeitungskorrespondenten, die unheilvolle, vorerst noch streng geheime Nachricht bald als *Redl-Sache*, bald als *Feinbach-Worowka-Sache* oder *Przemyśl-Sache* weiter.

Einen solchen Schnitzer – dieses betrunkene oder nicht betrunkene, egal, jedenfalls dieses Schwatzen vor den Zeitungsschreibern der Wiener Presse – hatte Redl vom Ulanenleutnant Langauf natürlich nicht erwartet, so schnell er auch dessen Fähigkeiten und Charakter, die fehlende, selbständige Urteilskraft ermessen hatte; ebenso wußte er um die nur aus der Dummheit – nicht aus der Jugend – herrührende Leichtfertigkeit und Spielfreude und den naiven Wunsch, nicht nur ein »großer«, sondern mit der Zeit, mit Hilfe der Presse auch ein wichtiger, ja berühmter Mann zu werden, von dem sogar Seine Majestät erfuhr, nicht allein der Befehlshaber der dreckigen Lemberger Garnison und seine im Manöver liegenden, exerzierenden, schwitzend Kompanien und Bataillone kommandierenden Offizierskameraden. Das hätte Redl nicht im Traum gedacht. Aber auch Hauptmann Claus von Eckern-Freyberg nicht, der kaum als Anhänger oder Freund Redls zu bezeichnen war; gerade er hatte nämlich den Ulanenleutnant Rudolf Langauf nachdrücklich verwarnt, als er ihm für das *Material* – das der junge Mann aus Redls Appartement im Hotel Klomser stahl, nachdem er seinen Rausch ausgeschlafen hatte und »spielen wollte«, mit »großem Einsatz« diesmal, und alles auf eine Karte setzend – die geforderte Summe zahlte, ohne zu wissen, daß er sich nur einen Bruchteil des gesamten Materials beschafft hatte, weil ihm dieses auf den ersten Blick hin als ausreichend »pressiv« erschien, auch gegen einen Redl. Von Ekkern-Freyberg war Offizier. Wie Rudolf Langauf. Während ersterer allerdings dachte, es reiche aus, wenn er befahl: »Strikte Geheimhaltung. Kehren Sie zurück nach Lemberg oder suchen Sie um einen längeren Urlaub nach, damit Sie sich ins Ausland absetzen können ... Geld haben Sie. Sie dürfen keinesfalls Redl in die Fänge geraten, weil dies sein letztes Zupacken sein würde. Zumindest, was Sie betrifft« – vertraute letzterer auf sich und plauderte im Grand Café Habsburg und anschließend in der Kärtner-Bar alles vor den Journalisten, den mit ihm zechenden Zeitungskorrespondenten aus. Zu dem Zeitpunkt war seine Freundin – die Leiterin und Organisatorin seines Lebens – natürlich nicht dabei, weilte nicht an der Seite des gertenschlanken, gutaussehenden Langauf, da sie sich – eben im Interesse des Leutnants – auf das – wie sie glaubte, geheim genug abgesprochene – Treffen mit Oberst Redl, dieses – ihrer richtigen Einschätzung nach – ganz und gar nicht ungefährliche, eher lebensgefährliche Treffen vorbereitete; demzufolge konnte sie ihrem hübschen Liebhaber auch nicht ins Ohr flüstern, daß er sie, wenn überhaupt, obschon er besser daran täte, darauf zu verzichten, aber wenn es ihm dort halt besser gefiele, eben in der Kärtner-Bar oder in der Konditorei Demel treffen sollte – denn auch dort schenkte man harte Sachen aus –, oder sonst irgendwo, auf jeden Fall aber sollte er seinen Mund halten, niemandem ein Wort über die »Sache« verraten, nicht einmal – wenn möglich! – seiner eigenen Mutter in Budapest, um ihr per Telefon mitzuteilen, ihr Sohn würde bald zum Oberleutnant befördert, falls nicht, reise er mit einem Haufen Geld ins Ausland, verlasse die Armee, ziehe die Uniform aus und spiele in Monte Carlo Roulette oder Karten, wette bei englischen Derbys auf Pferde oder ähnliches. Langaufs Freundin hätte ebensowenig wie Redl es sich im Traum einfallen lassen, daß ihr »im Bett so hervorragender« Rudolf geradewegs ein paar Journalisten, die – allein von Berufs wegen – den Alkohol besser vertrugen als der Leutnant und mit ihm auf eigene Rechnung zechten, die »Sache« stecken und eine Pressekonferenz abhalten würde, für nichts und wieder nichts. In einem jedoch irrte Langaufs Freundin, nämlich in ihrer Meinung, ihr gefährliches Treffen mit Oberst Redl, mit Rücksicht auf den Ernst der Lage, die keinen Grund zum Frohsinn gab, »geheim genug« verabredet zu haben. Nein. Das Telefon wurde auf Befehl des Ritters Horst von Thom abgehört; aus unverständlichen Gründen, oder nur weil der Abwehroffizier diesbezüglich keinen *besonderen* Befehl erteilt hatte, erschienen seine Leute dennoch nicht am Treffpunkt. Auch Inspektor Barner hörte den Apparat ab, er war auf alle Eventualitäten vorbereitet. Würden sowohl Redl als auch von Eckern-Freyberg geahnt haben, daß Rudolf Langauf – bei einer so komplizierten Sachlage – »eine Pressekonferenz abhielt«, hätten sie den Ulanenleutnant, ihren alten Streit vorübergehend begrabend, vereint zusammengeschlagen; würde seine Freundin diesen schicksalhaften Leichtsinn, diese »Tollkühnheit« – sofern dieser Ausdruck auf einen schlechten Spieler paßt anstelle ihres »Rudi« – vermutet haben, sie hätte schleunigst mit ihm gebrochen und sich einen anderen jungen Offizier als Liebhaber gesucht.

Oberleutnant Bezouška stieg an der Stelle, an die ihn Redl befohlen hatte, aus seinem schwarzen »Adler«, etwa hundert Meter entfernt vom vereinbarten Treffpunkt, am Franz-Joseph-I.-Kai. Die Straße war schlecht beleuchtet, Nebel wallte, und die Gaslaternen zeichneten nur einen schwachen, fahlen Lichtkegel in die Dunkelheit. Redl stellte das Automobil ab und näherte sich zu Fuß dem verabredeten Ort. Fern von den Gaslaternen, die ohnehin kaum den Umkreis erhellten, wartete eine große, schlanke Frau mit schwarzem Hut auf ihn; sie trug eine offene, nur mit der Kragenspange zusammengehaltene Straßenpelerine, ihr Gesicht war von einem schwarzen Schleier, einer Art Trauerflor, verhüllt. Redl lächelte darüber, aber bemerkte nichts dazu, er sagte lediglich: »Guten Abend.«

Sein Gruß wurde erwidert. Redl musterte die Kragenspange, eine aus Efeu geschnitzte, in Silber gefaßte Brosche.

»Danke, daß Sie gekommen sind, Herr Oberst.«

»Ich hoffe, mein Fräulein, Sie sind allein?« fragte Redl.

»Ich ja. Aber Sie nicht.«

»Tatsächlich. Ich glaubte, es sei ebenso schwer, mit Ihnen übereinzukommen, wie mit ihrem Freund Langauf. Ich dachte, ein Zug Ulanen patroulliere hier die Uferstraße auf und ab . . . Ihr Freund ist, leider muß ich dies sagen, ein Dummkopf. Um es freundlicher auszudrücken: ein Luftikus, der vermutlich probiert hätte, mir eine Falle zu stellen, zumal es ihm nicht gelungen ist, meinen Panzerschrank aufzubrechen . . .«

»Oh, das hätte ich ihm auf jeden Fall ausgeredet!«

»Zur Hauptsache, zum Thema, mein Fräulein, ich habe wenig Zeit! Wenn Sie das, was Ihr Freund aus meinem Hotelzimmer gestohlen hat, mitgebracht haben, so übergeben Sie es mir und sagen, wieviel Sie verlangen. Vielmehr, wieviel dieser landesverräterische Gigolo, dieser Lemberger Operettenleutnant dafür haben will!«

»Nicht viel. Wir werden uns einigen, Herr Oberst.«

»Nennen Sie mir die Summe! Das heißt, übergeben Sie mir erst das Material! Ich hoffe, Sie haben die Papiere nicht kopiert. Aber selbst wenn Sie es getan haben, wäre es an mir, mir auch die Kopien zu beschaffen, die mich nicht gefährden, die in den Händen des Falschspielers Langauf aber *dem Reich* gefährlich werden können! Warum, das geht Sie nichts an, Fräulein. Wahrscheinlich aber wollen Sie beide lebend aus der Sache herauskommen, und das hängt allein von mir ab. Also beeilen Sie sich, bitte, und tun Sie, was ich gesagt habe!«

»Nun, natürlich *bittet er nicht darum*, ihn, was Sie gewiß veranlassen können, das wissen wir, innerhalb von vierundzwanzig Stunden aus der Lemberger Garnison nach Budapest versetzen zu lassen. Er bittet auch nicht, zur Abwehr kommen zu dürfen, wie Sie ihm in jener ›heißen‹ Nacht gleichfalls zur Wahl stellten.«

»Sagen Sie, Mademoiselle: wieviel verlangt dieser Traum eines jeden jüdischen Mädchens in der Lemberger Garnison, Ihr kleiner Ulan?«

»Zunächst ein Auto. Weiterhin einen Reisepaß. Außerdem bittet er um regelrechte Demobilisierung. Rudi will Österreich verlassen, aber er will nicht fliehen. Er tritt aus der Armee aus . . .«

»Das ist vermutlich der beste, der wohlüberlegteste Einfall im bislang kurzen, aber an Schnitzern um so reicheren Leben Ihres ›Rudi‹, Fräulein«, sagte Redl, erstmals mit einer gewissen Freundlichkeit in der Stimme. Und fügte spöttisch hinzu: »Ich bin sicher, diesen großartigen Rat hat ›Rudi‹ von Ihnen erhalten.« Den Namen sprach er voller Verachtung aus.

»Das stimmt, Oberst. Aber es ist noch nicht alles. Sie müssen mir zehntausend Kronen geben, spätestens übermorgen, aber besser morgen!«

»Eine Bagatelle! Auto, Paß, zehntausend Kronen . . . Aus welchem Grund will Ihr Strizzi das Offizierskorps der Armee verlassen, Fräulein? Ist er enttäuscht von der Schlagkraft der Armee des Reiches oder von ihrer Moral? Nein, das wäre nicht gut. Sein ›Ersuchen‹ klänge dann so, als riefe der Dieb selbst: ›Haltet den Dieb!‹ Nun ja. Bis morgen?«

»Oder bis übermorgen abend, Oberst. Aber dann zusammen mit dem Paß auch alle erforderlichen Dokumente über die Demobilisierung und die Entlassung aus dem Offizierskorps sowie die Abkommandierung aus der Lemberger Garnison – Rudi meint, letzteres sei für die Demobilisierung erforderlich –, und, natürlich, auch das Geld ... Ja, und das Auto für den ehemaligen Ulanenleutnant Rudolf Langauf, mit der offiziellen und polizeilich gemeldeten Registriernummer und den Fahrzeugpapieren. Übermorgen abend müssen Sie mir alles übergeben. Alles, worum ich Sie jetzt gebeten habe, Oberst!«

»Formidable! Ein Flugzeug brauchen Sie nicht?«

»Oberst? Übermorgen abend. Zur gleichen Zeit. Aber nicht hier! Sagen wir, statt dessen an der Tegetthoff-Brücke. Nein. Die Gegend ist zu belebt. Selbst am Abend noch. Ich werde Sie an der Elisabeth-Brücke erwarten, dort ist es in den Abendstunden ruhig. Ich warte an der Marmorstatue des Ruhmreichen Leopold, des ›Leopoldus Magnus‹, Herr Oberst! Und ohne Begleitung bitte, ohne ›Sicherung‹ ... dann werden wir uns gewiß einig. Ich gebe Ihnen mein Wort drauf. Ich werde allein sein, wie *ich* auch jetzt allein hierhergekommen bin«, sagte die Frau. Da riß Redl ihr mit raschem Griff den Schleier ab. Und schaute ihr ins Gesicht. Es war kein häßliches Gesicht. Die Frau lächelte, sie bückte sich nach ihrem Schleier, hob ihn auf und steckte ihn in die Tasche. »Gut, übermorgen abend, an der Statue des Ruhmreichen Leopold. Ich werde ohne Schleier auf Sie warten, Oberst ... Glaubten Sie vielleicht, ich sei ein Mann und spräche mit verstellter Stimme?« fragte sie freundlich und lächelnd.

»Das nicht. In Ordnung. Übermorgen, zur gleichen Zeit, an der Elisabeth-Brücke. Ich werde dort sein.«

»Auf Wiedersehen, Oberst. Herrgott, bin ich zerstreut! Aber Sie kamen so bedrohlich zu diesem Treffen ... Das Geld bitte in Schweizer Franken und in Englischen Pfund. Und daß Sie es gleich erfahren: noch eine dritte Person weiß von der Sache. Keine Falle! Elisabeth-Brücke. Adieu! Ich werde das gesamte ›Material‹ mitbringen, das Ihnen so wichtig ist . . . oder wichtig *für das Reich.* Adieu!«

Wenige Minuten später traf sich Redl, fern von der Stuben-Brücke, fern vom Franz-Joseph-I.-Kai, mit Bezouška, Morschel und Lewetzow. Er teilte ihnen lediglich mit, sie sollten übermorgen abend, zur gleichen Zeit, in entsprechender Entfernung in Zivil bereitstehen. Ort: Elisabeth-Brücke, Marmorstatue des Ruhmreichen Leopold. Mit geladenem, entsichertem Revolver. Damit entließ er seine Untergebenen.

Das Arbeitszimmer des Chefs des österreichischen Generalstabs, des Generaloberst Conrad von Hötzendorf, beherrschte ein gewaltiges Kartenwerk des Balkan. Der Generaloberst stand am Fenster, auf seinem Schreibtisch lagen, säuberlich ausgerichtet, einige Dossiers, an der Wand hing ein Porträt Seiner Majestät Franz Joseph I., ein Bildnis in Goldrahmen. An den übrigen Wänden Landkarten, in den einander gegenüberliegenden Ecken des Raumes je ein mannshoher schwarzer Panzerschrank. Der Flügeladjutant trat ein und meldete den Oberstleutnant Ritter Horst von Thom. Dieser betrat das Zimmer und salutierte; der Generalstabschef blickte ihm stumm, abwartend in die Augen, seine Miene war starr, grimmig fast, und dennoch spiegelte sein kalter, blauäugiger Blick gleichsam »Hoffnung«.

»Herr Generaloberst, melde gehorsamst . . .«

»Nun?«

»Euer Exzellenz . . . es stimmt!«

»Es stimmt?«

»Ja. Was Redls Verbindung zu dem preußischen Offizier Udo von Usedom, alias Renzo Malaparte, betrifft, hegen wir einen bestimmten Verdacht, und unsere Vermutung wurde in manchen Punkten zur Gewißheit. Zu Dietwulf Baatz und Paul Thiele unterhielt Oberst Redl, wiewohl das nicht als sicher gelten kann, vermutlich homosexuelle Beziehungen. Weiterhin bestehen ausgedehnte Verbindungen zu gewissen

Personen in Sankt Petersburg, in Berlin, Rom und Paris, aber diese gilt es noch zu überprüfen, es kann sich dabei auch um Agenten Oberst Redls handeln ...«

»Oder umgekehrt! Daß Oberst Redl Agent dieser Personen ist!« fiel ihm der Generalstabschef ins Wort.

»Möglich ... Weiterhin stand Redl in Verbindung mit einem russischen Oberstleutnant namens Arkadij Antonowitsch Ajwassowskij, der inzwischen standrechtlich zum Tode verurteilt und nach der Urteilsverkündung erschossen worden ist.«

»Haben Sie alle Dokumente mitgebracht?«

»Melde gehorsamst: jawohl. Ich bin mit einer Abteilung Militär in das Polizeigebäude eingedrungen und habe auf Ihren Befehl hin das ganze *bisherige* Untersuchungsmaterial beschlagnahmt. Ein Gebrauch der Schußwaffen konnte knapp vermieden werden ... Hier ist das gesamte Material, das Redl belastet. Es könnten jedoch auch kompromittierende Unterlagen, reine *Erfindungen, Fälschungen* sein. Oberst Redl hatte viele Feinde in der Armee ...«

»Das ist vielleicht kein Zufall, Thom! Und jetzt werden es *noch mehr Feinde* werden! Oberstleutnant Thom! Wie kommt es, daß in eine solch streng geheime Angelegenheit die Polizei verwickelt ist? Wie konnten diese idiotischen Beamten des Außenministeriums da hineintappen? Wie konnten sie der militärischen Abwehr zuvorkommen?« brüllte Conrad von Hötzendorf.

»Exzellenz! Immerhin geht es um den Chef der militärischen Abwehr! Ich habe nie einen direkten, geschweige denn einen geheimen Befehl erhalten, ihn beobachten oder beschatten zu lassen; Oberst Redl ist schließlich mein Vorgesetzter ... *er ist* der Chef der militärischen Spionageabwehr und des Kundschaftsdienstes ... Sie erteilten mir keinen Befehl, Oberst Urbanski wurde von Übelkeit befallen, als er die Nachricht erhielt, und er reiste prompt nach Karlsbad ab, ohne einen Befehl oder eine Weisung zu hinterlassen ...«

»*Er war* es! Verstehen Sie, Oberstleutnant?« unterbrach Conrad von Hötzendorf Horst von Thom und fügte hinzu: »Ich wußte gar nicht, daß man in den Karlsbader Quellen auch Angst und Schiß kurieren kann! Urbanski wird als Chef des Evidenzbüros abgelöst! Ich lasse ihn in den Ruhestand versetzen!«

»Verstehe. Aber die Polizei hat Witterung aufgenommen. Seit einiger Zeit ist sie Oberst Redl auf der Spur und beschattet ihn, läßt jeden seiner Schritte beobachten . . .«

»Gut, daß nicht noch die Briefträger eingeweiht wurden! Sehr geschickt von der militärischen Abwehr, Thom«, sagte der Generalstabschef wütend und spöttisch, »ein Glück, daß ihr nicht auch die Briefträger, Eisenbahner und Feuerwehrleute zuvorgekommen sind, sondern *nur* die Polizei!«

»Das lag nicht an mir. Mangels Befehle waren mir die Hände gebunden . . .«

»Keine Erklärungen! Ihnen, Thom, ist Oberst Redl gut und seit langem bekannt. Richtig? Sie waren zusammen auf dem Balkan.«

»Richtig, Herr Generaloberst.«

»Berichten Sie!«

»Ich habe mit ihm den gesamten Balkan bereist. Im Winter 1908 und im darauffolgenden Frühjahr von Belgrad aus über Niš und Sofia nach Drinápoly und hinunter bis nach Konstantinopel . . . Im selben Sommer nach Niš, Usküb und Saloniki, im Herbst – Oberst Redl war unermüdlich – bereisten wir Bosnien, Brod, Sarajevo, Mostar, Gabella, Metkovič . . . Später Bulgarien und Ost-Rumelien . . . Wir stiegen von einem Zug in den anderen. Sofia-Plevna-Varna, Filoppopol-Jenissagra-Burgas, Samavit an der Donau . . .«

»Weiter, Thom, weiter!« sagte Hötzendorf mit einem finsteren Blick auf einen seiner schwarzen Panzerschränke.

»Bukarest und Constanza . . . Bald darauf bereisten wir Bosnien und die Herzegowina und sämtliche Nebenlinien der jämmerlichen ›Sandshak-Bahn‹ . . .«

»Wirklich?« fragte Conrad von Hötzendorf spöttisch. »Und Sie, lieber Thom, fühlten sich auf diesen lieblichen Balkanreisen an der Seite des Oberst Redl wie ein Tourist! Fiel Ihnen nie etwas Besonderes am Verhalten Ihres Reisegefährten auf?«

»Doch, Herr Generaloberst. Seine Unermüdlichkeit.

Oberst Redl hat fast nie geschlafen. Und kaum etwas gegessen. Wir waren beständig auf Reisen. Dauernd machte er Notizen, musterte mit dem Fernglas die Straßen, die Eisenbahnknotenpunkte, fotografierte und . . .«

»Das meine ich nicht, Thom! Fiel Ihnen nicht auf, daß Ihr Weg – Rumänien ausgenommen – ausschließlich, verstehen Sie: ausschließlich! durch slawisches Gebiet führte?«

»Aber das war ja die Aufgabe des Oberst Redl, im Hinblick auf die von Rußland geschürten kriegerischen Spannungen . . . den Panslawismus . . .«

»Mit wem traf sich Redl auf seinen Reisen, und wo?«

»Mit seinen Agenten, wie er sagte. Mit eingeschleusten, bezahlten Geheimagenten. Oberst Redl galt beim Kundschaftsdienst und beim Generalstab als hervorragender Balkan-Sachverständiger, Herr Generaloberst . . .«

»Das war er sicherlich auch! Die Ergebnisse bestätigten dies jedenfalls! Leider war er, wie es den Anschein hat, nicht *unser* bester ›Balkan-Sachverständiger‹, sondern der der Russen! Thom, Sie sind Kundschafter! Begreifen Sie nicht: wahrscheinlich haben wir es seinem Verrat zu verdanken, daß fast alle unsere in Rußland tätigen Kundschafter und Geheimagenten nacheinander aufflogen! Zwischen 1908 und 1912, als die Krise ihren Höhepunkt erreichte, haben die Russen siebenunddreißig unserer Agenten enttarnt! Und allen Anzeichen nach spielte Oberst Redl dem russischen Generalstab unseren Mobilisierungs- und Aufmarschplan in die Hände! Können Sie sich vorstellen, Thom«, äußerte der Generalstabschef eher als Feststellung, denn als Frage, wieder mit einem finsteren Blick auf den schwarzen Panzerschrank, »was geschehen wäre, hätten wir uns 1912 in einen Krieg mit Rußland verwickeln lassen, der slawischen Balkan-›Staaten‹ wegen? Die die russische ›Amme‹ mit ihren Liedern in den südslawischen Traum von einem ›Groß-Serbien‹ wiegt? Der gesamte Ablauf der Mobilmachung lag auf dem Tisch des russischen Generalstabschefs ebenso wie auf dem meinen! Oberstleutnant Thom!« rief Generaloberst Conrad aus und winkte dem Offizier befehlend, er möge ihm an die großflächige militärische Balkankarte folgen, die an der Wand hing. »Sehen Sie genau hin! Bosnien. Von uns annektiert. Meinen Sie, unsere russischen Freunde hätten sich darüber gefreut? Serbien! Das steht zwar wegen ein paar kahler, felsiger Grenzberge in Konfrontation zu Bulgarien, aber beide befinden sich unter dem Schutz und Schirm des Heiligen Rußland . . . Rumelien. Bessarabien. Moldawien, die Walachei, die Bukowina. Die Frage des Donau-Deltas. Montenegro, Dalmatien und die Herzegowina! Der türkisch-griechische Konflikt! Gott sei Dank ziemlich weit weg von Wien . . . Aber – die Frage der Meerengen! Eine Manie der Russen, seit Admiral Ushakow. Somit, logischerweise, auch eine Manie der Engländer und Franzosen. Aber Sie, Thom, der Sie an der Seite Oberst Redls den gesamten Balkan *bereist* haben, Sie wissen sehr wohl: wir befinden uns hier nicht an der Kadettenschule! Glauben Sie nicht, die Dardanellenfrage wäre Österreich gleichgültig! Hier scheiden sich die Interessen: die Belange Englands, Italiens, Rußlands, Deutschlands, Frankreichs und – last not least – Österreichs stehen denen aller anderen entgegen. Glauben Sie nicht, ich wäre ein fanatischer Friedensanhänger . . .«

»Das glaubte ich keine Minute, Herr Generaloberst«, bemerkte Thom, als sie sich von der Balkan-Karte abwandten.

»Aber glauben Sie gleichfalls nicht, wir wären militärisch auf einen Balkankrieg großen Stils vorbereitet. Wir sind es um so weniger, als Rußland nicht nur diplomatisch, sondern auch militärisch aktiv eingreift, unter dem Vorwand, seine ›geliebten‹ und durch uns ›unterdrückten‹ slawischen Blutsbrüder zu ›verteidigen‹ . . .«

Oberstleutnant Ritter Horst von Thom lauschte geduldig, gleichsam phlegmatisch den geopolitischen Ausführungen Conrad von Hötzendorfs.

»Da die Russen bei Tsuschima und Mukden – obwohl sie sich, das muß man anerkennen, zu Wasser und zu Lande unglaublich lange hielten –«, sagte Generaloberst Conrad in ernster Melancholie, als sei er bei Port Arthur, Mukden und Tsuschima selbst dabeigewesen und beschwöre nun seine persönlichen Erinnerungen vor dem Ritter Horst von Thom, der kaum auf seine Worte achtete, »von den Japanern geschlagen wurden, ist es nur logisch, daß sie ihren Spaß auf dem Balkan und bei den Dardanellen suchen, nicht um der ›heiligen slawischen Brüderschaft‹ willen, sondern um die Scharte, die der Würde Rußlands als Großmacht geschlagen wurde, auszuwetzen, die Schmach zu tilgen, verstehen Sie, Thom?«

»Wie der Herr Generaloberst zu sagen beliebten: das ist nur *logisch*.«

»Tatsächlich. Und wissen Sie, worüber ich mich freue, Thom? Daß der Bosporus, die Bucht vom Goldenen Horn, das Marmara-Meer, die Dardanellen – dieser ganze orientalische Basar, dieser flecktyphusverseuchte persische Markt nicht zwischen Wien und Budapest liegt! Sollen sich die Russen dort nur mit den Engländern herumplagen und die Deutschen mit allen beiden! Doch desungeachtet können wir nicht untätig bleiben, denn«, so bemerkte er, »Wien ist Wien, aber – symbolisch –, ist Wien auch der Balkan, der Balkan in seiner weltpolitischen und militärischen Spannung, in seiner unglücklichen Situation ... Der Traum von einem ›Groß-Serbien‹ bedeutete für Österreich noch keine große Gefahr ... stünde nicht Rußland dahinter. Was ist, wenn Rußland dahinter steht, Thom?«

»Dann gibt es Krieg, Herr Generaloberst.«

»Korrekt. Sie sagen es. Und Redl? Dieser Spion! Dieser Linksgestrickte!«

»Die Untersuchung steht noch aus, Herr Generaloberst«, warf Oberstleutnant Horst von Thom ein. »Das Ganze kann auch eine Provokation sein, die sich gegen Oberst Redl richtet. Es ist nicht auszuschließen, daß die Russen ihn loswerden wollen.«

»Ich kann Sie beruhigen, die Untersuchung wird kurz ausfallen!«

»Gewiß.«

»Als ich seinerzeit, im Dezember 1908, auf die Nachricht der serbischen Mobilmachung hin von Seiner Majestät den Befehl erhielt, die Truppen der österreichisch-ungarischen

Monarchie zu mobilisieren, warum, Thom, hielt sich Oberst Redl da ausgerechnet in Zagreb auf? Ich weiß es sehr wohl!«

»Weil er Kundschafter war, Herr Generaloberst, deshalb, meine ich.«

»Weil er ein Spion war!«

»Ich bin kein Richter, Herr Generaloberst«, stellte Ritter Horst von Thom von der militärischen Abwehr trocken und furchtlos fest.

»Er wollte die Kroaten in die ›panslawischen‹ Herzensangelegenheiten mit hineinziehen, vielleicht auch die Slowenen, denn anschließend reiste er nach Leibach, wie sich später herausstellte. Ich weiß, jetzt werden Sie einwenden, daß er das auf Instruktion des Evidenzbüros tat. Er unternahm die Reise auf russische Instruktion hin! Und – es ist eine Schande, dies aussprechen zu müssen, zumal bei einem Oberst! – für Geld. Für russisches Geld! Um seine unbekannten Erpresser, die über sein schmutziges und scheinheiliges Leben Bescheid wußten, auszahlen zu können!«

»Möglich, Herr Generaloberst. Aber, wie ich schon sagte: ich bin kein Untersuchungsrichter«, sagte Thom leise und kühl. Conrad von Hötzendorf blickte wieder auf seinen schwarzen Panzerschrank und anschließend auf die mächtige Balkan-Karte. Er seufzte tief auf und schloß sekundenlang die Augen.

»Der Balkan . . ., flüsterte der Generalstabschef. »Die südslawische ›Frage‹ . . . Das ist ein Deckname, verstehen Sie, Thom! Für die Pläne, die seitens der Russen und der Franzosen, vielleicht auch der Engländer, die zunehmend *hierher sehen,* erarbeitet wurden, die österreichisch-ungarische Monarchie aufzuteilen! Frankreich ist immerhin der erste Gläubiger und Waffenlieferant Serbiens . . . Rußland wiegelt auf dem Balkan vorerst nur auf und hetzt, doch wenn es erst seine Regimenter in Marsch setzt . . . Es ist von Übel, auch nur daran denken zu müssen! Nicht wahr, Thom? Dann rührt sich sicher auch Italien, auf der Adria und in Dalmatien. Wer wird mit uns sein? Deutschland. Nun ja. Wenn überhaupt. Das weiß niemand. Deutschland will mit den Franzosen abrechnen, wetteifert mit den Engländern um die Macht zur See ... Der Balkan berührt es nur beiläufig.«

»Logisch«, bemerkte Oberstleutnant Horst von Thom zerstreut und unwillkürlich.

»Tatsächlich. Aber die Logik der Deutschen ist die Logik der Deutschen, und die Logik der Monarchie die der Monarchie«, stellte der Generalstabschef fest, seinen Blick abwechselnd auf den schwarzen Panzerschrank und auf die große Balkan-Karte heftend, als sei er allein in seinem gewaltigen Arbeitszimmer. Dann sagte er ungewohnt leise, als rede er nur für sich: »Oberst Alfred Redl wird nach einem beschleunigten Kriegsgerichtsverfahren erschossen. Spüren Sie ihn auf! Verhaften Sie ihn! Nehmen Sie ihn in Schutzhaft! Sollte er sich in seinem Hotel aufhalten, umstellen Sie das Klomser mit einer Offizierswache und verhindern Sie um jeden Preis die Flucht! Ich wiederhole: wenn er sich im Hotel aufhält, brauchen Sie ihn nicht in Gewahrsam zu nehmen. Dann ist lediglich jeder mögliche Fluchtweg auszuschließen. Einer vom Schlage Redls ist imstande, einen bewaffneten Ausbruch zu versuchen. Oberstleutnant Thom! Verhaften Sie den Hauptmann Morschel! Ich muß um ein Gespräch mit Seiner Hoheit, dem Thronfolger, nachsuchen. Er entscheidet allein in dieser Angelegenheit, die von vornherein entschieden ist!«

Oberstleutnant Ritter Horst von Thom betrachtete das goldgerahmte Gemälde, das Franz Joseph darstellte. Der Oberstleutnant war auf direktem Wege vom Thronfolger hierher gekommen. Franz Ferdinand, Thronfolger der Habsburg-Dynastie, Oberbefehlshaber des Reiches, hatte eine strenge Nachrichtensperre verhängt und dem Oberstleutnant Horst von Thom erklärt: »Seine Majestät, der Kaiser, der Allerhöchste Kriegsherr, darf über die Redl-Sache, die Homosexualität, den Spionageverdacht sowie über die in der Zwischenzeit bedauerlicherweise bereits getroffenen polizeilichen Maßnahmen vorerst nichts erfahren. Als Oberbefehlshaber der Armee entscheide ich in Kürze über das Schicksal des Oberst Redl. Bis dahin: keinerlei Aktionen! Keine Maßnahmen von seiten Conrad von Hötzendorfs! Man lade die Militärattachés sämtlicher Großmächte schnellstens zur Jagd, möglichst weit von Wien entfernt, und treibe ihnen alles an Hirschen und Wildschweinen zu, was zu finden ist. Sie sollen dort die Nase in den Wind halten, und nicht hier in Wien! Die Jagd organisiere ich selbst; Sie, Oberstleutnant Thom, Sie gehen zum Generalstabschef Conrad von Hötzendorf. Beruhigen Sie ihn. Reden Sie mit ihm. In Ordnung. Sie können abtreten!«

Von diesem Gespräch wußte Conrad von Hötzendorf nichts.

»Ich lasse diesen Vaterlandsverräter erschießen! Mag die Presse schreiben, was sie will. Hauptsache, es gibt keinen peinlichen Skandal. Oder nur, wenn unbedingt notwendig. Allerdings muß die Ehre des Offizierskorps gewahrt bleiben! Die Zeitungsfritzen sollen schreiben, Redl sei einem Unfall zum Opfer gefallen. Ein Planwagen habe ihn in Zagreb überfahren. Seine Leiche fand man hier, in Wien . . . Oder, er sei betrunken aus einem Hotelfenster gefallen . . . Freilich, der Redl trinkt nicht, ich weiß, Thom. Dann ist er eben vom Pferd gestürzt! Galabegräbnis. Allerdings mit einer Kugel im Kopf. Ich lasse ihn erschießen«, wiederholte der Generaloberst wie besessen.

»Da Seine Hoheit, der Thronfolger, mir nicht befohlen haben, Stillschweigen über unser Gespräch zu bewahren, sehe ich es als meine Pflicht an, dem Generaloberst mitzuteilen, daß der Thronfolger in bezug auf Oberst Alfred Redl andere Vorstellungen hegt. Das heißt: möglicherweise . . .«

»Andere? Verstehe. Wahrscheinlich ist ihm die Kugel zu schade. Logisch. Dem Vaterlandsverräter gebührt der Strick. Ich stimme dem Thronfolger zu. Ich werde ihn aufknüpfen lassen, nach der kürzestmöglichen Kriegsgerichtsverhandlung, innerhalb von zwei Stunden!«

»Weder Strick noch Kugel. Nein, anderes. Er hat mich in seine Pläne nicht eingeweiht. Demzufolge kenne ich sie nicht. Gewiß wird er Ihnen, Herr Generaloberst, innerhalb der nächsten Stunden mitteilen, was er in bezug auf das weitere Schicksal des Oberst Redl erwogen hat.«

»Was könnte das *weitere Schicksal* eines russischen Spions sein, Oberstleutnant Thom? Er wird kein ›weiteres Schicksal‹ haben!«

»Wie gesagt, ich kenne die Pläne Seiner Hoheit, des Thronfolgers, nicht.«

»Ah! Kasernenhof, Exerzierplatz, Exekutionskommando und: Feuer! Das ist mein Plan, Thom«, sagte der Generalstabschef der österreichisch-ungarischen Armee keineswegs wütend, eher bitter; dann winkte er ab und setzte seinen Monolog fort. »Galizien, Lemberg, Tarnopol ... Hm. Das wird sich noch zeigen. Sagen Sie, Thom, können Sie sich vorstellen, was uns erwartet, wenn, wie ich annehme, alle zugleich gegen uns vorrücken? Im Norden und Osten die Russen, in Südtirol, an der Adria und in Dalmatien die Italiener, unter dem Schutz und Schirm der Russen auf dem Balkan die Serben, die kroatischen und slowenischen Separatisten, die bosnischen und montenegrinischen Gebirgsbanden? Und zudem ein ›Oberst‹ Redl, der die Abwehr praktisch in der Hand hat, der dabei aber, um sein dreckiges Doppelleben geheim zu halten, den Russen unsere Mobilisierungs- und Aufmarschpläne verkauft? Für Geld!«

»Das ist noch nicht bewiesen, Herr Generaloberst«, sagte Oberstleutnant Horst von Thom ruhig und fügte hinzu: »Oberst Redl hat noch kein Geständnis abgelegt.«

»Wie bitte? Redl wird gestehen!«

»Er wurde noch nicht verhört.«

»Wo ist er jetzt? Wird er überwacht? Sie wissen nicht, wo er ist? Vielleicht schon in Moskau!«

»Er ist in Wien. Das wissen wir. Über kurz oder lang wird er ... Wir müssen vorsichtig verfahren in dieser Sache, Herr Generaloberst!«

»Eine rührende Vorsicht! Ich hoffe, man hat keine Polizisten auf Probe damit beauftragt, ihn aufzuspüren?«

»Nein, Herr Generaloberst. Das Umfeld wird ausschließlich von Abwehroffizieren gesichert.«

»In Ordnung. Aber möglichst nicht von Redls Leuten!

Verstehen Sie, Thom, der Balkan ist für uns eine ebensolche Existenzfrage – südslawische Bewegung, Traum von ›Groß-Serbien‹ hin oder her –, wie für die Russen die Frage der Meerengen oder für die Engländer Tirpitz' fanatisches Flottenbauprogramm. Und Redl hat den Balkan bereist. Sie, Thom, haben ihn begleitet, wie Sie sagten, als er unermüdlich Notizen machte, fotografierte, mit dem Fernglas Viadukte und Höhenzüge musterte ... in einem Eifer, der – wie sagten Sie? – ihm kaum Zeit zum Essen oder Schlafen ließ, nicht wahr?«

»Richtig, Herr Generaloberst«, bestätigte Oberstleutnant Horst von Thom kurz.

»Ich kann ihn verstehen. Wie kann ein Offizier mit solchem Doppelleben Schlaf finden, Thom? Er muß befürchten, im Schlaf zu reden und auszuplaudern, für wen er so emsig tätig ist, nicht?«

»Vielleicht, Herr Generaloberst. Ich habe nie vernommen, daß Oberst Redl im Schlaf geredet hätte.«

»Dieser Mensch verfügt über eine unglaubliche Selbstbeherrschung ... Eine Tatsache, ich weiß, Thom. Neunzehnhundertzwölf, als sich Montenegro, Serbien, Bulgarien, die Türkei und Mazedonien gegenseitig zerfleischten, schlug ich Seiner Majestät täglich vor, Serbien mit einem Präventivschlag zu überrumpeln, zumal der elende Milanovič, der serbische ›Außenminister‹, es wagte, die Aufteilung der Monarchie als mögliche ›Lösung‹ für Mittelosteuropa ›vorzuschlagen‹ ... Ich dachte, mich trifft der Schlag angesichts dieser Unverfrorenheit. Aber sieh da, Seine Majestät mißbilligte diesen Plan. Nun gut, wenigstens sind im zweiten Balkankrieg an die fünfzigtausend dieser dämlichen serbischen, mazedonischen, bulgarischen und rumänischen ›Soldaten‹ draufgegangen. Nach einem Präventivschlag gegen Serbien wären diese unglücklichen Schafhirten heute noch am Leben, verstehen Sie, Thom, sie würden ihre Schafe scheren und weiter hecken in den Bergen, wo man sie eingezogen hat, zumal sie von heißblütiger Natur sind ... Sie besteigen ihre Weiber und schießen auf unsere Grenzwachen!«

»Es sind keine schlechten Soldaten, Herr Generaloberst«, bemerkte Horst von Thom.

»Möglich. Aber ihnen fehlt jegliche höhere militärische Führung. Ach was. Ein Bajonett und noch ein Bajonett, und werden beide gekreuzt, gibt's ein Grabkreuz. Basta. Selbst ihre Generalstabsoffiziere sind Schafhirten oder Maronis oder Holzfäller. So sieht's aus, Thom.«

»Französische, englische und auch deutsche Offiziere waren im Balkankrieg als Berater tätig«, wandte der Oberstleutnant ein.

»Hm. Sie hatten auch Erfolg: fünfzigtausend tote Schafhirten und Holzfäller, die freilich in Uniform gefallen sind. Und eine Folge davon, die uns einschneidend berührt, ist das noch größere Chaos auf dem Balkan. Der russische Einfluß ist gewachsen! Und Redl? Redl! Was könnte Franz Ferdinand für ›Pläne‹ mit diesem Vaterlandsverräter haben?«

»Keine Ahnung, Herr Generaloberst. Ich weiß auch nicht, ob Redl ein Vaterlandsverräter ist.«

Der Generalstabschef winkte ab. »Ich habe meine Frage nur in den Raum gestellt, ich weiß, daß Sie das nicht wissen können«, sagte er. Das Telefon läutete. Conrad von Hötzendorf wandte sich an den Oberstleutnant. »Legen Sie das Dossier auf meinen Schreibtisch. Sie können abtreten. Halt, einen Augenblick!«

Oberstleutnant Horst von Thom, der schon kehrtgemacht hatte, drehte sich um. Generaloberst Franz Conrad von Hötzendorf starrte den Kundschafts- und Abwehroffizier, Redls früheren Untergebenen, sekundenlang stumm an. Er war sehr blaß. Dann sagte er leise: »Ich werde abwarten. Aber nicht lange. Sollte Seine Hoheit, der Thronfolger nicht innerhalb kurzer Zeit einen eindeutigen Befehl bezüglich des ›weiteren Schicksals‹ Redls erteilen, werde ich, der Generalstabschef der gesamten Streitkräfte des Reiches, im Bewußtsein der mir übertragenen Macht und der daraus folgenden Verantwortung sowie zur Wahrung der Ehre des Offizierskorps des Reiches die Weisung geben, Alfred Redl zu verhaften. Sie können jetzt abtreten . . .«

Am folgenden Tag nahm Redl in der Schreibstube der Zentrale von einem seiner zuverlässigsten Helfer – der nur insoweit eingeweiht war, als er wußte: Rudolf Langauf ist ein Landesverräter, den die Abwehr und Redl persönlich in der Hand haben, der aber aus militärischem, politischem und streng geheimem Staatsinteresse als Agent ins Ausland »versetzt« werden sollte, weshalb schnellstens Reisepapiere erforderlich waren – den Paß auf den Namen Rudolf Langauf entgegen. Von einem anderen, nicht weniger zuverlässigen Mitarbeiter, erhielt er 1. den Überstellungsbefehl Langaufs aus der Lemberger Garnison, den er sofort durch einen Militärkurier an den Stadtkommandanten von Lemberg schickte; 2. das amtliche, mit dem Siegel des Kriegsministeriums versehene Schreiben, das den Ulanenleutnant Rudolf Langauf vom aktiven Dienst entband und in den Ruhestand versetzte, formal auf eigenen Wunsch des genannten Offiziers. Begründung: dienstliches Interesse der militärischen Kundschaftsstelle des Reiches. *Kein* Diskussionsgegenstand. Kennwort des beschleunigten Verfahrens: *Statissime!* H I H I H II! Anordnungen treffen auf Allerhöchsten Befehl!

Letzteres hatte Redl eigenhändig auf das Langauf-Dossier geschrieben, da der »Allerhöchste Befehl!« vom Thronfolger Franz Ferdinand, dem Generalinspektor der gesamten Streitkräfte hätte erlassen sein können; und wenn man den Satz so interpretierte – wo gab es dann einen General im Kriegsministerium, der an ein Schreiben zu rühren gewagt hätte, auf dem stand: »Anordnungen treffen auf Allerhöchsten Befehl!«, ohne zugleich um sein Amt zu fürchten. Und falls doch ein hochrangiger Beamter den Mut dazu fand, der »Sache« nachzugehen, konnte dieser Satz nur auf Abwehr und Kundschaftsstelle hindeuten, deren Abteilungen Redl selbst leitete. Redl, der als Befehlshaber dieser Abteilungen mit Recht verfügen konnte: »Statissime! H I H I H II! Anordnungen treffen auf Allerhöchsten Befehl!« Nachdem Redl dieses überdacht hatte, legte er die Langauf-Akte mit sämtlichen von ihm geprüften, unterschriebenen und von seinen Beamten gegengezeichneten und ausgeführten Anordnungen im streng geheimen Archiv des Kriegsministeriums ab.

Am Nachmittag wickelte er den Kauf des Automobils ab. Die geforderte Summe Kronen wechselte er auf der Unionsbank beziehungsweise der Englisch-österreichischen Bank eigenhändig in Schweizer Franken und Englische Pfund ein. Er wollte nicht noch mehr Personen in die Sache einweihen. Bei ihm erregte der Erwerb fremder Währungen keinen Verdacht, zumal er solches auch vorher getan oder durch seine Mitarbeiter hatte vornehmen lassen, wenn die Abwehr zur Bezahlung ihrer Agenten oder zu anderen Zwecken, die allein Sache der militärischen Abwehr waren, Valutamittel benötigte. Das Automobil polizeilich registrieren und die Fahrzeugpapiere auf den Namen Rudolf Langauf ausstellen zu lassen, schaffte er zeitlich nicht mehr, weshalb er diese Aufgabe dem Oberleutnant Bezouška übertrug, der seinen Befehl auf kürzestem Wege ausführte.

Die drei Männer, die – für den äußersten »Fall« – den operativen Kern von Redls Stab bildeten, alle ausgebildete Fechter, Boxer, Scharfschützen und Ringer, standen in regloser Stille vor dem Obersten und erwarteten seine Anweisungen.

»Hier die Adresse. Sie holen das Automobil ab, der Motor ist eingefahren, das Fahrzeug in verkaufs- und gebrauchsfertigem Zustand. Auf diese Bescheinigung hin wird es Ihnen übergeben. Lassen Sie höchstens drei bis vier Liter Benzin einfüllen! Nein. Nur zwei bis drei Liter. Sollte der Tank bereits gefüllt worden sein, leeren Sie ihn bis auf zwei, drei Liter. Heute abend, zehn Minuten vor zehn, parken Sie den Wagen hundert Meter vom Brückenkopf der Elisabeth-Brücke entfernt, Richtung flußabwärts. Kurbel, Schlüssel und Fahrzeugpapiere lassen Sie auf dem Fahrersitz liegen, gut sichtbar, dann beziehen Sie Standort in einer Toreinfahrt, nahe dem Brückenkopf. Auf das vereinbarte Zeichen hin treten Sie in Aktion und bringen das Automobil wieder in Ihren Besitz, um jeden Preis, und sei es mit Waffengewalt. Anschließend kommen Sie hergefahren. Sollte das Zeichen nicht gegeben werden, verläuft alles nach Plan, Sie lassen ›unsere Geschäftspartner‹ in Frieden ziehen. Das Zeichen?«

»Wenn der Herr Oberst rufen: ›Ruhmreicher Leopold‹, ist das unser Zeichen zum Eingreifen.«

»Abtreten«, sagte Redl leise und fuhr dann, an die beiden anderen Männer gewandt, fort: »Wenn alles nach Plan läuft, müssen Sie den Standort, an dem Sie von neun Uhr abends an gewartet haben, verlassen und der Dame den Reisepaß und diese beiden Umschläge hier übergeben; sie enthalten die Papiere unseres ›Geschäftspartners‹ und das Geld. Wie lautet das Zeichen für den ungünstigeren Fall?«

»Wenn der Herr Oberst ›Ruhmreicher Leopold‹ rufen, rennen wir los und nehmen die Dame fest, ohne sie zu verletzen, da wir eventuell eine Geisel benötigen. Unbekannte Personen, die die Dame womöglich zu dem Treffen mit dem Herrn Oberst begleiten, nehmen wir fest oder räumen sie aus dem Weg«, erklärte der eine Athlet, während der andere aufmerksam zuhörte, wie er seine Lektion mechanisch hersagte und dem Oberst dabei in die Augen blickte. Dann übernahm der zweite das Wort. »Falls wir die Dame als Geisel nehmen müssen und Sie in einem möglicherweise entstehenden Schußwechsel außer Gefecht gesetzt werden sollten und die Polizei oder eine Patrouille in die Aktion eingreift und es Ihnen nicht mehr möglich ist, den geltenden Befehl zurückzunehmen, dann schießen wir die Polizei- oder Militärstreife nieder. Sollten Sie verwundet sein oder im Gefecht fallen, bringen wir Sie vom Schauplatz weg zu der von Ihnen angegebenen Adresse und übergeben Sie oder Ihren Leichnam, in welchem Zustand auch immer, der Dame, die uns dort erwartet«, sagte der Athlet gleichfalls mechanisch her, eine in Stunden gelernte Aufgabe. Darauf fügte er hinzu: »Melde dem Herrn Oberst gehorsamst, sein in der Nähe des Hotel Klomser abgestelltes Automobil . . . das goldene Monogramm am linken, hinteren Wagenschlag des Daimler-Benz . . . Als ich in den angegebenen Zeitabständen das Automobil untersuchte, ob man keine Explosionsvorrichtung, keine Zeitbombe an Achse oder Rahmen montiert hat, wie Sie mir befohlen haben . . . Während der einen Kontrolle also mußte ich feststellen, daß das Monogramm ›A. R.‹ mit Kot beschmutzt und unleserlich geworden war. Ich säuberte und putzte die goldenen Buchstaben, jetzt ist das Monogramm am Automobil des Herrn Oberst wieder gut lesbar.«

»Sie hätten den Dreck auch drauflassen können! Gehen Sie jetzt. Sie können abtreten«, sagte Oberst Redl sehr leise, in sehr ruhigem Ton. Er schaute auf das Gemälde, das sein Büro schmückte: das Porträt Franz Joseph I., des Kaisers, Königs und Fürsten so vieler Länder, so vieler Provinzen, und Redl hatte das Gefühl, der Herrscher blicke ihn tröstend und aufmunternd an, ihn, seinen treuen Offizier, dessen Stern in der Görzer Garnison so plötzlich aufgegangen war, der so jung zum Generalstab, zur militärischen Abwehr und Kundschaftsstelle überstellt wurde, um bald – an Stelle des nur formal den Rang innehabenden Urbanski – deren Leiter und Befehlshaber zu werden, während er – formal und zur Täuschung – Generalstabschef des 8. k. u. k. Korps in Prag war; dort aber stand sein Name nur auf der »Liste«, in Wahrheit diente er schon lange in Wien. Der Generalstabsoberst Alfred Redl stand im fraglichen Jahr, 1913, kurz vor seiner Ernennung zum General. Sämtlichen Plänen und Gerüchten zufolge sollte der fähige Abwehr- und Kundschaftsoffizier Oberst Max Ronge seinen Platz einnehmen. Max Ronge war bekannt als Spezialist für Postbeobachtung, für das Öffnen und – falls chiffriert – für das Entschlüsseln von Briefen, für das Abhören von Telefonapparaten. Sollten Personen, die er als verdächtig einstufte, in der »Blumensprache« also in nur ihnen bekannten Worten von *wirklicher* Bedeutung miteinander telegraphieren – sich zudem als ältere Damen ausgebend –, Oberst Max Ronge würde, dank seiner Logik, wenn es sein mußte, auch mit Hilfe seiner Phantasie, auf kürzestem Wege – brevi manu – das Geheimnis dieser Geschäfte lüften, Adressat wie Absender sehr bald zu sich zitieren, wobei sich natürlich herausstellen würde, daß keiner von beiden eine »ältere Dame« war! Für den Oberst Max Ronge existierte kein Briefgeheimnis. Er neigte sogar dazu, stundenlang – selbst, anstelle seiner Mitarbeiter – Briefe zu studieren, die im gegebenen Falle tatsächlich »ältere Damen« geschrieben hatten – einander, nicht dem Obersten! –; leider mangelte es ihm an Glauben, und er tat den Brief – wie vom Absender gefaltet – nur ungern in den Umschlag zurück mit dem – tief geseufzten – Befehl, man möge ihn auf dem Postwege weiterbefördern. Oberst Max Ronge hätte noch vor der Entwicklung des Postverkehrs, eventuell noch vor Gutenberg geboren werden sollen, nicht erst in dieser modernen Welt des Telefons; er hätte nicht im 20. Jahrhundert versuchen sollen, Soldat zu spielen, in einer Zeit, da die Menschen Tausende von Depeschen wechselten, von Hunderttausenden von Briefen ganz zu schweigen! Was in aller Welt konnte man so viel zusammenschreiben? Nur, um die Aufgabe des Evidenzbüros zu einer Folterqual zu machen! Nach der Ernennung des Oberst Redl zum General hätte also Oberst Max Ronge die Leitung des Evidenzbüros, der Hauptabteilung militärischer Abwehr- und Kundschaftsdienst im Kriegsministerium, übernommen – so wie er sie später auch übernahm, allerdings nicht, weil Redl General geworden war.

Abends um halb zehn begab sich Redl in Begleitung des Oberleutnants Bezouška in die Nähe des Schauplatzes. Der Austro-Daimler-Benz, eine »Sonderanfertigung« speziell für den Auftraggeber Oberst Redl, ein 1911 gebauter, auch schweres Gelände gut meisternder, desungeachtet außergewöhnlich elegant geschnittener Tourenwagen, wurde von Oberleutnant Bezouška gefahren. Das goldene Monogramm »A. R.« leuchtete, der »Athlet« hatte den Kot gut entfernt. Redl steckte sich eine Havanna an und wies den Oberleutnant an, langsam zu fahren, sich dem Ziel auf Umwegen zu nähern. Er hatte alles beisammen: die offizielle Bestätigung der Entlassung des Ulanenleutnants Rudolf Langauf aus dem aktiven Dienst und seiner Versetzung in den Ruhestand, die Durchschrift der sofortigen Überstellung aus der Lemberger Garnison, das geforderte Geld in Schweizer Franken und Englischen Pfund, den auf »Rudolf Langauf« lautenden Reisepaß und die entsprechenden Fahrzeugpapiere; nun, und da stand auch schon der »Sicherungstrupp«

in der Nähe des Brückenkopfes, für den Fall einer unverhofften Wende. Hauptmann Konrad Morschel, Major Lewetzow, Oberleutnant Salapška und die drei »Athleten«, jeder im Bewußtsein seiner Aufgabe, auf das Zeichen – »Ruhmreicher Leopold!« – zum Eingreifen wartend oder im Vertrauen auf einen glatten Verlauf der Aktion, so wie sie es von ihrem Befehlshaber Oberst Redl in all den Jahren nicht anders gewohnt waren.

Die Dame erschien pünktlich, zum verabredeten Zeitpunkt, am Brückenkopf. Diesmal war ihr Gesicht nicht von einem Schleier bedeckt. Sie trug die graphitgraue Tracht der Barmherzigen Schwestern – der Filles de la charité et de la miséricorde –, allein die weiße Haube fehlte und auf der Brust das an silberner Kette hängende Silberkreuz der Schwestern. Nahe der Marmorstatue des Ruhmreichen Leopold blieb sie stehen, ging ein paar Schritte auf und ab und sah sich, soweit dies im Nebel möglich war, um. Das schummrige Licht der Gaslaternen erhellte kaum den Umkreis. Leopoldus Magnus stand auf seinem Posten, er, auf seinem jenseitigen Posten, konnte nicht ahnen, was hier geschehen würde. Der Ruhmreiche Leopold konnte nicht wissen, wie auch Oberst Redl nicht, daß unweit des Brückenkopfes der Ulanenleutnant Rudolf Langauf in Zivil stand, im Hinterhalt lauerte, einen geladenen Frommer-Karabiner mit kurzem Lauf fest im Griff. Daß auch er zugegen sein würde, die Waffe bei der Hand, hatte er seiner Freundin nicht verraten, wie er auch von Eckern-Freyberg gegenüber kein Wort über die ganze Angelegenheit hatte verlauten lassen, obzwar sich die Dinge, zumindest was ihn anbetraf, womöglich nicht so unwiderruflich schicksalhaft entwickelt haben würden, wenn er dies getan und der Hauptmann sich eingeschaltet hätte. Inspektor Barner und zwei seiner Detektive in Zivil waren in einem Versteck fern vom Brückenkopf auf der Hut, konnten allerdings, teils des Nebels wegen, teils, weil die Aktion – für sie unerwartet – so rasch ablief, nicht mehr eingreifen; demzufolge überlebten sie den Abend, was ihnen andernfalls wohl kaum gelungen wäre. Die Presse war diesmal nicht zugegen.

Daß in der Zwischenzeit, gerade zum nämlichen Zeitpunkt, der Hauptmann Claus von Eckern-Freyberg dem Oberst Max Ronge – kurz, bündig und soldatisch – sämtliche ihm bekannte Details dieser »Sache« zur Kenntnis brachte, da er Redls direktem Stellvertreter, dem Oberstleutnant Ritter Horst von Thom, letztlich nicht genug vertraute, ja – in einer Überspitzung des gedanklichen Spiels – sogar zu der Annahme neigte, Horst von Thom sei nachgerade ein Komplize Redls, davon wußte Redl ebensowenig wie der Ruhmreiche Leopold, dessen Marmorstatue er sich soeben näherte.

Redl begrüßte die Dame und teilte ihr kurz mit, wo das Automobil stand und wo sie Geld, Paß und die übrigen – geforderten – Schriftstücke finden würde, vorausgesetzt, sie übergebe ihm jetzt das gesamte Material, um dessentwillen ihr »Spiel« stattgefunden hatte. Er forderte die »Barmherzige Schwester« auf, sie möge sich eilen. »Sputen Sie sich, Fräulein!« Mit diesen Worten schloß er seine Vorrede.

»Ich möchte Sie auf eines aufmerksam machen, Oberst. Sollten Sie mir eine Falle gestellt haben, so müssen Sie wissen: ich habe eine Person eingeweiht, aus reiner Vorsicht, die über die Sache Bescheid weiß. Wenn alles glatt geht, begibt sie sich mit uns ins Ausland, wenn nicht, weiß sie, was sie zu tun hat!«

»O ja. Ich kann mir Ihre und ›Rudis‹ Konspiration gut vorstellen«, sagte der Oberst, und ein bitteres Lächeln spielte um seine Lippen. Darauf fügte er hinzu: »Wenn Sie weiter konspirieren, Fräulein, wenn Sie nicht schnell von hier verschwinden, dann – ich gebe Ihnen mein Wort drauf, soviel Zeit wird mir noch bleiben – werde ich Sie, dieses reizende ›Duo‹, dem Herrn anheimgeben, wenngleich nicht vor seinem Altar, wie es sich gehört, sondern in einem Geschenkpaket mit der Aufschrift ›fragile‹! Haben wir uns verstanden, Schwester?« – »Ich hoffe sehr, Oberst . . .«

Redl wies auf das Automobil, die Frau begutachtete den Wagen, drückte ihm eine schwarze Aktentasche in die

Hand und wandte sich zum Gehen; Redl indes packte sie am Arm und sagte energisch: »Warten Sie!« Er musterte den Inhalt der Tasche, blätterte in den Schriftstücken, besah sich die Zeichnungen, die Briefe. Dabei erläuterte er der »Barmherzigen Schwester« leise: »Wenn Sie im Wagen sitzen und alles so vorfinden, wie verlangt, dann geben Sie ein Zeichen mit dem Scheinwerfer. Es ist ein schwarzer Schalter. Sie finden ihn, es hängt ein kleiner Zettel daran, auf dem steht: ›Gute Reise! Viel Glück! Bewahren Sie Ihr Leben lang Stillschweigen, denn wenn Sie reden, bedeutet es für Sie, mit dem Leben zu spielen, wo Sie sich auch befinden!‹

Den Zettel habe ich natürlich mit einer Schreibmaschine geschrieben, die unauffindbar ist ... Ich habe ihn lediglich dort angebunden, Schwester, damit Sie nicht vergessen, was ich Ihnen neulich schon sagte. Bewahren Sie ihn auf, zur Erinnerung. Sie können ihn jedermann zeigen, Sie hätten ihn schließlich auch selbst schreiben können.«

»Ein nettes kleines Andenken«, bemerkte die Frau nur und wandte sich jetzt tatsächlich zum Gehen.

»Was haben Sie erwartet? Blumen? Einen Strauß Vergißmeinnicht? Ach was. Wo denken Sie hin?«

Für einen Augenblick kam Redl Christoph von Kubinyi in den Sinn, der sich im Görzer Kasino oft das Lied hatte spielen lassen: *»Blaue Vergißmeinnicht auf mein Grab, legt mir Vergißmeinnicht auf mein Grab . . .«* Da aber rannte die »Barmherzige Schwester« leider davon. Redl rief ihr nach: »Halt! Bleiben Sie stehen, Fräulein!« Die Frau rannte weiter. Weil Redl nicht die Losung »Ruhmreicher Leopold!« rief, blieben seine Leute auf ihrem Platz; statt dessen erschien der Ulanenleutnant Rudolf Langauf auf dem Plan und feuerte aus seinem automatischen Karabiner eine Salve in Richtung Brückenkopf und Marmorstatue. Genaues Zielen war dem jungen Offizier infolge des Nebels unmöglich. Die »Barmherzige Schwester« nahm natürlich an, Redls Leute hätten auf sie geschossen, sie wandte sich um und gab vom Ufer her aus ihrem Taschenrevolver einen Schuß auf den Oberst ab, traf ihn aber nicht. In der Zwischenzeit war Redl herangekommen.

»Sehen Sie, ich habe Sie noch nicht einmal einer Leibesvisitation unterzogen, zumal Sie ja jungfräulich sind, eine Braut Jesu . . .«, sagte Redl außer Atem, lachte und entwand ihr den Revolver. »Sie ›Barmherzige Schwester‹, Sie haben sich Ihre ›konspirative‹ Kleidung von einem Orden entliehen, der sich ›Filles de la charité et de la miséricorde‹ nennt . . . Ist das ›Charitas‹, Fräulein? Auf mich schießen, wiewohl wir uns im Grunde geeinigt hatten? Ich trage keine Waffe bei mir, Fräulein, ich war fair! Beruhigen Sie sich endlich, es ist nichts passiert!« sagte Redl, weil die ›Schwester‹ sich heftig wehrte. Unterdes war Rudolf Langauf bemüht, ein neues Magazin in seinen Karabiner einzulegen, was ihm jedoch nicht gelang. Es war auch nicht nötig, immerhin war er kein Soldat, kein Offizier mehr! Dank Oberst Redls Wohlwollen hätte er reisen können, wohin immer seine Sehnsucht ihn trieb, und sei es direkt nach Monte Carlo. Die ›Schwester‹ suchte sich aus Redls Griff zu befreien, allerdings fehlte es ihr an Kraft.

»Was bevorzugen Sie, Fräulein? Soll ich Ihnen rasch eine Lüge zurechtzimmern, eine Falschaussage, die gar keine Lüge wäre, und aufgrund derer man Ihren ›Rudi‹ auf dem Hof der Lemberger Garnison erschießt, noch dazu ohne Verhör? Ich könnte ihn unter Bewachung, in Handschellen dorthin zurückschaffen lassen, vor ein Exekutionskommando stellen, das aus seinen eigenen Soldaten besteht! Haben Sie den Verstand verloren? Was wollen Sie eigentlich? Ihr Leben verlieren? Es käme nie heraus, daß ›Rudi‹ aufgrund falscher Anklagen erschossen wurde!«

»Ich will gar nichts«, sagte die ›Barmherzige Schwester‹ nun schon unter Tränen; obwohl sie noch zog und zerrte, war sie letztlich außer Atem und widersetzte sich nicht mehr. »Nichts will ich, lassen Sie mich los! Mir reicht's. Ich bin eine Frau, verstehen Sie?«

»Hören Sie, Fräulein! Sie können gehen, zu den vereinbarten Bedingungen! Ihr Freund steckt hier irgendwo in der Nähe. Nur er kann geschossen haben. Sagen Sie ihm, er soll damit aufhören. In ein paar Sekunden kann alles zu spät sein, Schwester!«

»Rudi! Bleib da! Schieß nicht! Ich habe alles geklärt ... Rudi!« rief die Frau, aber der Ulanenleutnant verstand nur seinen Namen und glaubte, seine Freundin sei in eine Falle geraten. Das Magazin war endlich eingelegt, somit rannte er auf den Brückenkopf zu.

»Wenn ›Rudi‹ das Feuer eröffnet, ist es aus mit Ihnen, Fräulein! Ich bin es gewohnt, größere ›Fische‹ zu ›fangen‹, liebe Schwester ... Wen interessiert schon der Großhändler Feinbach. Oder der Chefingenieur Worowka! Morgen bin ich in Lemberg, dann geht es ihnen an den Kragen! Ich wollte die Auftraggeber, die Hintermänner ins Garn locken, diejenigen, die die Drähte zogen, an denen diese beiden Hampelmänner tanzten! Leider spuckte mir Ihr ›Rudi‹ in die Suppe!«

Unterdes hatte sich Langauf dem Schauplatz genähert, doch sein Karabiner versagte. Im Nebel konnte er weder seine Freundin noch Oberst Redl sehen. Er mühte sich mit der Waffe ab. Endlich funktionierte sie wieder, das rote Mündungsfeuer hob sich gegen den Dunst ab. Er richtete eine Salve auf die Statue des Ruhmreichen Leopold. Die Antwort war ein gezielter Schuß aus einer Pistole. Rudolf Langauf fiel auf das Pflaster. Redl erfuhr nie, wer von seinen Leuten auf den Ulanenleutnant geschossen hatte: Oberleutnant Bezouška, Hauptmann Morschel, Major Lewetzow oder einer der drei »Athleten«. Gleichzeitig mit der »Barmherzigen Schwester« erreichte er den Verwundeten.

»Schade, Herr Oberst ...«, sagte der tödlich verwundete Leutnant Langauf leise stöhnend. »Ich habe alles dabei. Verstehen Sie! Ich weiß auch, daß Sie kein Vaterlandsverräter sind, wie der Hauptmann von Eckern-Freyberg meint. Er ... Bitte, töten Sie mich nicht, Herr Oberst!« bat Rudolf Langauf, es waren seine letzten Worte. Die »Schwester« beugte sich jetzt tatsächlich »barmherzig« zu ihrem blutenden, besinnungslosen Freund nieder. Aber da lebte »Rudi« von der Kavallerie schon nicht mehr. Die Losung »Ruhmreicher Leopold!« erscholl, und Redls Leute traten auf den Plan. Sie hoben den Leichnam des Leutnants a. D. in den Wagen, schoben die Frau, nicht als Geisel, sondern als Gefangene, hinterher, neben ihren toten Geliebten, und verließen in Windeseile den Schauplatz.

Anderntags erstattete Oberleutnant Bezouška Oberst Redl persönlich, unter vier Augen, folgende Meldung:

»Agent QI ist in Wien eingetroffen. Er wohnt im Hotel Margarethenbad.«

»Danke, Oberleutnant. Ich suche ihn selbst auf. Bleiben Sie in Bereitschaft!«

»Da ist noch etwas, Herr Oberst ... Ich weiß es von dem Zimmermädchen, das wir bezahlen ...«

»Nun?«

»Hauptmann Claus von Eckern-Freyberg hält sich ebenfalls im Hotel Margarethenbad auf.«

»Ich werde trotzdem allein dorthin gehen!« sagte Redl mit düsterem Blick. Er wies den Oberleutnant Bezouška an, sich mit seinen Leuten in Bereitschaft zu halten, sie würden einige Stunden später nach Lemberg aufbrechen.

Auf Redls Befehl versteckten die drei »Athleten« Langaufs Leiche an einem sicheren Ort, in einer Gruft des kleinen Friedhofs neben der Schmelz-Wiese, um sie, wenn nötig, schnell wieder herbeischaffen zu können. Sollte letzteres nicht erforderlich sein, konnte sie dort bleiben. Langaufs Freundin befand sich in sicherem Gewahrsam. Am Abend fuhr Redl allein, mit seinem Automobil, zum Hotel Margarethenbad, einer beliebten Unterhaltungsstätte für Offiziere, die aus den fernen Garnisonen, aus den Grenzwachregimentern des Reiches für kurze Zeit nach Wien kamen, Entspannung zu suchen. Etliche dieser Offiziere schossen sich nach einiger Zeit eine Kugel durch den Kopf, die einen ihrer Spielschulden, die anderen einer netten Wienerin wegen, die sie verlassen oder betrogen hatte, die dritten »einfach so«, und zu letzteren gehörten, wie Redl dies beobachten konnte, für gewöhnlich die Offiziere der ungarischen Gentry. Man nahm sich ein Zimmer im »Margarethenbad«, um es dann, wer weiß, warum, nicht mehr zu verlassen. Man bezahlte die Rechnung im voraus, hinterließ einen Abschiedsbrief – oder auch nicht – und schoß sich dann, »einfach so«, eine Kugel durch den Kopf. Auch für Christoph von Kubinyi war das Hotel Margarethenbad ein beliebtes Amüsierlokal, obschon er – der alteingesessene, ungarische Adelssproß, wie ihn Franz Ferdinand sah – im Gegensatz zu seinen Landsleuten keine melancholische Veranlagung zeigte; folglich mietete er auch niemals ein Zimmer in der »Margarethe«, um sich »einfach so« zu erschießen, sondern um einer *Margarethe* willen. Das Evidenzbüro, die militärische Abwehr vielmehr, bezahlte auch nicht nur irgendein Zimmermädchen, sondern mehrere Angehörige des Hotelpersonals, um Informationen zu erhalten, wer in der »Margarethe« abstieg, mit wem und wie lange.

Redl begab sich direkt an die Hotelrezeption. Seine zivile Kleidung versetzte den feisten, grobschlächtigen Portier keineswegs in Aufregung.

»Der Herr wünschen?« fragte er und musterte den Fremden stechend.

»Wie sagten Sie? ›Was ich wünsche‹?« fragte Redl leise. Und äußerte seinen Wunsch: die vollständige Namensliste aller Hotelgäste und die Zimmernummern.

»Was? Wie stellen Sie sich das vor? Wissen Sie, wo Sie sich hier befinden? Wer sind Sie? Ich werde die Polizei verständigen!«

»Ruhe!«

Der Portier wollte zum Telefon. Redl folgte ihm, warf ihn zu Boden, stellte ihn wieder auf die Beine, gab ihm zwei gewaltige Ohrfeigen und wartete dann ab, bis ihm der Portier die Namensliste aller Hotelgäste mit den dazugehörigen Zimmernummern ausgehändigt hatte. Redl warf einen Blick auf die Liste und nahm zwei Schlüssel vom Haken. Den Portier sperrte er in ein Kabäuschen hinter der Rezeption, in dem weder Telefon noch Fenster waren, wovon er sich zuvor überzeugt hatte. Wenige Minuten später stellte er – noch immer die Namensliste studierend – fest, daß Claus von Ekkern-Freyberg sich zur Zeit nicht in der »Margarethe« befand. »Der Herr Hauptmann ist für ein paar Stunden außer Haus«, bestätigte das Zimmermädchen, das vom Evidenzbüro bezahlt wurde, um seine Informationen minuten-, zumindest stundengenau zu liefern.

»Wohnt hier gegenwärtig«, fragte Redl mit einem erneuten Blick auf die Namensliste, »ein alleinstehender Herr?«

»Ja, mein Herr«, antwortete das hübsche Zimmermädchen bereitwillig. Sie kannte Oberst Redl natürlich nicht persönlich, ahnte aber, daß er denjenigen zuzurechnen war, die ihr – von Zeit zu Zeit – Fragen über die Hotelgäste zu stellen pflegten; was sie nicht wissen konnte, war, daß nunmehr der Befehlshaber jener Leute vor ihr stand.

»Haben Sie zufällig bemerkt, daß Hauptmann Claus von Eckern-Freyberg mit diesem alleinstehenden Herrn sprach?«

»Nein, ich . . . Und nachts schlafe ich, mein Herr.«

»Hm. Schade. Sie können gehen. Warten Sie! In welchem Zimmer wohnt der Herr, der allein angereist ist?«

»In Zimmer 117, mein Herr.«

Redl ging zum Zimmer 117, klopfte an und sagte, als von drinnen ein »Bitte!« ertönte, seinen Namen. »Sofort, mein Herr!« erklang die Antwort aus dem Zimmer. Gleich darauf öffnete sich die Tür, und Redl trat ein.

»Unter welchem Namen haben Sie sich hier angemeldet, QI?« fragte Redl schroff, die Buchstaben spöttisch betonend.

»Unter Wolfgang Binder.«

»Aha. Gut. Und jetzt erzählen Sie mir, worüber Sie mit dem Hauptmann von Eckern-Freyberg gesprochen haben.«

»Ich bin keinem Offizier dieses Namens begegnet, Herr Oberst!«

Redl lachte. »Aber nicht doch! Sie wissen sehr wohl, daß ich darüber Bescheid weiß. Sie haben sich hier getroffen, in diesem Hotel! Der Hauptmann hat wenige Stunden zuvor die »Margarethe« verlassen! Versuchen Sie nicht, dies abzustreiten, sonst sehe ich mich gezwungen, *energischer* nachzufragen, lieber ›Binder‹!«

»Jawohl, Herr Oberst . . .«, sagte der galizische Agent jetzt ruhig, zumal er wußte, es gab keinen anderen Ausweg, als scheinbar ehrlich zu gestehen. Er wußte, mit wem er es zu tun hatte. »Ich traf den genannten Offizier. Er fragte mich über Sie aus. Weiterhin über den Großhändler Feinbach, den Chefingenieur Worowka und den Ulanenleutnant Rudolf Langauf. Sie bezeichnete er als Vaterlandsverräter und machte mich zugleich glauben, Sie seien bereits verhaftet . . .«

»Tatsächlich? Und das haben Sie geglaubt? Natürlich. Nun, hätten Sie es nicht, würde er Sie umgehend aus dem Wege geräumt haben . . .«, sagte Redl. Darauf gab er aus seiner Pistole mehrere Schüsse ab: er zielte auf das Mobiliar, auf die Vorhänge, schoß in die Wände, ins Parkett und in die Decke. Nachdem er dann den Revolver des Agenten QI, der auf dem Nachtschränkchen lag, an sich genommen hatte – Agent QI konnte ihn nicht mehr rechtzeitig erreichen –, entsicherte er, die Hand vorher mit einem Taschentuch umwickelnd, auch diesen und schoß daraus mehrmals, kreuz und quer, durchs Zimmer.

»Wissen Sie, ›Binder‹, damit erleichtere ich der Polizei die Arbeit, weil ich Spuren hinterlasse, erschwere sie zugleich auch, weil ich Sie zum Schweigen bringe und Sie somit auf ihre Fragen nicht mehr antworten können . . . Ich frage Sie ebensowenig aus, ›Binder‹, ich habe wenig Zeit und stellte meine Fragen ohnehin umsonst; es würde zu lange dauern, bis Sie mir brav, wie ich es hören möchte, Ihren Part in der Sache des Kriegslieferanten Feinbach und des Chefingenieurs Worowka darlegen . . . oder Ihre Verbindung zu Rudolf Langauf, oder Ihre *mir bekannte* Verbindung zu dem exekutierten Oberstleutnant Arkadij Antonowitsch Ajwassowskij . . . Sie würden mir nur etwas vorlügen! Sehen Sie, wie Sie aufgestiegen sind! So hohe Verbindungen wie zu Ajwassowskij . . . Hm. Sie verrichteten ausgezeichnete Arbeit. Ich habe Sie manches Mal dafür belohnt, erinnern Sie sich?«

»Ich erinnere mich, Herr Oberst . . . und . . . ich . . . möchte Ihnen auch jetzt . . .«

»Stottern Sie nicht, ›Binder‹! Wie weit ist es mit Ihnen gekommen! Sich mit Typen wie Langauf und Eckern-Freyberg gegen mich zu verschwören! Sie spielten doppeltes Spiel, das ahnte ich längst. Sie arbeiteten für mich wie für die Russen. Und jetzt, da Sie hier sind und nicht in Nowgorod oder Zarskoje Selo, mache ich Schluß mit Ihnen, und nicht die Russen! Wären Sie dort, täten sie es, seien Sie dessen versichert . . .«

»Herr Oberst, erlauben Sie . . . Ich möchte Ihnen von der Feinbach-Worowka-Langauf-Sache berichten, soweit ich darüber Bescheid weiß . . .«

»Soll ich mir Ihre Lügen anhören? Ich nehme sogar an, daß Sie es waren, der den Oberstleutnant Ajwassowskij denunziert hat! Ihretwegen wurde er erschossen!«

»Herr Oberst . . . Sie finden sich in Lemberg ohne mich nicht zurecht . . . Feinb. . . «

»Nein? Nicht ohne Sie?« unterbrach ihn Redl. Und bückte sich plötzlich nach einem Stück Papier. Der Agent wollte sich auf ihn werfen. Das hatte Redl beabsichtigt, um so zu vermeiden, daß er ihn Auge in Auge erschießen mußte. Oder hatte er ihn nochmals auf die Probe stellen wollen? Er drückte ab. Der Agent war auf der Stelle tot. Redl krempelte das Zimmer um und um, er durchstöberte alles, fand aber nichts, was von Interesse gewesen wäre. Er hatte auch nicht damit gerechnet, denn der Agent QI war ein erfahrener und vorsichtiger Mann. Als Redl das Zimmer verließ, bot es den Anblick völliger Verwüstung, wie nach einer heftigen Auseinandersetzung. Schüsse und Spuren von Kugeln an den Wänden galten im Hotel Margarethenbad als kein »besonderes Ereignis«. Offiziere schossen hier häufiger um sich.

Oberst Ronge lauschte verblüfft all dem, was Claus von Eckern-Freyberg über Feinbach und Worowka, über Langauf, Ajwassowskij und das ferne Galizien, über die Vorfälle in Lemberg, das als nordöstliches »Castrum« galt, und vor allem im Hinblick auf die Festung Przemyśl zu berichten wußte. Er hegte den vagen Verdacht, der vor ihm stehende Hauptmann sei übergeschnappt. Der Gedanke ging ihm durch den Kopf, ihn auf jeden Fall in Gewahrsam nehmen zu lassen. Im nachhinein begann er, das Gehörte zu analysieren und zu werten. Er führte mehrere Telefongespräche und nahm überrascht zur Kenntnis, daß er auf all seine Anrufe nur eine Antwort bekam: »Ist gegenwärtig nicht an seinem Platz, Herr Oberst!« Ritter Horst von Thom, der nach seinem Gespräch mit dem Generalstabschef in seinem Büro arbeitete, wollte sich ein klares »Bild« verschaffen; er ließ sich einfach verleugnen, so sehr fesselte ihn die Arbeit, die auch für ihn einige Überraschungen bereithielt. Die anderen Offiziere waren, wie Ronge bald erfuhr, mit Oberst Redl nach Lemberg gereist. Das Evidenzbüro war sozusagen leer. Das stellte ihn vor eine größere Aufgabe, als es das Entschlüsseln von Briefen »älterer Damen« war, hier galt es wahrhaftig zu denken, hier war keine Phantasie gefordert, hier ging es um den auch von Max Ronge hoch geschätzten, unmittelbar vor der Ernennung zum General stehenden Oberst Redl. Und wenn es doch eine Provokation war? Eine russische Provokation? So grübelte Max Ronge und ließ den Hauptmann Claus von Eckern-Freyberg erneut zu sich rufen. Er fragte ihn nochmals über die ganze Angelegenheit aus, gründlicher, wollte alles erfahren, was dieser Offizier wußte, zu wissen vermeinte, vermutete oder erahnte.

Bevor Redl nach Lemberg reiste, vernichtete er vorsichtshalber sämtliches Material, das er an der Statue des Ruhmreichen Leopold, vor Ausbruch des Feuergefechts, von Langaufs Freundin entgegengenommen hatte, unter anderem auch den Zettel des serbischen Kuriers, dessen Inhalt sich auf Christoph von Kubinyi bezog und auf einen gewissen russischen Offizier in Sankt Petersburg hinwies, zumal er wußte, daß er »im Tausch« für dieses – wie geplant manipulierte – Material niemals den Mobilisierungsplan der russischen Armee im Grenzgebiet Przemyśl erhalten würde, weder Einzelheiten des Aufmarschplanes der russischen Streitkräfte noch eine einzige Skizze über geplante Operationen bei einem eventuellen neuen Balkan-Krieg. Für ihn war sicher: die in Wien und in Galizien tätigen russischen Agenten wußten von der ganzen Angelegenheit, und ihre Wachsamkeit würde jetzt keine Grenzen kennen, sie würde sich, gemäß den Gesetzen ihrer Zunft, im Schweigen äußern, in einem Abwarten, wie auch er es an ihrer Statt vorgezogen hätte. Leider war er nicht an ihrer Statt, er hatte nichts abzuwarten, er machte sich ohne Verzug auf den Weg nach Lemberg. Vor seiner Abreise gab er schriftlich, über einen Offizierskurier, Oberst Max Ronge und Oberstleutnant Ritter Horst von Thom Nachricht: »Bin unterwegs nach Lemberg. Leite Aktion F.-W. Bis zu meiner Rückkehr ist der Hauptmann Claus von Eckern-Freyberg aufzuspüren und zu verhaften. gez. Oberst Redl.« Diese Nachricht stürzte die beiden hochrangigen Offiziere zusätzlich in Verwirrung. Sie, die ohnehin nicht an die Glaubwürdigkeit der Behauptungen des Hauptmanns von Eckern-Freyberg glauben *wollten*, nahmen eben aus diesem Grunde – obschon ihnen Eckern-Freyberg sein Offiziersehrenwort gab, alles, was er gesagt hatte, nur ihnen gesagt zu haben, und zudem versicherte, es stünde nicht in seiner Absicht, es auch anderen zu sagen –, wenngleich sehr höflich und unter Berufung auf seine eigene Sicherheit, den Hauptmann Claus von Eckern-Freyberg einfach in Schutzhaft, worauf dieser nur erklärte: »Meine Herren, entweder besteht das ganze Evidenzbüro aus Vaterlandsverrätern oder aus Idioten! Im Augenblick meine ich, eher aus Idioten, vielmehr: aus *idiotischen* Vaterlandsverrätern!« Dieses hätte sich der von Natur aus hitzige, wiewohl eben in dieser Angelegenheit mit größter Umsicht verfahrende Hauptmann besser sparen sollen, zumal Oberst Max Ronge diese Äußerung sehr persönlich nahm, Oberst Redl augenblicklich vergaß und die Schutzhaft in Arrest umwandelte; da aber zu diesem Zweck im Evidenzbüro keine geeignete Zelle zur Verfügung stand, wurde Hauptmann von Ekkern-Freyberg in den Keller gesperrt, mit einem Wachtposten vor der Tür.

Redl reiste derweil in Begleitung Major Lewetzows, Hauptmann Morschels, Oberleutnant Bezouškas und Oberleutnant Salapškas in einem Sonderzug des Evidenzbüros nach

Lemberg. Die Österreichisch-Ungarischen Eisenbahnen hatten im voraus durchgegeben: »Der Militär-Sonderzug mit der Bezeichnung *Block* hat Vorrang vor allen Zügen auf der Strecke Galizien; er macht keinen Halt, fährt durch alle Stationen durch. Jeder auf dem Gleis abgestellte Zug hat dieses zu verlassen, die Strecke ist frei zu machen. *Block* hält nur zur Wasser- und Kohlenaufnahme!« Der Militär-Sonderzug mit der Bezeichnung *Block* bestand alles in allem aus einer Lokomotive, einem Tender, einem Wassertankwagen und einem Personenwagen, letzterer umgerüstet zu einem fahrenden Büro.

»Schlaf brauchen wir nicht, meine Herren . . .«, äußerte Redl heiter, als er hörte, wie sich Hauptmann Konrad Morschel erkundigte, wo die Liegestätten seien. Natürlich reisten auch die drei »Athleten« mit nach Lemberg, die am Brükkenkopf der Elisabeth-Brücke, an der Statue des Ruhmreichen Leopold den Obersten gesichert und anschließend den unbedachten »Spieler« Langauf, beziehungsweise seinen Leichnam, in einer Gruft des kleinen Friedhofs neben der Schmelz-Wiese versteckt hatten. Der Militär-Sonderzug mit der Bezeichnung *Block* raste mit maximaler Geschwindigkeit, ohne Aufenthalt Lemberg entgegen. Redl war durchweg zum Scherzen aufgelegt, er plauderte nicht nur mit den Offizieren, sondern auch mit den ihn begleitenden Fachleuten: einem Sachverständigen für Schließvorrichtungen, einem Militärdetektiv für Spurensicherung, einem Spezialisten für russische Codesignale, einem Telegraphisten, einem russischsprachigen Dolmetscher, der seit Jahren kaum einen Fuß aus der entsprechenden Abteilung des Evidenzbüros gesetzt hatte und sich womöglich am meisten über diesen schnellen Ausflug nach Galizien freute, und einem sowohl Polnisch als auch Jiddisch sprechenden Privatier namens Vitich Adeo, einem Mann des Evidenzbüros.

Generaloberst Conrad von Hötzendorf, Chef des kaiserlich und königlichen Generalstabs, war sich, was die Person Redls anbetraf, ungeachtet des Berichtes Ritter Horst von Thoms, ebenso unsicher, wie der genannte Offizier oder

Oberst Max Ronge. Hauptmann Claus von Eckern-Freyberg hingegen saß im Keller des Evidenzbüros, auf Befehl Ronges, der den Hauptmann total vergessen hatte. Generaloberst Conrad von Hötzendorf bat auf jeden Fall den Ordonnanzoffizier Franz Ferdinands, Oberst Sbinyovszky, zu sich, den engen Vertrauten des Thronfolgers, um die Sache mit ihm zu beraten, bevor er den Thronfolger als den Generalinspektor der Armee um Audienz ersuchte. Er schilderte dem Ordonnanzoffizier kurz, was er von Horst von Thom erfahren hatte, und verschwieg auch seine eigenen Gedanken zu dieser Angelegenheit und ihren Folgen nicht, sofern diese sich bewahrheiten sollten; zudem unterbreitete er seinen Plan zum endgültigen *Abschluß* der Sache, der den unbedingten *Ausschluß* der Öffentlichkeit, der Presse, vorsah. Der Ordonnanzoffizier Oberst Sbinyovszky achtete kaum auf die Worte des Generalstabschef, gab vielmehr wichtigtuerisch zum besten, was er beim Abendessen des Thronfolgers erlauscht hatte, natürlich im engsten Kreis.

»Seine Hoheit, der Thronfolger, erklärte, der Krieg auf dem Balkan sei unvermeidlich!«

»Anscheinend . . .«, sagte der Generalstabschef und versuchte, das Thema wieder auf die »Redl-Sache« und ihre Folgen zu bringen, auf die mögliche Vorgehensweise, diesen Folgen vorzugreifen und sie abzuwenden. Aber Sbinyovszky blieb bei seinem Gegenstand. »Auf dem Balkan treffen augenblicklich mehrere Interessensphären aufeinander . . .«

»Hier geht es in erster Linie um Redl, Herr Oberst!«

»Redl . . . Nun ja. Um sich bei einem Menschen vom Schlage Redls auszukennen, bedarf es eines zweiten Redl!«

»Frappierend! Höchst frappierend . . . Was ist also Ihre Meinung?«

»In allerhöchsten Kreisen, bei Hofe, hält man Oberst Redl für einen ausgezeichneten Balkan-Sachverständigen . . .«

»Ist mir bekannt.«

»Nun, der Haken an der Sache ist: es gibt nur einen Redl«, fuhr der Ordonnanzoffizier Franz Ferdinands gequält geistreich fort. »Woher sollen wir so plötzlich einen *anderen*

Redl nehmen, der sich in ihm, dem großen ›Unbekannten‹ an unserer Statt, *an Stelle* des Generalstabes, auskennt?« fragte der Ordonnanzoffizier Sbinyovszky mit nachdrücklich spöttischem Tonfall. Generalstabschef Conrad von Hötzendorf biß sich auf die Lippen, beherrschte sich aber.

»Eines jedoch, Herr Oberst, ist *nicht* dem Generalstab anzulasten: *wie* konnte Oberst Redl seinerzeit die im Hinblick auf den hohen Rang und den noch höheren Wirkungsbereich unabdingbar notwendige strenge Ahnenprüfung durch die Kammerherren bestehen? Wenn Sie Seine Hoheit, den Thronfolger, diesbezüglich befragen könnten ... Ich wäre Ihnen sehr verbunden, Oberst Sbinyovszky!«

»Redl wurde von Seiner Majestät, dem Kaiser, selbst ernannt, nicht durch Seine Hoheit, den Thronfolger! Und seine Ernennung erfolgte mit Rücksicht auf seine Verdienste, Herr Generaloberst!«

»Seine Verdienste! Welche Verdienste? Die Protektion Hammer-Purgstalls, ist das ein Verdienst? Oder als Truppenoffizier in Galizien einen als Postballon getarnten russischen Spionageballon abzuschießen? Oder in Görz einen spionierenden Aviatik-Ingenieur ungarischer Abstammung zu entlarven?«

»Der von Redl abgeschossene Ballon war mit einem fotografischen Apparat ausgerüstet und flog, äußerst niedrig, über die Festung Przemyśl hinweg! Die Presse hat seinerzeit ausführlich darüber berichtet. Seither haben die Russen derartige Ballons nicht mehr aufsteigen lassen ... Und was, ad zwei, die tatsächlichen Verdienste Oberst Redls anbelangt, müssen wir seine nachrichtendienstliche Tätigkeit zur Zeit der Balkankriege in Rechnung stellen, nicht die ›ausgezeichnete Beurteilung‹ des Generals Hammer-Purgstall, die allein für sich so gut wie gar nichts bedeutete ...«, sagte Oberst Sbinyovszky nunmehr energisch, ohne jeden Anflug von Witzelei, dergemäß »ein *zweiter* Redl beim Generalstab erforderlich wäre, um sich bei Redl auszukennen«.

»Es ist nicht von der Hand zu weisen, daß Redl bereits vor Jahren, beim ersten Balkankrieg schon, in den wir bedauerlicherweise nicht eingegriffen haben, was aber jetzt nicht zur

Debatte steht – nun, daß er damals schon als Doppelagent für eine fremde Macht tätig war, zum Beispiel für die Russen . . .«

»Das ist möglich, Herr Generaloberst. Dennoch glaube ich nicht, daß wir es in der Person Redls mit Satan zu tun haben.«

»Das behauptet auch niemand, Herr Oberst! Danke, daß Sie . . . nun, daß wir untereinander alles klären konnten . . .«

»Natürlich werde ich Seiner Hoheit, dem Thronfolger, Meldung über unser Gespräch erstatten, Herr Generaloberst.«

»Darum würde ich Sie ausdrücklich ersucht haben, hätten Sie es nicht selbst erwähnt. Danke!«

Der Militär-Sonderzug *Block* wurde in Lemberg vom Stadtkommandanten erwartet sowie vom Befehlshaber der Lemberger Garnison. Ein paar Schritte hinter den Offizieren stand der Polizeipräsident der Stadt Lemberg, zehn Schritt hinter diesem wartete der Stationsvorsteher des Hauptbahnhofes und Eisenbahnknotenpunktes Lemberg, das heißt, er stand in strammer Haltung vor dem Spalier seiner in wiederum zehn Schritt Abstand aufgereihten Beamten. Zu ihrer großen Überraschung jedoch raste der Sonderzug durch den Hauptbahnhof Lemberg hindurch und machte weit hinter diesem, außerhalb der Stadt, auf offener Strecke Halt. Dort wartete Major Richter, Redls Mann bei der Lemberger Militärkommandantur, mit vier Automobilen. Jetzt erst konnten die internationalen Schnellzüge ihre Fahrt fortsetzen, die Lokomotiven rangieren, konnte der Personen- und Güterverkehr auf sämtlichen Eisenbahnstrecken in ganz Galizien weitergehen. Der Stadtkommandant von Lemberg äußerte in seiner Verlegenheit oder peinlichen Überraschung dem Befehlshaber der Lemberger Garnison und dem Polizeipräsidenten gegenüber lediglich – allerdings so laut, daß es auch der Bahnhofsvorsteher und die Eisenbahnbeamten hören konnten –:

»Womöglich, meine Herren, geruhen in diesem Zug Seine Hoheit, der Thronfolger persönlich, zu reisen, und da dieses

Grenzgebiet äußerst gefährlich ist und Attentate zu befürchten sind ... Eine Absicherung des Bahnhofs durch die Stadtkommandantur und des Lemberger Hausregiments erschien aufgrund der Konspiration wohl nicht möglich, auch um unnötiges Aufsehen zu vermeiden ... Deshalb der geheime Charakter der Reise ... Nun, der Sonderzug Seiner Hoheit, des Thronfolgers, wird sicher auf einer kleineren Station Halt machen; spätestens am Abend wird Seine Hoheit mich zu sich beordern ... über kurz oder lang werden *wir* Näheres *erfahren*, meine Herren«, sagte der Stadtkommandant von Lemberg, der natürlich, dem Gebrauch der Mehrzahl zum Trotz – die ohnehin nur ein einfacher Versprecher war, verursacht durch die Verwirrung angesichts des vorbeirasenden Sonderzuges –, letzteres ausschließlich auf sich bezog und sogleich verfügte, die Offiziere des Hausregiments sollten sich zur Verfügung halten und Paradeuniform anlegen; von einem bestimmten Zeitpunkt an – nämlich *jetzt*! – dürften die Soldaten des Hausregiments, ebenso wie sämtliche Soldaten der Lemberger Garnison, die Kaserne nicht mehr verlassen. Der Polizeipräsident von Lemberg erließ einen ähnlich lautenden Befehl, mit sofortiger Wirkung. Aber niemand erfuhr etwas, weder der Stadtkommandant von Lemberg noch der Befehlshaber der Lemberger Garnison oder der Polizeipräsident, weder an diesem noch an einem der folgenden Tage. Erst viel später vernahmen sie Gerüchte über den Militär-Sonderzug mit der Bezeichnung *Block*, und Wochen danach konnten sie in den Zeitungen nunmehr alles lesen, im galizischen *Morgenblatt* ebenso wie in den Spalten der Wiener *Neuen Freien Presse* oder im *Pester Lloyd*, wo unter dem Titel *»Der Fall Redl«* oder *»Der heimtückische Verrat des Oberst Redl«* leidenschaftlich und grell – wiewohl hauptsächlich mit düsteren Farben – der Fall, die Geschichte, das schändliche Leben des tatsächlichen Reisenden im Militär-Sonderzug, der die Bezeichnung *Block* trug, ausgemalt wurde. Hätte General Götz dies damals gewußt oder auch nur geahnt, hätte er den Sonderzug gestoppt und seinen Reisenden verhaften lassen – er stünde jetzt im Prunksaal der Hofburg, vor Seiner Majestät

Franz Joseph I., der ihm das Kreuz des Eisernen Kronenordens Erster Klasse an die Brust heftet, und er würde dem Reich nicht länger als Stadtkommandant von Lemberg dienen, sondern als Offizier in Budapest oder Wien. Aber wer sieht schon in einen Militär-Sonderzug hinein? Wer sieht schon in die Zukunft? Ins Nichts?

General Götz blieb also Stadtkommandant von Lemberg, ja, er begegnete dem Reisenden des Sonderzuges *Block* gar nicht, weil dieser anderntags so, wie er gekommen war, unter derselben Bezeichnung, nur in umgekehrter Richtung, von Lemberg nach Wien, wiederum ohne Halt, durch den Hauptbahnhof von Lemberg hindurchbrauste. »Militär-Sonderzug unter dem Decknamen *Block*! Jeder Zugverkehr, auch internationaler Art, ist zu stoppen, rangierende Lokomotiven sind aus dem Wege zu räumen! Strecke Lemberg–Wien freimachen! Eisenbahnknotenpunkte räumen! *Block* hält nur zur Wasser- und Kohlenaufnahme! Mitteilung an Stationsvorsteher von Lemberg beziehungsweise an sämtliche Bahnhofsvorsteher zwischen Lemberg und Wien, weiterzugeben durch den Stationsvorsteher von Lemberg! Für jedwede Behinderung des Militär-Sonderzuges verantworten sich die Österreichisch-Ungarischen Eisenbahnen vor dem Staatsanwalt! gez. Oberst Redl.«

Die von Major Richter bereitgestellte und zu dem auf offener Strecke haltenden Sonderzug beorderte Autokolonne fuhr direkt zur Villa des Großhändlers und kaiserlich und königlichen Kriegslieferanten Friedrich Feinbach. Auf Befehl Redls hatte Major Richter durch einige Soldaten schon tagelang das Haus beobachten lassen. Vorsichtshalber fragte der Major den Oberst, ob dieser Kenntnis davon habe, daß Seine Majestät, der Kaiser, den Großhändler Friedrich Feinbach vor einigen Jahren für seine Kriegslieferungen und sonstigen Verdienste, für Kredite und Kreditbeschaffung aus Paris und London, in den Baronsrang erhoben hatte.

»Das wußte ich nicht, Herr Major, aber es ändert nichts«,

antwortete Redl mit tödlicher Ruhe, als sie die Feinbach-Villa erreichten.

Redl und sein Stab stiegen aus den Autos. Redl steckte sich eine Havanna an und gab den leisen Befehl: »Die Villa umstellen! Einen Posten an jeden Ausgang! Gleichzeitig eindringen: durch Türen, Fenster und über die Terrasse!«

Redl, der die Feinbach-Villa durch das Hauptportal betrat, stieß den Lakaien beiseite. Die hinzueilenden Zimmermädchen und Dienstboten wurden von Bezouška und den drei »Athleten« aufgehalten, sodann in einen fensterlosen Verschlag gesperrt, der gelegentlich als Kartoffel- oder Zwiebelkammer für den Küchengebrauch dienen mochte; durch die Lüftungsklappe gelangte kein Mensch hinaus.

Die Familie Feinbach hatte gerade das Mittagsmahl beendet. Redl, die Zigarre im Mund, betrat den Salon neben dem Speisesaal.

»Sie sind Friedrich Feinbach?« fragte er den beleibten, hochgewachsenen Mann, der aus seinem Sessel aufsprang, wo er sich soeben, wie Redl, eine Havanna angezündet hatte.

»Jawohl. Sie wünschen?«

»Begleiten Sie mich in Ihr Arbeitszimmer! Dorthin zumindest, wo Sie Ihre Geschäfte abzuschließen pflegen, wo Sie Ihre Rechnungen, Quittungen, Belege und Schecks aufbewahren!«

»Kommen Sie. Hier entlang, bitte ... Aber wer sind Sie eigentlich? Mit welchem Recht dringen Sie in mein Haus ein?«

Redl legitimierte sich schweigend. Feinbach warf nur einen kurzen Blick auf den Ausweis – einen kurzen Blick gleich dem, mit dem Redl Fräulein Friederike Feinbach gemustert hatte, die einstige Liebe des toten Ulanenleutnants Rudolf Langauf – und führte den Oberst ohne weitere Fragen oder Proteste in sein Arbeitszimmer.

»Eine Erklärung ...«, begann Feinbach, aber Redl

herrschte ihn sogleich an. »Eine Erklärung? Ihnen? Den Grund, wollten Sie vielleicht sagen! Den Grund für mein Erscheinen, hier und heute, haben Sie selbst gegeben, Feinbach! Bitte den Schlüssel zu Ihrem Schreibtisch und Ihrem Panzerschrank!« sagte Redl leise und ruhig und befahl dem hinzukommenden Oberleutnant Bezouška, mit der Hausdurchsuchung zu beginnen. »Begleiten Sie den Herrn Baron in ein anderes Zimmer und bewachen Sie ihn. Ich werde ihn dann vernehmen. Sagen Sie den Sachverständigen, sie sollen anfangen!«

»Jawohl, Herr Oberst!«

»Warten Sie! Bringen Sie in Erfahrung, wo sich der Chefingenieur Worowka aufhält.«

»Meine Herren . . .«, unterbrach sie der Großhändler und kaiserlich-königliche Kriegslieferant Friedrich Feinbach, der von Seiner Majestät Franz Joseph I. für seine hervorragenden Dienste im Interesse der Monarchie in den Baronsrang erhoben worden war, mit kraftloser Stimme. »Meine Herren, ich weiß, wo sich Chefingenieur Worowka derzeit aufhält . . . Er ist in Wien!«

»Worowka ist in Wien? Gut. Begleiten Sie den Herrn Baron in ein anderes Zimmer, Oberleutnant!« befahl Redl, ausgesprochen leise, wie sich Oberleutnant Bezouška später erinnerte. Wie ihm auch später erst, als die Ereignisse ihre endgültigen Spuren in die Geschichte gegraben hatten, einfiel, daß Redl die ganze Zeit über Ruhe bewahrte, die Hausdurchsuchung wie ein Theaterstück in Szene setzte und den Kriegslieferanten Feinbach, den er selbst verhört hatte, allein ließ, wenngleich nur für Minuten, die Feinbach jedoch benutzte, seinem Leben ein Ende zu machen, Selbstmord zu begehen. Nachdem er aber bereits während des Verhörs einen Herzanfall erlitten hatte, fragte sich Oberleutnant Bezouška – später – auch, ob Baron Feinbach, den man nach Abschluß des »Falls Redl«, als die Wogen sich geglättet hatten, postum von der Anklage der »erwiesenen« Spionage und des Hochverrates freisprach (einer Gnade, deren der Chefingenieur Worowka nicht teilhaftig wurde), nicht vor Schreck einer Herzattacke erlag, also infolge eines natürlichen Todes aus den Reihen der Lebenden schied, von denen seine wunderbare Tochter Friederike für ihn gewiß das ängstlich gehütete, geliebteste Wesen war. Friederike Feinbach war wirklich ein schönes Mädchen, wie Oberleutnant Bezouška noch an Ort und Stelle, da und dort, feststellen konnte, doch leider fehlte ihm die Zeit zum Süßholzraspeln, zumal er auf Redls Befehl alle Belege, Quittungen, Rechnungen, Schecks, alles Bargeld und sämtliche Briefe zusammensuchen mußte, während die übrigen Leute Redls die Feinbach-Villa und ihre Bewohner – die nunmehr ihre Gefangenen waren – bewachten und sicherten.

Sollte Redl mit dem Militär-Sonderzug *Block* die Absicht verfolgt haben – so grübelte der Oberleutnant Bezouška später, im düsteren Schatten und verlöschenden Licht der Ereignisse, wie stets, solange er lebte, wenngleich er nicht lange lebte, weil er bei der Verteidigung von Przemyśl fiel, zumal man ihn nach Redls Fall zum Heer abgestellt hatte und kaum ein Jahr nach Redls Tod der Krieg ausbrach: zunächst tatsächlich nur auf dem Balkan, dann aber in ganz Europa, diese Reihe großer Schlachten, die die Historiker später den Ersten Weltkrieg nannten, was Oberleutnant Bezouška aber ebensowenig nachlesen konnte wie der Dichter Georg Trakl, mit dem er in derselben Krankenbaracke auslitt –, um jeden Preis aufzufallen, hatte er das jedenfalls erreicht. Allein schon durch seine Forderung an die Stationsvorsteher der Österreichisch-Ungarischen Eisenbahnen, »völlige Geheimhaltung« zu üben, was offensichtlich eine Unmöglichkeit war, denn als erster handelte der Stationsvorsteher von Lemberg dieser Forderung zuwider, indem er im vertrauten Freundeskreis erklärte, er habe Seine Hoheit, den Thronfolger Franz Ferdinand, gesehen, als dieser für einen Augenblick durch das verhängte Fenster schaute. Auf den kleineren Stationen nannte man den Militär-Sonderzug *Block* nur den »Panzerzug«. Auch Redl selbst wußte wohl: diese Reise konnte kein Geheimnis bleiben, sie würde vielmehr bald das Hauptthema sowohl der regionalen, galizischen Zeitungen als auch der Wiener und Budapester Blätter sein; einzelne Korrespondenten behaupteten sogar, Nikolaus II. sei im »Panzerzug« zu Geheimverhandlungen nach Wien? Karlsbad? Marienbad? gekommen, um aller Wahrscheinlichkeit nach mit Seiner Majestät, Franz Joseph I., darüber zu verhandeln, wie in ihren geliebten Reichen der Friede zu wahren sei! Nicht allein der Stationsvorsteher des Hauptbahnhofes Lemberg verletzte die durch Redl befohlene »Geheimhaltung«, sondern auch der Stadtkommandant von Lemberg, der in Anbetracht seines hohen Ranges natürlich und von vornherein zur Geheimhaltung verpflichtet gewesen wäre. Dieser jedoch hatte dem Befehlshaber der im Grenzbereich patroullierenden Gebirgsjäger, Oberst Hirling, und seinem Stellvertreter, dem Major János Zentay de Zenta, beim Abendessen – zu welchem sie die Reisenden des Militär-Sonderzuges *Block* erwartet hatten, vergeblich – seine Gedanken über diese Angelegenheit ausgeführt: Präventivkrieg mit Aufmarsch in Galizien; da sich die Russen auf ein Eingreifen auf dem Balkan vorbereiteten, wollten sie einen Schlag unmittelbar gegen die Festung Przemyśl führen – General Götz erwähnte in diesem Zusammenhang auch Port Arthur und Mukden –, um damit einen großen Teil der Streitkräfte der Monarchie zu binden und auf diese Weise vom Balkan fernzuhalten. Seine Äußerungen zogen eine strenge Rüge nach sich, da dem »Tischgespräch« nur zu bald ein Austausch diplomatischer Noten zwischen Sankt Petersburg und Wien folgen sollte. Hatte Redl außerdem – so grübelte Oberleutnant Bezouška nach Ablauf der Dinge, die sich da angestaut hatten – Verwirrung hervorrufen wollen, sowohl im Evidenzbüro als auch im k. u. k. Generalstab, dann war ihm das ebenfalls geglückt. Es lag nicht an ihm, daß er auch diesmal – wie weiland von den Kriegsschauplätzen des Balkan, wo er als Kundschafter tätig war – als Held, als Halbgott der Abwehr zurückkehrte. Obzwar er mit seiner Aktion die Gegenaktion von Max Ronge, Horst von Thom und Generalstabschef Conrad von Hötzendorf lahmgelegt, mehr noch: ihre Kombinationen hinsichtlich der Feinbach-Worowka-Sache vollkommen durcheinandergebracht und miteinander konfrontiert hatte, veröffentlichten die Wiener Zeitungen und Zeitungskorrespondenten – dank der

Schwatzhaftigkeit des früheren Ulanenleutnants Rudolf Langauf – einen ganzen Roman, ein Drama in drei Akten über Redl und griffen unter diesem Vorwand, zunächst beschränkt auf Anspielungen in Winkelblättern, sogar den Generalstab und das Oberkommando der Armee an, wobei sich vor allem die Budapester, ja die ungarischen Zeitungsschreiber allgemein, und nicht zuletzt die in Wien tätigen, hervortaten. Auch Inspektor Barner stand nicht zurück: er ließ Redls Post überwachen, überprüfte heimlich die Gäste des Hotel Klomser, die Freunde und Freundinnen des Oberst Redl, ließ weiterhin die schöne Tochter des Instrumentenhändlers, Hildegard, beobachten sowie die Baronesse Katalin von Kubinyi, da er von einigen Angestellten des Hotel Klomser – Greti hätte er umsonst befragt: das flachsblonde, sommersprossige, stupsnäsige Tiroler Zimmermädchen liebte den Oberst und war nicht gewillt, etwas über ihn auszusagen, geschweige denn über seine Besucher, wobei sie Barner wahrscheinlich am ehesten hätte Auskunft geben können, was sie aber nicht tat, auch nicht gegen Bezahlung –, den Liftboys und Lohndienern, erfahren hatte, daß sie, die Baronesse von Alsó- und Felsőkubiny, häufiger Gast Redls in seinem Appartement war. Schließlich tat das seine auch ein Mann dazu, der während der ganzen Aktion im Zusammenhang mit dem Militär-Sonderzug *Block* auf Befehl des Oberst Max Ronge im Keller des Evidenzbüros saß: Hauptmann Claus von Eckern-Freyberg. Als Max Ronge endlich aufging, daß er sozusagen ohne Rechtsgrund, auf jeden Fall ohne Urteil den hitzigen Offizier in einem Keller, nicht einmal in einer ordnungsgemäßen Zelle, gefangenhielt, setzte er ihn sogleich – *Block* und mit ihm Oberst Redl waren längst in die Kaiserstadt zurückgekehrt – auf freien Fuß, verhörte ihn allerdings zuvor erneut. Sollte es also die Absicht Oberst Redls gewesen sein (Ziel und Absicht bildeten bei ihm eine organische Einheit, das eine war gleichbedeutend mit dem anderen, zog sogar ein *drittes*, das *Handeln* nach sich) – so grübelte der Oberleutnant Bezouška, der auf der Waagschale seines Gewissens mit den gewichtslos gewordenen Gewichten spielte –, mit dem Schachzug *Block* einen

Punkt auf ein für ihn erschreckendes *i* zu setzen (immerhin hätten Redl und sein Stab auch ohne Auffallen nach Lemberg reisen können, wie Bezouška, der sich dank seines Lehrers die Meisterschaft der Spionageabwehr ausgezeichnet angeeignet hatte, sehr wohl wußte), die Feinbach-Worowka-Sache endgültig, ohne Zeugen, abzuschließen und damit die Liquidierung des Leutnant Langauf und des aus Galizien nach Wien gekommenen Agenten QI »Binder« im Hotel Margarethenbad zu vertuschen, hatte er dennoch einige Fehler begangen. All das stellte Oberleutnant Bezouška natürlich erst später fest. Redls Hauptfehler war, überhaupt mit Rudolf Langauf verhandelt zu haben, und wenn er es, völlig untypisch für ihn, schon getan hatte, warum »verhandelte« er dann nicht gleich mit Claus von Eckern-Freyberg? Oberleutnant Bezouška konnte allerdings nichts von dem noch aus früheren Zeiten in der Görzer Garnison, in den Offizierskasinos der Hafenstädte herrührenden und fürs ganze Leben geltenden »Freundschaftsverlust« zwischen Redl und Eckern-Freyberg wissen, von der fast bis zum Haß gehenden Verachtung Eckern-Freybergs für Redl, dessen Talent und Fähigkeiten er zugleich anerkannte, was aber den Freundschaftsbruch, den alten Zorn nur noch tiefer in sein Gedächtnis »grub«. Und schließlich war Oberleutnant Bezouška auch nicht imstande, in Redls Karten zu sehen, die eigentliche Absicht des Oberst zu erkennen, der im Austausch für die manipulierten, militärisch unbrauchbar gemachten Planskizzen zur Modernisierung der Festung Przemyśl die Pläne für die russische Mobilmachung und den Aufmarsch auf dem Balkan oder zumindest für einen Teilabschnitt desselben für den Generalstab der Armee des Reiches beschaffen wollte. Welche Bedeutung die Informationen des Oberst Redl bei der Planung und Ausführung von Verteidigung und Gegenangriff – der letztlich nur durch das Eingreifen der deutschen Armee gelang – gehabt hätten – gerade bei der Verteidigung der Festung Przemyśl oder beim Aufhalten des wie eine Dampfwalze vorstoßenden Generals Brussilow (dessen Angriff nicht gestoppt werden konnte) –, wußte Oberleutnant Bezouška erst, als er Seite an

Seite neben dem Salzburger Dichter Georg Trakl lag, mit schwersten Wunden, die innerhalb weniger Stunden seinen Tod zur Folge hatten. Da schützte Redl schon lange nicht mehr das Reich, lebte er nicht mehr, war nicht mehr an den Kämpfen beteiligt, die er kommen sah und verhüten wollte, um welchen Preis auch immer.

Während die Villa Feinbach sorgsam durchsucht wurde, verhörte Redl den Großhändler, kaiserlich-königlichen Kriegslieferanten Friedrich Feinbach, einen Mann, der sich für untadelig und unschuldig bekannte, der von Seiner Majestät, Franz Joseph I., in den Baronsrang erhoben worden war, natürlich erst nach seiner Taufe. Vor Beginn des Verhörs hatte Redl die folgenden, im weiteren auszuführenden Befehle erteilt, vor allem seinem Mann am Ort, dem Major Richter: 1. Aufdecken sämtlicher privater Beziehungen des Großhändlers Feinbach und des Chefingenieurs Worowka; 2. Klären eventueller Verbindungen des Chefingenieurs Worowka zu den technischen Offizieren der Armee; 3. sofortige Rückkehr des Oberleutnants Salapška nach Wien – nicht mit dem Sonderzug *Block* – und Festnahme des Chefingenieurs Worowka – an seinem durch Feinbach bekannt gewordenen Wiener Aufenthaltsort – bis zur Ankunft Redls in Wien. Letzterer war der einzige Befehl Redls, den er nicht laut, vor aller Ohren, erteilte, sondern leise, nur für den Oberleutnant Salapška bestimmt. Anschließend verließ Redl – für wenige Sekunden – das Arbeitszimmer Feinbachs, den Baron der Obhut eines »Athleten« überlassend. Feinbach schwitzte und atmete schwer. Er bat um Wasser, stand dann, da der »Athlet« seiner Bitte nicht nachkam, auf, tat ein paar Schritte, nahm Papier und Feder zur Hand und schrieb in fieberhafter Eile ein paar Zeilen. »Das dürfen Sie nicht!« sagte der »Athlet«.

»Lassen Sie mich! Ich bin unschuldig! Ich schreibe an Seine Majestät!« brüllte Feinbach. Vor Anstrengung wurde ihm übel, mit rotem Kopf sank er in einen Ledersessel. Der »Athlet« herrschte ihn an: »Machen Sie hier keine Szene! Der Herr Oberst kommt gleich zurück! Nehmen Sie sich zusammen!« Da sprang Feinbach plötzlich auf, rannte in das anschließende Zimmer und schloß hinter sich ab. Der »Athlet« brach die Tür auf und zog ein Paar Handschellen aus der Tasche. Feinbach war jedoch schon im nächsten Raum und hielt die Tür fest von innen versperrt. Mit einem langen Blick nahm er Abschied vom Porträt seiner Tochter Friederike, das der Ungar Lajos Gulácsy gemalt hatte. Der »Athlet« mühte sich unterdes, auch diese Tür aufzubrechen, aber Redl trat hinzu und sagte: »Lassen Sie ihn. Er kann ohnedies nicht hinaus.«

»Jawohl, Herr Oberst«, antwortete der »Athlet« und verschwand. Es verstrichen ein paar Minuten. Dann geschah, womit Oberst Redl gerechnet hatte. Feinbach, den Blick auf das Porträt seiner Tochter Friederike gerichtet, schraubte den Füllfederhalter auf und hub an zu schreiben, doch wurde ihm erneut übel. Er setzte sich. Betrachtete Friederikes Bild. Und rang nach Luft. Er wollte eine Tablette einnehmen, schluckte sie ohne Wasser hinunter, begann zu würgen und wollte aufstehen. Oberst Redl und der »Athlet« hörten draußen, wie der große, schwere Männerkörper auf das Parkett fiel.

»Brechen Sie die Tür auf!« befahl Redl. Es war vorbei. Baron Friedrich Feinbach, Großhändler, kaiserlich-königlicher Kriegslieferant, Besitzer einer in Lemberg eingetragenen Firma und mehrerer Fabriken, lag bewußtlos auf dem Perserteppich, unter dem Porträt seiner Tochter Friederike, direkt an der Wand. Vielleicht hatte er – noch bei Bewußtsein – seiner Tochter, dem schönen Gemälde, ein letztes Mal etwas zugeflüstert. Redl fühlte ihm den Puls. Das Herz schlug noch. Dann war kein Puls mehr zu fühlen, das Herz stehengeblieben.

»Herzschlag. Oder Selbstmord? Sehen Sie, dort steht ein Röhrchen Tabletten. Nehmen Sie es mit und legen Sie es zu dem beschlagnahmten Material«, sagte Redl leise zu dem »Athleten«. Und fügte hinzu: »Wickeln Sie ihn in den Teppich ein. Seine Tochter soll ihn nicht so sehen . . .«

»Jawohl, Herr Oberst!« sagte der »Athlet« und ging daran, den Befehl auszuführen.

»Warten Sie! Bevor Sie ihn in den Teppich wickeln, sagen Sie dem Fotografen Bescheid. Er soll Aufnahmen von dem Leichnam machen!« sagte Redl. Der »Athlet« befolgte seine Anordnung.

Redl studierte die Briefe, Rechnungen und sonstigen Papiere Feinbachs, während das Haus weiter durchsucht wurde. Man stellte Säcke bereit, in die alles getan wurde, was Redl in der Villa beschlagnahmte. Zum Beispiel auch ein Fotoapparat amerikanischen Fabrikats. Die Schriftstücke und Rechnungen nahm Redl an sich. Die Säcke wurden verplombt und versiegelt.

Major Lewetzow verabreichte Friederike eine kleine Herzstärkung, ein Glas Kognak. Das Mädchen wußte nicht, daß ihr Vater nicht mehr am Leben war. Frau Feinbach saß stumm an dem ihr zugewiesenen Platz. Das Personal war noch immer eingesperrt. Redl erklärte den Offizieren, er würde sämtliches Material vorerst in seinem Arbeitszimmer im Evidenzbüro aufbewahren und verpflichtete sie zu strengster Geheimhaltung. Nach gründlicher Analyse und Einschätzung würde er das beschlagnahmte Material im Beisein von Horst von Thom und Max Ronge an Seine Exzellenz, den Generalstabschef, übergeben. Die Offiziere nahmen dies zur Kenntnis. Oberleutnant Salapška war – in einem Automobil Major Richters mit Chauffeur – bereits auf dem Wege zu einer kleinen Station fern der Strecke Lemberg-Wien, um sich dort in den Zug zu setzen und in Wien den Chefingenieur Worowka zu verhaften.

Die Aktion näherte sich ihrem Abschluß. Major Richter unterrichtete Oberst Redl unter vier Augen:

»Mir ist zugetragen worden, daß der wegen Landesverrats erschossene Oberstleutnant Arkadij Antonowitsch Ajwassowskij über grenznahe Alkoholschmuggler in Kontakt mit einem Ulanenleutnant der Lemberger Garnison namens Rudolf Langauf stand, der bekannt ist durch seinen ausschweifenden Lebensstil, durch seine Spiel- und Wettleidenschaft, Herr Oberst. Dieser Offizier, der sich gegenwärtig in Wien aufhalten soll, war der Liebhaber Friederike Feinbachs!«

»Danke, Herr Major! Als Gegenleistung will ich Ihnen verraten: Langauf ist nicht mehr Leutnant bei den Ulanen. Er wird in Zukunft weder Karten spielen noch auf Pferde wetten noch Fräulein Friederike Feinbach wiedersehen. Tatsache ist jedoch«, fuhr Redl düster fort, »daß er sich in Wien ›aufhält‹. Er hat langfristig Urlaub erhalten...« – »Verstehe, Herr Oberst«, sagte Major Richter und fügte noch eine Meldung hinzu. »Baron Hugo von Huppert, früherer Botschaftsrat Seiner Majestät in Sankt Petersburg, stand ebenfalls in Verbindung mit dem Oberstleutnant Ajwassowskij. Er lernte über Fräulein Friederike Feinbach auch den Leutnant Rudolf Langauf kennen, hier in der Feinbach-Villa, an einem Abend, als er auf der Durchreise in Lemberg abstieg. Der Botschaftsrat speiste hier zu Abend, und zugegen war auch der Chefingenieur Worowka.« – »Herr Major! Ist das sicher? Eine vortreffliche Information! Sie sind ein Kundschafter ersten Ranges!«

»Seit ich Ihren Befehl erhielt, habe ich die Feinbach-Villa und sämtliche Gäste überwachen lassen, Herr Oberst!«

»Ich werde Sie zur Beförderung vorschlagen, Major Richter! Alles fertig? Fahren wir! Beordern Sie die Chauffeure zu den Wagen! Die Kolonne bricht in drei Minuten zum Sonderzug auf!«

»Jawohl, Herr Oberst!«

»Haben Sie *Block* für den Zeitraum unserer Abwesenheit unter Bewachung gestellt?«

»Natürlich. Meine Soldaten stehen auf beiden Seiten der offenen Strecke Posten, Herr Oberst. Wie Sie angeordnet haben!«

»Lassen Sie die Wagen starten! Die Chauffeure sollen meinen Leuten beim Aufladen der Säcke helfen. Sie, Herr Major, verpflichte ich zu strikter Geheimhaltung! Kein Wort zum Stadtkommandanten von Lemberg, zu General Götz, egal, wie sehr er Sie bedrängt! Gleiches bezieht sich auf den Befehlshaber der Lemberger Garnison! Und auf den stets betrunkenen, aber sehr pfiffigen Kommandeur der Grenzwacht-Gebirgsjäger, Oberst Hirling, und seinen Stellvertreter, Major János Zentay de Zenta. Abtreten!«

Die Autokolonne setzte sich in Bewegung, nahm Richtung auf den auf offener Strecke haltenden Militär-Sonderzug *Block*. Redl wies Major Richter an, er solle – wie besprochen – dem Polizeihauptmann von Lemberg melden, er könne jetzt seines Amtes walten; der Polizeiarzt solle feststellen, ob Baron Feinbach Selbstmord begangen oder einen Herzanfall bekommen habe, der Polizeipräsident solle die Obduktion des Leichnams anordnen. Redl sah zwar voraus, wie blitzschnell und fieberhaft all das auch ohne seinen Befehl ausgeführt werden würde, wollte die Sache aber beschleunigen. Das Personal der Villa sei freizulassen, Frau und Fräulein Feinbach könnten tun und lassen, was sie wollten, sie – weder Frau Feinbach, die nunmehr Witwe war, noch Fräulein Feinbach, deren geliebter Kavallerieoffizier »einen langen Urlaub« angetreten hatte, den längsten … – brauchten nicht mehr beobachtet zu werden. Ebensowenig wie ihre Besucher, die – voraussichtlich – bald kommen würden, um zu kondolieren. Major Richter nahm den Befehl zur Kenntnis und führte ihn getreu nach Wortlaut und Inhalt aus.

Als der Militär-Sonderzug *Block* durch eine südostmährische Kleinstadt brauste, erteilte Redl einem »Athleten« den Befehl, er solle vorgehen und den Lokomotivführer veranlassen, für wenige Minuten die Geschwindigkeit zu drosseln. *Block* rollte in langsamem Tempo auf dem Bahndamm zwischen niedrigen, verfallenen Häuserzeilen dahin, als wolle er hier Halt machen. Redl wies auf ein Haus und sagte zu Oberleutnant Bezouška: »In diesem Haus bin ich geboren.«

Sodann gab er die Weisung, *Block* solle mit höchster Geschwindigkeit seine Fahrt zur Kaiserstadt fortsetzen. Der Oberst des Generalstabs Alfred Redl, Chef der Abteilung Spionageabwehr und Kundschaftsdienst im Evidenzbüro, formal Generalstabschef des in Prag stationierten 8. Armeekorps, dachte an Fräulein Friederike Feinbach, deren Gesicht er nur für einen Augenblick gesehen hatte; er erinnerte sich entschieden, daß sie der reifen Frau mit dem ebenholzschwarzen Haar ähnelte, die Klimt auf seinem *Judith*-Gemälde dargestellt hatte, Friederike schien ihre Nichte, ihre jüngere Kusine zu sein. Diese Ähnlichkeit – eine Willkür der Erinnerung? – stimmte den bislang auffallend heiter gelaunten Oberst düster, was seine – in jeder Hinsicht für ihn schwärmenden, zu ihm aufblickenden – Begleiter nicht zuletzt dadurch bemerkten, daß er, der im Verlauf der Reise jedermann ansprach, mit den Angehörigen seines Stabes keineswegs herablassend, sondern auf seine Weise freundlich plauderte, seit geraumer Zeit mit niemandem mehr ein Wort wechselte. Und da er nichts sagte, schwiegen auch die anderen, die die Ursache seiner Wortkargheit nicht ahnten, nämlich die Ähnlichkeit der Frau auf der ersten Fassung von Klimts Gemälde – *Judith I* – mit dem Fräulein Friederike Feinbach aus Lemberg. Dieses Ölgemälde mit den Abmessungen 84x42 cm ließ Redl so vieles vergessen, rief ihm zugleich so vieles ins Gedächtnis, daß Major Lewetzow ihn ausdrücklich darauf hinweisen mußte: »Herr Oberst! Wir sind angekommen. Wir sind in Wien.«

»Ja«, sagte Redl und sah gleichsam durch den Offizier hindurch, als kennte er ihn nicht.

Oberleutnant Salapška erwartete den Oberst am vorgegebenen Ort, in der Vorstadt, auf einem Nebengleis des Nordbahnhofs zwischen Donau und Donaukanal. Unter vier Augen erstattete er Bericht. »Melde Herrn Oberst gehorsamst, es ist mir gelungen, den Aufenthaltsort des Chefingenieurs Vladimir Worowka ausfindig zu machen . . .«

»Der Befehl lautete anders, Oberleutnant Salapška! Sie sollten den Ingenieur festnehmen! Wo ist denn dieser Worowka jetzt?«

»Wir fanden ihn in einer Villa, bei einer Frau. Leider nur mit Hilfe der Polizei . . .«

»Sind Sie verrückt geworden, Salapška? Polizei? Wie kommen Sie auf solchen Blödsinn?«

»Der Befehl lautete . . . Herr Oberst befahlen, ich solle den Chefingenieur Worowka *um jeden Preis* ausfindig machen und festnehmen . . .«

»Sie sind wirklich imstande, einen Befehl später, aus dem

Gedächtnis, sozusagen ›wortwörtlich‹ wiederzugeben?« fragte Redl schroff.

»Bedaure ... Wenn ich Ihren noch in Lemberg erteilten Befehl wortwörtlich auslege, dann bedeutet, den Chefingenieur Worowka *um jeden Preis* zu verhaften, auch, daß ich die Polizei einzuschalten befugt bin ... Chefingenieur Worowka hielt sich nämlich *nicht* unter der von Baron Feinbach angegebenen Adresse auf ...«

»Wo ist der Ingenieur jetzt? Explizieren Sie mir hier nicht den ›Wortlaut‹ meiner Befehle! Die Polizei ... Journalisten haben Sie nicht zufällig dazu gebeten?«

»Nein, Herr Oberst!« erwiderte Oberleutnant Salapška fest auf die schroffe, in grobem Ton gestellte Frage.

»Wo befindet sich der Chefingenieur Worowka jetzt?«

»Ich habe ihn *mit Hilfe der Polizei* gefunden ... Das heißt, er hielt sich in einer eleganten Villa auf, bei einer Dame ... Allerdings hinterließ er einen Abschiedsbrief, in dem steht, daß er ...«

»Wo ist der Brief, Salapška? Bei Ihnen oder schon bei der Polizei?«

»Bei mir natürlich, Herr Oberst! Bitte.«

Redl überflog die Zeilen. *»Liebe Eszter! Am besten gefällt mir am Leben, daß ich mich davon trennen, daß ich alles zurücklassen kann ...«* Der Oberst hatte nicht die Geduld, den nahezu ein ganzes Blatt füllenden Abschiedsbrief zu lesen.

»Wo ist der Leichnam des Chefingenieurs Vladimir Worowka?« fragte er gereizt.

»Ich weiß es nicht. In der Villa dieser Dame haben wir keinen Leichnam gefunden, demzufolge hat er dort weder mit dem Strick noch mit der Kugel oder Gift seinem Leben ein Ende gesetzt ... Falls diese Eszter, die Besitzerin der Villa, ihn nicht beiseite geschafft hat ...«

»Was heißt: ›nicht gefunden‹? Ich habe *allein Sie* beauftragt, Worowka aufzuspüren! Und nicht die Wiener Detektive! Außerdem, was die ›Leiche‹ betrifft: vielleicht ist der Abschiedsbrief nur ein Trick und Worowka auf der Flucht, hat dank Ihnen und der durch Sie einbezogenen Polizei längst die Reichsgrenze überschritten!«

»An diese Möglichkeit habe ich auch schon gedacht, Herr Oberst!«

»Bravo, Salapška. Bravo! Sie haben das Brot aus dem Staatssäckl nicht umsonst gegessen, die Uniform des Fiskus nicht ohne Gegenleistung verschlissen! Das können Sie Ihren Enkeln erzählen... Gratuliere!« sagte Redl, der seine Selbstbeherrschung, Disziplin und Kaltblütigkeit wiedererlangt hatte. Oberleutnant Salapška allerdings konnte seinen Enkeln nichts mehr erzählen, da ihm keine Kinder geboren wurden und somit auch keine Enkel; Oberleutnant Salapška fiel, wie Oberleutnant Bezouška, im Krieg. Ein entscheidender Hinderungsgrund. Der Unterschied zwischen ihrer beider Heldentod – eine Bagatelle nur, vom Standpunkt des menschlichen Lebens aus, wenn man nun einmal Soldat ist (was Oberleutnant Salapška nämlich war, ebenso wie Oberleutnant Bezouška) und sein Ende auf dem Schlachtfeld findet – war, daß Oberleutnant Salapška nicht bei der Verteidigung von Przemyśl fiel, wie sein Kamerad Oberleutnant Bezouška, sondern an der italienischen Front, beim Angriff auf Görz, das zu dieser Zeit nur noch von den deutsch- und ungarischsprechenden Offizieren und Soldaten der Monarchie Görz genannt wurde, von den Italienern hingegen Gorizia und von den Dalmatiern und Kroaten, den Jugoslawen allgemein, Goricija. Salapška fiel bei der Rückeroberung der Stadt, in der einst die Karriere seines früheren Chefs ihren steilen Aufstieg genommen hatte, er starb den Heldentod um der Stadt Görz willen, aus der Redl seinerzeit nach Wien, zum Generalstab berufen worden war. Jetzt aber, im Mai des Jahres 1913, lebten sie beide noch und standen einander gegenüber, am Nebengleis des Nordbahnhofs, auf dem der Militär-Sonderzug *Block* Halt gemacht hatte.

»Haben Sie diese Frau namens Eszter wenigstens verhört?«

»Jawohl, Herr Oberst, aber sie hat nicht gestanden... In der Zwischenzeit suchte die Polizei nach dem Leichnam des Chefingenieurs Worowka, nachdem – auch sie – den Abschiedsbrief gelesen hatte... Ich konnte ihn nur mit Androhung von Gewalt, des Waffengebrauchs und mit einem deutlichen Hinweis auf das Evidenzbüro von Inspektor Barner zurückbekommen ... Ja, sie gruben den ganzen Garten um, fanden aber nichts. Die Besitzerin der Villa, eine gewisse Eszter Bonfavore, legte auch Inspektor Barner gegenüber kein Geständnis ab, Herr Oberst«, sagte Oberleutnant Salapška, und auf die Frage Redls, ob er im Kriegsministerium, im Evidenzbüro gewesen sei, mit Oberst Max Ronge oder Oberstleutnant Horst von Thom gesprochen habe, antwortete er: »Dazu hatte ich bei der Ausführung Ihres Befehls keine Zeit, Herr Oberst!«

Diese »Nachricht« zumindest freute Redl. Nahezu mitleidig und teilnahmsvoll blickte er Salapška an.

»Nun gut, Oberleutnant. Sie können jetzt gehen. Ruhen Sie sich aus ... Und finden Sie bitte eine Möglichkeit, der Polizei einen diskreten Besuch abzustatten und diesen tapperten, übereifrigen Barner davon zu überzeugen, daß er sich ruhig verhält; dies ist Sache des Militärs, und er soll sich nicht unglücklich machen, indem er seine Nase hineinsteckt ...«

Wochen nach Abschluß des »Fall Redl«, die Oberst Redl – eigenständig, anstelle *anderer* – eigentlich selbst abschloß, kamen Max Ronges Leute dem »selbstmörderischen« Chefingenieur auf die Spur und verhörten ihn über seine russischen Verbindungen, mit besonderem Hinblick auf die Beziehung zu Oberstleutnant Ajwassowskij. Die militärische Untersuchung schließlich – wiewohl der Form halber, Worowka war kein Soldat, sondern Zivilist, die Sache der Polizei übergeben wurde – sprach den Chefingenieur von der Anklage der Spionage frei, er wurde, was die »Przemyśl-Sache« anbetraf, für unschuldig befunden und auf freien Fuß gesetzt. Der Chefingenieur verließ bald darauf das Reich und emigrierte in die Vereinigten Staaten von Amerika, wo er auch die Nachricht vom Attentat in Sarajevo las. Vom späteren Schicksal des Vladimir Worowka sei nur soviel erwähnt, daß er, als die Vereinigten Staaten von Amerika an der Seite der Entente in den europäischen Krieg eintraten, vom amerikanischen Geheimdienst als spionageverdächtig in Gewahrsam genommen wurde; infolgedessen erfuhr er im Gefängnis, daß Rußland nicht mehr existierte, daß an seiner Statt ein neuer Staat entstanden war: die Russische Räterepublik, daß Hindenburg unter Anspannung letzter Kräfte der deutschen Armee das Heer des Zaren bei Tannenberg schlug, daß im Auftrag von Wladimir Iljitsch Lenin der Volksbeauftragte für auswärtige Angelegenheiten Tschitscherin einen Waffenstillstand und darauf Frieden mit den Deutschen geschlossen hatte, daß vor allem die Kanonen des leichten Kreuzers »Aurora« gedonnert, Matrosen des Heeres das Winterpalais besetzt und die zaristischen Garderegimenter geschlagen hatten, daß Zar Nikolaus II. erschossen wurde und Lenin eigentlich ein Kommunist war. Erst später, aber noch immer in derselben amerikanischen Gefängniszelle, konnte er lesen, daß der Krieg zu Ende sei, und zwar – höchst unglaubhaft für den Chefingenieur Worowka – nach bedingungsloser Kapitulation der kaiserlich deutschen Armee und der österreichisch-ungarischen Armee . . . Das vermochte der Gefangene jenseits des großen Wassers ebensowenig zu glauben wie die an und für sich, zumindest im Vergleich zu ersterer, unbedeutende, jedoch ihn persönlich betreffende Nachricht – immerhin war er der Chefingenieur gewesen, der die Modernisierung projektiert und geleitet hatte –, daß die Festung Przemyśl gefallen war, nachdem sie in den Jahren des Krieges, in blutigen Schlachten, mehrfach den Herrn gewechselt und Zehntausenden von Soldaten, die auf beiden Seiten um ihre Einnahme kämpften, das Leben gekostet hatte.

Oberst Redl wäre lieber nach Kubiny gereist, um von dort aus einen Ausflug zur Burg von Árva zu machen, hoch zu Roß, in Begleitung von Katalin und Christoph, wie in jenem früheren, lang, lang verstrichenen Sommer des vergangenen Jahrhunderts, in jenen Sommerferien des vergangenen Jahrhunderts, als der Kadett Christoph seinen Mitkadetten Redl eingeladen hatte, sein Gast zu sein, und ihm dort seine schöne Schwester vorstellte, die »verrückte und einen auf vergnügliche Art verrückt machende« Katalin. Statt dessen mußte er woandershin fahren, und zwar unverzüglich: zu Baron Hugo von Huppert, dem früheren Botschaftsrat Seiner Majestät, der unter Berufung auf seinen schlechten Gesundheitszustand mit Genehmigung des Außenministers in das Reich zurückgekehrt war. Redl wollte vom Klomser aus aufbrechen, wohin er auch Oberleutnant Salapška bestellt hatte. Redl empfing den jungen Offizier freundlich, wollte ihn den schroffen Ton, den er ihm gegenüber auf dem Nordbahnhof angeschlagen hatte, vergessen machen.

»Guten Morgen, Herr Oberst!« Der Oberleutnant betrat Redls Appartement, als wäre er wie üblich zum routinemäßigen morgendlichen Befehlsempfang erschienen.

»Guten Morgen, Salapška!« erwiderte Redl seinen Gruß und fügte philosophisch, nachdenklich hinzu: »Gut. Wir werden nie erfahren, was wir eigentlich *gut* nennen, um es dann, irgendwann einmal, *schlecht* zu nennen ... Ändern *wir* uns, Oberleutnant? Oder ändern sich in Wahrheit die *Dinge*, die wir dann, dementsprechend, einmal als *gut*, einmal als *schlecht* hinstellen? Und wo ist überhaupt die Grenze zwischen gut und schlecht, wenn es überhaupt eine solche gibt? Und wenn es sie gibt, so ist – unserem Beruf, unserem ganz anders gearteten, anders ausgerichteten, weniger *theoretischen*, Dienst sei Dank! – die Bewachung dieser »Grenze« nicht unsere Aufgabe. Gehen wir, Oberleutnant! Baron Hugo von Huppert, der Herr Botschaftsrat, ist zwar krank und wird in einem vornehmen Sanatorium gepflegt, aber Besucher wird er wohl empfangen können, nicht?« fragte Redl frohgemut, dachte zugleich aber völlig unfroh an jene ideelle Grenzlinie, die das *Schlechte* keinesfalls vom *Guten* trennt, allenfalls umgekehrt, obschon sie manchmal, selten, zufällig und nur für einen flüchtigen Augenblick dennoch das *Schlechte* vom *Guten* trennt, indem sie Zeit gewährt, Zeit einräumt, nicht an das Schlechte zu denken, an das Allerschlechteste, während uns das Gute widerfährt, welches wir selbst *gut* nennen und als solches empfinden. Im Gegensatz zu seinem Chef war Oberleutnant Salapška an diesem Morgen nicht in der Stimmung zu philosophieren, das Wort vom Wesentlichen abzulenken, das mit anderen Worten gemeinhin Wirklichkeit, gegebene Situation, Sachverhalt oder die »Macht« der Umstände genannt wird. Redl bemerkte die sorgenschwere Abwesenheit des jungen Offiziers von dem *Ort*, an dem sie sich gerade befanden, und er wechselte deshalb vom freundlichen in einen – für ihn typischen – leutselig-barschen Tonfall; als sie nebeneinander im Automobil Platz genommen hatten, war es wiederum Redl, der mit seinen Fragen zur Sache kam.

»Oberleutnant, behaupten Sie jetzt nicht, was ich auf dem Nordbahnhof noch glauben mußte, zumal Sie mit dem Auffinden Worowkas beschäftigt waren: daß Sie keine ›Zeit‹ hatten, mit jemandem im Evidenzbüro oder im Generalstab Kontakt aufzunehmen ... Wie ist die Lage, Salapška?« fragte Redl, als sie sich dem Sanatorium näherten, wo die berühmtesten Professoren der Kaiserstadt bemüht waren, den Baron Hugo von Huppert, ehemaliger Botschaftsrat des Reiches in Sankt Petersburg, dem Leben zu bewahren. Welch einem Leben? Und vor welchem Tod? So sann Redl, derweil er auf Oberleutnant Salapškas Antwort wartete. »Herr Oberst, ich hatte seither tatsächlich Zeit dazu, wenngleich nicht viel.«

»›Viel Zeit‹ stand selbst dem Herrgott nicht zur Verfügung, als er den Menschen schuf; wie also sollten wir, gerade wir Soldaten, ›viel Zeit‹ haben, unseren Dienst zu verrichten? Ars longa vita brevis, wie die Alten sagten. Diese ›ars‹, die die *unsere* ist, lieber Salapška, ist wahrhaft lang, und kurz, vernunftwidrig, gleichsam entmutigend kurz im Vergleich dazu ist unser Leben ... Nun, berichten Sie!«

»Der Militär-Sonderzug *Block*, der mit Vorrang vor allen Zügen, sogar den internationalen, in Richtung Lemberg brauste, stürzte die Führungsoffiziere des Evidenzbüros, in erster Linie die Herren Oberstleutnant Horst von Thom und Oberst Max Ronge, in völlige Verwirrung. Sie müssen Meldung erstatten, wissen aber noch nicht, worüber: über die ›Worowka-Sache‹, den Fall ›Feinbach‹ oder den Fall ›Redl‹. Sie, Herr Oberst, werden, seit *Block* aus Lemberg nach Wien zurückgekehrt ist, überall gesucht ...«

»Wirklich? Und es ist ihnen nicht eingefallen, mich im

Hotel Klomser zu suchen, wo sie mich sicherlich auch gefunden hätten?« fragte Redl melancholisch.

»Nein. Anscheinend nicht. Zumal in der Zwischenzeit wie ein Lauffeuer das Gerücht in Wien umging, Sie hätten mit dem Sonderzug, von dem jeder, sogar Max Ronge, behauptet, es sei ein mit Kanonen und Maschinenwaffen ausgerüsteter Panzerzug gewesen, die Schranken der Grenzwache durchbrochen und wären nach Rußland geflohen . . .«

»Man hat mich gar nicht im Klomser gesucht?«

»Doch . . . dort auch. Aber nicht die hochqualifizierten Offiziere des Evidenzbüros, sondern die Detektive des Polizeiinspektors Barner, die dieser selbst mit dem Hinweis erschreckte, es handele sich um eine wichtige, geheime Militärsache. Zwei seiner Detektive wollten daraufhin von dem Auftrag zurücktreten, mittendrin sozusagen, selbst auf die Gefahr hin, daß man sie wegen Befehlsverweigerung sofort aus dem Polizeiverband entläßt, womit sie auch ihren Pensionsanspruch verlören . . .«

»Dieser Inspektor Barner! Man müßte ihn ins Evidenzbüro übernehmen! Er brächte sicherlich mehr Nutzen, als viele professionelle ›Abwehr‹- und ›Kundschafts‹-Offiziere . . .«, bemerkte Redl.

»Der russische Botschafter in Wien hat im Anschluß an die Aktion Galizien/Lemberg dem Außenminister des Reiches eine Protestnote überreicht, in der das ganze Theater wegen dem Militär-Sonderzug *Block* und der stattgefundenen Untersuchung – welche *nachgerade* das Russische Reich und die russische Armee diskreditierte – beanstandet wurde. Der Fürst, der russische Botschafter also, bezeichnete die Angelegenheiten ›Worowka‹, ›Feinbach‹ und ›Przemyśl‹ als offene Provokation und äußerte, Seine Majestät, der Zar, sei kein ›Bauholz-Händler‹; die gesamte Presse der Monarchie bemühe sich völlig umsonst, diese Provokation in einem Lichte darzustellen, als stehe sie in direkter Verbindung zu dem Landesverrat des hingerichteten Oberstleutnants Arkadij Antonowitsch Ajwassowskij. Das sei, dem Fürst, dem russischen Botschafter in Wien, zufolge, nur ein Ammenmärchen, und niemand solle glauben, das Russische Reich lasse sich ungestraft mit ›Militär-Sonderzügen‹ oder ›selbstmörderischen Großhändlern und Kriegslieferanten‹ provozieren ... Der russische Botschafter warnte die österreichisch-ungarische Monarchie ausdrücklich davor zu glauben, ›man könne die Probleme auf dem Balkan als Probleme *nichtrussischen* Interesses regeln, indem man die Wiener und Budapester Presse ungehindert kläffen läßt‹ ... Der Fürst, Seine Exzellenz, der russische Botschafter, also, stellte auch in Aussicht, er würde nach Sankt Petersburg zurückkehren und an seiner Statt einen Geschäftsträger in Wien belassen, falls die österreichisch-ungarische Monarchie nicht schnellstmöglich geruhte, all das zu *regeln,* was sie da in Galizien/Lemberg mit irgendwelchen Sonderzügen und Untersuchungen ›regiemäßig‹ in Szene gesetzt habe ... All das, Herr Oberst, erfuhr ich vom Kanzleichef Max Ronges unter der Zusage, ›strengstes Stillschweigen‹ zu bewahren, zumal dieser, Major Wilhelm Weppner, gleichfalls der Überzeugung ist, Sie wären mit dem Militär-Sonderzug *Block,* die Grenzschranken durchbrechend, nach Rußland geflohen ...«

»Aber Sie, Salapška, nicht wahr, Sie glauben wenigstens, ja wissen, daß ich in Wien bin, hier neben Ihnen sitze?« fragte Redl mit einem bitteren Lächeln. »Das weiß ich, Herr Oberst ... Sie sind hier in der Kaiserstadt, in der Hauptstadt des Reiches ...«

»Fassen Sie meine Hand, sehen Sie mir genau ins Gesicht, Oberleutnant! Erkennen Sie mich als Oberst Redl! Eventuell sitzt der hingerichtete, wegen Landesverrats erschossene Oberstleutnant Arkadij Antonowitsch Ajwassowskij neben Ihnen und wünscht, Baron Hugo von Huppert einen Besuch abzustatten!«

»Ich weiß, Herr Oberst, an wessen Seite ich sitze. Aber ich habe Ihnen noch nicht erzählt, wie unselig die Dinge sich entwickelt haben.«

»Berichten Sie. Vielleicht wendet sich noch das Blatt!«

»Wohl kaum. Oberst Max Ronge hat den Hauptmann Claus von Eckern-Freyberg in Gewahrsam genommen ...«

»Als ob er an meiner Statt gehandelt hätte, auf meinen Befehl hin!« warf Redl ein. Oberleutnant Salapška schwieg.

Redl fragte, warum Max Ronge den Hauptmann verhaftet habe.

»Weil der Hauptmann bei seiner Berichterstattung, die gegen Sie sprach, zumindest gegen Sie zielte, Herr Oberst, durch die Querfragen Max Ronges wahrscheinlich in Wut geriet, wie Major Weppner meint, und die Leitung der Abteilung militärische Spionageabwehr und Kundschaftsdienst des Evidenzbüros ›einen Haufen idiotischer Vaterlandsverräter‹ nannte, was Oberst Ronge persönlich nahm. Deshalb nahm er ihn in Haft, den Hauptmann Claus von . . .«

»Claus . . .«, unterbrach Redl den Oberleutnant. »Der alte Claus aus der Görzer Garnison! Ich habe ihn lange nicht gesehen!« (Oberst Redl sollte den Hauptmann Claus von Eckern-Freyberg auch nie wiedersehen.) »Ja, er ist der alte geblieben! Phantastisch, daß er imstande war, den kaltblütigen Ronge, den ›Brief-Max‹, so aus der Fassung zu bringen. Unser Claus ist sich und den alten, schönen Zeiten an der Adria treu geblieben . . .«, sagte Redl lachend, lehnte sich gemütlich in seinem Sitz zurück und steckte sich eine Zigarre an; mit einem Wink gab er Oberleutnant Salapška das Zeichen, er möge fortfahren, berichten, was er von Major Weppner, dem Kanzleichef Oberst Ronges, erfahren habe. Die beiden Offiziere, der Meister und sein Schüler, saßen in grauem Zigarrenqualm, der sich in Wölkchen zusammenballte.

Sie hielten vor dem vornehmen, exklusiven Sanatorium, in dem die Professoren der Medizin sich mühten, den Baron Hugo von Huppert, den früheren Botschaftsrat in Sankt Petersburg, dem Leben zurückzugeben, natürlich nur seinem eigenen Leben, denn Wunder zu tun, waren auch sie nicht fähig, sie vermochten ihm kein anderes zu geben anstelle des Lebens, das er bislang als das seine gelebt und nun zu fürchten begonnen hatte. Redl stellte seinem Mitarbeiter noch eine letzte Frage, und dieser erzählte ihm, was er von Major Weppner erfahren hatte.

»Sie sind, der Ansicht Oberst Max Ronges zufolge, also nach Rußland geflohen. Und Max Ronge hat den Hauptmann von Eckern-Freyberg verhaftet.«

»Aus diesem Grunde wird Claus, sobald er freikommt, unseren kaltblütigen Max zum Duell fordern!« warf Redl heiter und mit in die Zukunft reichender Hellsichtigkeit ein.

»Jetzt forscht das gesamte Evidenzbüro nach dem Ulanenleutnant Rudolf Langauf.«

»Tatsächlich? Gefunden haben sie ihn natürlich nicht ... Auch Barner nicht? Dabei ist der Ulanenleutnant a. D. Rudolf Langauf doch *hier in* Wien! Ich werde Max dann wissen lassen, wo der Leutnant ist, das heißt: wo er liegt; ich werde ihm den Ort genau bezeichnen ...«

»Er wird gesucht. Auch von der Polizei. Man weiß, daß er das Reich über keine Grenzstation verlassen hat. Man weiß, er ist hier in Wien. Er wurde hier zuletzt gesehen. Mehrere Journalisten und Korrespondenten aus Wien und Budapest haben Privatdetektive angeheuert, auf Rechnung ihrer Zeitungen, um herauszufinden, wo sich der Ulanenleutnant Rudolf Langauf aus der Lemberger Garnison befindet.«

»Er ist auf dem Schmelzer Friedhof. Auf jenem kleinen Friedhof, der direkt neben dem großen Schmelzer Exerzierplatz liegt ... Wenn ich ... Falls es mir selbst nicht mehr möglich ist, dies Max Ronge oder dem Inspektor Barner mitzuteilen, möchte ich Sie bitten, Salapška, sagen Sie es ihnen, wenn die Zeit gekommen ist.«

»Jawohl, Herr Oberst. Im übrigen äußerte Oberst Max Ronge noch: wo Sie wären, dort hielte der Tod reiche Ernte ... Damit meinte er den Selbstmord des Kriegslieferanten Feinbach sowie das ›Blutbad‹ im Hotel Margarethenbad, das in der Zwischenzeit aufgedeckt wurde; die Wiener Presse hat nur deshalb nicht darüber berichtet, weil in der ›Margarethe‹ Schießereien an der Tagesordnung sind, hauptsächlich auf Lüster und Spiegel, aber manchmal auch auf den eigenen Kopf ... Besonders, wenn ungarische Offiziere beteiligt sind ...«

»Ungarische Offiziere ...«, wiederholte Redl leise und dachte an Christoph; das *Bild* dieses *Gedankens* schloß auch Katalin mit ein: als junges Mädchen auf dem Kubinyschen Gut, ein wenig älter als sie, die Kadetten, als ungarisches Edelfräulein, als Amazone der Promenaden in Abbazia,

Quarnero, Duino – ja, Katalin war für ihn auch immer die Amazone der Adria –, ihre mädchenhafte Jugend in Oberungarn, ihrem Geburtsort, seine erste Liebe in jenen längst vergangenen Sommerferien des vorigen Jahrhunderts, da er sie in jenem längst vergangenen Sommer des vorigen Jahrhunderts auf dem Kubinyschen Gut, als Gast Christophs, kennenlernen durfte und sie vielleicht auch kennengelernt hatte.

»›Wo ich bin, dort hält der Tod reiche Ernte?‹ Das sollte Max gesagt, so lyrisch und leidenschaftlich sollte der für seine Kaltblütigkeit bekannte Ronge von mir gesprochen haben? Gleiches hat man von mir auch schon zur Zeit des Balkankrieges behauptet, lieber Salapška, als ich mit unserem legendär ehrenhaften Ritter Horst von Thom Kundschafterdienste leistete, in Istambul–Sofia–Saloniki–Sarajevo–Belgrad–Bukarest–Tirana, also im ganzen weltgeschichtlich vergewaltigten Balkanraum. Ja. ›Wo ich bin, hält der Tod reiche Ernte.‹ Es ist leicht, einem solches vorzuwerfen, aber man braucht auch Menschen, die nach dieser ›Ernte‹ die für das Reich gefährlichen Ähren in Garben binden . . .«

Redl schien Selbstgespräche zu führen, schien alles, was er von Ernte, Ähren und Garben gesagt hatte, sich selbst erzählt zu haben. Oberleutnant Salapška schwieg. Er, der Schüler, wußte sehr wohl, welche Ernte, welche Ähren und Garben Redl, der Meister, meinte. Dann aber, obzwar ihm alles andere als Geschwätzigkeit nachzusagen war, erwiderte er doch etwas. »Herr Oberst! Seine Hoheit, der Thronfolger, der Generalinspektor der gesamten bewaffneten Streitmacht der Monarchie, fragte, wie ich vom Kanzleichef Oberst Ronges, Major Weppner, weiß, den Generalstabschef Generaloberst von Hötzendorf, ob Sie, Herr Oberst Redl, nicht geeigneter wären, diese hohe militärische und Generalstabsfunktion auszufüllen.« Redl lächelte. Sie stiegen aus dem Wagen, gingen durch die lange, dunkle, von hohen Bäumen gesäumte Allee auf das Sanatorium zu, in dem namhafte Wiener Professoren unter Einsatz all ihrer Kenntnis bemüht waren, den Baron Hugo von Huppert, den früheren Ersten Rat an der Botschaft des Reiches in Sankt Petersburg, seinem eigenen Leben zu erhalten.

»›Jede Schweinerei passiert in Galizien‹, äußerte Seine Exzellenz von Hötzendorf Oberst Ronge gegenüber, als sie über den Militär-Sonderzug und seine Folgen sprachen, wobei sie nicht allein Lemberg im Auge hatten, sondern das gesamte Russische Reich . . . In diesem Zusammenhang wurde auch Ihr Name genannt, Herr Oberst«, sagte Oberleutnant Salapška – zu Oberst Redl? zu sich selbst? in die dunkle Allee hinein, die zum Hauptportal des Sanatoriums führte? Redl hörte ihm schon lange nicht mehr zu, selbst wenn er bemerkte: »Ob es sich nach all den Ereignissen überhaupt lohnt, den schwerkranken von Huppert, den früheren Sankt Petersburger Botschaftsrat, zu besuchen? Leider, Oberleutnant, sind wir nicht in der Situation, uns selbst Fragen stellen zu können. Die Fragen haben sich, um es so zu formulieren, von allein gestellt. Und wir werden, solange wir da sind, dazu verpflichtet uns der Dienst, Antwort geben, Oberleutnant!«

Sie traten durch das Tor, der Pförtner des Sanatoriums eilte ihnen entgegen, und sie erfuhren von dem dienstfertigen Alten, in welchem Stockwerk, in welchem Zimmer von Huppert lag: in einem Appartement, das vorzugsweise für die hochrangigen Patienten des Chefarztes reserviert war.

»Oberleutnant, wir haben die Blumen vergessen!« scherzte Redl. Und fügte hinzu: »Macht nichts, wir werden sie ihm auf sein Grab legen . . . Wissen Sie, Salapška, daß man im Evidenzbüro behauptet, Ronge sei homosexuell?«

»Sie, Sie hält man dafür, Herr Oberst, und nicht nur im Evidenzbüro«, erwiderte der Oberleutnant leise und sah Redl in die Augen, als sie auf dem mit einer Dianastatue geschmückten Absatz des marmornen Treppenhauses, der die Abmessungen eines kleinen Hofraumes hatte, stehenblieben.

»Oh, ich weiß, ich weiß, Oberleutnant. Nun, was mich betrifft, mag das sogar *noch stimmen*, ich habe leider nur eine Frau, die sich zudem noch in der Schweiz, im Ober-Engadin, aufhält, und das weiß dieser Ronge genau, der am liebsten jeden Brief läse, der auf dem Postweg ins Reich oder aus dem Reich hinaus gelangt ... Natürlich übersteigt diese Aufgabe die im übrigen beispielhafte Arbeitskraft des ›Brief-Max‹. Aber die mit weiblicher Hand geschriebenen Briefe, die liest er alle ... das heißt größtenteils ... Auf jeden Fall alle, die er auf den ersten Blick hin für ›verdächtig‹ hält, auch ohne das Kuvert über Dampf geöffnet zu haben. Somit hat er natürlich die Briefe, die mir Wilhelmine aus dem Ober-Engadin ins Klomser schickte, eher gelesen, als ich, der Ehemann, der Adressat, und erfuhr aus ihnen zumindest das eine: ›wie selten‹ ich meine Frau sehe, daß ich nicht einmal zu ihr in die Schweiz fahre, sondern mich hin und wieder mit ihr an der Adria, in Abbazia, im Hotel Bellevue, treffe. Das weiß ich von Horst von Thom, dem der ›Brief-Max‹ diesbezüglich vertrauliche Hinweise gibt ... Was mich betrifft, Oberleutnant, kann jetzt ›alles stimmen‹. Aber Ronge ist ein Frauenheld, er ist nicht homosexuell. Man hält ihn nur dafür. Beständig liest er die Briefe junger Mädchen, die diese aus den Schweizer Klöstern nach Ungarn schicken, und die Briefe ›älterer Damen‹, die, wie Ronge sich ausdrückt, ›Graphomanie‹ vortäuschen und einander – natürlich nicht ihm! – täglich schreiben. Und es ist natürlich klar, Oberleutnant, daß die in den Schweizer Klosterschulen lernenden ungarischen Edelfräulein *nicht* alles Jungfrauen oder Mädchen oder jungfräuliche Mädchen sind, sondern daß hinter der einen oder anderen auch ein russischer Offizier oder ein italienischer Kundschafter steckt, der eine weibliche, ja nachgerade jungmädchenhafte Handschrift nachahmt ... Ganz zu schweigen von den vielen ungarischen und österreichischen und tschechischen und kroatischen Damen, die zum Beispiel nach Paris reisen, nicht wahr? Glauben Sie, der ›Brief-Max‹ würde das nicht durchschauen? Vermutlich stecken hinter diesen ungarischen, tschechischen, kroatischen und österreichischen Damen des öfteren Offiziere des Deuxième Bureau, des französischen Geheimdienstes, Oberleutnant ... Leider ist dieser begründete Verdacht recht schwer zu beweisen, weil einerseits auch diese Offiziere die weibliche Handschrift nachahmen, vielmehr nachgerade schreiben wie erstmals verliebte junge Mädchen – und wieviel erste junge Lieben gibt es in der Welt, nicht wahr, Oberleutnant? –, andererseits Ronge auf der Hut sein muß, zumal Liebespost Paris–Wien und umgekehrt und Budapest–Wien und umgekehrt reichlich anfällt ... Und manchmal wird auch Ronge müde, ermattet beim Lesen dieser entsetzlichen Massen von Briefen, bei ihrer Entschlüsselung ... Dann erleidet er, der große Frauenheld, Wutanfälle und brüllt, völlig außer sich, daß das ganze Evidenzbüro dröhnt: ›Dieses dreckige Flittchen hat schon wieder geschrieben, dabei habe ich ihren letzten Brief erst gestern bekommen!‹ Ja, ja ...«, äußerte Redl und brach in ein schallendes Gelächter aus. »Und jetzt stellen Sie sich vor, was alles dahinterstecken kann: gestern kam ein Brief aus der Schweiz, aus Genf, diesem Anarchistennest, mit einem Adressaten in ... nun, sagen wir, Kecskemét oder Temesvár oder Brünn, und den nächsten Tag bekommt Max den zweiten Brief in die Hand! Wegen dieser Wutausbrüche also, bei denen er im Evidenzbüro gegen die Mädchen und Frauen zu Felde zieht, hält man unseren Max für homosexuell ... Ich werde ihm den guten Rat geben, sich dennoch ein wenig vorzusehen ...«

Sie standen vor der Tür des Sanatoriumappartements, in dem Baron Hugo von Huppert lag. Jetzt lachte Redl nicht mehr. Seine Miene hatte sich verändert. Ohne anzuklopfen trat er ein, am Bett des Barons standen der Chefarzt, der Professor höchstpersönlich, und zwei mollige, doch keineswegs betagte, sondern sehr hübsche Schwestern, einen Schritt dahinter zwei junge Ärzte, die – damit sie ja nichts versäumten – ganz Ohr waren, dem Professor achtungsvoll zuhörten. Als die beiden Offiziere den mit aller Bequemlichkeit ausgestatteten, saalartigen Raum betraten, flogen die Köpfe herum.

»Herr von Huppert! Ich muß Sie verhören«, sagte Redl barsch. Der Professor protestierte sofort, Redl wies seine schwarzgerandete Legitimation des Evidenzbüros vor. Der Professor, der vor den beiden jungen Ärzten und Schwestern seine Autorität wahren wollte, wich und wankte jedoch nicht.

»Der Herr Baron ist schwerkrank! Sie können ihn nicht verhören! Das lasse ich nicht zu! Er hat heute morgen einen Herzanfall erlitten! Gehen Sie!«

»Ich möchte vermeiden, Sie hinausgeleiten zu lassen, Herr Professor, zumal ich fürchte, Herr Huppert möchte noch einen Herzanfall erleiden; und in dem Falle wäre es gut, wenn Sie und Ihre Assistenten« – Redl wies mit einem höflichen Kopfnicken auf die beiden jungen Ärzte, die starr auf den Professor blickten, und die reizend robusten Schwestern – »sich hier aufhielten, während ich Herrn Huppert verhöre . . .«

»Das erlaube ich nicht!« sagte der Professor energisch, und dieser energische Tonfall wirkte ganz natürlich, paßte auch zu seinem respektablen Äußeren, seinem ernsten, nicht unsympathischen Gesicht, offenkundig pflegte er so mit seinen Assistenzärzten, Stationsärzten, Oberärzten und Stellvertretern zu reden. Jetzt aber redete er mit Oberst Redl, und dies konnte der Professor nicht wissen.

»Oberleutnant! Geleiten Sie die Leute hinaus!«

»Was?« brüllte der Professor. »Merken Sie sich: Für die Gesundheit des Barons Huppert bin allein ich verantwortlich; heute morgen hatte er, wie schon gesagt, eine schwere Herzattacke. Dieses Sanatorium ist ein Privatsanatorium, es gehört mir, ich bin der Chefarzt, und Sie werden sich augenblicklich von hier entfernen! Schwester, rufen Sie die Polizei!«

»Ich bedaure, Herr Professor, daß gerade Sie, der Sie sich, wie Sie sagen, für die Gesundheit Hupperts verantwortlich fühlen, bei dem nächsten, fast mit Sicherheit vorauszusetzenden Herzanfall nicht zugegen sein können . . . Ich werde nicht imstande sein, den Patienten zu versorgen, wenn er eine neue Herzattacke erleidet. Ich *werde ihn nur verhören* . . . Oberleutnant, führen Sie den Herrn Professor, die beiden Oberärzte und die beiden reizenden Schwestern hinaus und halten Sie sie unter Bewachung . . . Ja! Was die Polizei anbelangt . . . Bitte telefonieren Sie, Herr Professor, ich schlage vor, Sie sprechen mit dem Polizeiinspektor Barner persönlich ... Er wird in der schnellstmöglichen Zeit hier sein.«

»Ich protestiere! Das ist Hausfriedensbruch! Ich erlaube kein ›Verhör‹!« sagte der Professor womöglich noch energischer. Auf einen Wink Redls zog Oberleutnant Salapška daraufhin die schwarze Frommer aus dem Futteral und entsicherte sie.

»Bitte, Herr Professor, bemühen Sie sich hinaus. Draußen können Sie die Polizei rufen ... Bitte, gehen Sie!« sagte der Oberleutnant leise.

Der Professor, die beiden Oberärzte, die beiden Schwestern und, zwei Schritt hinter ihnen, Oberleutnant Salapška, verließen das Appartement Hugo von Hupperts. Der Baron, der die ganze Zeit geschwiegen hatte, wäre am liebsten unter die fein bezogene Decke gekrochen. Er kannte Oberst Redl. Er wußte, wer der »Krankenbesuch« war.

Redl sah sich im Zimmer um: Telefon, Grammophon, zahlreiche Bücher, eine Masse Zeitungen, eine Underwood-Schreibmaschine – Made in USA –, bequeme Sessel, Liegen, eine Stehlampe mit pergamentenem Schirm, eine Bodenvase mit einem Strauß von Weidenkätzchen, getrockneten Mohnkapseln, den dünnhäutigen, schuppenähnlichen Talern der Mondviole und den Maienzweigen des Goldregens, vielleicht noch vorjährigen Ähren, Klatschmohn und Kornblumen; ein gewaltiger Schreibtisch, darauf leere Blätter, ein Notizbuch, Akten, nadelspitze Bleistifte, Marken-Füllfederhalter, ein alabasterner Löscher, ein Klumpen Silber und ein Klumpen Gold, die als Briefbeschwerer dienen mochten, sicherlich, um die noch zu schreibenden Memoiren des Barons Hugo von Huppert zu »beschweren«, vor dem Luftzug zu bewahren, damit wenigstens die Blätter nicht fortwehten, wenn schon die Erinnerungen, die Diplomatenmemoiren an sich, *weder* für die Gegenwart *noch* für die neuen und aberneuen Generationen zukünftiger Historiker als immer rätselvollere, auf der Grundlage ihrer einstigen, lebendigen Werte immer weniger bewertbare und nur um den

Preis großer Schwierigkeiten und Zweifel *umbewertbare* Vergangenheit und jüngste Vergangenheit keinerlei »Gewicht« oder »Summe« darstellten, geschweige denn etwas, was die Historiker in ihrer Fachsprache als authentisches Quellenmaterial zu bezeichnen pflegen. Außerdem standen noch einige elegante Koffer und nicht geöffnete, mit Metallbändern umgebene Kisten herum, als vertraue ihr Herr und Besitzer, Baron Huppert, darauf, lebendig, gesund und gekräftigt das vornehme Sanatorium verlassen zu können.

Während Oberst Redl das Sanatoriumszimmer des Barons Huppert in Augenschein nahm, »stellte« sich draußen auf dem Flur Professor Konstantin in scharfem Ton dem Oberleutnant »vor«, wiewohl der Offizier den Namen des Professors kannte und dieser Name ihm nichts sagte, denn Salapška war ein junger, starker und gesunder, hochgewachsener Mann, der nicht wissen konnte, wie nahe schon das Lebensjahr war, das zugleich das Jahr seines Todes sein würde, wie »bald« die Zeit heran war, da er fallen, den Heldentod sterben würde für das Reich, an der italienischen Front, nahe der Adria, nach dem oft versuchten und stets abgeschlagenen Übergang über den Isonzo, bei der Verteidigung? Belagerung? Gorizias – der Hauptstadt des einstigen »österreichischen Nizza«: Görz – oder in einer kurzen Kampfpause, durch eine Kugel, die nicht ihm galt, die nicht auf ihn als den Oberleutnant Salapška tschechisch-polnischer Abstammung abgegeben worden war, sondern – als existiere er gar nicht, als habe er niemals gelebt – auf seine Adjustierung, auf die ärarische Reichs-Uniform; desungeachtet starb er, als habe er existiert, als habe er dennoch gelebt. Oberleutnant Salapška hatte die schwarze Frommer, diese berüchtigte Handfeuerwaffe, längst wieder in ihr schwarzes Lederfutteral getan. Dadurch vielleicht erlangte der Professor seine Autorität zurück, die Redls Auftreten beeinträchtigt hatte, obendrein noch vor den Oberärzten und Schwestern; dadurch vielleicht erlangte er seinen energischen Tonfall zurück, denn er protestierte, drohte erneut, brachte die schwerwiegenden Folgen zur Sprache.

»Wie können Sie sich erdreisten? Sind Sie Bestien?«

»Vielleicht, aber wie ich zu wissen glaube, sind Sie, Herr Professor, kein Tierarzt; wir sind also nicht aus diesem Grunde hier, mit uns müssen Sie sich wirklich nicht befassen«, sagte der Oberleutnant gelassen, beinahe freundlich; sein Blick ruhte auf den beiden Krankenschwestern.

»Verlassen Sie augenblicklich das Klinikgelände!«

»Nur ein paar Minuten, Herr Professor . . .«

»Ich bitte Sie darum! Ich fordere es! Verstanden?«

»Ich sehe mich gezwungen, Sie in Ihrem eigenen Sanatorium in die Frauentoilette zu sperren, wenn Sie weiterhin so brüllen!« erklärte Oberleutnant Salapška.

»Eine solche Verfahrensweise in einer Heilanstalt, in einem weltweit bekannten Sanatorium, einem schwerkranken Menschen gegenüber . . . Meine Herren, Sie haben kein Recht, sich so zu betragen!« sagte der Professor. Der Oberleutnant fragte leise zurück: »Recht?« Drinnen, im Zimmer Hupperts, trat Redl an das Bett des Barons. Hätte er sich nicht vor diesem feisten, seine vielen Leiden vornehmlich simulierenden Mann geekelt, den das große Wissen des Professor Konstantin hier, in diesem exklusiven Sanatorium, für teures Geld, um seiner selbst willen am Leben erhielt, er würde sich vielleicht sogar auf die Bettkante gesetzt haben; so aber blieb er am Bett stehen und sagte: »Herr von Huppert, lassen Sie mich mit einer sehr persönlichen Sache beginnen, die mich mit einer bösen Vorahnung erfüllt . . . Herr von Huppert, ich möchte nicht *Herr von Huppert* sein. Ich weiß, Sie haben heute morgen einen Herzanfall erlitten, und ich fürchte, Sie werden jetzt den zweiten erleiden. Bleiben Sie ruhig liegen, setzen Sie sich nicht auf. Ich bitte Sie, denken Sie an Ihre Kindheit, an den kleinen Huppert, der sie einst waren, der gut erzogen wurde, den ein englisches Fräulein Englisch lehrte, dem ein aus Paris herbeigerufenes, ehrbares, aber unvermögendes, sozusagen existenzloses und somit ›partieunfähiges‹ französisches Fräulein Französisch beibrachte, die offizielle Sprache der Diplomatie, nicht wahr, weil Ihre Eltern Sie von vornherein für die Diplomatenlaufbahn vorgesehen hatten – wie sehr haben sie sich geirrt, Sie hätten lieber Börsenmakler werden sollen! –, kurzum: denken Sie an Ihre Kindheit, an den kleinen Huppert, der Sie einst waren, der spielte, den man verwöhnte, der wenig lernte . . . und aus dem nun dieser erbärmliche Erwachsene, der ›große‹ Huppert geworden ist! Dieser fette, charakterlose, verlogene, mit seinen kaum fünfzig Jahren wie siebzig aussehende alte Mann . . . Im diplomatischen Dienst sind zwei Dinge unabdingbare Voraussetzung: Flexibilität und Dynamik. Darin stimmen Sie jetzt, am Ende Ihrer Laufbahn, sicher mit mir überein, Herr von Huppert, Sie ›Hofdiplomat‹ . . . Sie, Huppert, sehen nicht gerade aus wie ein hochrangiger Botschaftsangehöriger, Sie wirken eher wie ein Eunuch, ein Hermaphrodit . . .«, gab Oberst Alfred Redl, Korpskommandant, an Stelle des Befehlshabers Urbanski tatsächlicher Chef der militärischen Abwehr und Kundschafterstelle des Reiches, mit »Deckrang« Generalstabschef des in Prag stationierten 8. Armeekorps, der unmittelbar vor seiner Ernennung zum General stand, wie dies jeder – für solche Fragen zuständige – Offizier, Stabsoffizier und Führungsoffizier sowohl im Kriegsministerium als auch im Evidenzbüro sicher wußte, zu bedenken. Baron Huppert stöhnte, würgte, ermannte sich dann und fragte: »Was wollen Sie von mir, Oberst Redl?«

»Das wagen Sie noch zu fragen, Huppert? Sie Morphinist! Ich denke, Professor Konstantin wird sie sogleich bemerkt haben, die Spuren von Nadelstichen in ihren Arm- und Schenkelbeugen! Und jetzt pumpt er, wenngleich in verminderten Dosen, weil Sie sonst greinen würden wie eine Badehure, das Morphium in Sie hinein . . . Auf jeden Fall sind die Entzugserscheinungen gut ersichtlich, ja, Herr Huppert! Nun, beginnen wir!«

»Ich sage gar nichts! Verstehen Sie? Sie sind besessen . . .«, stöhnte Baron Huppert.

»Aber Sie geben zu, Sie hätten etwas zu *verschweigen*?«

»Das gebe ich nicht zu!«

»Warum reden Sie dann nicht? Warum fürchten Sie dann meine Fragen?«

»Weil Sie meine Antworten ohnehin verdrehen würden,

Sie, Redl, haben es nur auf meinen Untergang abgesehen ...«

»Soll ich Ihnen zur Aufmunterung ein paar Kubikzentimeter Morphium spritzen?«

»Gott behüte ...«

»Wie Sie wollen. Nun: in welcher Beziehung standen Sie zu dem hingerichteten Oberstleutnant Arkadij Antonowitsch Ajwassowskij? In welcher Beziehung standen Sie zu dem Chefingenieur Vladimir Worowka? In welcher Beziehung standen Sie zu dem kaiserlich-königlichen Kriegslieferanten, dem Lemberger Großhändler Friedrich Feinbach? Und in welcher Beziehung standen Sie zu einem gewissen Ulanenleutnant Rudolf Langauf aus der Lemberger Garnison?« fragte Redl den verdutzten Baron Huppert in schneller Abfolge. Oberst Redl konnte nicht wissen, daß nicht viel später der Thronfolger Franz Ferdinand, Oberbefehlshaber der Armee, dem zum Rapport zu ihm befohlenen Generalstabschef, Generaloberst Conrad von Hötzendorf, Oberst Max Ronge und dem Offizier des Evidenzbüros Oberstleutnant Horst von Thom fast gleichlautende Fragen stellen würde, und zusätzlich zwei weitere, die Redl – dort, im Sanatorium des Professor Konstantin – dem Baron Huppert natürlich nicht stellte, nämlich: »Was hat dieser Militär-Sonderzug *Block* zu bedeuten? Was diese ›Redl-Sache‹?« Bei der Audienz zugegen war auch der Oberst Sbinyovszky, Ordonnanzoffizier Franz Ferdinands, der den Generaloberst von Hötzendorf nicht mochte. Zu diesem Zeitpunkt war Generalstabsoberst Alfred Redl für den Thronfolger noch ein sehr wichtiger Mann, zumal er um seine Tätigkeit während der Balkankriege wußte, sich über die außergewöhnlichen Fähigkeiten Redls im klaren war und ernsthafte Pläne mit ihm hatte, sowohl im Hinblick auf die Vertiefung des deutschen Militärbündnisses als auch für den Fall eines eventuellen – durch ihn forcierten – Präventivkrieges auf dem Balkan, gegen Serbien. Dieser »Fall«, ein naher und unvermeidbarer *Fall,* müßte für den Thronfolger nichts Geringeres bedeuten als sein weltgeschichtliches »Entrée«, sein erstes Herrschersignum in der Geschichte und Politik des Reiches gleich nach der Grablegung des greisen Franz Joseph in der Kapuzinergruft, der Ruhestätte der Habsburger, an der Seite seiner großen Vorfahren. Eben deshalb meinte der Thronfolger, der die genannten Führungsoffiziere, Generäle und Generalstäbler, zur Audienz und zum Rapport zu sich beordert hatte, die ganze »Redl-Sache« sei eine Erfindung, aus Neid geboren und Ergebnis einer Wühlarbeit, einer Intrige zur Anfechtung und Kompromittierung von Redls Person, wiewohl er sich diesbezüglich jeder Anspielung enthielt. Obschon im vorhinein zweifelnd und Oberst Redl selbst zur Audienz beordernd, war der Thronfolger gezwungen einzusehen, daß die *»Redl-Sache«* existierte und die Lemberger Aktion mit dem Militär-Sonderzug tatsächlich die Russen aufgebracht hatte; folglich würde er bald über das Schicksal Oberst Redls entscheiden müssen. Wenn Redl damals noch unter den Lebenden geweilt und selbst sowie mit Hilfe seiner zahllosen Balkanagenten den Schauplatz gesichert, vorher durchgekämmt und »durchgesiebt« hätte, an dem jenes verhängnisvolle Attentat geschah, wenn Oberst Redl in Sarajevo zugegen gewesen, ja eine gute Weile vor dem Thronfolgerpaar dort angekommen wäre und an Stelle anderer den Schauplatz abgesichert hätte, wer weiß, ob sich die Dinge nicht anders entwickelt haben würden. Die Weltgeschichte kennt keine Bedingungsform, kein »wenn«, sie kennt nur das reale Geschehen, die Fakten, und auf diese konnte Oberst Redl keinen Einfluß mehr haben ... Doch wenn ein Offizier in der Armee des Reiches und innerhalb dieser Armee im Evidenzbüro wirklich den Balkan und Sarajevo, das Pulvermagazin der Balkanhalbinsel mit »Zeitzünder«, gekannt hatte, war das Oberst Redl.

Der Baron wollte aus dem Bett, wollte aufstehen, aber sein Kopf, sein Körper sanken in die prallen Kissen zurück.

»Ich sage gar nichts ... Verstehen Sie, Redl?«

»Soll ich Sie in Haft nehmen? Ist es hier nicht erträglicher? Soll ich das Verhör *dort* fortsetzen?«

»Verschwinden Sie von hier ... bitte ...«

»Gut. Herr von Huppert, Sie, der Erste Botschaftsrat des

Reiches in Sankt Petersburg, haben an den großen Treibjagden, die Zar Nikolaus II. in den Waldgebieten des Baltikum veranstaltete, teilgenommen, darüber hinaus an den glanzvollen Feierlichkeiten und festlichen Abendveranstaltungen zum 300. Jahrestag der Romanow-Dynastie. Sie haben ausgezeichnete Möglichkeiten gefunden, sie gleichsam wie ein Geschenk geboten bekommen, mit den hochrangigen Persönlichkeiten, die zu den vielfältigen Feiern anreisten, mit den königlichen Prinzen und hohen Offizieren Kontakte zu knüpfen, von den an diesen Abenden vollzählig versammelten im Russischen Reich akkreditierten Diplomaten und den gleichfalls geladenen serbischen und südslawischen Nobilitäten – eine auffallende und *gegen uns* gerichtete Geste – ganz zu schweigen ... Notabene hätten Sie ein paar von ihnen für uns gewinnen können, zumal auf diesen festlichen Abenden und Jagden alle betrunken waren und kein Blatt vor den Mund nahmen, mit Ausnahme des türkischen Geschäftsträgers in Sankt Petersburg vielleicht, der als Muselmane natürlich nicht soff wie die anderen, wie Sie ... natürlich auf Rechnung der in den Augen der Türken ohnehin hassenswerten Romanows! Was machten Sie statt dessen, Baron? Sie fielen bei der Treibjagd vom Pferd, denn Sie wurden *betrunken gemacht*, Sie wurden gekauft! Und danach, logischerweise, erpreßt! Richtig? Es interessiert zwar niemanden, aber ich weiß auch, daß Sie sich bei Ihrem Sturz das Steißbein brachen. Dem diesbezüglichen Bericht zufolge stand das Pferd still, befand sich weder im Schritt noch im Trab oder Galopp! Sie! Sie wollten sich mit den Gardeoffizieren von Nikolaus II. im Reiten messen? Sie hätten sich lieber auf ein Kamel setzen sollen! Das wäre vielleicht noch ein Jux gewesen, aber so war es nichts als Schimpf und Schande ... Huppert! Sehen Sie niemals in den Spiegel? Wissen Sie überhaupt, was Sie für eine ›Erscheinung‹ sind, Huppert, Sie, mit Ihrem Äußeren, Ihrem Gesicht und Ihrer Figur? Bitten Sie den Herrn Professor oder eine dieser Mecklenburger Stuten, diese Krankenschwestern, um einen großen Spiegel und stellen Sie sich nackt davor! Der Anblick wird Sie erschrecken, Herr ›Rat‹ ... Und schicken Sie die nette Schwester vorher lieber hinaus, damit ihr nicht auch noch schlecht wird, damit sich ihr nicht der Magen umdreht! Aber sie wird Ihren Anblick wohl gewohnt sein, wahrscheinlich verabreicht Sie Ihnen täglich einen Einlauf, ein Klistier ... Scheußlich!«

»Ich bitte Sie, Redl, gehen Sie hinaus, mir ist übel ...«

»Worowka? Ajwassowskij? Feinbach? Langauf?« fragte Redl erneut, mit drohendem Nachdruck und derselben Schärfe im Tonfall, mit der später der Thronfolger Franz Ferdinand von seinen Führungs- und sonstigen Offizieren vollständige Klärung verlangte. Nach dem Militär-Sonderzug *Block* hatte er zu dem Zeitpunkt bereits gefragt und war nunmehr gezwungen, den Generalstabschef von Hötzendorf, Horst von Thom und Max Ronge in der Prozeß»sache« Redl auszuforschen.

»Ich weiß nicht, wovon Sie reden«, sagte der Baron Huppert mit kraftloser Stimme.

»Erinnern Sie sich, wie Sie vor einigen Jahren, auf der Heimreise von Ihrem ordentlichen Jahresurlaub, nach Budapest kamen? Und mit dem Schnellzug weiter nach Fiume reisten? Dort für eine Nacht in einem Luxushotel der ›Riva Szapáry‹ abstiegen? Um dann nach Pola zu fahren? Im Kriegshafen trafen Sie sich mit dem Linienschiffsleutnant Guntram Limpens-Doenraedt, einem Marineoffizier, der mit dem ›Mexikanischen Verdienstkreuz‹ ausgezeichnet wurde. Sie kannten ihn schon lange, denn auch er kam zu den dreihundertjährigen Jubiläumsfeierlichkeiten der Romanow-Dynastie als Offizier des Kriegsschiffes *›Habsburg‹* aus der Adriaflotte nach Sankt Petersburg und nahm an den festlichen Abenden, Bällen und Zarenjagden teil, wie Sie, Huppert! Und dort führten Sie bei einem Trinkgelage den Linienschiffsleutnant Guntram Limpens-Doenraedt wissentlich und geplant in eine Gesellschaft ein, in der von ›Flottenentwicklung‹ die Rede war ... Der durch Sie betrunken gemachte Linienschiffsleutnant plauderte im Beisein italienischer und französischer Marineoffiziere und bewußt ›verteilter‹ russischer Damen Angaben über noch in der Entwurfsphase befindliche oder auf Stapel liegende Kriegsschiffe und bereits zu Wasser gelassene Einheiten aus, über ihre faktische Wasserverdrängung, Feuerkraft und maximale Geschwindigkeit, die der Gegner, beziehungsweise die betreffenden Sachverständigen der fremden Mächte nicht kennen konnten ... So zum Beispiel die geheimen Daten über die *Sankt Georg*, die *Szent István*, die *Viribus Unitis* und andere Einheiten, unter anderem auch die Tauchboote ... Nun, in diesem, durch Sie geschaffenen ›Milieu‹, verriet der Linienschiffsleutnant, Ihr alter Freund, unsere größten Kriegsgeheimnisse. Freilich wußte er nicht, daß Sie, der Rat von Huppert, dafür bezahlt wurden! Diese Dinge möchte ich von Ihnen erfahren, Huppert! Aber lassen wir die Spionagetätigkeit, soweit sie die Flotte betrifft, erstmal beiseite; sagen Sie mir, solange Sie es *hier* sagen können, was Sie mit den Feinbachschen und Worowkaschen Geschäften zu tun hatten. Oder wollen Sie meine Fragen lieber im Evidenzbüro beantworten?«

»Überhaupt nichts hatte ich damit zu tun«, sagte Huppert, »bitte, glauben Sie mir, Redl! Was wollen Sie von mir? Was interessiert es Sie, daß ich seekrank wurde? Wo oder wann ich meinen Jahresurlaub verbrachte, seit wann und woher ich diesen Linienschiffsleutnant kenne? Was wollen Sie?«

Redl hätte fast gesagt: eine »Huppert-Sache« anstelle der als sicher geltenden »Redl-Sache«. Nicht nur, oder vielleicht ganz und gar nicht, um sein eigenes Leben zu retten, sondern weil er wußte: das Reich brauchte ihn, Redl, mehr als den morphiumsüchtigen Baron Huppert; zudem nahm er eines ohnehin als gesichert an (zumindest gestatteten seine russischen Verbindungen eine solche Schlußfolgerung): daß der Baron Huppert vom russischen Geheimdienst angeworben war, man hatte ihn lediglich fallenlassen, weil man im Ernstfall, bei einem größeren Spiel – wie man bald erkannt hatte – auf ihn nicht »bauen« konnte. Dennoch sah Redl hier seine letzte Chance, die »Redl-Sache« abzuwehren. Eine »Sache« brauchte man auf jeden Fall, in dieser politisch so außerordentlich gespannten Situation. Wenn möglich, so Redl, sollte es eine »Huppert-Sache« sein, und keine »Redl-

Sache«. Also versuchte er mit energischen Mitteln das Verhör fortzusetzen.

Wir dürfen nicht vergessen, daß Oberst Redl, der bald aus dem Hotel Klomser, bald aus dem Kriegsministerium oder aus dem Evidenzbüro heraus – oder von »unterwegs«, von seinen *Reisen* her – den militärischen Kundschaftsdienst und die Spionageabwehr des Reiches leitete sowie ein ganzes Heer von ihm angeworbener Agenten als auch von seinen Agenten angeworbener Agenten, aus bloßer Passion (mit Sachkenntnis gepaart) einige bedeutende militärische Werke schrieb: »Die Entwicklung des Balkan-Problems und die Lösung der gegenwärtigen Krise 1. mit politischen Mitteln; 2. mit militärischen Mitteln; 3. mit politischen und militärischen Mitteln«. Als begeisterter Anhänger der Luftschiffahrt und später der Aviatik schrieb er den Aufsatz: »Das Zusammenwirken der See- und Luftstreitkräfte im Falle eines präventiven Angriffskrieges im Raum Balkan-Adria, mit besonderem Hinblick auf die Kriegsmarine und die Luftstreitkräfte Italiens«. Dieser letztere Aufsatz wies dem Generalstab die eindeutige Aufgabe zu, das Zusammenwirken der See-, Land- und Luftstreitkräfte taktisch und strategisch abzustimmen. Später schrieb er einen Aufsatz über die Geschichte der Luftschiffahrt, wobei er die sich aus der Luftschiffahrt ergebenden Möglichkeiten natürlich vom strategischen Aspekt her einschätzte: bei der Aufklärung, als auch beim Angriffs- oder Stellungskrieg gleichermaßen. Weiterhin schrieb er einen Aufsatz über die Bedeutung der Taucherboote beim möglichen Zusammenwirken mit den pelagischen Einheiten, den Schlachtschiffen, Kreuzern und Zerstörern, wie auch als unabhängig, gesondert operierende Kriegsmarineeinheiten, »als eine Waffengattung der zukünftigen Seestrategie und -taktik«. Diese Fachaufsätze waren Redls näherer Umgebung sehr gut bekannt: dem Oberstleutnant Ritter Horst von Thom, Oberst Max Ronge, durch diesen wiederum dem Generalstabschef Conrad von Hötzendorf, und durch letzteren auch dem Thronfolger, Franz Ferdinand, der – besonders in Verhandlungen mit deutschen

Generalstabsoffizieren, Generälen, Feldmarschallen, Soldaten sowie Kriegsmarineattachés über die Notwendigkeit eines eventuellen Präventivkrieges und seines möglichen Ausganges – diese durch Redl mit sachbezogener Fachkenntnis analysierten militärischen Fragen wie »Raum Balkan-Adria«, Angriff Italiens, organische Einbeziehung der Tauchboote, der U-Boote, in die Strategie und Taktik der pelagischen Operativflotten, in die Seestrategie und -taktik, Bedeutung der Zusammenarbeit von Luftschiffen und Flugzeugen mit den Land- und Seestreitkräften auf eine Weise vortrug (auch dem deutschen Kaiser Wilhelm II. oder dem Großadmiral Tirpitz gegenüber), die sie als das Ergebnis seiner eigenen Studien und eingehenden Spekulationen auswies, womit er die deutschen Strategen, die Generäle und Feldmarschälle des deutschen Generalstabs, die sich über dieselben Möglichkeiten den Kopf zerbrachen und – die Frage der Tauchboote ausgenommen – in ihren Überlegungen – vorerst – bei weitem noch nicht zu solchen Ergebnissen gekommen waren wie der Thronfolger, weidlich verblüffte; Franz Ferdinand war absoluter Anhänger einer auf dem Balkan präventiv durchzuführenden Kriegsoperation sowie eines Überraschungsfeldzuges, der auf die Vernichtung der Kriegsmarine Italiens – à la Lissa, Tegetthoff, 1866 – und die Rückgewinnung von Veneto-Trieste und Alto-Adige, das heißt »Südtirols«, und eventuell auch der Lombardei zielen sollte, und mit diesem Gedanken sympathisierte auch Generaloberst Conrad von Hötzendorf. Der Plan fand im deutschen Generalstab freundliche Unterstützung, wobei man – wie Oberst Redl in seinen genannten Aufsätzen – betonte, daß die Unsicherheit der Lage auf dem Balkan für die österreichisch-ungarische Monarchie eine tödliche Gefahr bedeute, diese Spannung, die die Russen bemüht waren, zu einer dauerhaften oder zumindest lang anhaltenden zu machen; weiterhin sei es für die Monarchie lebenswichtig – so die Deutschen –, mit dem zunehmend stärker werdenden Italien, das eine Kolonie nach der anderen erobere, die »italienische Sache« – in einem Präventivkrieg auszufechten, der vollständige Klärung bringen würde. Die

Nachwelt weiß, daß 1. Franz Ferdinand auf dem Balkan, in Sarajevo, ermordet wurde; 2. ein Ultimatum an Serbien erfolgte, daraufhin die Mobilisierung, der Aufmarsch gegen Serbien, die Besetzung Belgrads; 3. ein Krieg in Europa stattfand, der sich zum Weltkrieg ausweitete, in den Italien zunächst als Mitglied des »Trianon«, an der Seite des Österreichisch-Ungarischen und des Deutschen Reiches eintrat, später an der Seite der Entente, Frankreichs und des Britischen Königreiches, den Krieg – nunmehr mit den Waffen seiner Verbündeten – fortsetzte und die österreichisch-ungarische Monarchie in einen Zweifrontenkrieg drängte, zumal Rußland – was in den ersten »regionalen« Jahren des Balkankrieges vorauszusehen war – als absoluter Anhänger und Förderer des »Traumes von einem Großserbien« und des südslawischen Bundes gegen Österreich-Ungarn antrat, wobei Galizien und die Festung Przemyśl eine blutige Rolle spielen sollten.

Allein daß die Nachwelt darüber Bescheid weiß, kann die Wirklichkeit nicht verschleiern. Den führenden Politikern und Militärs jener Jahre war bereits um 1910 herum bekannt, vielen, wie Oberst Redl zum Beispiel, auch schon vorher – wenngleich nicht im Überblick über die genaue Abfolge der Ereignisse, vor allem nicht der blutigen Schlachten und Revolutionen, die zum letztlichen Ergebnis führten –, was die Nachweltgenerationen, die späteren Historiker – rückblikkend – über diese weltgeschichtlichen Ereignisse, die sich zwischen 1914 und 1918 zutrugen und vollzogen, wußten und lehrten. Natürlich wußten viele auch, wie Redl, daß die Monarchie viel weniger imstande war, einen Zweifrontenkrieg auszufechten als die Armee und die Kriegsmarine des Deutschen Reiches (aus diesem Grunde war Redl auch ein Verfechter des Präventivkrieges auf dem Balkan), aber das Ergebnis, demgemäß das Deutsche Reich ebenfalls nicht dazu in der Lage war, und jenes zweite »Ergebnis«, wonach am Ende des Krieges, nach vielen blutigen Gefechten und aufreibenden Schlachten nichts so »weiterging« wie früher, daß nicht allein die Armee des Österreichisch-Ungarischen Reiches zusammenbrach, sondern das ganze Reich mitsamt der Habsburg-Dynastie vom Schauplatz der Geschichte verschwand, wobei es eine Vielzahl von Offizieren und Staatsbeamten zurückließ, alles in allem etwa eine halbe Million: dieses Ergebnis sah auch Redl nicht voraus, aber zumindest erfuhr er nichts mehr davon, weil er – wenngleich vom Zeitpunkt her unwesentlich früher – noch vor dem Attentat in Sarajevo, dem nachfolgenden Ultimatum, der Kriegserklärung sowie der Belagerung von Belgrad starb, eigenhändig mittels einer Pistolenkugel der Redl-Affäre ein Ende machend, um wenigstens – mehr konnte er nicht tun – die Ehre und das Ansehen des Offizierskorps innerhalb der Armee des Reiches zu retten, seine Moral zu wahren.

Redl gehörte nicht zu den Männern, die sich von den Dingen wegsehnten wie der Ungar Gyula Reviczky (dessen Gedichte Redl durch Katalin kennengelernt beziehungsweise aus ihrem Munde vernommen hatte, am Ufer der Adria, in Abbazia, im Hotel Bellevue, oder auf den felsigen Pfaden in der Bucht von Quarnero, in den Zypernalleen von Duino, Zara, Spalato und Lovrana), der bekannte: *»Die Welt ist nur eine Stimmung.«* Ein solcher Spleen war für den Oberst nicht typisch. Redl haßte weder die Serben noch die Bosniaken noch die nichtslawischen Mazedonier oder Dalmatier oder die auf der Halbinsel Istrien wohnenden Südslawen ebensowenig wie die nichtslawischen Rumänen, aber er war sich über eines im klaren: wenn – mit der politischen und militärischen Unterstützung Rußlands – ein südslawischer Staatenbund zustande kam, ein Königreich Jugoslawien, der auch die katholischen Kroaten und Slowenen, die die Serben im übrigen haßten, mit einschloß, konnte das das Ende des Habsburg-Reiches bedeuten, den sicheren Untergang des Reiches, dessen dreigesternte Uniform er trug, dem er treu und mit immensem Wissen gedient hatte als Soldat, obschon er als »Staatsbürger« nicht absolut untadelig war, sofern man sein »Privatleben« in Betracht zog. Dennoch hütete *Redl,* der *Redl nicht liebte,* sein Leben, solange er es vermochte, weil er es für das Reich tat und nicht für sich, wie der morphiumsüchtige Baron Hugo von Huppert, den er verhört und gepeinigt hatte. Generalleutnant von Auffenberg, Träger des Ordens der Eisernen Krone und des Ritterkreuzes zum Leopoldorden, Generalinspektor der Militärakademien der kaiser- und königlichen Armee, treuer Schüler des Erzherzogs Albrecht, des »Löwen von Custozza«, schätzte Redls Fähigkeiten außerordentlich hoch; er wußte um seine Aufgaben zur Zeit der »regionalen« Balkankriege, zumal sie sich oft begegnet waren und lange »Lösungs«varianten erörtert, Alternativen und ihre möglichen Folgen für das Reich erwogen hatten. Generalleutnant von Auffenberg hatte – oft sehr vehement – Oberst Redl sein »Weltbild« erläutert: seines Erachtens war es nicht zu vertreten, daß Seine Majestät, der Kaiser, den Grafen Zichy nicht seines Postens enthob, zumal dieser bei festlichen Gelegenheiten auf dem Botschaftspalais nur die ungarische Fahne hissen ließ! Das vor allem reizte den Generalleutnant, der die Ungarn haßte und Redl gegenüber mehrmals geäußert hatte: »Was haben die Ungarn an der Küste zu suchen? Was schert sie die Adria? Was lungern sie ständig in Abbazia, Zara, Spalato, Lovrana herum? Sollen sie in ihrer ›fatamorganaverklärten Hortobágy‹ bleiben, in ihrer ›hügeligen Heimat‹, in den Garnisonskasernen des Tieflandes, und vor allem sollen sie auf ihrem Hintern hocken bleiben, da, wohin man sie abkommandiert hat!«

Daß Generalleutnant von Auffenberg nicht seinen Einfluß bei Hofe im Interesse Redls geltend machte, als die »Redl-Affäre« – dank der Schwatzhaftigkeit Langaufs und der vielfältigen Aktionen der Zeitungsschreiber, der Pester und Prager Reporter sowie des Polizeiinspektors Barner – ruchbar wurde, beruhte auf einem Mißverständnis: Generalleutnant von Auffenberg winkte nämlich auf die Nachricht hin, Oberst Redl sei ein Spion, mehr noch: ein Vaterlandsverräter und Majestätsverbrecher, nur ab, er nahm sie einfach nicht ernst. Die zweite Information, Generalstabsoberst Alfred Redl sei homosexuell, ließ ihn lediglich bemerken: »Na und? Das war Friedrich der Große auch. Mußte der damals zwanzigjährige Friedrich, als die ›alterierende, aberrierte‹ Affäre augenfällig wurde, vielleicht nicht auf Befehl seines Vaters Friedrich Wilhelm I. aus einem Kasernenfenster heraus – weil Friedrich Wilhelm I. bekanntlich lieber in Kasernen hauste als in Palästen, immerhin war er *Soldat*, preußischer Soldat, nicht nur preußischer König –« – und somit auch Idol, »Imago« für von Auffenberg – »die Hinrichtung – Enthauptung! – des Leutnants mitansehen, der sein Liebhaber und ›Bettgenosse‹ gewesen war – oder umgekehrt: vielleicht war der Kronprinz, der Thronfolger, der spätere Friedrich der Große, Liebhaber und ›Bettgenosse‹ jenes preußischen Leutnants, den man aus diesem Grunde exekutierte; jedenfalls mußte Friedrich diese Hinrichtung mitansehen! Vielleicht hat ihn das so sensibel, sozusagen nervenkrank gemacht, daß er, statt im Siebenjährigen Krieg die Franzosen oder die Russen zu schlagen, was ihn zu einem der größten Feldherren der Weltgeschichte gemacht hätte, leider Österreich angriff und das Heer des Feldmarschalls Daun aufrieb ... Er führte Krieg gegen die Kaiserinmutter Maria Theresia, und warum? Um Schlesien! Das Problem hätte man auch, *und das ist meine heilige Überzeugung*, meine Herren«, sagte Generalleutnant von Auffenberg mit solch innerer Anteilnahme, als sei er Heerführer Maria Theresias gewesen und nicht heute, im 20. Jahrhundert, Kaiser Franz Joseph I., »auf dem Verhandlungswege, ja, diplomatisch«, – (obschon Generalleutnant von Auffenberg die Diplomatie wie die Diplomaten verachtete, immerhin war er Soldat) – »lösen können. Um Schlesiens willen einen Bruderkrieg auszufechten, Heilige Mutter Gottes! Würde der Kanzler der Kaiserinmutter Maria Theresia, der intrigante, ewig nur ›verhandelnde‹ Kaunitz eben im Falle Schlesiens sein Genie eingesetzt haben, genauso geschickt wie später Metternich, der Vater des Wiener Kongresses und der Heiligen Allianz, ja, würde Kaunitz in Schlesien oder auch sonstwo Friedrich dem Großen, bei dem Feldmarschall Daun noch als Heeresführer in die Lehre hätte gehen können, nachgegeben haben« – so Generalleutnant von Auffenberg –, »hätte Friedrich der Große erst das Baltikum erobert, dann Rußland, wenigstens die großen Gebiete von Belorußland und der

Ukraine, oder er hätte, andersherum« – so die späte Darlegung seitens des Generalleutnants –, »die Armee Frankreichs schlagen und seine Macht brechen, die Engländer aus Hannover verjagen und Deutschland vereinigen können; damit wäre das Heilige Römische Reich Deutscher Nation aus seinem Jahrhundertschlaf neu erwacht, ein Bund zustandegekommen, an dem womöglich auch – natürlich als gleichrangiger Bündnispartner – das Habsburg-Reich hätte teilhaben können, und Königgrätz hätte es nie gegeben! Leider kam es anders. Friedrich der Große hat weder die Macht Frankreichs noch Rußlands gebrochen noch das Baltikum erobert ... Nein, er brauchte Schlesien, er kämpfte gegen uns und korrespondierte mit Voltaire, schrieb sogar Gedichte, der preußische König! Nun ja, der Grund dafür ist mit hoher Wahrscheinlichkeit darin zu suchen, daß er wirklich ein *Verhältnis* mit diesem hingerichteten Leutnant gehabt haben mag und die Exekution seines Freundes mitansehen mußte ... Das hat ihn zynisch gemacht, deshalb griff er anstelle von Frankreich oder Rußland, bezeichnenderweise ohne Kriegserklärung, Österreich an, das heißt, ein paar Tage nach dem Einmarsch seiner Regimenter in Schlesien übersandte er der Kaiserinmutter Maria Theresia doch eine Art Kriegserklärung ... Friedrich haßte die Frauen, seine Gemahlin nicht ausgenommen, die er zwangsweise heiraten mußte, damit sie die Nachkommen gebar, die die preußische Thronfolge sichern sollten. Mit Voltaire korrespondieren ...«

Somit hätte die Nachricht, Generalstabsoberst Redl habe homosexuelle Neigungen und hege und pflege seine Beziehungen, den Generalleutnant von Auffenberg völlig kalt gelassen. Leider traf noch eine dritte Information über Redl ein, wonach der Generalstabsoberst, wie Pester, Wiener und Prager Zeitungen verlauten ließen, auch Freimaurer sei, einer Loge angehörig, die sich zum großen Teil aus Mitgliedern *italienischer und ungarischer* sowie jüdischer Abstammung zusammensetzte ... Das war zuviel. Man würde sich in der Hofburg wohl nicht eines Freimaurers wegen exponieren!

Sollte er doch verrecken. Ohne ihn würde das Reich auf dem Balkan zwar schwerer zurechtkommen, dachte von Auffenberg, aber alles hatte seine Grenzen! Die Bäume, in seiner Vorstellung gleichbedeutend mit den »Fritzen«, durften nicht in den Himmel wachsen. Wenige Stunden später erhielt der Generalleutnant die Nachricht, Redl sei Logenbruder, womöglich auch Meister oder Obermeister einer in England gegründeten Freimaurervereinigung internationaler Ausdehnung, deren Großmeister ein englischer Prinz königlichen Geblütes sei. Daraufhin beschloß Generalleutnant von Auffenberg, den Thronfolger um Audienz zu ersuchen.

Alfred Redl setzte das Verhör Hugo von Hupperts fort. Seine letzte Chance. Eine »Huppert-Affäre«. Andernfalls mußte er in der »Redl-Affäre« weiter so vorgehen, wie er das später – als er erkannte, daß ihm kein Ausweg blieb, als er bereits müde war – im Hotel Klomser auch tat, einsam und allein.

Da der narkotisierte Huppert weiterhin schwieg, schüttete ihm Redl einen Krug Wasser ins Gesicht, zur Auffrischung. Es nützte nichts. Mit einer raschen Geste griff Redl in das weiße Rohrgestänge am Fußteil von Hupperts Bett und kippte es um. Der Baron fiel aus den weichen Kissen, geriet irgendwie unter das Bett und war bestrebt, sich dort ganz zu verstecken. In dieser Lage »plauderten« sie weiter miteinander, Oberst Redl und Hugo von Huppert, Erster Botschaftsrat.

»Huppert! Wer war die Frau, mit der sie sich während Ihres ›regulären Jahresurlaubs‹ in Venedig, im Hotel Lido, trafen, mit der sie dort lebten, wohnten und – was weiß ich, was Sie mit dieser jungen Frau dort anfingen! Ich weiß nur das eine: Sie war Französin. Alles andere werden Sie mir erzählen! Wenn nötig, verhöre ich Sie auch in der Zwangsjacke! Diese Frau hat Ihnen Ihre Diplomatentasche gestohlen. Was Sie, Huppert, dem Außenministerium nicht meldeten. Statt dessen reisten Sie nach Sankt Petersburg zurück, als wäre nichts geschehen. Unglücklicherweise beschafften meine Leute die Tasche wieder und verhörten die Frau. Leider hatte sie bereits alles, was für die Franzosen von Bedeutung sein konnte, an ihre Auftraggeber weitergegeben. Nun, Huppert! Vielleicht wurde Ihnen die Tasche gar nicht gestohlen, vielleicht haben Sie einen Teil der darin befindlichen Akten selbst an *Ihre Auftraggeber* übergeben! Glaubten Sie, ich würde solche ›Schleier‹ wie Venedig, Hotel Lido, ›regulärer Jahresurlaub‹, junge Frau etc. nicht durchschauen? Ihre ›Schleier‹ sind sehr dünn gewebt, Huppert!«

Keine Antwort, kein Protest, unter dem umgekippten Bett hörte man nur Stöhnen, Schlucken und Würgen. Redl schaute auf seine Uhr.

»Und jetzt verkriechen Sie sich hier in einer Klinik, einem Sanatorium«, sagte er noch, hatte aber – im Stillen – längst die Hoffnung aufgegeben, aus der »Redl-Affäre« noch eine »Huppert-Affäre« machen zu können. Er verließ das Zimmer. Die Tür ließ er offenstehen. Und wandte sich an Professor Konstantin. »Welche Medikamente erhält Huppert?«

»Das geht Sie nichts an! Ich behandle ihn! Klar?«

»Hier und *jetzt* zumindest stelle ich die Fragen, Herr Professor! *Klar?* Aber ich möchte Ihnen lieber einen Rat geben, was speziell *diesen* ›Patienten‹ anbelangt, wiewohl mein Rat nicht von heilkräftiger Natur ist, keineswegs Ihre Behandlung beeinflußt . . . Schließlich bin ich kein Arzt, und mein Rat dürfte somit kaum für eine ›Therapie‹ von Nutzen sein! Und, wenn ich es recht bedenke, ist es auch eher ein Befehl: ab sofort erhält Baron Huppert keine Medikamente mehr! Vor allem keine Schlaf- und Beruhigungsmittel, die er zu einer größeren Dosis anhäufen könnte, um damit Selbstmord zu begehen. Das ist nämlich nicht auszuschließen. Und nun überlasse ich Herrn Huppert Ihnen . . . Ja! Spritzen Sie ihm jetzt, ausnahmsweise, noch eine Dosis Morphium, er befindet sich nicht wohl, ist völlig außer sich, wofür er selbst allen Grund geliefert hat! Eilen Sie, helfen Sie diesem unglücklichen Baron, sonst bringt er Ihr Sanatorium womöglich noch in Verruf!«

Oberst Redl und Oberleutnant Salapška verließen die exklusive Privatklinik des Professor Konstantin. Der Professor hingegen eilte nicht zu seinem Patienten, sondern zum Telefon, wo er auch nicht die Polizei, sondern Seine Exzellenz, den Innenminister, anrief, den er gleichfalls einmal behandelt hatte. Wenige Minuten später verband ihn der Sekretär mit dem Innenminister, dem Professor Konstantin von der skandalösen »Visite« der zwei Offiziere beim Botschaftsrat in Sankt Petersburg, Hugo von Huppert, berichtete. Der Innenminister versprach, der Sache nachzugehen. In Wahrheit schaute er nur einige Zeitungen durch, auch das erst Tage später, und rief daraufhin Professor Konstantin an, ihm vertraulich all das mitteilend, was der Chefarzt selbst schon aus den Schlagzeilen der Tagesblätter wußte.

Währenddessen war Katalin von Kubinyi überall auf der Suche nach ihrem Freund, sie neigte schon zu der Annahme, Redl sei – obschon es sie überrascht hätte, und zwar so sehr, daß sie mit dem ersten Zug hinterhergefahren wäre – ins Ober-Engadin gereist, zu seiner Frau Wilhelmine, die sie, Katalin, ihm seinerzeit vorgestellt hatte. Dies jedoch war nicht geschehen. Redl war nicht in die Schweiz gefahren, Wilhelmine im Ober-Engadin zu besuchen. Redl war in der Kaiserstadt geblieben, was kurze Zeit später auch Katalin erfuhr.

Generaloberst Conrad von Hötzendorf, Generalstabschef der gesamten Streitmacht des Reiches – zu Wasser, zu Lande und in der Luft –, befahl kurz und bündig, in nur einem offenen Satz, den er durch einen Offizierskurier übermitteln ließ, Major Richter aus Galizien, aus der Lemberger Garnison, zu sich, um ihn über den Militär-Sonderzug *Block* sowie die »Worowka- und Feinbach-Affäre« zu vernehmen, die sich in der Presse wie ein Lauffeuer verbreitete. Major Richter hatte jedoch schon die galizischen, ja sogar die Wiener, Pester und Prager Zeitungen gelesen und erwartete nichts Gutes von diesem hohen Verhör, weder für sich noch für Oberst Redl, weshalb er – *im Gegensatz* zu Oberst Redl, der bis zuletzt in Wien blieb, obschon seine Flucht reibungslos in die Wege geleitet und abgewickelt hätte werden können – entschied, das Reich zu verlassen und mit falschen Papieren, in Zivil, direkt nach Amerika zu gehen. Dort erwartete ihn im übrigen das gleiche Schicksal wie den Chefingenieur Vladimir Worowka. Als die USA an der Seite der Entente in den europäischen Krieg eintraten, wurde Major Richter als Spionageverdächtiger verhaftet, und somit durfte auch er, wie Worowka, im Gefängnis lesen, was sich in Europa zwischen 1914 und 1918 entwickelte, abspielte und erfüllte.

Der Generalstabschef wartete umsonst auf Major Richter. Um einiges später meldeten der Hauptmann Ludwig Lichtwark und der Oberleutnant Dénes Ludrovay aus Lemberg dem Generalstab, es sei aufgrund der rein militärischen Untersuchung zu vermuten, ja fast als sicher anzunehmen, daß der Major Richter die Grenzen des Reiches überquert und die Flucht ergriffen habe, sein Aufenthaltsort sei – derzeit und vorläufig, da die Untersuchungen noch liefen – unbekannt.

Währenddessen stellte sich Katalin die folgende, einfache Frage: Wer ist er für dich, wer ist Redl für dich, Katalin? Sie fand keine Antwort darauf. Vielleicht, weil sie mit Leib und Seele *selbst diese Frage verkörperte.* Die Antwort hätte Redl finden müssen, wäre er dazu imstande gewesen. Sicherlich – wenngleich nur Katalin zuliebe, nicht um seiner selbst willen – würde er versucht haben, die Frage zu beantworten, hinter der sich – wäre er zugegen gewesen – noch eine zweite verbarg: *Wer ist Redl für Redl?* Und: wer oder was ist Redl für Katalin, unabhängig vom Reich, mit dessen Armee er sich identifiziert? Leider war Oberst Redl bei diesen Fragen nicht zugegen, folglich auch bei den Antworten nicht und konnte somit weder Katalins noch seine eigene Frage beantworten.

Vor Generaloberst von Hötzendorf lag ein Berg Akten. Bei ihrem Studium stellte er fest, daß Redl im Laufe seiner

Kundschafter- und Spionageabwehrtätigkeit im Evidenzbüro durch die Zusammenlegung oder Aufhebung verschiedener Abteilungen oder ihre Trennung in Unterabteilungen sowie durch die Umstrukturierung verschiedener Arbeitsbereiche sich innerhalb von zwei Jahren eine solche militärische Kompetenz geschaffen hatte, wie sie es in der Armee des Reiches in Wahrheit gar nicht gab, zumindest nicht mit der Zielstellung und in der Form, wie Oberst Redl sie handhabte, nutzte und wirksam werden ließ, sobald er es für nötig erachtete. Über seinen hohen militärischen Rang und Wirkungsbereich hinaus, den er im Evidenzbüro offiziell innehatte und auch einwandfrei bekleidete, verfügte Redl de facto über eine höhere militärische und außermilitärische *Macht* als sie das Evidenzbüro, der Kundschaftsdienst und die Spionageabwehr in einer Armee a priori darstellen. Redl hatte ein eigenes Heer im Schoße der Armee aufgestellt, dazu einen eigenen »Generalstab« geschaffen, alles natürlich erleichtert durch die Undurchsichtigkeit und »vollkommene Geheimhaltung«, die das Evidenzbüro umgaben.

»Eminent!« bemerkte von Hötzendorf, nachdem er dies festgestellt hatte. Oberst Max Ronge, der sich im Arbeitszimmer des Generalstabschefs aufhielt und mit seinen Gedanken abgeschweift war – sicherlich zu den nicht entschlüsselten Briefen aus Schweizer Klöstern, die von ungarischen Edelfräulein nach Budapest, von tschechischen nach Prag geschickt worden waren –, glaubte plötzlich, von Hötzendorf, der manisch von der Idee eines Präventivkrieges gegen Italien Besessene, meine ernstlich, was er da sagte: »Eminent!« Aber Ronge besann sich schnell und erkannte, daß Seine Exzellenz im Zorn und mit einer gewissen Selbstironie von Redl behauptete, er sei *»eminent«*, zumal dieser letztlich alles direkt vor seiner Nase unternommen, ihn also höchst erfolgreich irregeführt und hintergangen hatte. Und jetzt würde dieses Heer innerhalb des Heeres den Kampf gegen ihn aufnehmen, dieser geheime »Generalstab« innerhalb des geheimgehaltenen Generalstabs, unter Redls Führung. Generaloberst von Hötzendorf irrte jedoch: Redl schützte nicht Redl länger noch das Reich. Trotzdem setzte Redl den

Kampf, der, was ihn anbetraf, weder Kampf noch »Aktion« zu nennen war – womöglich nur als Spieler um des Spiels willen – fort: er gab Major Lewetzow den Befehl, dieser möge innerhalb von vierundzwanzig Stunden Professor Konstantin in Gewahrsam nehmen – per nota bene und pro memoria –, und obzwar dies unverzüglich geschah, noch dazu unter Mißachtung des auf dem Schauplatz erscheinenden Polizei-Oberinspektors Barner und seiner Polizisten, gab sich Redl nicht der Illusion hin, aus der bevorstehenden, schon angelaufenen »Redl-Affäre« noch eine »Huppert-Affäre« machen zu können. Bald darauf setzte Major Lewetzow Professor Konstantin wieder auf freien Fuß, damit dieser den Baron Hugo von Huppert weiterbehandeln, ihm das Leben erhalten konnte – für sein eigenes Leben, das sich Redl nur als schrecklichen Zufall vorzustellen vermochte – ihn, den Ersten Botschaftsrat a. D. des Reiches in Sankt Petersburg, der an Deck des Kriegsschiffes *Admiral Makarow* an Seekrankheit litt, Morphinist war und sich in Venedig, im Hotel Lido, von einer gewissen Dame namens Barbara Spanrass seine Diplomatentasche hatte stehlen lassen, einer Agentin des französischen Geheimdienstes, die trotz ihres deutsch klingenden Namens eine echte Französin war, eine Frau aus Elsaß-Lothringen.

Generalstabschef Conrad von Hötzendorf und Oberst Max Ronge konnten nicht wissen, daß gerade, als sie ihr »Gespräch« führten, der Thronfolger und Oberbefehlshaber der Armee, Franz Ferdinand, mit Generalstabsoberst Redl sprach, und noch weniger konnten sie wissen, daß dieses Treffen zwischen dem Thronfolger des Reiches und dem Oberst des Reiches nicht auf Bitten des letzteren zustandegekommen war, sondern Franz Ferdinand selbst hatte den Oberst zu sich rufen lassen, zu einem Gespräch unter vier Augen, an dem auch der Ordonnanzoffizier, der in alles eingeweihte Oberst Sbinyovszky, nicht teilnehmen durfte.

Conrad von Hötzendorf wußte nunmehr alles, denn er hatte Redls Panzerschrank im Evidenzbüro aufbrechen lassen;

Oberst Max Ronge war dabei gewesen, und somit wußte auch er, daß Redls Vater, einstiger kaiserlicher Offizier, kurzerhand seinen Abschied von der Armee genommen und seine Familie, seine Töchter, Redls Schwestern also – *nicht die jüngeren,* wie der »Brief-Max« aus Gründen, die dem Generalstabschef von Hötzendorf unverständlich waren, besonders und nachdrücklich betonte –, sowie seinen kleinen Sohn, den jetzigen Oberst Redl, den der Generalstabschef Generaloberst von Hötzendorf soeben mit der Bemerkung »eminent« bedachte, sang- und klanglos verlassen hatte.

»Ronge, was meinen Sie, was für ein Mensch ist dieser Redl? Verstehen Sie recht: nicht, was für ein Offizier, sondern, was für ein *Mensch*.«

»Es ist möglich, Herr Generaloberst, daß ich Oberst Redl nicht genug kenne, daß wir ihn nicht genug kennen. Vielleicht gehen seine heimlichen, seine persönlichen Ambitionen tatsächlich so weit, als Einzelner den Krieg zwischen dem Reich und Rußland auslösen zu wollen; zumindest aber vermutet er – *plant* ist wohl eher zutreffend – einen neuen Krieg auf dem Balkan. Oder ist er eher bemüht, ihn mit aller Kraft zu verhindern? Ich kenne Oberst Redl nicht ...«

»Interessant ... Sie haben doch im Evidenzbüro zusammen gearbeitet.«

»›Zusammen‹ wäre übertrieben. In erster Linie arbeite ich in der Abteilung Postüberwachung der Spionageabwehr ...«

»Ich weiß, Ronge ...«

»Und Redl arbeitete, um es so auszudrücken, immer ›auf eigene Kappe‹, Herr Generaloberst ... Oberst Urbanski erhob nie Einspruch gegen seine Aktionen. Er fürchtete Redl. Soweit ich aus den Briefen der Frau Redl, geborene Wilhelmine Baronesse Wenckheim von Schweidnitz, an Redl weiß, führen sie praktisch kein Eheleben. Die Frau des Obersten läßt in der Schweiz, im Ober-Engadin, ein unheilbares Brustleiden behandeln, und Oberst Redl hat sie, seine Gattin, dort kein einziges Mal besucht. Manchmal treffen sie sich in Abbazia ... Oberst Redl widmet all seine Zeit seiner Arbeit, wie ich weiß. Und ich weiß auch, daß er – wie er in mehreren Aufsätzen belegt hat – Anhänger eines Präventivfeldzuges auf dem Balkan ist, zumindest einer Strafexpedition gegen Serbien ...«

»Diesbezüglich hat Oberst Redl vollkommen recht!« fiel Generalstabschef Conrad von Hötzendorf Max Ronge lebhaft und frisch ins Wort, die von tiefer Sorge gegrabenen Runzeln auf seinem Gesicht glätteten sich.

»Ja, obwohl er sowohl vom militärischen als auch vom politischen Aspekt her gleichzeitig auf die Gefahren eines solchen Präventivkrieges hinwies ... Er betonte, die Armee des Reiches müsse ausreichend vorbereitet werden, wobei dem *Generalstab*, egal, ob nun Strafexpedition gegen Serbien oder Präventivkrieg im gesamten Balkanraum, die Aufgabe zukomme, den Aufmarschplan auszuarbeiten, die militärischen Ziele festzulegen und jene Momente auszuschließen, die nicht direktes Ziel des Feldzuges darstellen können ...«

»Ronge, ich frage, was für ein *Mensch* Redl ist, Ihrer Meinung nach, und mich interessieren dabei weniger die ›entschlüsselten‹ Briefe von Redls im Ober-Engadin weilender Gemahlin als Ihre persönlichen Eindrücke, falls Sie über solche verfügen! Wenn nicht, frage ich Sie: hat Redl jemals darauf angespielt, daß er seinen Rücktritt einreichen und – *mich* – um seine Versetzung in den Ruhestand ersuchen wolle?«

»Nein, niemals ... Eines möchte ich jedoch noch erwähnen: ein Offizier aus Redls Kommando äußerte sich dahingehend, daß Redl vermutlich aus Notwehr im Hotel Margarethenbad von seiner Waffe Gebrauch gemacht habe, und zwar gegen einen Mann namens Binder, der wohl das Feuer auf ihn eröffnete ...«

»›Aus Notwehr‹? Gehen Sie, Max, lesen Sie weiter Ihre Briefe! Womöglich wird Redl in den nächsten Tagen ›aus Notwehr‹ noch ein paar Agenten, die zu viel wissen, erledigen ... Sagen Sie, Ronge, halten Sie Redl für einen Schurken?«

»Ich weiß nicht, Herr Generaloberst.«

Oberst Max Ronge beantwortete diese Frage mit einer Miene, als hätte von Hötzendorf gefragt: Wissen Sie zufällig, nur aus innerer Eingebung heraus, Ronge, ob Oberst Redls

Muttersmutter, seine Großmutter also, Mestizin oder Mulattin war?

»Ist Redl gläubig, Ronge?«

»Glauben kann man an vieles, Herr Generaloberst«, antwortete Ronge düster. Und fügte hinzu: »Soviel ich weiß, ist er katholisch, katholisch getauft. Ob er gläubig ist? Das kann ich nicht sagen. Vielleicht haben Sie die Güte und fragen ihn selbst. Darf ich abtreten, Euer Exzellenz?«

»Haben Sie es eilig? Wartet der Briefestapel, die ›heutige Post‹ auf Sie, Ronge?«

»Jawohl, wie der Herr Generaloberst zu sagen beliebten: die Briefe warten, meine Arbeit«, entgegnete Oberst Max Ronge schroff.

»Trotzdem erhalten Sie jetzt andere Aufgaben, lieber Ronge. Beschaffen Sie jede verfügbare Information über zwei Offiziere: Dietwulf Baatz und Paul Thiele. Sie sollen nicht Ihren derzeitigen Aufenthaltsort klären, sondern, welche Art ›Freundschaft‹ sie mit Oberst Redl verband, als dieser noch Hauptmann in Görz, im Flottennahen Küstenschutzregiment war, unter dem Befehl des Generals Hammer-Purgstall ... Auch zivile Angaben wären wichtig, Ronge, nicht allein die ›Personalakte‹ der beiden Offiziere, die kenne ich, die liegt hier bei mir! Fahren Sie also bald an die Küste und treiben Sie ›Nahaufklärung‹, was das Privatleben von Baatz und Thiele betrifft, vielleicht erfahren Sie etwas über die Freundschaft, die sie mit Redl verbindet ... Fragen Sie in Hotels, Pensionen, Kasinos, Bordellen nach ... Ja! Außerdem, Ronge, interessiert mich der Rittmeister bei den Ulanen Szever Korzelinszky, auch aus der damaligen Dienstzeit in der Görzer Garnison ...«

»Jawohl, Herr Generaloberst! Wann soll ich aufbrechen?«

»Das hat Zeit, Ronge, es ist nur private Neugier von meiner Seite, aber fahren Sie trotzdem an die Adria, erholen Sie sich und folgen Sie den Spuren, die diese Offiziere – eventuell – hinterlassen haben.«

In einer konspirativen Wohnung in der Innenstadt, die vom Evidenzbüro zwar unterhalten und bezahlt wurde, aber nicht in der entsprechenden geheimen Liste stand, weil Redl sie »gestrichen« hatte, um sie ausschließlich für eigene Zwecke zu nutzen, schlief Redl zwölf Stunden durch, bereitete sich dann ein Frühstück und einen Kapuziner zu, trank einen Schnaps – weniger als Herz-, denn als Magenstärkung –, verzehrte sein Frühstück, steckte sich eine Havanna an und meditierte in seinem Sessel still darüber, ob ein Mensch, der sich an seiner Stelle befand, jetzt eine Reise machen würde, einen Abschiedsbesuch in jener kleinen Stadt, in der sein Elternhaus steht, in der er den Militär-Sonderzug *Block*, der auf der Strecke Lemberg–Wien ohne Halt durch jeden Bahnhof durchraste, für wenige Minuten verlangsamt hatte, dem Oberleutnant sein Geburtshaus zu zeigen, durch das verhängte Fenster eines Militär-Sonderzuges selbst einen Blick darauf zu werfen, nach Abwicklung der in Lemberg durchgeführten Aktion unterwegs aus dem östlichen »Castrum«, aus Galizien, zurück zur Kaiserstadt. Helga, Elke, Inge, seine drei älteren Schwestern, das Haus, vor dem der Militär-Sonderzug mit der Bezeichnung *Block* die Fahrt verlangsamte und wieder beschleunigte, die mit Besorgnis und Furcht, mit Schrecken und Verzweiflung »durchsetzte« Liebe seiner Mutter Claramaria zu ihrem nach Höherem strebenden Sohn, die eher Verliebtheit war denn einfache und natürliche Mutterliebe, und dann, der gleichsam dunkelste Schatten im gesamten Gruppenbild, der kräftigste, somit weder Gesicht noch Gestalt offenbarende »Zug« im Blick Claramarias, den sie auf ihren Sohn heftete, in den Gesichtern Helgas, Elkes, Inges: die in den Frauengesichtern »zurückgelassenen« Züge seines lange verschollenen Vaters – sein Lächeln? sein Zorn? seine Gleichgültigkeit? – nein: seine Fremdheit, die die Gesichter seiner Schwestern – laut Aussage Claramarias ähnelten sie sämtlich dem Vater – noch *fremder* und ein Leben später niemals mehr erkennbar machten, sie gleichsam »verzauberten«; Gesichter, die in dieser Fremdheit dennoch *jemanden* zeigten, einen *fremden* Mann, ein *Männergesicht*, dessen Züge, *dessen Blick aus den Gesichtern seiner Töchter* – spöttisch? spielerisch? wild? drohend? vertrottelt? melancholisch? nichtssagend? – auf seinen Sohn schaute, auf ihn, Oberst Redl, und ihn stumm befragte: warum fürchtest du mich? Du kennst mich nicht. Meine Töchter, deine Schwestern, sind mir nicht ähnlich. Das weißt du. Und ebenso: du kennst mich nicht, und deshalb stehst du allein in der Welt. Aber das muß dich nicht ängstigen. Die Welt, das Leben: sie sind voller Furcht. Sobald du das Wort »Mensch« aussprichst, benennst du die Furcht. Fühle keine Furcht. Sie hilft nicht.

Redl beschloß, nicht heimzureisen zu Claramaria, Helga, Elke und Inge. Er würde nicht heimreisen, um ein letztes Mal sein Elternhaus zu schauen, an dem er befohlen hatte, den Militär-Sonderzug *Block* langsam fahren zu lassen, der von Wien nach Lemberg und von Lemberg zurück nach Wien gerast war, ohne Halt durch die nordöstlichen Provinzen des Reiches.

Er verließ die konspirative Wohnung in der Grünangerstraße 12, nahe dem Stephansdom, und machte einen langen Spaziergang, teils um des Spazierengehens willen, teils um festzustellen, ob man ihm folgte, ihn beobachtete. Man folgte ihm, und man beobachtete ihn. Leicht »erkannte« er die Leute des Polizei-Oberinspektors Barner, wiewohl er noch keinen von ihnen jemals gesehen hatte; er erkannte nur unfehlbar, es mußten Detektive sein, die ihm – abwechselnd – auf Schritt und Tritt folgten. Er bemerkte auch die Detektive des Evidenzbüros, die ihm Max Ronge – auf Befehl Conrad von Hötzendorfs – auf die Spur gesetzt hatte. Sie alle wußten nun: er hatte nicht die Kaiserstadt verlassen, nicht mit dem Militär-Sonderzug *Block* in Galizien oder in schwer kontrollierbaren, unzugänglichen Gegenden des Dnjester oder Bug, irgendwo an einem kleinen Eisenbahnübergang, die Grenze der österreichisch-ungarischen Monarchie und des Österreichischen Reiches überquert, nicht die Grenzschranken durchbrochen oder mit dem Maschinengewehr – »bis auf den letzten Mann«, wie eine Pester Zeitung schrieb – die Grenzwachen, Zollwachen und Eisenbahner niedergemäht, die Offiziere und Soldaten, die ihn aufhalten wollten, darunter auch eigene Leute, er war nicht nach Rußland geflohen, dessen »Agent« er war, wie er in einer Wiener Zeitung – *hier* in Wien, nach seiner Rückkehr aus Galizien – lesen konnte. Die Offiziere und Detektive des Evidenzbüros wußten ebensogut wie die Polizeidetektive, daß Redl in der Kaiserstadt war, keinen Fluchtversuch unternommen hatte – obschon er es leicht hätte tun können, wie Major Richter, der Kommandant des galizischen Geheimdienstes (so bemerkt von Max Ronge, der von Generaloberst Conrad von Hötzendorf den Befehl erhalten hatte, jeden Schritt Redls durch Militärdetektive sowie seine Korrespondenz überwachen zu lassen, dem Max Ronge nickend zustimmte, dieses hätte man ihm nicht extra befehlen müssen, diese Aufgabe hatte Oberst Max Ronge, mit Spitznamen »Brief-Max«, bereits begonnen) –; und da Ronges Leute endlich herausgefunden hatten, wo Redl sich aufhielt – im Haus Grünangerstraße 12, einer von ihm längst gestrichenen Adresse in der geheimen Liste der konspirativen Wohnungen –, war es ihnen ein leichtes, jeden seiner Schritte zu beobachten. Sie folgten ihm zum Beispiel – was sie als sehr beschwerlich empfanden – in das mausoleumsartige, an aztekische Pyramiden gemahnende Gebäude der »Wiener Sezession«, erbaut von dem großen Architekten Joseph Maria Olbrich, und betrachteten »mit ihm gemeinsam« die neuen und älteren Gemälde Gustav Klimts; die Ausstellungsbesichtigung dauerte – wie die Militärdetektive des Evidenzbüros Oberst Ronge später berichteten – sehr lange. Barner indes, von seinen Detektiven gleichfalls über die »stundenlang dauernde« Ausstellungsbesichtigung unterrichtet, ließ einfach an jedem Gemälde die Leinwand aus dem Rahmen entfernen und es von einem Sachverständigen untersuchen, um herauszufinden, warum Generalstabsoberst Alfred Redl so lange vor den Bildern gestanden hatte.

Für Redl bedeutete das »aztektische« Bauwerk des Joseph Maria Olbrich Konzentration, Verdichtung der *materiellen Kraft.* Sinndeutung der Farbe. Den *Raumbegriff,* die Idee eines Raumes, der isoliert, abgetrennt ist von jenem größeren Raum, in dem wir leben und in dem – Zeichen und

Gruß des besonderen *Raumes* im RAUM – auch Olbrichs Gebäude steht, das – zumindest für Oberst Redl – *Raum-Gegenwärtigkeit*, die reine Äußerung des Raumes – wie er, der *reine Raum*, in Vergangenheit, Gegenwart und Zukunft besteht und beständig bleibt und nur sich, sich selbst, offenbart – kennzeichnet und bedeutet, mutig und herausfordernd, energisch und in seiner Ein-Block-Form zugleich auch schwungvoll, die »ekstaseartige« Selbstdarstellung *im Raum jenseits des Raumes*: konfrontiert mit der Zeit, der verrinnenden Zeit, die unumkehrbar, irreversibel ist, die menschliches Leben, Willen, Logik und Erinnerung als bloße Objekte gleichsam in sich zurückspulend zum *raumlosen Nichts*, zum Tode hin führt und geleitet, zum Nichts und der damit verbundenen – nicht nur auf Menschliches wartenden – *Vernichtung*, die volkstümlicher, vielmehr alltäglicher – und nicht eben volkstümlich – »Tod« heißt, obschon die reine *Raumlosigkeit* nicht zugleich zeitlos ist!

Das Bauwerk Joseph Maria Olbrichs mit seiner gewaltigen Raumwirkung bedeutete für Oberst Redl nicht nur die Konzentration der materiellen Kraft, ihre Verdichtung in einem Block. Sooft er vor dem Gebäude stand, sooft er diesen mit unheimlicher Logik, gleichsam teuflischer Geometrie gegliederten Innenraum – scheinbar das »Arbeitszimmer« des Doktor Faustus – betrat, erfuhr er eine Art Raumtherapie, er vergaß alles, war sich nur des *Raumes* bewußt, fühlte nur den *Raum*, den Geist des Ortes, den dieser Raum umschloß, zugleich alles andere aussperrend, was nicht *dieser* Raum war, der dennoch die Leere umschloß und somit auch das Nichts, die Nichtexistenz, als *zeitlosen* Gefangenen, woraus die Kraft dieses Gebäudes herrührte. Der an ein Königsgrab gemahnende Block hebt gleichsam wie in einer aus vier Würfeln bestehenden Fassung eine vom ausgerichtet quadrierten, winkligen, *polarisierten* Ganzen des Gebäudes völlig abweichende, *fremde* Raumform hoch, über sich selbst hinaus: eine *Kugel* aus einer Bronze-Kupfer-Legierung in der Gestalt von Blattwerk, die die eigentliche Lichtquelle im inneren Ausstellungsraum des Gebäudes ist, denn die »Blattzwischenräume« dieser Kugel, ihre Spalten und Öffnungen, lassen das Sonnenlicht hindurch, erhellen somit den Innenraum und die ausgestellten Bilder. Diese Kugelform aber weicht so sehr von dem winklig polarisierten Grundblock des Gebäudes ab, daß der Mensch, der die Bedeutung des absoluten Gegensatzes dieser Formen überdenkt, nicht allein die Funktion der Kugel erkennt, ihre Funktion als Laterne des Innenraumes, der ähnlich der Außenform des Gebäudes winklig polarisiert ist und sich mit seinen Ecken und Kanten und großen, ungemusterten Wandflächen vom *Ort* an den man ihn gestellt hat, löst, *ab*löst; diese aus einer Metallegierung gestaltete Laubkrone, diese aus Erzen bestehende Kugelakazie, ist nicht allein Lichtquelle des Innenraums, sondern auch Sternwarte und Planetarium. Diese Kugel über dem Würfelblock ist Riesenzelle, gigantischer Fruchtkern, intrauterine Frucht, Embryo des Raumes im Raum, sie ist räumliche Kern-Frucht dieses vom Raum »empfangenen«, vom Raume »schwangeren« Raumes, der seine vollkommenste Form *erlitten* hat, die Kugelform, aus dem Willen des Schöpfers heraus, seiner tollkühnen Phantasie entsprungen.

Max Ronges und Barners Leute betrachteten also in den Ausstellungsräumen des Olbrich-Baus – der Einheit von Quadrat und Kugel – gemeinsam mit Redl die Bilder von Klimt: die *Hygieia*, den *Tod und das Leben* (auch dieses Ölgemälde nicht größer als 178x198 cm!), die *Drei Lebensalter*, die *Braut*. Die *Braut*, hier noch Entwurf und erste Fassung, blieb unvollendet, doch das konnten weder Redl noch die ihn begleitenden und mit ihm die Bilder betrachtenden Militär- und Polizeidetektive wissen, die sich bemühten, während der »Betrachtung« wie Kunstsachverständige zu wirken, im angeregten Geplauder mit den »Damen«, die mit ihnen Dienst taten, womit sie, zumindest einen Lidschlag lang, Redls Heiterkeit erregten, seine »fachliche« Heiterkeit; weder die Detektive noch die »dienstverpflichteten« kunstverständigen Damen noch Redl selbst konnten wissen, daß Klimt dieses Gemälde der *Braut* nie vollenden würde, wie auch Mozart sein *Requiem* nie vollendete. Obwohl Klimt mehrfach zu diesem Gemälde zurückkehrte, um weiter an ihm zu arbeiten, verhinderte sein plötzlicher und unerwarteter Tod 1918 die Vollendung des Werkes. Redl konnte nicht wissen, daß er zu diesem Zeitpunkt schon seit fünf Jahren nicht mehr unter den Lebenden weilte, nicht mehr Dienst tat, nicht mehr aufmerksam das Schaffen Klimts verfolgte; die Militär- und Polizeidetektive sowie die mit ihnen zur »dienstlichen Ausstellungsbesichtigung« eingeteilten Damen besuchten nach Abschluß der »Redl-Affäre« nie wieder eine Ausstellung – vermutlich schon deshalb nicht, weil sie, gerade 1918, anderes zu tun hatten! –, verfolgten nicht länger aufmerksam den Lebensweg des großen Malers, der so vieles mit der vernichteten inneren Welt Redls gemein hatte, mit seinem Leben, das ebenso zusammenbrach wie einige Jahre später das ganze Reich; den Militär- und Polizeidetektiven war dies alles gleichgültig, dazu hatten sie keinen Befehl erhalten.

Redl, die »Raumtherapie« hinter sich, lenkte nunmehr, geläutert durch den Raum und gestärkt im Raum, sich den Militär- und Polizeidetektiven gleichsam präsentierend, seine Schritte zum Opernrestaurant, um zu Mittag zu speisen, getreu dem Leitsatz seines einstigen Befehlshabers, des Generals Maximilian Freiherr und Landgraf von und zu Hammer-Purgstall: »Ein gutes Essen macht munter.« Da trat ein Offizier in Zivil an seinen Tisch, Oberst Sbinyovszky, Ordonnanzoffizier des Thronfolgers und Oberbefehlshabers der Armee, Franz Ferdinands. Sbinyovszky teilte dem Oberst in leisem, außergewöhnlich höflichem Ton mit, Seine Hoheit, der Thronfolger, wünsche ihn unverzüglich zu sprechen. Das Automobil erwarte sie draußen, vor dem Opernrestaurant. Redl erhob sich sofort.

Ein Flügeladjutant meldete dem Thronfolger die Ankunft des Generalstabsoberst. Wenige Sekunden später stand Alfred Redl Franz Ferdinand gegenüber und vermerkte überrascht, daß der Anwärter auf den Thron des Habsburg-Reiches, der Oberbefehlshaber der Armee, ihm gleichsam entgegeneilte und ihm, während er selbst – dem militärischen

Reglement für den Fall entsprechend, daß ein Offizier vor dem Herrscher oder einem Mitglied des Herrscherhauses erscheinen mußte – in strammer Habachtstellung: dem *Reglement* gemäß, Meldung erstattete, die *Hand reichte,* wobei er leise sagte: »Nehmen Sie Platz, Herr Oberst . . .«

Redl nahm seinen Platz, den ihm der Thronfolger – beinahe herzlich – angewiesen hatte, natürlich erst ein, als Franz Ferdinand saß. Redl ahnte, was der Thronfolger Franz Ferdinand, der sich von den zu ihm befohlenen Führungsoffizieren und Generalstäblern über die »Redl-Affäre« hatte Bericht erstatten lassen, in etwa wissen konnte und welche Einzelheiten zum Gesamtbild ihm fehlten; er wußte, Franz Ferdinand hatte genug Zeit gehabt, sich ein Bild von der Abfolge der Ereignisse zu machen, wenngleich er über die konkrete Zielstellung jedes Moments und über die einzelnen Abschnitte im Gesamtverlauf nichts wissen konnte; sicherlich aber hatte er die Informationen aus dem Bericht von Generaloberst Conrad von Hötzendorf, Oberst Max Ronge und Oberstleutnant Ritter Horst von Thom – letztere gehörten zu den intelligentesten Offizieren des Evidenzbüros – bereits eingeschätzt, Informationen, die kaum Gegenstand einer weiteren Untersuchung bilden würden. Eines wußte Redl jedoch nicht: daß ebenhier, im selben Salon, vor wenigen Stunden, der Thronfolger auch Hauptmann Claus von Eckern-Freyberg zur Audienz empfangen hatte. Die Äußerungen Eckern-Freybergs hingegen waren wenig durchdacht, wirr und systemlos und besonders, was die »Worowka-Feinbach-Affäre« und die »Langauf-Binder-Affäre« anbetraf, zornerfüllt; vor allem aber richtete sich diese leidenschaftliche »Berichterstattung« weniger gegen Redl denn gegen Oberst Max Ronge, der den Hauptmann Eckern-Freyberg – wegen seiner beleidigenden Bemerkung dem Leiter des Evidenzbüros gegenüber – in Gewahrsam genommen und erst kürzlich wieder auf freien Fuß gesetzt hatte, zumal er die Sache über den auf ihn einstürmenden Ereignissen, den widersprüchlichen Nachrichten, Wirrnis verursachenden Zeitungsartikeln und vagen Meldungen völlig vergessen hatte. Der Thronfolger entließ den Hauptmann bald, ohne eine

Zeile notiert zu haben, er würdigte ihn lediglich der diskreten Bitte, der Hauptmann möge ihm sein Offiziersehrenwort geben, daß er Oberst Max Ronge nicht zum Duell fordere. Claus von Eckern-Freyberg blieb nichts anderes übrig, als dem Thronfolger, dem Oberbefehlshaber der Armee, sein Ehrenwort zu geben, daß er von dem im übrigen begründeten Duell – »für dieses eine und letzte Mal« – Abstand nehme, obgleich es ihm schwerfiel; immerhin hatte er seine Sekundanten schon gebeten, den Oberst Max Ronge – mitten in der Nacht – in seiner Wohnung aufzusuchen und aufzufordern, ihnen die Waffenart – Säbel oder Pistole – zu nennen, mit der er das Duell zu bestreiten gedachte, noch dazu im Morgengrauen desselben Tages, pünktlich bei Sonnenaufgang.

Und noch etwas wußte Oberst Redl nicht: ebenhier, im selben Salon, kurz nach der Entlassung des Hauptmanns Claus von Eckern-Freyberg und dem Verbot, sich zu duellieren, hatte derselbe hohe Herr, der Thronfolger Franz Ferdinand, Oberbefehlshaber der Armee des Reiches, zukünftiger Kaiser und König des ältesten Herrscherhauses Europas, der Habsburger, Fürst so vieler Provinzen, Herzog so vieler Herzogtümer, Markgraf so vieler Markgrafschaften, dessen »Stammbaum«, die weit in mittelalterliche Jahrhunderte zurückreichende Ahnentafel, Redl schon als Kadett auswendig kannte, wiewohl dies keine Pflichtlektion an der Kadettenanstalt war, hatte dieser ihm gegenüber so herablassend und zugleich soldatisch-männlich-herzlich auftretende Habsburg-Sproß auch Christoph von Kubinyi zu Alsó- und Felsőkubiny empfangen, nicht zu einer von dem genannten Offizier erbetenen Audienz, sondern auf Befehl des Thronfolgers persönlich. Lange unterhielten sie sich über Ungarn, Sankt Petersburg und Sonstiges, und dann fragte der Thronfolger unvermittelt nach Oberst Redl, nicht Rechenschaft fordernd, nicht im Tone des Verhörs, sondern beiläufig, per tangentem, by the way; immerhin wußte er, daß Christoph von Kubinyi vom gleichen Jahrgang an der Kadettenanstalt und Militärakademie war wie Redl, wonach beide gemeinsam – zur Truppe abkommandiert – Dienst getan hatten, zunächst in den galizischen Garnisonen, dann in Görz, als Offiziere des an der Adria stationierten Flottennahen Küstenschutz-Wachregiments. Der Thronfolger hatte sogar davon gehört – von wem wohl? –, daß die ältere Schwester Christoph von Kubinyis, die ob ihrer Schönheit und Extravaganz sowohl in Wien und Pest als auch in den Badeorten der Adria berühmte – der Erzherzogin Valéria zufolge »berüchtigte« – Katalin von Kubinyi, eine Zuneigung, womöglich noch tiefer als das Gefühl, das gemeinhin Sympathie genannt wird, eventuell auch ein Verhältnis mit Oberst Redl verband, den sie aus der Jugendzeit her kannte, dem sie hin und wieder – dem Hofklatsch zufolge: »oft« – in Abbazia, Lovrana oder Quarnero begegnete. Vor Christoph von Kubinyi spielte der Thronfolger natürlich nicht auf diese »Liaison« an, geschweige, daß er direkt danach gefragt hätte, nein, ihn interessierte, soldatisch-männlich, lediglich Kubinyis Meinung über Redl. Christoph von Kubinyi indes stand auf und nahm Haltung an.

»Hoheit, ich kann Ihnen nichts über Oberst Redl sagen. Redl war mein Jugendfreund, mein Kamerad an der Kadettenanstalt, mein Banknachbar, im gleichen Jahrgang wie ich an der Militärakademie, mein Freund und guter Kamerad in den Dienstzeiten in Galizien und Görz, bis unsere Freundschaft zerbrach. Die Tatsache, daß uns heute keine Freundschaft mehr verbindet, verpflichtet mich, Hoheit, noch tiefer, Stillschweigen über diesen Menschen zu bewahren, der einst mein Freund war, zumal ich weiß, daß er Schwierigkeiten hat, in die er sich womöglich selbst hineinmanövrierte oder die ihm andere einbrockten. Ich kenne seine gegenwärtige Lage nicht. Aus den genannten Gründen, Hoheit, will ich keine Meinung äußern. Ich bitte Eure Hoheit, mich nicht nach Oberst Redl zu fragen, weil ich auf diesbezügliche Fragen Eurer Hoheit keine Antwort geben werde.«

Daraufhin erhob sich der zukünftige Imperator Österreichs, trat auf Christoph von Kubinyi zu und sagte: »Diese Haltung ist Ihrer würdig, würdig des ungarischen Edelmanns, des ungarischen Offiziers! Ich mag Sie, Christoph von Kubinyi. Ich achte Sie. Wiewohl ich Ihnen in Anbetracht der Gewichtigkeit der ›Redl-Affäre‹ auch den Befehl erteilen könnte, mir *schriftlich niederzulegen*, was Sie über den Generalstabsoberst Alfred Redl wissen.«

»Darüber bin ich mir im klaren, Hoheit. Aber ich würde den Befehl verweigern. Ich habe nichts ›niederzulegen‹, eine ›Redl-Affäre‹ existiert für mich nicht. Ich habe Ihnen nichts über Redl zu sagen.«

»Ich erteile Ihnen den Befehl nicht. Schon allein deshalb, weil ich Sie nicht wegen Befehlsverweigerung dem Kriegsgericht überstellen möchte.«

Wir dürfen nicht vergessen: Christoph von Kubinyi war der Bruder Katalins, und ihn dazu zu bringen, über den Freund seiner »verrückten und auf amüsante Weise verrückt machenden« schönen Schwester, über Oberst Redl – den einstigen, im Sommer des *vergangenen Jahrhunderts* in Kubiny zu Gast weilenden Zögling Redl – etwas auszusagen, was den Freund hätte belasten und noch rascher das Verhängnis über ihn bringen können, wären selbst alte, spanische Folterkammern ungeeignet gewesen. Darüber war sich der Thronfolger im klaren. Darum plauderte er jetzt lieber mit Kubinyi über dessen Schwester, wie ein Offizier mit dem anderen.

»Ihre schöne Schwester habe ich einmal in Stallburg gesehen. Sie sitzt im Sattel wie eine Kunstreiterin! Beste spanische Schule! überhaupt, lieber Kubinyi: Ihre Schwester ist die beste Damenreiterin von Stallburg! Hat sie Sie nie im ›Hohen Norden‹, solange Sie an unserer Botschaft in Sankt Petersburg Dienst taten, besucht? Um die zaristischen Gardeoffiziere auf den Bällen, Soirees und beim Reiten zu bezaubern?«

»Nein, Hoheit, meine Schwester reist lieber in den Süden, an die Adria, nach Abbazia, vielleicht, weil sie ihre Kindheit in Oberungarn, in den Bergen verbrachte. Als junges Mädchen unternahm sie Hochgebirgstouren in den Weißen Karpaten, auf den Krizsán-Felsen und um den Csorba-See herum . . .«

»Ja, die Adria . . . Abbazia, Dalmatien, der Süden . . . dabei ist der Norden genauso schön«, bemerkte der zukünftige Imperator des Habsburger Reiches sinnend. Plötzlich fragte er: »Sagen Sie, lieber Kubinyi, was geschah damals wirklich mit dem Oberstleutnant von Hentaller und dem armen Baron von Huppert in der Sankt Petersburger Botschaft?«

»Ich fürchte, Hoheit, auch das berührt die sogenannte ›Redl-Affäre‹ . . . Aus den genannten Gründen kann ich darüber nichts sagen, auch, was die anderen Personen anbetrifft. Ich weiß nur eines: als das Kriegsgericht Oberstleutnant Ajwassowskij zum Tode verurteilte, beging Ludwig von Hentaller Selbstmord. Baron Hugo von Huppert ersuchte unter Berufung auf seinen verschlechterten Gesundheitszustand darum, ihn seines Amtes zu entheben. Seine Exzellenz, der Außenminister, stimmte zu, und Huppert kehrte, meines Wissens, nach Hause zurück . . .«

»Ja, wo ihn Redl verhörte. Im Sanatorium, womöglich mit brutalen Methoden, um den schwerkranken Huppert zum Reden zu bringen . . .«

»Davon weiß ich nichts, Hoheit.«

»Ich grüße Ihre schöne Schwester, lieber Kubinyi! Richten Sie ihr das aus!«

Und nun saß Generalstabsoberst Alfred Redl auf dem Platz, den vorher Christoph von Kubinyi eingenommen hatte, in dem puritanisch eingerichteten Empfangszimmer, das in das Arbeitszimmer des Thronfolgers überging. Die beiden Männer – wie sie selbst nach wenigen Sekunden bemerkten – musterten einander mit stechendem Blick. Fast im selben Moment lösten sie sich, der Herrscher und sein Untertan, aus diesem zufälligen-unwillkürlichen Anstarren und schauten auf das Gemälde des Imperators, Kaiser Franz Joseph I., der sie zu beobachten schien; auch dieses Schauen war unwillkürlich und hielt nur Sekunden an.

»Glauben Sie, Herr Oberst, die Streitkräfte des Reiches wären in der Lage, einen raschen, präventiven Schlag gegen

Serbien auszuführen, der einem militärischen Eingreifen der Russen zuvorkommen und die Regelung des neuen Status Quo auf den Verhandlungstisch verlagern würde? Wir könnten, als Entschädigung sozusagen, den Russen das Donaudelta, einen russischen Donauhafen, Bessarabien und eventuell auch die nördliche Bukowina geben, alles zu Lasten Rumäniens . . . Was ist Ihre Meinung, Redl?«

»Meiner Meinung nach kommen wir damit zu spät, Hoheit.«

»Welche Lösung sehen Sie in bezug auf den Balkan?«

»Die Vorbereitung der Armee auf rasche Mobilmachung und auf einen noch schnelleren Aufmarsch.«

»Seine Majestät, der Kaiser, hält die Armee, was eine solche Aktion anbetrifft, für vollkommen vorbereitet, wenngleich er sich energisch gegen einen Krieg . . .«

»Aber sie ist es nicht! Seine Majestät, der Kaiser, irrt. Die Armee ist nicht auf einen solchen Präventivkrieg vorbereitet, schon gar nicht *vollkommen*, Hoheit!«

»Ich denke genauso, Redl«, sagte der Thronfolger und sah Redl wieder in die Augen, mit einem Aufblitzen des Blicks ihm zu erkennen gebend, daß er bemerkt hatte, wie ihm der Oberst ins Wort gefallen war; er wies ihn jedoch nicht zurecht. Der zukünftige Imperator blickte Oberst Redl nur forschend in die Augen, ins Gesicht. Er beobachtete ihn. Und wandte den Blick nicht ab.

»Ist Baron Hugo von Huppert tatsächlich morphiumsüchtig, Redl?«

»Jawohl, Hoheit.«

»Ich muß Ihnen glauben. Oberst, Sie haben in den vergangenen zwei Jahren zahlreiche Spionageprozesse führen lassen, gegen Angeklagte, die Sie und Ihre Leute zuvor entlarvten. Auch in die Spionagefälle Alexander von Caric, Paul Barstmann und Pietro Contin haben Sie eingegriffen und darauf bestanden, daß im Anschluß an die Beweisaufnahme das höchste Strafmaß verhängt wird. Was man Ihnen dank Ihres energischen Auftretens auch zugestanden hat . . . Ähnlich der Fall des Majors Wienchowski: Sie stellten ihm eine Falle, ertappten ihn auf frischer Tat und untersuchten die Sache. Vor dem Kriegsgericht führten Sie gnadenlos unwiderlegbare Beweise an und forderten die Militärrichter auf, dem Angeklagten die strengste Strafe aufzuerlegen. Ich entsinne mich dieses Spionageprozesses, Redl, ich habe davon gelesen. Er war eine Meisterleistung. Wie die Enttarnung des Oberst Marcsenko, den wir nur aus Wien ausweisen konnten, weil er diplomatische Immunität besaß. Ein Militärattaché, durch Sie auf frischer Tat *ertappt* ... wenngleich Sie dem vorsichtigen und stets ›abwägenden‹ Oberst Urbanski, dem Chef des Evidenzbüros, vorschlugen, er solle Oberst Marcsenko möglichst liquidieren lassen, ist es nicht so?«

»Dazu hatte ich meine Gründe. Leider verwarf Oberst Urbanski die vorgeschlagene Lösung *grundlos.* Vermutlich nur, weil er ein Gentleman ist. Aber das ist kein ausreichender Grund, zumindest nicht in solchem Fall. Es zeugt nur von ›Stil‹, von guten Manieren, aber bei dieser Arbeit gibt es nur dann Raum für ›fair play‹, wenn man selbst entscheidet, diesmal ›fair‹ spielen zu wollen, weil es am zweckmäßigsten ist.«

»Wäre der Gegensatz zum ›fair play‹, die Alternative also, die Liquidierung gewesen?«

»Das habe ich nicht gesagt, Hoheit. Das haben Sie gesagt.«

»Ich habe es nicht gesagt, Redl, ich habe gefragt. Nun, aber diese Frage kann ich mir selbst beantworten. Oberst Redl, ich las kürzlich eine Ihrer Arbeiten: ›Vorschriften für die Enttarnung von Spionen im In- und Ausland‹. Perfekt. In dieser Schrift, in dieser ›Vorschrift‹ jedenfalls, Redl, führen Sie die Liquidierung als einzige Möglichkeit an, ›wie man die Angelegenheit‹ bei der Enttarnung von Spionen im Ausland endgültig ›abschließen‹ kann, was Sie, wie ich mich recht entsinne, mit zahlreichen Beispielen belegen. Zählt Galizien, Lemberg, Ihrer Meinung nach zum *Ausland* oder zum *Inland*? Oder wird das durch die jeweilige ›Situation‹ bestimmt? Sie müssen wissen, Redl, ich verurteile Sie nicht. Ich habe Ihnen nur eine Frage gestellt, deren Antwort mir bekannt ist ... Wir führen jetzt ein Gespräch. Auch das eine gegebene ›Situation‹. Und wenn ich bedenke, wie Sie im Hekailo-Prozeß vorgegangen sind, muß ich Sie direkt loben! Ein Oberstauditor der 43er Landwehr-Division, der Gelder unterschlägt! Als Sie von dem relativ milden Urteil Kenntnis erlangten, erschienen Sie auf der nichtöffentlichen Verhandlung, um den einen Richter verurteilenden Richtern vorzuhalten, daß ein Richter unbestechlich sein müsse! Forderten Sie in dem Falle auch das Todesurteil oder nur zwanzig Jahre verschärfte Haft?«

»Das Todesurteil, in Anbetracht der Tatsache, daß es sich um einen *Auditor* handelte, Hoheit!«

»Und vor wenigen Tagen erst waren Sie wieder in Lemberg.«

»Jawohl, Hoheit!«

»Und Sie sind *auch jetzt wieder* im Sinne des entsprechenden Abschnittes Ihres Aufsatzes ›Vorschriften für die Enttarnung von Spionen im In- und Ausland‹ ›verfahren‹, haben es sich diesmal selbst ›vorgeschrieben‹ ... Es imponiert mir, Redl, wie Sie die Richtigkeit Ihrer Theorie in der *Praxis* nachweisen, sich selbst und anderen ... Für die letzteren allerdings, wie auch neulich wieder, mit verhängnisvollem Ausgang. Und jetzt eine Frage: Haben Sie Seine Majestät, den Kaiser, mit dem Vermerk ›Statissime‹ um eine dringende Audienz ersucht, weil Sie ihm Ihre Situation darzulegen gedenken?«

»Nein, Hoheit, das steht auch nicht in meiner Absicht.«

»Gut. Der Alte vergißt sowieso in zwei Minuten alles, was man ihm sagt ... Worauf vertrauen Sie jetzt, Redl?«

»Ich erwarte eine unvoreingenommene, sachliche Untersuchung meiner Angelegenheit ...«

»Ich hoffe, Sie planen nicht, diese ›unvoreingenommene, sachliche Untersuchung‹ selbst zu führen und zu leiten?«

»Nein, Hoheit. Man kann nicht an zwei Orten zugleich sein ...«

»Besser gesagt«, fiel der Thronfolger Franz Ferdinand Redl mit einem sonderbar bitteren, herben und düsteren Humor ins Wort, »man kann nicht Verdächtiger, sozusagen Angeklagter, und Auditor und, an Ihre Vielseitigkeit erinnernd, Anwalt in einer Person sein ...«

»Aber der ›Verdächtige‹, der ›Angeklagte‹, wie Euer Hoheit zu sagen beliebten, kann durchaus sein eigener Anwalt sein, und deshalb bietet meine Lage ausreichend Gelegenheit, tatsächlich eine *unvoreingenommene, sachliche* Untersuchung, eine Beweisaufnahme zu führen, und in diesem Zusammenhang könnte ich an der Urteilsfindung oder Entlastung teilhaben.«

»Sie wollen vor dem Militärgericht Ihr eigener Verteidiger sein, Redl?«

»Wenn es zu einem Prozeß kommt, unbedingt, Hoheit.«

»Daraus kann ich, soweit ich Sie kenne, nur schlußfolgern, daß Sie diese Angelegenheit, die ›Redl-Affäre‹, die ›gegebene Situation‹ selbst für außerordentlich schwerwiegend halten. Andernfalls würden Sie nicht Ihre Verteidigung übernehmen wollen, sondern diese anderen, zum Beispiel einem Anwalt, anvertrauen.«

»Das hätte lediglich zur Folge, daß sich die gesamte Untersuchung, Beweisaufnahme wie Prozeß, in die Länge zöge, nur allmählich wieder zur Ruhe käme . . .«

»›Zur Ruhe‹«, wiederholte der Thronfolger Redls Worte. Er dachte nach, das war ihm anzusehen, und vielleicht dachte er auch nicht an die »Affäre«, an die »gegebene Situation«, deren Gegenstand ihm gegenübersaß, sondern an den Balkan, an die Entwicklung der Kriegsmarine, an seinen Wunsch, die Adriaflotte möge keine Binnenmeerflotte bleiben, sondern Schritt halten mit den Italienern, die Kolonien gründeten, ihren nationalen Geist in ferne Gebiete trugen, die auf all ihren überaus modernen Docks Schlachtschiffe, Kreuzer, Zerstörer und Unterseeboote bauten und vom Stapel ließen, in einem Tempo, mit einem Elan, der diesen »Flottenentwicklungs«-Wettstreit zwischen dem italienischen König- und »Abessinischen Kaiser«reich und der österreichisch-ungarischen Monarchie ähnliche Maßstäbe annehmen ließ wie im diesbezüglichen Wettstreit zwischen England und Deutschland, dessen Initiator, Admiral Tirpitz, der das Tempo diktierte und bestrebt war, die Aufmerksamkeit Wilhelm II. auf die Macht zur See, auf die rasche Entwicklung der Kriegsmarine zu »beschränken«, der demzufolge aufmerkte und Beobachter in die italienischen Häfen an der Adria entsandte. Der deutsche Geheimdienst jedoch meldete eine wachsende Diskrepanz zwischen Italien und Österreich, was den Wettstreit um die Macht zur See anbelangte, zuungunsten Österreichs. Sollten jedoch die Landstreitkräfte des Reiches – durch einen Präventivkrieg gegen Serbien – imstande sein, die Lage auf dem Balkan (Dalmatien nicht ausgeschlossen) zum eigenen Vorteil zu verändern, ergäbe sich auch eine andere Situation bei der Adria-Flotte: Die Meerenge von Ótranto würde für die Kriegsmarine des Reiches nicht länger eine potentielle und leider auch faktische Grenze darstellen, die ihren Aktionsradius auf einen engen Kreis festschrieb. Der Schlüssel war jedoch die Regelung des Balkan-Problems. In diesem Augenblick brachte der Flügeladjutant des Thronfolgers die Post aus dem Außenministerium, die, wie er meldete, die Kuriere aus den Botschaften in Belgrad, Bukarest und Istambul gebracht hätten, Schreiben mit dem Vermerk *persönlich!*, die direkt an Seine Hoheit, Franz Ferdinand, adressiert seien. Aufs Geratewohl öffnete der Thronfolger einen der versiegelten Umschläge und überflog die Zeilen.

»Ja! Die Rumänen ›wünschen‹, die Grenze zwischen Rußland und Rumänien in der Bukowina solle in Zukunft durch den Szeret gebildet werden ... Außenminister Ssasonov zufolge ›bitten‹, ja ersuchen die Rumänen geradezu dringend darum; sie hätten es auch den Russen nachdrücklich vorgeschlagen, die womöglich zustimmen werden ... Wahrscheinlich stimmen sie zu, weil dieser ›Wunsch‹ ihnen entgegenkommt, weniger den Rumänen, denen sie diesen vernünftigen und erfüllbaren ›Wunsch‹ eingeflüstert haben ... Was heißt eingeflüstert! Sie haben den Rumänen einfach mitgeteilt, dies habe jetzt ihr ›Wunsch‹ zu sein ... Die Grenzen des russischen Reiches sollen sich also so nahe wie möglich an den nordöstlichen Grenzen der Monarchie befinden!«

Nochmals und diesmal gründlicher las der Thronfolger den an ihn *persönlich!* gerichteten Bericht des österreichisch-ungarischen Botschafters in Bukarest.

»Sollten die Russen das Balkanproblem weiterhin als ihre innere Angelegenheit betrachten, haben wir auch dort bald ein Mukden oder Port Arthur zu erwarten! Dann werden die Soldaten unserer Linienregimenter aus den *jenseitigen* Schützengräben den Ruf hören: ›*Gospodj, pomiluj!*‹ Bei den vielen Sprachen, die Sie sprechen, Redl, verstehen Sie sicher auch etwas Russisch, nicht wahr? Wissen Sie, was ›*Gospodj, pomiluj*‹ heißt?« fragte der Thronfolger mit erhobener Stimme, ernst und drohend; das Schreiben hatte er hingelegt, er sah Redl in die Augen.

»Ja, Hoheit. Es heißt: ›*Herr, erbarme dich!*‹«

»Richtig. Aber ich werde kein Erbarmen kennen, nicht auf dem Balkan!«

»Der Thronfolger sprach das Wort *Balkan* mit solcher Betonung, solchem Nachdruck aus, als bedeute Balkan Europa. Und aus der Sicht der militärpolitischen Interessen des Reiches sowie *aus der späteren Sicht* der sich kaum erinnernden *Nachwelt* – die keine Überlebenden mehr trifft – auf die damaligen Ereignisse hatte Franz Ferdinand recht, wenn er in seinem Zorn, der durch den Bericht seines Botschafters in Bukarest ausgelöst wurde, den Balkan mit Europa gleichsetzte, wiewohl er nicht ahnen konnte, daß kaum ein Jahr später der Balkan seinetwegen zur Schlachtbank werden sollte, Hunderttausende, ja Millionen verbluten, den Heldentod sterben würden, um seines ausgelöschten Lebens willen, in Ost, West und Süd, vier Lebensjahre hindurch, um später auf den Barrikaden und Straßensperren der nachfolgenden Revolutionen – in den Aufständen der Soldaten und Matrosen in Wien, Ungarn, München, Kiel und Cattaro – weiter zu verbluten, zu Hunderttausenden, scheinbar nur wegen dieser zwei Pistolenschüsse in Sarajevo, die in Wahrheit nicht Franz Ferdinand und Gräfin Sophie, sondern Europa trafen. Sarajevo. Der Thronfolger bereitete sich schon im Frühjahr 1913 bewußt auf diese Reise vor und verschob sie lediglich wegen seiner zahlreichen Verpflichtungen in Armee und Staatsdienst auf den Juni 1914. Würde der Mann, der ihm jetzt gegenübersaß, ihn auf diese – seine letzte – Reise nach Sarajevo begleitet haben, würde dieser

Mann sie vorher, am Schauplatz, gesichert haben – die im Untergrund tätigen Führer der serbischen Terroristen aufspürend und beseitigen lassend –, der serbische Student Gavrilo Princip hätte – ungeachtet seines persönlichen Mutes – keine Chance gefunden, sich dem – die Franz-Joseph-I.-Straße entlangfahrenden – Thronfolgerpaar zu nähern, er hätte schon eine gute Weile vor Ankunft Franz Ferdinands in Sarajevo im Gefängnis gesessen. »Hätte«. »Wenn«. Wenn nicht der General Potiorek Sarajevo und Umgebung gesichert hätte. Wenn nicht General Potiorek persönlich für die körperliche Unversehrtheit des Thronfolgers verantwortlich gewesen wäre, sondern jener Mann, der ihm jetzt, im Mai 1913, gegenübersaß: Oberst Redl. »Hätte«. »Wenn«. Das große Bedeutungswörterbuch der Weltgeschichte kennt diese Bindewörter, diese Verhältniswörter nicht. Der im Mai 1913 unmittelbar vor seiner Ernennung zum General und – als Angeklagter und Verteidiger in persona – vor der Verhandlung der »Redl-Affäre« stehende Generalstabs-Oberst Alfred Redl war im Juni 1914 nicht mehr imstande, den auf den Balkan und dort in das verstockteste Widerstandsnest, nach Sarajevo, reisenden Thronfolger zu »sichern«, weil er da bereits auf dem Wiener Zentralfriedhof, Gruppe 79, Reihe 29, Grab Nr. 38 ruhte, und nicht in Walhall, wo der germanischen Sage nach die Seelen der im Kampf Gefallenen in soldatischer, geschlossener Formation den toten Helden erwarten. Aber noch saß er hier, *lebend*, vor dem Thronfolger, der noch rund ein Jahr seines Lebens vor sich hatte, der die mit dem Vermerk *persönlich!* versehenen Briefe der österreichisch-ungarischen Botschafter aus Bukarest, Belgrad und Istambul beiseite getan hatte und nun als *Lebender* einem anderen *Lebenden*, als Offizier einem anderen Offizier gegenübersaß und darüber nachdachte, was er 1. mit Oberst Redl, 2. mit der »Redl-Affäre« beginnen sollte. Immerhin waren diese beiden »Affären« jetzt *eine* Sache, und es lag nur an dem Thronfolger, die »Redl-Affäre« von *Oberst Redl*, den er, wie er richtig meinte, noch brauchen konnte, zu trennen, die aber, so oder so, dringend der Klärung bedurfte: 1. vor der öffentlichen Meinung im In- und Ausland, 2. vor dem

Offizierskorps der Armee des Reiches; und nach dieser Klärung mußte der »Fall« abgeschlossen sein, egal, ob er sich nun von Oberst Redl oder der »Redl-Affäre« trennte, sich ersteren als Balkan-Sachverständigen für die folgenden, schweren Zeiten erhaltend. Auf jeden Fall mußte er jetzt eine Entscheidung treffen, rasch, damit ihm Redl nicht zuvorkam und selbst entschied, ob er Seine Majestät, den Kaiser, um Audienz bat, aus dem Reich floh oder sich als Angeklagter und Anwalt zugleich in einem langen und – wie der Thronfolger als gesichert annahm – eben durch Redl bis ins Unendliche ausgedehnten Prozeß, der Skandale im In- und Ausland verursachen würde, selbst verteidigte oder – falls er dazu nicht imstande war – sich verlor. Redl durfte in der »Redl-Affäre« nicht an seiner Statt entscheiden!

Während der Thronfolger Franz Ferdinand, der Oberbefehlshaber der Armee, all dies bedachte und zugleich dem ihm gegenüber sitzenden Generalstabsoffizier ins Gesicht sah – es war ein *Sehen,* kein Beobachten, kein Mustern mehr –, formulierte er im stillen die Sätze, die er gern gesagt hätte, in der »gegebenen Situation« aber nicht mehr sagen konnte; insgeheim formulierte er sogar Redls Antworten auf seine Sätze. Dieses Zwiegespräch, diese Unterhaltung zwischen den beiden »Offizieren«, hallte im Kopf des Thronfolgers etwa wie folgt wider, als hätte es zwischen Franz Ferdinand und Alfred Redl tatsächlich stattgefunden.

»Lieber Redl, ich kann in der ›Redl-Affäre‹ keine Entscheidung treffen. Ich bitte Sie, entscheiden Sie an meiner Statt. Wir sehen die Situation beide sehr deutlich, wir erkennen, daß die *Situation* äußerst schwerwiegend und peinlich ist, sowohl was die Armee anbetrifft, als auch im Hinblick auf die aufgebrachten Leser der Lemberger, Prager und Wiener Tageszeitungen, mit anderen Worten, auf die öffentliche Meinung im In- und Ausland. Natürlich ist der *Blickwinkel der Armee,* der eigentlich den ›Blickwinkel‹ des Reiches darstellt, dessen ranghoher Offizier Sie, Redl, sind, etwas *anderes* als das, was wir – nun schon gezwungenermaßen – den ›Blickwinkel‹ der öffentlichen Meinung im In- und Ausland nennen und eigentlich geringachten können.«

Und die Antwort des nunmehr mit Redls Kopf denkenden zukünftigen Imperators darauf lautete: »Ich bestehe auf einem unvoreingenommenen Gerichtsverfahren, dem eine sachgerechte Beweisaufnahme vorausgeht, welcher wiederum eine gleichfalls unvoreingenommene und sachgerechte Untersuchung vorausgehen sollte.«

»Ich verstehe Sie vollkommen. Ich verstehe auch, warum Sie keinen Anwalt wollen, der Sie vor dem Militärgericht, vor dem Militärstaatsanwalt verteidigt, warum Sie Ihre Verteidigung selbst übernehmen wollen. Seien wir ehrlich, Redl: ich brauche den Oberst Redl, aber ich brauche keine ›Redl-Affäre‹, selbst wenn Sie sich vor dem Kriegsgericht als Verdächtiger, als Angeklagter in Ihrem eigenen Strafprozeß *verteidigen* und sogar ein entlastendes Urteil erreichen sollten, was ich Ihnen von Herzen wünsche, obschon ich bereits darüber nachdenke, ob es überhaupt einen *Prozeß* in der ›Redl-Affäre‹ geben soll, oder ob wir diese ›Affäre‹ lieber ohne Prozeß, Untersuchung, Beweisaufnahme, Urteilsverkündung und -vollstreckung etc. abschließen. Verstehen Sie mich recht: *ich kann Ihnen nicht* die gesamte Untersuchung, die Beweisaufnahme, das Verhör der vom Staatsanwalt, vom Verteidiger, vom Auditor und von Ihnen wahrscheinlich in großer Zahl benannten Zeugen *anvertrauen, ausgerechnet Ihnen,* der sich in einem Prozeß wegen Vaterlandsverrat zu verantworten hat, falls ich überhaupt entscheide, daß es einen Prozeß geben soll. Aus diesem Prozeß würden Sie sich, Redl, das nehme ich als gesichert an, glatt herauswinden, Sie würden einen Freispruch erreichen – *mutatis mutandis*; schließlich waren seinerzeit auch die Franzosen gezwungen, den Rittmeister Dreyfus freizusprechen und ihn, den man zuvor in einer militärischen Zeremonie seines Ranges enthoben hat, wobei ein Gardist die Klinge seines Offizierssäbels über dem Knie zerbrach, verstehen Sie, *ent-*

zwei-brach, in einer militärischen Zeremonie wieder in seinen alten Rang zurückzuversetzen ...«

Der Thronfolger sann über Redls Antwort nach – in diesem einseitigen, nur in seinem Kopf ablaufenden Zwiegespräch –, und plötzlich fielen ihm die Griechisch- und Lateinlektionen ein, die jeder heranwachsende Habsburger herunterleiern mußte, um diese antiken, toten Sprachen, das Griechisch und das Latein, dann beim Studium der Kommandos, der Regiments-, Divisions-, Armeekorps- und schließlich Armeeführung sowie der Strategie und Taktik und der durch das Reglement vorgeschriebenen Befehle, weiterhin der Geographie, Kartenkunde und der offensiven – ungünstigenfalls der defensiven, also heimatverteidigenden – Strategie und Taktik ebenso *leicht* wieder zu vergessen, so *schwer* er sie sich angeeignet hatte, natürlich nur symbolisch, auf elementarer Stufe und *anstelle anderer Studien;* zum Beispiel spielten Astronomie, Biologie, Chemie, Botanik und Zoologie – *die Pferde ausgenommen* – bei den harten »Hausaufgaben« der heranwachsenden Habsburger überhaupt keine Rolle, Lektionen wurden ihnen, den Abkömmlingen einer Dynastie uralter Abstammung, in diesen Lehrfächern nicht aufgegeben, sie lernten, übten die *Wissenschaft*, mehr noch: die *Kunst des Herrschens*, um sie sich für die Zukunft anzueignen. Das forderte das vielgekrönte Haupt des Herrscherhauses, Franz Joseph I., von ihnen, im heiligen Namen des Reiches, als Pflicht der zur Habsburg-Dynastie gehörenden Erzherzöge und Kronprinzen.

Und jetzt, während er mitten in einem gedachten Zwiegespräch über die »Antwort« Redls nachsann, kamen ihm die einstigen Griechisch- und Lateinlektionen in den Sinn. Ihm ging durch den Kopf, ob Redl – wäre dieses Zwiegespräch nicht einseitig gewesen, würde *er* tatsächlich geantwortet haben – nicht Menander zitiert hätte:

»Ihr geht zugrunde! Die Arbeit ruht, und ich kann nicht mein Haus sich überlassen um euretwillen!«

Oder noch zynischer:

»Da unser Handwerk heilig ist, mag einen Tischler beleidigen, wer will, es tut ihm nichts.«

Aber Redl schwieg, er wußte nicht, daß zwischen ihm und dem Thronfolger ein Zwiegespräch »stattfand«, in des letzteren Kopf; da jedoch über sein weiteres Schicksal »geredet« wurde, schadete es nicht, wenn er selbst »mitredete«, und zwar in umgekehrter Rollenverteilung, auf eine Weise, in der er versuchte, mit dem Kopf des Thronfolgers zu denken, wie dieser zuvor umgekehrt in der Form von Frage und Antwort, wobei ihn letztere bei Menanders Zeilen stocken ließ.

Zwei Offiziere saßen sich gegenüber. Ein »gekrönter« und ein »dreigesternter«. Im großen und ganzen waren sie gleichaltrig. Alfred Redl hatte 1866 das Licht der Welt erblickt. In einem Jahr – des vergangenen Jahrhunderts immerhin – des Sieges und der Niederlage in der Geschichte des Reiches. Der Sieg Admiral Tegetthoffs auf der Adria, bei der Insel Lissa, über die viel stärkere Flotte des italienischen Admirals Persano. Tegetthoff war wie in einer früheren Seeschlacht, mit einem Manöver, das jetzt als veraltet galt, tollkühn mit seinem Flaggschiff, der *Ferdinand Max*, einfach drauflosgesegelt und hatte mit dem in die Schiffsnase eingebauten, eisenbeschlagenen Rammsporn – ein archaisches Einhorn – das Flaggschiff der Admiralität *Re d'Italia*, den Stolz der italienischen Flotte, versenkt; Admiral Persano, der kurz zuvor auf ein gepanzertes Kasemattschiff umgestiegen war, wurde später, unter Anklage der Feigheit und noch schwerwiegender: der Flucht vor dem Feind vor das Kriegsgericht gestellt. Der Befehlshaber der bei Königgrätz kämpfenden österreichischen Truppen jedoch, General Benedek, hatte sich als unfähig erwiesen, den Sieg über die preußische Armee zu erringen wie Admiral Tegetthoff auf der Adria, bei Lissa, trotz der Übermacht der italienischen Flotte. General Benedek war schon 1866 – wie 1859 in der Lombardei, in den Schlachten am Po und Ticino, die zu Solferino und dem schmachvollen Frieden von Villafrance führten – nicht imstande gewesen, die Niederlage zu umgehen, um wenigstens für die Diplomaten jene Situation zu schaffen, die für die Vereinbarung gewisser Bedingungen erforderlich war, nein: Königgrätz, 1866, katastrophale Niederlage durch die preußische Armee. Diese Niederlage war entscheidender als der Seesieg von Tegetthoff auf der Adria, bei der Insel Lissa. In diesem Jahr wurde Redl geboren. Franz Ferdinand kam 1863 zur Welt. Sie waren ein »Jahrgang«, eine Generation. Zwei Männer des vergangenen Jahrhunderts zu Beginn des 20. Jahrhunderts.

Oberst Redl erinnerte sich derweil an jenen Tag, als sich ihm erstmals die Gelegenheit geboten hatte, Franz Ferdinand zu begegnen, der seinerzeit gerade von seiner Reise um die Welt zurückgekehrt war, die er an Bord des Rammkreuzers *Königin Elisabeth* unternommen hatte. Diese Reise um die Welt war für den zukünftigen Imperator Österreichs – im Mannesalter – ebenso verbindlich wie das Lernen der toten Sprachen der Antike, des Griechischen und Lateins, in seiner Jugend. Damals diente Redl noch formal im Hauptmanns-, später Majorsrang bei der Truppe, erst in Galizien, in Lemberg, und Jahre später in der Görzer Garnison, als Offizier des Flotten- und Küstenschutz-Wachregimentes; tatsächlich aber war er schon damals als Kundschafts- und Abwehroffizier tätig – bezahlt vom Evidenzbüro –, obgleich nur wenige seiner Offizierskameraden dies ahnten. Franz Ferdinand aber wußte es anscheinend. Warum sonst hätte er ausgerechnet einem Offizier namens Redl sein Schiffstagebuch geschenkt, anläßlich seines Besuchs bei der Truppe? Sicherlich erinnerte sich der Thronfolger nicht mehr an den früheren Truppenoffizier, den Hauptmann, von denen zwölf auf ein Dutzend gingen, dem er sein Buch – mit Namen und Datum versehen – zum Geschenk machte, im »vergangenen Jahrhundert«. Oder vielleicht doch? *Tagebuch meiner Reise um die Erde* 1892–1893, »Logbuch«, verbesserte und ergänzte Höldersche Ausgabe mit vielen Illustrationen, 1896. Franz Ferdinand reiste nicht gern. Er, der in Prag »gedient hatte«, erhielt dort die Nachricht vom tragischen Tod des Kronprinzen Rudolf. Seine Majestät, Franz Joseph I., beorderte ihn umgehend nach Wien und ernannte ihn zum Befehlshaber des 9. k. u. k. Husarenregiments *Graf Nádasdy*, später zum Befehlshaber des 19. k. u. k. Infanterieregiments, das den Namen des – nunmehr toten – Thronfolgers *Kronprinz Rudolf* trug. Auf diesem Wege, diesem Befehlshaberwege, eilte der neue Thronfolger – von Manöver zu Manöver, immer höhere militärische Auszeichnungen erringend, sooft die *Blauen*, die eigenen Truppen, die *Roten*, die gedachten feindlichen Kräfte, vernichteten, auf gedachten Schlachtfeldern – dem Thron, der höchsten Würde als Imperator des Reiches entgegen. Anders war er als der »Matrose« Max, und er unterschied sich auch im Charakter, in seinen Fähigkeiten und im Gemüt von Rudolf, der nicht im Leonidasschen oder römischen Legionsbefehlshabersinne des Wortes »soldatisch« war, als echter Sohn der kapriziösen, unberechenbaren, dichtenden, zwischen Hochgebirgen, Meeresufern und Inseln beständig auf Reisen weilenden Elisabeth, der schönen Sissi. Franz Ferdinand, wenngleich kein zur Erde herabgestiegener Kriegsgott wie zum Beispiel der »Löwe von Custozza«, der Erzherzog Albrecht, war auf jeden Fall »soldatischer«, in seiner Haltung militanter und in seinen politischen Konzeptionen kombattanter als Rudolf, der *Reformer*. Dennoch ähnelten sie sich in einem Charakterzug: wie Rudolf, der als schon verheirateter Kronprinz gemeinsam mit der an seinem Rang in keinerlei Weise meßbaren Maria Vetsera jene Grenze überschritt, die der Mensch – solange wie möglich – zwischen Leben und Tod wahrt, heiratete auch Franz Ferdinand tief unter seinem Rang, als er Sophie zur Frau nahm, allen Drohungen und dem Verbot des Imperators von Österreich, des korporalsharten und puritanischen Franz Joseph I., zum Trotz. Dieses sollte ihm der jahrzehntelang herrschende Imperator nie verzeihen. Er selbst hatte vergessen, daß er sogar entgegen dem Rat seiner Mutter, der Herzogin Sophie, die großen Einfluß auf ihn ausübte, seine eigene Wahl getroffen hatte, in jenen alten, schönen Zeiten in der Mitte des vergangenen Jahrhunderts, die gegeben waren und vergangen sind, alldieweil er aus der königlichen Familie der bayrischen Wittelsbacher – dem Plan seiner Mutter zufolge – nicht Elisabeth, die schon in ihrer Jugend durch ihre Launen und ihr extremes Wesen, durch ihre Melancholie und ihre explodierende, skandalös-überströmende gute Laune bekannte Sissi um ihre Hand bitten und zur Frau hatte nehmen sollen, sondern deren ältere Schwester. In dieser einen Angelegenheit jedoch widersprach Franz Joseph I. seiner strengen und schwärmerisch liebenden und geliebten Mutter: er wählte Sissi, die leider, wie die für ihren Sohn schwärmende Mutter bemerkte und Franz Joseph I. als Familienvater später selbst erfahren sollte, viel äußere und, wie sich herausstellte, auch innere, »seelische« Ähnlichkeit mit dem »wahnsinnigen Ludwig« aufwies. Der »verrückte Ludwig«, dem Sissi ähnelte, erbaute nach dem Vorbild von Caracalla und Caligula – wiewohl er kein Epigone, kein Nachahmer war, nein, das nicht: er hatte gefährlich originelle Ideen – in München sein eigenes Rom, dieses düstere, bayrische »Rom«, und daneben Nymphenburg, sein Schloß voller Statuen, Springbrunnen, Alleen und Promenaden, das die nüchterne und energische und unendlich moralische, religiöse Mutter des jungen Habsburgers, der um die Wittelsbacher Prinzessin anhielt, die Erzherzogin Sophie, einfach eine »Lasterhöhle« nannte, Sodom und Gomorrha gleich, und darin irrte sie nicht, denn Ludwig, der »Verrückte«, war von melancholischer Natur und liebte sein Leben lang nur eine spanische Tänzerin, Lola Montez, die nackt in Nymphenburg tanzte; sie, die vermutlich Sadistin oder Masochistin war oder beides in einem, übertrug ihre verderblichen Eigenschaften auf den »verrückten« Ludwig ebenso wie ihre Lustseuche, die damals auch Blutkrankheit, Syphilis, Lues oder Neurolues hieß. Die schrecklichen Äußerungen der Königin Sophie über das Privatleben des »verrückten« Ludwig – Ludwig hatte *nur* sein Privatleben; seinen »Arbeitsbereich« als Herrscher hatte er seinen Ministern übertragen –, über die Orgien, die am hellichten Tag wie in der Nacht in Nymphenburg stattfanden: sie schreckten den jungen Imperator nicht, und er hielt um die Hand von Sissi an – obzwar die schönen Züge Elisabeths unheilverkündende Ähnlichkeit mit dem Gesicht des »verrückten« Ludwig zeigten, aber letztlich waren sie eines Blutes – und er verlobte sich mit ihr, nahm sie zur Frau und brachte sie nach Wien, an die Hofburg. Aber nun, als hätte er in seinem vorgerückten Alter dies alles vergessen, verachtete er seinen Sohn, den Kronprinzen Rudolf; weniger seiner absurden *Reformen* als Maria Vetseras wegen, in die er sich verliebt hatte. »Wie kann das sein?« fragte sich Franz Joseph I. mehrfach, aber niemand beantwortete ihm seine Frage, niemand wagte es, dem Kaiser ins Ohr zu flüstern: »Majestät, die Liebesleidenschaft hat keinen Grund, die Liebe, die Leidenschaft ist Grund genug, es bedarf keiner weiteren Erklärung.« Nach Rudolfs Freitod – »eines Schneidergesellen würdig«, wie Seine Majestät, Franz Joseph I., das Meyerlingsche »Werk« seines Sohnes und seiner Geliebten beurteilte – entschloß sich der Thronfolger Franz Ferdinand zu einem verzweifelten Schritt: am 1. Juli 1900 schloß er eine morganatische Ehe und nahm die ihm nicht ebenbürtige Sophie zur Frau, Gräfin Sophie Chotek von Chotkowa und Wognin, die, obwohl sie aus einer uralten tschechischen Adelsfamilie stammte, erst 1723, weil die Familie gerade erst 1702 in den Baronsrang erhoben worden war, den *tschechischen* Titel einer Gräfin – nebst Wappen – erhalten hatte. Erst 1760 erlangte die Familie Chotek auch das ungarische Indigenat. Eine tschechische Gräfin als Gemahlin des Thronerben der Habsburger, eine einfache »Burggräfin« in der Hofburg! So erzürnte sich der Kaiser und König Franz Joseph I., den Franz Ferdinand im Kreise seiner Vertrauten nur den »Kastellan« – einen mittelalterlichen Burgvogt oder Festungskommandanten – zu nennen pflegte. Diese schreckliche »cembal d'amour« hallte beständig in den Ohren des Kaisers wider, nicht nur in seinen Ohren, sondern auch in den Zellorganen des cäsarlichen Zentrosoms, des Zentralkörperchens. Der »greise Kastellan«, der »Burgvogt« des Reiches, dessen Sonne im Niedergang begriffen war, sollte fürderhin sowohl in der Burg als auch in Schönbrunn und Bad Ischl die Gesellschaft der Gräfin Sophie Chotek meiden, insofern er den Verdacht hegte, die »Komtesse« Chotek beschere ihm ein quälendes Leiden, einen Chasmus, ein krankhaftes Gähnen nervöser Herkunft. Anläßlich der morganatischen Eheschließung hatte der Kaiser und König Franz Joseph I. – der »Kastellan« des Reiches, der altgediente »Festungskommandant« – die tschechische Gräfin in den Rang einer Erbfürstin von Hohenberg erhoben; seinem Vertrauten, dem Oberstleutnant Auffenberg, gegenüber aber nannte er sie unerschütterlich nur die »tschechische Burggräfin« aus Chotkowa und Wognin, die sich – mit Ferdinands Leidenschaft spielend – in der Burg eingenistet hatte, an den jour fixes der Sternkreuzdamen und Palastdamen teilnahm, um sich dort in der Gesellschaft von Dichtern, Malern und Philosophen an ihren Titel einer Erbfürstin zu gewöhnen, die Waisenhäuser und Gratis-Milch-Vereine besuchte, ihren neuen Namen nennen zu hören: Fürstin von Hohenberg. Es gab genug Waisenhäuser im Reich, die die »tschechische Burggräfin« endlich glauben machen konnten, sie sei nicht mehr die, die sie war, sondern eine Erbfürstin von Hohenberg.

In einem Tonfall, als existiere gar keine »Redl-Affäre«, die einer dringlichen Lösung bedurfte, wandte sich Franz Ferdinand an Oberst Redl: »Sind Sie, Redl, damals, zur Zeit der Balkan-Kriege, Sir Edward Grey begegnet, den das Auswärtige Amt zur Inspektion an den Schauplatz entsandte?«

»Nein, Hoheit. Während des ersten Balkankrieges war Sir Edward Grey Britischer Sonderbotschafter in Konstantinopel. Allerdings hielt er sich nur selten im Botschaftsgebäude auf, weil er die Eigenart hatte, auf der *Cardiff* zu wohnen, die entweder im Bosporus vor Anker lag oder auf das Schwarze Meer, auf das Marmara-Meer oder zu den griechischen Inseln hin auslief, die vom Krieg ebenfalls betroffen waren; er hatte sein Büro auf dem Kreuzer eingerichtet und empfing dort seine Agenten.«

Nach dem großen europäischen Krieg, als die einzelnen Länder und Kronprovinzen der Monarchie nacheinander, gleichsam miteinander wetteifernd, die Habsburger für entthront proklamierten und sich selbst gleichzeitig für unabhängig, brachte dieser britische Kreuzer den ungarischen

König Karl IV., der zuvor als Kaiser von Österreich vertrieben worden war, als Gefangenen auf die Insel Madeira, den Ort seiner Verbannung, an dem er wenige Monate später verstarb. Das sollten jedoch weder Franz Ferdinand noch Oberst Redl jemals erfahren. Somit plauderten sie also weiter über den britischen Diplomaten Sir Edward Grey, der auf einem britischen Schlachtenkreuzer sein Büro eingerichtet hatte und von Bord aus aufmerksam die Entwicklung auf dem Balkan verfolgte, die Einmischung oder Nichteinmischung der Russen, die Schritte der Monarchie, das Schicksal Serbiens, Bulgariens, der Türkei, Griechenlands, Mazedoniens und Albaniens, wobei er gleichzeitig einen eventuellen Aufmarsch der britischen Kriegsmarine auf den Meeren dieses Hexenkessels, zum Zwecke der Abschreckung, erwog und ermaß.

»Sie haben ein ausgezeichnetes Gedächtnis, Redl. Selbst Max Ronge erkannte an, Sie seien ein ›wandelndes Gedächtnis‹.«

»Ich habe die *Cardiff* beobachten lassen. Einige bezahlte Leute auf türkischen, bulgarischen und griechischen Fischerbooten meldeten stets, wo die *Cardiff* vor Anker lag, beziehungsweise auf welches ›kleine Balkanmeer‹ sie gerade Kurs nahm, mit dem britischen ›Balkan-Sachverständigen‹, Sir Edward Grey, an Bord. Zur Zeit des zweiten Balkankrieges tat Sir Edward Grey im übrigen Dienst als britischer Geschäftsträger in Bukarest, und anschließend in Belgrad. In Wahrheit war er der Sonderbeauftragte Großbritanniens auf dem gesamten Balkan, der – mehrfach – skeptische Voraussagen traf in bezug auf die Balkan-Hegemonie der Monarchie . . .«

»Und Sie, Redl, teilen jetzt, im nachhinein, wahrscheinlich diese skeptischen Prophezeiungen des Briten, zumal Ihr persönliches Schicksal einen so verhängnisvollen Verlauf nahm?« fragte der Thronfolger, Redl unterbrechend, mit schroffer, schneidender Stimme.

»Ich habe das historische Schicksal des Reiches nie mit meinem persönlichen, individuellen Schicksal verquickt, Hoheit. Ich habe mich stets im vollen Maße mit der Realität, mit den Möglichkeiten des Reiches identifiziert, sowohl auf dem Balkan als auch außerhalb ... Mein Dienst hat mir die Sache des Reiches zu meiner eigenen Sache gemacht, Hoheit.«

»Ich fürchte, Redl, man wird Sie bald von diesem Dienst entbinden ... Aber zurück zur Mission des Sir Grey, oder besser gesagt dazu, wie Ihrer Meinung nach England auf einen eventuellen Präventivkrieg oder auf eine Strafexpedition gegen Serbien reagieren wird.«

»Die Briten werden zufrieden sein, denke ich.«

»Wie meinen Sie das?«

»Daß die Armee des Reiches, obwohl sie sich für stark genug hält, nicht imstande sein wird, einen gegen Serbien gerichteten, wirklich raschen Präventivkrieg, der einem russischen militärischen Eingreifen im klassischen Sinne des Wortes *zuvorkommt*, erfolgreich auszufechten, wird den Briten Grund genug zur Zufriedenheit sein. Das heißt also, die militärische Niederlage der Monarchie, zumindest ihr militärisches Zurückweichen ...«, sagte Redl nachdenklich. Die Wendung »Präventivkrieg im klassischen Sinne des Wortes« hatte er besonders, fast ironisch betont. Redl dachte dabei an die Werke Clausewitz', Gneisenaus, Scharnhorsts, Montecuccolis, Jacques des Giuberts, Henry Humphrey Evans Lloyds, die seinen Bücherbestand ausmachten, und obschon er das vom Thronfolger Franz Ferdinand noch zu seinen Dienstzeiten als Truppenoffizier erhaltene »Tagebuch meiner Reise um die Erde 1892–1893« aufbewahrte, das »Logbuch« des zukünftigen Imperators sogar gelesen hatte, stand es dennoch nicht in einem Regal zusammen mit den genannten Werken, sondern zwischen verschiedenen Reisebeschreibungen, die in volkstümlichen Ausgaben erschienen waren und in denen Redl – zur Erholung – manchmal blätterte. Der ironische Nachdruck, die Selbstironie, mit der Redl das Wort »Präventivkrieg« ausgesprochen hatte, verhüllte und verschleierte eigentlich folgendes: Hoheit, ich, Oberst Redl, führe und befehlige schon seit Jahren sowohl auf dem Balkan, als auch in Galizien den ›Präventivkrieg‹ des Reiches gegen seine äußeren und inneren Feinde. Doch sowohl Ironie als auch Selbstironie waren der Aufmerksamkeit des Thronfolgers entgangen. Dieser fragte und kombinierte weiter.

»Warum wären die Briten ›zufrieden‹, wenn wir, wie Sie sich ausdrücken, mit dem Präventivkrieg auf dem Balkan eine Niederlage erlitten? Das zöge doch sogleich das militärische Eingreifen der Russen nach sich . . .«

»Richtig, Hoheit! Und das wiederum hätte das unmittelbare militärische Eingreifen der Briten auf dem Balkan zur Folge, unter dem Vorwand Griechenlands oder Albaniens oder der Sandshak-Bahn; selbst auf den adriatischen Gewässern würde die Home Fleet aufziehen . . .«

»Nun, Redl, nehmen wir an, es wäre so . . . Was denken Sie, würde die deutsche Armee angesichts einer solchen militärischen Situation ein Landungsmanöver in Grönland riskieren? Würde sich die deutsche Flotte wieder Ziele in Kamerun oder Tsingtau oder direkt um Cape Hoorn herum suchen?«

»Ich glaube nicht, Hoheit, daß sich die deutsche Armee und die deutsche Flotte irgendwann, in einer beliebigen Situation, von den Gebieten entfernen würden, denen es vielmehr sich zu nähern gälte . . .«

»Und das heißt? Das Deutsche Reich greift an der Seite der Monarchie in den Balkankrieg ein . . . gegen die russische Offensive und, wenn nötig, auch gegen die Home Fleet!«

»Zweifellos, Hoheit. Und das bedeutet: Krieg in Europa, auf welchen die Streitkräfte der Monarchie, von der Flotte ganz zu schweigen, noch weniger vorbereitet sind als auf einen Präventivkrieg gegen Serbien.«

»Max Ronge bemerkte, Redl, Sie studierten ständig die englischen Zeitungen, läsen die Times. Oberst Ronge hat recht! Sie sind anglomanisch, anglophil . . . Glauben Sie, Sie sind der einzige Mensch in der Armee, der fähig ist, die Balkansituation zu beurteilen? Sie sind hochmütig, Redl . . . Max Ronge sagte mir, Sie führten auch *über mich* ein Dossier!«

»Das stimmt nicht, Hoheit! Max Ronge sagte das sicherlich nicht aus Argwilligkeit. Er nahm es einfach an, weil er alles mögliche annimmt. Ich bitte Sie, Hoheit, stellen Sie mich Oberst Ronge gegenüber, er soll seine Behauptung beweisen!«

»Leicht möglich, Redl, daß es bald zu dieser Gegenüberstellung kommt!«

»Dem werde ich mich stellen, Hoheit.«

»Warum leben Sie nicht mit Ihrer Frau zusammen?«

»Meine Frau ist schwerkrank. Sie lebt seit Jahren in einem Schweizer Sanatorium, im Ober-Engadin. Sie braucht Hochgebirgsluft.«

»Und Sie hatten nicht die Zeit, Ihre kranke Frau zu besuchen, Oberst?«

»Nein, Hoheit.«

»Aber Sie hatten Zeit, dem ebenfalls ›schwerkranken‹ Ersten Botschaftsrat Hugo von Huppert im Sanatorium Professor Konstantins einen Besuch abzustatten!«

»Ich fuhr hin, um ihn zu vernehmen, ich hatte den begründeten Verdacht . . .«

»Lassen wir das! Sie führten ein Dossier *über mich,* und zwar auf geheimen Befehl Seiner Majestät! Wollen Sie das leugnen?«

»Das stimmt nicht, Hoheit. Ein Dossier wurde zwar im Evidenzbüro geführt, aber über die Gemahlin Eurer Hoheit, Sophie Chotek, *tatsächlich* auf Befehl Seiner Majestät, denn Seine Majestät geruhten wortwörtlich zu erklären: ›Sophie Chotek? Ebenbürtigkeit! Gräfin! Ferdinand kann sie nicht heiraten! Der Rang einer Gräfin Chotek gilt bei Hofe ebensoviel wie der Rang einer *Hofdame* der Erzherzogin Isabella! Ein Thronfolger der Habsburger darf keine Frau heiraten, die von Geburt nicht *ebenbürtig* ist! Wenn nötig, ist die gnädige Frau Gräfin Sophie Chotek zu kompromittieren! Wenn nötig . . .‹ Diese Notiz, abgelegt im Panzerschrank des Evidenzbüros, habe ich *tatsächlich* gelesen. Mit der Anlage und Führung des Dossiers ›Gräfin Sophie Chotek‹ beauftragte Urbanski, seinerzeit Leiter der Abteilung, Max Ronge, der sich besser als andere auf derlei ›Angelegenheiten‹ versteht . . . Seine Majestät fragte Urbanski, wer für diese schwierige und streng vertrauliche ›Sache‹ – wie Seine Majestät das Leben der Gräfin Sophie Chotek nannte – am besten geeignet sei. Das war Max Ronge, damals, glaube ich, Hauptmann oder höchstens Major ... Das ist die Wahrheit, Hoheit! Und Tatsache ist auch, daß Ronge dies Eurer Hoheit verschwiegen hat!«

»Danke, Redl, das war geradeheraus gesprochen«, sagte der Thronfolger mit düsterer Miene und einem finsteren Blick auf das Bildnis des Imperators, Franz Joseph I. Und zerbrach einen Graphitstift, mit dem er gespielt hatte. Er zerbrach ihn zufällig und unwillkürlich und bückte sich auch gleich danach, womit er Oberst Redl zuvorkam, der die beiden Stücke des vom Armee-Oberbefehlshaber, vom Thronfolger zerbrochenen Bleistifts vom Teppich aufheben wollte. Zufällig berührten sich dabei die Hände der beiden Männer, der beiden Offiziere, und beide rissen mit einem hastigen Ruck die Hand nach dieser zwanghaft-ungewollten »Berührung« zurück.

»Was das betrifft, haben Sie, Oberst, wahrhaftig nicht unter Ihrem ›Rang‹ geheiratet, richtig? Die Baronesse Wilhelmine Wenckheim von Schweidnitz kann auf eine lange Reihe blaublütiger Ahnen zurückblicken ...«

»Ganz so ist es nicht, Hoheit. Die Familie erhielt Gut und Rang von einem der Vorfahren Eurer Hoheit verliehen, für die militärischen Verdienste eines Urahnen ...«

»Ja ...« Franz Ferdinand lachte. »›Adel durch Adelsbrief‹. Nun ja ... Aber Sie, Redl, beziehungsweise Ihr Vater, Großvater, Urgroßvater, Ururgroßvater, Urururgroßvater, Ihre Mutter, Großmutter, Urgroßmutter, Ururgroßmutter, Urururgroßmutter hatten noch nicht einmal einen ›Adelsbrief‹! Sie haben also wirklich eine gute Partie gemacht! Aber das ist eben ein sozusagen privates Glück, in *Ihrem* besonderen *Fall* vielleicht ein privates Unglück; das geht mich nichts an. Im übrigen wäre Ihrer Meinung nach die *Alternative* einer Strafexpedition gegen Serbien, eines eventuellen Präventivkrieges auf dem Balkan also, ein wiederum nur eventueller Präventivkrieg gegen Italien, den Hötzendorf, wie vor ihm Auffenberg, geradezu manisch beschwört, ›im Geiste Erzherzog Albrechts‹, wie er immer betont.«

»Es könnte eine Alternative sein, Hoheit, vor allem in der Theorie. Aber die praktische Folge für das Reich wäre eine noch größere Niederlage, womöglich die Katastrophe! Und erlauben Sie mir, Hoheit, das zu sagen: das *weiß* ich *nicht* aus der englischen Presse, wie Max Ronge glaubt, sondern *das ist meine* persönliche Überzeugung!«

»Redl, Sie haben, weil Sie von so exzentrischer Natur sind, einfach Ihr Geschick, Ihr ›gestrandetes‹ Geschick – wiewohl Sie Ihr Schicksalsschiff von schon einigen ›Sandbänken‹ ins *lebendige Wasser* zurückbrachten, indem Sie einfach, auf Seemannsart gesprochen, die Flut abwarteten und auf Ihren dunklen und trüben ›Gewässern‹ weiter navigierten – von den ›Geschicken‹ der Monarchie, des Reiches abhängig gemacht, aber vergessen Sie nicht: das Schicksal des Reiches hängt *nicht* von Oberst Redl ab ebensowenig wie – und das ist meine Vorahnung – das Schicksal Oberst Redls noch von Oberst Redl abhängt. *Per nota bene!*«

Wieder mochten dem Thronfolger die Erinnerungen an einstige oberflächlich gelernte Lateinlektionen durchs Hirn gehuscht sein, weil er Redl gleichsam liebevoll, zumindest mitleidig ansah.

»Wissen Sie, Oberst, wie oft ich als Kind mit meinen kleinen Bleisoldaten und Spielzeugkanonen die Schlacht von Königgrätz nachspielte? Oh, und ich habe oft gewonnen! Im Sandkasten ... Auch die Schlachten des Prinzen Eugen habe ich nachgespielt ... Das ist lange her. Meiner Meinung nach wollen die europäischen Großmächte Österreich den Balkankonflikt aufzwingen. Der preußische Generalstab rechnet womöglich damit ... Nun, aber wie kann die einzig mögliche Antwort unsererseits anders lauten, Redl, als daß wir den Dingen zuvorkommen, faktisch und auf lange Sicht den Balkan-Konflikt selbst regeln? Sagen Sie, Redl, wann haben Sie zum letzten Mal gebeichtet?«

»Ich weiß nicht, Hoheit. Vielleicht an der Kadettenanstalt ...«

Der Thronfolger lachte. »Ja? Und was haben Sie dort gebeichtet?«

»Ich entsinne mich nicht mehr, Hoheit. Vielleicht eine klitzekleine Sünde ...«

»Eine *Schlafsaalsünde* womöglich?«

»Ich erinnere mich nicht, Hoheit.«

»Und seither waren Sie nicht mehr zur Beichte?«

»Nein, Hoheit.«

»Geben Sie mir Ihr Offiziersehrenwort, daß Sie die Hauptstadt des Reiches nicht verlassen!«

»Es steht nicht in meiner Absicht wegzufahren, Hoheit. Aber wenn mich Hoheit um mein Offiziersehrenwort bitten: ich gebe es hiermit. Ich werde Wien nicht verlassen.«

»Gut. Dann werde ich dem Generalstab sowie der völlig unnötig in diese Sache verwickelten Polizei, dem Innenminister also, die Anweisung geben, Sie nicht in Gewahrsam zu nehmen. Das wär's, Redl. Sie können abtreten! Sie können ... jetzt ... gehen«, fügte der Armee-Oberbefehlshaber, der Thronfolger Franz Ferdinand, leise und nachdenklich hinzu. Redl schlug die Hacken zusammen, machte kehrt und verließ das Empfangszimmer des Thronfolgers.

Nein, Oberst Redl sollte Wien nie mehr verlassen, weder mit dem Luftschiff, wie Leon Gambetta Paris, noch mit dem Automobil oder der Eisenbahn noch in einem Sonderzug oder als Meisterschütze und Kunstreiter im Gefolge eines Wanderzirkus noch per pedes. Obschon er ein Ziel gehabt hätte. Albina Sabina Seymour hatte ihm kundgetan, sie halte sich gerade am Ufer des Chiemsees, des »bayrischen Meeres«, auf und würde – wenn nötig – eine Woche dort – im Hotel Traun – bleiben; täglich fahre sie mit dem ersten Dampfschiff auf die Insel Herrenwörth hinüber, um eine Stunde in dem Nadelwald rund um das Benediktinerkloster aus dem 8. Jahrhundert zu verbringen. Anschließend »besichtige« sie eine Stunde lang das berüchtigte Schloß Ludwig II. und setze mit dem Mittagsschiff auf die Insel Frauenwörth über, wo sie gleichfalls vor einem Benediktinerkloster aus dem 8. Jahrhundert spazierengehen, sich umsehen, eventuell auch

Fischerhütten in Augenschein nehmen würde, um dann mit dem Abendschiff ins Hotel Traun zurückzukehren. Redl würde sie jedenfalls an diesen Orten im »bayrischen Meer«, auf diesen Inseln finden. Der Oberst fuhr nicht an den Chiemsee, obzwar er als junger Offizier das »bayrische Meer«, die Inseln Herrenwörth und Frauenwörth, den Prien, die anderthalbtausend Meter hohen, felsig-zerklüfteten, schneebedeckten Gipfel der Hochplatte, des Hochgern und Hochfellen sowie die den See umgebenden, in Nebel getauchten Nadelhochwälder bereist hatte, sich gern daran erinnerte und sich danach sehnte, sie wiederzusehen. Dabei hätte, wie es Redl rasch durch den Kopf ging, diese kleine Reise an den Chiemsee, an das »bayrische Meer«, demselben Zweck dienen können wie die *chiamata*, der scheinbar ungedeckte Bereich beim Fechten, der den Gegner zu einem Fehlangriff verleiten soll. Er hatte jedoch keine Lust, zu »fechten«.

Generalstabsoberst Alfred Redl ahnte nicht, wie sehr den Thronfolger ihr – in der Musiksprache – staccato-ostinato geführtes »Gespräch« erschöpft hatte, geschweige denn das einseitige »Zwiegespräch«, bei dem Franz Ferdinand in dem Bemühen, bald mit seinem, bald mit Redls Kopf zu denken und zu erwägen, gezwungen war, auch auf seine eigenen Fragen – die er in Anbetracht seines Ranges nicht offen aussprechen konnte – anstelle Redls, des *Gefragten* also, eine Antwort zu finden. Redl selbst hatte den Thronfolger frisch und im Vollgefühl seiner Kraft verlassen, und der Kern, das Zentrum, der Brennpunkt dieser Kraft war – paradoxerweise – die Resignation, das Empfinden, das *Nichts* handgreiflich spüren zu können, und das sichere Wissen, daß der Mensch an die Wirklichkeit nicht als Wirklichkeit, sondern als Möglichkeit denken sollte; Resignation als ein Schauer der Freude, als das Wissen um Vollendung und Vollendetsein, ja als die Erkenntnis dessen, während der *Wille* »gewichtig« und gelassen »Wache steht« an einem »Ort«, der nicht zu bewachen ist, dessen Grenzschranke man sowohl ohne Parole als auch ohne höheren Befehl, der die Wache zwingt, den Ankömmling einzulassen, überschreiten kann. Redls Resignation war, um seine Stimmung an diesem Tage richtig zu benennen, eine Art Gelöstheit, ein Gefühl, das er erstmals in seinem Leben empfand: er war nett zu sich selbst, er liebte sich und vergaß dabei gleichsam sich und *alles andere,* was ihn beständig mit Nachdruck und Disziplin gezwungen hatte, sich seiner zu erinnern, mit dieser erträglichen inneren Sichtweise, mit dieser in seinem Verhalten vorgeprägten Distanz, als erinnere er sich seiner selbst wie *eines Fremden.*

Eines jedoch ahnte er in seinem freudevollen, in Herz und Körper, wenngleich langsam, doch so vieles bewegenden einsamen Rausch der Resignation nicht: daß zur selben Zeit, da er beim Thronfolger war und mit diesem »über sich« »plauderte« – wiewohl er, seinerseits, wortlos – und auch ganz »beiläufig«, wie ein Offizier mit dem anderen, über das Reich, für dessen Schicksal sie, jeder auf seine Weise, verantwortlich waren, Katalin von Kubinyi zu Alsó- und Felsőkubiny in der ältesten Kirche Wiens, die dem Heiligen Rupprecht, der den Märtyrertod starb, geweiht ist, auf einem Schemel kniend für ihn betete. Redl wäre überrascht gewesen, hätte er das gewußt, ja diese Kniende sehen können, die für ihn betete-bat, ihr Gebet zum Allmächtigen sandte, zumal er – wie Redl auf die direkte Frage Franz Ferdinands auch direkt geantwortet hatte – seines Wissens letztmalig an der Kadettenanstalt, als Kadett gebeichtet und dort, an Ort und Stelle, vom Seelsorger der Kaserne, Vergebung für seine Sünden erhalten hatte. Redl hatte vor langer Zeit gebeichtet, und Katalin, die schon lange nicht mehr gebetet hatte, sprach jetzt in der Kirche, die nach dem heiliggesprochenen Kreuzritter Rupprecht benannt ist, ein Gebet für ihn, zu dem sie anstelle der üblichen Worte andere fand, gleichsam zu sich selbst sprach. Nachdem sie mit leichter Hand das Kreuz geschlagen, mit den in das Weihwasser getauchten Fingerspitzen erst die Stirn, dann die Nabelgegend, die linke und die rechte Brust berührt hatte, kniete sie irgendwie auf dem Schemel nieder und richtete sich dort ein wie jemand, der lange nicht aufstehen will; allerdings fiel ihr nicht einmal das Vaterunser ein, so nervös, wie sie war. Ihre Haltung aber wirkte außerordentlich feierlich, sie haspelte die Worte herunter, ihre Augen füllten sich mit Tränen, sie war außerstande, sich Gott vorstellen zu können, zu bekennen, wer sie war, wozu sie betete, so flehentlich, dringlich und drängend:

Mein Schöpfer und Gott, erbarme dich!

Hier stockte sie, sprach aber gleich weiter – deutsch in ihrer Hast –, damit der Allmächtige nicht das egoistisch-ehrlich Auffordernde ihres Gebetes wahrnahm, das der Demut ermangelte, des In-Sich-Versenkens.

Es gibt kein Scheitern ohne Hoffnung –
keine Finsternis ohne Stern –
keinen Sturm ohne rettenden Hafen . . .

Katalin bemerkte, daß sie mit ihrem Gebet Gott selbst auf die göttliche Offenbarung hinwies. Deshalb fuhr sie nach kurzer Pause fort:

Liebe kennt keine Grenzen . . .

Das wiederum klang, als gemahne sie Gott nicht allein an gewisse Worte, die Christus gesprochen hatte, sondern belehre den Allmächtigen über Dinge, die die Menschen nur von IHM wissen konnten. So setzte sie also ihr zweisprachiges Gebet fort, wohl wissend, daß Gott keines Dolmetschers bedurfte, weil die menschliche Sprache für ihn *eines* war: ein Flehen, ein Zeichen dessen, daß sie lebten, und die Bitte um Gnade, weil sie so lebten, wie sie lebten.

Gott ist immer größer als wir Menschen,
auch größer als unser Versagen.
Leben ist stärker als der Tod.

Aber Katalin war sich eben dieses letzten Satzes nicht ganz gewiß, besser gesagt, sie wollte – um der Erhörung ihres Gebetes willen – keine Gewißheit über die Gewißheit dieses Satzes erlangen, deshalb raffte sie sich wieder auf – im wahrsten Sinne des Wortes, zumal sie ihren knöchellangen Rock, der weit über dem Knöchel in einem schwarz durchbrochenen, gemusterten Saum endete, einfach wie eine Garbenbinderin hochzog –, kniete sich auf die naturfarbenen Goldseidenstrümpfe und sprach weiter ihr dringliches Gebet an den Allmächtigen.

Das Leben für den Bruder einsetzen,
um es zusammen mit dem seinen zu retten.

Sie stand vom Schemel auf. Mehr konnte sie von Gott nicht erbitten, mehr konnte sie Gott nicht raten, sie wußte nichts mehr zu sagen, weil sie fürchtete, der, zu dem sie betete, existiere gar nicht, und falls doch, könnte ihr Gebet erhören, von ihr um eines anderen willen gesprochen, nicht, weil sie sündig war und ungläubig. Katalin hörte, wie ihre Gelenke knackten, mit solcher Kraft hatte sie die Finger verschränkt. Die Hände wurden weiß, als wiche das Blut aus ihnen. Die Ringe an ihren Fingern kratzten laut aneinander. Sie empfand Angst. Zweierlei Furcht erfüllte ihr Wesen: daß es keinen Gott gab ... daß es doch einen Gott gab. Und dann wäre sie, die Schöpfung, die durch Gott existierte, Gott gefällig, so, wie sie war. Aber wie war sie? Sie fühlte sich nackt. Sie fühlte sich wie ein Nichts. Sie fürchtete sich, die Arme. Sie empfand nichts als die Angst und ihre Blöße und das Gefühl, sie selbst habe sich entblößt, und diese Blöße *offenbare nichts vor ihr,* und das war ihre Sünde und zugleich auch geringe Freude; damit gesellte sich eine neue, eine andere Angst hinzu, ähnlich dem Gefühl der Hingabe, der Aufnahme des anderen Körpers, das Empfinden des *eigenen* Körpers vor dem Liebesakt in dem Augenblick, da er aufhört, ein eigener, unser eigener Körper zu sein. Sie blickte auf, sie sah niemanden. Sie fühlte ihre Wäsche und das Kleid an ihrem Körper, Schuhe und Strümpfe an Füßen und Schenkeln, das Mieder um die Taille, sie spürte den Büstenhalter an sich und empfand dennoch die Nacktheit ihrer Brüste, ihres Bauchs, ihres ganzen, knienden Körpers mit Schultern, Rücken und Hüften, sie fühlte das Dreieck ihrer dunklen Schambehaarung aufreizend nackt, gewaltsam entkleidet durch DEN, zu dem sie betete. In ihrer Scham, als splitternackte Frau dort auf dem Schemel zu knien, vergaß sie für einen langen Augenblick sogar den Menschen, für den zu beten sie niedergekniet war. Sie betete für sich selbst. Endlich betete sie nur noch, damit die Furcht schwand, damit sie – ob mit oder ohne Gott – nicht länger nackt war, ein maßloses-machtloses weibliches Ungeheuer, das die Welt bedrohte, ein unglückliches menschliches Scheusal. Sie flüchtete gleichsam aus der Kirche, floh vor dem Erlöser, von dem sie wußte, er war der Sohn, der Mann, der Herr, dem sie sich nicht mit Leib und Seele – losgelöst von sich selbst – offenbaren konnte. Sie wußte, sie spürte: in ihrer Nacktheit gehörte sie ihm, dem Erlöser, und sie floh vor diesem Gefühl, hüllenlos. Beim Verlassen der Kirche hatte sie das deutliche Empfinden, sie habe kein Gesicht und keinen Namen, sie habe nur einen Leib, einen nackten Leib, und allein um dessentwillen, um Erlösung von dieser Blöße, hatte sie beten müssen, um nichts sonst. Der hoffnungsvolle Gedanke, Gott, der Erlöser, sei selbst nackt wie die Menschen, kam ihr gar nicht. Sie wäre fähig gewesen, sich winselnd irgendwo zu verkriechen, ohne darauf zu hoffen, daß sich als Zuflucht – kraft der erbetenen Gnade – jener *eine, der andere* Mensch findet auf der Welt, der uns Gefährte in Leib und Seele ist, das verlorene Abbild, das andersgeschlechtliche, der Gefährte unserer leiblichen und seelischen Verschwendung, unserer Nacktheit, die wir selbst nicht erkennen, als habe er, dieser andere, uns den Blick verstellt mit seiner eigenen Blöße als Hindernis. Sie aber nahm die Furcht und alle Ängste auf sich – als Blitzableiter? –, als Vogelscheuche, damit der Same bleibe, der ausgesäte Same in der wilden, ersten Saat, die keine Ähren trägt, kein mahlfertiges Getreide, kein eßbares Brot erbringt, und so führte diese archaische »Agrikultur« – zwischen Redl und Katalin – nie an einen gedeckten Tisch, konnte nicht dahinführen, obzwar sie beide, mit dem Recht der unverschuldeten Schuld gewissermaßen, gerade auf dieses letzte Gedeck warteten, tapfer und schön, sich ihren animalischen Appetit aufeinander bewahrend ... »Disziplin!« befahl, forderte von sich die nackte

Katalin mit diesem Wort, das für sie keine Bedeutung hatte, zumal sie sich, ihren Körper, in jedem gedachten oder ausgesprochenen Wort nackt fühlte, unverhüllbar, unverbergbar, in einem anderen weder zu verstecken noch zu offenbaren. Wie nackt muß da der Körper sein, wenn die vom Körper handelnden Worte, allein die von der Nacktheit handelnden Worte, wenn alles Aussprechbare – unvollständig und unvollkommen – alles erfaßt, was nicht aussprechbar ist, was man mit dem Körper sagen müßte, nicht mit Worten, Lippen, Stimme, auch nicht mit unseren *Erinnerungen,* denen wir mit unserem *Leben* so ferngerückt sind. Katalin spürte zugleich, wie mächtig ihre Nacktheit war, selbst dann, wenn sie sich am meisten vor ihr fürchtete. Würdevoll war diese Nacktheit, denn sie mußte sich nicht dazu entkleiden, sie war nackt für ein Leben, in ihrem Tageskleid sogar. Ob Gott, der Schöpfer unseres Lebens – *unserer Leben* – wohl auch Schöpfer *unserer Erinnerungen* war, der Erinnerungen an unser von ihm erhaltenes Leben und an all das, was wir gar nicht erst lebten? Katalin, die bloße Angst, wäre fähig gewesen, sich irgendwo zu verkriechen, winselnd irgendwo, von irgend jemandem einen *Platz* zu fordern, damit sie nicht der Preis sei für die Erfüllung dieser Bitte, damit sie bleibe, was sie, obwohl geworden, zum Trotz niemals war. Sie bekam Angst. Sie fürchtete sich. Sie war nackt. Sehr nackt. Eine nackte Frau, die betete, die nackt betete. Und die davor erschrak, daß auch der Erlöser nackt war. In diesem Erschrekken erkannte Katalin ihre naturwidrige, weibliche Nacktheit gegenüber der kämpferischen, jungfräulichen, knabenhaften Nacktheit des Erlösers. Gefühle und Gedanken fallen niemals zusammen. Wir werden niemals in der Lage sein zu denken, was wir fühlen, wir können niemals fähig sein zu fühlen, was wir denken. Wenn überhaupt in ihrem Leben, dann fühlte Katalin jetzt, da sie für ihren Freund betete, daß sie nur um ihrer selbst willen betete, nur für sich, damit sie, die Frau, der Mensch, nicht nackt sei. Wieder und wieder empfand sie dasselbe: den Wunsch, sich winselnd irgendwo verkriechen zu können, und sie wagte dabei nicht zu hoffen, daß diese – kraft der erflehten Gnade – erbetene und erbetete Zuflucht *ein*, *der* andere Mensch war, die verlockende und erschreckende Nacktheit des anderen, der in seiner eigenen Nacktheit endlich die des sich nähernden Gefährten erkennt und darin Freude, darin Ruhe findet. Welche Läuterung, welche Selbsterkenntnis hätte für die angstgewordene Katalin und die katalingewordene Angst, für die Frau, die sich zwischen der in ihrer Blöße erlittenen Furcht und der Furcht um ihren Körper sowie dem offensichtlichen Empfinden dieser Furcht nackt und als Nackte fühlte, das Wissen des Gefährten, die Erinnerung des Gefährten, das Leben des Gefährten mit ihr sein können! Mit ihr! Sie wußte: es war zu spät. Sie floh vor ihrer Nacktheit, floh aus der Kirche. Die Kirche hatte ihr nur diese Nacktheit gezeigt. Sonst nichts. Die zitternde, schwitzende Frau. Nicht der Schemel, nicht der Platz des Gläubigen vor dem Erlöser, der einmal erscheinen, der wiederkehren wird, gereute Katalin, sondern der, den wir unseren Gefährten nennen, den wir wagen an unserer Statt dem Erlöser zu offenbaren. Unseren Gefährten, an unserer Statt, unsere Zuflucht. Den unbekannten anderen. Der unser Abbild ist. Das Leben scheint lange Zeit so lang zu sein, daß wir nicht unser Schicksal darin sehen, sondern eine offene Reihe von Zufällen. Die Nacktheit ihres Leibes aber hatte Katalin verwirrt. Damit konnte sie nicht spielen, damit konnte sie nichts anfangen. Das war sie selbst, splitterfasernackt, eine Frau, bloß und hüllenlos, bedeckt nur von den Flammen und der Scham, der Scham, daß sie, obgleich sie aufgebrochen war, für den vermeintlichen-erhofften-erkorenen Gefährten ihres Lebens zu beten, am Ende um ihrer selbst willen betete, inbrünstig flehte, sie möge nicht länger bar und bloß bleiben, eine erschreckte Frau, ein vieles versprechender Mensch, ein Irrender mit flüsternden Worten, der wagte, für einen anderen zu beten, wiewohl er eher Grund hätte zu schweigen, zu reden und zwischen diesen Extremen einen Platz auszuwählen, der hier ist, hier und nicht woanders. Das ist mein Platz, Herr, auf dieser Welt, in diesem Leben. In diesem Augenblick war Katalin nicht Katalin. In diesem Augenblick, in dem sie die Kirche, das Haus Gottes, mit ihrem Leben verließ, war Katalin die Angst, die

Furcht selbst, und Katalin, die stets auch andere um sich verschönende Katalin, rief plötzlich, wie in tief hinabgelassenen Netzen, die eigene Freiheit zu sich als Gefangenen, die Nacktheit, vor der sie geflohen war, zu Angst und Schrecken erstarrt, um sich hüllenlos, körperlich nackt, bar und bloß dem Gekreuzigten zu nähern. Sie fürchtete sich. Sie fühlte, sah und wußte: sie war nackt. Zum ersten Mal in ihrem Leben wußte sie nichts mit den Worten anzufangen, die sie sprach. Und dennoch sagte sie sie. Aber Spiel und Spaß waren vorbei, dahin, für jetzo und immerdar. Der gegebene Augenblick gemahnte an vergangene Zeiten, verwies auf sie und mahnte, auch der möge sein ungebrochenes Ich bewahren, der »eigentlich« schon verloren war für sich, dessen persönlichen Horizont bunte Täler, Abgründe oder auch Gipfel verbargen; das Sichtbare ist weder menschlich noch unmenschlich genug, um mit stockendem Atem, mutig und glücklich alles sehen und erfahren zu können, was einem vor Augen steht, was aber auch, ohne sichtbar zu sein, in der Welt geschieht, vonstatten geht, sich zuträgt oder ereignet, was strömt und fließt, um dann zu gefrieren und später tatsächlich zu verschwinden wie das Augenpaar, das es neugierig schaute. Katalin konnte schweigen von Katalin. Katalin konnte nicht schweigen von Redl, der ihre erschreckende Nacktheit von den durchscheinenden, den durchsichtigen Kleidern hätte befreien können, von der ganzen erlittenen lieb-quälenden »Katalinhaftigkeit«. Redl aber merkte schon längst nicht mehr auf, Redl hatte Katalin, mit den Gefahren und der Erschöpfung spielend, der Welt übergeben, die er selbst zu verlassen sich anschickte – von sich erholt und in dem Bewußtsein, die Person, die er war, bei ihrem Leben ertappt zu haben. Vielleicht war Redl auch nur imstande, den Ansprüchen zu genügen, die er an seine Person stellte, weil er wußte – vielmehr erlebt hatte –, daß es eine Katalin gab, die ähnlich unwirklich war in der wirklichen Welt, im täglichen Leben, die ebenso wach und mutig vom Unmöglichen träumte, die sich ebenso ihrer erschreckenden Nacktheit schämte wie er, der sich schon in diese Nacktheit gehüllt hatte. Hätte Katalin gewußt, was sie Redl bedeutete, sie würde sicherlich demütig den Mut gefaßt haben, Katalin zu sein. Sie wußte es nicht. Sie erfuhr es nie. Katalin glaubte an einen glücklichen Ausgang der Dinge, aber in einem irrte sie sehr: sie glaubte, Redl würde unfähig sein, Redl in die Augen zu sehen, sobald Redl Redl fürchten mußte.

Woher und von wem hätte diese Frau, die in der Taufe den Namen Katalin erhalten hatte, die ungläubig ihr Gebet für ihren Freund sprach, auch wissen sollen, daß *ihr Freund* – Oberst Redl, der einstige, halbwüchsige Kadett aus dem »vergangenen Jahrhundert« – bereits jenseits aller Gebete war, bereits auf dem Limes des Reiches stand, allein war und in dieser Einsamkeit endgültig mit allem abgerechnet hatte, was *Redl für Redl* bedeutete, was *er sich selbst wert war*, gesättigt von der Vielfalt der Welt und wissend um die Vielfalt des Lebens (sie fühlend und liebend), wenngleich außerhalb dieser Welt, wie ein Gegenstand, wie *eine lebendige Waffe*, falsch eingesetzt von jenen, die sie gebrauchten. Dieser Offizier, dessen strahlender Stern so plötzlich zu einer Sternschnuppe geworden war, achtete nicht länger auf seine Feinde.

Den Thronfolger Franz Ferdinand hatte das – zum größten Teil einseitig – geführte Gespräch mit Oberst Redl zutiefst erschöpft. Er ignorierte jede Audienz, jeden Rapport, jedes Programm sowie jede zu leistende Unterschrift und sagte alle Termine ab. Er ging heim zu Sophie. Für ihn bedeutete das lediglich, einige Zimmer und Säle, ein paar tapezierte Korridore zu durchqueren, aber selbst diesen so oft zurückgelegten, kurzen Weg empfand er an diesem Tag als ermüdend. Er legte sich auf eine mit einem Bärenfell bedeckte Liegestatt und schloß die Augen. Sophie erschien nach einer kurzen Weile. Die Gräfin Sophie Chotek, aus der erzwungenen-ertrotzten Gnade Seiner Majestät Franz Joseph I. heraus nunmehr Sophie, Erbfürstin von Hohenberg und Gemahlin des Thronfolgers, vernahm aus dem Munde ihres Gatten die bislang alarmierendste, unerwartetste Frage ihres gemeinsamen Lebens: »Sophie, seien Sie ehrlich, haben Sie jemals gehört ... sagen Sie es mir offen heraus, ohne Umschweife. Sophie, liebe Sophie, nennen Sie mir eine Armee in der Weltgeschichte, die sich den *Liberalismus* aufs Panier geschrieben hat anstelle der Verteidigung der Heimat und der Befriedung des Reiches, um den Preis der Vernichtung ihrer Feinde! Gab es eine solche Armee in der Weltgeschichte?«

»Nein, wohl kaum ... Eine solche Armee hat es in der Weltgeschichte nicht geben können, Ferdinand«, sagte Sophie leise und warf einen forschenden Blick auf das Gesicht ihres Gatten. Der Thronfolger sprang von der Liege auf. Sollte er nicht bemerkt haben, daß er nicht mehr mit dem Generalstabsoberst Redl, sondern mit seiner Gemahlin Sophie sprach? War er zu erschöpft? Redete er vielleicht mit sich selbst, stellte Fragen, die er zugleich auch beantwortete?

»Und wird es auch nicht geben!« brüllte er in einer Lautstärke, die Gräfin Sophie Chotek, nunmehr Sophie, Erbfürstin von Hohenberg, einen Schritt zurückweichen ließ. Und sie tat gleich noch einen Schritt rückwärts, wenngleich einen kleineren.

»Niemals wird es sie geben! Wir haben das zwanzigste Jahrhundert! Ich werde mit allen Mitteln, um jeden Preis diesen schrecklichen Traditionen ein Ende setzen, und zwar rechtzeitig, denn was ist der Balkan heute? Ein Pulverfaß, dessen Lunte schon brennt ... Ja, ich werde dem ein Ende machen, daß die Armee ständig nur Manöver abhält, die Flotte zu Anstandsbesuchen ausläuft und aus ›Kohlenmangel‹ nur verkürzte, symbolische Manöver ausführt, vor Otranto, während die Italiener auf Abessinien, Somali und Libyen erpicht sind und Schlachtschiffe bauen, Kreuzer, Kanonenboote und Unterseeboote! Mit allen Mitteln und um jeden Preis werde ich eine Armee aufstellen, die nicht nur aus paradierenden, manövrierenden, mit dem Kreuz des Ordens der Eisernen Krone was weiß ich welcher Klasse ausgezeichneten Idioten und Kaiserjagdveteranen besteht! Das moralische Gesetz offenbart sich nicht in der Weltgeschichte, sondern in Männern, die es als ihre *Mission* ansehen, das moralische Gesetz zu offenbaren, indem sie Geschichte *machen* und nicht *feiern*, als wäre sie ein Besitz, eine Provinz wie Galizien oder Ungarn ... Von mir aus kann Seine Majestät, der Kaiser, mit seiner Kriegsjacht Jahr für Jahr dem Heiligen Grab in Jerusalem seinen Besuch abstatten! Mag er dort auf den Knien liegen, immerhin gibt es genug, um dessentwillen er Gott um Vergebung bitten muß! Ob so oder so, jedenfalls hat sein *korporalhaftes* Verhalten etwas mit dem Tod von Rudolf und Elisabeth zu tun!«

»Ferdinand! Ich bitte dich ... Was hat dich so erregt? Haben die Serben uns den Krieg erklärt? Oder etwa der Zar? Möchtest du einen Kognak? Soll ich dir einen feuchten Umschlag machen? Magst du etwas essen? Leg dich wieder auf den Diwan ... Oder sollte man dich wiederum meinetwegen gekränkt haben? Bald reisen wir nach Sarajevo, wohin du dich so sehnst, um endlich Ordnung zu schaffen ...«

»Wir fahren erst im nächsten Jahr nach Sarajevo, Sophie. Ich mußte die Reise verschieben.«

»Schade, wir hätten auf der Rückfahrt nach Wien eine Schiffsreise auf der Adria einlegen können. Auf dem Meer hättest du dich sicher gut erholt, du bist sehr erschöpft, Ferdinand!«

»Ich habe dich schon oft gebeten, Sophie, du möchtest Sissi – Elisabeth! – nicht imitieren. Die Reise ist verschoben. Auf nächstes Jahr.«

»Nur du weißt, warum. Sicherlich weißt du es. Dabei hatte ich schon gepackt ... Willst du dich nicht hinlegen? Oder ausreiten? Es ist ein so schöner Maienabend ...« – »Nein, Sophie«, lautete die Antwort. Sophie: »Gut. Dann eben nicht.«

Armeekorps-Generalstabsoberst Alfred Redl, eigentlicher Chef des Evidenzbüros, nahm seinen Weg zum Graben, wobei er beobachtete, wie er beobachtet wurde. Anschließend schlenderte er durch die Kärtnerstraße und bog in eine enge Gasse ein, in der Kirche und Ordenshaus des Deutschen Ritterordens das einzige *nicht* »diesseitige« Gebäude war; eigentlich war es auch gar kein Gebäude, sondern lediglich ein mit Mauern umgebener *Platz* für die Jahrhunderte und die Seelen derer, die in diesen Jahrhunderten gelebt hatten, gemäß den strengen Gelübden und Regeln ihres Ordens. Kirche und Ordenshaus des Deutschritterordens waren durch Mietshäuser immer mehr in ihre kämpferische Vergangenheit zurückgedrängt worden, in denen jetzt, zu Beginn des zwanzigsten Jahrhunderts, friedliche Bürger lebten, Kaufleute, Handwerksmeister, Ärzte und Anwälte mit ihren »dandyhaften« oder außerordentlich fleißigen Söhnen und ihren trotz bürgerlicher Abstammung der Mitgift nach sehr »standesgemäßen« heiratsfähigen Töchtern, die, sobald sie aus dieser stillen Gasse zum Rendezvous aufbrachen – in die Konditorei Demel oder in die Kaffeehäuser des Grabens, der Herrengasse, der Augustinerstraße oder Freyung, die das hochherrschaftliche Brausen von Paris ein wenig matter, *altwienhafter* wiedergaben, sowie in die Platanen-, Kastanien-, Eichen- oder Lindenalleen des mächtigen Burgparks–, immer mit einem schaudernden Blick auf das karge, kasernenartige Ordenshaus des aus großer Vergangenheit hier zurückgebliebenen, hier vergessenen Deutschritterordens und seine düstere Kirche, in deren Turm noch eine mittelalterliche Glocke erklang, wenn die Ritter unten in der Tiefe, womöglich schon aus dem Grab heraus, den Strang zogen. Obschon die jungen Mädchen angesichts der kargen, festungsartigen Mauern des Ordenshauses der Deutschen Ritter schauderten – immerhin waren sie die heiratsfähigen Töchter von Ärzten, Anwälten, Großhändlern und Juwelieren –, gingen sie an den ritterlichen Mauern vorbei, sich mit dem zu treffen, der in der Platanen-, Eichen- oder Lindenallee auf sie wartete. Gerade vor dem Eichenholztor des Deutschritter-Ordenshauses trat ein Herr an Oberst Redl heran. Das gewölbte, tonnenschwere Tor – es war Abend, die Ritter hatten sich in sich zurückgezogen, ihr Stück trocken Brot, ihr Glas frisches Brunnenwasser, das tägliche Abendessen, zu sich genommen – stand fest verschlossen, verschlossen wie die Jahrhunderte, die der enge, von vorgelesenen Namenslisten und verhallenden Befehlen kündende, blumen- und lichtlose Hof und räumlich jenseitige Wandelgang in sich einschlossen, für alle Zeit. Der Herr, der an Oberst Redl herantrat, trug Zivil und stellte sich in typisch preußischer deutscher Haltung vor:

»Oberleutnant Rorarus Ostner-Hofherr, wenn Sie gestatten, Herr Oberst. Offizier der Fliegerkompanie Oberleutnant Heinz von Kleist. Letzterer hat mich zu Ihnen geschickt. Es geht um Sie. Ich bin mit meiner *Fokker E-III* auf der Wiese zwischen dem Acker an der Galgenheide und dem Weichselgarten gelandet. Ich mußte Sie lange suchen. Hauptmann Konrad Morschel instruierte mich, ich würde Sie entweder im Hotel Klomser oder im Haus Grünangerstraße 12 finden. In der Zwischenzeit erfuhr ich von unserem Militärattaché, daß Sie beim Thronfolger waren. Ich habe auf Sie gewartet. Es gelang mir, Ihnen ohne Aufsehen zu folgen. Oberleutnant Heinz von Kleist und ich haben die ursprünglich einsitzige *Fokker E-III* umgebaut, sie kann jetzt zwei Personen befördern. Wir müssen unverzüglich aufbrechen. Ein Automobil, das uns vor dem Juweliergeschäft, gegenüber dem Ordenshaus der Deutschritter, erwartet, wird uns zur Maschine bringen. Bitte, Herr Oberst, folgen Sie mir. Das Flugzeug ist zwar mit Laubwerk getarnt – die Bäume habe ich selbst gefällt –, aber unbewacht. Jeder Bettler oder Landstreicher kann unverhofft darauf stoßen! Kommen Sie, Herr Oberst!«

Das sollte das letzte Zusammentreffen des Generalstabsoberst Alfred Redl mit der Aviatik sein. Gern hätte er die *Fokker E-III* besichtigt, aus der ab 1915 – was Redl nicht mehr erlebte – das schrecklichste Jagdflugzeug des Krieges wurde, vom Gegner nur »Fokker-Schreck« oder »Geißel« genannt.

Motorleistung: 100 PS
Flügelspannweite: 9,52 m
Länge: 7,30 m
Spitzengeschwindigkeit: 133 km/h in einer Höhe von 2000 m
Startgewicht: 635 kg
Aktionsradius: abhängig vom Kampfziel und von der zu-

sätzlichen Last (z. B. Handgranaten außer dem Bord-Maschinengewehr) 1 h 30 min.

Der »Fokker-Schreck«, von dem damals, 1913, nur drei oder vier Prototypen Belastungs-, Geschwindigkeits-, Höhen-, Kampf- und Aufklärungsflüge absolviert hatten, errang 1915/1916 als erste Eindecker-Jagdmaschine mit einem modernen Leitwerk und einem Bord-Maschinengewehr, zusätzlich mit Handgranaten ausgerüstet, die absolute deutsche Luftüberlegenheit. Das synchronisierte Maschinengewehr feuerte zwischen den Blättern des Propellers hindurch, was dem im Sturzflug anfliegenden Piloten das Zielen außerordentlich erleichterte: sobald die Nase der Maschine auf das Ziel wies, hatte es der Feuerstoß aus dem Bord-Maschinengewehr, synchronisiert mit der Drehzahl des Propellers, auch schon erreicht, in Brand gesetzt und vernichtet.

Oberst Redl dankte dem Piloten, Oberleutnant Rorarus Ostner-Hofherr, für seinen langen Flug von Berlin nach Wien, für die tollkühne und riskante Reise, die er seinetwegen unternommen hatte, und bat ihn, er möge dem Flieger-Oberleutnant Heinz von Kleist seinen kameradschaftlichen und freundschaftlichen Gruß übermitteln; leider, so erklärte er dem preußischen Fliegeroffizier, sehe er sich außerstande, ihn zu begleiten, er müsse aus Gründen, die er zu nennen nicht bereit sei, hier in Wien bleiben. Zugleich forderte er den Offizier auf, er möge sobald als möglich zu seiner getarnten *Fokker E-III* auf der Wiese zwischen dem Acker an der Galgenheide und dem Weichselgarten zurückkehren, solange es nicht zu spät sei. Eigentlich wäre Redl gern mit dem »Fokker-Schreck« nach Berlin geflogen, hätte diese Jagdmaschine, die bisher nur Test-Kampf- und -Navigationsflüge absolviert hatte, zumindest gern besichtigt, den *Einsitzer*, den die Fliegeroffiziere Heinz von Kleist und Rorarus Ostner-Hofherr, natürlich mit Hilfe ihrer Konstrukteure, in einer technischen Rekordleistung innerhalb von vierundzwanzig Stunden zu einer zweisitzigen Maschine umgebaut hatten, um Oberst Alfred Redl die Flucht von Wien nach Berlin zu ermöglichen, ihn zu retten, weil Redls Freunde im deutschen Generalstab vom »Fall« Redl gehört, alles über die »Worowka-Feinbach-Affäre«, über den Militär-Sonderzug *Block* und die »Langauf«-Affäre erfahren sowie von der durch Redl persönlich vorgenommenen »Sanatoriums-Visite« am Krankenbett des früheren Ersten Botschaftsrates in Sankt Petersburg, des Baron Hugo von Huppert, Kenntnis genommen hatten ... Und wußten, daß die Presse nicht länger hinzuhalten war. Ergo wußten sie auch, daß es nur eine Frage von Stunden, eventuell Tagen war, bis aus Oberst Redls zielbewußtem Leben eine »Redl-Affäre« wurde, die weder vor in- noch ausländischen Zeitungskorrespondenten geheimzuhalten war, eine »Redl-Affäre«, über deren weiteren Verlauf Franz Ferdinand sich im Augenblick das Hirn zermarterte, unfähig, eine Entscheidung zu treffen, weil er Oberst Redl – den hochgebildeten, wohlinformierten Balkan-Sachverständigen des Reiches – noch brauchte, andererseits aber weder eine »Redl-Affäre« noch einen Prozeß brauchte, in dem womöglich Redl selbst seine Verteidigung übernahm; denn das zahlte sich sicher nicht aus. Der Generaladvokat und die Auditoren wären, einem Redl gegenüber, gezwungen, eine sachliche Untersuchung und Beweisaufnahme anzustrengen, um ein Urteil fällen zu können, und in einem solchen Verfahren wäre es Redl ein leichtes, Zeit zu gewinnen, ein totales Chaos anzurichten, wodurch die »Redl-Affäre« sich schließlich zu einem internationalen diplomatischen Skandal auswuchs, wenn er es wollte, wenn er vor dem Kriegsgericht plötzlich Lust dazu verspüren sollte. Die Deutschen brauchten Oberst Redl, wenn nötig, auch mit der »Redl-Affäre«, und sie hatten die Möglichkeit, ihm einen Fluchtweg zu eröffnen, durch die Luft von Wien nach Berlin, aus einer Kaiserstadt in die andere. Aber Redl wäre nicht Redl gewesen, würde er nur deshalb in der Kaiserstadt geblieben, nur deshalb nicht von Wien nach Berlin geflogen sein mit einer in rascher, aber präziser Arbeit zu seiner Rettung aus einer einsitzigen in eine zweisitzige *Fokker E-III* umgebauten Jagdmaschine, weil er dem Thronfolger und Armee-Oberbefehlshaber, Franz Ferdinand, sein Ehrenwort, sein Offiziersehrenwort gegeben hatte. Der preußische Flieger-Oberleutnant bat den Oberst nochmals, er möge unverzüglich mit ihm aufbrechen. Redl war das vor dem Juweliergeschäft gegenüber der Kirche des Deutschen Ritterordens mit laufendem Motor auf sie wartende Automobil – ein Horch-Sechszylinder, gebaut um 1906/1907 – gut bekannt, er kannte den namhaften Motoren- und Karosseriekonstrukteur August Horch, den Pionier der modernen Automobilherstellung, auch persönlich. Ursprünglich hatte er sich nämlich einen »Horch« kaufen wollen, sich nach langem Zögern aber für den Austro-Daimler (mit Monogramm A. R.) entschieden, einen bei aller äußeren und inneren Eleganz ausgesprochenen Tourenwagen, der Geländefahrten besser bewältigte als die ausgezeichneten Horch-Automobile.

Redl verabschiedete sich von dem Fliegeroffizier Rorarus Ostner-Hofherr mit den Worten, er müsse leider dableiben, er bedaure aufrichtig, die *Fokker E-III* nicht in Augenschein nehmen, vielmehr, nicht mit ihr fliegen zu können; er bat, durch Heinz von Kleist auch den Konstrukteuren seinen Gruß ausrichten zu lassen, die er persönlich kannte und die beim raschen Umbau der Maschine Hand angelegt hatten, damit diese auf dem Rückflug von Wien nach Berlin Redl als Reisenden befördere. Der Umbau bestand darin, daß man das Bord-Maschinengewehr abmontiert und somit die gesamte »Motorgondel« erleichtert hatte. Hinter den Pilotensitz war eine Öffnung in den Flugzeugrumpf geschnitten und ein zweiter Sitz eingebaut worden. Dieser jedoch wurde nicht benötigt. Der Pilot, Oberleutnant Rorarus Ostner-Hofherr, flog allein zurück. Redl blieb.

Dies atri – schwarze Tage, Stunden kaum mehr – folgten für Redl, aber er harrte heiter und neugierig ihres Ausganges. *Dies atri*, so wurden im alten Rom die Tage genannt, an denen es nicht gestattet war, Opfer darzubringen, wichtige oder entscheidende Dinge im staatlichen, militärischen oder privaten Leben zu beginnen. Redl brachte kein Opfer dar, er schickte sich auch nicht an, wichtige staatliche, militärische oder private Dinge zu erledigen. Irgendwann einmal – früher, im *vergangenen Jahrhundert* noch – hatte Redl an der Militärakademie unter vielen Büchern, die in der Mehrzahl militärische Fachaufsätze, mathematische und geographische Werke waren, auch die Biographie des großen Philosophen Leibniz gelesen, ausgeliehen von einem seiner Lehrer, und wiewohl diese alte Biographie schon längst in Vergessenheit geraten war, erinnerte er sich an ein Zitat: *Nur der Wille fehlt den Menschen, um glücklich zu sein.* Und er, der seinen eigenen »Fall«, seine »gegebene Situation«, aus der er nicht mit der ihm entgegengesandten Jagdmaschine *Fokker E-III* geflüchtet war, analysierte, erwog, einschätzte und bewertete, drehte jetzt Leibniz' Satz um und erklärte: *»Nur das Glück fehlt mir zum Wollen.«* Das allein, nicht mehr, bedeutete Redls heitere Resignation. Natürlich las er auch jetzt nicht das Werk des Königsberger Philosophen Immanuel Kant ZUM EWIGEN FRIEDEN, dessen Erstausgabe, herausgegeben in der Hansestadt Königsberg, 1795, er besaß. Er las die *Times,* die *British Army Dispatch,* die *Frankfurter Allgemeine Zeitung,* die Wiener *Neue Freie Presse,* die Budapester und Prager Tages- und Wochenzeitungen, und nicht den Kantschen Vertragsentwurf zum ewigen Frieden. Leibniz, der große Philosoph, hatte mit einer tiefen Verbeugung, den Hut schwenkend, den preußischen König Friedrich Wilhelm I. gegrüßt, der gerade, von seinen Gardisten umringt, hoch zu Roß von einer Reise, einem Manöver, kam und seinen Weg kreuzte. »Wer ist der Mann?« fragte der König, der Vater des späteren Friedrich des Großen, alsogleich, während er seinen Vollblüter zügelte. Einer seiner Flügeladjutanten, der Leibniz vom Sehen und vom Hörensagen kannte, wenngleich nicht seine Werke, antwortete dem Preußenkönig: »Eure Majestät geruhten von dem großen Philosophen Leibniz gegrüßt zu werden.« Daraufhin musterte der König den barhaupt dastehenden Philosophen. Als sie weiterritten, äußerte er seinem Flügeladjutanten gegenüber: »Leibniz . . . Hat ausgesehen, als könne er nicht einmal auf Wache seinen Mann stehen. Kriegsuntauglich! Er gehe nach Frankreich, dort sieht man einem Mannsbild nach, wenn es philosophiert!

WIR sind Soldat!« Der König, der die Bajonette liebte, fürchtete die Philosophen.

Wie recht hat Kant, wenn er schreibt, *der Krieg an sich sei vielleicht nicht das Schlechteste im Vergleich zum »friedlichen« Zeitalter der beständigen Kriegsvorbereitung*, dachte Redl, als er das Kaffeehaus »Capri« betrat und beim Umschauen feststellte, daß an jedem dritten Tisch österreichische Offiziere oder Offiziere der ungarischen Honvéd-Landwehr saßen, sämtlich in Uniform, in Damenbegleitung oder allein, mit einem Kameraden *friedlich* eine Zigarre oder Zigarette rauchend, Kaffee trinkend – freilich mit einem halben Dezi Rum darin – und Kognak oder, wie bald auch Redl, in einer Zeitung blätternd.

Routinemäßig sah Redl auf: zwei Männer in dunkelgrauem Anzug und mit steifem Hut traten ein, den gleichen Spazierstock in den Händen. Die Leute des Polizei-Oberinspektors Barner *bemerkten* auch sogleich, daß die von ihnen beschattete Person, Oberst Redl, sie *bemerkt* hatte. Sie setzten sich an einen leeren Tisch, bestellten beim herangewinkten – im übrigen auch ohne Wink sofort hinzueilenden – Kellner einen Kaffee mit Schlagobers, später baten sie noch um ein Eis, bei dessen Verzehr sie sich über tiefgründige Themen zu unterhalten schienen, als hätten sie sich lange nicht gesehen, nicht erst zu der frühmorgendlichen Befehlsausgabe, bei der Barner sie nachdrücklich gemahnt hatte, umsichtig vorzugehen, zumal die Person, die sie beobachteten, sie provozieren könne, es sei auch nicht auszuschließen, daß sie, nur um des größeren Aufsehens willen, von der Schußwaffe Gebrauch mache und auf die Beine ziele.

»Dieser Mann, dem Sie folgen sollen, meine Herren«, so hatte Barner die beiden Detektive bei der frühmorgendlichen Befehlsausgabe belehrt, »ist nämlich ein Zyniker, ein Atheist, dem plötzlich der Gedanke kommen könnte, er müsse seine vermeintlichen Gegner vernichten. Und da er diese seine Taten später nicht zu bereuen gewohnt ist, sondern sie mit neueren Unternehmungen zu krönen versucht, nehme ich an, daß er in seiner jetzigen bedrängten und ausweglosen Situation *sein Recht* mit der Waffe *suchen wird*, wie er es nennt.« Die Stimme des Polizei-Oberinspektors Barner klang bei dieser frühmorgendlichen Befehlsausgabe feierlich, ja geradezu rhetorisch. Und das nicht zufällig, denn der Polizeioffizier sah sich erstmals im Laufe seiner langen Dienstzeit einem »großen Ereignis« gegenüber, einer wahren »Staatsaffäre«, deren zentrale Figur ihm an Rang und Machtbefugnis weit überlegen war. »Lassen Sie sich in keine Schießerei verwickeln, aber vermeiden Sie auch, festgenommen und zu Gefangenen gemacht zu werden«, lautete Barners abschließende Warnung. Aber mit seiner Rede war er noch nicht am Ende. Zum größten Erstaunen der beiden Detektive fügte er noch hinzu: »Si fecisti, nega . . .«, was er auch unverzüglich mit »Leugne, wenn du es warst« übersetzte, zumal er wußte, daß seine Detektive niemals Latein gelernt hatten. Diesen Hinweis gab er ihnen für den Fall, daß es dennoch zu einem Feuergefecht zwischen Redl und ihnen kam. Nach einem Kugelwechsel mit unvorhergesehenem Ausgang sollten sie also den Schauplatz verlassen oder, falls sie, weil verwundet, nicht mehr dazu in der Lage wären, alles strikt leugnen, bis *er*, Polizei-Oberinspektor Barner, *direkt* – wie er nachdrücklich betonte – mit Seiner Exzellenz, dem Innenminister, Rücksprache genommen hatte. Würden Barners Detektive Latein gelernt haben, hätten sie ihrem Chef antworten können: Ultra posse nemo obligatur – niemand ist verpflichtet, mehr zu leisten, als er kann. Natürlich hätte sich Barner sehr gewundert, aber es kam nicht dazu, wenngleich der Tatbestand selbst gegeben war: immerhin hatten die beiden Wiener Detektive in ihren grauen Anzügen mit der Beobachtung und Verfolgung von Redl zweifellos eine Aufgabe erhalten, die ihre Fähigkeiten überstieg, vielmehr, wie Barner selbst andeutete, lebensgefährlich war; und dazu verpflichtet hatte sie Barner, der sich über das unberechenbare Risiko dieser Aufgabe ebenso im klaren war wie über die Möglichkeit, daß ein etwas ungünstiger – oder durch Barner nicht geplanter – Ablauf der Ereignisse aus den beiden Wiener Detektiven leicht zwei Wiener Bettler machen konnte. Es kam zu keinem besonderen Vorfall im Kaffeehaus Capri. Generalstabsoberst Alfred Redl saß in bleigrauen Zigarrenqualm gehüllt, das Platinetui auf seinem Tisch funkelte, er las die Tageszeitungen, und die beiden Detektive waren gezwungen, desgleichen zu tun. Was sie auch taten. Sie lasen die Reklame für Damenmieder und sonstige Dessous, darunter die neueste französische Bademode, während Redl, der die ihn interessierenden politischen und Wirtschaftsartikel durchgelesen hatte, sie müde musterte und minutenlang versuchte, sein Leben aus der Sicht dieser beiden Männer zu bedenken, die sein *Leben* beobachteten, seinen Schritten folgten und der derzeit schwersten Pflicht ihres Detektivhandwerks genügten: einen Oberst Redl zu beschatten, wobei sie sich aber nicht in ein Feuergefecht mit dem hohen Offizier verwickeln lassen durften, dem zuzutrauen war, daß er die *Times* beiseitelegte und einfach das Feuer auf sie eröffnete; indes war ihnen gleichfalls nicht gestattet, sich von Redl festnehmen und von seinen Leuten an einen unbekannten Ort verschleppen zu lassen, denn so hatte der Befehl des Polizei-Oberinspektors Barner gelautet, der bei Eintreten einer Variante der ernstzunehmenden Barnerschen Visionen nicht leicht auszuführen gewesen wäre. *Sein* Leben aus der »Sicht« *derjenigen*, die jetzt sein *Leben* beobachteten. Das Verschwinden seines Vaters – die nie versiegende Quelle aller späteren und unauflöslichen Einsamkeit. Die Wortkargheit seiner Mutter. Die gleichsam gewöhnliche »Erotik« seiner drei älteren Schwestern, die seiner Jugend ein seelisches und körperliches »Stigma« aufgebrannt hatte, die – körperliche und seelische – Abneigung gegen das weibliche Geschlecht. Seine Schwester Elke war während seiner Schulferien, Redl war gerade dreizehn und Kadett, um Mitternacht einfach ins Zimmer gekommen und zu ihm unter die leichte Decke geschlüpft, mit ihm, ihrem Bruder, »zu spielen«, wie sie sich »ausdrückte«, noch bevor sie ihn anzog, ihm ihr seidenes Nachthemd überstreifte, um des »Spiels«, des *»Spaßes«* willen, als sie schon unter die Decke kroch zu ihrem Bruder, der nicht zu protestieren wagte, der sich nur an eines erinnerte: der Körper seiner Schwester Elke war um so vieles größer als der seine, ihre Arme und Schenkel um so vieles dicker als die seinen, ihr blondes Haar kringelte sich an seinem Gesicht und Hals, und egal, was er sagte, Elke herrschte ihn leise, aber bestimmt an: »Sei still! Wir spielen jetzt! Ist doch schön, nicht? Du bist jetzt ein Mädchen, Kleiner! Aber kein Wort zu Mutter, auch nicht zu Helga oder Inge! Lieg still, du brauchst keine Angst zu haben, wir spielen nur, machen Spaß, und erzähl ja nicht in deiner Kadettenschule, was wir hier machen, wir sind Geschwister, und deine Kameraden verstehen unter ›Spiel‹ und ›Spaß‹ etwas anderes . . .« Elke heiratete nie, obschon viele um sie anhielten. Ihr Schicksal. Helga fand einen Mann, einen »Privatier« tschechisch-mährischer Abstammung, dessen Geldgeschäfte und Unternehmungen sämtlich fehlschlugen und der sie dann einfach verließ, einer schlesischen Witwe wegen, wie es hieß. Auch Inge heiratete, wurde aber nach wenigen Jahren Ehe, aus der zwei Kinder hervorgingen, Witwe. Ihr Mann starb an der Schwindsucht. Inge und ihr Mann konnten sich angesichts ihrer Vermögenslage nicht den Luxus erlauben, sein Lungenleiden wie Frau Redl, geborene Baronesse Wilhelmine Wenckheim von Schweidnitz, in einem Schweizer Sanatorium, im Ober-Engadin, in der Hochgebirgsluft behandeln zu lassen. Redl, der dreizehnjährige Junge, der Kadett, erzählte natürlich niemandem, weder Helga noch Inge noch seiner Mutter noch seinen Kameraden, von den mitternächtlichen Besuchen Elkes in seinem Zimmer, wie er auch als Mann davon schwieg, sogar Katalin gegenüber, die er einen Sommer später, mit vierzehn, kennenlernte, als er auf Einladung Christoph von Kubinyis ein paar Tage seiner Ferien – wie Wochen schienen diese Tage, Katalins Erscheinung und ihre Anwesenheit machten sie zu *Wochen* – auf dem Kubinyischen Gut verbrachte. Dieses war und blieb vielleicht das einzige Geheimnis, das Redl vor Katalin hatte: der Besuch seiner Schwester um Mitternacht, zur Geisterstunde, eine große Kerze in der Hand und den Zeigefinger vor dem Mund, damit der kleine Bruder nicht vor Schreck aus dem Bett sprang, sie ansprach oder aufschrie oder ihr befahl, wieder hinauszugehen, bevor sie ihm noch verständlich machen konnte, daß sie nur gekommen sei »zu spielen« und »zu spaßen«, daß er keine Angst vor ihr zu haben brauche. Ein anderes großes und bestimmendes Jugenderlebnis waren die auf dem Kubinyischen Gut verbrachten Ferien, die Gesellschaft von Christoph und Katalin, die Ausritte, die zeremonielle Einnahme von Frühstück, Mittag- und Abendessen, Katalins Freundlichkeit, die sich später zu einer tiefen und außergewöhnlichen Freundschaft entwickelte, in eine Vertrautheit mündete, die ihren Preis forderte: den späteren Verlust der Freundschaft Christophs. Diese erste Begegnung mit Katalin in Kubiny fand ihre Fortsetzung in zahllosen Wiedersehen, Redl wurde Leutnant, Oberleutnant, Hauptmann, Major, Oberstleutnant und dann Oberst, sie trafen sich in Abbazia, Quarnero, Venedig, Lovrana, Zara, Spalato und Duino, in den Hafenstädten und berühmten Badeorten entlang der Küste oder im Norden, auf den Inseln im Chiemsee, Herrenwörth und Frauenwörth, aber am häufigsten im Süden, in Abbazia, in dem reservierten Appartement des Hotels Bellevue. Sie trafen sich in Budapest und fuhren mit dem Ausflugsdampfer hinauf nach Wien, sie trafen sich in Karlsbad, Marienbad, Bad Ischl, Bártafürdő und Poprád, am Ufer des Csorba-Sees, in einer gepachteten Jagdhütte am felsigen Fuße des Krizsán, sie trafen sich in Prag, in Paris und Rom und sogar – als Redl im ersten, zweiten und dritten Balkankrieg in Begleitung des Ritters Horst von Thom dem Reich als Kundschafter große Dienste erwies und mittels Paolo Antinori Marktforschung betrieb für die Waffengeschäfte der Amerikaner – in Bukarest, Belgrad, Niš, Sofia, Varna und Konstantinopel. Katalin erschien, sobald Redl sie rief, sobald seine Arbeit ihm Zeit dazu ließ, sie wollte sehen, »wie ein richtiger Krieg ist«, und sah natürlich nichts, aber sie lernte, dank Redl, den Balkan kennen und die Hauptstadt des einstigen osmanischen Weltreiches, Konstantinopel, den Bosporus, das Goldene Horn, das Marmara-Meer und Rodosto, wo Rákóczi die Jahre seiner Verbannung verbrachte. Die Lebensgeschichte des großen Fürsten brachte

Katalins Blut in Wallung, zumal sie ein Edelfräulein aus Oberungarn war, aus dem Komitat Árva, und immerhin hatte Rákóczi nach seinen lange Jahre andauernden Kämpfen Ungarn, das Oberland, sein Fürstentum über die Komitate Árva und Liptó verlassen. Von Konstantinopel aus fuhren sie mit einer gemieteten Segelbarke über das spiegelglatte Meer bis in den Hafen von Rodosto. Redl dachte an seine Studien, an das Pflichtpensum wie an den freiwillig übernommenen Lehrstoff, er dachte an die Jahre an der Kadettenanstalt und Militärakademie, an seine Studien zur Zeit des Truppendienstes, die zwar nicht immer einen Selbstzweck verfolgten, für seine Offizierskameraden indes unbegreiflich waren, Luftschiffswesen und Aviatik, Unterseeboote verschiedener Zweckbestimmung und Fremdsprachen, die ihm später, als Kundschaftsoffizier, sehr zustatten kamen. Er dachte an seinen Lieblingslehrer an der Kadettenanstalt, Professor Tibor Hamza, der Geopolitik und darstellende Geometrie unterrichtete. Professor Tibor Hamza hatte den Kadetten Redl einmal in der Bibliothek der militärischen Lehranstalt angetroffen, als dieser allein in einem schummrigen Winkel des Lesesaales saß, einen Stapel Bücher und Notizhefte vor sich. »Setzen Sie sich ans Licht, mein Sohn, Sie verderben sich die Augen«, sagte Hamza, der bei den Kadetten als Amateurmaler bekannt war, der Bäume, Landschaftsbilder und vor allem Pferde malte, wenn es seine Zeit erlaubte. Mit einem Blick in die Bücher des Kadetten Redl stellte er fest, daß es sich ausschließlich um militärische Fachbücher handelte. Abgesehen von einigen Werken über die Geographie der Meere und der Länder lag kein »ziviles« Buch auf dem Tisch. »Sie sollten manchmal auch anderes lesen, Redl!« sagte Hamza. Und nahm, während sich der Kadett Redl seinem Rat gemäß in den helleren Bereich des Lesesaales an ein großes Fenster setzte, ein Buch zur Hand, das er lange und sorgfältig ausgewählt hatte. Immanuel Kant: *Zum ewigen Frieden.* Er las dem jungen Mann ein paar Zeilen daraus vor, die dieser sein Leben lang nicht mehr vergessen sollte, dann legte er das Buch vor ihn hin und ließ ihn allein. Diese wenigen Zeilen lauteten: »Es soll kein für sich bestehender Staat (klein oder groß, das gilt hier gleichviel) von einem andern Staate durch Erbung, Tausch, Kauf oder Schenkung erworben werden können ... Ein Staat ist nämlich nicht (wie etwa der Boden, auf dem er seinen Sitz hat) eine Habe ... Ihn aber als Pfropfreis einem andern Staate einzuverleiben, heißt seine Existenz als einer moralischen Person aufheben und aus der letzteren eine Sache machen ...« Der schwerwiegendste von den Sätzen Immanuel Kants aber, die der Lehrer Hamza an jenem Nachmittag vorgelesen hatte, und den Redl niemals vergaß, nach dem er sich richtete, den er sich zum verpflichtenden Maßstab nahm, andere daran zu messen, lautete: »Die Moral ist schon an sich selbst eine Praxis in objektiver Bedeutung, als Inbegriff von unbedingt gebietenden Gesetzen, nach denen wir handeln *sollen,* UND ES IST OFFENBARE UNGEREIMTHEIT, NACHDEM MAN DIESEM PFLICHTBEGRIFF SEINE AUTORITÄT ZUGESTANDEN HAT, NOCH SAGEN ZU WOLLEN, DASS MAN ES DOCH NICHT *KÖNNE.*« Dann dachte Redl an den Truppendienst in Galizien, an den Abschuß des als Postballon getarnten Spionageballons, der, mit einem Fotoapparat ausgestattet, auf die Festung Przemyśl zuhielt, ein Vorfall, der seine Befehlshaber und Kameraden erstmals auf ihn aufmerksam werden ließ. Dann die Küste, Görz, das Flotten- und Küstenschutz-Wachregiment, das »österreichische Nizza«, Katalins Besuche, die Entzweiung mit Christoph von Kubinyi, die Entlarvung des Aviatik-Ingenieurs, die Skandale und hochherrschaftlich durchzechten Nächte im Görzer Kasino, die Spaziergänge mit Katalin unter den Klippen der Bucht von Quarnero oder in den Zypernalleen von Abbazia, die Protektion des Generals Hammer-Purgstall, seine väterliche Fürsorge; allein der General wußte, daß Redl schon in den galizischen Garnisonen wie später auf dem Balkan und in Görz – von wo aus er gleichfalls oft in den Balkanraum reiste – nicht bloßer »Truppenoffizier«, sondern Kundschafts- und Abwehroffizier war, auf höheren – und geheimen – Wiener Befehl, dessen Urheber sich über die diesbezüglichen – außerordentlichen – Fähigkeiten Redls im klaren waren. Dann hatte Katalin ihm ihre Kusine Wilhelmine vorgestellt, damit er die Ehe mit ihr schloß, eine »Alibi-Ehe«. Leider aber hatte sich diese »Alibi-Gemahlin«, die Baronesse Wenckheim von Schweidnitz, in den Oberst verliebt und schrieb ihm eifrig Briefe aus dem Ober-Engadin, die der »Brief-Max« Oberst Ronge – nicht Redl, der Adressat – als erster zu lesen bekam. Er dachte an Renzo Malaparte, alias Udo von Usedom, an diesen gefährlichen »Freund«, von dem er noch nicht wissen konnte, daß er im letzten, im allerletzten Augenblick zu ihm stehen würde, um zusammen mit der verrückten, zumindest äußerst exaltierten Hildegard sowie mit einigen bis an die Zähne bewaffneten preußischen Offizieren, die im Automobil warteten, Redls Flucht oder Entführung – sowohl aus Freundschaft, als auch aus eigenem Interesse – in ein anderes, noch düstereres Reich – das deutsche Kaiserreich – zu bewerkstelligen, wo man Redl brauchte: seiner Balkankenntnis, seiner italienischen und hauptsächlich russischen Verbindungen und seines großen Agentennetzes wegen. Der mit ungebrochenem Schwung, unermüdlich Tag und Nacht mit unglaublicher Leistungsfähigkeit arbeitende preußische Generalstab und die Vizeadmirale, Admirale, Konteradmirale der Kriegsmarine mit Kommodore Helmuth Hartwig an der Spitze, der – gleich Redl in der Monarchie – als hervorragender Balkan-Sachverständiger der deutschen kaiserlichen Armee galt, taten alles, was in ihren Kräften stand, und das war nicht wenig, wenn man nur an den in Potsdam wirkenden Generalstab der preußischen Landstreitkräfte und seine hohen Offiziere oder an die hervorragenden Fregattenkapitäne der in Kiel tätigen Operationsabteilung des Generalstabs der Kriegsmarine dachte, die, Seiner Majestät Wilhelm II. direkt unterstellt, gleichsam fieberhaft den Ausbruch eines unvermeidlichen neuen Krieges betrieben; teils überließen sie es auch den deutschen Diplomaten, die ebenfalls Militärs waren. Und über deren Berichte sowie über teppichgroße Landkarten gebeugt, gingen sie in so vielen schlaflosen Nächten mit sich zu Rate . . . Der Unterschied, daß sich die Stabs- und Führungsoffiziere des Potsdamer Generalstabs der Landstreitkräfte um die Ausarbeitung von Strategie und Taktik eines Schlages gegen Frankreich bemühten, eventuell auch – für die zweite »Etappe« – den Angriffsplan für Rußland ausarbeiteten, so präzise und ins Detail gehend, daß diese Schläge die französische Armee hätten vernichten und gleich danach – wenn es sein mußte, und es hatte den Anschein, daß man zu einem Zweifrontenkrieg »gezwungen« sein würde – die Armee des Russischen Reiches zerschmettern müssen, während der im Kieler Kriegshafen tätige Generalstab der Kaiserlichen Kriegsmarine an der »Rationalisierung« der Abfolge von Schlägen gegen England und die Home Fleet arbeitete – wenn nötig, sollte dieser Seekrieg aus einer Vielzahl von Gefechten bestehen! – und dabei seine Kräfte nicht schonte, mochte sich – zumindest 1913 – noch als »Bagatelle« dargestellt haben. Jedenfalls blieb für letztere der Erfolg nicht aus: als die deutschen Landstreitkräfte 1916, nach vielen Offensiven und zahlreichen blutigen und ebenso vielen Materialschlachten völlig erschöpft und atemlos waren – nur vorübergehend, wie sie damals meinten –, schlug die deutsche Flotte in der Schlacht bei Jütland, geführt von den Admiralen Hipper und Scheer, die Flotte des britischen Weltreichs, die vom Flaggschiff Admiral Jellicoes in die schicksalhaften jütländischen Gewässer geleitet worden war, zwang sie zumindest zum Verlassen der Nordsee. (Churchill bekam noch im zweiten Weltkrieg einen Wutanfall, wenn jemand die »Gestade« Jütlands erwähnte oder den Namen Admiral Jellicoes vor ihm aussprach.) Damals, im Frühjahr 1913, erschien der Unterschied, daß der Potsdamer Generalstab der Landstreitkräfte zuerst die französische Armee vernichten und dann die russische Armee schlagen wollte, während sich der Kieler Generalstab der Kriegsmarine auf die endgültige Abrechnung mit England, mit der britischen Kriegsmarine, mit der Flotte, die in so arroganter Selbstsicherheit meinte, dieses riesige Reich schützen zu können, vorbereitete, als noch wirklich unbedeutend. Der Kieler und der Potsdamer Generalstab meinten, sie könnten nach – vielleicht auch schon *während* – der Kapitulation des durch einen raschen Sieg niedergezwungenen Frankreich und der noch rascher zerschlagenen russischen Armee die zur Vernichtung, oder wenigstens zur Dezimierung, der britischen Flotte in einer offenen Seeschlacht erarbeiteten operativen Pläne – mit dem Gesicht zur See – aufeinander abstimmen. Und das um so mehr, als dem Kaiser, Wilhelm II., sowohl Auf- und Vormarschplan des Generalstabs der Landstreitkräfte als auch Auf- und Vormarschplan des Generalstabs der Kriegsmarine zur Beseitigung der Vorherrschaft Englands auf den Weltmeeren gefielen. Der Kaiser, der zwischen Potsdam und Kiel hin und her reiste, griff regelmäßig in die tägliche Arbeit der beiden Generalstäbe ein, zumal er wußte, daß letztlich er die Schlachtpläne miteinander abstimmen mußte, diese Arbeit konnte ihm niemand abnehmen. Besonders Kommodore Helmuth Hartwig, der Leiter des Geheimdienstes der deutschen Kriegsmarine und »Balkan-Sachverständiger«, bestand darauf, Oberst Redl die Flucht aus Wien nach Berlin zu ermöglichen, worauf er direkt zu ihm nach Kiel, zur Admiralität kommen sollte. Helmuth Hartwig kannte Oberst Redl persönlich sehr gut, noch aus der Zeit der Balkankriege. Auf seinen Befehl war Udo von Usedom im Klomser erschienen, das Unmögliche zu versuchen und Oberst Redl die Flucht aus dem einen Reich in das andere zu ermöglichen. Helmuth Hartwig – mit Decknamen Gabriel Efendi, noch aus der Zeit der Balkankriege – bedauerte unendlich, daß die geheime Mission, die wohlvorbereitete Aktion Udo von Usedoms nicht von Erfolg gekrönt war; Redl blieb im Hotel Klomser. Darauf hatte der Generalstab der Landstreitkräfte Oberleutnant Heinz von Kleist beauftragt, Oberst Redl um jeden Preis, mit allen Mitteln aus Wien heraus und nach Berlin zu bringen. Auf Kleists Befehl flog Oberleutnant Rorarus Ostner-Hofherr mit seiner *Fokker E-III*-Jagdmaschine nach Wien. Indes scheiterte auch dieser Flucht- und Rettungsversuch, weil Redl die zwar respektvolle, aber dennoch gewaltsame Aktion des ausgezeichneten deutschen Piloten, der ihn zu »sofortigem Aufbruch« aufforderte, mit den Worten ablehnte: *»Ich muß in Wien bleiben.«*

Redls – unheildrohender – Blick ruhte auf den Polizeidetektiven, die ihre Zeitungen qualvoll hin- und herwendeten, und er dachte dabei an Hildegard, die wunderschöne unverheiratete Tochter des schwerreichen Wiener Instrumentenhändlers, die in jener Nacht mit ihnen ins Hotel Austria gekommen war und die beiden Offiziere, ihn und Malaparte, »Renzino«, der Udo hieß und dazu noch Usedom, beinahe dazu gebracht hätte, sie zu entehren, zu vergewaltigen, die »Vergewaltiger« sozusagen vergewaltigend auf sich zwingend. Er dachte an Friedrich Feinbach und an seine Tochter Friederike, die – wem? – so sehr ähnelte: Katalin? dem ewig weiblichen Idol? einer Imago? Elke? Christoph? oder und am ehesten der ersten Fassung der *Judith* auf Klimts Gemälde? Redl dachte an die Lemberger Aktion, an diese »Privatoperation« mit dem Militär-Sonderzug *Block*, der Vorrang vor allen anderen Zügen hatte, er sann über das Schicksal des Ulanenleutnants Rudolf Langauf nach, erinnerte sich mit gewisser Heiterkeit an den »Nahkampf« zu Füßen der Statue des Ruhmreichen Leopold, bedauerte, daß es ihm nicht gelungen war, den Chefingenieur Vladimir Worowka an der Flucht zu hindern und – rasch und aus dem Stegreif – eine »Huppert-Affäre« zu kreieren anstelle der nunmehr ins Rollen geratenen »Redl-Affäre«, deren Ziel nicht die Rettung des eigenen Lebens hatte sein sollen, sondern die – wenngleich nur teilweise – Beschaffung des Aufmarschplanes der russischen Armee in Galizien, des Plans für den eventuellen Präventivschlag gegen die Grenzfestung Przemyśl und des Mobilisierungs- und Aufmarschplans der russischen Divisionen auf dem Balkan im Austausch für den manipulierten und somit militärisch vollkommen unbrauchbar gemachten Gesamtplan der Modernisierung der Festung Przemyśl, der Geschützstellungen und des Kasemattensystems. Den Ausbruch eines regionalen Krieges im Balkanraum hielt Redl seinerseits – begründet durch die Berichte seiner Agenten – längst für gesichert. Das russische militärische Eingreifen auf dem Balkan ginge dann logischerweise – so Redl – einher mit einem Schlag gegen die östlichen Provinzen der Monarchie, gegen Galizien, um die Verteidigungskräfte des Reiches zu teilen, die der Thronfolger Franz Ferdinand und Generalstabschef Conrad von Hötzendorf – im Gegensatz zu Oberst Redl – für ausreichend stark und befähigt hielten, nicht nur eine defensive, sondern auch offensive, ja präventive Operation durchzuführen; und diesen ihren Glauben hatten die Offiziere des deutschen Generalstabs – nicht zufällig – niemals erschüttert. Redl dachte an jene frühen Stunden an der Adria, da er – ein »Infanterieoffizier«, wie Christoph militant-maliziös bemerkte – mit dem »Hübner-Eindecker«, einem Flugzeug, das der Maschinenbauingenieur Dr. Hugo Hübner erworben hatte, seinen ersten Flugunterricht nahm, mit einem geübten Piloten in Hübners Zweisitzer. Die Spannweite der 80-PS-»Hübner« betrug 13 Meter, die Länge der mit Drähten waagerecht gespannten Tragflächen 5,60 Meter. Die Maschine wog 580 Kilogramm und eignete sich trotz Holz, Metall, vieler Drähte und komplizierter Vorrichtungen ausgezeichnet für Ausbildungs- und Kampfzwecke. Dietwulf Baatz und Paul Thiele kamen ihm in den Sinn, die »Adonisse« der Adria. Und die »alt-illyrischen« Mädchen aus dem »österreichischen Nizza«, der junge Fähnrich, den das englische Pärchen zur »griechischen Liebe« verführt hatte auf halbem Wege zum namhaften Wallfahrtsort, zum berühmten Heiligtum in der Nähe von Görz, und der »auf der Flucht erschossen« wurde. Hildegard ... Renzo ... die Klaviere ... die weißen Offiziershandschuhe ... Hildegards wahnwitzige, fiebrige Locken ... ihre Seminare bei den Sozialdemokraten ... das Stiefelwichsen in Redls Suite im Klomser ... »Spiel« und »Spaß« der älteren Schwester Elke in jener längst vergangenen Nacht seiner Jugend, über die er niemandem etwas »erzählen« durfte, über die Redl auch nie sprach. Hatten Elkes Brüste, ihre Blondheit ihn für ein Leben verschreckt? »Kannst mich ruhig eine Kuh nennen, ich bin's ja«, hatte ihm Elke gut zugeredet, als sie zu ihm unter die leichte Decke schlüpfte. Wie aufgeregt sie in jener Nacht gewesen war. Und welche Beklemmung, welche Furcht er, der kleine Kadett, in derselben Nacht empfunden hatte, da er den Leib seiner Schwester am eigenen Leibe wußte-spürte-ertrug-duldete und gewähren ließ, »spielend« und »spaßend«, während er in Wahrheit lieber geflüchtet wäre vor dem Leib seiner Schwester, vor Elkes Brüsten und ihrer Blondheit. Aber damals war Elke noch stärker als er. Er sah keine Chance zur Flucht, zum Verlassen des Bettes, des Zimmers. Er »wurde der Ihre«, gehörte seiner Schwester in dieser Nacht, und wiewohl es nur »Spiel«, »Spaß« war, mußte er sein Leben lang dafür bezahlen, für diese »Spiele« und »Späße«, und vielleicht war nur Katalin, wurde nur sie für ihn die so oft fern weilende Gefährtin, die ihn auf gleichfalls spielerische, spaßige Weise diese längst vergangene Nacht seiner Jugend vergessen machte, den mitternächtlichen Besuch seiner Schwester: Kerzenlicht, Nachthemd, geflüsterte Worte, Elkes Hand auf seinem Körper, Elkes Haar in seinem Gesicht, Fäden in Auge und Mund des Kadetten, heißes Erschauern in ihren Körpern, dann Kälte, Stille und Nacktheit.

Dennoch geschah etwas im »Capri«, nämlich nachdem die beiden – sich mit den Zeitungen herumplagenden – Detektive Barners das Kaffeehaus verlassen hatten, um von einem Fiaker aus den Ausgang im Auge zu behalten. Sie ahnten freilich nicht, daß der Kutscher ein alter Getreuer Oberst Redls war. Und nicht im Traum hätten sie daran gedacht, daß Oberst Redl nicht mehr auf treue Gefolgsleute angewiesen war. Somit harrten sie auf ihrem neuen »Posten«, im Fiaker, aus, wo sie wenigstens keine Zeitungen mehr zu studieren brauchten und miteinander plaudern konnten, was sie auch taten. Jedes ihrer Worte wäre – innerhalb einer Stunde – aus dem Munde des Kutschers Redl zur Kenntnis gelangt, hätte der Generalstabsoberst Alfred Redl den Bericht des Kutschers, seines alten, erprobten Getreuen, der im übrigen schon vor Jahren auf Redls Anweisung zwischen die »Leute« der Polizei geschmuggelt wurde, über die Unterhaltung der beiden Detektive – bei der von ernsten Dingen die Rede war, eben vom Leben und Tode Redls – seiner Aufmerksamkeit gewürdigt; da Barner und seine zwei Detektive jedoch des festen Glaubens waren, der Kutscher des Fiakers, der auf dem kleinen Platz gegenüber dem Kaffeehaus Capri stand – ein massiger Burgenländer Bauernbursche von gut 110 Kilogramm Körpergewicht – sei einer ihrer »getreuen« und »erprobten« Leute, setzten die beiden Detektive ruhig ihr Gespräch vor den Ohren des Kutschers fort. Sogar ein Bier ließen sie sich bringen, heimlich, denn Barner hatte den Alkoholgenuß im Dienst untersagt. Barner selbst trank auch nach dem Dienst nicht, obschon in seinem Falle der Ausdruck »nach dem Dienst« ohnehin fragwürdig war, da sich Barner auch in Bereitschaft, im Dienst befand, wenn er faktisch »außer Dienst« war, »frei« hatte. Allein, was bedeutete für Barner »Freizeit«? Nichts. Oder vielmehr: erhöhte Wachsamkeit. Das Wissen darum, im Augenblick nicht zur Stelle sein zu können, wenn es vielleicht nötig war. Redl sollte sich den Bericht des Kutschers über die Unterhaltung der beiden Detektive niemals anhören. Viel ging ihm damit nicht verloren, das naive Selbstvertrauen der Detektive und ihre voreinander unverhohlene Furcht hätten ihn höchstens lachen gemacht. Die Detektive wußten nicht, daß sie nichts mehr zu fürchten hatten. Die beobachtete und verfolgte Person, der Feind Nummer Eins des Reiches, schickte sich weder zur Flucht noch zu »blutigem« Widerstand an, geschweige denn zu einem »Feuergefecht«, auf dessen Möglichkeit der Polizeioberinspektor Barner seine Detektive ausdrücklich aufmerksam gemacht hatte.

Unterdes trat ein junger, hochgewachsener, sportlich aussehender Leutnant der Gebirgsjäger an den Tisch Oberst Redls und bat um die Erlaubnis, sich einen Augenblick setzen zu dürfen, er habe ihm Wichtiges mitzuteilen. Redl willigte ein. Der Offizier lächelte.

»Ich befinde mich derzeit auf Urlaub, ich kam zur Hochzeit meiner jüngeren Schwester von Südtirol her nach Wien . . .«

»Sie sind unverheiratet, Herr Leutnant?« fragte Redl blasiert.

»Das bin ich, Herr Oberst«, antwortete der Leutnant lächelnd.

»Und was wollen Sie von mir? Soll ich Trauzeuge bei der

Hochzeit Ihrer Schwester spielen, Leutnant?« fragte Redl nun in schroffem Ton. Der junge Offizier zuckte zusammen.

»Ich habe jetzt nicht die Zeit, als Trauzeuge zu fungieren, Herr Leutnant«, fuhr Redl freundlicher fort. Und fügte dann wieder grob und schroff hinzu: »Verschwinden Sie, Leutnant, verlassen Sie das Kaffeehaus! Sind Sie gekommen, mich zu provozieren? Wenn Sie mich hier nicht angetroffen hätten, würden Sie mich wohl im Hotel Klomser gesucht haben? Von wem haben Sie erfahren, daß ich hier im ›Capri‹ bin? Von Oberst Ronge? Sie brauchen mir nicht zu antworten. Verschwinden Sie, sonst lasse ich Sie verschwinden! Sie armseliger, miserabler Stegreifprovokateur!«

»Aber Herr Oberst, ich ... Ich wollte Ihnen nur etwas mitteilen, ganz im Vertrauen, ich ...«

»Scheren Sie sich fort! Auf der Stelle! Stehen Sie auf und gehen Sie! Sofort! Haben Sie mich verstanden? Los!«

Redl sah auf die Uhr. Dann sah er dem jungen Leutnant von den Gebirgsjägern in die Augen, mit einem Blick, der nichts Gutes verhieß. Der Leutnant ging. Redl verließ das »Capri« und erreichte auf Umwegen, um die Leute Inspektor Barners abzuschütteln, die konspirative Wohnung in der Grünangerstraße 12. Es wurde schon dunkel. Plötzlich trat ein Mann vor ihn hin, vier andere sprangen aus der Toreinfahrt hervor und verstellten ihm in Sichelformation den Weg. Oberst Redl riß seine schwarze, schwere »Frommer« heraus. Er eröffnete das Feuer, aber seine Angreifer warfen sich – obzwar er einen von ihnen verwundete – auf ihn, und die Straßen»schlacht« mündete in Faustschläge und Fußtritte. Einer der Angreifer traf mit seiner hufeisengroßen, behandschuhten Faust, über die er einen Schlagring gestreift hatte, Redls Kinn. Der Oberst taumelte, die Wucht des Schlages machte ihn schwindeln, aber er blieb auf den Beinen. Da traf ihn ein Hagel von Tritten in die rechte Seite. Redl schoß erneut. Die Angreifer verschwanden, lautlos und schnell, wie sie gekommen waren, und ließen ihn auf dem Gehsteig zurück. Die Bilanz zeigte sich erst später in dem kalten, weißgefliesten, unterirdischen Sektionssaal der Militärgerichtspathologie:

Fraktur des rechten Kiefers in Höhe des rechten unteren Zweiers und Dreiers, indirekte Fraktur des linken unteren Kiefergelenks. Außerdem vier gebrochene Rippen rechts, eine davon doppelt gebrochen. Wie Oberstleutnant Ritter Horst von Thom, Major Lewetzow, Hauptmann Morschel, Oberleutnant Bezouška und Oberleutnant Salapška erst viel später, nach dem Tod des Armeekorps-Generalstabschefs und Oberst im Generalstab der vereinten Streitkräfte Alfred Redl erfuhren, hatten diesen abendlichen Straßenüberfall »schwere Jungs«, die wegen Vergehen gegen das Zivilstrafrecht im Zuchthaus saßen – und eben für diesen Zweck, gegen Sonderzuwendungen und Vergünstigungen – kurzzeitig auf freien Fuß gesetzt wurden, inszeniert. Organisiert hatten diese Aktion, unter Ausschaltung der Polizei, Oberst Ronges Leute, wobei nie ans Licht kam, zu welchem Zweck und mit welcher Erwartung eigentlich.

Alfred Redl, Generalstabschef des 8. Prager Armeekorps, Oberst im Generalstab der vereinten Streitkräfte, tatsächlicher Leiter des Evidenzbüros, sann, während er sich in die konspirative Wohnung Grünangerstraße 12 schleppte, darüber nach, wie sonderbar es war, wenn die Offizierskarriere, wenn der *eisige Zenit* der Laufbahn: die Ernennung zum General, plötzlich ihre Bedeutung verlor. Immerhin hatte Redl unmittelbar davor gestanden. Er war ein Mann, der die Fähigkeit besaß, seine Chancen, die Risiken seines Schicksals und seines Lebens selbständig einzuschätzen, der imstande war, seine persönliche Identität mit dem Reich zu bezeugen, sein Ehrenwort, das er dem Thronfolger gegeben hatte, zu halten und Wien, die Hauptstadt des Reiches, die Kaiserstadt, nicht zu verlassen; gleichzeitig aber wäre er auch fähig gewesen, sein Offiziersehrenwort zu brechen – sogar das Hasenpanier zu ergreifen – und die Stadt Wien wie auch das Reich zu verlassen; er besaß die Fähigkeit, seine Handlungsweise vor dem hohen Militärgericht als Verdächtigter wie als Angeklagter zu bekräftigen und aus seiner gewissen persönlichen Isoliertheit heraus, die seine Sichtweise zwangsläufig verzerrte – unter Nichtachtung des eigenen Schicksals, der eigenen Person –, ein scharfes, sachliches, aktuelles Bild über die Chancen der Kriegsführung des Reiches sowohl im Balkanraum als auch in Galizien zu entwerfen, dank seiner Flexibilität, seiner Zähigkeit, seiner physischen Stärke, seiner Willenskraft, seiner an Resignation grenzenden Resistenz. Er hätte sich sogar dazu aufschwingen können, auf jenem einsamen »Gefechtsstand« auszuharren, der ihn selbst zur Strecke brachte, sein *einmaliges Leben* mit den entscheidenden Dingen konfrontierte, dort, wo nicht die Katharsis die Krise bewältigte – dazu reichte die Zeit, sein Leben, nicht mehr aus –, sondern die Tat, die Aktion, die letzte Anspannung des Willens, in deren Verlauf man zum *direkten* Mittel der *erkannten* Ziele wird, und sei es nur aus der »Passion«, sich außerhalb seines Selbst mit etwas zu identifizieren, das vieles sein kann, nur nicht man selbst, das eigene Schicksal, das eigene, einmalige Leben, von dem – wie so mancher Mutige, der sich selbst klar sieht – auch Oberst Redl gern furchtlos Abschied genommen hätte, in der guten Hoffnung des *Nicht-Wiedersehens.* Oder sollte der Generalstabsoberst Redl an jene kalte Grenze gekommen sein, zu deren Überschreiten es weder eines Passes noch eines Visums, weder eines falschen Namens noch einer Maske noch bewaffneter Begleitpersonen, Konspiration, verschlüsselter Codes noch deren fachgerechter Dekodierung bedurfte? Sollte Redl diese gnadenvolle Grenze erreicht haben? Oder wartete er nur ab, er, ein *Grenzverletzer* dieser Gnade, sich selbst die Treue haltend? Ein Mensch, der allein geblieben ist, kann nichts anderes tun, als das Gefühl, das Bewußtsein des Alleinseins, der Einsamkeit, bis ins Unendliche auszuschöpfen und Zuschauer dieses Alleinseins, dieser wohlverdienten Einsamkeit zu sein, stellte Generalstabsoberst Redl – ganz für sich – fest. Seine gebrochene Kinnlade schmerzte, die gebrochenen Rippen. Eines jedoch schmerzte nicht: der *Schmerz* selbst. Der Aufbruch seines Lebens, der Weggang seines Vaters aus der Armee, das spurlose Verschwinden seines Vaters, die weibliche und schwesterlich mächtige, vorherrschende Gegenwart seiner älteren Schwestern, unter ihnen der urwüchsig-blonden Elke, in seiner Jugend, in den Jahren seines Kadett-Seins, und zudem die *wortlos* gesprächige, ja sprechende *Wortlosigkeit* seiner Mutter über den Mann, der ihr Mann und der Vater ihrer Töchter und ihres Sohnes war, ein Mann, der weggegangen, ein Mensch, der verschwunden war, seine jungen Töchter, seinen Sohn und seine Frau zurücklassend. War es vielleicht diese *Vergangenheit,* die ihm die Kraft nahm, die seine Reaktionsfähigkeit – nicht eben zur »rechten Zeit« – hemmte, seine »Kampfeslust« und zugleich auch Lebenslust beschnitt, die seine körper- und nervliche Wachheit, seine häufig so brutale Bereitschaft lähmte? Den *Raum* der Pläne, Ideen und *Gedanken* in Redls Hirn nahmen nun die Sorgen ein, die ihn am ehesten und als ersten belasteten. Diese raumgreifenden-lastenden Sorgen, die Pläne und Perspektiven verdrängten, rührten nicht aus Redls Angst um sein persönliches und einmaliges Leben her. Redl empfand weder Furcht schlechthin noch Furcht, die um sich selbst fürchtet. Hätte er sich fürchten können, würde er fähig gewesen sein, Furcht zu empfinden, wäre das nachgerade ein Geschenk für ihn gewesen. Er war auch fähig, Schlaflosigkeit und Erschöpfung zu meistern, die langandauernd Körper und Seele beanspruchten. Mit all seinen Nervenfasern hütete, bewahrte er – ohne Zweitmöglichkeiten, Zugzwänge, Zufälle zur Kenntnis zu nehmen – dieses im Laufe langer, »operativer Jahre« verfeinerte Gefühl – ein innerer Schild gleichsam, mit dem er sich vor sich selbst schützte –, das ihn zwar manchmal, für Augenblicke, an die Grenze des wütenden Wahnsinns trieb, das aber ausschließlich sein Gefühl war, jenseits stand, *jenseits stehen mußte,* jenseits aller Gefühle, die ihn existentiell berührten. Die an Schwärmerei grenzende Anhänglichkeit seiner Leute – Bezouška, Salapška, Morschel, Lewetzow – berührte den Oberst schon deshalb nicht, weil Redl Redl nicht länger treu war, ganz zu schweigen von Schwärmerei oder – selbst, wenn es übertrieben klingt, wollen wir es wiederholt-wiederum-wieder einmal aussprechen – Liebe zu sich selbst, von Geduld, Gelassenheit und *unpersönlicher* Gedankenwelt in bezug auf seine Pläne. Dem Armeekorps-Generalstabschef Redl, dem Oberst des Generalstabs der vereinten Streitkräfte, der unmittelbar vor seiner Ernennung zum General stand, wurde die Offiziers-, die Führungsoffizierskarriere, der Gipfelpunkt, die düstere und *äußere* Erfüllung, mit einemmal gleichgültig. Redl war kein Romantiker. Und wenn sein Zynismus so manchem Angst einflößte, war er doch so tief in seinen zielgerichteten Willen eingebettet, daß er nachgerade irreführend wirkte, vor allem auf jene, die allen Grund gehabt hätten, Oberst Redl zu fürchten; es schien, als verbargen sie diese Furcht hinter jener anderen, die sie, in Gedanken an ihr eigenes Leben befangen, zu Recht, ja zitternd empfanden. Redl war, seinem Wesen nach, kein rachsüchtiger Mann, und das bekundete er jederzeit, selbst wenn er, im Vollbesitz seiner Macht, auf der Höhe seiner Macht, locker und lässig, risikolos Rache hätte nehmen können für kleine oder größere Schnippchen, die man ihm geschlagen hatte. Aber Redl war nicht naiv. Und das wurde vielen nicht »rechtzeitig« bewußt. Oberst Alfred Redl, Armeekorps-Generalstabschef, nannte nirgendwo auf der Welt einen sicheren Ankerplatz sein eigen, keine vorher – vor ihm – ausgelegten Tonnen kennzeichneten den Weg, die richtige, in den Hafen führende Fahrrinne. Die einsamen Manöver seines Lebens hatte sich Redl direkt, in der praktischen Orientierung angeeignet, und er war und blieb ein Meister in der Handhabung dessen, was der Mensch ein scharfes Erinnerungsvermögen, ein langes und selbst – im Interesse des *Ganzen* – alle Einzelheiten bewahrendes Gedächtnis zu nennen pflegt. Redl hatte viele *Masken,* aber nur ein *Gesicht.* Und jetzt nahm Redl die Masken ab, um sich und anderen sein Gesicht zeigen, sein von der Mutter geborenes Gesicht wiedersehen zu können. Nach all den vielen *Masken* reizte und verlockte ihn sein *Gesicht,* selbst wenn es nur eines der vielen Masken sein sollte, vielleicht fand er dennoch zur Ruhe in der Betrachtung dieses »ursprünglichen« Gesichtes; denn ein Mensch, der sich vor den Spiegel stellt, kann dem Anblick seines Gesichtes in dem eisig kalten, klaren Silber des Spiegels nicht entfliehen, einen Lidschlag lang mustert das eigene Augenpaar scharf das des Spiegelbildes. Für gewöhnlich verbarg Redls Mut auch seine Demut, besonders vor Menschen wie Oberst Urbanski, der nurmehr formal als Chef des Evidenzbüros »fungierte«, seine fällige Versetzung in den Ruhestand herbeisehnend. Oberst Urbanski, Chef des Evidenzbüros, war reif für die Pensionierung, die Geschichte, das 19. Jahrhundert, hatte seinen Willen, seine Logik ausgedörrt, und zudem waren die Jahre über ihn hinweggegangen, die Aufgaben des 20. Jahrhunderts hätten ihn kaum auf seinem hohen Posten halten können. Der Generalstabschef des 8. k. u. k. Armeekorps in Prag Alfred Redl, Oberst des Generalstabs der vereinten Streitkräfte, der Land-, See- und Luftstreitkräfte, tatsächlicher Leiter des Evidenzbüros, irrte niemals auf dem »glänzenden Pfad«, der zwischen dem für sein *persönliches Ansehen* so ungehindert erreichbaren Ziel und den gegebenen, konkreten, aktuellen Obliegenheiten dahinführte und eigentlich eine wahre Kluft vor Karriere, Rang, Existenz und »rasanter« Repräsentation bildete, aufreizend und anlockend, um auch den kühnen Recken dem tätig-untätigen Glück zuzuführen, nach dessen Sinndeutung wir leben, um unser Leben »auszuleben«, und – manchmal – dürfen wir auch mitreden bei der Auswahl der Umstände, des Geschmacks dieses »Auslebens«, können sogar mit einer ganzen Reihe von Kompromissen und Korrekturen die Tatsache verschleiern, daß wir unser Leben auch auf andere Weise *hätten ausleben können,* als wir es in Wahrheit für uns und andere lebten.

Generalstabsoberst Alfred Redl, Balkansachverständiger des Reiches und mit größter Macht und vielseitigster Bildung ausgestatteter Offizier des militärischen Kundschaftsdienstes der Monarchie, setzte, nunmehr mit gebrochenen Rippen und gebrochenem Kiefer, seinen einsamen Weg zur konspirativen Wohnung in der Grünangerstraße 12 fort. Seine Kinnlade schmerzte, seine rechte Seite stach, feuerte, pochte, aber er wurde der Schmerzen Herr und verkannte sogar die Schwere seiner Verletzung; er vermutete höchstens eine Prellung, und ihm kam gar nicht in den Sinn, an eine Kieferfraktur zu denken, daran, daß die Tritte der – ausschließlich für diesen Zweck an diesem Abend auf »freien

Fuß« gesetzten – Zuchthäusler ihm die Rippen gebrochen haben könnten. Die Rechtsbrecher wurden bei ihrer »Aktion« natürlich von mehreren Offizieren in Zivil »gesichert«, zum einen, damit sie nicht flohen, zum anderen, damit sie nach Erledigung ihrer Aufgabe sofort an *ihren Platz* rückgeführt werden konnten: Oberst Max Ronge hatte dem Leitenden Zuchthausdirektor sein Versprechen gegeben, was er auch einhielt, denn Ronge war ein korrekter Mann. Die Zuchthäusler konnten nicht entfliehen, und falls sich Redl durch Gebrauch der Schußwaffe dennoch freikämpfte, konnten die »Sicherheitsleute« – zum erforderlichen Zeitpunkt – eingreifen, natürlich nicht um Redl, sondern um die Zuchthäusler zu unterstützen.

Der Thronfolger Franz Ferdinand las – worüber er Oberst Redl und die »Redl-Affäre« vollständig vergaß – äußerst betroffen den – mit dem Vermerk »streng vertraulich, persönlich« gekennzeichneten – Bericht des in Berlin akkreditierten Militärattachés des Reiches, wonach der 1858 als Sohn deutscher Eltern in Paris geborene Maschinenbauingenieur Rudolf Diesel die pazifistische Erklärung abgegeben hatte, daß er, sofern die deutsche Kriegsmarine die von ihm entwickelten und nach ihm benannten Diesel-Motoren wirklich und ausschließlich nur in den Maschinenraum der Unterseeboote und Tauchschiffe einbauen wolle, unter Mitnahme sämtlicher technischer Beschreibungen dieser so außergewöhnlich angetriebenen, beeindruckend wirtschaftlichen, den Aktionsradius der Schiffe enorm erweiternden Maschinen zunächst nach England reisen werde, dann nach Frankreich und anschließend in das russische Reich, um dort alle technischen Dokumentationen zu übergeben, die das System und Prinzip der dieselgetriebenen Maschinen und kleineren Motorblöcke, die – *durch ihn* – zum Zweck des Einbaus in Unterseeboote und Tauchschiffe weiterentwickelt worden waren, beschrieben und die praktische Fertigung ermöglichten. Und warum hatte sich der weltbekannte deutsche Maschinenbauingenieur zu dieser »pazifistischen« Rundreise entschlossen? Weil Rudolf Diesel – so unmöglich diese

»Rundreise« im Urteil Franz Ferdinands auch erschien – glaubte, man könne dem Ausbruch des Krieges Einhalt gebieten, sofern nur alle Großmächte im Besitz der Diesel-Kriegsmaschinerie wären; denn wozu sollte man Krieg führen, wenn die Tauchschiffe und Unterseeboote mit den gleichen Chancen etwas zu zerstören oder zerstört zu werden aus ihren Häfen ausliefen? So glaubte der Ingenieur Diesel... Der Thronfolger Franz Ferdinand, Oberbefehlshaber der Armee, war vielleicht ein *atavistisch furchtsamer* Mann, der zudem *nicht viel von sich wußte*, ganz zu schweigen davon, daß sein Herz voller Furcht war, doch eines hatte er nicht verstanden – hatte ihm womöglich die Zeit dazu gefehlt? –: daß nur Wissen Unwissenheit heilen kann, selbst dann, mehr noch: wenn diese unsere Unwissenheit in bezug auf uns selbst besteht. Franz Ferdinand kannte weder Freud noch Adler, obzwar diese beiden Seelenforscher längst in Wien, in der Kaiserstadt wirkten. Er kannte weder die beiden Seelen*taucher*, noch war er sich über die Bedeutung der *Tauchschiffe*, der Unterseeboote für die Strategie und Taktik auf See völlig im klaren. Er wußte nur: da befand sich eine neue, moderne Kriegsmarine-Waffengattung in geheimer Entwicklung. Ganz und gar aber verstand er nicht, wie Rudolf Diesel glauben konnte, mit der Auslieferung seiner geheimen militärischen Waffe, mit ihrer »Übergabe« an den Feind, den Frieden sichern zu können, den »Weltfrieden« nachgerade, wie sich Ingenieur Diesel auf einer – öffentlichen! – Pressekonferenz ausgedrückt hatte. Vielleicht aber war Franz Ferdinand nicht von Geburt an ein *atavistisch* furchtsamer Mann, sondern erst dazu geworden, nachdem er – dem Rat und späteren Befehl Seiner Majestät, Franz Joseph I., zum Trotz – die Gräfin Sophie Chotek zur Frau genommen, »unter seinem Rang« geheiratet hatte. Es gibt eine Schuld, die sich selbst straft, und dieser Kreislauf bricht nie ab. Franz Ferdinand verschleierte seine Beklemmungen mit der Bravour eines Mimen, bis zu jenem Frühsommer in Sarajevo, bis zu jenem Attentat auf dem Balkan, da Sophie Chotek – seine Geliebte und zu jenem Zeitpunkt längst seine Gemahlin – mit ihm in den Tod ging, ihren Mann nur wenige Minuten überlebend, den Thronfolger, dem die Militärärzte nicht das Leben retten konnten; eine Revolverkugel, in seinen Hals eingedrungen, hatte ihn getötet. Somit bot sich Franz Ferdinand weder die Möglichkeit mehr, die tiefen-psychologischen Forschungen der Wiener *Seelen»taucher«* kennenzulernen, noch den Kampfwert der *Tauchboote,* der Unterseeboote, für die Kriegsmarine im scheinbar nur wegen seiner Ermordung ausgebrochenen Krieg. Eines aber verstand er: das Verschwinden des Maschinenbauingenieurs Rudolf Diesel, des berühmten und besessenen »Pazifisten«, auf offener See, auf der Nordsee zwischen Antwerpen und dem englischen Hafen Harwich in der aufdämmernden Nacht vom 29. zum 30. September 1913. Aus streng vertraulicher Berliner Quelle wußte der Thronfolger Franz Ferdinand auch, daß kein Argument, kein gutgemeinter Überzeugungsversuch verfangen hatte, Rudolf Diesel war – unter Mitnahme der technischen Dokumentationen der nach ihm benannten Maschine – aufs Schiff gestiegen und nach England aufgebrochen. Sein Name stand auf der Passagierliste. Im Hafen von Harwich aber stand nur noch sein Name auf der Liste, er selbst ging dort nie an Land. Einige Herren hatten zwei Kabinen auf demselben Schiff gemietet, auf dem der »friedenskämpferische« Maschinenbauingenieur Rudolf Diesel von Antwerpen aus ins englische Harwich reisen wollte. Wo er nicht ankam. Obschon sie ihn erwarteten, nicht die englischen »Pazifisten«, sondern englische Marineoffiziere, Schiffsbaukonstrukteure und Offiziere des Geheimdienstes. Vergebens. Einige Herren hatten den Maschinenbauingenieur Rudolf Diesel auf offener See über Bord geworfen ... Oberst Redl verstand das schon nicht mehr, obzwar er sich – im Gegensatz zu Franz Ferdinand – vollkommen über die Bedeutung der dieselgetriebenen Unterseeboote für die Kriegsmarine im klaren war, den Aufsatz Rudolf Diesels, *Theorie und Konstruktion eines rationellen Wärmemotors,* der 1913 veröffentlicht wurde und ein neues Zeitalter eröffnen sollte, gelesen hatte. Franz Ferdinand nannte England, das Britische Imperium, im vertraulichen Kreise für gewöhnlich nur das »Krämer-Königreich«, eine brutale

Kolonialisierungsmacht, die Hunderttausende von Hindus und anderen Völkerschaften hinmetzelte, während es Deutschland einer aggressiven Politik bezichtigte und die österreichisch-ungarische Monarchie für den Unterdrücker der Balkanvölker mit ihren vielen Nationalitäten hielt. Rudolf Diesels naive Hoffnungen ... Die deutsche Kriegsmarine hatte die dieselgetriebenen Unterseeboote längst in ihren Kampfbestand eingereiht; der Erfinder mußte seine Naivität mit dem Leben bezahlen. Während Franz Ferdinand den streng vertraulichen, streng geheimen, mit dem Vermerk *»persönlich, nur zu Händen des Armeeoberbefehlshabers F. F.«* versehenen Bericht des Berliner Militärattachés las, in welchem dieser von den »englischen Reiseplänen« des Ingenieurs Rudolf Diesel und von der pazifistischen Bewegung allgemein Kenntnis gab, kam ihm, eben im Zusammenhang mit den Unterseebooten, Oberst Redl in den Sinn, da er wußte, daß Redl ein mehr als leidenschaftlicher Anhänger – und Kenner – dieser schrecklichen neuen Kriegsmarine-Waffengattung war. Und er sagte sich, Redl dürfe nicht über das Schicksal Redls entscheiden, Oberst Redl könne nicht die Lösung in der »Redl-Affäre« herbeiführen, weil er vielleicht sogar dazu imstande wäre ... Nein, diese Sache mußte er, der Armee-Oberbefehlshaber des Reiches, bewältigen und endgültig zum Abschluß bringen. Wer konnte denn wissen, welche Trümpfe Oberst Redl noch in der Hand hatte? Und gegen wen er sie ausspielte? Und wenn auf dem Balkan der Krieg ausbrach? Wenn Oberst Redl ihn, den Thronfolger, ersuchte: *Hoheit, ich bitte um die Erlaubnis, aus dem Evidenzbüro ausscheiden und den Dienst an der Front aufnehmen, das Truppenkommando über unsere erste Gefechtseinheit, die gegen Belgrad zieht, übernehmen zu dürfen!* Was könnte er darauf antworten? Nur eines doch: *Nein, nein, lieber Redl, Sie dürfen nicht mehr zurück in den Schützengraben, auf das Minenfeld, zwischen den Stacheldraht, zu den kämpfenden Einheiten! Wie tapfer und geschickt Sie als Soldat auch sind ... Ihre Berufung ist eine andere, Oberst, eine höhere als der Heldentod! Sie müssen hier in Wien bleiben. Das ist ein Befehl!* Oder kurz und bündig: *Sie stehen vorerst unter Hausarrest! Es läuft eine Untersuchung gegen Sie. Auf Sie* *wartet der Militärstaatsanwalt, der Oberste Auditor, der Henker ... Sie verdienen nicht einmal das Exekutionspeloton!* Ja, das mußte er sagen. Und dann erhielt Franz Ferdinand noch eine unangenehme, Oberst Redl betreffende Mitteilung von seinem Ordonnanzoffizier, Oberst Sbinyovszky. Eigentlich waren es zwei, wenngleich erstere ihn nicht interessierte, ihn eher beruhigte: er erfuhr, der Baron Hugo von Huppert, Erster Botschaftsrat a. D. in Sankt Petersburg, sei infolge eines Herzanfalls im Luxussanatorium Professor Doktor Konstantins verstorben. Auf diese Kunde hin vergaß sich der Thronfolger beinahe und wollte schon sagen: *Hervorragend! Das Bild klärt sich, lieber Sbinyovszky!* Es gelang ihm aber dann doch, etwas *anderes* zu bemerken. Nämlich: *»Der arme Huppert ...«* Die zweite Nachricht seines Ordonnanzoffiziers hingegen erzürnte den Thronfolger heftig.

»Hoheit, wenn Sie die Güte hätten, einen Blick auf dieses Programmblatt zu werfen ...«

»Was ist das?« fragte der Thronfolger, nachdem er den gedruckten Text überflogen hatte.

»Scheinbar nichts, Hoheit. Das Galaprogramm des Bosnisch-Herzegowinischen Infanterieregimentes Nr. 3. Es wurde in Budapest aufgeführt, im vorigen Herbst. Ausschnitte aus der Oper ›Il Trovatore‹ von Verdi, die ›Frühlingskinder‹ von Waldteufel – Backó: ein vierstündiges Singspiel mit dem Titel ›Ungarische Träumerei‹. Das Programm begann am Nachmittag, es folgte eine Pause, anschließend kamen die Blechbläser und spielten den Regimentsmarsch; ein paar Arien aus ›Troubadour‹ und ›Carmen‹, danach Festessen, zwischendurch kam es fast zu einem Duell, das den beteiligten Herren jedoch glücklicherweise ausgeredet werden konnte ... Sodann die Fortsetzung der ›Ungarischen Träumerei‹ von Backó.«

»Und?«

»Dieses Programm gelangte später in die Post. Von Wien aus nach Berlin ... Oberst Ronge fing es ab und ließ eine Kopie anfertigen. Eine getreue Kopie, deren Original er an den Adressaten weiterleitete, eine Dame aus Preußen, das Hochwohlgeborene Fräulein Anna Margaretha Justina Lindheimer. Dieses Fräulein ist die Geliebte des Husarenrittmeisters Lipót Auer.«

»Lipót Auer? Steckt der Rittmeister in Schwierigkeiten? Lipót Auer war der beste Zögling des Theresianums ... Ich schätze ihn sehr.«

»Er hat bereits im Januar um seine Versetzung in den Ruhestand nachgesucht. Mit kaum fünfunddreißig ... Oberst Redl zufolge – der Bericht ist datiert vom 3. Januar dieses Jahres – äußerte sich der Husarenrittmeister Lipót Auer auf diesem Pester Galaabend in ›gemeinsamem Vorgehen‹ mit Fräulein Lindheimer höchst kompromittierend über die Herzoginnen der Dynastie ...«

»Redl! Wieder Redl. Gibt es denn keinen Tagesbericht, kein Vorkommnis mehr, in dem der Name Redl nicht auftaucht?«

»Anscheinend, Hoheit ... Hier sehen Sie Redls charakteristisch aggressives Monogramm ›R.‹, aufgrund dessen Oberleutnant Bezouška die Festnahme des Husarenrittmeisters Lipót Auer anordnete und vollzog, am 4. Januar morgens um vier Uhr. Auer leistete Widerstand, er wurde entwaffnet und abgeführt. Redl vernahm ihn und setzte ihn erst 48 Stunden später wieder auf freien Fuß ... Dem Rittmeister, der eine Erklärung forderte, antwortete Oberst Redl, *er sei niemandem eine Erklärung schuldig*, seine Maßnahmen deckten sich mit den unmittelbaren Interessen des Reiches; dem Rittmeister gab er den Rat, er möge dringend um seine Versetzung in den Ruhestand oder in die Reserve nachsuchen, solange es noch nicht zu spät sei ... Er scherzte sogar mit dem unbewaffneten Offizier und bemerkte, die Husaren seien im 20. Jahrhundert ohnehin eine veraltete Waffengattung ... Damit beleidigte er einerseits die Kavallerie und brachte andererseits, vermutlich absichtlich, die gesamte ungarische Presse, sowohl Budapests, als auch der Provinz, gegen den Hof auf, obschon er wußte, daß Ungarn die überwiegende Mehrzahl der Husaren stellt. Wörtlich äußerte er: *›Rittmeister Auer, glauben Sie, daß das Reich im Falle eines Krieges Ihre Erfahrungen im Säbelfechten und Pferderennen braucht? Begreifen Sie, Mann, die Husaren sind eine romantische Waffen-*

gattung, eher eine Gattung, denn eine Waffe! Sie eignen sich nur für Paraden auf den staubigen Debrecener oder Szegeder Hauptstraßen ... Mustern Sie aus! Und verschwinden Sie zusammen mit dem Fräulein Lindheimer aus dem Reich! Daß ich ja nicht erfahre, Sie hätten das Fräulein, von dem hier die Rede ist, der Abwehr hinterlassen und wären allein gegangen! Klemmen Sie sich diese Frau gleich mit unter den Arm!‹

Und nun legte Oberst Sbinyovszky, der Ordonnanzoffizier, dem Thronfolger eine Fotografie vor.

»Das Komische ist, Hoheit, daß dieses Bild 1908, im Jahr der Olympiade, gemacht wurde, genau am 20. Juli 1908, wie aus der Notiz hervorgeht. Da, neben der Frau mit dem weißen Hut und dem Sonnenschirm, steht Redl. Und diese Frau ist niemand anders als Fräulein Lindheimer ... Das zweite Foto, das mir Oberst Max Ronge gab, um es Eurer Hoheit vorzulegen, zeigt den Salondampfer *Albrecht* an der Donaubrücke bei Szentbenedek. Dieser Mann da, der sich auf die Reling stützt, ist Redl. Die junge Dame an seiner Seite: Fräulein Lindheimer. Ein weiches, preußisches Profil ...«

»Hübsch ... Eine schöne Frau ...«, bemerkte der Thronfolger. Mit einem Vergrößerungsglas musterte er das auf dem Foto abgebildete »Paar« gründlicher und analysierte dabei Redls Gesicht. »Welch gewalttätiges Kinn, welch knochige Züge ... Selbst sein Lächeln atmet Kälte ... Ehrgeiz! Zynismus! Das einzig ›Anziehende‹ in seinem Gesicht ist die Willenskraft, die es ausstrahlt ... Er gehört zweifellos jenem ›unerbittlichen, unnachsichtigen Typus‹ an, den die Phrenologen beschreiben ... Nun, Oberst Redl wird sich vermutlich wundern, welche Unerbittlichkeit und Unnachsichtigkeit seine ›Unerbittlichkeit‹, seine ›Unnachsichtigkeit‹ bei uns auslösen wird! Sbinyovszky! Das Ausscheiden Lipót Auers aus dem aktiven Dienst, seine Versetzung in den Ruhestand wird von mir nicht genehmigt! Die Husaren sind keine veraltete Waffengattung! Lipót Auer soll sich in den nächsten Tagen bei mir melden, zur üblichen Audienzzeit; man lasse ihn aber außer der Reihe zu mir herein! Was hingegen Fräulein Lindheimer angeht, ihr ›Erscheinen‹ auf diesen Fotos, an Redls Seite – so soll Oberst Ronge eine Untersuchung veranlassen ... Was wir in Erfahrung bringen können, wird bezüglich Redls jedoch kaum von Bedeutung sein. Allerdings interessiert mich das ›Privatleben‹ des Fräulein Lindheimer. Wie Sie sagen: ein typisches, sanftes, preußisches Profil, Stupsnase, hellblaue Augen, gertenschlanke Gestalt, volle, starke Brüste, dabei aber beunruhigend ›hager‹; Gestalt und Gesicht verheißen nichts Gutes, verbergen nur das Böse, verbergen es, um es einmal zu offenbaren! Sie können abtreten, Sbinyovszky!« sagte Franz Ferdinand, während er immer noch das Foto musterte, das Fräulein Lindheimer in – trotz *körperlicher Nähe ferner* – Begleitung Oberst Redls zeigte.

Es gibt eine Melancholie, die nicht notwendigerweise mit Trägheit einhergeht, die nicht die physischen und psychischen »Reserven« der letzten Kräfte erschöpft, es gibt eine Melancholie, die nicht Gegensatz der Freude ist, der einst bewiesenen Bereitschaft, ja Bereitwilligkeit. Solcher Art war die Melancholie des Oberst, die, vereint mit vielen anderen Gefühlen und Erinnerungen, noch nicht so übermächtig vorherrschte, daß sie die zunehmend schwächer wirkenden, träger wallenden anderen Gefühle hätte verdrängen, die Willensgrundlage der Aktivität selbst angreifen und zerstören können, im *Inneren* fortschreitend von Riß zu Riß, ihn mit zusätzlichen *äußeren* Hammerschlägen peinigend. Redl blieb Redl, auch ohne die *Welt* des Redl. Hatte sein menschliches Bewußtsein kaltblütig dem eigenen Unhold ins Auge geschaut, dem unbewußten Scheusal in seinem Inneren? Wie auch immer: Redls Melancholie belebte – nach einer gewissen Zeit des Nachdenkens, Nachsinnens, der Analyse – Redls gehetztes Dasein gleichsam und bewog ihn, den entschlossenen Aufbruch zu wagen: hin zu sich selbst, ohne Gefährten oder Begleiter, allein auf sich gestellt. Nicht, daß er seine Situation erkannt hätte. Er erkannte nur seine unveränderbare Einsamkeit, in der er bislang gelebt hatte. Er suchte nicht eilends eine Wahrsagerin auf – er war viel zu müde, um mit den Augen eines anderen in seine eigene Zukunft zu sehen, ebenso wie er sich auch nicht an all den sich darbietenden »Bildern« der Selbsttäuschung ergötzte; er hatte sein eigenes *Wissen* von der Wirklichkeit, und auch das war nur ein *Bild* von vielen Bildern; er sah dieses »Bild« und nahm es zur Kenntnis. Der Menschen-Redl und der Alptraum-Redl »riefen« sich endlich beim Namen, *erzählten* einander von sich, im Innersten und zum ersten Mal. Nicht über den Dienst, über ihre Möglichkeiten und Chancen »redeten« sie, nicht über das Reich, sondern von sich, einer zum anderen. Es war eine feierliche Rast, eine Mußestunde, die Menschen empfinden, die den Gipfel erreicht haben, einen Punkt, von dem aus nicht länger die Höhen zu sehen sind, die Gipfel, sondern die Tiefe, die Tiefen. Der Mensch indes, der Redl war, fand noch »auf dem Gipfel« zu sich, ohne Rührung, ohne Selbstmitleid, und er überdachte stoisch seinen Weg, der zu den »Gipfeln« geführt hatte. Er fühlte sich entschlossen und stark. Ihn erwartete das *Nichts*, doch ein Nichts, das in ihm war, nicht außerhalb von ihm. Eine souveräne Persönlichkeit empfindet es gleichsam als Zwang, als Herausforderung nachgerade, auf die Realität, auf die Irrealität reagieren zu müssen. Es gibt, es existieren, es leben Menschen, die keinen *Weg*, sondern einen *Raum* brauchen, um ihren *Platz* in der Welt – die Übergangswohnung, das provisorische Zuhause –, obzwar entsetzt, gleichwohl aber annehmen zu können. Redls persönliche, sozusagen private Dinge jedoch verdrängte ein kaum erträgliches Vorgefühl: damals, als das Reich, als die Monarchie Bosnien und die Herzegowina annektierte, damals hatte er sich anscheinend selbst »annektiert«, sich mit Draht- und Manilahanfseilen an den Balkan gebunden. Das Balkan-Problem war in Redls Leben der »Brecher«, dessen Besänftigung ihn die »Sturzflut« vergessen machte, die sein einziges und einmaliges Leben, sein von ihm selbst schon dem Sog preisgegebenes Schicksal unmittelbar bedrohte. Er fühlte sich versucht, folgendes Telegramm an die Hofburg aufzugeben, an die Adresse der Habsburger: »Die Vergangenheiten, Ihre Vergangenheiten sind gigantisch, die Gegenwart aber ist eine Elektromaschine, die Techniker und Mechaniker – nicht nur Posten, Wachtposten, Grenzwächter und Gebirgsjäger – braucht, befähigt, unter Ausnutzung aller tatsächlichen und zusätzlichen Kräfte die veraltete mechanische Apparatur kontinuierlich in Betrieb zu halten und zu verändern, mit der das Reich es wagte, in das ›elektrische‹ 20. Jahrhundert einzutreten. Jederzeit kann das uralte dynastische Reichswappen unter den Hammer, einen Dampfhammer, eine Ramme geraten. Die Geschichte, dieser blasierte Taxator, wird ganze Regimenter unter den Hammer bringen. Der Balkan ist in Wien, ist dort zu Gast, und eine lange Zeit werden wir, wird der *Fiskus* seine Rechnung und Unterkunft bezahlen, nicht der ›Gast‹. Die Soldaten der Armee des Reiches werden aus den Völkern des Reiches rekrutiert. Die Zeit ist nahe, da die Armee des Reiches das Reich gegen die Völker des Reiches schützen muß, und der Skorpion wird dann zum Symbol: in einem Kampf auf Leben und Tod tötet er sich selbst mit seiner Giftklaue, bevor der Gegner ihm den Garaus macht, ihn lebendigen Leibes verschlingt.« Der Armeekorps-Generalstabschef, der Generalstabsoberst Redl gab jedoch weder dieses noch ein anderes Telegramm an die Hofburg, an die Adresse der Habsburger auf. Er wußte, der Erste Wächter, Seine Majestät, Kaiser und König Franz Joseph I., bewachte schon von einem jenseitigen Wachtposten aus die großen Vergangenheiten, die elektrische Gegenwart empfand er nicht mehr; seine Armeekorps, Divisionen, Brigaden, Regimenter, seine Bataillone und Kompanien ließ er ebenso wie seine Schlachtschiffe, Kreuzer, Zerstörer und Torpedoboote um diesen jenseitigen Posten herum aufmarschieren – mit Kommandos und Befehlen, die aus dem vergangenen Jahrhundert widerhallten –, zu einer vielleicht letzten, friedlichen Inspektion, während neue und aberneue Einschläge von Galizien, vom Balkan, von der Adria, von Budapest, Prag, Belgrad und Bukarest her dieses an den Zeitrand der Geschichte getriebene »Kriegsschiff« ohne Schadensmeldung und Schadenseinschätzung trafen, der knappe »Tagesbefehl«, die »Parole« jedoch ein und dieselbe blieb: *Monarchie!* Noch im Geiste von 1866, von Custozza und Erzherzog Albrecht ... Die Infanteristen und Husaren sangen mit schallender Stimme den »Prinz Eugen«, auf den Bällen, den festlichen Abenden erklang der »Kaiserwalzer«, der »Walzer« der k. u. k., man tanzte Csárdás und Polka, und die organisierten Arbeiter sangen nach ihren Versammlungen Märsche. Der auf Erstem Posten stehende einsame Wächter, Seine Majestät, er hatte alles erlitten, er war Soldat und Kapitän, er stand noch immer auf der Kommandobrücke und versuchte zu manövrieren, zu navigieren, mit für ihn völlig neuartigen Instrumenten, er starrte von der Brücke aus in die über sein Schiff hereinbrechenden turmhohen Wogen, während unten, vor ihm, unter der Brücke, das »Deck« meuterte, die veralteten »Geschütztürme« – die Provinzen des Reiches – unfähig waren, sich zum Ziel hin zu wenden, den Feind zu bekämpfen; und im Fadenkreuz der langsam drehenden Geschütztürme schienen so viele, einst friedliche, von Menschenhand geschaffene Erscheinungen, bearbeitete, funktionierende Dinge plötzlich, in einem chaotischen Strudel, zu feindlichen Zielen zu werden, die zu bekämpfen unmöglich erschien, weil dies den Frieden selbst bedrohen würde mit einem großen – oder einer Reihe kleinerer, regionaler – Kriege, auf den die Armee aber weder vorbereitet war noch vorzubereiten wäre. Es ist zu *spät* zum Handeln, stellte der Armeekorps-Generalstabschef, Generaloberst Alfred Redl fest, faktischer Leiter des Evidenzbüros, gemäß einem *noch nicht unterzeichneten* Beförderungs- und Erneuerungsbefehl jüngster General der Armee des Reiches, der Monarchie, hervorragend befähigter Balkan-, Galizien- und Adria-Sachverständiger des militärischen Kundschaftsdienstes und der militärischen Spionageabwehr. Der Erste Wachtposten, der gekrönte Kapitän des vergangenen Jahrhunderts, hatte jedes erdenkliche menschliche Leid erduldet: sein Sohn, der Thronfolger Rudolf, der exaltierte Reformer-Kronprinz, der »ungarische Königssohn«, schlachtete erst seine Geliebte hin, dann sich selbst. Seine Gemahlin, die Kusine des wahnsinnigen Ludwig II., die schöne traurige Sissi, wurde von einem italienischen Anarchisten hingemetzelt. Der neue Thronfolger, den der auf dem Ersten Posten, auf der Kommandobrücke des Reiches stehende Kapitän, der Wächter des vergangenen Jahrhunderts, ohnehin nicht mochte, heiratete unter seinem Rang, brachte eine tschechische »Burggräfin« heim in die stolze Burg. Und zu alledem schickte sich nun, an Stelle der nach und nach verlorengegangenen italienischen Provinzen, ein neues, sich ausdehnendes, Kolonien eroberndes und beharrlich auf Revanche für die alten Geschichten sinnendes Italien an, in das mit geographischen Atlanten wechselnder Grenzzeichnung vollgestellte »Kartenzimmer« der Weltgeschichte, in die aktuelle Weltpolitik einzutreten, während der russische Koloß die südslawischen Vereinigungsbestrebungen immer offener unterstützte und schürte. Und im Inneren, im Reich: der tschechische Separatismus, die Träume von einer ungarischen Staatsautonomie, die Wechsel- und Gegenwirkungen zahlreicher zentrifugaler und zentripetaler Kräfte, die verfallende Aristokratie, das neureiche jüdische Bürgertum, das als Herr eines gewaltigen Kapitals still hinter den Kulissen wirkte, die utopistischen Pläne eines Theodor Herzl und die Bankhäuser der Rothschilds, und zu guter Letzt die Proletarier, und in ihren Reihen die Sozialdemokraten, die Sozialisten und die Kommunisten. All dies war für das altersschwache Kriegsschiff, das so viele große Schlachten bestanden hatte, sowie für seinen hoch auf der Kommandobrücke stehenden Kapitän, den greisen Befehlshaber mit dem ergrauten Backenbart, gleichbedeutend mit einem scharfen Minenfeld. Es schien, als erteilte der Kapitän des vergangenen Jahrhunderts seine Befehle schon aus der Kapuzinergruft heraus, aus dem erzenen Sarkophag in der Kaisergruft, und nicht mehr »von der Brücke herab«, auf der er stand, an der Seite wechselnder Steuerleute. Oberst Redl empfand Schuldbewußtsein, daß er jetzt das Deck verlassen mußte, jetzt, da es jeden Augenblick in Flammen aufgehen konnte, da man, den Willen bis aufs äußerste angespannt, den Kampf aufnehmen sollte, den Kampf um die legendären Fahnen zumindest, auf die er seinen Offizierseid geschworen vor den gezogenen Degen, als Trommelwirbel und Hornsignal verkündet hatten: nunmehr bist du Offizier der Armee des Reiches, und von nun an heißt dein Leben nur noch Dienst, dessen oberstes Prinzip die »Übermenschlichkeit« war, die individuelle und korporative *Gegenwart* in der Weltgeschichte. So einfach war das: die Weltgeschichte vereinte die *menschlichen Arbeitsplätze*. Und die Armeen wahrten diese Einheit. Er, Redl, der hochrangige »Wächter«, sollte seinen Wachtposten verlassen – oder, wie angenommen wurde – *verkauft* haben? Gab es denn niemanden, der seine Erklärung hörte, daß das nicht stimmte, daß dem nicht so war? Daß er jetzt, da er den Gipfel erreicht hatte, scharf und deutlich – an den schrecklichen Orten, dort, wo er sie von vornherein vermutet – die Tiefen sah, die Abgründe, und daß er jetzt, dank seines Agentennetzes, ein aktuelles Bild geben, Pläne würde erarbeiten können: eine Vielzahl von Aktionen, im Interesse der Sicherheit des Reiches.

Oberst Redl blieb stehen. Seine rechte Seite, sein ganzer Brustkorb spannte, schmerzte, stach. Seine Kinnlade, seine Gesichtshälfte puckerte, Blut sickerte zwischen den beiden Zähnen heraus, die an der Bruchstelle keilförmig verschoben standen, und mischte sich mit dem Speichel. Ihm hob sich der Magen. Ihn schwindelte. Er ging in die nächste Kirche und setzte sich auf den äußersten Platz in der letzten Reihe, weit vom Altar und den ersten Bänken entfernt. Ihm schien, als vernähme er eine Predigt, einen Männerchor und Orgelklang, gefolgt von Glockengeläut, und dann *hörte er die Stille*. Für einige Minuten verlor er das Bewußtsein. Als er zu sich kam, war er unfähig, aufzustehen. Er saß still in der Bank. Und nickte ein, döste eher nur, sitzend, mit klopfendem, brennendem Schmerz in der Brust, mit stechenden, spannenden Schmerzen im Kiefer. Er schlief und träumte. Im Halbschlaf träumte ihm, er höre die Worte des Pfarrers. *»Im Kreuz ist Hoffnung für eine christliche Erneuerung Europas, aber nur, wenn wir Christen selbst die Botschaft des Kreuzes ernst nehmen.«* Dann träumte er wieder, die Klänge von Männerchor,

Orgel und Glocken zu hören. Er wußte nicht, in welcher Kirche er sich befand. Einmal schaute er hoch, aber das sich scheinbar im Kreis drehende, bemalte, erdrückende Kuppelgewölbe ließ ihn erneut schwindeln, er schloß die Augen. Vielleicht eine Jesuitenkirche, dachte er und fiel wieder in einen Dämmerschlaf. Als er die Augen öffnete, kamen die sechzehn gewundenen Säulen und sämtliche marmorne Heiligenstatuen, Selige, Märtyrer und Ritter, seit Jahrhunderten hier versammelt, auf ihn zu, der lichtlose, in seinen Proportionen verzerrte, gleichwohl gewaltige, überwältigende Raum des Kirchenschiffes *verengte* sich in seinen Pupillen; gleichsam ton- und gewichtslos brach der ganze, formlos geschrumpfte Kirchenraum auf ihn herab, während die Figuren der Fresken in großer Wirrsal von den einstürzenden Wänden flüchteten, die in einem Augenblick zu Staub zerfielen. Und weiter fort schritt er in seinem Traum, saß nun in seinem Zimmer, tat seine Arbeit, bald im Evidenzbüro, bald im Hotel Klomser. *Beide Orte* schienen in seinem Traum *ein und derselbe Ort* zu sein. Da stand Oberstleutnant Horst von Thom vor ihm, Oberleutnant Bezouška, Oberleutnant Salapška. Und die braungelockte Hildegard, der er – im Traum – etwas diktierte, wobei er, eine Liste in der Hand, in seinem Arbeitszimmer auf und ab schritt. Die *traumhafte* Arbeit ging voran. Hildegard, im Nachthemd, an der Schreibmaschine. Redl, Weisungen gebend. Die *traumhafte* Befehlserteilung wurde allein dadurch beeinträchtigt, daß bald Hildegard, mit dunkelbraunen Locken, bald Elke, mit langem, blonden Haar und lachend, bald Katalin an der Schreibmaschine saß, worauf wieder die bis zum Wahnwitz schwärmerische Hildegard folgte. Die *traumhaften* Befehle – mit dem Vermerk »Statissime« – lösten einander ab.

»Sie beide, Hebber und Bechtle, brechen unverzüglich nach Galizien auf, nach Barwinek, wo Sie den Bataillonskommandeur der Grenzwache, die den Dukla-Paß sichert, Major Walther Delbrück, diesen Vaterlandsverräter, an Ort und Stelle, verhaften! Halt! Am besten lassen Sie sich mit ihm in ein Handgemenge ein, er wird ja vielleicht gegen seine Festnahme protestieren ... Oder zumindest eine Erklärung fordern. Dabei verwunden Sie ihn, aber nur leicht. Anschließend bringen Sie ihn in seine Wohnung, wo Sie Haussuchung halten. Sie müssen auch seine Frau festnehmen! Möglichst vor zahlreichen Zeugen! Schreien Sie ihm schon bei seiner Verhaftung ins Gesicht, er habe durch Holzfäller, einheimische Bauern, Maronis oder sonstwen über den Dukla-Paß den Russen Informationen in die Hände gespielt, und dafür müsse er sich vor dem Kriegsgericht verantworten! Hebber! Bechtle! Brechen Sie sofort auf!« Und – im Traum des Oberst Redl – machten sich die beiden treuen Offiziere auf den Weg zum Dukla-Paß.

»Sie, von Thom, fahren mit dem ersten Schnellzug nach Budapest! Dort verhaften Sie, im Dienst oder zu Hause, den Edlen und Heldenhaften Oberst György Komjáthy, den Kommandanten des 32er Maria-Theresia-Hausregimentes, und halten ihn bis auf weiteren Befehl meinerseits im Garnisonsgefängnis in Gewahrsam. Mit ihm ist allerdings schonungsvoller zu verfahren, als mit dem vorgenannten; sollte er aber Widerstand leisten – bei diesem Mann sehr wahrscheinlich –, wenden Sie, im Interesse der Aktion natürlich, Gewalt an. Die Anklage gegen Komjáthy ist mir vorläufig noch nicht bekannt . . . Ein Kurier wird Sie Ihnen schriftlich nachbringen. Weggetreten!«

In dem Saal des Evidenzbüros, in dem die Sachverständigen zu Hauf die aus dem Ausland eintreffenden (verdächtig oder schon früher aus irgendeinem Grunde beachtenswert befundenen) Briefe öffneten und wieder fachgerecht verschlossen, schritt Oberst Max Ronge auf und ab. Er verrichtete *keine traumhafte* Arbeit wie Redl. Ronges Sachverständige saßen, in grauen oder schwarzen Anzügen, vor streng ausgesonderten und systematisierten Stapeln zu kontrollierender Briefe, und sie widmeten sich mit Emsenfleiß ihrer schweren, den Worten Max Ronges nach immerhin (und was auch stimmte) »lebenswichtigen« Aufgabe, jeder an seinem eigenen, kargen Tisch, nachts. Ronge selbst las den Brief einer ungarischen Adligen nun schon zum dritten Mal. Er fand den Adressaten, der niemand anderer war, als der Gödöllöer

Oberjäger der seligen Königin Elisabeth, höchst verdächtig. Deshalb ließ er den Brief durch einen seiner Schreiber kopieren.

»Herr Voigt!« rief einer der »Briefleser«, ein kleiner bebrillter Mann.

»Was wollen Sie, Peltzer? Sind Sie schon wieder auf geheime Grüße gestoßen, die französische siamesische Zwillinge miteinander austauschen?« fragte Voigt, der selbst eifrig einen mit künstlerischer Sorgfalt geöffneten Brief studierte, wütend. Seiner Miene war anzusehen, daß er ihn ungern wieder zurück ins Kuvert tat.

»Herr Voigt, wieder unser Brief aus Berlin ... Mit derselben Summe, 7.000,- Kronen, in druckfrischen österreichischen Scheinen ... Kennwort: ›Opernball 13‹, wie gehabt ...«

»Der dritte, nicht wahr? Absender: Renzo Malaparte? Oder Udo von Usedom?«

»Melde gehorsamst, ich habe bereits den vierten derartigen Brief abgefangen ... Absender ist diesmal ein gewisses Hochwohlgeborenes Fräulein Anna Margaretha Justina Lindheimer ...«

Voigt sprang vom Tisch auf, aber der »Brief-Max«, Oberst Ronge, kam ihm zuvor.

»Der Brief muß zur Post zurück, schnellstens, bevor der Schalter öffnet! Alarmieren Sie die Polizei! Und ergreifen Sie Maßnahmen, um das Postamt zu sichern!« ordnete Ronge an, nachdem er rasch den an Oberst Redl – poste restante – aus Berlin abgesandten Brief überflogen hatte. Der Briefsachverständige Peltzer, der Ronges tatendurstigen, sich vorerst noch sammelnden Elan sah, gab den »Laufburschen«-Auftrag an niemanden weiter, sondern eilte selbst mit dem Brief zum Postamt, nachdem er ihn blitzschnell, gleichwohl fachgerecht »rekonstruiert«, das heißt in seinen Umschlag zurückgetan und wieder verschlossen hatte.

Generalstabsoberst Alfred Redl schlief sitzend auf der äußersten Kante in der letzten Bank im Kirchenschiff und träumte. Seine gebrochenen Rippen, sein mit dem Schlagring zertrümmerter Kiefer schmerzten auch im Traum, er wähnte sich in Mazedonien verwundet, im Sturm des ersten? zweiten? dritten? hundertunddritten? Balkankrieges. Katalin pflegt ihn. Seine Schwester Elke verbindet ihm lachend die Wunden. Pflegt ihn Hildegard? Wilhelmine? Niemand? Hat die Kriegserklärung Serbiens und Montenegros unvermittelt die bislang zersplitterten Kräfte des Panslawismus freigesetzt, ist die Bergguerilla des Balkan schon bis an die Ehrenwache der Hofburg vorgedrungen? General Tschernajew schafft russische Freiwillige nach Bosnien ... Wie viele es sind! Aber den russischen Soldaten – sieh da, wie schnell man von der koreanischen Halbinsel aus hier ist – folgen die japanischen Soldaten, die lebenden, und in ihren Spuren auch die toten, die Samurais, die beim Sturm auf Mukden und Port Arthur fielen, schon einmal den Heldentod starben ... Und trotzdem halten sie jetzt mit den Lebenden Schritt, landen in Thessalien ... Und von dort aus ist es nur noch ein blutiger Sprung bis Schönbrunn ... So diktierte der Generalstabsoberst Redl der braunlockigen Hildegard – oder Katalin? Oder Elke, der älteren Schwester? Oder Wilhelmine, die in der Zwischenzeit aus dem Ober-Engadin hierher, in diese Kirche, kam, in der Redl – auch von ihr – träumte. Die albanische Frage ist kompliziert, diktiert Redl, die Mission des Fürsten Wied gescheitert ... Die Festung Skutari ist nicht zu verteidigen! Wiewohl der anstürmende Feind sie auch nicht einnehmen kann ... Der wahre Herr von Skutari ist ein englischer Oberst namens Philipps. Oberst Philipps ist kein Albane, und das wissen nur die Albaner nicht! Schreiben Sie, Hildegard, schreiben Sie bitte: Oberst Philipps und sein Stellvertreter, Major Thomson, haben am 28. November 1912, morgens um halb sieben, das selbständige albanische Fürstentum Skutari ausgerufen. »Sie«, fragte damals Ahmed Fazyl Bej, »was suchen Sie, ein englischer Offizier, hier auf dem Balkan?« Oberst Philipps antwortete zynisch: »De facto.« Worauf Ahmed Fazyl Bej entgegnete: »Sie haben, an der Spitze fanatisierter griechischer Soldaten, in Epirus Tausende von Mohammedanern töten lassen!« Philipps wiederholte lediglich: »De facto.« – »Sie sind schuld an der Skutari-Krise!« – »Nein. Verursacht hat sie der albanische Bandenführer Prenk Bib Doda, und der haßt mich von Geburt an!« So lautete die Antwort Oberst Philipps in Redls Traum.

Der Brief, den Max Ronge gelesen und noch in der Nacht auf die Post hatte zurückbringen lassen, wurde nicht abgeholt. Später beschlagnahmten Ronges Leute, auf höheren Befehl, den Posterestante-Brief, um ihn den übrigen »Beweisstücken«, den übrigen Hypothesen beizufügen ... Die Detektive wurden abgezogen, sie erhielten andere Aufgaben, zu ihrer Beruhigung, zumal es ihnen peinlich war, die Befehle der Soldaten, vielmehr deren spürbare Antipathie ertragen zu müssen sowie die Tatsache, daß sie, die Detektive, von den Militärpolizisten beobachtet wurden ... Noch dazu so auffällig, ja direkt verächtlich.

Redl erwachte aus seinem Schlaf. Würde er die Zeilen János Aranys aus den *Nagyidaer Zigeunern:* »Mehr als tausendfaches Wachen zählt ein Traum!« gekannt haben – durch Katalin hätte er sie sogar kennen können – wären sie ihm jetzt vielleicht, als ein Wink, in den Sinn gekommen. Aber er kannte sie nicht. Die Kirche war leer. Die Wände wirkten wieder fest, der hohe, erschreckende Kuppelraum kreiselte nicht länger, die Figuren der Fresken flüchteten nicht mehr von den bemalten Wänden, hinaus aus dem sich immer mehr verengenden, zusammenstürzenden Kirchenschiff, und die sechzehn gewundenen Säulen, die Heiligen, die Seligen, die Märtyrer, die jahrhundertealten Statuen der Ritter rückten nicht mehr näher, sie blieben auf ihren Plätzen, dort, wohin man sie vor sehr langer Zeit gestellt hatte.

Am einfachsten ist es doch, man »wählt« die *Wirklichkeit* seines Lebens, statt eine der vielen *Möglichkeiten* ..., dachte Redl, während er – zunächst erfolglos – versuchte, von der Bank aufzustehen. Doch dann erhob er sich, all seine Kraft zusammennehmend, und trat aus dem Gestühl. Anfangs vermochte er nur wenige Schritte zu tun, selbst diese langsam, als wandle er im Schlaf und gehe in einem *Raum* einher, den er weder zu benennen noch zu bestimmen wußte. Er zwang sich, an einen Ausspruch des Königsberger Philosophen zu denken, wollte nicht nur mit seinem Bewußtsein, sondern auch mit den zerschlagenen Knochen seines Körpers allein an diesen Satz denken und zugleich an seinen alten Lehrer aus der Kadettenzeit, von der Kadettenanstalt, Professor Doktor Tibor Hamza: *Die Moral ist schon an sich selbst eine Praxis in objektiver Bedeutung, als Inbegriff von unbedingt gebietenden Gesetzen, nach denen wir handeln sollen.* »Sollen!« flüsterte Redl.

Aber was ist keine Praxis auf Erden, im menschlichen Leben? fragte sich Oberst Redl ... Immanuel Kant? Man selbst? Die bemalten Wände des Kirchenschiffs? Die Statuen der Märtyrer und Ritter mit ihrem Jahrhunderte zuvor dem Kampf geweihten und im Kampf gelassenen Leben. Unvorstellbar, daß das Leben – selbst wenn wir einen willkürlichen Unterschied machen wollten zwischen Leben und dem Denken vom Leben – nichts anderes sein sollte als eine »Praxis«, die wir weder mit einer erlösenden Philosophie noch mit einer »Metaphysik« kosmischen Ausmaßes noch mit einer Religion oder einem festen *Glauben* aufwerten können, um unseren Glauben auch *glauben* zu können; und dabei dürfen wir uns noch nicht einmal den spielerisch-flüchtigen Gedanken erlauben, das Leben wäre ein Rätsel, ein Rätsel an sich und angesichts all dessen, was uns im Strom, im »Schlepp« des Lebens vor Augen und als lebensgemäß erscheint, vor unseren Augen, die in der zu dichten Flüchtigkeit der gesehenen Dinge und Erscheinungen leben oder vielmehr der *Wirklichkeit* gegenüber, auf die Wirklichkeit geheftet, mit *Blindheit* geschlagen sind. Redl, der langsam durch das Kirchengestühl ging, sagte sich im Gedenken an seinen alten Lehrer Tibor Hamza wieder und ein letztes Mal die harte Kantsche Lektion auf: *»Und es ist offenbare Ungereimtheit, nachdem man diesem Pflichtbegriff seine Autorität zugestanden hat, noch sagen zu wollen, daß man es doch* *nicht könne. Denn alsdann fällt dieser Begriff aus der Moral von selbst weg.«*

Redl ging durch die Bänke, die sich zu beiden Seiten des Kirchenschiffs reihten, ohne sich bewußt zu werden, daß er sich dem Kreuze Christi, des Gekreuzigten, des Messias, Gottes menschgewordenem Sohnes und seinem von Menschenhand geschaffenen, körperlichen wie geistigen Symbol: dem Altar näherte. Die Figuren auf den Fresken standen jetzt, ebenso wie die behauenen Säulen, wie die Ritterstatuen, wie die Stützen, die den gesamten Kirchenraum trugen, still, standen ruhig an ihrem Platz, wohin ihre namenlosen Schöpfer, die fromm-gläubigen Steinmetzmeister und Holzschnitzer sie – bis zum Augenblick der sicheren Auferstehung, wie sie glaubten – gestellt hatten. Die Statuen der Ritter, die vor langer Zeit gelebt, gekämpft und ähnlich dem Oberst Redl in der Ziellosigkeit ein Ziel gesucht hatten, zückten nicht ihr Schwert gegen ihn, nein, sie gestatteten ihm vielmehr, sich ihnen zu nähern, riefen ihn gleichsam herausfordernd zu sich in ihre Daseinslosigkeit, auf ihren jenseitigen, kirchlichen »Posten«, der mit keinem leisen Wort zu stören war, auf ihren ewigen Wachtposten. Und dieser ihnen unbekannte Ritter, der *langsam,* weil der pochend-schneidende Schmerz seiner gebrochenen Rippen, seiner gebrochenen Kinnlade seinen trauerhaften, kläglichen Gang hemmte, das Nacheinander seiner Schritte, die mit großen Abständen, mit vielen, langen Pausen vorgenommen und getan, aber immer *getan* wurden, dieser Offizier *näherte sich auch* den ewigen Wachtposten, denen man im Leben nicht näherkommen kann; er lächelte sogar, weil er gern schneller gegangen wäre, obgleich jene, die da marmorn, bronzen auf ihn warteten, schon so lange »im Warten begriffen« waren, daß die endgültige Ankunft des Fremden wahrhaftig nicht an ein paar Schritten scheitern sollte. Allmählich gelangte Redl, vorbei an den auf beiden Seiten des Hauptschiffs parallel zueinanderstehenden, verschlissen-braunen Bankreihen, zum Querschiff. Dem Oberst »schien es«, als stünde dort, an jenem Platz, am räumlichen Schnittpunkt von Hauptschiff und Querschiff, ihm gegenüber, eine schwarzgekleidete Frau um die dreißig, mit wunderschönen Zügen. Sie musterte den Offizier, erschrak leicht vor seiner Miene, seinem Blick und lächelte ihn vielleicht deshalb an mit einem Ausdruck, der unpassend war für diese Umgebung. Sie trat an den Weihwasserbehälter aus rosafarbenem Marmor, tauchte die Finger hinein, benetzte die Stirn und wandte sich zum Altar um: den Rock ein wenig raffend, ließ sie sich auf die Knie nieder, schlug das Kreuz, erhob sich, sah noch einmal den Offizier, der jede ihrer Bewegungen beobachtete, gleichgültig an, als wäre er gar nicht vorhanden, und verließ die Kirche.

Der Raum um Redl weitete sich, je mehr sein »persönlicher Raum« im Raum schrumpfte. Er ging nach vorn zum Altar. Seitlich an den Wänden die Wappenschilde längst ausgestorbener Hochadelsfamilien, marmorne Grabmäler von Rittern, Adligen und Adelsfrauen. Jahreszahlen, Jahrhunderte zuvor. Gruften von Bischöfen und Erzbischöfen. Nebenaltäre. Redl stand lange vor einem barocken Gemälde, das die Heilige Katharina darstellte. Der Maler hatte ein kluges, scharfgeschnittenes Gesicht geschaffen, als er vor zwei- oder dreihundert Jahren die seit mehr als tausend Jahren tote Märtyrerin, die Heilige Katharina, »imaginierte«. Redl lächelte. Er ging weiter an der Wand der Wappenschilde und mittelalterlichen Grabmäler entlang, auf den Hauptaltar zu. Der gleichsam *nicht diesseitige*, dennoch von Menschen erbaute RAUM der Kirche wurde mählich und zeitlos zu einer vertrauten Heimstatt des untätigen Nichts, zu einer äußeren Fassung des leeren »Ortes«. Allein die Öllämpchen brannten, die Kerzen flackerten noch. Dann aber blies der lautlos schleichende Kirchendiener auch dieses Flämmchen aus, löschte es mit einem Eisenhütchen, das an einer Stange befestigt war; den Offizier bemerkte er nicht. Zum Portal zurück ging Redl jetzt an der anderen Seite des Kirchenschiffs entlang: Wappenschilde, Marmorplatten von Grabmälern längs der dunklen Wand. Vor einer dieser Tafeln, die noch zu Beginn des Mittelalters in das Kirchenmauerwerk eingelassen wurde, blieb er stehen. Mit einer profanen Geste, wie wenn er sich eine Zigarette anzünden wollte, beleuchtete er mit einem Streichholz die in den Marmor gehauene, kaum lesbare Inschrift:

HIC SOMNUM AETERNUM PETIVIT NOBILIS
UTA PETRA KRAAK VON SCHAPRODE-TRENT
IN RÜGEN NATA EST IN ANNO DOMINI 1664
IN URBE GRYPSWALDIA. PUELLA INNUPTA
REDIVIT AD DOMINUM IN ANNO DOMINI
1682 EX URBE VINDOBONA

Der Oberst buchstabierte zweimal die Inschrift am Grabmal des im Alter von achtzehn Jahren zum Herrn heimgekehrten norddeutschen, Rügenschen, Mädchens, das in Wien seine – vermutlich hellblauen – Augen zum ewigen Schlaf geschlossen hatte. Die Marmorplatte, die die Gruft verschloß, war horizontal in den marmornen Fußboden der Kirche eingelassen, allein die Inschrift stand an der Wand, unmittelbar über dem alten Grab. Leise, als wollte er das Mädchen, das vor so langer Zeit gelebt hatte, wiederauferstehen lassen, murmelte er die deutsche Übersetzung der lateinischen Inschrift vor sich hin. »Hier schläft seinen ewigen Schlaf das Edle Fräulein Uta Petra Kraak von Schaprode-Trent, geboren im Jahre des Herrn 1664 auf Rügen, in der Stadt Greifswald, jungfräulich heimgekehrt zum Herrn aus der Stadt Wien, im Jahre 1682 . . .«

»Achtzehn Jahre hast du gelebt«, sprach er zu dem toten Mädchen. »Wie bist du von der Insel Rügen, von der Ostsee her, nach Wien geraten? Das wird niemand mehr erfahren . . .« Redl betrachtete die fast schmucklose, wenngleich würdevoll jenseitige »Größe«, die Kraft des Vergangenen ausstrahlende marmorne Abdeckplatte und versuchte, sich das schreckliche Innere dieser Gruft, das Skelett, den Schädel der Jungfrau vorzustellen, die Jahrhunderte über ihr Leben hinaus war, und dann schritt er mit schmerzendem Brustkorb, mit pochendem, brennendem Kinn und Gesicht langsam, sehr langsam weiter aus. Er ging auf das Portal zu, drückte die mächtige Klinke herunter – das Tor öffnete sich nicht. Der Kirchendiener hatte es – mit einem jahrhundertealten Schlüssel – zur Nacht verschlossen, zumal er den zwischen den spätmittelalterlichen Grabmälern und den Hochmut längst ausgestorbener Familien bezeugenden Wappenschilden herumstreifenden Offizier gar nicht bemerkt hatte. Redl ging an den beiden mit Statuen und Fresken geschmückten Wänden des Kirchenschiffs entlang und suchte einen Seitenausgang. Er fand keinen. Auch die Tür zur Sakristei war verschlossen. Ein wenig später stieß er dennoch auf einen »Ausgang«, einen *Abgang,* der in die Unterkirche führte. Mit Streichhölzern leuchtete er sich. Auch hier Grabmäler, Grüfte, Grabinschriften, Säulen, Gruben und ihre ewigen Bewohner. Gewölbebögen. In die Wand eingelassene Reliquienschreine. Harnische. Wappen. Ritterschwerter. Degen. Greife. Schwarz angelaufene Brustpanzer. Er kehrte zurück in die Oberkirche. Auch dies ein Raum außerhalb der Welt. Ein Raum, der gleichsam *sein Platz* war auf dieser Welt und über sie hinaus und außerhalb der Welt, seine letzte »konspirative Wohnung« sozusagen. Er stand in einem blassen Lichtkegel unterhalb der Kuppel. Der Mond schien herein. Später ging er hinauf auf die Empore. Er wanderte an den Orgelpfeifen entlang. Kehrte dann ins Hauptschiff zurück, ging vorbei an den Grabmälern der Herzöge, Herzoginnen und Großmeister der alten Ritterorden. Die, die hinter den schweren, behauenen Marmorplatten »waren«, störten ihn nicht, wie auch er nicht ihren großen Traum störte: NICHT WIEDER LEBEN!

»Nicht wieder leben!« rief Redl. Das Mittelschiff und die Kuppel ließen seinen Ruf widerhallen. Redl schleppte sich zurück zum Bildnis der Heiligen Katharina. Er musterte das Gesicht der Märtyrerin. Auf einen Blick von ihr wartend, lächelte er beinahe.

»Things don't finish just because they stop happening!« sagte er zu sich wie zum Gemälde der Heiligen Katharina. Hatte er recht? Dinge nehmen doch nicht nur darum ein Ende, weil sie nicht mehr geschehen ... Alfred Redl stieg die Wendeltreppe hinauf in den Turm. Erst am frühen Morgen, als der Kirchendiener das mächtige Portal öffnete, verließ er die Kirche. Wechselte in einen anderen Raum. Der

Kirchenraum blieb in ihm, aber das Gefühl der Gefangenschaft, der verlorenen Freiheit, war nicht vermittelbar, niemand konnte es ihm nachempfinden. Er empfand es. Und empfand es nicht.

Während Redl mit gebrochenen Rippen, mit zertrümmertem Kiefer im Kirchenschiff, in der Unterkirche, auf den Wendeltreppen des Kirchturms, auf der Empore und im stummen, weltlosen Raum der Statuen, der Orgelpfeifen umherirrte, während Generalleutnant Auffenberg den Rätseln der englischen Freimaurerloge nachspürte, während Conrad von Hötzendorf das unverzügliche – beschleunigte und standrechtliche – Verfahren gegen Redl vor dem Kriegsgericht betrieb, um die Ehre des Generalstabs der Armee des Reiches zu retten, während der Thronfolger Franz Ferdinand, Oberbefehlshaber der Armee, über Redls Schicksal meditierte und erwog, auf welche Weise er den »Fall« Redl möglichst nutzbringend ausschlachten konnte, während der Imperator, Kaiser und König Franz Joseph I., von der ganzen »Redl-Affäre« nichts wußte, obzwar er in der Burg, auf dem Wachtposten Nr. 1, unermüdlich arbeitete, schob Oberst Max Ronge, der mit unerschöpflicher Energie und beispiellosem Eifer tätige »Brief-Max«, die sich vor ihm türmende »Tagespost«, diesen enormen Briefestapel, beiseite und konzentrierte sich ganz auf die Redl-Affäre. Natürlich nicht, ohne vorher den Befehl gegeben zu haben, verdächtige Briefe auszusondern, die er persönlich lesen wollte, sobald er die Zeit dazu fand; bis dahin aber sollten die ausgesonderten Briefe »nicht den regulären Postweg vom Absender zum Adressaten gehen«. Max Ronge wollte Zeit gewinnen, zumal er wußte: die gesamte »Apparatur« des Agentennetzes, das Redl im Laufe der Jahre ausgebaut hatte, die zahllosen Schaltknöpfe, »Unterbrecherkontakte«, stufenweise regelnden Sicherungen befanden sich, ebenso wie die Anzeigenadel des »unterirdischen« Gyroskops, in Redls Kopf, in Redls Gedächtnis, hatte er sozusagen im »kleinen Finger«. Egal, was mit Redl geschah: er mußte diese gewaltige und komplizierte »Schalttafel«, diese Vielzahl lebendiger Kabelverbindungen vorher in seinen Besitz bringen, sie durften nicht Redls privates Eigentum bleiben, vor allem durfte Redl dieses wertvolle »Gyroskop«, das par exzellence dem Evidenzbüro gebührte, nicht mit ins Grab nehmen. Im weiteren galt es dann, die Agenten zu überprüfen, die eventuellen Doppelagenten zu liquidieren und die zuverlässigen – ohne Redl – weiterzubeschäftigen, im »Kabelstrang«. Zudem mußten – sorgfältig – alle Offiziere vernommen werden, die Redl unterstellt waren.

Die schwere bronzene Kirchenglocke kündete den Morgen an, diesen Morgen des 20. Jahrhunderts, als Teil der Jahrhunderte und somit der wirklichen Welt, obzwar er es nur durch ein lebloses Ganzes einer schon sicheren und gewissen Unwirklichkeit war. Man konnte sich danach richten, wenngleich das Tönen der die Stunden schlagenden Glocken nun in anderen *Räumen* widerhallte als in denen, deren vergangener *Zeit* sie einst angehörten. Oberst Redl gewann – trotz aller Schmerzen in seinem Körper und trotz der in der Kirche verbrachten kalten Nacht – sich selbst zurück – und nur für sich selbst. Er ging direkt in die im Hause Grünangerstraße 12 angemietete – eigentlich als Pension, als Hotel getarnte – konspirative Wohnung. Von dort aus rief er einen früheren Militärarzt an, der schon lange ausgemustert hatte. Er bat ihn zu sich, damit der Chirurgus den Möglichkeiten entsprechend seine Wunden versorgte. Der Arzt fragte nicht nach der Ursache der Verletzungen, hielt allerdings einen Klinikaufenthalt für ratsam. Redl wehrte ab. Mit bösen Vorahnungen verließ der Wundarzt die Unterkunft des verwundeten Offiziers.

Das Arbeitszimmer Franz Ferdinands war, zumindest was seine Ausmaße anbetraf, viel bescheidener als das Kartenzimmer des Generalstabschefs Franz Conrad Graf von Hötzendorf, aber aus ihm eröffnete sich eine schönere Aussicht, und eine Weltkarte hing außerdem an der Wand. Wozu eigentlich ist eine Weltkarte gut? Nun, jedenfalls nicht, um eine melancholische, demütig auf uns selbst zielende Meditation auszulösen, wenn wir *unseren eigenen* unbedeutenden *Platz* und die noch möglichen »Plätze« bedenken. Vielleicht soll sie uns auch gerade *nicht* an unseren eigenen Platz gemahnen, sondern an den *Platz anderer* in der Welt, ob er auch wirklich »am Platz« ist, oder ob ihr Platz, beziehungsweise die *Grenzen* ihres Platzes, nicht anderswo sein sollten.

»Ich will es noch einmal durchdenken«, sagte Franz Ferdinand leise.

»Verstehe, Hoheit. Nur ... der Vaterlandsverrat, die Homosexualität, die Armee, die Presse ... die ausländischen Korrespondenten, die ...«

»Wie? Ich habe Sie nicht verstanden. Haben Sie mich verstanden?« fragte der Thronfolger gereizt. Seine Miene war starr, sein Blick ausdruckslos.

»Ich habe verstanden, Hoheit.«

»Trotzdem, Sie wollten etwas sagen, oder?«

»Ja. Das Offizierskorps, die Armee ... Die Ehre des Generalstabs erfordert es, daß ...«

»Wir leben nicht in der Zeit des Leonidas, des Pausanias, leider. Ich sagte, ich will es noch einmal durchdenken. Und vielleicht nicht nur einmal. Ich sehe eine besondere *Chance* in dieser Redl-Affäre. Verstehen Sie mich? Wir brauchen ihn, gerade *weil* er getan hat, *was* er tat, und eben *aus diesem Grunde ...«*

»Oberst Redl ist ein Spion, Hoheit! Geben Sie Befehl, ihn zu verhaften, bevor er die Grenzen des Reiches überschreitet. Dazu hat er nämlich alle Möglichkeiten, zur Flucht, meine ich ...«

»Ich spreche von einer *Chance*, die ich noch nicht durchdacht habe, von der ich noch nicht weiß, wie sie in der gegenwärtig vorherrschenden militärpolitischen Situation am besten zu *nutzen* ist, in einer Situation, die, wie Sie wohl wissen, im Hinblick auf die Monarchie außerordentlich schwerwiegend ist und wenig Aussichten bietet. Einen anderen Blickwinkel als den der Monarchie gibt es nämlich *nicht*. Vom Vatikan dürfen wir nicht erwarten, daß die Gebete Seiner Heiligkeit die Macht des Himmels mobilisieren, um aus den Feinden des Reiches Freunde zu machen.«

»Ein Spion!« rief der Generalstabschef aus.

»Lassen Sie mich damit zufrieden!« sagte der Thronfolger lachend. Er studierte die Weltkarte, anstatt lieber einen Blick aus seinem Fenster zu werfen. Sein Lachen klang nervös, gereizt, gleichsam weiblich.

»Wie stehe ich, Hoheit, wenn diese Affäre vertuscht wird, vor meinen Generälen, Stabsoffizieren, Truppenoffizieren, Soldaten und Kadetten da? Wie vor der Generalstabskarte?«

»Wie Sie dastehen?« fragte der Thronfolger, die leise, aber leidenschaftliche Aufzählung unterbrechend. »Stehen Sie, wie Sie wollen. Und glauben Sie nicht, ich wollte die Redl-Affäre ›vertuschen‹. Ach was, glauben Sie, was Sie wollen. Ich habe Ihnen lediglich erklärt, ich würde gewisse Möglichkeiten erwägen. Ich hoffe, Sie haben nicht die Stirn, mich in meinem Spiel mit den Möglichkeiten einschränken zu wollen?« fragte der Habsburger Thronanwärter, der Oberste Befehlshaber der gesamten Streitmacht des Reiches, mit einem grausamen Lächeln. Und fügte heiter hinzu: »Sie haben mich in eine peinliche Lage gebracht! Ich, der ich mich Ihnen erkläre, ist das nicht ein Unding? Beruhigen Sie sich: aus dieser heiklen Redl-Geschichte wird, egal, wie ich über das Schicksal des Oberst entscheide, *kein österreichischer* Dreyfus-Prozeß. Und vergessen Sie nicht: Sie sind ein besserer Soldat, als es der unglückliche General Boulanger war, der sich zur Zeit des ›Boulangerismus‹, mitten auf dem Gipfelpunkt der großen französischen Sehnsucht nach Revanche, eine Kugel in den Kopf schoß – wegen einer Frau! Vergessen Sie zudem nicht: wir haben – dem Himmel sei Dank! – keinen Zola. Abgesehen davon, daß Alfred Dreyfus wirklich unschuldig war. Redl ist es nicht, und somit würde auch ein Zola sich nie für ihn einsetzen. Haben Sie jemals einen Zola-Roman gelesen? Antworten Sie nicht. Ich auch nicht.«

Generaloberst Conrad Graf von Hötzendorf, Chef des Generalstabs der vereinten Streitkräfte meinte, die Audienz, die er unverzüglich erbeten und erhalten hatte, sei damit zu Ende. Allerdings verhaspelte er sich nun in der Zeremonie des Sich-Zurückziehens, des »Wegtretens«. Seine Verlegenheit war verursacht, ausgelöst durch den bohrenden, scharfen, forschenden Blick des Thronfolgers Franz Ferdinand, der dem im übrigen stets kaltblütigen, überlegten, zugleich aber schnell und entschieden urteilenden, ob seiner Willenskraft in der gesamten Armee gerühmten, trotz des hohen Alters männlichen, soldatischen, sportlich aussehenden, nicht an den Sessel gewöhnten, sondern ausgesprochen durchtrainierten hohen Offizier mit dem borstig kurz geschnittenen, weißen Haar in die Augen schaute.

»Ich spüre etwas", sagte der Thronfolger leise. »Ich spüre, wie Redl kämpft. Und ich weiß, daß es *nicht sein eigenes Leben ist,* um das er kämpft, obschon er ›guten Grund‹ dazu hätte. Ich habe mit Generalleutnant Auffenberg gesprochen. Ein Gespräch mit ihm kommt einer späten, in der Jugendzeit versäumten und heute kaum noch aufzuholenden Geschichtsstunde gleich. Noch gut, daß Auffenberg bei Friedrich dem Großen anfängt und nicht bei Friedrich Barbarossa, sonst kämen wir wohl kaum rechtzeitig zum ›Löwen von Custozza‹, zum Erzherzog Albrecht. Aber diesmal redete er über Redl. Seines Wissens ist Redl nicht allein Mitglied der englischen Freimaurerloge ›Star of Orient‹, sondern sogar einer ihrer Obermeister. Großmeister ist ein englischer Prinz . . . Auffenberg erwähnte, daß Friedrich der Große als Thronfolger selbst Mitglied einer Freimaurerloge war, die ganz Deutschland überzog, ja nahezu beherrschte. Und die Tatsache, *so* der Generalleutnant *mir* gegenüber, daß Friedrich der Große in Wahrheit nie mit der Freimaurerei gebrochen habe, hätte später zur preußischen Hegemonie beigetragen, zu dem sich verfestigenden Bund der deutschen Staaten, und vor allem dazu, daß der Deutsche Bund seinen Hauptfeind in Österreich sah und nicht in Frankreich oder Rußland. Auffenberg beschrieb mir die vielen verschiedenen Zeremonien in den internationalen Großlogen. Die Freimaurer tragen kurze schwarze Lederkittel, in der Regel mit einem eingestickten kleinen weißen Totenkopf. Er führte auch weitere Einzelheiten an, an die ich mich nicht mehr erinnere. Fast flüsternd sprach er dann von den Rosenkreuzlern, kam wieder zurück auf die internationalen Großlogen, auf Oberst Redl, von ebendem er gehört habe, daß er Obermeister des ›Star of . . .‹ – was weiß ich, welcher Loge – sei. Sollte sich das bewahrheiten, birgt es eine enorme Gefahr. Auffenberg zufolge ließe dies sich am ehesten aufklären, weil Redl seiner Ansicht nach nicht homosexuell sei, immerhin habe er eine Frau . . . Seine zahlreichen verdächtigen Männerbeziehungen rührten vornehmlich aus der Freimaurerei her. Der kalte Schweiß brach mir aus, als Auffenberg bemerkte: ›Meyerling . . . Hm. Vielleicht war Kronprinz Rudolf auch ein Freimaurer, und seine Logenbrüder haben ihm den Garaus gemacht, weil er im entscheidenden Augenblick vor einem Königsmord zurückschreckte, in seinem Fall einem Vatermord . . .‹ Die Frage, ob Oberst Redl ›eventuell homosexuell‹ sei, berührte Generalleutnant Auffenberg nur beiläufig, nannte sie eine Bagatelle und Privatsache angesichts des schwerwiegenden Verdachtes, demgemäß er vermutlich Freimaurer sei, Obermeister einer englischen Loge . . . Er erinnerte an die Zeiten Katharina von Medicis, Philipp II., Richelieus oder Wallensteins, als am Ende einer Schlacht, abends, nachts, die sich tags bekriegenden Herzöge Henri de Guise und Condé *in einem Bett* schliefen . . . Ich fragte den Generalleutnant sofort: ›Und, waren sie homosexuell? Oder Freimaurer? Oder waren sowohl der Herzog de Guise als auch der Herzog Condé homosexuelle Freimaurer wie Friedrich der Große?‹ Daraufhin sah mich Auffenberg verblüfft an, seine Miene, sein Blick verrieten mir, daß er das Gefühl hegte, ich hätte seine ›feinen‹ Anspielungen, seine klaren und logischen historischen Analogien, seinen Hinweis auf ›parallele Lebensläufe‹ nicht verstanden, ebensowenig wie seinen Wink, man könne dank der englischen Freimaurer-Beziehungen Redls nachgerade die englische Königsfamilie kompromittieren – ›wenn es denn sein müsse‹. In einem Atemzug schmähte er Oberst Redl und rühmte ihn zugleich wegen seiner ›einzigartigen‹ Fähigkeiten. Und das war bei weitem noch nicht alles! Während er den Oberst als ›seinen Schüler‹ verteidigte, ja sogar lobte, schlug er mir vor, ich solle den Fall Redl als das geeignete Mittel ansehen, die k. u. k. Armee zu ›purifizieren‹. Falls sich

Redls Unschuld herausstellte, hinge die weitere Entwicklung seiner Zukunft nur von ihm ab. Falls er aber Mitglied einer Freimaurerloge war, zudem homosexuell, ein Vaterlandsverräter, Spion und bezahlter Agent einer fremden Macht, wäre ›diese Affäre geradezu ein Geschenk des Zufalls, ein hervorragender Vorwand, um das gesamte Offizierskorps der Armee zu zwingen, seinen wirklichen Lebenslauf zu schreiben‹ ... Dieser Redl lastet wie ein Alpdruck auf mir! Und das nennt Auffenberg einen ›Glücksfall‹, dessen völlige Klärung ›die Armee moralisch und physisch wieder auf die Beine stellen wird, wenn nötig um den Preis, mit dieser Erneuerung auch die äußeren und inneren Feinde des Reiches wieder auf die Beine zu stellen‹. Als ob diese bislang kniend gekämpft hätten! Da grüble ich über Redls Schicksal nach, und gleichzeitig erfüllt mich das dumpfe Gefühl, Redl habe sich längst von Redl befreit und damit viel Zeit gewonnen, ausschließlich darüber nachzusinnen, wie die Welt ›nach ihm‹ und ›ohne ihn‹ bestellt sein wird; und dann sagen Sie mir, Generaloberst, was ein Mann vom Schlage Redls fühlt, der an den Tod, an die Vernichtung denkt ohne die Sehnsucht, ohne den unbedingten Willen zu leben? Brauchen wir nicht eben diesen, einen solchen Mann, der keine Hemmungen mehr empfindet angesichts der Ereignisse, der schon *kein Mensch mehr ist?* Müßte nicht ein solches Phantom an der Spitze der Divisionen stehen, die in den Balkan einmarschieren? Ich würde ihn ernennen, und sei es mit morgiger Wirkung!«

»Seine Majestät, der Kaiser, will Frieden auf dem Balkan«, bemerkte Generalstabschef von Hötzendorf mit perspektivischer Resignation.

»Ich weiß. Obwohl! Ich weiß auch, daß der Krieg auf der Balkan-Halbinsel nicht mehr zu vermeiden ist, höchstens noch zu verzögern ... Und im Augenblick – ich meine, *bis morgen* – haben wir mehr Chancen zu siegen als unsere *Feinde*, um unsere Niederlage zu betreiben. Der ›Fall‹ Redls ist kein gutes Omen! Generalleutnant Auffenberg irrt. Jetzt gilt es Panzer und Pallasch zu ›putzen‹ und nicht Porzellan. Redl hat den Panzer abgelegt, ebenso wie sein Doppelgesicht, seine Maske. Ich habe es wohl gesehen: hinter der Maske verbirgt sich kein *eigenes Gesicht!* Er kennt keine Furcht. Und ich fürchte diese Furchtlosigkeit. Wenn ich ihn zur Verantwortung ziehe, dann möchte ich erreichen, daß er als Mensch stirbt, nicht als Phantom; er soll nicht sterben, als hätte er niemals gelebt ... Ich möchte das Empfinden in ihm wachrufen, daß er ein Mensch ist, daß er als Mensch gelebt hat, und dies zumindest soll er in dem schrecklichen Augenblick seines Todes wissen und fühlen.«

Generaloberst Alfred Redl, Armeekorps-Generalstabschef, schrieb einen Brief an die Baronesse Katalin von Kubinyi zu Alsó- und Felsőkubiny. Diesen Brief bewahrte die Baronin auf und zeigte ihn später, im Alter, zusammen mit zahlreichen anderen Briefen, die Oberst Redl an sie geschrieben hatte, einem Dramatiker sowie einem Filmregisseur, damit diese, mangels anderer Themen vielleicht, das Leben des Oberst Alfred Redl, die tragische Geschichte, für die Bühne oder den Stummfilm bearbeiteten. Der Brief lautete wie folgt:

»Liebe Katalin! Ich war unterwegs, Woche um Woche. Ich war an den alten Plätzen, habe die alten Gebäude aufgesucht, deren Errichtung ich seinerzeit verfolgen konnte, ihre Architekten und Maler, die ich – vor allem durch Dich – persönlich kennenlernen durfte. In welch erhabener, energischer Zeit habe ich gelebt! Zumindest was die Kunst, die Architektur anbetrifft; denn während in der Malerei, in der Baukunst eine neue Welt erstand, lagen Wirtschaft, Armee, Politik im argen. Wir lebten in einem Chaos, während der Turmbau zu Babel glücklich zu gelingen schien. Doch dieser Turm wird nie erbaut werden, nicht in Wien. Der Krieg freilich ist unvermeidbar. Aber die Bauwerke stehen noch, die Fresken, die Gemälde (Klimt!) sind unversehrt, die Springbrunnen und Alleen sind wie früher, obschon ich weiß: ihre Zeit ist abgelaufen. Erinnere Dich, Katalin, wie Du mich in Begleitung Klimts Hofmannsthal vorstelltest. Er erklärte damals, ›die Malerei habe irgendwie etwas gemein mit der Philosophie, der Dichtung und dem Traum‹ ... Heute sehe ich, daß Malerei, Philosophie, Dichtung und Traum zu einem ›Gemeingut‹ des Todes, der Vergängnis, im großen und ganzen also des *Nichts* geworden sind, des Nichts als dem wahren und einzigen ›Bewohner‹ des Raumes, dem großen Gast in unserem Hause, dem einzigen echten Kunstfreund, der nicht selbst schöpferisch wirkt, sondern schöpferisches Wirken ermöglicht, der jeden Wert in uns in Zweifel zieht, damit wir endlich zur Vernunft kommen, endlich einsehen, daß all unsere sogenannten *universellen* Begriffe, die ›Prinzipien‹, die ›Imperative‹, das ›positive Denken‹ und das ›kritische Denken‹, der ›lebensgestaltende‹, stets ›neue Ziele‹ ansteuernde Wille wie auch unsere *alltäglich-wochentäglichen* Obliegenheiten, unser Dienst und die all das sanft Einhüllende, Warme, Intime, die menschennahe Erscheinungswelt ohne jeden äußeren und inneren festen Punkt im Hagel der Zufälle – es ist ein *Hagel*, kein *Hort*, der die durch das *Nichts* vermittelte Erscheinungswelt nachweist – schweben und dahinströmen, sich verdichten und wieder auflösen, daß unser Leben uns letztlich kaum Zeit läßt, all das wahrzunehmen und zu begreifen, um die Konsequenz zu ziehen, daß es keine Konsequenz gibt. An vielen Orten bin ich gewesen. An alten, geliebten Orten. Und jetzt habe ich das Gefühl, ich sei gar nicht auf die Reise gegangen, sei gar nicht weggewesen, hätte nichts gesehen, sondern sei die ganze Zeit nur an einem bestimmten Ort gewesen: nirgendwo. Ich weiß: um alte Plätze wiedersehen zu können, braucht es Mut und Demut. Ich – Du kennst mich, Katalin – habe beides. Wozu war diese lange Reise gut? *Nichts habe ich wiedergesehen!* Dabei fuhr ich an die Adria, nach Abbazia, Duino, Lovrana, Múggia, wo ich so viele Stunden mit Dir verbrachte. ›Des villes, vides jusqu'au fond de l'âme ... Ça me fait hurler ... Et pourtant: tout cela nous appartient et pour toujours!‹ Anscheinend habe ich in Hast gelebt, deshalb konnte sich so viel vermeintlich Sehenswertes ansammeln, und jetzt, da mein Dienst und mit ihm mein Leben zu Ende geht (gegangen ist), sehe ich mit traurigem Zynismus – sollte das eine gewisse Genugtuung sein, Katalin? –, daß es für mich *nichts wiederzusehen gibt.* Wie naiv war doch meine berüchtigte dienstliche ›Brutalität‹! Auf dieser Welt gibt es nichts zu beschützen und zu bewahren, nichts zu verlieren, was wert wäre, beim Namen genannt, an seinem Platz gehalten zu werden angesichts der Fortbewegung ringsum. Überdies ist gerade unsere eigene Person, unsere ›Persönlichkeit‹, dasjenige in dieser Welt, im wirklichen Leben, das am wenigsten umrissen, am wenigsten ›gekennzeichnet‹, am wenigsten einer Sache oder Person *zugehörig* ist. ›The rest is silence‹, den letzten Worten des dänischen Prinzen gemäß. Dabei ist es umgekehrt. Dieser heroische, resignierte Ausspruch trifft eher für den *Anfang*, für das zuerst Gegebene zu. Aber wie ich Dir stets geschrieben und gesagt habe, steht Dir – Soldat bleibt Soldat – meine gute Laune auch jetzt, im Finale, ›zu Diensten‹. Denn schließlich war diese letzte Reise doch gut: sich von Orten zu verabschieden, an denen ich in meinem Leben und hauptsächlich *mit meinem Leben* niemals glücklich bewußt weilte; und sie gab mir die Kraft – die gute Laune, wenn du so willst –, Dir, allein und ausschließlich Dir einzugestehen – sans grace, mon vieux –, daß alles, was ich mein Leben nennen kann – ›out of the world‹ –, eigentlich ein ungeöffnetes Paket für mich geblieben ist, ein Paket ohne Absender und Adressat. Beziehungsweise eines, das ich selbst zusammenschnürte ... et je le rempli de ma solitude. So war es in Ravenna, in Abbazia, in Duino, Múggia und Görz, und so wäre es, wenn ich auf dem Ölberg weilte, in Allahabad, auf dem Ararat, in Mekka oder in Walhall, wohin der ›Geist‹ jedes Soldaten strebt, solange er noch in seiner körperlichen Gestalt marschieren, funktionieren, paradieren, töten und fallen kann. Gern träfe ich Deinen Bruder Christoph – zu einem small talk sozusagen –, und ich würde durch ihn der Armee des Reiches ausrichten lassen: Ich habe nie zu euch gehört. Ich war fremd unter euch. Aber auch ihm, Christoph, sagte ich vergebens, was Du, seine Schwester, Katalin, schon so oft von mir hörtest: Oberst Redl hat Oberst Redl nie geliebt. Christoph hielt mich für einen Karrieristen, weil ich es weiter brachte als er. Erklär diesem Sturschädel der hochmütigen ungarischen Gentry später einmal, daß wir alle nur Clowns waren, Hampelmänner, Jahrmarktskünstler in einem Zirkus, dessen herrschaftliches wie bäurisches Publikum gleichfalls nur Clowns sind; selbst der Eigentümer des Zirkus' ist ein Clown, samt seiner Parademannschaft. Das Reich kann nichts mehr bewegen – es fehlt die Kraft –, und die Armee des Reiches hat nur noch die Chance (die Pflicht, die letzte Mission vielleicht?), das Reich in einem Krieg zu verlieren, möglichst so, daß *weder* Offizierskorps *noch* Generalstab dieses Habsburg-Karthago *überleben;* mögen sie dann kommen, die rohen Kräfte der Welt, wenn es sie gibt, die Massen, die Proletarier, die Sozialisten, die Sozialdemokraten, die Pazifisten, Kommunisten, Nihilisten und Anarchisten, möge er kommen, der ›Übermensch‹, den Nietzsche vorhergesagt hat, der verglichen mit uns unendlich mehr Möglichkeiten haben wird, all das zu verleugnen, woran wir – weltlos schon – glauben und unsere Hoffnung hängen, dem wir – auf dem Boden der Moralität – unser Licht leuchten lassen gegen die völlige und undurchdringliche Finsternis, die nicht unser harrt, sondern *in uns ist,* während unsere Laternen – mit kurzem Docht und wenig Petroleum – nur nach außen leuchten und niemals nach innen, wo sie ein schreckliches Bild offenbarten: den Menschen, das Nichts, das Nichts, also den Menschen. Wenn es eine *Harmonie,* eine ›Ausgewogenheit‹ zwischen Mensch und Welt gibt, dann ist es diese. Nicht die Neunte Symphonie, Bruckners Orgelmusik oder Bachs ›Tischmusik‹. Ich weiß: Angst ist das einzige, was mir noch helfen könnte, das Gefühl, das mir zu fliehen ermöglichte, ein neues, anderes Leben zu beginnen, irgendwo auf den Antillen, auf einer Karibikinsel oder jenseits des nördlichen Polarkreises, an der Treibeisgrenze, auf Spitzbergen vielleicht und – nur! – mit Dir. Aber ich habe keine Angst, empfinde keine Furcht, weder vor mir noch vor anderen noch vor dem, was mich unausweichlich erwartet; ich spüre nichts, was mich hemmt, mich von einer felsigen Klippe herab in die Wogen zu stürzen, mir vor einem Badezimmerspiegel eine Kugel durch den Kopf zu schießen, mich vor eine Lokomotive zu werfen, ein Glas mit Gift zu leeren oder nicht zu leeren: nichts hält mich mehr auf Erden, weder Ziel noch Wert noch Erinnerung. Ich bin ein Fall geworden für mich. Ein Objekt, zu dessen Beobachtung ich mich selbst benutze. Warum zögere ich dennoch? Schreckt mich das ›Danach‹? Ich lebe in dem Katzenjammer der großen Energien meines Lebens, aber ich will nicht ›ausnüchtern‹. Das sichere Wissen um das Nichts ermutigt mich. Vielleicht will ich *diesen* Mut nicht verlieren? Vielleicht bin ich nicht demütig genug, diesen Mut zu verlieren? Vielleicht bin ich kein Mensch? Sondern ein Ungeheuer in Offiziersuniform? Aber wir wissen ja: es gibt keine Ungeheuer. Ein jeder ist Mensch, leider. Auch ich bin ein Mensch, leider. Und weil ich lebe, bin ich unfähig, an den Tod als an eine *Lösung*, als an *einen Schritt weiter*, als an einen realen Plan zu denken, wiewohl ich *so* leben kann, als lebte ich nicht mein eigenes Leben – und das schon seit langem, Katalin –, sondern das eines anderen, der einfach mit dieser Zweiheit spielt, der hartnäckig ist, nicht aufgibt, weil er weiß: *allein* kann er nicht spielen, er braucht dazu die leere Puppe, die ich geworden bin in diesem Spiel. Und dabei besteht die große Gefahr, daß diese Puppe, die in Wahrheit gar nicht lebt, folglich auch nicht sterben kann, zumal es nichts gibt, um dessentwillen sie sterben müßte. Nietzsches moderner ›Kulturpessimismus‹ hat mich nie gereizt, er bezog sich ja nur auf die Kultur. Hätte er sich auf die Gesamtheit des Seins erstreckt, hätte er sich zu einem allgemeinen biologischen Pessimismus entwickelt – nun, dann wäre ich der erste Anhänger dieser Philosophie geworden in der Armee des Reiches, denn ich nenne das ein reifes Gedankensystem, wenn der Philosoph kraft seiner Theorie auch *praktisch* imstande ist, eine Puppe in den Tod zu treiben! Aber nein. Du liest seine Bücher – während weiter der Kaiserwalzer erklingt, unsere wahre Reichs- ›Volksmusik‹ –, und Du siehst ein, daß Du schon Teilnehmer einer nachgerade lunatischen Liturgie geworden bist, Sklave einer wahrhaftig zum Verzweifeln – wie es das Leben, das Sein nun mal ist – wahrhaft verzweifelten Ekstase, aber Du erkennst auch, daß die heroische Verleugnung der Kultur, der Moral nicht gleichzeitig die Chance einer neuen Kultur, einer anderen, höheren Moral bedeutet, in sich birgt, sondern im Gegenteil danach strebt, solche Puppen – siehe ›Übermensch‹ – zum Leben zu erwecken, wie ich eine bin – und ich hoffe, ich stehe nicht allein mit diesem Wissen –, und sie tut es äußerst listig, indem sie die Puppe an den Platz des ›Ecce homo‹, mitten hinein in den Raum stellt, diese mit einem Willen, mit Zielen angereicherte Vitalität, die – ›Jenseits von Gut und Böse‹ – berufen ist, die Perspektive des bewußten Außersichseins zu vertreten, verbannt – *wohin?* – in eine Daseinsform, die nur insoweit *›jenseits des Bösen‹* ist, als sie das Böse selbst ist, das Unerträgliche, die Schuld an sich – auch ohne Missetat –, denn ihr mangelt es an Schuldbewußtsein, an dem sie sich messen könnte, derweil sie als *heldenhafte* Puppe zu einem absoluten Maßstab wird, weit über sich selbst hinauswächst und über den Gedanken, der sie geschaffen hat und der sie, im menschlichen Maßstab, mit der Zeit weiterentwickeln könnte. Ich selbst war und bin viel zu sanft und naiv für den hannibalschen Humanismus der Nietzschenschen ›Imperative‹, die gleichsam die Zeit bestimmen. Obzwar es unrichtig ist, daß der Beginn des 20. Jahrhunderts durch die Worte, Mythen und Hymnen Nietzsches bestimmt wird; sie sind lediglich die Resonanz einer nun schon unvermeidbaren Krise, des Niedergangs, Widerhall aus einer Tropfsteinhöhle, Katalin. Die Arie des Nietzscheschen Heldentenors, ›das Lied der Notwendigkeit‹, wird von den Steinen *abfallen* und nicht widerhallen. Ach, Katalin! In einem müssen wir Nietzsche allerdings recht geben: ›Der Leib ist eine große Vernunft‹. Aber wenn überhaupt jemand, dann hast Du das gewußt, Katalin, auch ohne Nietzsche. Nie habe ich eine Frau gekannt, die so *fraulos Frau* gewesen wäre. Die Nächte meiner Reise teilten einige Werke Nietzsches mit mir. Und da las ich – wieder einmal – ein paar Zeilen, die ich ruhig auf mein Schicksal (sollte *Schicksal* übertrieben klingen, dann auf meinen abgeschlossenen Fall) beziehen konnte. ›Und als ich meinen Teufel sah, da fand ich ihn ernst, gründlich, tief, feierlich . . .‹ Wenngleich sich dieser, mein ›ungeheißener‹ Teufel mir nie gezeigt hat: mein mir unbekannter Vater, den nur meine Mutter kannte, an den sich sogar meine Schwestern nur vage erinnerten, sie waren kleine Mädchen, als mein Vater aus der Armee ausschied und ging, auf eine Weise, die niemandem offenbarte, *wohin, zu wem, warum* er wegging, er ließ keine Nachricht zurück, und ich habe bis heute keine Erklärung für sein Fortgehen, obschon ich die Macht hatte, sie zu finden, aber ich war nicht fähig, seine Spur zu verfolgen, meine vielen Agenten reichten nicht aus, meinen Vater aufzuspüren; dabei wollte ich ihm nur ins Gesicht sehen, ein paar Worte mit ihm wechseln, doch es glückte mir nicht, der Kundschaftsdienst des Reiches, der unter meinem Befehl arbeitete, erlitt bei der Ausforschung des Aufenthaltsortes meines Vaters eine ebensolche Schlappe wie bei der Aufdeckung der Gründe, *warum* und *zu wem* er ging, ohne einen Gruß, eine Erklärung oder zumindest seinen Leichnam irgendwo zu hinterlassen. Egal. Von meinem Vater habe ich Dir, Katalin, genug gesprochen. Er lebt in jener gewissen, intimen Entfernung von mir, die die Ferne unseres Bewußtseins, unserer Erinnerung ist, die schreckliche Entfernung von unserem Leib, unserem Leben und unserer Erinnerung, vielleicht jene ›Adler-Ferne‹, von der Nietzsche so poetisch schreibt, die in Wahrheit nicht in der Höhe des Himmels, im luftigen Raum ›ist‹ und befähigt, die Erscheinungen ›unten‹ sicher und detailgetreu zu erfassen, sondern *in uns*, in uns selbst; und wir Menschen haben keinen Himmel in uns, keinen Luftraum, sondern nur das Nacheinander der Geschehnisse: Geschäft, Geltungsdrang, Aktion, Ambition, Eifer und Ehrgeiz. Nur keinen Himmel. Am inneren Horizont unseres Bewußtseins und unserer Erinnerung sehen wir allein und ausschließlich das *Äußere*, die Außenwelt, und ›in‹ diesem äußeren Horizont (in dem wir gar nicht sein können, weil er außen ist, außerhalb von uns, Horizont unserer Außenwelt) auch uns. Folglich ›sehen‹ wir uns also so, wie wir uns sehen, nur, weil wir nie uns selbst sehen; günstigstenfalls *läßt* uns die Welt freiwillig, allenfalls und zufällig *uns sehen*, zusammen mit sich. Es gehört sich, daß ich meine Angelegenheiten ordne. Ich ordne sie, indem ich Dir einfach einen Brief schreibe. Damit ordne ich meine Angelegenheiten. Ich sitze in dem alten Hotel, in dem ich zuletzt mit Dir zusammen war, einige ruhige und glückliche Tage und Nächte lang, Du erinnerst Dich, in der Grünangerstraße; wir lagen nur still nebeneinander und lachten manchmal aus vollem Herzen – ich entsinne mich nicht mehr, worüber –, ich lachte, wie nur mit Dir in meinem Leben, wie man nur mit Dir lachen kann, Katalin, liebe Katalinhaftigkeit! Auf Befehl von Hötzendorfs halten einige Polizeidetektive und Offiziere in Zivil das Hotel Klomser umstellt. Sie warten auf mich. Ich gehe bald dorthin. Es ist nur ein kleiner Sprung. Hier, in der Grünangerstraße, suchen sie mich nicht, wiewohl mein treuer Hauptmann Morschel heimlich vorbeikam und meldete, eine Abordnung von Offizieren sei nach Prag gereist, um meine dortige Wohnung zu durchsuchen (nie in meinem Leben habe ich eventuell kompromittierende Namen, Kontakte, Treffpunkte oder ähnliches notiert, dank Gott, der mich mit einem ausgezeichneten Gedächtnis gesegnet hat, oder sollte ich auch dieses – vielleicht? ja, wahrscheinlich – von meinem unbekannten Vater geerbt haben, an den ich mich leider – ein klägliches Paradoxon – nicht ›erinnern‹ kann). Weiterhin berichtete Hauptmann Morschel, daß Offiziere in Zivil ›zirkulierten‹, sie gingen die Herrengasse und Bankgasse auf und ab, führten in den Pavillons der Freyung, auf dem Kohlmarkt, am Graben eine Art Rembrandtscher ›Nachtwache‹ vor, so konspirativ, daß den Krämern alles klar ist, einzelne Juden sogar die Rollos vor ihren Läden herabgelassen haben. Die Detektive in der Kärtnergasse rauchen Zigarre (freilich keine Upmann, keine Havanna wie ich noch jetzt), sie sitzen in der Kärtner Bar, wo ich so oft mit Dir saß und Eis aß, nun essen sie Eis und warten auf mich, sollen sie sich ruhig ein Gläschen Rum dazu bestellen und weiter warten, ich gehe bald ins Klomser, wo der Oberstaatsanwalt der Armee zusammen mit dem Generalauditor meiner harrt und mit seinen Stabsauditoren darüber konversiert, wo ich sein könnte. Kaum zweihundert Schritt von ihnen entfernt. Bald gehe ich dorthin. Wozu so viel ›Juristen‹ in Uniform, wo gerade sie meinen ›Prozeß‹ verhindern wollen, um einem internationalen Skandal vorzubeugen, der ein Schandfleck für die Armee des Reiches, vielmehr für die Ehre des Generalstabs wäre. Nun ja, Generaloberst Franz Conrad von Hötzendorf, Chef des Generalstabs der gesamten Streitmacht, will, logischerweise, die vollständige Klärung. Dazu erhielt er den Befehl vom Oberbefehlshaber der Armee, vom Thronfolger Franz Ferdinand. Gleich gehe ich von hier, von der Grünangerstraße aus, hinüber ins Hotel Klomser, um zu dieser ›vollständigen Klärung‹ beizutragen. Aber im Augenblick noch nicht. Du nötigst mich zum Bleiben, wiewohl Du nicht hier bist. Aber ich bin in dem Zimmer, in dem ich zuletzt mit Dir *sein konnte!* Morschel, der – ich muß es gar nicht erwähnen – die in der Umgebung umherflanierenden Offiziere in Zivil, meine einstigen Kameraden, abgeschüttelt hat, berichtete auch, der Generaloberst Franz Conrad von Hötzendorf habe bereits gestern abend um zehn Uhr meine Verhaftung angeordnet. Welche Wachsamkeit! Ich an seiner Statt hätte das bereits vorgestern getan! Abgesehen davon, daß sie das Hotel Klomser besetzt haben, wo sie mich erwarten (in ›Zivil‹, eine Montur, die beredter ihre Identität verrät, als wenn sie mich in rotgestreiften Generalshosen erwarten würden) und wohin ich bald gehen werde (damit sich die Stabsauditoren nicht in ihrer peinlichen Zivilkluft den Hosenboden abwetzen müssen), fällt ihnen gar nicht ein, daß ich letzten Endes weder auf den Tokelau-Inseln noch auf Island noch auf dem Montauk-Grat noch auf der Insel Rügen, auf dem Kap Arkona (wo ich so oft mit Dir am weißen Steilufer spazieren ging, liebes Käthchen von Heilbronn!), noch in der Nähe des Cape Hoorn sein kann, wenn man meine gegebene Situation in Betracht zieht: innerhalb der wenigen kurzen Tage kann ich auch unmöglich bis zum ›Kap der Guten Hoffnung‹ geflohen sein, zumal auf Befehl Conrad von Hötzendorfs – wenngleich verspätet – sämtliche Grenzstationen und Häfen des Reiches geschlossen wurden; vielleicht werden sogar die Pässe zur Schweiz hin von Alpenjägern gesichert. Folglich kann ich nur in Wien sein; und dennoch sind sie außerstande, sämtliche Hotels zu durchsuchen. Also werde ich von hier, aus diesem mir lieben – durch Dich lieben – Hotel in der

Grünangerstraße hinüberschlendern ins Klomser, zum Generalauditor, zum letzten Rapport. Auf dem Wege werde ich bei der Kapuzinerkirche vorbeischauen – es gehört sich so, immerhin liebe ich sie seit meiner Kindheit –, bei der Kaisergruft, wo die Habsburger in Bleisarkophagen ihren ewigen Schlaf schlafen, vielleicht bringe ich Elisabeth, der schönen Sissi, von der Franz Joseph sagte, sie sei nicht nur eine ›moderne‹ Frau, eine ›Sportslady‹, sondern auch eine heimliche Atheistin und in ihren Sohn Rudolf verliebt, einen Blumenstrauß ... Vielleicht lege ich auch einen Kranz auf den erzenen Sarg Rudolfs – ohne Maria – und auf das Grab des mexikanischen Kaisers nieder – ja, auch dem Matrosen Max will ich einen Kranz bringen. Ich werde mich von Sissi verabschieden, von Rudolf und dem hingerichteten ›Schiffskaiser‹, der, als das sechsköpfige Peloton eine Salve auf ihn abgab, nur ein Wort sprach, das aber niemand verstand. ›Hombre‹? ›O weh?‹ Beides sagt nur ein und dasselbe aus: *Mensch* und *Schmerz*. Und von den Kaisergräbern dann in Richtung Klomser. Wo mich das diskrete ›Peloton‹ mit den goldenen Kragenspiegeln erwartet. Wieder diese hannibalsche Humanität: ›Wohl zog ich den Schluß; nun aber zieht er mich ...‹, wie Nietzsche sagt. Das Groteske an meiner Situation ist lediglich, daß der ›Schluß‹ mich kaum zweihundert Schritt von hier entfernt ins Hotel Klomser ›zieht‹, und nicht in die dionysische und zugleich hochnördliche ›Unendlichkeit‹ des armen, übergeschnappten Friedrich; ich denke, unter einem unerreichbaren Ort am Polarkreis hat er seinen ›Schluß‹ nicht angesiedelt ... Das Hotel Klomser indes ist insbesondere von hier, von der Grünangerstraße aus, keineswegs unerreichbar. Dabei gibt es, wenn ich es recht bedenke, so viele *tatsächlich* unerreichbare oder kaum erreichbare Orte auf dieser Welt! Hauptmann Morschel wies mich direkt darauf hin: er würde auf eigene Verantwortung einen sicheren Fluchtweg über Ungarn und den Balkan ausfindig machen. Ich dankte ihm. Und lehnte ab. Ich sagte, ich sei bereits *geflohen* ... Das ist es jetzt, das ›Nicht-mehr-Wollen‹, das düstere, gründlich durchdachte ›Nicht-mehr-Wollen‹, obschon ich weiß, daß der Philosoph unserer Zeit diesen Ausspruch an seinem Lieblingsort, im Ober-Engadin, *nicht* ernst gemeint hat; er schrieb nur ein Gedicht, das ich sozusagen *in die Tat umsetze.* Und wenn wir nun schon bei der Dichtung des Sehers Friedrich sind, dann noch etwas von ihm: ›Still ist der Grund meines Meeres; wer erriete wohl, daß er scherzhafte Ungeheuer birgt . . .‹ Scherzhaft ist auch mein ›Ungeheuer‹. Aber es weiß noch nicht, daß die Salve des Pelotons auch ihm den Garaus machen wird. Gewiß! Schade, daß ich Nietzsche nurmehr aus seinen Büchern kennenlernen konnte. Er meditierte über die Ästhetik des tragischen, des heroischen Lebens und sagte, nicht in den Künsten liege das Ästhetikum verborgen, sondern im Leben selbst, vorausgesetzt, wir lebten es tragisch und (nun, was kann dieses ›und‹ wohl sein?) heroisch. Ja, wir sollen das Leben mit tragischem Heroismus bis zum Ende durchleben und *über*leben. Und eben dieses Überleben ist mir lästig, liebes Käthchen von Heilbronn! Mein Fall ist nicht so tragisch, als daß ich mich unbedingt retten und damit wieder einen ›Fall‹ schaffen müßte, prosaisch gesagt also wieder Arbeit, viel Arbeit für jene, die meinen ›Fall‹ endlich abschließen, ad acta legen, archivieren möchten. Ich fühlte nicht die geringste Sehnsucht nach dem, was die Seelenforscher ›Selbstwerdung‹ oder ›Acting-out‹ nennen, und da ich nicht gläubig bin, glaube ich auch nicht an das ›Vocatus atque non vocatus Deus aderit‹, also daran, daß Gott, gerufen oder ungerufen, gegenwärtig sein wird. Der Kreis meiner Ziele ist geschlossen, verengt sich sogar seit einiger Zeit. Ich kann nicht ›in großem Stil‹ vorgehen, nur um meiner selbst willen. Wenn ich alles in die Waagschale werfe, kann ich lediglich sagen: ich halte den Hang unseres Philosophen zur Tragödie, zum Leiden für übertrieben, es ist die Rache- und Purgatoriumspose eines Jago; ich aber war eher der Othello des Reiches als sein Oberst . . . Der Jago auf keinen Fall. Das Reich wird – ohne den Mohren Othello – das Schicksal der alten Levante, des großen Venedig erleiden, und die Oberste und die Linienregimenter werden nicht fähig sein, die vielen Völker und Nationalitäten in einer gemeinsamen Herde zusammenzuhalten. Gott mit Dir, Katalin! Oder vielleicht trifft, im Hinblick auf das, was ich sagte, diese Formulierung besser zu: Mit Gott, Katalin! Redl.

P. S. Eine Präzisierung und ein letzter Befehl für Dich ›persönlich‹, meinem hohen Rang angemessen. Redl, der nur noch und ausschließlich für Katalin Redl ist. Datiert zum Zeitpunkt meiner Exekution, also vordatiert. Sollte die Exekution – um eine Verhandlung vor dem Militärgericht, das Todesurteil und den Skandal zu vermeiden und die Ehre der Armee des Reiches zu wahren – eventuell mir selbst überlassen werden, bleibt der Zeitpunkt derselbe, ich habe nichts aufzuschieben; wenn ich an mich denke, habe ich ohnehin schon das Gefühl, ich könnte die ›Tragödie‹, die letzte Szene in der ›ästhetischen‹ Vollendung meines Lebens versäumen und zufällig – weil die Ungeheuer scherzhaft sind – das Reich, die Dynastie, den Generalstab überleben, man beförderte mich zufällig, akkreditierte mich als Militärattaché in Sankt Petersburg oder Washington usw. usf. . . . Bis zum unerreichbaren Wiedersehen also und dennoch in diesem Wiedersehen, mein Katalin-Leben, adieu! A. R.

P. S. Erinnerungen! Vermag ich diesen Brief nicht zu beenden? Dabei möchte ich sachlich bleiben in der eigenen Beurteilung meines ›Falles‹. Ist der Grad der Vereinbarkeit zwischen Sachlichkeit und Gefühlen, zwischen Erinnerung und Leben tatsächlich so hoch? Mir kommen die außergewöhnlichen, edlen und freien Männer in den Sinn, die ich durch Dich kennenlernen durfte, die so verschieden von mir sind: Mahler, Klimt, Olbrich, Otto Wagner, Rilke, Schiele, und ich denke an das Gedicht Mahlers, das Du mir in Abbazia, in einer längst vergangenen Nacht, aufsagtest:

Die Nacht blickt mild aus stummen ewigen Fernen
Mit ihren tausend goldenen Augen nieder.
Und müde Menschen schließen ihre Lider
Im Schlaf, aufs neu vergeßnes Glück zu lernen.
Siehst du den stummen, fahrenden Gesellen?
Gar einsam und verloren ist sein Pfad,

Wohl Weg und Weiser der verloren hat
Und ach, kein Stern will seinen Pfad erhellen.
Der Weg ist lang und Gottes Engel weit
Und falsche Stimmen tönen lockend, leise –
Ach, wann soll enden meine Reise,
Wann ruht der Wanderer von des Weges Leid?
Es starrt die Sphynx und droht mit Rätselqualen
Und ihre grauen Augen schweigen – schweigen.
Kein rettend Wort, kein Lichtstrahl will sich zeigen –
Und lös ich's nicht – muß es mein Leben zahlen.

Erinnerst Du Dich an diese adriatische, Abbazische Nacht, Katja? Als hättest Du das Gedicht gesagt, ohne ein Wort zu sprechen, aber ich habe es immerhin gehört. Und weil ich diese Worte dort und da wirklich gehört habe, *habe ich gelebt,* gelebt wie die Menschen, wie ihre Worte, ihre Gesichter, ihre Träume. A. R.«

Nachdem der Oberst den Brief beendet hatte, verließ er sein Hotelzimmer in der Grünangerstraße, beglich die Rechnung und beauftragte Hauptmann Konrad Morschel, der in der mit Klubsesseln vollgestellten Halle wartete, den adressierten Brief zuzustellen; es war schummrig, eine einzige, kandelaberartige Stehlampe warf ihr gedämpftes Licht in das Halbdunkel, von der Decke herab hing unbeweglich und schwer der mächtige Kristallüster, ein erfrorener Polypenkörper. Der Oberst verabschiedete sich mit Handschlag von Hauptmann Morschel. Morschel machte eine regelrechte Ehrenbezeigung, er hob seine Hand an den Schild des Offizierstschakos und salutierte, doch Redl erwiderte sie nicht; in Uniform, aber barhäuptig, verließ er das Hotel. Er ging nicht zum Graben, kaufte keine Blumen, keinen Kranz für die schöne Wittelsbacherin Sissi, für ihren selbstmörderischen Sohn Rudolf und den in Mexiko hingerichteten Maximilian, den Matrosen-Kaiser, er schlenderte nicht zum Heldenplatz, auf dem das Reiterstandbild des legendären Prinzen Eugen steht, mied auch die Straßen, die zu den Denkmälern des Feldmarschalls Radetzky und des Admirals Tegetthoff führten, und ohne sich nur einmal umzuwenden, spürte er, wie man ihm folgte, und ab und zu vernahm er auch die Schritte der Männer, die ihm folgten. Er machte einen Umweg über den Michaeler Platz, den die vergoldete und mit dem Adlerwappen geschmückte kuppelförmige Hauptfassade der Hofburg und die monumentale Toreinfahrt beherrschten, als sei letztere das Tor zum Reich und nicht nur der düstere Eingang zur Burg eines uralten Herrscherhauses. Lange betrachtete er das auf verblüffende Weise geradezu räumlich wirkende Wappen der Habsburger, das kriegerisch mit der Würde der römischen Kaiserzeit als gewölbter, ritterlicher Brustharnisch gestaltet, aus der Hauptfassade hervorragte; dann nahm er seinen Weg zum Klomser, und hinter ihm auch die, die ihm folgten.

Katalin Baronesse von Kubinyi zu Alsó- und Felsőkubiny setzte gerade zu der Zeit, da Oberst Redl – mit dem düsteren Gefolge auf den Fersen – das Hotel Klomser erreichte, einer ältlichen kaiserlichen Erzherzogin, die sie um ein rasches und unaufschiebbares nächtliches Treffen gebeten hatte, ihren in verhängnisvolle Schwierigkeiten geratenen Freund zu retten, solange *und auf welche Weise auch immer* es möglich war, des langen und breiten auseinander, daß in der *Zukunft* vom 27. Oktober 1906 ein Artikel veröffentlicht worden war, ohne Diskretion und Pardon, nicht einmal anonym, wonach Moltke, der große und gleichsam schon zu Lebzeiten in Walhall weilende General Moltke, homosexuell gewesen war. Die *Zukunft* kam zu dieser Information, weil Moltke, ohne um die Erlaubnis, geschweige denn den Rat Kaiser Wilhelms nachzusuchen, sich einfach wie ein *Bürger* hatte scheiden lassen, was die Gräfin im ersten Zorn einem Journalisten gegenüber damit begründete, daß ihr Mann homosexuell sei. Daraufhin strengte unser Wilhelm ein Verfahren gegen Moltke an. Moltke gab sich gelassen, denn welcher Richter würde ihn schon »vor sich zitieren«? Er verkündete, er würde noch selbigen Tags eine Abteilung Ulanen in sein Schloß abkommandieren, zwecks sexueller Befriedigung seiner Frau; die Aufgabe sei geheim, intim, diskret und nicht leicht, und für den Fall, daß der erste Sturmtrupp nicht im offenen Angriff, mit gefällter Lanze die ausgewiesene »Höhe« erreichte, würde er anderntags eine Abteilung Dragoner auf dieselbe »Höhe«, denselben *Hügel* ansetzen, mit demselben Ziel. Als Reserve für den dritten Tag stünden die Husaren bereit. Die Erzherzogin sagte nur: »Oh, unglaublich, einfach unglaublich«, dann aber beruhigte sie Katalin eilends mit den Worten: »Doch ich glaube es. Eine Abteilung Ulanen ... Jesus Maria! Kuno Graf Moltke war schon immer ein Zyniker! Vielleicht ist er sogar homosexuell ... Eine Abteilung Dragoner, Heilige Jungfrau! Diese Unverfrorenheit! Und was sagte Wilhelm zu dieser Frechheit, dieser Gemütsruhe?«

»Das weiß ich nicht, Kaiserliche Hoheit. Kaiser Wilhelm befand sich auf einer Flottenschau zwischen Borkum und der Insel Norderney, er inspizierte die Manöver, was auch in der nächsten Ausgabe der *Zukunft* stand.«

»Die Zeitung wurde nicht beschlagnahmt?«

»Anscheinend nicht, Hoheit. Seine Majestät Kaiser Wilhelm hat nie so viel Aufhebens von der Presse gemacht, wie unser umsichtiger väterlicher Herrscher.«

»Da war doch diese Eulenburg-Sache, nicht wahr, meine Liebe? Ich entsinne mich. O natürlich! Dieses Schwein Kuno Moltke, dieser dänische ... Wer hätte geglaubt, daß die kalten Skandinavier so sensibel sind ... Kuno Graf Moltke hat sich offenbar eingebildet, wir lebten noch immer zu Zeiten der Wikinger oder Normannen ... Unter der Herrschaft des großen Haarlan, der eher ein Freibeuter war als ein König! Möchten Sie vielleicht ein Gläschen Grappa oder Certosalikör, mein Kind? Also, dieser Kuno Moltke! Mir bleibt der Verstand stehen! Ja, ich entsinne mich. Die Eulenburg-Sache berührte den gesamten kaiserlichen Hof, zahlreiche hohe Offiziere waren darein verwickelt ... Aber Wilhelm spielte bei Helgoland mit seinen Kreuzern und Unterseebooten. Typisch! Sie sehen, meine liebe Katalin, es kommt zum Krieg. Wilhelm erschreckt mit derartigen ›Manövern‹ die Engländer. Bekanntlich ist er nur deshalb in seine Flotte verliebt, weil er weder etwas von der Seefahrt noch ... ahem! von Frauen versteht, wenn Sie es genau wissen wollen!«

»Aber 1907 wurde Kuno Graf Moltke von dem Vorwurf freigesprochen«, warf Katalin ein, um endlich ihr Anliegen vorzutragen, aber sie kam einfach nicht zu Wort.

»Na sehen Sie! Er hatte sogar die Stirn, auf der Verhandlung zu erscheinen, wo man darüber befand, ob er homosexuell sei oder nicht! Mir steht der Verstand still! Möchten Sie ein Glas Grappa, liebe Katalin? Phantastisch! Das kann nicht wahr sein!«

»Aber der Reichskanzler Bernhard Fürst von Bülow selbst ist energisch gegen die allgemein verbreitete Ansicht aufgetreten, die deutsche Armee sei nicht gesund ... Bülow nahm Moltke vor der öffentlichen Meinung in Schutz.«

»Das war eine *verbreitete* ›Ansicht‹, meine Liebe, verbreitet von den Juden. Von der jüdischen Presse nämlich! Und jetzt haben wir hier diese unglückliche Redl-Affäre, nicht wahr. Ich habe davon gehört. Ist dieser Mensch auch homosexuell? Sie lieben ihn ja, leugnen Sie nicht, man redet in ganz Wien darüber ... Ach, meine Liebe! Sie sind so schön, so jung, Sie haben eine so wunderbar schlanke Figur, so dichtes Haar und schöne Augen ... Ach ja, die Schönheit der Ungarinnen wird weltweit gerühmt. Ihr Feuer ... Dieser Redl! Außerdem hat er doch eine Gattin, und hat sich nicht von ihr scheiden lassen wie dieser blasierte Kuno Moltke ... Gehen Sie jetzt, meine Liebe. Es ist spät. Ich danke für Ihren Besuch. Ich beneide Sie um Ihre Jugend!«

»Kaiserliche Hoheit«, sagte Katalin leise, während sie sich von dem Kanapee erhob. Da aber fiel der Erzherzogin – vermutlich, weil die Rede auf Kaiser Wilhelm, Kuno Graf Moltke und die Kreuzer der deutschen Flotte gekommen war – noch etwas ein.

»Wissen Sie, meine Liebe, wann ich Ihren Oberst gesehen habe? Ja, auch Redl stand stramm, obwohl er manchmal die Augen zu schließen schien ... Im Spalier der Stabsoffiziere stand er, Oberst Alfred Redl. In diesem Jahr, mein Herz, genau am 4. Januar 1913! Sehen Sie, mein Gedächtnis funktioniert noch. Aber wozu ich eigentlich dorthin ging, weiß ich nicht, denn wozu ging ich zur Beerdigung des preußischen Generals Alfred Graf von Schlieffen, der im achtzigsten Lebensjahr verstarb? Ich hasse die Trompeten, die mit schwarzem Tuch bezogenen Trommeln, die Fahnen, die blank gezogenen Degen, die schwarz verhüllten Sattelpferde . . . Nun, und dennoch ging ich hin, ich war neugierig auf den Berliner Klatsch. Aber ich habe alles schon wieder vergessen. Es war eine große militärische Trauerparade. Ich wurde fast taub vom Paradeschritt der preußischen Garde, die zu Ehren des Methusalems beiderseits der Lafette, auf der der Sarg stand, im Trauermarsch daherkam. Zudem schoß man Salut. Als hätte Schlieffen zu seinen Lebzeiten derlei nicht genug gehört. Nein, er mußte auch noch auf seiner Beerdigung Kanonendonner mitanhören! Wozu das, auf dem Wege zum Friedhof? Mußte er sich diese blöde Schießerei noch auf seiner eigenen Beerdigung mitanhören! Und dann noch der Marschallstab, sein Helm, sein Ehrensäbel, eine Menge Verdienstkreuze, das Pour le Merite . . . Mit so viel edelsteinbesetzten Ritterkreuzen vor unseren nackten Erlöser zu treten, den man um unsretwillen ans Kreuz geschlagen hat! Aber die Preußen sind halt Protestanten, sie müssen selbst dann Salven schießen, wenn die Seele der Vergebung harrt, um in die Ewigkeit eingehen zu können . . . Selbst wenn sie vor unseren Herrn, unseren Vater treten, brauchen sie Salven, keine Beichte, keine Absolution, keine Letzte Ölung, keine Vergebung ihrer Sünden, nein: Salut!«

»Kaiserliche Hoheit . . .«

»Ja. Na, und Ihr Oberst war auch dabei. Als das Begräbnis zu Ende ging – ich entsinne mich –, machte ich eine Bemerkung zu ihm . . . Was sagte ich doch gleich? Er stand dicht neben mir. Also, es fällt mir im Augenblick nicht ein. Doch! Ich sagte zu ihm, zu Redl, es sei sehr richtig, daß Kaiser Wilhelm dem preußischen Offizierskorps verboten habe, in den Kasinos, in Uniform, Fandango, Polka oder Cancan zu tanzen. Hier in Wien können sie sogar in der Paradeuniform Cancan tanzen, mit all ihren Orden auf der Brust! Die Hofburg! Sie ist ein Ballsaal, ein Orpheum! Dabei lebe auch ich nicht mehr in Maria Theresias Zeiten, meine Liebe. Ich weiß sehr gut, was sich hier tut, nur, weil wir das zwanzigste Jahrhundert schreiben ... Nicht verstanden habe ich allerdings, warum Wilhelm das entlastende Urteil im Falle des Päderasten Kuno Moltke guthieß.«

»Und was erwiderte Oberst Redl auf die Bemerkung Eurer Kaiserlichen Hoheit?«

»Was er erwiderte? Ich weiß nicht. Gar nichts. Er salutierte. Hob seine Hand an den Mützenschild. Er hat grausame Züge, einer, der vor nichts zurückschreckt. Er sagte nichts. Aber ich erinnere mich, daß er – beim Salutieren – die Augen geschlossen hielt! Ich erinnere mich ganz deutlich daran, als hätte sich alles eben erst zugetragen, in diesem Augenblick. Vielleicht war er auch sehr müde. Vielleicht ist er wirklich homosexuell ... Sagen Sie, mein schönes Kind, Redl ist nicht zufällig Jude?«

»Nein, Kaiserliche Hoheit. Wie können Sie das denken, Hoheit, er, ein Generalstabsoffizier?«

»Aber wenn ich recht informiert bin, ist er nicht von Adel?«

»Das nicht. Er stammt aus einer wohlhabenden bürgerlichen Familie und ...«

»Ja. Ich hörte, sein Vater sei aus der Armee ausgeschieden und auf und davon gegangen ... Er habe auf seinen Offiziersrang verzichtet und einfach die Familie verlassen. Und das ist doch nun wirklich jüdische Gewohnheit, nicht wahr, daß einen Mann, der Familie hat, überdies Offizier ist, so mir nichts, dir nichts die Lust ankommt, in der Welt herumzustreunen ... Denken Sie an die Dreyfus-Affäre, meine Liebe, und an Zola! Generalleutnant Auffenberg hat mir eine Visite abgestattet ... Wann war das doch gleich? Egal, er besucht mich oft. Sie um so seltener, meine schöne Katalin! Nun, Auffenberg zufolge ist Redl nicht homosexuell, sondern Freimaurer!«

»Hoheit, ich möchte Sie bitten ...«, unterbrach Katalin sie diesmal energisch, aber die Habsburgische Erzherzogin achtete nicht länger auf sie.

Oberst Alfred Redl, der im Hotel Klomser in seine Suite hinaufging, bemerkte in der Halle, auf den teppichbedeckten Stufen der Marmortreppen und auf den Korridoren Männer, die auf und ab gingen, herumstanden, Zigarre rauchten und verlegene Blicke auf ihn warfen: alles Offiziere in Zivil, die das Hotel sicherten. Im Zimmer unmittelbar neben seiner Suite saß der Generalauditor der Armee des Reiches, natürlich in Uniform, umringt von den Stabsauditoren in Uniform mit goldenem Kragenspiegel, manche hatten nicht einmal den schwarzen, knöchellangen Offiziersmantel abgelegt. Sie warteten auf den Oberst wie auf die Entscheidung bezüglich seines Schicksals, die vom Generalstabschef Conrad von Hötzendorf oder direkt vom Thronfolger Franz Ferdinand, vom Oberbefehlshaber der vereinten Streitkräfte, getroffen werden mußte. Kein Kurier kam, auch das Telefon blieb stumm. Die Auditoren warteten und verloren kein Wort über die Angelegenheit, die sie noch in dieser Nacht, spätestens aber am Morgen – so oder so – abschließen mußten. Vielleicht auch kamen dem Generalauditor, der, wie gemeinhin bekannt, ein gebildeter Mann war, der die schöngeistige Literatur liebte, Racines Zeilen in den Sinn: »Dunkel ist der Sand Hebrons, sobald es tagt, gilt es zu sterben.« Redl trat an seinen Schreibtisch, ein an ihn adressierter Brief lag auf der ansonsten leeren Tischplatte. Mit sachkundigem Blick stellte er sofort fest, daß der Umschlag über Wasserdampf geöffnet worden war, man hatte den Brief gelesen und anschließend wieder zugeklebt. Er stammte von Wilhelmine aus dem Ober-Engadin.

»Mein lieber Mann!
Wie sonderbar: obschon es nicht das erste Mal in unserer kurzen Bekanntschaft ist, daß ich Ihnen einen Brief schreibe, erschreckt es mich dennoch, daß ich nicht weiß, wie ich Sie anreden soll. Lieber ... Alfred? Redl? Herr Oberst? Wie lächerlich und traurig zugleich: Sie haben für mich keinen Namen. Ich kann unmöglich die Person, deren Namen ich seit einiger Zeit trage, in einem einzigen Wort erfassen. Dabei pflegt man mich fern von Ihnen, in einer

Ihnen unbekannten Gesellschaft, stets mit ›Frau Redl‹ vorzustellen ... Und unwillkürlich blicke ich dann in die Runde, als könnte ich irgendwo hinter oder neben mir diese Frau Redl entdecken, die wirklich Ihre Gefährtin ist, Ihre Gattin, die Ihr Schicksal, Ihre Vergangenheit, Ihre Person genau kennt. Weiß Gott ...

Erinnern Sie sich an unsere erste Begegnung in der Oper? Als Sie die Loge betraten, sah ich, verdichtet in einem einzigen Blick, all das von Ihnen, was ich auch heute sehe: die glatte Beherrschtheit hinter dem höflichen Lächeln, die Augen, die durch mich hindurchsahen, als blickten sie nicht auf mich, sondern in die Ferne hinter mir, und wie damals spüre ich den kühlen Lufthauch, den Sie mit hereinbrachten, als sei es die Ihnen eigene Temperatur, die Sie von anderen unterscheidet. Mit einem Wort: Härte, Kühle, Außerordentlichkeit. Wie hätten Sie mich nicht reizen sollen auf den ersten Blick, mich, die in Weichheit, Lauheit und Anpassung an den Willen anderer aufgewachsen ist? Und obzwar sich die Entfernung zwischen uns – trotz allem, was geschehen ist – nicht verringert hat, wie ich zu spüren glaube, und auch nie mehr verringern kann, fühle ich mich verantwortlich für alles, was mit Ihnen geschah und geschieht, sei es außerhalb Ihres Willens, aus Ihrem eigenen Willen heraus oder auch in der Überlappung beider ›Willen‹, die nicht mehr voneinander zu trennen sind, weil Sie es *nicht wollen*! Sie, Redl, haben mich unwillentlich etwas gelehrt: es ist keine Sünde, *nicht zu lieben,* wie ich bislang glaubte. Es ist keine Sünde, sondern eher eine Strafe, die Gott? das Schicksal? manchen Menschen zumißt, als Buße für unsere nicht existierenden Sünden. Wie kann ich diese Ungerechtigkeit wiedergutmachen? Ich weiß, Redl: Sie sind unendlich allein, und ich weiß auch, Sie sind außerstande, dieses Alleinsein mit einem anderen Menschen zu teilen, auf eine Weise, derzufolge *dieser andere* ebenso allein ist auf der Welt wie Sie. Und obschon ich es nicht verstehe, kann ich es nicht verschweigen: ich liebe diesen Menschen, der Ihr Gesicht, Ihren Körper, Ihre Stimme, der Ihre Disziplin, Kühle und Traurigkeit trägt, erträgt, ›mit sich trägt‹ in der Welt.

Ich spüre es und weiß es zugleich: der schmaler werdende Mund, die zusammengepreßten Lippen spiegeln dieses Lächeln, dem alles gleichgültig ist! Ich bitte Sie: *geben Sie acht auf sich*! Geben Sie nicht auf! Lockern Sie Ihre harte Haltung und sehen Sie sich um: eine Gefahr bedroht Sie und durch Sie auch Ihre Ziele, die ich nur ahne, aber nicht kennen kann. Das Leben ist ein Wert, Oberst Redl! Glauben Sie mir das, mir, die ich schon oft dem Tode nahe war, wenngleich nicht aus eigenem Wunsch und Willen.

Ich weiß: Sie haben keine Angst. Aber ich liebe Sie nicht um dieser Eigenschaft willen. Ich liebe Sie ... ich weiß nicht, warum, für die Liebe gibt es keinen Grund. Jetzt lächeln Sie sicher, ich sehe förmlich Ihr Gesicht! Vielleicht ist die Liebe das Einzige auf Erden, das Grund genug für sich selbst ist. Deshalb mangelt ihr auch die Erklärung. Aber die Liebe, sie existiert, und ich liebe Sie, Oberst!

Ober-Engadin, 28. März, abends

Frau Redl
geb. Wilhelmine Wenckheim v. Schweidnitz

P. S. Gestern Abend stieg mein Fieber wieder, ich huste auch ziemlich scheußlich, vor allem nachts. Der Doktor sagte, der Frühling ist immer gefährlich. Geben auch Sie acht, ich bitte Sie. W.«

Der Oberst faltete Wilhelmines auf feinem, blaßrosa Papier geschriebenen Brief genau ausgerichtet, parallel auf Kante und steckte ihn in den Umschlag zurück. Er zündete sich eine Zigarre an, setzte sich in den Ledersessel und starrte in den aufsteigenden Rauch.

Plötzlich ging die Tür auf. General a. D. Maximilian Freiherr und Landgraf von und zu Hammer-Purgstall, einstiger Befehlshaber der im Herzogtum Görz-Gradisca und in der Markgrafschaft Istrien stationierten Flotten- und Küstenschutz-Wachregimenter, betrat im knöchellangen, nur am Hals mit einem Haken geschlossenen weißen Mantel des Führungsoffiziers den Raum.

»Stehen Sie auf!« befahl er. Der Oberst wollte den älteren, ranghohen Offizier grüßen. Er drückte seine Zigarre aus und sprang vom Sessel hoch. Der General stand vor ihm, blickte ihm sekundenlang in die Augen und gab ihm zwei gewaltige Ohrfeigen; dann machte er wortlos auf dem Absatz kehrt und ging hinaus.

Nachdem der General a. D. Maximilian Freiherr und Landgraf von und zu Hammer-Purgstall das Zimmer verlassen hatte, stellte sich Oberst Alfred Redl vor den mächtigen goldgerahmten venezianischen Spiegel. Die im silbern-bleiernen Glanz spielende glatte Fläche zog ihn wie mit magnetischer Kraft an, nahe, näher, noch näher, ganz nah sollte er an sein Spiegelbild herantreten, gleichsam mit ihm den Platz tauschen, um mit den Augen seines Spiegelbildes den Mann zu sehen, den der Spiegel, diese silbern-gläserne Tafel, in Lebensgröße zeigte, der Spiegel, der weder Eingang war, durch den man eintreten konnte, noch Ausgang, sondern nur ein zerbrechlicher Spiegel, den der Mensch zerschlägt, und dann spiegelt jede einzelne Scherbe ihn wider; der Mensch kann die Scherben zertreten, und die Splitter spiegeln ihn wider, der Mensch kann die Splitter zerstampfen, und der Staub dieser Splitter spiegelt ihn wider an seinen Sohlen – im Falle Redls am eisenbeschlagenen Absatz des glänzenden, schwarzen Offiziersstiefels –, der Staub der Spiegelscherben würde den Fuß des Menschen widerspiegeln, mit dem der Mensch seinen Weg, seine Wege zurückgelegt hat bis zur Zerstörung des Spiegels. Oberst Alfred Redl indes zerbrach den goldgerahmten venezianischen Standspiegel nicht. Ruhig stand er davor, betrachtete sein Spiegelbild, das – dem elementaren Gesetz der Optik gemäß – auf ihn zurückblickte. Lange stand er so. Und lächelte. Auch das Spiegelbild lächelte. »Nun?« fragte Redl. »Nun?« fragte auch das Spiegelbild. »I was a hard gambler, but the game is over . . .«, sagte Redl, und zusammen und zugleich mit ihm sagte es auch sein Spiegelbild.

In dem weiträumigen Appartement neben der Suite des Obersten gab unterdes der Generalauditor leise seine Befehle an die ihn locker, aber voller Erwartung umstehenden Offiziere aus.

»Hauptmann Zselyi und Oberleutnant Kahlen! Sie gehen. Ihre Aufgabe: Festnahme des Major Lewetzow, der verdächtig ist, ein unbedingter Gefolgsmann Redls zu sein. Nehmen Sie Verstärkung mit, Lewetzow wird von der Schußwaffe Gebrauch machen. Hier seine Adresse; an den weiteren genannten Orten könnte sich der Major prinzipiell aufhalten, falls Sie ihn nicht zu Hause antreffen, nachts, wenn ... Aber egal, wo er ist, er wartet sicherlich auf die Befehle Oberst Redls. Oberleutnant Flatz und Leutnant Srna! Sie beide verhaften Hauptmann Konrad Morschel. Auch bei ihm müssen Sie auf Widerstand gefaßt sein, es kann zu einem Schußwechsel kommen! Gehen Sie. Sollten die genannten Offiziere von der Waffe Gebrauch machen, schießen Sie sie nieder! Die Flucht ist auf jeden Fall zu verhindern! Auszuschließen!«

Nach ausführlichem Studium einer Namensliste, die der Generalauditor vom Generalstabschef Conrad von Hötzendorf erhalten hatte, gab er den Befehl, auch den Ulanenrittmeister Szever Korzelinszki in Gewahrsam zu nehmen, der zwar nicht gerade als Redls »Mann« galt, der den Oberst aber ehrlich liebte und wertschätzte.

Wieder öffnete sich die Tür zu Redls Suite. Zu seiner größten Überraschung trat das »Augenlicht« des reichen Instrumentenhändlers, Hildegard, ein, lautlos, in einem herrlichen Kleid, mit wunderbar gekräuselten Locken und bleichem Gesicht.

»Du ... Sie? Fräulein, wie sind Sie hereingekommen?«

»Die Wache ließ mich durch. Ein Offizier nannte mir sogar die Nummer Ihrer Suite. Ich verriet ihm freilich nicht, daß ich sie kenne.«

Redl lachte. »Ja ... Natürlich haben Sie dich hereingelassen! Irgendwo in einem benachbarten Zimmer oder hinter einem Gemälde lauern sie und hören, sehen vielleicht auch alles, was hier geschieht. Liebe Hilde! Warum sind Sie gekommen? Ich habe es jetzt wirklich nicht mehr nötig, daß Sie mir die Stiefel wichsen.«

»Ich weiß alles, vielmehr: ich ahne alles . . .«, flüsterte das Mädchen.

»Sprechen Sie ruhig natürlich, Fräulein! Sie brauchen nicht zu flüstern. Sollten Sie aber ein russisches, französisches, englisches oder vielleicht auch italienisches Volkslied kennen, dann singen Sie es! Damit sich diese Idioten zwei Wochen damit herumplagen können, herauszufinden, was ›My bonny is over the ocean‹ bedeutet, beziehungsweise welchen geheimen, verschlüsselten Sinn es hat«, sagte Redl lachend und steckte sich wieder eine Zigarre an, diesmal eine Manila. Er setzte sich in den Sessel. Die beiden Ohrfeigen brannten nur noch inwendig auf seinem Gesicht.

»Ich bin nicht gekommen, um zu singen, Oberst«, erklärte Hildegard entschieden.

»Sondern? Um zu tanzen vielleicht? Setzen Sie sich, Hilde. Oder nehmen Sie ein Bad. Sie wissen ja, wo das Badezimmer ist.«

»Ich will weder tanzen noch baden. Ich sagte doch: ich weiß alles. Ihnen aber, Oberst, sollte es genügen zu wissen, daß ich Sie liebe, ich bin verliebt in Sie, ich bin Ihre Dienstmagd, wie Sie mich nannten, aber es ist so! Ich bin gekommen, Ihnen zu helfen. Und ich werde helfen!«

»Was das betrifft . . . Hilfe? Aber gleichwohl. Ich müßte ein paar Briefe schreiben. Aber ich bin müde. Müde meiner selbst . . . Ich werde Ihnen diktieren. Keine Angst, Hilde, es sind kurze Briefe.«

»Sie sollen jetzt keine Briefe schreiben! Ich habe eine Nachricht für Sie, von dem . . . ja, von dem Mann« – hier dämpfte Hildegard ihre Stimme zum Flüstern – »mit dem Sie damals nach Ladenschluß in das Geschäft meines Vaters kamen, und mit dem wir dann zu dritt . . . Das ist kein Vorwurf, ich habe es selbst so gewollt, aber davon soll jetzt nicht die Rede sein. Es geht um Ihr Leben, Oberst, nicht um das meine! Dieser Mann, Renzo Malaparte, das heißt, Udo von

Usedom – ich weiß alles, bitte, glauben Sie mir –, er ist hier in Wien, hier in *diesem* Hotel, unter falschem Namen, und er hat alles vorbereitet, damit Sie hier herauskönnen, heraus aus Wien und aus dem Reich, vorerst nach Deutschland, und dann wohin Sie wollen . . .«, flüsterte Hildegard dicht an Redls Ohr. Die herrlichen, in feste Spiralen gedrehten Locken des Mädchens streiften sein Gesicht, verbargen das Zimmer, die Welt vor seinen Augen, hüllten Stirn und Schläfen, Bewußtsein und Erinnerung des müden Offiziers in eine süße, warme, sinnliche Weltlosigkeit. Redl stand auf. Und trat wieder vor den venezianischen Spiegel. Dann plötzlich sprach er – laut – zu Hildegard, als rede er gleichsam zu seinem Spiegelbild:

»Ich habe mein Vaterland nicht verraten. Ich, Oberst Alfred Redl, habe die Armee, deren Offizier ich war und bin, nicht verraten. Ich habe spioniert – zum Nutzen meines Vaterlands. Ich habe Seine Majestät, den Kaiser, auf den ich bei meiner Offiziersweihe geschworen habe, niemals verraten, habe meinen Eid nicht gebrochen, nie ein Majestätsverbrechen oder Vaterlandsverrat begangen; ich habe im Gegenteil zahlreiche Vaterlandsverräter entlarvt und lebenswichtige Informationen über die Armee der Staaten, die als potentielle Feinde des Reiches anzusehen sind, über ihre Mobilisierungspläne und reale Kampfkraft gesammelt, die sich ohne meine Angaben für uns, für das Reich, nur und ausschließlich in einem katastrophalen Krieg oder in einer Reihe kleinerer Kriege in ihrer bedrohlichen Realität offenbart hätten. Um dieser Informationen willen habe ich das Netz geschaffen, besser gesagt, wie eine grausame Spinne gewoben, durch das meine Agenten von Sankt Petersburg bis London, von Paris bis Rom, von Berlin bis Istambul, von Budapest bis Belgrad und Bukarest von allen Ereignissen, von sämtlichen Verhandlungen, die geheime Klauseln enthielten, früher unterrichtet waren als der Geheimdienst der betreffenden Staaten. Abgesehen von dieser anstrengenden Tätigkeit, die naturgemäß große Aufmerksamkeit, ein unerschöpfliches Arbeitsvermögen und vollkommene Disziplin erfordert, habe ich mich einer Aufgabe gewidmet, die mein ganzes Leben ausfüllte und beeinflußte, eine private und *geheime* Aufgabe, noch geheimer als der Kundschaftsdienst, doch leider hatte ich dabei nicht solches Glück wie bei der Spionageabwehr- und Kundschaftstätigkeit. Diese Aufgabe war die Suche nach meinem Vater. Ich habe ihn nicht gefunden. Nie fand ich eine Spur von ihm. Er war Offizier wie ich. Er quittierte den Dienst, schied aus dem Armeekorps aus und ging weg, ohne eine Nachricht zu hinterlassen, eine Erklärung für meine Mutter. Ich war damals keine drei Jahre alt, meine Schwestern nur wenige Jahre älter, doch auch sie erinnerten sich nur vage an ihn, denn solange unser Vater noch in der Armee des Reiches diente, war er in verschiedenen ungarischen, mährischen und galizischen Garnisonen. Ich habe meine Mutter nie gefragt, was für ein Mensch ihr Mann war, mein Vater, *warum, zu wem und wohin* er ihrer Meinung nach gegangen war, scheinbar ohne jede Vorgeschichte, ohne Zwang, ohne Grund. Er hatte keine Spielschulden, war kein Alkoholiker. Ich wollte ihn suchen. Ich wollte, Auge in Auge mit ihm, eine Antwort auf dieses Warum. Das ist mir nicht gelungen. Er ist vor mir geflohen und noch jetzt auf der Flucht, lebend oder tot. Vielleicht bewirkte das Verschwinden meines Vaters und die Tatsache, daß ich ihn nicht kannte, jene starke Zuneigung für meine Lehrer und die Liebe, die ich als Kadett und später auf der Militärakademie für meine Mitschüler und Lehrer, gewöhnlich für die strengsten Lehrer, empfand, die Zuneigung und Liebe, die ich später, beim Truppendienst, für meine Kameraden empfand und empfinde. Was hingegen mein ›Vermögen‹ betrifft, zum Beispiel die seit acht Jahren hier im Hotel Klomser gemietete Suite, meine Prager Wohnung, meinen Adler oder Austro-Daimler oder alles, was der Thronfolger für übertrieben, ja nachgerade verdächtig hält, so habe ich dieses wirklich unvergleichliche Automobil, diese Sonderanfertigung eines Daimler-Benz mit seinem aus 18karätigem Gold gefertigten ›berüchtigten‹ Monogramm A. R. von den tatsächlich nicht geringen Summen erworben, die ich aus dem undurchsichtigen Waffenschmuggel zur Zeit der Balkankriege bezog, aus meinem Anteil als ›lachender Dritter, zumal ich siebzig oder achtzig Prozent des gesamten Waffenhandels dank meiner ausgezeichneten Balkanverbindungen vor der Nase der italienischen, französischen, deutschen und englischen Waffenfabriken über zwei große Waffenfabriken der Vereinigten Staaten von Amerika abwickelte, gegen eine entsprechend hohe Prämie natürlich, of course ... In den Balkankriegen habe ich als Offizier des Nachrichtendienstes eine, wie man zu sagen pflegt, lebensgefährliche, aber mit dem militärischen Dienst logisch einhergehende Tätigkeit ausgeübt. Die Tatsache indes, daß sich die Serben, die Bulgaren, die Mazedonier, Bosniaken, Albanier, Türken und Griechen ausgerechnet mit Maschinenfeuerwaffen des Systems Lewis und Hotchkiss umbrachten, welche ich, beziehungsweise meine Leute, auf den Schlachthof Balkan schafften, bedeutet noch keinen Vaterlands- oder Hochverrat. Das Handwerk der militärischen Spionageabwehr und Nachrichtenbeschaffung schließt natürlich die Methode, die ›Technik‹ mit ein, daß wir, um über die Streitkräfte fremder Staaten, ihre Kriegsschiffe, die Kampftüchtigkeit ihrer Armeen, die Schlagkraft ihrer Einheiten im Falle des Krieges oder ihre beste Waffentechnik Informationen beschaffen zu können, die einfache und dennoch gefährliche *Rolle* spielen müssen – und im gegebenen Fall oblag mir diese ›Rolle‹ –, auch *geheime Daten* über Festungen, die technische Ausrüstung *unserer eigenen Armee,* über neue Einheiten unserer Kriegsmarine oder ähnliches scheinbar *mitzuteilen.* Aber dies sind eben *falsche* Daten, die als zutreffend angenommen werden und nur in langwieriger Arbeit überprüfbar sind. Solche falschen Kriegsgeheimnisse herzustellen, ist eine besondere Kunst! Das habe ich getan. Und im Austausch für die *falschen* Materialien habe ich *echte* beschafft. Die Balkankriege habe ich nicht ausgelöst, ich war vom Generalstab als Kundschafter dorthin beordert worden und wurde für meine diesbezügliche Tätigkeit letztlich auch zum Oberst befördert. Zum Oberst des Reiches.«

Redl sprach laut, mit erhobener Stimme in den Spiegel, zu seinem eigenen Spiegelbild und zu der im Spiegel aufgetauchten lockigen Hildegard, die während des Monologs, von dem Offizier, seinem Geständnis oder ihrer eigenen Leidenschaft hingerissen, hinter, neben ihn getreten war und sich gleichfalls im Spiegel musterte; eher aber oder vor allem galt dieses laute Geständnis, dieser letzte Gruß sozusagen, den Offizieren und Auditoren, die im Nachbarzimmer saßen und lauschten.

»Und dieses, kleine Hilde«, fuhr Redl, der sich vom Spiegel weg und Hildegard zugewandt hatte, nun in ruhigem, natürlichem Ton fort, »sage dem Renzo Buonaparte oder Renzino Malaparte oder Udo von Usedom, sag es auch deinem Vater weiter, erzähl es den Totengräbern des Reiches, den Sozialdemokraten und dem Polizei-Oberinspektor Barner, der dich, das ist mehr als wahrscheinlich, sobald du dich von hier entfernst, wie *auch ich* mich ›entfernen‹ werde, wie sich die vielen Stabsoffiziere und Auditoren mit den goldenen Kragenspiegeln, die die Polizei einfach ausgesperrt haben, von hier entfernen werden, zu meiner Person vernehmen wird. Sei darauf vorbereitet: die Befragung wird Stunden dauern, sich vielleicht bis in die Nacht hinziehen, denn Inspektor Barner ist ein gründlicher Mann und liebt Kreuzverhöre, zumal es eines seiner Hauptamüsements darstellt, herauszufinden, wie er selbst antworten würde, wenn er der Delinquent wäre und man ihm – das wäre Barner sehr recht! – seine Fragen stellte. Häufig hinderte diese seine Leidenschaft Barner daran, sein Verhör mit einem tatsächlichen Ergebnis abzuschließen, und ich meine, das ist auch der Grund, weshalb sich seine längst fällige Beförderung verzögert ... Anschließend aber wird er dich gehen lassen, denn Barner ist ein höflicher Mann, er wird dir, freilich nach seinem Kreuzverhör, die Hand küssen und dich um Verzeihung bitten, daß er dir diese vielen Fragen stellen mußte, aber nun ja, die Staatsräson ... Gib gut acht, Hildegard, darauf wird er sich berufen, auf die Staatsräson, und dann wird er deinen Vater grüßen lassen, den er sehr respektiert, denn dein Vater ist einerseits ein reicher Mann, Barner hingegen lebt von einem kleinen Gehalt, ist also arm, andererseits ist er ein bekannter Instrumentenhändler, und Inspektor Barner ist bekanntlich ein großer Musikliebhaber, der leider, weil er in einer armen Familie geboren wurde, nicht Klavier oder Geige spielen lernen konnte, weshalb er sich schämt und ihm die Tränen in die Augen treten, sobald von Musik die Rede ist, zumindest hält er so lange den Atem an, wie sein erbärmlicher Brustkorb es hergibt.«

Hildegard fiel dem Oberst um den Hals, warf sich an seine Brust, sank an ihm herab, kniete vor ihm nieder, bat, bettelte, flehte ihn weinend an: »Das interessiert mich jetzt nicht, ich will weder etwas von Musik noch von Polizisten hören, die nicht musizieren lernen durften ... Komm! Renzo holt dich hier heraus. Er sagte, er würde mit seinen Leuten auf dem Korridor, im Treppenhaus und unten in der Halle eine kleine Schießerei veranstalten, das Hotel Klomser in ein Schlachtfeld verwandeln, und ich soll dich in der Zwischenzeit zu seinem Auto hinausbringen, das im rückwärtigen Hof wartet, mit Chauffeur und Leibwächtern. Eine Freundin von mir, Monika Albs, hilft uns, die Wache ließ sie ebenfalls durch; sie täuschte Unwohlsein vor und wartet jetzt in der Toilette, bis ich ihr ein Zeichen gebe. Monika wird laut schreien, eine Panik auslösen, und unterdes verschwinden wir ...«

»Hör mir zu, liebe kleine Hilde«, sagte Redl in brüderlichem, fast väterlichem Ton, während er das vor ihm kniende Mädchen emporzog. »Unser guter Freund Renzo, beziehungsweise Udo, nenn ihn, wie du willst, hat natürlich ein ernstes Interesse daran, im Hotel Klomser eine örtliche Auseinandersetzung vom Zaun zu brechen ... Es geht dabei nicht um ihn persönlich, sondern um die Belange seines Vaterlandes. Renzo würde in Rom, Udo in Berlin, beide in einer Person würden also an zwei Orten nicht wenig dafür erhalten, wenn es ihm gelänge, hier eine ›Schlacht‹ zu inszenieren und eine Redl-Affäre, einen Fall Redl in die Welt zu setzen.«

»Er liebt dich!« warf Hildegard ein.

»Vielleicht. Ja. Er liebt mich. Unabhängig davon aber darf mein persönliches Schicksal auf gar keinen Fall einen Vorwand für eine ausländische Pressekampagne, für einen Skandal liefern, der dem Ruf des kaiserlich-königlichen Offizierskorps schaden könnte. Das will ich nicht. Das kann ich nicht wollen!«

»Mußt du sterben?«

»Leben muß ich nicht, liebe kleine Hilde.«

Redl ordnete Hildegards ineinander verdrehte Lockenspiralen und streichelte ihr die Wangen.

»Geh. Nimm auch diese Monika mit. Und sag unserem Renzo, ich danke ihm für seine Freundschaft, seinen Mut und seine Kameradschaftlichkeit. Er wird wissen, daß *mein* Fall ein anderer ist als der *seine*. Nun geh! Gott mit dir, Hilde auf der Heide«, sagte Oberst Alfred Redl lächelnd und schob das verstummte Wiener Fräulein mit sanfter Gewalt durch die Tür hinaus: zuguterletzt, schon auf der Schwelle, hatte es den Anschein, als beförderte er nur noch falsches Lockenhaar, eine schöne Perücke ein Stück weiter, zusammen mit der Puppe, die es trug.

Im Nachbarzimmer vermerkte man Hildegards Fortgehen natürlich. Ein Stabsauditor erteilte unverzüglich den Befehl: »Oberleutnant Käschel! Gehen Sie und setzen Sie einen unserer Leute in Zivil auf die Spur dieser . . . dieser Frauensperson! Vielleicht ist sie sogar ein verkleideter Mann, meine Herren?« fragte der Auditor später, vielleicht, um das düstere Zimmer mit etwas Humor zu erhellen. Leider erfolglos. Der aufgeforderte Oberleutnant stand stramm und ging, den erhaltenen Befehl auszuführen.

Von all den Männern war der Generalauditor August Treviranus von Altenkirchen der weitaus düsterste. Er verbot den Offizieren das Rauchen, weil er nicht einmal gewillt war, den Qualm der Zigaretten, Zigarren und Pfeifen, die andere rauchten, zu ertragen. Er wartete auf einen Anruf, der ihm die Entscheidung des Thronfolgers Franz Ferdinands mitteilen sollte, oder wenigstens auf eine Nachricht Conrad von Hötzendorfs, allein das Telefon blieb stumm. Schließlich warf Generalauditor einen bedeutungsschweren Blick auf den Militär-Oberstaatsanwalt und stand von seinem Lehnstuhl auf. Er überdachte die Situation. Auf den Anruf Franz Ferdinands warteten sie womöglich vergebens. Demgegenüber konnte Generalstabschef von Hötzendorf ihm, dem Generalauditor der Streitkräfte des Reiches, weder in Friedenszeiten noch im Falle eines verkündeten Ausnahmezustandes noch im Kriege einen Befehl erteilen, zumal er ihm weder übergeordnet noch sein Vorgesetzter in irgendwelchen Kriegsgerichtssachen, Verfahren, Freisprechungen, Prozeßwiederaufnahmen oder Urteilsfällungen war. Folglich wartete der Generalauditor auch nicht länger auf einen Anruf Conrad von Hötzendorfs. Er entschied selbst darüber, was er tat oder nicht tat.

Der Generalauditor Treviranus von Altenkirchen betrat ohne anzuklopfen die Suite Oberst Redls.

»Nun, Redl, haben Sie sich entschieden? Seine Kaiserliche Hoheit, der Thronfolger, wird ungeduldig.«

»Ja, Exzellenz, ich habe mich entschieden«, sagte Redl ruhig.

»Also . . .?«

»Nein. In einem Prozeß, dem Sie vorsitzen, müßte ich Dinge zugeben, die ich nie begangen habe.«

»Es genügt, Oberst, wenn Sie zugeben, daß . . .«

»Nein. Gehen Sie, Herr Generalauditor. Ich bin der Angeklagte. Und ich werde auch der Richter sein. Sie assistieren nur. Sie sind hier nur der Leichenbeschauer. Im übrigen ein sehr unvorsichtiger Leichenbeschauer, immerhin *lebe ich noch*! Wo ist Ihre Wachsamkeit? Sie wagen es, allein, ohne Leibwache zu mir hereinzukommen? Und wenn ich Sie niederschieße?« fragte Redl spöttisch.

»Schweigen Sie! Ihre Homosexualität, Sie Schwein«, brüllte der Generalauditor, fuhr dann aber leiser fort: »brauchen Sie in einem Prozeß nicht zur Sprache zu bringen. Es genügt, wenn Sie bekennen, im Zusammenhang mit den Umbauarbeiten auf der Festung Przemyśl Spionage betrieben zu haben. Zugunsten Rußlands . . .«

»Nein. Schließlich habe ich das nicht getan«, sagte Redl in gemessenem, leidenschaftslosem Ton.

»Sie haben! Das wissen wir! Weiterhin genügt, wenn Sie... Verstehen Sie, Redl? Wenn Sie zugeben, daß Sie schon zur Zeit Ihres Truppendienstes beim Görzer Küstenschutz-Wachregiment sich Daten beschafft haben, die Sie dann den potentiell feindlichen Mächten England und Frankreich sowie dem Nachrichtendienst der russischen Kriegsmarine in die Hände spielten! Die Beweise – verstehen Sie? – werden wir dann liefern; wir wissen nämlich, daß Sie, Redl, der Infanterieoffizier, zu oft in Pola und in anderen Stützpunkten der Kriegsmarine umherstreiften, kurzum, daß Sie Angaben über Geschwindigkeit, Geschützkaliber, Stärke der Panzerung der Kreuzer *Helgoland, Zrinyi, Frundsberg*«, – der Generalauditor nahm einen äußerst korrekt doppelt gefalteten Bogen heraus, schlug ihn auseinander und las die weiteren Namen ab – »des Kreuzers *Saida*, der Linienschiffe *Viribus Unitis, Prinz Eugen, Erzherzog Franz Ferdinand*, des Kreuzers *Novara*, des Zerstörers *Blitz*, der Unterseeboote *Weser* und *Hafmande* sowie besonderer Schiffe geheimer Zweckbestimmung wie *Kronprinz Erzherzog Rudolf, Dalmat, Taurus* und der Schiffe, die als Stations- oder Schulschiff getarnt ihre Geschütztürme am Ufer verbergen, aber innerhalb von vierundzwanzig Stunden kampfbereit sein können, daß Sie all diese Daten übergeben, verkauft haben an ausländische Kundschafter, mit denen Sie den Kontakt bis heute nicht abgebrochen, sondern im Gegenteil erweitert und vertieft haben... Ich bin noch nicht fertig, Redl!« brüllte der Generalauditor, der sah, wie Redl protestierend abwinkte. »Außerdem haben Sie – auch das wissen wir! – zur Zeit der Balkankriege, als Sie scheinbar für die Monarchie als Kundschafter tätig waren, zusammen mit Ihrem Stellvertreter, dem Oberstleutnant Horst von Thom – leugnen Sie nicht, Redl! – zwischen Belogradčik, Skopje, Saloniki, Belgrad, Sarajevo und Zagreb Skizzen, Aufzeichnungen und fotografische Aufnahmen gemacht! Nun, und wen, wenn nicht die Kundschafter anderer Mächte, wenn nicht Rußland und die dreckigen Serben, hätte zu jener Zeit der genaue Kampfwert der Einheiten der österreichisch-ungarischen Donauflottille interessiert! Nicht wahr? Sie haben den Russen, die nichts anderes wollten, als die Donau heraufkommen, sowie den Serben, Redl, die vollständige und geheime Dokumentation der taktischen Aufstellung der Donauflottille verkauft, haben als neugierige ›Landratte‹ die schwerbewaffneten Monitore *Enns*, *Leitha*, *Körös*, *Inn* und *Bosna* fotografiert und ... Redl! Werfen Sie sofort diese Zigarre weg, sonst werde ich Sie auf der Stelle ... verstanden?« brüllte der Generalauditor Treviranus von Altenkirchen, der mitansehen mußte, wie Oberst Redl völlig ungerührt seiner Aufzählung der Kriegsschiffe auf Adria und Donau lauschte und versunken seine dicke Manila paffte. Redl warf die Zigarre nicht weg, drückte sie nicht aus, obzwar der bleikristallene Ascher bei der Hand war. »Und, Redl, Sie haben den Russen und den Serben zur Zeit der Balkan-Kriege, die die empfindlichste Region der Monarchie trafen, Angaben über Antrieb und Leistungsstärke der bewaffneten schweren Schleppdampfer bei Stromauf- und Stromab-Fahrten gemacht sowie« – der Generalauditor blickte wieder auf seine Liste – »über die leichten Minenleger und Minensuchboote, über die Lastkähne der Flottille und ihre Uferdepots. Damit haben wir im wesentlichen drei Anklagepunkte: Spionage bei den Einheiten der Kriegsflotte auf der Adria, zweitens: Spionage zur Zeit der Balkankriege im entsprechenden Gebiet zugunsten Rußlands und der Serben, drittens: Spionage für die Russen über die Kampfkraft der in Galizien zusammengezogenen österreichisch-ungarischen Regimenter und Divisionen im Frieden oder im Kriegsfall, mit besonderer Berücksichtigung der Festung Przemyśl! Überdenken Sie Ihre Situation. Wägen Sie meinen Vorschlag ab. Ich bin fertig, Redl. Ich gebe Ihnen zwanzig Minuten. Dann komme ich wieder.«

In einem anderen Zimmer des Hotel Klomser saß ein Offizier beständig am Abhörgerät, ein weiterer überwachte die Direktleitung, die den »Exekutivstab« des Generalauditors mit Franz Ferdinand verband. Die Offiziere saßen in dichten Zigarettenqualm gehüllt, jene zumindest, die sich nicht des Verbotes erinnerten.

»Rauchen Sie nicht!« sagte der Generalauditor gereizt. Sämtliche Anwesende drückten sofort ihre Zigaretten aus. Gleichwohl wurde der Generalauditor von einem hartnäckigen Hustenanfall gepackt. »Sie wären sogar auf der Jagd, mitten in einem Eichenwald imstande zu rauchen. Lüften! Machen Sie Durchzug!« sagte Treviranus von Altenkirchen in vernichtendem, verächtlichem Ton. Zwei jüngere Offiziere eilten sofort ans Fenster und öffneten die Flügel auf die weitläufige Terrasse hinaus. Die Offiziersmäntel wehten gespenstisch im nächtlichen, kalten Luftzug.

Das im Zimmer installierte Funkgerät tickte. Nach einer Weile überreichte der Funker dem Generalauditor den Fernspruch: »falls verraeter sich nicht kriegsgericht stellt ohne richterliche untersuchung schluß machen stop weitere schuldige strengstens bestrafen ende.«

»Wir warten noch zwanzig Minuten«, sagte der Generalauditor und befahl einem Offizier, er möge das Codezeichen auf dem Fernspruch überprüfen, ob der Befehl wirklich vom Thronfolger stamme. In der gegebenen Situation war dem Generalauditor alles verdächtig.

Redl stand vor dem Spiegel. Lächelte. Strich sich übers Kinn. Bartstoppeln. Er rauchte noch eine Manila, kippte ein Glas Kognak hinter. Dann ging er an eine gewohnte Tätigkeit: verbrannte Fotografien, Briefe. Er schaute wieder in den Spiegel, prüfte, ob Uniform und Auszeichnungen richtig saßen. Alles korrekt. Während er sein Spiegelbild musterte, spürte er, wurde ihm für einen langen Augenblick bewußt, daß er sich nicht an sich erinnerte, an sein Leben, daß er, obschon er sich betrachtete, nicht wußte, nicht sah, »wie« er war. Das Telefon schrillte. Redl nahm den schwarzen Hörer nicht von der Gabel, er schaute den Apparat nur an. Lange besah er sich ein altes Foto seiner Gemahlin, der Baronesse Annunciata Wilhelmine Wenckheim von Schweidnitz, studierte es gleichsam, als habe er diese Frau nie gekannt. Dann verbrannte er auch dieses Bild, schaute zu, wie es schwarz wurde, zu Asche zerfiel.

»Es ist eine außergewöhnlich komplizierte Art des Selbstmordes, sich nicht an sein eigenes Leben erinnern zu können, sich nicht zu empfinden, nicht zu erfahren, nichts zu sehen, obzwar man gerade die eigenen Züge mustert ... Als würde man jemand anderen töten an seiner Statt ... Zum Teufel mit diesem verdammten Spiegel! Du hättest lieber in den Tropen geboren werden sollen«, fuhr er, fast schon selbstironisch, in seinem Monolog fort, »anstatt in diesem Reich.« So sprach er vor dem Spiegel zu sich und wandte sich dann ab, kehrte seinem Abbild mit dem für ihn typischen, nichts Gutes verheißenden Lächeln den Rücken. »Bad Ischl, evergreen Tirol, Görz, Adria, Balkan ... Nun, da war alles schwieriger. Und dennoch war es leichter! Monitore? Kreuzer? Przemyśl? Schlachtschiffe? *Viribus Unitis* ...«

Redl lachte. Und sah auf die Uhr. Lächelte. Zumindest nahm er auf seinem Gesicht im Spiegelbild ein Lächeln wahr. Erneut wandte er sich ab. Und verriegelte die Tür. »Take it easy ...«, sagte er zu seinem Spiegelbild, zu seinem gleichsam »fixierten« zweiten Ich. »Right foot forward!« Er schaute sich im Zimmer um und schritt dann die in ganz Wien berüchtigte Suite ab. Wieder der Spiegel. Er kehrte seinem Spiegelbild den Rücken.

»Preparing for the worst, hoping for the best and take it how it comes ... In den Tropen leben, unter Orchideen!« Oberst Redl lachte. Und befühlte die Frommer in seinem Uniformrock.

Erneut schellte das Telefon. Von der Rezeption aus meldete man ihm seinen alten Freund, den Generaladvokaten Dr. Viktor Pollak. »Na klar, ihn lassen Sie herein, er könnte mich ja überreden ...«, stellte Redl fest und erklärte kühl, er könne den Herrn Generaladvokaten nicht empfangen.

In einem anderen Zimmer des Hotel Klomser – einer Art ehrengerichtlichem »Gefechtsstand« – saßen die Offiziere und warteten, gemäß dem Befehl des Generalauditors ohne zu rauchen; der eine am Telefon, ein anderer am Funkgerät, die Stabsoffiziere höheren Ranges in den Ledersesseln. Natürlich durften auch sie nicht rauchen, wenngleich der Generalauditor August Treviranus von Altenkirchen auf der weitläufigen Terrasse stand, draußen im Freien, wo der Wind sein Haar zauste; er glättete es nicht, er schaute auf die Bäume im Hotelpark, auf das allmählich dunkler werdende Laub. Hinter ihm, im Zimmer, öffnete jemand ohne anzuklopfen die Tür vom Korridor her. Katalin Baronesse von Kubinyi zu Alsó- und Felsőkubiny trat ein, in einer graphitgrauen Kapuzenpelerine über dem Reisekleid. Einige der Offiziere standen auf. Katalin warf die Kapuze auf die Schultern.

»Ich suche Seine Exzellenz, meine Herren«, sagte die Baronesse aus Oberungarn, ohne zu grüßen.

»In welcher Angelegenheit? Wer hat Sie hereingelassen, meine Dame?« fragte finster ein Hauptmann mit einem Blick auf den Generalauditor, der soeben von der Terrasse zurückkam.

»Die Wache«, antwortete Katalin in ihrer üblichen Gelassenheit und sah den Generalauditor an. »Sind Sie das?«

»Sie wünschen, meine Dame?« fragte der Gefragte.

»Ich bin eine alte Freundin des Generalstabsoberst Alfred Redl. Hier meine Karte ...« Von Altenkirchen nahm sie entgegen, las den Namen und sah die Baronesse an.

»Eine alte Freundin also. Wissen Sie von den ... wie soll ich mich ausdrücken ... ›Angelegenheiten‹ des ›Herrn Oberst‹? Sie wollen ihm helfen? Warum sind Sie gekommen, Baronesse? Eine ehrliche Antwort, bitte!«

»Ich will mit ihm reden.«

»Ich verstehe. Das gestatte ich. Bitte. Seine Zimmernummer wissen Sie sicher. Ich bitte Sie nur darum, Baronesse, als alte Freundin auf ihn einzuwirken, daß er *meinen Vorschlag* überdenkt. Werden Sie das tun? Versprechen Sie es mir!«

»Ich weiß nicht, was Sie ihm vorgeschlagen haben.«

»Er weiß es. Fragen Sie ihn. Und viel Erfolg; immerhin

geht es um das Leben Ihres Freundes, respektive um die mögliche Art seines Todes. Wir können ihm sogar eine ›Offiziersgrabrede‹ zugestehen. Helfen Sie, ihn vor der Schande zu bewahren. Gehen Sie.«

»Danke.«

Sobald Katalin das Zimmer verlassen hatte, setzte sich einer der Offiziere an das Abhörgerät, den Bleistift in der Hand, ein Blatt Papier vor sich, um das Gespräch zwischen Redl und der Baronesse aufzuzeichnen.

»Na?« fragte Katalin mit dem alten scherzhaften, dennoch sehr traurigen Lächeln auf den Lippen anstelle einer Begrüßung, Umarmung oder eines Kusses.

»Ich glaubte, man würde mich innerhalb weniger Stunden hinrichten. Ich habe dir geschrieben, Katja ...«

»Und statt dessen? Statt der Hinrichtung? Sprechen sie dich frei?«

»Setz dich. Möchtest du einen Kognak?« fragte Redl lachend.

»Ja bitte«, sagte Katalin. Sie sah sich um. Redl schenkte ein.

»Statt dessen wollen sie einen Prozeß aus meiner ›Affäre‹ machen, aus meinen Angelegenheiten, aus meinem Leben ... aus allen *meinen ›Leben‹* ...«

»Und?« fragte Katalin mit gespielter Leichtigkeit. Sie leerte ihr Glas und setzte sich auf die Chaiselonge.

»Kein ›und‹. In einem Prozeß müßte ich Dinge bekennen, die ich niemals begangen habe.«

»Hältst du sie nicht für loyal genug?«

»Nein.«

»Und weiter? Im übrigen hast du mir einen sehr anstrengenden Brief geschrieben. Ich hatte nicht die Zeit, ihn zu lesen. Haben sie dir etwas angetan? Ich meine: physisch. Haben sie dich geschlagen?«

»Nein. Aber einen Prozeß wird es, da bin ich mir sicher, nicht geben.«

»Du willst nicht leben?«

»Nein. Du hast's erraten. Und vor allem: ich will nicht *noch einmal* leben!«

»Haben sie dir eine Falle gestellt? Warum fliehst du nicht? Wo ist dein Verstand geblieben?«

»Ich habe einen Fehler gemacht ... Ansonsten hätten sie nie etwas über mich erfahren ...«

»Hast du Angst?« fragte Katalin.

»Nein. Ich kann keine Angst empfinden. Angst, das ist ein praktisches Geschenk, leider wurde es mir nie zuteil«, sagte Redl lächelnd. Sein Gesicht dachte *anders.*

»Du ... Hast du noch diese Figuren, die ich dir einmal geschenkt habe, du weißt?«

»Ich erinnere mich im Augenblick nicht ...«

»Du weißt schon! Harriet Hosmer, diese amerikanische Bildhauerin. Ich habe in Rom einmal die verkleinerten Nachbildungen ihrer Statuen, den ›SCHLAFENDEN SATYR‹, den ›WACHENDEN SATYR‹, die ›SIRENE‹ die ›MEERJUNGFRAU‹ gekauft; du hast dich sehr darüber gefreut, erinnerst du dich nicht?«

Redl dachte nach, die *Namen* der Statuen machten ihn lächeln. »Doch, ja ... Ich entsinne mich, Katalin ... Die ›Statuensachverständigen‹ des Kriegsministeriums haben in meiner Prager Wohnung Haussuchung gehalten und alles als belastendes Beweismaterial beschlagnahmt ...«

»Soll ich dich deinem Schicksal überlassen?« fragte Katalin plötzlich in ganz anderem, ernstem Tonfall.

Der Oberst antwortete nicht.

»Sehe ich dich nicht wieder in diesem Leben?« fragte Katalin. Sie stand von der Chaiselongue auf. Und sagte leise, als spräche sie nur zu sich: »Weißt du, was das Komische ist, Redl, das Sonderbare daran? Der Tod paßt irgendwie nicht zu dir ... Wie sagtest du? Ich sehe dich nicht wieder?«

»Ich glaube nicht. Sicher nicht.«

»Dann Gott mit dir ... Oberst Redl! Gott mit dir, Kadett!«

»Gott mit dir, Katalin! Ich fühle jetzt, *was* ich denke. Ich fühle, daß da nichts ist, *woran* ich denken muß. Sollte das das erste wahre *Gefühl* meines Lebens sein?«

Sie küßten einander, hielten sich fest umarmt, dann ging Katalin. Redl war sekundenlang wie betäubt, als sich die Tür hinter ihr geschlossen hatte. Das Leben, die Welt, die Wirklichkeit – alles war außerhalb, jenseits dieser geschlossenen Tür. Noch hörte er Katalins Schritte. Noch hätte er ihr folgen können. Diese Minute noch. Dann verstrich auch diese Minute, ein anderes, eigenes Leben innerhalb des seinen. Schon konnte er Katalins Namen nicht mehr rufen. Diese Minute, Katalins Leben, Katalins Ruf, war nunmehr unerreichbare Erinnerung, Vergangenheit, Vorvergangenheit in Redls Schicksal, in diesem gnadenlos einsamen Schicksal. Jetzt hatte er Angst, schreckliche Angst, wie bislang nie in seinem Leben. Aber nicht vor dem Tod fürchtete er sich, nicht vor der Vernichtung, denn er wußte, dieser Angst, die er unfähig war zu benennen, vermochte der Tod, die Vernichtung ein Ende zu setzen. Bald. Was für ein merkwürdiges, mächtiges, kaum erträgliches Gefühl, sann Redl und starrte weiter auf die geschlossene Tür. Jetzt, da Katalin fortgegangen war und sie sich niemals im Leben mehr sehen würden, jetzt war sie wirklich hier, jetzt war sie wirklich *sein.* Und er fühlte, fühlte nur, daß Katalin kam, jetzt gleich zu ihm zurückkam, hierher, in das Nichts.

Ein Hauptmann trat in das Zimmer des Generalauditors und seines Stabes und meldete den Stellvertretenden Generalstabschef, den Generalfeldzeugmeister Franz Höfer von Feldsturm. Der große, recht beleibte Mann platzte gleichsam zur Tür herein, und alle standen stramm, sogar der Generalauditor.

»Was ist mit diesem Schwein, der seinen mit Goldmonogramm verzierten Daimler-Benz mit bordeauxroter Seide ausschlagen läßt?« brüllte er anstelle einer Begrüßung. »Lebt der Kerl noch?«

»Melde gehorsamst: jawohl, noch . . .«, antwortete ein Major.

»Wie weit sind Sie mit der Prozeßvorbereitung?« fragte der Generalfeldzeugmeister, augenscheinlich schon etwas besänftigt.

»Er will nicht, Exzellenz. Ich glaube, über kurz oder lang wird ein Standgericht . . .«

»Nichts da! Hier und jetzt! Sollen wir einen ›Märtyrer‹ machen aus diesem Schwein? Für die stinkende Presse? Für die Franzosen? Einen neuen Dreyfus? Kein Femegericht! Ich komme direkt vom Thronfolger!«

»Wir haben seinen Funkspruch erhalten, Herr General . . .«

»Richtig. Er muß kurz vor mir gekommen sein.«

»Wie sollen wir ihn liquidieren?«

»Ohne Aufhebens! Verstehen Sie, meine Herren? Im übrigen werde ich mir diesen ›Oberst‹ noch ansehen. Ist das Hotel entsprechend gesichert?«

»Jawohl, Herr Generalfeldzeugmeister!«

Über den mit Teppichen ausgelegten Hotelkorridor schritt der Trupp der Offiziere mit dem Generalfeldzeugmeister an der Spitze, neben ihm der Generalauditor, und hinter ihnen die Stabsoffiziere und Adjutanten. Sie gingen über den kaum erleuchteten Flur auf Redls Zimmer zu. Plötzlich stoppte eine harte Männerstimme den Zug.

»Hände hoch!« sagte ein Hauptmann und trat mit einer geladenen Pistole in der Hand aus der Türnische. Aber schon sackte er zusammen, getroffen vom Schuß des Offiziers, der den Flur sicherte. Alles lief mit traumhafter Schnelligkeit und Präzision ab, allein das »Hände hoch!« klang ihnen noch in den Ohren.

»Stellen Sie fest, wer dieser Offizier war! Identifizieren Sie ihn! Jemand soll vorausgehen. Redl wird ebenfalls schießen«, sagte der Generalfeldzeugmeister. Ein Oberleutnant sprang als erster ins Zimmer; Oberst Redl saß am Schreibtisch und schrieb. Er erhob sich langsam. »Meine Herren?«

»Haben Sie eine Waffe?« fragte der Generalauditor.

»Ja. Ich will noch drei Briefe schreiben, meine Herren . . .«

»Wer sollte auf Ihre Briefe wohl neugierig sein!«

»Ich schreibe an den General von Giesl, den jetzigen Kommandanten des Görzer Küstenschutz-Wachregimentes, an den früheren Kommandanten, General Hammer-Purgstall ...«

»Und?«

»An Seine Majestät ...«

»Sind Sie wahnsinnig, Redl? Unterstehen Sie sich! Gut, daß Sie nicht noch Briefe an den russischen Zaren oder den englischen König schreiben!« sagte der Generalauditor schroff, aber eher gleichgültig. »Sie haben noch zehn Minuten. An Flucht brauchen Sie nicht zu denken.«

»Ich bin bereits entflohen, Exzellenz ...«

»Zehn Minuten also. Kein Prozeß. Kein Standgericht. Kein Skandal. Sie werden es selbst tun. Zehn Minuten, Redl.«

Der Generalfeldzeugmeister blickte erschüttert drein, als wollte er noch etwas sagen, dann aber machte er auf dem Absatz kehrt und verließ das Zimmer, die anderen folgten still. Ein unbekannter hochrangiger Offizier drehte sich auf der Schwelle noch einmal um und wiederholte kalt-drohend: »Zehn Minuten!«

Nachdem die Tür ins Schloß gefallen war, trat Redl langsam, die entsicherte Frommer in der Hand, vor den großen Standspiegel. Aus dem Kabinettschrank neben dem Spiegel nahm er einen roten Lippenstift und schrieb auf die glatte Fläche: IN ALTBEWÄHRTER TREUE.

Sekundenlang musterte er die gerahmte Aufschrift auf der blanken Spiegelscheibe, die jetzt nicht mehr sein Gesicht zeigte; die Worte verdeckten es. Dann schaute er auf das Bildnis des Kaisers an der Wand, das einzige Gemälde im Zimmer. »In altbewährter Treue«, hatte er auf den Spiegel geschrieben. Dieses Motto stand sonst nur als Stickerei auf Regiments- und Garderegimentsfahnen. Er hob die Frommer an die Schläfe.

Draußen auf dem Korridor, ein paar Schritt von Redls Zimmer entfernt, warteten der Generalauditor und einige Mitglieder seines Stabes. In den anderen Etagen des Hotels standen weitere Offiziere Wache. Auch in der Halle. Eine Offiziersstreife sicherte jeden Ausgang. Zufällig kam ein Polizist, ein Straßenpolizist, ein »Posten« daher. Ein Hauptmann im grauen Überwurf forderte ihn leise auf, zu verschwinden, aber möglichst schnell! Der Polizist salutierte verblüfft und machte einen Bogen um den Offizier. Er wagte nicht einmal, sich umzusehen.

Der Generalauditor wanderte auf dem Hotelkorridor auf und ab. Er blickte auf seine Uhr, verfolgte das Vorrücken des goldenen Minutenzeigers. Die umstehenden Offiziere sahen ebenfalls mechanisch auf ihre Uhren. Ein Oberleutnant fing ein flachsblondes Zimmermädchen mit weißer Schürze und Kopftuch ab, das unverhofft aufgetaucht war, und schubste es in die Toilette. Das Mädchen schrie auf. Der Offizier brachte es zum Schweigen, indem er ihm seine große Hand auf den Mund preßte. Den Aufschrei hörte Redl noch. Dann krachte der Schuß.

Sämtliche Offiziere auf dem Gang und auf den Treppenabsätzen hatten den Knall gehört. Der Generalauditor schickte sich an nachzusehen und winkte, man möge ihm folgen.

August Treviranus von Altenkirchen und sein hoher Stab verließen das Hotel Klomser im Morgengrauen. Der Generalauditor und seine Begleiter gingen direkt in die Hofburg. Seine Majestät, Franz Joseph I., pflegte jeden Arbeitstag seines langen Herrscherlebens – einschließlich der längst vergangenen Zeit, da er mit der bayrischen Prinzessin Elisabeth von Wittelsbach, der schönen Sissi, seine fürstliche Hochzeitsreise gemacht hatte – morgens um fünf Uhr zu beginnen, wie jedermann im Reich wußte; deshalb meldete der Generalauditor sich beim Flügeladjutanten des Kaisers an und bat um eine dringliche vorrangige Audienz in einer staatswichtigen Angelegenheit. Von Altenkirchen hatte sich entgegen dem Rat des Generalstabschefs Franz Conrad von Hötzendorf und trotz des Verbotes des Thronfolgers und Armee-Oberbefehlshabers Franz Ferdinand zu diesem Schritt entschlossen: jawohl, er würde dem Herrscher persönlich Meldung erstatten über all das, was sich nachts im Hotel Klomser ereignet hatte, samt Vorgeschichte und Verlauf der Affäre. Diesen Rapport sah er als Vorsitzender des Militärgerichts für seine Pflicht an, vor allem Seiner Majestät gegenüber, die ihn mit diesem hohen Rang bekleidet hatte. Der Flügeladjutant kehrte unverzüglich zurück und meldete Seiner Exzellenz, dem Generalauditor August Treviranus von Altenkirchen, Seine Majestät geruhe, ihn zu empfangen. Der Richter folgte dem jungen Offizier. Seine Begleiter, zwei Generäle – einer von ihnen der 130 Kilogramm schwere, 201 Zentimeter große Friedrich von Riggs –, einige Stabsauditoren und zwei Oberste vom Generalstab, warteten draußen im Rauchsalon. Endlich durften sie sich eine anstecken.

Der Rapport und die allerhöchste Audienz dauerten kaum mehr als drei Minuten. Die Flügeltür ging auf, von Altenkirchens hochgewachsene, hagere Gestalt im weißen Generalsmantel erschien, hinter ihm der junge Flügeladjutant, der die hohen Offiziere durch die kaiserlichen Gemächer geleitete, danach salutierte und an seinen Posten zurückkehrte.

»Meine Herren, wir können gehen. Ich habe Seiner Majestät Bericht erstattet«, erklärte der Generalauditor in trockenem, leisem Ton.

Die Mitglieder seiner Eskorte wollten wissen, wie der Herrscher die Affäre, die die Ehre des gesamten Offizierskorps gefährdet hatte, sowie die Nachricht über ihre rasche Behebung aufnahm. Von Altenkirchen wies jeden Versuch, ihn über seine Berichterstattung und deren Aufnahme durch Seine Majestät, den Kaiser, auszufragen, kurz und bündig ab. Eine Beförderung hatte – zumindest für diese Aktion – niemand von ihnen erwartet, dennoch hätten sie gern gewußt, ob Franz Joseph etwas gesagt, eine weise Bemerkung gemacht habe, die sie morgen über die Presse den Wienern, den Völkern der Monarchie, den ausländischen Korrespondenten und den in Wien akkreditierten Militärattachés hätten mitteilen können. Der Generalauditor schwieg. Und verabschiedete sich von den Herren. Er setzte sich in sein Automobil und winkte dem Chauffeur, loszufahren. Sein weißer Generalsmantel im offenen Automobil leuchtete noch lange im aufdämmernden morgendlichen Grau »dieses Tages« des Reiches, die ganze Augustinerstraße entlang. Die Wiener Fiakerkutscher indes wußten schon alles: die Wiener Detektive hatten ihnen, unter dem Siegel der Verschwiegenheit, alles ausgeplaudert, im Austausch für mehr als genug freiwillig zu entrichtende, zukünftige Gegendienste.

Die Beisetzung des früheren Generalstabsobersts Alfred Redl sowie die Regelung seines Nachlasses oblag dem Oberstleutnant des Generalstabes Ritter Horst von Thom, der diese als seiner unwürdig empfundene Aufgabe den einstigen Mitarbeitern des Obersten, Oberleutnant Bezouška und Oberleutnant Salapška, übertrug. Diese führten den Befehl aus und erstatteten Meldung.

»Hier die Rechnung des Bestattungsunternehmers Nikolaus Osterroth, Herr Oberstleutnant. Ein Sarg, Metall – 40 Kronen; ein Leichentuch, Atlasseide – 24 Kronen; ein Kissen – 1,60 Kronen; Inschrift – 1 Krone; Einsargen – 2 Kronen; Schläfenkranz – 1 Krone; Traueranzeige – 12 Kronen; Kranz mit Schleife – 10 Kronen; Trauerflor – ... Kein Trauerflor, Herr Oberstleutnant.« Oberleutnant Salapška unterbrach die Aufzählung und warf einen Blick auf die eintretenden Herren: Hauptmann Zselyi, Oberleutnant Kahlen, Oberleutnant Flatz, Oberleutnant Käschel und Leutnant Srna; ein Schritt hinter ihnen folgte, anfangs bedrückt, dann zunehmend selbstsicher, zumal, was diesen Teil der peinlichen Angelegenheit anbetraf, die Polizei nicht länger, nicht völlig herauszuhalten war, Inspektor Barner. Obwohl in Zivil – er allein von den Herren in Zivil –, salutierte er, wahrscheinlich notgedrungen, vor dem Oberstleutnant des Generalstabes Ritter Horst von Thom, schlug die Hacken zusammen, während jener seinen militärischen Gruß gar nicht erwiderte, nur eben nickte; Polizeiinspektor Barner hielt die Hand sekundenlang ziellos erhoben und ließ sie langsam von der Schläfe auf die Höhe seines schweißbedeckten Halses sinken, dann nahm er endlich, um seine Hand zu beschäftigen, ein weißes Taschentuch heraus und schneuzte sich, zur größten Verachtung der Offiziere. Oberleutnant Salapška las weiter die Rechnung des Bestattungsunternehmers Nikolaus Osterroth vor, Horst von Thom klopfte den Rhythmus dazu wie zu einer alten Melodie, die ihm nicht einfallen wollte.

»Kein Trauerflor; Sargdeckel einfach, nicht gewölbt; Grabkreuz mit Gedenktafel – 4 Kronen; Sterbehemd – 24 Kronen . . .«

»Der Tote wurde in einem zivilen Anzug bestattet, wie von Seiner Exzellenz, dem Herrn Generaloberst von Hötzendorf, angeordnet, nicht wahr, Oberleutnant?« unterbrach ihn Horst von Thom.

»Melde gehorsamst, Herr Oberstleutnant, der Tote wurde in einem zivilen Anzug bestattet. Katafalk – 10 Kronen; Leichenwagen, wie befohlen einfach, ohne Schmuck – 12 Kronen; Mannschaftswagen und Bus für die Detektive, die das Begräbnis beobachteten – 6 Kronen; letzterer zum Vorzugspreis auf Rechnung der Polizei, geht nicht zu Lasten der Armee«, sagte der Oberleutnant laut mit einem Blick auf Inspektor Barner. Dann fuhr er leiser fort: »Eine Mietsdroschke für die militärische Begleitmannschaft – 12 Kronen; Leichenwagen – keiner . . .«

»Ein Leichenwagen!« rief Horst von Thom aus. Er hatte es aufgegeben, mit den Fingern zu trommeln, anscheinend fand er die Melodie nicht.

»Leichenwagen – keiner«, fuhr Salapška unerschüttert fort, »Fackeln, Fackelträger – keine . . . Keine Kandelaber, keine Regimentsfahnen, keine Bläser und Trommler . . .«

»Das hätte noch gefehlt! Bläser! Trommeln, mit schwarzem Tuch bezogen . . . Ein Sattelpferd mit schwarzer Decke! Regimentsfahnen! Gut, daß Sie nicht noch Salut schießen ließen, Salapška!«

»Es wurde Salut geschossen, Herr Oberstleutnant. Ich konnte es nicht verhindern.«

»Wie? Ich werde Sie auf der Stelle, verstehen Sie, hier, an Ort und Stelle . . .«

»Herr Oberstleutnant!« Die Stimme des Oberleutnants klang hart, seine Haltung ließ keine Furcht erkennen, während Barner einen Schritt zurückwich.

»Herr Oberstleutnant! Offiziere, die in gesonderten Automobilen kamen, nahmen am Begräbnis teil. Alle in Zivil, in schwarzen Anzügen, mit schwarzem Zylinder. Und weißen Handschuhen. Die Hüte nahmen sie ab. Als man den Sarg Oberst Alfred Redls in die Grube hinabließ, traten die Offiziere vor und schossen aus ihren Dienstpistolen in die Luft . . .«

Ritter Horst von Thom sprang von seinem Eichenholztisch auf und fragte: »Wer waren diese Offiziere?« Polizeiinspektor Barner trat auf leisen Sohlen vor und nahm einen kleinen Zettel zur Hand.

»Herr Oberstleutnant, ich möchte Ihnen gehorsamst . . . Hier, die Namensliste. Wir . . . ich . . .«

»Wer waren die Offiziere? Lesen Sie vor, Barner!«

»Jawohl, Herr Oberstleutnant! Hauptmann Christoph von Kubinyi . . .«

». . . ist schon seit zwei Jahren *Major*«, bemerkte Horst von Thom schroff.

»Außerdem«, fuhr Inspektor Barner mit sehr leiser Stimme fort, »Ulanenrittmeister Szever Korzelinszki, Oberstabsarzt a. D. Dr. med. sc. Vencel Izsó, Major Lewetzow und Hauptmann Konrad Morschel, die kurz nach dem Selbstmord des Oberst Redl auf Befehl Seiner Exzellenz, des Generalstabschefs von Hötzendorf, auf freien Fuß gesetzt wurden, Korvettenkapitän Baron Clam-Gallas, Dietwulf Baatz und . . .« – Barner buchstabierte – »Otto Stöger, den Rang weiß ich nicht, der Fliegeroffizier und bekannte Pilot Georg Weckherlin, der Dragoneroffizier Franz Hawerda-Wehrlandt, Ritter Julian Dunajewski, Baron Flórián Ziemialkowsky, Offizier der Trabanten-Leibgarde. Die Herren zu identifizieren ist mir erst später, unter großen Mühen, gelungen, weil sie sofort, nachdem sie ihre Pistolen abgeschossen hatten, den Schauplatz verließen; einer der Genannten, ich glaube, es war Baron Christoph von Kubinyi, nahm – vor meinen Augen! – einem meiner Leute, der vom Begräbnis und von den trotz des Verbotes anwesenden Herren Aufnahmen machte, einfach seinen Fotoapparat weg und trat ihn mit Füßen; somit sind auch die Platten zerbrochen . . .«

»Er tat gut daran. Wer war noch zugegen, Barner?« fragte Horst von Thom.

»Festungsartilleriemajor Henrik Kinsky-Henckl, Karl Fugger-Babenhausen . . . Auch sie schossen Salut, als man den Sarg in die Grube hinabließ. Um der Genauigkeit willen muß ich bemerken, daß der Regimentsstabsarzt a. D., Dr. Vencel Izsó, keinen Schuß abgab; er stand nur Spalier . . .«

»Barner, bringen Sie mich mit Ihrer ›Genauigkeit‹ nicht in Wut, sonst lasse ich Sie hinausbegleiten! Oberleutnant Salapška, fahren Sie fort!« brüllte der Oberstleutnant.

»Leichenträger – 2 Kronen; Familienwappen – keines; Musik – keine; Gebühren kirchlicherseits – 16 Kronen, ohne Sterbegeläut und Seelenmesse; letztere Rechnung, die der katholische Pfarrer einreichte, hat eine Schwester Oberst Redls beglichen. Redls drei Schwestern nahmen am Begräbnis nicht teil, wiewohl niemand es ihnen verboten hatte; allein die Mutter war gekommen, zu spät allerdings, weil man aus für mich unverständlichen Gründen dummer und überflüssiger ›Konspiration‹ drei verschiedene Zeitpunkte für die Beisetzung, ja ›Beilegung‹, wie sich Seine Exzellenz, der Herr Generaloberst von Hötzendorf, richtig und treffend ausdrückte, angegeben hatte.«

»Und Journalisten, in- oder ausländische Zeitungskorrespondenten?«

»Waren auch erschienen, Herr Oberstleutnant, aber Oberleutnant Bezouška hat sofort befehlsgemäß reagiert und die gesamte Pressebagage mangels anderer Möglichkeiten in eine leere Leichenhalle gesperrt; zur Abschreckung unterwarf er sie vorher einer Leibesvisitation und beschlagnahmte ihre Notizbücher, Füllfederhalter und Bleistifte zugunsten des Ärars . . .«

»Ein wackerer Bursche, der Bezouška! Schade, daß er sie später wieder herauslassen mußte!« Der Oberstleutnant lachte. Seiner Miene indes war abzulesen, daß er *woanders* zu »weilen« schien.

»Gebühr für die Grabstelle – 40 Kronen«, fuhr der Oberleutnant fort, »Wachskerzen, ein Pfund – 2 Kronen; ein Friedhofsgeläut gab es zwar nicht, aber der Bestattungsunternehmer hat es uns dennoch berechnet. Bezahlen?«

»Nein«, verfügte der Oberstleutnant bündig.

»Blumenschmuck – keiner; trotzdem hat ihn der k. u. k. Bestattungsunternehmer Nikolaus Osterroth auf die Rechnung gesetzt und an die Sonderfinanzabteilung der Armee eingereicht. Bezahlen?«

»Nein. Aber wenn Sie wollen, Salapška, bezahlen Sie's aus eigener Tasche. Schließlich haben Sie viel von Ihrem einstigen Vorgesetzten, dem Generalstabsoberst Alfred Redl, gelernt, nicht wahr, Oberleutnant?«

»Es gab eine Zeit, Herr Oberstleutnant, es ist noch gar nicht so lange her, da haben Sie mir offenbart, wie viel Sie von Ihrem einstigen Vorgesetzten, Oberst Redl, gelernt haben.«

»Das ist richtig, Salapška. Ich leugne es nicht. Fahren Sie fort!«

»Transport zum Bahnhof – 4 Kronen; Packgebühr – 2 Kronen; Leichenbeschau und Auslösegebühr aus der Sektion – 17 Kronen; Leichentransport – 8 Kronen; Zinkbeschlag für den Sarg – 20 Kronen; Rechnung insgesamt . . .«

»Sie brauchen mir das hier nicht aufzurechnen, Oberleutnant«, brüllte Horst von Thom. »Das Ärar muß sowieso alles bezahlen, Herr Redl hatte am Ende seines Lebens nur Schulden! Die Beamten des Kriegsministeriums werden alles zusammenzählen und die Rechnung des ›kaiserlich-königlichen‹ Bestattungsunternehmers Nikolaus Osterroth begleichen!« sagte der Oberstleutnant mit bitterem Spott. Er wollte die Angelegenheit endlich abschließen.

»Der Herr Oberstleutnant irren. Die Rechnung geht nicht zu Lasten des Ärars. Sofern der Generalstab zustimmt, braucht die Armee nicht die Bestattungskosten zu tragen. Zwei Damen haben sie übernommen. Die eine ist die Baronesse Katalin von Kubinyi, die mich darüber extra in

Kenntnis setzte. Die andere Dame ist die Gemahlin Oberst Redls, die aufgrund ihrer schweren Krankheit nicht das Sanatorium verlassen konnte. Sie schrieb mir aber aus dem Ober-Engadin, sie würde für alle Kosten einstehen, die im Zusammenhang mit der Beerdigung Ihres Gatten entstünden, und sie band mir auf die Seele, wir sollten Ihrem Mann alle kirchlichen, weltlichen und auch militärischen Ehren erweisen, da die Nachwelt – so die feste Überzeugung Frau Redls – zeigen würde, daß er kein Vaterlandsverräter, kein Majestätsverbrecher war . . .«

»Frau Redl . . .«, fiel Horst von Thom dem Oberleutnant mit schneidender Stimme ins Wort. »Sonderbar, daß dieser Mann überhaupt eine Frau hatte, denn seit ich ihn kenne, seit den Balkankriegen, hielt ich ihn immer für einen einsamen Wolf, der gar nicht die Zeit hat, sich mit Frauen abzugeben, geschweige denn die Lasten einer bürgerlichen Ehe zu tragen . . . Er war von seiner Arbeit besessen, schlief kaum, aß wenig, ertrug die Balkanhitze, die glühende Sonne in Albanien, Mazedonien, Belogradčik, Sosopol, Sarajevo wie ein Fakir. Ich trank beständig Limonade, er aber bemerkte seinen Durst anscheinend gar nicht. Er merkte nicht, daß es Abend wurde, Mitternacht, er merkte nicht einmal, daß er müde war. Frau Redl . . . Sonderbar, daß er eine Witwe hinterläßt.«

»Ja, Frau Redl, geborene Annunciata Wilhelmine Baronesse Wenckheim von Schweidnitz, überwies 3000 Kronen, das heißt, die entsprechende Summe in Schweizer Franken, an die Kasse des Kriegsministeriums, damit Oberst Alfred Redl nicht wie Wolfgang Amadeus Mozart in einem Graben verscharrt würde, in den man nur Bettler wirft.«

»Ist diese Frau übergeschnappt? Wie kann sie es wagen, Oberst Redl mit Mozart zu vergleichen! Oberleutnant! Überweisen Sie der Frau Redl heute noch Ihr Geld! Die Kosten werden wir tragen, das Ärar wird die Rechnung des Bestattungsunternehmers Nikolaus Osterroth begleichen!«

»Jawohl, Herr Oberstleutnant.«

»Was gibt es noch, Oberleutnant?« fragte Horst von Thom erschöpft.

»Melde dem Herrn Oberstleutnant gehorsamst: der Leichnam des früheren Generalstabsoberst Alfred Redl liegt auf dem Wiener Zentralfriedhof, Gruppe 79, Reihe 29, Grab Nr. 38.«

»In Ordnung. Ich hoffe, Oberleutnant, Sie haben sämtliche Gegenstände, die im Hotel Klomser und in Redls Prager Wohnung aufgefunden und beschlagnahmt wurden, Papiere – auch das Klopapier! –, Puder, Rouge, Cremes, Babypuder, Salben, Vaseline, Rauschmittel, Schlaftabletten, Parfüm, Seidenschals, Damenmieder, Büstenhalter, Enthaarungsmittel, Kräutermischungen, Lidschatten und Nagellack, sorgfältig aufbewahrt? Sie dürfen nicht der Polizei ausgehändigt werden! Redl mit seinem ausgefuchsten Hirn wäre es zuzutrauen, daß er den Miniaturplan der Festungen Przemyśl oder Görz mit Silberlack und Haarpinsel auf den Zehennagel einer tschechischen Metze malte und mitsamt dem Weibsstück nach Moskau in den Kreml, nach London, Paris, Rom oder Berlin schickte ... Zumindest hält Seine Exzellenz, der Generaloberst von Hötzendorf, solche, seines Erachtens nur scheinbar unausführbare, geheime Nachrichtenübermittlung nicht für ausgeschlossen. Die Hypothese über den Miniatur-Festungsplan auf einem weiblichen Zehennagel teilte er mir jedenfalls ganz im Vertrauen mit. Mit einer gewissen Melancholie bemerkte er sogar, Oberst Redl habe noch als Truppenoffizier Aufsätze über seine Arbeiten geschrieben, in denen er, Conrad von Hötzendorf, den Feldzug gegen die Bosniaken von höheren strategischen Gesichtspunkten aus analysierte und zu dem Schluß kam, daß man den Krieg hätte führen müssen ... Anstatt Serbien zu annektieren, hätten wir es präventiv erobern müssen, um dieses Vipernnest auf dem Balkan endlich zu pazifizieren und zu demilitarisieren. Dann kam er wieder auf den silbernen Nagellack zu sprechen und bat mich, wir sollten ihm Redls Aufsätze über seine Arbeiten zukommen lassen ... Salapška! Packen Sie alles, was als Eigentum Oberst Redls betrachtet werden kann, zusammen und halten Sie es unter Verschluß. Nach eingehender Prüfung werden wir das gesamte Gerümpel dann vernichten. Tja. Was die Damenmieder, Büstenhalter und ähnliche Dinge anbetrifft: diese können Sie der Polizei übergeben, Inspektor Barner ist sowieso hier, soll er es gleich mitnehmen! Damenmieder, Büstenhalter, Lippenstift und Puder werden wir nicht gerade in militärischen Kuriersäcken, streng versiegelt, aufbewahren. Dazu ist die Polizei da, nicht wahr, Inspektor Barner? Sie lieben es ja, Ihre Nase in alles zu stecken!«

»Herr Oberstleutnant! Einiges habe ich bereits den Schriftsachverständigen und Spezialisten übergeben, und zwar die auf rosafarbenem Papier geschriebenen Briefe, deren Adressaten vorerst unbekannt sind. Weiterhin habe ich einige Quittungen beschlagnahmt; Redl hat Kredit aufgenommen, man muß herausfinden, wer seine Gläubiger waren; er ist vermutlich erpreßt worden. Das kann nicht die Arbeit der Polizei sein! Die Kölnisch-Wasser-Flakons, Damennachthemden und schwarzen Strumpfbänder übergebe ich natürlich gleich Inspektor Barner. Was soll mit den Büchern Oberst Redls geschehen? Es sind durchweg militärische Fachbücher: Clausewitz, Scharnhorst, Gneisenaus Schriften über die Kriegskunst . . .«

»Beschlagnahmen Sie sie für die Bibliothek der Kriegsakademie.«

»Was soll mit der ›Frommer-Stop‹-Pistole geschehen, mit der er das Todesurteil an sich vollstreckte?«

»Heben Sie sie zur Erinnerung auf, Oberleutnant«, sagte von Thom gereizt. »Ich bin sicher, sie ist besser instandgehalten als die Ihre, lieber Salapška!«

»Was geschieht mit den Auszeichnungen, Urkunden und Diplomen Oberst Redls?«

»Vernichten!«

»Kann der Brief, den wir im Hotel Klomser, in Oberst Redls Suite auf dem Kissen fanden, zugestellt werden?«

»Wer ist der Adressat?«

»Katalin von Kubinyi.«

»Was steht drin?«

»Things don't finish just because they stop happening!«

»Im Gegensatz zu Oberst Redl und Ihnen kann ich kein Englisch. Übersetzen Sie!«

»Dinge sind nicht abgeschlossen, nur weil sie aufhören zu geschehen!«

»Vielleicht ist es so. Sie können den Brief aushändigen. Fertig! Sie können abtreten, meine Herren«, sagte Oberstleutnant Ritter Horst von Thom müde.

Monate später, im vertrauten Kreis, erzählte der Generalauditor August Treviranus von Altenkirchen doch, wie Seine Majestät, Kaiser und König Joseph I., seinen frühmorgendlichen Bericht über die Redl-Affäre aufgenommen hatte. Von Altenkirchen sprach darüber auf einer Jagd in Ober-Döbling, an der einige Stabsauditoren und Generäle, unter ihnen General a. D. Maximilian Freiherr und Landgraf von und zu Hammer-Purgstall, teilnahmen.

»Seine Majestät fragte zunächst, ob ich eine weitere Untersuchung in dieser Sache für erforderlich hielte. Darauf machte er eine sonderbare Bemerkung, vermutlich, weil ihn der mit ›R‹ beginnende Name verwirrt hatte: ›Der arme Rudolf‹ . . . An die Person Redls, seinen Rang und seine besondere Dienststellung im Generalstab konnte er sich natürlich nicht mehr genau erinnern, obschon er wußte, daß Redl mit einer ausgezeichneten Beurteilung seine Studien abgeschlossen hatte; weiterhin war ihm bekannt, daß er nach insgesamt nur 52 Stunden Übungsflug trotz seiner Ausbildung als Infanterieoffizier und seiner bürgerlichen, also nicht adligen Abstammung die Pilotenprüfung abgelegt hatte. Seine Majestät geruhte sich auch zu erinnern, wie jung Redl in den Generalstab gekommen war. Er fragte mich, ob wir ihn vor seiner Hinrichtung degradiert, also dem militärischen Reglement entsprechend in seinem Rang herabgesetzt hätten. Ich antwortete, dazu habe die Zeit gefehlt. ›Demnach‹ – so Seine Majestät – ›ist dieses Schwein, dieser Landesverräter, dieser Majestätsverbrecher, dieser zweite Dreyfus, immer noch Oberst?‹ Ich erklärte Seiner Majestät, daß wir, um eine voraussichtliche Kampagne in der Auslandspresse und einen internationalen Skandal zu vermeiden, schnell handeln mußten. Es habe keine Hinrichtung stattgefunden, sondern Oberst Redl habe in dem von uns umstellten und gesicherten Hotel auf unsere Aufforderung hin seinem Leben mit eigener Hand ein Ende gemacht. ›Wie?‹ fragte Seine Majestät. Die Frage klang eher wie ein Aufschrei, meine Herren. ›Wie, Altenkirchen, Sie haben diesen Vaterlandsverräter nicht zum Tode verurteilt, haben ihn nicht degradiert, wie es die diesbezüglichen Paragraphen und einschlägigen Artikel des militärischen Reglements und des Kriegsrechtes klar vorschreiben? Sind Sie denn ein Henker, Altenkirchen, oder ein Auditor?‹ Ich antwortete nicht, meine Herren. Seine Majestät erteilte mir und zugleich auch Ihnen, meine Herren, eine schwere Rüge. Er sagte, sehr leise: ›Es ist eines Christenmenschen unwürdig, Altenkirchen, einen Selbstmord zu befürworten oder dazu aufzufordern, geschweige denn, den Befehl dazu zu erteilen! Sie sind ein Henker, Altenkirchen, kein Richter! Der Selbstmord ist eines Mannes katholischen Glaubens unwürdig!‹ Daraufhin, meine Herren, warf Seine Majestät einen gleichsam vorwurfsvollen Blick auf das Jugendporträt des Kronprinzen Rudolf und auf das Bildnis der Kaiserin Elisabeth und flüsterte: ›Sissi ... Der Selbstmord ist eines Mannes unwürdig, Altenkirchen‹, wiederholte Seine Majestät ernst. ›Aber einen anderen Menschen, und sei es auch ein Vatermörder oder Massenmörder, zum Selbstmord zu ermuntern, ihn vielmehr dazu zu zwingen, ist eine Sünde, Altenkirchen, ein Vergehen. Es ist ein Vergehen gegen Gott, wenn man einen Menschen zwingt, sein Leben, das er vom Schöpfer erhalten hat, freiwillig wegzuwerfen!‹ Umsonst wies ich Seine Majestät daraufhin, meine Herren, daß es Oberst Redl nicht anders gewollt, daß er es selbst getan habe, daß er nicht dazu gezwungen worden sei; immerhin hätte es eine andere Lösung gegeben, zum Beispiel einen Prozeß, das öffentliche Bekenntnis seiner Schuld, seines Doppellebens, seiner abartigen Neigungen, die ehrliche Enthüllung seiner Erpresser und seiner Spionage; aber Redl hat alles abgelehnt, hat nichts eingestanden! Umsonst berief ich mich auf die Presse, auf den internationalen Skandal. Seine Majestät brüllte: ›Hätten Sie doch auf die Presse geschissen! Hätten Sie diese Federfuchser und Fotografen aus Wien hinausgejagt, den Landesverräter nach Recht und Gesetz zum Tode verurteilt und das Urteil an ihm vollstreckt! Warum haben Sie, der Oberste Richter, kein Standgericht einberufen?‹ Seine Majestät, meine Herren, erhob immer schroffere Vorwürfe. ›Altenkirchen, Sie hätten diesen Schuft zum Tode verurteilen sollen! Gemäß dem einschlägigen Gesetzesartikel des Kriegsrechts. Sie sind ein Scharfrichter, ein Henker, ein Schinder!‹ Daraufhin bat ich Seine Majestät, er möge mich unverzüglich des Amtes eines Generalauditors entheben und meines Generalsranges entbinden, ich würde auch nicht um meine Versetzung in den Ruhestand nachsuchen, sondern hiermit all meine Auszeichnungen zurückgeben und mich auf meinem Gut niederlassen. Aber als Henker, Scharfrichter und Schinder . . . Seine Majestät aber hörte mir gar nicht zu. Er redete weiter. ›Altenkirchen, was haben Sie nur angestellt, gütiger Gott! Der Galgen wäre der richtige Platz für diesen Halunken gewesen! Da hätte er hängen müssen, und alle Kadetten hätten vorbeiziehen müssen, um zu sehen, wie ein Vaterlandsverräter endet! Ja, Altenkirchen, *nach* Verhandlung, Verhör und Todesurteil im Beisein des Militärstaatsanwaltes und des bestellten Militär-Verteidigers sowie nach seiner Degradierung gemäß den einschlägigen gesetzlichen Vorschriften des Kriegsrechts und des militärischen Reglements!‹ Hin und wieder verwechselte Seine Majestät Redls Namen mit dem des Kronprinzen Rudolf, und manchmal flüsterte er auch: ›Sissi, Sissi . . .‹ Daran erinnere ich mich, meine Herren, und deshalb protestierte ich auch nicht energischer gegen die Beleidigungen, die mich und in meiner Person auch Sie alle trafen, denn ich sah, wie aufgewühlt Seine Majestät war. Er wiederholte immer wieder: ›Selbstmord ist etwas sehr Unchristliches, und wenn jemand seine helfende Hand dazu reicht, ist das nachgerade Barbarei, verstehen Sie, Altenkirchen? Selbst ein Vatermörder, der unter dem Galgen steht, hat das Recht auf den Beistand des Pfarrers! Wie kann man jemanden sterben lassen ohne die Letzte Ölung, ohne Beichte!‹ Und wieder sagte Seine Majestät ›Rudolf‹ anstelle ›Redl‹, aber seiner Miene war anzusehen, daß er wußte, worum es ging. Dann beschimpfte er Sie, lieber Hammer-Purgstall, ich erinnere mich, daß er Ihren Namen nannte, weil Sie es ›gewagt hätten, *diesen Menschen* für das Kreuz zum Orden der Eisernen Krone III. Klasse vorzuschlagen‹, was eine Tatsache ist... Zudem hatte Seine Exzellenz, der Generaloberst von Hötzendorf, Ihren Vorschlag befürwortet und an Seine Majestät weitergeleitet...«

»Redl war gerade vom Balkan zurückgekehrt, Altenkirchen. Und in dieser Zeit hatte er ausgezeichnete Kundschafterarbeit geleistet! Soviel dazu«, sagte General Hammer-Purgstall barsch. August Treviranus von Altenkirchen winkte ab. Er nahm seine Flinte, ein Meisterstück im übrigen, zur Hand, als wollte er gehen, die Jagd fortsetzen, als hätte er diese alte Geschichte endgültig satt. Dann aber stand er nur wie erstarrt und sah in den Wald hinein, in das Herbstlaub, sah vielleicht seine Jugend, die längst vergangene Jugend Seiner Majestät, suchte vielleicht den entschwundenen Frühling, die verstrichenen Sommer auch im Laub des Blutbuchenwaldes, das in herbstlichen Farben prangte und zu fallen begann. Und da kam ihm wohl noch etwas in den Sinn, oder er konnte die Dinge, die er den Herren erzählt hatte, einfach nicht verdrängen im Zorn über die Beleidigung des Kaisers, weil er fortfuhr:

»Und abschließend, meine Herren, sagte Seine Majestät zu mir: ›Merken Sie sich, Altenkirchen: *ich selbst* werde für das Seelenheil des Landesverräters, des Majestätsverbrechers, des in den Irrungen menschlicher Niedertracht verlorengegangenen Obersten Redl beten, jetzt und hier, in der Burgkapelle, wo meine sämtlichen Herrschervorfahren beteten, um *das* zu tun, was *Sie*, der Richter in irdischen Dingen, der *Kriegsrichter* sogar, versäumt haben zu tun! Gewiß, mein Gebet wird nicht erhört werden. Um die Erlösung einer solchen sündigen Seele bitten wir Gott vergebens, aber *ich* will es dennoch tun, weil *ich* nicht eine noch größere Sünde begehen will, auch werde ich Gott nicht verschweigen, was in diesem Reich, das mir dank Seiner unendlichen und ewigen Gnade anvertraut wurde, geschehen ist!‹«

ISBN 3-351-01682-4

1. Auflage 1991

Einbandgestaltung Gerhard Medoch
Graphischer Großbetrieb Pößneck GmbH
Printed in Germany